CHRONIQUE
DE LA RÉGENCE
ET DU RÈGNE DE LOUIS XV

Paris. — Imprimerie de P.-A. BOURDIER et Cie, rue Mazarine, 30.

CHRONIQUE
DE LA RÉGENCE
ET DU RÈGNE DE LOUIS XV

(1718-1763)

ou

JOURNAL DE BARBIER

AVOCAT AU PARLEMENT DE PARIS

PREMIÈRE ÉDITION COMPLÈTE

CONFORME AU MANUSCRIT AUTOGRAPHE DE L'AUTEUR

Publiée avec l'autorisation de S. E. M. le Ministre de l'Instruction publique

ACCOMPAGNÉE DE NOTES ET ÉCLAIRCISSEMENTS
ET SUIVIE D'UN INDEX

TROISIÈME SÉRIE

(1735-1744)

PARIS

CHARPENTIER, LIBRAIRE-ÉDITEUR

28, QUAI DE L'ÉCOLE

1858

JOURNAL DE BARBIER

ANNÉE 1735.

Janvier.

Convulsionnaires. — Les *Multipliants*, le frère Augustin et le libraire Cimart. — Mort de la reine de Sardaigne. — Maréchaux de France. — La famille Biron. — Le duc de Montemar. — Le duc de Noailles. — M. de Coigny. — Service et oraison funèbre du maréchal de Villars.

Le Parlement a été obligé, à la fin, de connoître de ces convulsionnaires, qui, dans des assemblées particulières, faisoient des cultes ridicules et des débauches outrées, à ce que l'on dit; mais ce n'est point en vertu d'une commission de la Cour, enregistrée au Parlement. Comme c'est une affaire d'État, le Parlement, qui a la police générale, doit en prendre connoissance. Il y a eu une dénonciation faite à M. le procureur général de plusieurs particuliers, par le père Boyer[1], autrefois de l'Oratoire, qui étoit d'abord avec le frère Augustin, et qui s'en est retiré. Sur cela, le procureur général a rendu plainte, et on lui a permis de faire informer. Il y a, dit-on, trois sectes : celle du frère Augustin, qui se disoit l'*Agneau sans tache;* celle du sieur Vaillant, qui se disoit le *prophète Élie,* et celle des *multipliants*[2], qui, dans leurs cérémonies nocturnes, se livroient à la débauche. Ce frère Augustin, dont il a été ci-dessus parlé, étoit un des chefs. On dit toujours qu'il est évadé avec l'argent qu'il a emporté.

De ceux attachés au frère Augustin et dénoncés, est, entre autres, le sieur Cimart[3], libraire, rue Saint-Jacques,

---

1. Pierre Boyer, de l'Oratoire, 1677-1755. Il mourut enfermé à Vincennes. Janséniste renforcé, il publia un grand nombre de pamphlets contre les Jésuites. On lui doit une *Vie de M. Pâris*, citée plus haut, t. II, p. 200, note 1.
2. Voyez plus haut, année 1723, avril, t. I, p. 264.
3. Voyez plus haut, année 1734, t. II, p. 328.

de mes voisins. C'est un honnête homme, dont la folie a commencé du temps que le peuple rendoit des honneurs à M. Pâris, à Saint-Médard. Sa femme en étoit aussi blessée. Pour lui, il s'est livré sans réserve à toutes les extravagances qui ont été faites depuis. On voyoit à sa physionomie qu'il avoit le cerveau brûlé, et on peut dire que c'est un fol de bonne foi.

Sur la plainte du procureur général, il y a eu permission d'informer. Vendredi 21, le Parlement s'est assemblé; on a envoyé un huissier de la Cour arrêter M. Cimart chez lui; et M. de Vienne, conseiller de Grand'Chambre, avec M. Lorenchet, substitut de M. le procureur général, sont venus apposer le scellé dans la maison. Cimart est monté en carrosse, pour être conduit à la Conciergerie, avec un visage très-tranquille. Il a prié sa femme de ne se point chagriner, ne parlant que de Dieu et de la soumission qu'il falloit avoir à ses volontés. Depuis cette aventure, quoiqu'il y ait un officier du guet, gardien des scellés, qui examine tout, il y a eu un concours de monde étonnant pour faire compliment à madame Cimart. Cette affaire peut avoir de très-grandes suites par le nombre de gens de toute condition qui y seront impliqués. Malgré les embarras de la guerre, le ministère a voulu mettre ordre à la police du dedans; en effet, ces gens-ci se seroient tellement multipliés, tant par prétexte de dévotion que par intérêt ou débauche, que cela auroit pu devenir dangereux; et le Parlement en ayant la connoissance, cela en imposera plus au peuple que les lettres de cachet, qu'on auroit toujours regardées comme vexations et persécutions. M. Severt, conseiller de Grand'Chambre, a été substitué à M. de Vienne, qui s'est trouvé embarrassé par la petite vérole du comte d'Arménonville, colonel de dragons, son petit-fils.

Le 24, on a amené Cimart dans sa maison, et M. Severt a levé les scellés. Il est à la Conciergerie au secret.

La reine de Sardaigne[1], sœur de madame la duchesse de Bourbon, est morte à Turin, âgée de vingt-neuf ans. On prendra ici le deuil le lendemain de la Chandeleur.

Le Roi a fait trois maréchaux de France : M. le duc de Biron[2], M. le marquis de Puységur[3] et le prince de Tingry[4], qui s'appellera le maréchal de Montmorency. Il est fils du maréchal de Luxembourg[5]; mais, comme l'aîné s'appelle le duc de Luxembourg[6], celui-ci prendra le nom de sa maison. Et, pour conserver leur ancienneté de lieutenants généraux, eu égard aux quatre derniers maréchaux de France, le Roi a déclaré qu'il les a nommés le 14 juin dernier. Voilà le tour qu'on a trouvé; en sorte qu'étant en parité de promotion avec les autres, ils suivront leur rang pour le commandement. Cela ne regardera que le prince de Tingry, car on dit que le maréchal de Biron et le maréchal de Puységur, qui sont très-âgés, ne serviront pas.

Le Roi a donné le régiment du Roi au comte de Biron[7], second fils du maréchal ci-dessus. Il étoit colonel du régiment Royal-Roussillon[8]; il a fait assez bien son chemin. Il a été fait brigadier, inspecteur et maréchal de camp dans la seule campagne d'Italie. Tout le monde est étonné de la grande faveur des Biron, jusqu'à s'en plaindre. On l'appelle Biron-Biron par excellence. C'est un jeune seigneur bien fait, d'une politesse infinie auprès des princesses et des femmes de la Cour, et qui faisoit la pluie et le beau temps. Au surplus, il n'a rien

---

1. Christine-Jeanne de Hesse-Rhinfelds, morte le 13 janvier.
2. Charles-Armand de Gontaut. V. plus haut, 1720, août, t. 1, p. 60, note 2.
3. Voyez plus haut, année 1724, t. 1, p. 346, note 1.
4. Christian-Louis de Montmorency. Voy. plus haut, année 1722, t. 1, p. 187, note 2.
5. François-Henri de Montmorency-Bouteville, duc de Luxembourg, maréchal de France, 1628-1695.
6. Voyez plus haut, année 1722, t. 1, p. 187, note 1.
7. Louis-Antoine de Gontaut, d'abord comte, puis duc de Biron, né en 1700, devint maréchal en 1757. Il mourut en 1787.
8. Aujourd'hui le 54e de ligne.

fait de plus que les autres en Italie, et bien moins que le duc de Crussol, premier duc et pair, qui a été blessé de tous les côtés, et qui demandoit le régiment du Roi.

On dit que M. le maréchal de Noailles ira cette année commander en Italie[1], comme étant plus ancien lieutenant que M. le maréchal de Broglie. M. le maréchal de Coigny est à Paris et ne retournera pas.

Il faut en Italie, à présent, un homme non-seulement respectable par ses dignités, mais un homme de tête, en état d'examiner de près M. de Montemar, grand général espagnol qui doit y commander, et le roi de Sardaigne, qui, étant veuf, peut être tenté et sollicité pour un mariage. On convient que c'est l'homme de la Cour qui a le plus de manége et de talent pour concilier tous les esprits.

Il y a d'ailleurs une raison décisive pour l'envoyer. M. le comte de Montemar, duc de Bitonto, a le titre de capitaine général des armées d'Espagne, ce qui répond ici au titre de maréchal de France, et il est plus ancien dans cette qualité que nos nouveaux maréchaux de France depuis la guerre. Or, M. le maréchal de Noailles a fait toute la dernière guerre en Espagne, pour mettre Philippe V sur le trône, et il a été fait grand d'Espagne, chevalier de la Toison d'or, et capitaine général des armées ; en sorte qu'ayant le titre il y a plus de vingt ans, il commandera en chef au-dessus de M. de Montemar.

Ce M. de Montemar, grand d'Espagne, duc de Bitonto, qui a, dit-on, cinq cent mille livres de rente, et qui est au plus haut degré de fortune et de faveur, s'appelle de son nom Catilho. Il est fils d'un notaire de Barcelone, dont il est devenu gouverneur et vice-roi. Le Roi lui a fait épouser en secondes noces la comtesse de Montemar, qui est d'une des premières maisons d'Aragon. J'entendis dire à son sujet, à un souper, à un des plus grands seigneurs de ce pays-ci, qu'il y avoit plaisir

---

[1]. Voir Voltaire, *Précis du siècle de Louis XV*, ch. iv.

servir gens qui savoient récompenser aussi grandement, le roi d'Espagne lui ayant donné le titre de duc de Bitonto, à cause de la bataille de Bitonto[1] qu'il a gagnée.

Une raison qui peut entrer pour quelque chose dans la nomination de M. le duc de Noailles pour l'Italie, c'est qu'il est un des plus redoutables ennemis de M. le garde des sceaux. C'est un homme ambitieux, qui aspire à la qualité de premier ministre, comme ayant déjà gouverné les finances du temps du duc d'Orléans Régent; c'est un homme puissant par les alliances; tous les plus gros seigneurs ont épousé des Noailles. Cela forme une famille nombreuse dont il est le chef. Il est par conséquent de grande conséquence pour M. Chauvelin, qui ne tient à personne, que cet homme-là soit très-éloigné, si le cardinal venoit à mourir. On dit de plus qu'il l'envoie commander en chef dans l'espérance qu'il fera quelque sottise, ce qui reculera beaucoup de ses projets. Il a beaucoup d'esprit; mais on le dit extrêmement vif. Je n'entends personne aimer à aller servir sous lui en Italie.

M. de Coigny est nommé pour commander en chef en Allemagne. On ne le croit pas assez habile pour commander une armée de cent vingt mille hommes, et je ne vois pas qu'on ait bonne espérance de la campagne prochaine.

M. le maréchal d'Asfeld a été remercié sur son âge avancé. On ne sait pas encore s'il se retirera tout à fait, ou s'il ne sera pas envoyé en ambassade.

M. le maréchal de Montmorency ira en Flandre commander les troupes qui y sont en garnison. Il est gouverneur de Valenciennes. Comme il n'y a point de guerre de ce côté-là, on ne regarde pas cela comme une destination honorable pour le prince de Tingry.

On a fait, jeudi 27, un service magnifique, avec oraison funèbre[2], pour le maréchal de Villars, aux dépens,

---

1. En mai 1734.
2. Par l'abbé Seguy. Paris, Prault, 1734, in-4, 48 pages.

s'entend, de la famille. C'est le curé de Saint-Sulpice[1], homme adroit, qui s'est chargé de tout, et on a trouvé assez mauvais que le Roi ne lui en ait pas fait faire un à Notre-Dame, à cause de sa qualité de maréchal général, et d'ailleurs le plus grand homme de l'État sur la fin du règne de Louis XIV, puisqu'il a fait la guerre et la paix, et qu'il a sauvé l'État. Il y a eu de belles choses et bien du vrai à dire dans son oraison funèbre.

Février.

Consultation sur les convulsions. — L'abbé Petitpied — L'abbé d'Asfeld. — Mandement de l'archevêque de Cambrai. — Arrêt du Conseil et représentations du Parlement.

Comme nous sommes en quartier d'hiver, il ne seroit pas juste de ne parler que de guerre, et les affaires de l'Église tiennent leur rang.

Les convulsions et toutes les extravagances qui ont été commises à leur occasion ont fait peine aux vrais jansénistes appelants et réappelants, ou du moins à quelques-uns des plus fameux docteurs de Sorbonne, qui ont été exilés et chassés de Sorbonne, au nombre de cent environ.

La Cour a engagé l'abbé Petitpied[2], belle plume, qu'on a fait revenir d'Hollande où il s'était retiré, à faire une *Consultation sur les convulsions*[3] ; elle a été signée ou approuvée par une trentaine d'entre eux, et M. l'abbé d'Asfeld[4], frère du maréchal, grand janséniste, s'est donné tous les mouvements pour faire paroître cette consultation, qui condamne fort les convulsions. M. le lieutenant de police a été assez longtemps à se déterminer pour donner la permission de l'imprimer ; en sorte que, la veille de la Vierge, il a paru, de la part des autres,

---

1. L'abbé Languet. Voy. plus haut, année 1730, mars, t. ii, p. 95, note 5
2. Nicolas Petitpied, docteur de Sorbonne, mort en 1747.
3. 1735, in-4.
4. Jacques-Vincent Bidal d'Asfeld, abbé de La Vieuville, 1664-1745.

une réponse imprimée[1] à cette consultation, qui n'avoit point encore paru, où l'on critique ces docteurs de condamner les chefs des convulsions qu'ils n'ont point vues, et où l'on marque toutes les menées qui ont été faites pour cette consultation. Cette réponse a été rare; je ne l'ai point eue, et la consultation a paru ensuite[2].

De plus, M. de Saint-Albin, archevêque de Cambrai, s'est avisé de donner un grand mandement[3], où l'on élève trop la puissance du pape contre nos libertés. Ce sont les Jésuites qui le lui ont fait et fait donner, en le flattant d'un chapeau de cardinal. Il y a eu aussi une thèse soutenue en Sorbonne sur le même ton[4]. Le Parlement en a pris connoissance et a supprimé le mandement et la thèse par un arrêt qui ordonne même que le syndic et le répondant seront mandés en la Cour, toutes les chambres assemblées. Cela devoit s'exécuter vendredi, 25 février.

La veille, il y a eu un arrêt du Conseil[5] par lequel le Roi évoque à lui l'exécution de l'arrêt du Parlement, pour éviter au syndic et au répondant les réprimandes qu'ils auroient eues. C'est, comme l'on voit, continuer à barrer le Parlement dans ses entreprises sur les questions présentes.

Le Parlement s'est assemblé vendredi, et il a été arrêté que M. le premier président iroit faire des représentations au Roi sur les conséquences qu'il y a de lui laisser l'exécution de son arrêt, et pour assurer Sa Majesté, de la part de la compagnie, qu'elle continuera à réprimer

1. *Plan de diverses questions sur un bruit répandu dans le public, qu'actuellement on fait signer une consultation contre les convulsions*, 1735, in-4.
2. Après la publication de cette consultation, il parut encore : *Nouveau plan de réflexions sur les consultations des docteurs contre les convulsions*, 1735, in-4.
3. *Instruction pastorale de monseigneur l'archevêque-duc de Cambray*. Paris, 1734, in-4, 838 pages.
4. Par le sieur Claude-Guillaume Vinot de Rouen, le 20 octobre 1734.
5. L'arrêt fut rendu le 20 février.

les atteintes qu'on pourroit faire à nos maximes. Cela ne fait toujours que la réserve d'un droit qui n'a lieu qu'autant que le ministère veut bien le souffrir.

Mars.

Mademoiselle de Seine et le marquis de Nesle; Mademoiselle de Balicourt et le duc de Gesvres. — *Lettre à MM. de l'Académie françoise.* — Mademoiselle Le Maure au For-l'Évêque. — M. le duc d'Orléans. — Affaires d'Espagne et de Portugal. — Démission de M. de Ségur, évêque janséniste de Saint-Papoul.

Ce mois a fourni des nouvelles au sujet des spectacles. Mademoiselle de Seine[1], fameuse comédienne et très-jolie, maîtresse de M. le marquis de Nesle, a eu une querelle avec mademoiselle de Balicourt[2], sa cousine, pour un rôle. Ce sont MM. les premiers gentilshommes de la chambre qui ont la police sur la Comédie; ils jugent ces différends, c'est-à-dire celui qui est en exercice, et, par conséquent, le comédien qui a le plus de crédit l'emporte. C'est ce qui fait, soit dit en passant, que le public est très-mal servi. Sur cette querelle, M. le duc de Gesvres a décidé en faveur de la Balicourt, quoique laide. Quinault-Dufresne[3], comédien de mérite, a pris le parti de mademoiselle de Seine, sa femme. Il a été mis en prison. Sur cela, mademoiselle de Seine, piquée, a quitté la Comédie, s'est retirée avec M. le marquis de Nesle, piqué par contre-coup. Du marquis de Nesle au duc de Gesvres, il y a grande différence pour la maison. Il a fait écrire à mademoiselle de Seine une lettre au duc de Gesvres, qu'elle traite de *monsieur*. Cela a paru insultant; sur quoi il y a eu lettre de cachet pour mettre

1. Marie Dupré de Seine débuta en 1724, à Fontainebleau, devant le Roi. Elle quitta la scène en 1736 et mourut dans la retraite en 1759.

2. Marguerite-Thérèse de Balicourt, morte en 1743. Elle joua les rôles de reines depuis 1727 jusqu'en 1738.

3. Abraham-Alexis Quinault-Dufresne, né à Paris en 1695, mort en 1767. Il joua à la Comédie française de 1712 à 1741.

mademoiselle de Seine à l'Hôpital. Elle a été obligée de sortir du royaume ou de se bien cacher, et pendant son absence, des plaisants se sont divertis.

Il a paru une lettre, du 9 de ce mois, datée de Flandre, sous le nom de mademoiselle de Seine à MM. de l'Académie françoise, attendu que les comédiens, comme gens d'esprit, ont été admis par voie d'association à MM. de l'Académie. Par cette lettre, elle justifie sa retraite, sa conduite. On y fait le détail de MM. de l'Académie, ses confrères; et cette lettre est un petit libelle de critique contre MM. les premiers gentilshommes et MM. de l'Académie françoise, qui est l'histoire du temps. Cette lettre a été rare, et j'ai eu la patience de la copier[1].

A l'Opéra, mademoiselle Le Maure, première actrice et une des plus belles voix qu'on ait jamais entendues, soit qu'elle se soit trouvée mal effectivement, soit qu'elle eût autre chose à faire, a quitté son rôle au milieu du spectacle, un jour de représentation[2]. M. le comte de Maurepas, qui y étoit ce jour-là, a donné sur-le-champ une lettre de cachet, et on a conduit mademoiselle Le Maure au For-l'Évêque. (Comme secrétaire d'État de Paris, il a l'inspection sur l'Opéra.) Quelques-uns ont dit que c'étoit bien fait pour réprimer l'impertinence des acteurs; le plus grand nombre a pensé que cela étoit trop dur. Elle est sortie le lendemain de prison, mais non sans rancune, tellement qu'elle a quitté l'Opéra[3]. C'est une grande perte. La règle est que les actrices ne peuvent quitter qu'en avertissant six mois aupara-

1. Cette copie existe en effet dans le ms. de Barbier, t. III, p. 239 et suiv., mais la pièce a été imprimée sous le titre de : *Lettre de mademoiselle de Seine, comédienne ordinaire du Roi, à Messieurs de l'Académie françoise, au sujet de la lettre de cachet décernée contre elle, sur la réquisition de Messieurs les premiers Gentilshommes de la Chambre*, 1735, in-4. Ce pamphlet est rare. C'est sans doute ce motif qui a décidé le premier éditeur de Barbier à l'insérer en cet endroit du *Journal*. C'est pourquoi nous l'imprimons aussi à notre tour, mais dans notre *Appendice*.
2. L'opéra de *Jephté*, par l'abbé Pellegrin.
3. Mademoiselle Le Maure y rentra quelque temps après.

vant, pour que l'on puisse remplacer les sujets. Elle a eu recours à M. le duc d'Orléans, fort ennemi des spectacles profanes. Il lui a offert une pension, qu'elle a refusée; et, malgré les règles et le crédit de M. le comte de Maurepas et de M. le prince de Carignan, directeur en chef de l'Opéra, elle s'est retirée dans un couvent sous la protection de M. le duc d'Orléans.

Il est arrivé des affaires plus sérieuses.

En Espagne[1], on conduisoit à Madrid un homme en prison, lequel, à la faveur des domestiques de l'ambassadeur de Portugal, s'est sauvé dans l'hôtel, et on a favorisé son évasion. Le lendemain, on est entré, avec nombre d'archers, dans l'hôtel de l'ambassadeur pour faire perquisition, et on a arrêté le secrétaire et quelques autres domestiques. Affaire grave contre le droit des gens, qui blesse le caractère des ambassadeurs. Plainte à la cour de Portugal, où à Lisbonne on a fait une insulte d'une autre façon à l'ambassadeur d'Espagne, en sorte que pour rien ces deux couronnes, unies par un double mariage, se trouvent brouillées et font marcher des troupes l'une contre l'autre. On croit que c'est un tour de l'Angleterre pour occuper les Espagnols, qui ont conquis Naples et la Sicile, et qui ont envoyé un corps de troupes considérable en Lombardie, pour se joindre à notre armée et celle du roi de Sardaigne. M. le maréchal de Noailles et M. de Montemar, général espagnol, sont actuellement à Crémone pour prendre les mesures de la campagne.

Autre histoire pour l'Église. M. de Ségur[2], évêque de Saint-Papoul, homme de trente-cinq ans, a donné un mandement[3] auquel on ne s'attendoit pas. Il avoit tou-

---

1. Voyez la *Gazette*.

2. Jean-Charles de Ségur, évêque de Saint-Papoul, du 24 août 1724 au 26 février 1735.

3. *Mandement de monseigneur l'évêque de Saint-Papoul pour faire part à son peuple de ses sentiments sur les affaires présentes de l'Église,*

jours été constitutionnaire et du parti de la Cour. Il fait une amende honorable dans son diocèse; il déclare que l'ambition d'être évêque lui a fait accepter la Constitution *Unigenitus,* quoique très-mauvaise en soi; que sa conscience le lui a toujours reproché; qu'il a conduit ses brebis dans la mauvaise voie; qu'il en demande pardon à Dieu et à son peuple; et que, pour faire pénitence de son crime, il a pris le parti de se retirer. Et, en effet, il a envoyé au Roi la démission de son évêché, qui est de vingt-cinq mille livres de rente, pour vivre dans l'obscurité, le reste de ses jours, avec le revenu d'une petite abbaye[1].

Cet événement a fait un grand bruit chez les jansénistes. On a regardé cela comme un miracle. On disoit déjà que si cet exemple pouvoit être suivi de quatre ou cinq évêques, cela abattroit la cour de Rome et la Constitution *Unigenitus.* Mais cela n'arrivera pas fréquemment; il est certain néanmoins qu'un pareil sacrifice a séduit les esprits, et, en effet, cela a quelque chose de séduisant; mais, dans le fond, ce M. de Ségur a été dans les mousquetaires et dans les gardes françoises; cela ne sait rien; il avoit été fait évêque sans grande connoissance du sujet, comme cela se pratique ordinairement. Quelque janséniste adroit aura su profiter d'un esprit médiocre, susceptible d'impression, pour lui faire faire cette sottise, laquelle ne décide pas beaucoup de ce que l'on pense dans le ciel sur les disputes présentes.

Le Roi a reçu sa démission; il a nommé à son évêché[2]; il a trouvé gens habiles à succéder, et on a laissé aller M. de Ségur. Cela a seulement fort intrigué son frère, qui est colonel, et qui craint que la démarche de son frère ne lui fasse tort.

et des raisons qui le déterminent à se démettre de son évêché, 1735, in-4, 8 pages.

1. L'abbaye de Vermand, diocèse de Noyon.
2. Georges-Lazare Berger de Charency, évêque de Saint-Papoul 2 septembre 1735-1738.

Avril.

Lettre des avocats du Parlement à M. de Ségur. — Écrits divers au sujet de cet évêque. — *Manifeste* de mademoiselle Le Maure. — Arrêts de Momus. — Mandement de M. de La Fare. — Les gouverneurs de M. le duc de Chartres. — La princesse de Modène à Paris. — M. Le Pelletier de Saint-Fargeau. — M. de Sénozan. — Nouvelles de la guerre. — Projets de traité. — Mademoiselle de Charolois au château de Madrid. — La princesse et le comte de Coigny. — Le duc de Nivernois.

Voici le plus curieux du mandement de M. de Saint-Papoul. Il a eu l'honnêteté de louer la consultation de MM. les avocats du Parlement de Paris, au sujet du concile d'Embrun. Cela a flatté l'Ordre, susceptible d'honneur. Dès que ce mandement a paru, Prévost, grand janséniste, et homme très-remuant, a fait assembler une vingtaine d'avocats avec M. Froland, bâtonnier, qui est un bonhomme, pour faire une lettre de compliment à M. de Saint-Papoul.

Des vingt, il y en a douze qui se sont retirés, n'étant point d'avis d'écrire; les autres, savoir : MM. Prévost, Le Roi, Pothouin, Blaru et autres, ont composé une lettre, qui a été signée de M. Froland, au nom de MM. les avocats, dont la teneur ensuit :

« Monseigneur,

« Nous venons de lire, étant assemblés, votre man-
« dement du 26 février 1735; nous avons cru ne pouvoir
« pas différer à vous remercier et à vous témoigner la
« grande part que le barreau du Parlement prend à la
« joie qui lui doit être commune avec toute l'Église;
« nous renouvelons en cette occasion le même zèle que
« vous approuvez par votre mandement, et nous sommes
« avec un profond respect, monseigneur, etc.,
    « Signé : FROLAND. »

Cette lettre [1] n'a pas plutôt paru dans le public qu'elle a été condamnée de tous les gens de bon sens. On a dit

---
[1]. Imprimée in-4.

de quoi se mêlent les avocats? c'est chercher des affaires sans savoir pourquoi. Comme cela s'étoit fait par un petit nombre, sans consulter les autres, les avocats eux-mêmes ont désapprouvé cette conduite. Mais on craignoit que cette lettre, qui paroissoit au nom de l'Ordre, ne fût condamnée par un arrêt du Conseil, que l'on se doutoit bien ne devoir pas garder le silence sur le mandement de M. de Saint-Papoul.

On a prévenu le mal par l'entremise de MM. les avocats généraux; et sur leur réquisitoire, par arrêt du Parlement du 2 avril, cette lettre, qui étoit déjà imprimée, a été supprimée comme faussement attribuée aux avocats, l'Ordre l'ayant désavouée et n'y ayant aucune part.

Il a paru, le même jour, un arrêt du Conseil, qui a supprimé le mandement de M. de Saint-Papoul avec des qualifications très-fortes : attendu que M. de Saint-Papoul parle en mauvais termes de la Constitution *Unigenitus*, que l'on soutient devoir être regardée comme règle de foi, et qui a peine à prendre dans l'esprit des Parisiens [1].

Cela a donné lieu à des écrits de part et d'autre, pour ou contre le mandement; et, pour éviter les suites de ces disputes, le Roi a évoqué à lui, par un second arrêt, la connoissance des contestations qui pourroient survenir à ce sujet. L'arrêt du Conseil du 2 avril a été travaillé avec soin.

A cette occasion, il a fallu badiner. Il paru un manifeste de mademoiselle Le Maure [2], qui rend compte des motifs qui l'ont fait entrer à l'Opéra, de ses sentiments sur cet état, et des causes de sa retraite. C'est la parodie du mandement de M. de Saint-Papoul, ce qui a été suivi

---

1. Il parut une critique de cet arrêt du Conseil sous ce titre : *Parodie de l'arrêt du Conseil du 2 avril 1735, qui supprime le mandement de M. de Saint-Papoul*, in-4, 4 pages.

2. *Manifeste de mademoiselle Le Maure, pour faire part au public de ses sentiments sur l'Opéra, et des raisons qu'elle a pour vouloir le quitter*, in-4, 3 pages.

d'un arrêt de Momus[1], qui ordonne la suppression du manifeste, qui est fait d'après l'arrêt du Conseil.

M. de La Fare, évêque de Laon, très-entreprenant dans ces affaires-ci, n'a pas pu se tenir; il a donné un petit mandement pour prévenir son peuple sur le scandale qui arrivoit dans l'Église par le mandement de M. de Saint-Papoul. Le mandement de M. de Saint-Papoul a été paraphrasé par une main janséniste, et il a paru un imprimé intitulé : *Arrêt de la Bazoche*[2], qui ordonne la suppression du mandement de M. de La Fare.

M. le duc de Chartres[3], qui a dix ans, est un prince très-aimable pour son âge. Il avoit auprès de lui pour gouverneur M. de Bombelles, brave officier et homme d'esprit supérieur. Il étoit très-aimé de M. le Régent. M. le duc d'Orléans l'a retiré d'auprès du duc de Chartres. On a fait sortir en même temps son premier valet de chambre et son précepteur. Il lui a donné pour gouverneur M. de Barreloy, officier des gardes du corps, qui est de la famille de MM. de Caumartin, et parent de M. d'Argenson, chancelier de M. le duc d'Orléans. On ne sait point la raison particulière de ce changement. Au surplus, le prince a conservé sept ou huit mille livres de pension à M. de Bombelles et à ses enfants. Il est maréchal de camp, et il a été employé sur-le-champ pour l'armée du Rhin. On croit que cela peut venir de la part de la Cour, parce qu'il inspiroit au jeune prince trop de grandeur et d'élévation dans les sentiments, et que dans quelques années ce prince commencera à re-

---

1. *Arrêt de Momus qui ordonne la suppression d'un écrit qui a pour titre :* Manifeste de mademoiselle Le Maure, in-4, 4 pages.

2. *Arrêt de la Bazoche, qui ordonne que le mandement de M. l'évêque de Laon du 2 avril 1735 sera brûlé par la main d'un décrotteur, le premier qui sera rencontré au bas du grand escalier du Palais,* 22 avril 1735, in-4. Il parut aussi : *Lettre de mademoiselle Le Maure à monseigneur l'évêque de Laon*, in-4. La plupart de ces pamphlets se trouvent en manuscrit dans la collection Maurepas, t. XVIII.

3. Louis-Philippe d'Orléans, né en 1725. Ce prince mourut en 1785.

présenter dans le monde, mais le public a été fort surpris de ce changement par l'estime qu'on avoit pour M. de Bombelles.

La Reine a fait une fausse couche.

La princesse de Modène[1], sœur de M. le duc d'Orléans, est à Paris; elle loge avec son mari dans un hôtel garni[2].

M. Le Pelletier de Saint-Fargeau, fils de M. Le Pelletier des Forts, ci-devant contrôleur général des finances, a épousé mademoiselle d'Aligre. On dit qu'il aura la charge de président à mortier, que le président d'Aligre n'est pas capable d'exercer. Ce jeune homme est fils unique et aura un jour plus de cent vingt mille livres de rente.

M. de Sénozan[3], fils du receveur général du clergé, qui autrefois étoit marchand de dentelles à Lyon, a épousé mademoiselle de Blancmesnil-Lamoignon, fille du président à mortier, et sera un des particuliers les plus riches de Paris.

Les affaires de Pologne ne tournent pas avantageusement pour notre roi Stanislas. Les troupes polonoises ont été battues et dispersées par les Saxons et les Moscovites. L'électeur de Saxe est en possession de la couronne à Varsovie. Le roi Stanislas est toujours à Kœnigsberg, dans la Prusse polonoise, et l'on craint fort qu'il ne soit obligé de revenir dans ce pays-ci.

Tous les officiers généraux sont partis à la fin de ce mois pour se rendre dans nos armées, et l'on se prépare à une bonne campagne. M. Walpole[4], ministre

1. Charlotte-Aglaé d'Orléans, demoiselle de Valois. Voyez plus haut, t. II, p. 529, note 2.

2. Ils descendirent à l'*Hôtel de Luynes*, auberge située rue du Colombier, près de l'Abbaye-Saint-Germain. Quelque temps après, ils allèrent demeurer, toujours en garni, rue Neuve-des-Petits-Champs, à l'*Hôtel de Lyon*. Voyez Bois-Jourdain, t. I, p. 391-394.

3. Sur la famille Olivier de Sénozan, voyez Bois-Jourdain, t. II, p. 404. Le grand-père, M. Olivier, avait été marchand à Lyon.

4. Robert Walpole, comte d'Orford, né à Houghton en 1676. Homme

d'Angleterre est venu ici pour proposer des accommodements qui n'ont point été reçus suivant les apparences.

Mais comme on parle toujours de paix en temps de guerre, et qu'il y a des spéculatifs qui imaginent des moyens de conciliation, il a paru dans le public un projet de paix attribué à M. Walpole.

ARTICLE PREMIER.

Le roi Stanislas reconnu légime roi de Pologne par toutes les puissances de l'Europe et couronné de nouveau à Varsovie.

Le duché de Courlande cédé à la czarine, qui de son côté rendra à la Pologne ces pays conquis par le feu czar.

II.

Mariage de madame Première de France avec le prince électeur de Saxe, qui sera reconnu successeur du roi Stanislas, et la couronne héréditaire dans sa maison.

III.

Le roi de France accepte la pragmatique-sanction et s'oblige avec les autres puissances de l'Europe à la faire exécuter. Au moyen de quoi, le duc de Lorraine, épousant la première des archiduchesses, aura en propriété les États héréditaires situés en Allemagne et sera déclaré roi des Romains.

IV.

Il sera cédé à la France, du consentement de toutes les puissances, la Lorraine.

---

d'État célèbre, il pratiqua systématiquement la corruption comme moyen de gouvernement. Il mourut en 1745.

V.

L'électeur de Bavière sera reconnu par toutes les puissances comte de Flandres; son fils épousera Madame Deuxième de France, et renoncera aux autres pays héréditaires de la maison d'Autriche.

VI.

On cédera au prince cadet de Lorraine le Mantouan, Plaisance et une partie du Milanois, lesquels États on érigera en dixième électorat.

VII.

On donnera au roi de Sardaigne Parme et l'autre partie du Milanois pour lui servir de barrière, lesquels États on érigera en royaume de Lombardie, au moyen de quoi il cédera la Sardaigne à don Carlos.

VIII.

Don Carlos sera reconnu roi de Naples, Sicile et de Sardaigne, et grand-duc de Toscane. Il épousera la deuxième archiduchesse, et renoncera aux pays héréditaires de la maison d'Autriche situés en Allemagne.

IX.

Le roi de Lombardie cédera à la France une partie de la Savoie.

Il y a six articles secrets dont quatre concernant les puissances du Nord, et deux autres qu'on ignore totalement.

Voilà certainement de quoi contenter tout le monde dans ce projet imaginaire. Nous verrons par la suite des temps si on aura rencontré juste en quelque partie.

Rien de stable dans ce bas monde! Le château de Madrid dans le bois de Boulogne, la cour du château et les bâtiments qui y sont, ont toujours été du domaine dépendant du gouverneur du château et capitaine des chasses du bois et étant dans son casuel.

Mademoiselle de Charolois, princesse du sang, sœur de M. le Duc, a acquis de M. de Pezé, gouverneur et capitaine de Madrid et du bois de Boulogne, il y a près de deux mois, une maison dans la cour du château, après la mort de la personne qui en jouissoit. Comme elle est fort bien auprès du Roi, elle a obtenu la distraction, de sa maison de la cour et des petits bâtiments qui y sont, dont le Roi lui a fait don en propriété, de façon qu'une personne [1] et moi, qui avons la jouissance, notre vie durant, de petits bâtiments dans la cour, par brevet du Roi, moyennant finance donnée, nous dépendons à présent de mademoiselle de Charolois, et cela tombera dans son casuel après notre mort. C'est ainsi que tout change! Elle fait de cela sa principale demeure, comme étant entre Versailles et Paris, et elle s'y réjouit assez incognito. Dans les jours gras derniers, elle y avoit grande compagnie à souper, entre autres le comte de Coigny [2], fils du maréchal, que l'on dit être sur son compte. Après le souper, elle renvoya tout le monde. Le petit duc de Nivernois [3], jeune homme de quinze ou seize ans, quittoit la partie avec peine; mais obligé d'obéir, il se cacha derrière une portière et demeura témoin du tête à tête avec le comte de Coigny.

1. Hubert Huché, suivant le brevet accordé par le Roi en 1716. Voyez l'*Introduction*, p. x, note 1.
2. Voyez plus haut, t. II, p. 475, note 1.
3. Louis-Jules Barbon Mancini-Mazarini, duc de Nivernois, naquit à Paris en 1716. Il fut successivement ambassadeur à Rome, à Berlin et à Londres, où il négocia la paix de 1762. Il était membre de l'Académie française. Arrêté en 1793, il fut relâché après le 9 thermidor et mourut en 1798. C'était un homme spirituel et un poëte fort agréable. Ses *OEuvres* ont été imprimées en 8 vol. in-8.

Il a été réprimandé par la princesse, et il s'est vengé par une chanson assez déshonorante sur les appas cachés de la princesse [1].

Mai.

Pèlerinages à Saint-Médard. — Scènes de désordre. — M. de La Combe. — MM. Titon et Clément. — L'archevêque de Sens et les vingt-trois curés de Paris. — M. l'archevêque de Cambrai, la Sorbonne et le Parlement. — Arrêt du Conseil. — Les avocats contre le Parlement. — La cinquième chambre des enquêtes. — M. Le Roy. — *Rapsodies gauloises*, livres imprimés à Utrecht.

Le 1er de ce mois, on n'oublie point à Paris que c'est le jour de la mort du renommé M. Pâris, et en conséquence tous ses partisans se rendent affectueusement à Saint-Médard. Du côté de la police, on redouble ce jour-là d'exempts pour examiner les partisans et ce qui s'y passe. Comme on ne peut plus entrer dans le cimetière, la dévotion est à une chapelle qui est adossée à ce petit cimetière. On dit que le curé de Saint-Médard, grand moliniste, avoit fait répandre de l'huile à terre pour gâter les habits de ceux et celles qui viendroient s'y mettre à genoux, première impertinence. Dans le grand nombre d'assistants à cette chapelle étoit M. de La Combe, avocat au Parlement, qualité requise pour

---

1. Cette chanson commençait ainsi :

> La fille la plus vénérable,
> Sans contredit,
> S'ajoute un titre respectable
> Dont chacun rit.
> *Demoiselle* par excellence,
> Trouvez donc bon
> Qu'on vous dédie avec licence
> Une chanson.

Et elle se terminait par ces vers :

> J'ai des témoins ;
> Deux mille à qui Coigny succède
> Diront ici
> Ce qu'à la Fée qui l'obsède
> Dit Tanzaï*.

* Tanzaï, personnage du roman de *Tanzaï et Néadarné*, par Crébillon fils.

être janséniste. Le suisse, exempts et autres ont prétendu qu'il bouchoit le passage de l'église, peut-être s'étoit-il fait distinguer par trop de ferveur; on a voulu le faire ranger, obstination de sa part, bruit, après quoi il a été poussé et gourmandé. Alors étoient dans l'église M. Pâris, conseiller au Parlement, frère du bienheureux ; cela pouvoit lui être permis, mais avec lui MM. Titon et Clément, aussi conseillers et grands partisans. Ce dernier a voulu prendre le parti de l'avocat, il a réprimandé l'exempt avec autorité. Il s'est nommé; mais, malgré le respect dû à la magistrature, on dit qu'il a eu quelques coups de poing, aussi bien que M. de La Combe, que l'on vouloit emmener en prison. Cela a causé un grand tapage et scandale. De là, plainte rendue par le sieur de La Combe, requête présentée à messieurs du Parlement, information; mais l'affaire en est restée là par des ordres supérieurs. C'est toujours là la suite. Aussi quelle affectation à ces conseillers au Parlement de se donner là en spectacle avec ostentation !

M. Languet, archevêque de Sens, a donné différents mandements pour détruire les prétendus miracles de M. Pâris et en montrer la fausseté, quoique autorisés par plusieurs curés de Paris, et appuyés de la crédulité du public, qui est la condition essentielle en fait de miracles. Cela a déplu. Vingt-trois curés de Paris ont présenté une requête au Parlement[1], le 5 de ce mois, d'appel comme d'abus de l'instruction pastorale, sur l'autorité d'une consultation de dix avocats fameux[2]; mais cette requête n'a point eu encore de suite, elle est restée entre les mains des gens du Roi. On dit que les curés ne vouloient qu'attaquer le mandement sans aller

---

1. *Requête présentée au Parlement par vingt-trois curés de la ville, faubourgs et banlieue de Paris contre l'instruction pastorale de M. Languet, archevêque de Sens, imprimée en 1734, au sujet des miracles opérés par l'intercession de M. de Pâris,* in-4.

2. MM. Le Roy, Le Roy de Vallières, La Vigne, Duhamel, Prévost, Blaru, Pothouin, Visinier, Aubry et Le Roy fils.

plus loin. On ne sait pas si M. l'archevêque de Sens, qui est vif sur ces matières, ne voudra pas avoir un jugement.

M. l'archevêque de Cambrai, de Saint-Albin, qui, comme fils de M. le duc d'Orléans, Régent, a les mains longues, n'est pas resté en chemin et a fait donner un vilain soufflet à messieurs du Parlement, qui, par arrêt du 18 février dernier, avoient supprimé son instruction pastorale, et une thèse soutenue en Sorbonne comme contenant des propositions trop avantageuses pour le pape. L'archevêque de Cambrai et la Sorbonne ont présenté au Roi des mémoires et leurs plaintes sur cet arrêt, par lesquels ils traitent à fond les questions et font connoître l'incompétence du Parlement de connoître de ces matières. Et par arrêt du Conseil, du 10 de ce mois, le Roi a remis l'instruction pastorale et la thèse dans le même état qu'elles étoient avant l'arrêt. Il ordonne que la connoissance de la doctrine concernant la religion appartienne aux archevêques et évêques, et enjoint à ses Cours de Parlement et à ses autres juges de la leur renvoyer. Cet arrêt est fort bien dressé, jusqu'à dire qu'il semble, par l'arrêt du Parlement, qu'on ait voulu étendre le pouvoir d'un tribunal séculier jusqu'à des questions sur lesquelles Sa Majesté même, dont il retient toute son autorité, ne voudroit pas l'exercer.

Comme cet arrêt du Conseil a été imprimé avec les mémoires[1], cela a piqué le Parlement; il s'est assemblé, et il y a eu arrêté de la Cour, du[2] . . . . . ; qu'on feroit des remontrances.

Les vacances de la Pentecôte ont tout suspendu. Les uns disent qu'il y a eu une lettre de cachet faisant défenses de faire des remontrances; les autres disent qu'il y travaillera. En tout cas, c'est se donner bien des mouvements pour rien. Ils seront continuellement barrés

1. *Arrêt du Conseil*, etc. Paris, in-4, 32 pages, imprimerie royale.
2. La date est restée en blanc, mss., t. III, p. 265.

par le Conseil et par le ministère, qui a la supériorité et la force. Ce sont de vaines protestations pour la conservation d'un prétendu droit et d'une autorité imaginaire de se mêler des affaires publiques et politiques qu'ils ne peuvent jamais avoir qu'autant que le maître veut bien le leur permettre.

Querelle entre le Parlement et les avocats. Ceux-ci, qui ne veulent plus céder à qui que ce soit, prétendent que quand MM. les avocats généraux parlent pour le Roi ou pour le procureur général en son nom, qu'il ne doit plus y avoir de distinction entre eux, non-seulement que l'avocat général appelant ou opposant doit parler le premier, ce qui s'observe effectivement, mais qu'ils doivent être en même place et de niveau.

Le 25 de ce mois, M. le procureur général, étant opposant à un arrêt passé de concert dans une affaire de simonie, on plaidoit à la cinquième chambre des enquêtes, dans laquelle, n'y ayant point de banc particulier pour MM. les gens du Roi, quand ils y viennent, on leur a permis de s'asseoir après le dernier conseiller; M. Le Roy, avocat, ne trouvant pas bon que M. Joly de Fleury, fils du procureur général, plaidât dans l'enceinte du barreau, tandis qu'il étoit en dehors, s'étoit glissé dans une audience, et étoit entré en plaidant dans l'enceinte. L'avocat général a fait apparemment ses remontrances, et il a été arrêté à la chambre qu'on feroit plaider l'avocat à sa place ordinaire. Le 25, jour de la dernière audience, quand M. Le Roy voulut entrer, il trouva la barre mise, et un huissier qui l'empêcha de passer. L'avocat général parloit. M. Le Roy fit sa plainte et se retira. Il alla tout de suite dans la grande salle assembler les avocats qui y étoient, et il fut délibéré qu'on ne plaideroit ni qu'on n'écriroit plus à la cinquième chambre, et qu'on ne communiqueroit plus au parquet que dans de certaines affaires.

On dit que les quatre autres chambres s'unissent et

prennent le parti de la cinquième, comme cela est juste. Les avocats prétendent être fondés en usage, qui cependant paroit extraordinaire, en ce que l'avocat général est un magistrat de grande distinction, qui ne peut jamais être regardé véritablement comme avocat de parties ; c'est toujours comme chargé d'un ministère public et en vertu de leurs charges; en sorte que, quand ils conserveroient toujours la distinction qui est entre eux et les avocats, il n'y auroit rien de bien surprenant. Il s'agit donc de savoir ce que cela deviendra; mais en tout cas, la Cour ne doit pas être fâchée, dans les circonstances présentes, de voir cette désunion, parce qu'il faut convenir que l'union du Parlement et des avocats est très-intéressante pour les affaires et contestations des particuliers, attendu que, dans un cas de nécessité, on pourroit se passer de l'un ou de l'autre pour les terminer.

Il y a toujours des gens oisifs, qui font leur occupation de critiquer les gens en place. Il court dans le public un écrit intitulé : *Rapsodies gauloises. Livres imprimés à Utrecht, en* 1735.

1° *La manière de faire des énigmes et les admirations qu'elles doivent causer même avant que le peuple les comprenne,* PAR LE PAPE CLÉMENT XI, *et approuvée par ses successeurs.*

Les 101 propositions de la Constitution *Unigenitus* dont les papes ne veulent point donner l'explication.

2° *Traité du silence et de la timidité, mêlé de notes sur la paresse, avec la manière de signer son nom sans savoir pourquoi,* PAR LE R......

3° *Remarques sur la conduite d'un ours qu'on mène par le nez,* PAR M. LE DUC D'ORLÉANS.

Il est continuellement en dévotion à Sainte-Geneviève auprès du curé de Saint-Paul, qui le dirige entièrement, et ne se mêle d'aucune affaire d'État.

4° *La fable de l'Aigle à qui un chat veut crever les yeux*, PAR LE DUC DE CHARTRES.

C'est un prince fort aimable pour son âge. C'est apparemment sur le changement de son gouverneur, qui est L'Aigle.

5° *Utilité des sangsues, l'art de se conduire pendant la semaine, le secret de se consoler dans les disgrâces et la vie du cyclope Polyphème*, PAR M. LE DUC DE BOURBON.

Pendant son ministère, il s'est fort enrichi ; il n'est plus en faveur depuis longtemps ; il fait le dévot ; il est toujours à la chasse, et n'a qu'un œil.

6° *L'art de s'amuser bravement à la chasse et à cultiver des fleurs pendant la guerre*, PAR M. LE COMTE DE CHAROLOIS.

Il est enfermé dans une petite maison[1], dans un faubourg de Paris, avec madame de Courchamp[2], la femme du maître des requêtes. On ne le voit nulle part.

7° *Exhortation pathétique d'un homme d'Église à une danseuse d'Opéra, et l'art de faire des présents aux dépens de ses créanciers*, PAR LE COMTE DE CLERMONT.

Il a pour maîtresse la Camargo ; il jouit d'un gros revenu en bénéfices, et doit beaucoup.

8° *Traité de la grandeur et de la générosité, avec la vie des grands hommes*, PAR LE PRINCE DE CONTI.

Cela est vrai ; mais il ne laisse pas que d'être débauché, et se ruine par une générosité inconsidérée.

9° *Traité de l'envie et de la mauvaise grâce*, PAR LES REINES DE FRANCE ET D'ESPAGNE.

Toutes leurs occupations sont mesurées, et elles ne font guère ce qu'elles veulent.

---

1. Près de Montmartre. Voyez plus bas, juillet 1741.
2. Voyez plus bas, juillet 1741, et les *Lettres de mademoiselle Aïssé*, p. 174.

10° *Les ruses des filous de Paris*, PAR LE PRINCE DE CARIGNAN.

Celui-ci escroque tout le monde et ne se conduit pas en prince.

11° *La dévotion aisée et commode*, PAR LA PRINCESSE DE CARIGNAN.

Elle fait la dévote, tire de l'argent des affaires qu'elle fait faire en Cour par le canal du cardinal-ministre, auprès de qui elle est bien.

12° *Comme la tête tourne et que l'on a la berlue*, PAR LES NOUVEAUX MARÉCHAUX DE FRANCE NOAILLES, COIGNY ET BROGLIE.

Effectivement on n'est pas content de leur besogne.

13° *La manière dont on annonce la réponse des idoles*, PAR LE COMTE DE MAUREPAS.

Ce secrétaire d'État est, à vraiment parler, le premier commis du cardinal de Fleury et du garde des sceaux Chauvelin, qui sont les maîtres. Comme il a le département de Paris, c'est lui qui signe tout ce que les autres décident et ordonnent.

14° *Une consultation pour concilier l'inclination en bien avec la criminelle complaisance de se livrer au mal*, PAR LE CARDINAL DE FLEURY.

Il sembleroit par là que ce seroit le garde des sceaux qui lui feroit faire le mal. Cependant on convient qu'on perdra à sa mort.

15° *Réflexions sur le galimatias et sur les écarts d'un esprit égaré avec l'ennui de la solitude*, PAR LE CHANCELIER D'AGUESSEAU.

C'est le plus habile homme du royaume pour le droit public et particulier; mais rien de l'esprit qu'il faut à la Cour. Il n'a aucun crédit, et ses antichambres sont vides.

16° *Maximes pour faire fortune et l'art de la prudence*, PAR LE GARDE DES SCEAUX.

Voilà un beau portrait ; son élévation en est la preuve.

17° *Les sentiments de Judas en baisant son maître, lorsqu'il le trahit*, PAR LES SECRÉTAIRES D'ÉTAT.

C'est la faute du maître ; aucun ne resteroit en place s'il agissoit autrement. Ils ne sont maitres de rien.

18° *Compilation des sentiments des Déistes par les seigneurs de la cour, soutenue de l'approbation d'un grand nombre d'évêques.*

Cette religion n'est pas celle des sots.

19° *La liste des plus affreux mensonges et l'apologie d'une tête folle*, PAR L'ARCHEVÊQUE DE SENS.

C'est au sujet de ses mandements ; il est très-vif sur les matières de l'Église.

20° *Addition à la vie de Sancho Pança à l'endroit où il vouloit affermer son île pour vivre grassement de ses rentes*, PAR L'ARCHEVÊQUE DE PARIS.

On lui a toujours reproché d'aimer à manger. Il fait mieux que de disputer sur rien.

21° *Traité de l'entêtement, de l'ignorance et de la modération affectée*, PAR LE CARDINAL DE BISSY.

Son diocèse a toujours été tranquille ; on n'y parle point de Constitution.

22° *Dissertation sur l'usure et la simonie, et la manière de profiter du scandale de ses proches*, PAR L'ARCHEVÊQUE D'EMBRUN.

23° *L'art d'accorder la fureur, la folie et la mauvaise foi avec l'invocation du Saint-Esprit et les corrections de Saint-Lazare,* PAR M. DE LA FARE, ÉVÊQUE DE LAON.

Le Parlement n'est occupé qu'à supprimer ses écrits. Il ne se rebute point ; il est extrême dans sa conduite, et croit par son zèle outré attraper un chapeau.

24° *L'apologie des comédies du* Joueur *et du* Glorieux *avec l'analyse de la farce du* Nom Supposé, PAR L'ARCHEVÊQUE DE VIENNE.

Il est grand joueur ; c'est au sujet de leur nom de La Tour d'Auvergne, au lieu de La Tour en Auvergne.

25° *Réflexions sur le mauvais exemple et l'instabilité avec l'art d'emprunter, et une nouvelle explication des sentiments des Pères, par cent archevêques et évêques de France.*

Le clergé a fait perdre à tous ses créanciers. Le reste s'entend bien.

26° *Traité de l'idolâtrie chinoise et des livres du Paraguay, de la conciliation du Molinisme et du Quiétisme avec la politique, suivant les préceptes de Machiavel, augmenté de la petite fable du singe qui se sert de la patte du chat pour tirer les marrons du feu;* PAR LES RÉVÉRENDS PÈRES JÉSUITES.

Le Paraguay est un pays dans le Pérou dont ils sont souverains, où ils ont des richesses immenses, qui servent dans les besoins à la société dans toute l'Europe.

27° *L'exemple du danger des grandeurs et des richesses, avec la relation d'un pénible voyage dans un pays peu fréquenté,* PAR L'ANCIEN ÉVÊQUE DE SAINT-PAPOUL.

Sur la démission de son évêché et sa retraite.

28° *Traité de la rigidité spéculative corrigée par une con-*

duite plus aisée, avec des réflexions sur le temps passé, PAR M. GUÉRET, CURÉ DE SAINT-PAUL.

Il a changé deux ou trois fois du jansénisme au molinisme. On ne sait ce qu'il est, et c'est un cagot qui en sait long.

29° *Le pour et le contre sur la foi, également soutenu,* PAR LE SIEUR PARQUET, CURÉ DE SAINT-NICOLAS-DES-CHAMPS.

30° *L'art d'endormir le mulot, la description du sérail et l'économie des bâtiments,* PAR M. LANGUET, CURÉ DE SAINT-SULPICE.

Il a attrapé bien de l'argent des riches dévotes de sa paroisse, et il a établi une communauté de filles très-jolies et bien entretenues, dont il est le maître et le directeur.

31° *Ce que c'étoit que la besogne de cogne-fétu et les éclaircissements du combat d'Esaü et de Jacob dans le ventre de leur mère,* PAR MESSIEURS DU PARLEMENT DE PARIS.

Effectivement toutes leurs assemblées et leurs remontrances n'aboutissent à rien, et ils se mêlent de ce qu'ils n'entendent pas.

32° *Avis salutaire pour éviter le mépris, et un autre sur la difficulté d'être ami de tout le monde,* PAR M. PORTAIL, PREMIER PRÉSIDENT.

Comme il n'a pas assez de naissance pour la place qu'il occupe, il est embarrassé pour ménager la Cour et sa compagnie, et il est par là méprisé des deux côtés. S'il ne s'agissoit que des affaires du Palais, c'est un fort bon magistrat.

33° *Dissertation sur l'orgueil et sur les concussions, avec les inconvénients de l'élévation imaginaire des gens de bas aloi,* PAR LES AVOCATS DU PARLEMENT.

Le public se plaint qu'ils se font trop payer. Cet intérêt vient du temps du système, où rien ne coûtoit en papier. Ils veulent être indépendants et se mêler des affaires publiques. La critique est juste.

34° *Traité des jugements précipités et des violences et profanations, avec un état du profit qu'on peut faire en contrefaisant l'aveugle*, PAR M. HÉRAULT, LIEUTENANT GÉNÉRAL DE POLICE.

Ce reproche est au sujet des affaires de la Constitution, depuis le temps que durent les recherches dont il est chargé. Les frais de dépense sont considérables; on lui en remet les fonds. Plus cela dure, et moins il a dérangé ses affaires. Il doit être très-riche.

Juin.

Lettre pastorale de l'archevêque de Cambrai. — Arrêt du Parlement au sujet de cette lettre. — Assemblée du clergé; réflexions sur les gens d'église. — Arrêt du Parlement brûlé à Rome. — Bref du Pape. — Charlotte de La Porte convulsionnaire.

M. l'archevêque de Cambrai, après avoir obtenu l'arrêt du Conseil, du 10 mai, pour sa justification, s'en est retourné dans son diocèse, et il n'a eu rien de plus pressé que d'apprendre à ses diocésains son petit triomphe. Dans cette *lettre pastorale*[1], qui est parvenue jusqu'à Paris, il dit qu'au sujet de l'arrêt du Parlement de Paris, du 18 février, qui avoit supprimé sa première lettre pastorale, il a eu l'honneur de présenter un mémoire à Sa Majesté Très-Chrétienne, etc.

Le Parlement de Paris a cherché occasion de se venger de l'archevêque de Cambrai. Il s'est fait dénoncer cette seconde lettre pastorale; et, sur le discours de MM. les gens du Roi, par arrêt du 13 juin, la Cour a supprimé cette lettre, fait défenses à l'archevêque de Cambrai d'ajouter au nom du Roi le surnom de Très-Chrétien dans ses lettres pastorales et mandements; lui enjoint de parler dudit seigneur Roi dans les termes

---

1. *Lettre pastorale*, etc. Douai, 1735, in-4.

qu'il convient à des sujets de parler de leur souverain seigneur; lui fait pareillement défenses de prendre dans aucuns actes la qualité de pair de France, comme n'ayant point été reçu en la qualité, office et dignité de pair de France.

Pour le coup, voici une querelle d'Allemand. Aussi le discours de l'avocat général, pour critiquer cette lettre pastorale, est-il un bon galimatias. Dans cette lettre, l'archevêque dit une fois Sa Majesté Très-Chrétienne. Une autre fois, le Roi Très-Chrétien, et il se sert, dans six autres phrases, des termes de Sa Majesté et du Roi tout simplement. Deux réponses à l'arrêt. Cambrai dépend, à la vérité, du Roi et par conséquent l'archevêque, qui est nommé par le Roi; mais le diocèse est partagé entre l'Empereur et le Roi[1], en sorte que l'archevêque parle à différents peuples. Il peut donc mieux qu'un autre, sans blesser le respect qu'il doit à son souverain, se servir du mot de Roi Très-Chrétien pour instruire les sujets de l'Empereur qu'il parle du roi de France, et dans le surplus de son discours on voit assez qu'il parle comme sujet du roi de France, en disant toujours le Roi, Sa Majesté. En second lieu, un archevêque, dans un ouvrage qui n'a trait qu'au spirituel et à la religion, est plus en droit qu'un autre sujet de dire le Roi Très-Chrétien. Il compte lui donner un éloge et une qualité même au-dessus du nom de roi. En un mot, en lisant la lettre pastorale, je ne trouve rien qui mérite cette censure; et quand un Parlement comme celui de Paris ordonne une suppression, il faut qu'elle soit fondée, autrement cela dégénère en petitesse.

A l'égard de la défense de prendre le titre de pair de France (ce qui a été fait sans réquisitoire des gens du Roi), c'est une autre matière.

L'archevêque de Cambrai est l'abbé de Saint-Albin,

---

1. Les évêchés d'Arras, en France; de Tournai et de Namur, dans les Pays-Bas autrichiens, étaient les suffragants de l'archevêché de Cambrai,

fils naturel de M. le duc d'Orléans, Régent, et de la petite Florence, danseuse de l'Opéra. Il a été évêque de Laon et, en cette qualité, second pair de France. Il est vrai que, par quelque défaut de formalité que l'on doit trouver dans ces mémoires[1], il n'a pas été reçu au Parlement; mais il n'étoit pas moins de droit, par son titre, pair de France, et quand il a eu l'archevêché de Cambrai, il a eu un brevet du Roi pour conserver les titres, honneurs et prérogatives de pair de France, brevet qui a été accordé à plusieurs autres, qui jouissent actuellement des honneurs.

C'est donc une question majeure de savoir si, quand le Roi a accordé à cet archevêque le droit de retenir le titre et les honneurs de pair de France, le Parlement a le pouvoir de l'en priver, parce qu'il n'a pas été reçu au Parlement. Le Parlement voudroit être ce qu'il étoit dans l'origine de l'assemblée des grands du royaume, et les temps sont bien changés aussi bien que les usages.

Or, il faut s'attendre que l'archevêque de Cambrai n'en restera pas là; non-seulement qu'il va répondre, mais qu'il va faire son possible pour faire casser encore ce second arrêt du Parlement. Quoiqu'il n'ait pas pu être reconnu par le Régent dans les formes ordinaires, M. le duc d'Orléans ne le reconnoît pas moins pour son frère, et il lui a permis de mettre sur ses armes l'écusson d'Orléans. Cela fait toujours un gros seigneur.

D'ailleurs nous avons ici à Paris l'assemblée du clergé, qui a été ouverte le 1ᵉʳ de ce mois; quoiqu'elle n'ait d'autre objet que de faire un emprunt pour donner de l'argent au Roi, pour subvenir aux frais de la guerre, ils ne laissent pas que de parler en particulier de leurs affaires de religion. Ils n'aiment point le Parlement, parce qu'ils sont animés de l'esprit d'ambition que les gens d'Église ont toujours eu depuis leur établissement. Tous ces princes de l'Église, dont la plupart sont gens

---

1. Voyez plus haut, 1723, octobre, t. 1; p. 302.

de qualité, ont plus d'entrée et de crédit que tous ces robins, et quoique l'archevêché de Cambrai ne soit pas du clergé de France, je suis sûr qu'ils ne manqueront pas de le soutenir dans cette affaire.

Au sujet du premier arrêt du Parlement, du 18 février, contre l'archevêque de Cambrai, Rome, animal redoutable, a été instruite des faits. L'arrêt du Parlement y a, dit-on, été brûlé, ou du moins il a été cassé et annulé par un bref du 18 mai dernier, avec défenses de le lire sous peine d'excommunication. Ce bref[1] a été publié à Rome seulement ; mais il en est arrivé ici quelque exemplaire, qui a été dénoncé au Parlement. Par arrêt de la Cour, du 17 juin, il a été dit qu'il y a abus dans ce bref, et fait défenses de lire, recevoir, ni distribuer aucuns brefs ou bulles émanés de la cour de Rome sans lettres patentes du Roi, enregistrées en la Cour, pour en ordonner la publication. Ainsi nouvelle matière à dispute.

La matière des convulsions ne finira pas sitôt. Une fille, nommée Charlotte de La Porte, accusée d'imposture, décrétée de prise de corps dans la dernière recherche du Parlement, au sujet des convulsions, et renfermée à la Salpêtrière, a présenté une requête pour être visitée par des médecins et chirurgiens pour justifier le changement qu'il y a eu dans la conformation de son corps, eu égard aux certificats qu'elle rapporte de médecins de l'état où elle étoit il y a trois ans, lesdits certificats contrôlés dans ce temps-là. Cette requête[2] est accompagnée de la consultation de douze avocats. Il s'agit de voir ce que le Parlement statuera à cet égard.

1. *Bulle de notre saint père le pape Clément XII, portant révocation et annulation des ordonnances,* etc. (Texte et traduction.) Rome, 1735.

2. *Requête présentée au Parlement par Charlotte de La Porte, dont les jambes et les pieds ont grandi et se sont formés, après l'âge de cinquante ans, dans le cours de ses convulsions, accusée d'imposture, décrétée de prise de corps et renfermée à la Salpêtrière.* Paris, in-4.

Juillet.

Suite de l'affaire des avocats et de la cinquième Chambre des enquêtes. — Démarche de Normant. — Mémoire de M. de La Garde contre les avocats. — Assemblées des avocats. — Le premier président. — M. Duhamel. — Réflexions de Barbier. — Arrêt du Parlement. — Consternation des avocats. — Rentrée. — Pamphlets. — *Le Corps glorieux.*

L'affaire des avocats avec la cinquième chambre a eu des suites[1]. Toutes les autres chambres se sont jointes à celle-ci d'autant plus volontiers que la Cour est indisposée contre les avocats, à cause de leur hauteur. Comme il a transpiré que l'on vouloit faire et tenter quelque chose, M. Normant, avocat, soupa chez M. le premier président, le 3 de ce mois, et prit apparemment sur lui d'arranger ce différend. Le lundi 4, il alla avec trois autres avocats à la cinquième chambre, où il prit un défaut. Les avocats qui y allèrent disent avoir été surpris par Normant, qui leur assura que l'affaire étoit accommodée. Cette démarche ayant été faite sans en communiquer à qui que ce soit, elle a été désapprouvée par l'Ordre qui l'a désavouée, et il a été arrêté de nouveau qu'on ne devoit point aller à la cinquième. Normant a fait ce pas dans un bon dessein; mais, à dire vrai, il y a de la présomption, et c'est se regarder comme ayant droit de décider du sort des avocats, et que, allant plaider à la cinquième, aucun des confrères ne devoit faire difficulté d'y aller.

Cette démarche a tout gâté, car le Parlement s'est piqué de ce dernier parti. Dans un temps où les choses auroient pu se concilier, M. de La Garde, premier président de la cinquième des enquêtes, a donné un mémoire au Parlement, très-vif contre les avocats, où il prétend que les avocats, ne faisant qu'une même communauté[2] avec les procureurs, ne peuvent point faire

---

1. Voyez plus haut, mai, p. 22-23.
2. Il y avait en effet une association entre les avocats et les procureurs,

des assemblées particulières entre eux, mais seulement en corps de communauté; et après plusieurs autres observations, car on le dit assez long, il conclut à ce que le bâtonnier des avocats avec six anciens soit mandé, les chambres assemblées, ensemble les avocats généraux, pour, après avoir été entendus, eux retirés, prendre par MM. les gens du Roi telles conclusions qu'ils aviseront, pour ensuite être ordonné ce que de raison.

Vendredi 8, les chambres assemblées, ce mémoire du président de La Garde a été examiné, et il y a eu arrêté, par lequel la Cour a continué l'assemblée des chambres à mardi, 12 de ce mois, et a mandé le bâtonnier avec six anciens avocats et les gens du Roi.

Les avocats ont eu avis de ce qui s'étoit passé, se sont assemblés et ont indiqué une assemblée générale au samedi matin 9, pour attendre la notification de ce mandé. Le secrétaire du premier président est venu le dire au bâtonnier. On s'est donc assemblé dans la chambre des consultations très-tumultueusement. Cela est difficile autrement dans le concours de quatre cents personnes, dont il y en a une douzaine de vifs et d'emportés qui parlent et crient toujours, et qui à la fin entraînent à leur sentiment.

Le mot de *mandé* a d'abord choqué, mais mal à propos, car c'est le terme dont se sert le Parlement, il mande le procureur général, le prévôt des marchands, le lieutenant général de police, etc.

On a bien senti que cette comparution avec les gens du Roi tendoit à faire un règlement contradictoire, ce qui ne convient point aux avocats, n'en ayant pas besoin. Ils ont bien senti que cette comparution en présence de leurs parties, qui sont messieurs de la cinquième et MM. les gens du Roi, commenceroit par une

---

désignée sous le nom de *Communauté*, dont le bâtonnier était président. Cette association avait pour objet la discipline.

réprimande sur leur conduite. Pour éviter tous ces inconvénients, il a été résolu de quitter et cesser généralement les fonctions d'avocat. Une partie étoit d'avis de remettre à lundi prochain, 11, à prendre ce parti dans l'espérance de quelque conciliation ; d'autres ont observé qu'il pouvoit venir un arrêt du Conseil qui leur enjoindroit de plaider à la cinquième à peine de désobéissance. Et enfin la plus grande partie a été de faire l'abdication de la qualité d'avocat.

Samedi 9, on vouloit d'abord porter les *matricules*[1] au greffe, mais on a jugé cela inutile ; c'est bon pour des provisions[2]. Au lieu de cela, en sortant de la chambre des consultations, tous les avocats, le bâtonnier à la tête, ont été ce matin, à onze heures, chez M. le président l'assurer de leurs respects, et lui déclarer que, ne pouvant pas honorablement acquiescer à l'arrêté de la Cour, ils avoient pris le parti de se retirer et de cesser leurs fonctions.

M. le premier président ne s'attendoit pas à ce compliment ; il leur a répondu que cela étoit fort triste, qu'ils étoient gens sensés et qu'ils devoient avoir pensé à cette démarche, qu'il n'étoit maître de rien, les chambres étant assemblées ; au surplus, qu'on avoit négligé ses bons offices et ses entremises. On est sorti, et comme la queue a été obligée de sortir pour faire place, il a chargé un jeune avocat d'avertir tous ces messieurs qu'il les conduisoit ; et étant dans la cour, chacun a pris son chemin, sans remonter dans le Palais.

Il est vrai que M. le premier président avoit offert ses entremises à M. Le Poupet, bâtonnier, et que des esprits turbulents ont empêché M. Le Poupet d'y aller.

En général, dans le corps, plusieurs sont jaloux de la réputation de Normant et de la figure qu'il fait dans le monde ; d'autres, qui ne sont pas dans un emploi

---

1. Registres de l'Ordre.
2. Lettres de nomination à un office de judicature, charge de finances, etc.

éclatant, se flattent en brouillant tout et se faisant chefs de parti de se faire connoître, et plusieurs des plus fameux ont la tête si échauffée de ce jansénisme, que tout ce qui tend à la rébellion, au désordre, au mouvement, les flatte et est de leur goût.

M. Duhamel, qui est le premier consultant et homme infiniment sage, ne se connoît plus. Tels sont MM. Le Roy, Visinier, Pothouin, Prévost, Blaru et autres, et tous ces sortes d'esprits rassemblés, agissant par différents motifs, font toujours prendre à tout le corps un parti violent.

Celui-ci a été regardé comme tel par bien des gens sages, de quitter tout dans le plus fort du Parlement. Peut-être que mardi le Parlement n'auroit point pris le ton si haut, qu'on auroit entendu les avocats sur leur plainte, les gens du Roi sur leur prétention, et que l'on n'auroit fait de règlement que sur la manière dont on plaideroit avec les gens du Roi, quand ils parleroient pour le procureur général. En tout cas, si l'on n'avoit point été content de l'arrêté, il auroit été à temps de se retirer.

L'événement justifiera quel parti étoit plus sage, car par ce moyen toutes les audiences cessent en même temps au Parlement, au Grand Conseil, au Châtelet. Le Parlement est très-piqué, et il perdroit beaucoup de son autorité s'il alloit au devant d'un accommodement. Le premier président et le procureur général partiront pour en instruire le ministre. La Cour regardera-t-elle pas ce pas comme un délit par rapport à la police générale de l'État? Ne dira-t-elle pas au Parlement que c'est leur propre désobéissance au Roi dans les temps passés qui donne cet exemple? Les avocats n'ont pas manqué de reprocher aux enquêtes leur ingratitude, ayant refusé de plaider à la Grand'Chambre, et ayant tout cessé lors de la démission des charges[1].

---

[1] Voyez plus haut, 1732, juin, t. ii, p. 298 et suiv.

D'ailleurs, la Cour et le clergé seront peut-être charmés de cette désunion par rapport aux affaires de l'Église. Le ministère n'a rien à craindre du corps des avocats qui n'ont ni fonctions, ni juridiction; il a au contraire à craindre de l'autorité ancienne que le Parlement voudroit faire revenir. Il est de son intérêt de le réduire et de l'abaisser. Toutes ces considérations entreront peut-être dans les suites de cet événement.

Chacun donc retiré chez soi, le samedi et le dimanche se sont passés en conciliabules. Les gens du Roi se rendirent, le dimanche au soir, chez le premier président, où tous les présidents des enquêtes étoient. Ils étoient bien dans la résolution de ne pas reculer, et ils avoient arrêté leur arrêt pour mardi pour tous les cas qui pouvoient arriver. D'un autre côté, Pothouin et Visinier, avocats, qui avoient vu plusieurs conseillers et présidents, ont fait entendre qu'ils avoient parole; que, pourvu qu'on rentrât lundi dans toutes les fonctions, et même à la cinquième, où c'étoit jour d'audience, le bâtonnier ne seroit point obligé de se rendre à la Grand'Chambre; qu'il ne seroit plus question de l'arrêté du 8; et qu'en cas qu'il y eut assemblée de chambres mardi, que l'Ordre des avocats seroit content.

Ces deux avocats avoient même employé le nom de M. le président Le Peletier[1] comme leur ayant donné parole pour toutes les suites de cette affaire. Ce qui n'étoit pas et ne pouvoit pas être. M. Le Peletier est rempli de bons sentiments pour les avocats, mais il est trop sage pour donner des paroles dont il n'étoit pas le maître, ne pouvant pas répondre des opinions de cent

1. Est-ce Louis Le Peletier, président à mortier, qui devint premier président, ou bien Jacques-Louis Le Peletier de Montmelliant, président de la deuxième chambre des enquêtes? Nous croirions cependant qu'il s'agit plutôt du président des enquêtes, d'après la fin de la phrase de notre auteur, que du président à mortier, qui devait avoir moins d'influence que son homonyme sur les enquêtes.

cinquante conseillers des enquêtes, qui étoient les plus animés depuis longtemps contre les avocats.

Cependant, sur la foi de Pothouin et Visinier et sur leur entremise, le bâtonnier et plusieurs avocats se rassemblent chez M. Duhamel, et enfin ils se déterminent et font prendre le parti à tous les avocats de rentrer lundi. Je suis fort étonné d'apprendre le matin qu'on plaide dans le Palais et à la cinquième chambre des enquêtes. M. Le Roy le jeune, qui étoit la cause de toute cette brouillerie par la dispute qu'il avoit eue contre la cinquième et M. Joly de Fleury, y prit lui-même un défaut, accompagné de grand nombre d'avocats, en sorte que la plainte de la cinquième chambre ayant été à l'assemblée des chambres du 8 de ce que les avocats n'y plaidoient plus, c'étoit une entière satisfaction, et bien plus grande que si on avoit continué d'y plaider après la démarche de M. Normant.

Mardi 12, tout le monde alla au Palais. L'assemblée des chambres se tint, et le bâtonnier et les six anciens avocats ne se présentèrent point, comme on en étoit convenu la veille. Il ne faut pas mentir, je m'attendois que le tout se passeroit doucement, et même en compliments pour les avocats, et je m'attendois aussi, en cas qu'ils voulussent se glorifier de cela, à leur dire que cela n'étoit pas étonnant, puisqu'ils avoient la veille demandé pardon à la cinquième chambre des enquêtes.

A dix heures et demie finit l'assemblée des chambres. La curiosité fut générale pour savoir ce qui avoit été fait. La grande salle étoit pleine de monde. On nous apporta de plusieurs côtés la copie de l'arrêt en ces termes, ce qui fut confirmé vrai dans le moment :

« La Cour, attendu le rétablissement du service dans
« son intégrité et la soumission des avocats, le bâton-
« nier et six avocats s'étant rendus aux ordres de la
« Cour, elle les a dispensés d'être entendus, en exé-

« cution de l'arrêt du 8 de ce mois. Fait en Parlement,
« ce 12 juillet 1735. »

La consternation des avocats fut générale sur cet arrêt, à cause des termes de *soumission des avocats pour l'exécution de l'arrêt du 8*, dans le temps que le fait n'étoit pas vrai, et que le bâtonnier et les six avocats ne s'étoient pas présentés. On dit même qu'il y avoit eu des avis plus rudes de mander effectivement le bâtonnier et d'envoyer voir au greffe s'ils y étoient. Mais pour éviter toutes les suites de cet avis, les plus modérés furent d'avis de supposer qu'ils y étoient.

Pour le public, il faut dire la vérité. Il n'a point été fâché intérieurement de ce coup de patte pour rabaisser un peu la fierté des avocats que l'on appeloit CORPS GLORIEUX. Et surtout les procureurs[1] au Parlement qui s'en plaignoient extraordinairement, se trouvant souvent traités durement d'avocats médiocres qui avoient été leurs clercs.

A midi 12, chacun s'en retourna dîner. L'après-midi, il y eut grande assemblée à la bibliothèque des avocats avec beaucoup de tumulte; il y avoit deux cents jeunes gens que l'on ne connoissoit pas, qui ne cherchent que le trouble, parce qu'ils n'ont rien à risquer, ni état à perdre. Il fut question de savoir quel parti on prendroit, ou de continuer le service, ou de quitter encore une fois. Parti très-difficile à prendre !

Les mêmes personnes, qui avoient engagé ce mauvais pas par leurs conseils imprudents et violents, qui sont pourtant les anciens et des meilleurs consultants, savoir : MM. Le Poupet, bâtonnier, Duhamel, La Vigne, MM. Le Roy, Pothouin, Visinier étoient d'avis de quitter tout à fait. En disant leur avis, ils étoient applaudis par la nombreuse jeunesse par des claquements de

---

1. Les procureurs au Parlement, que j'ai parfaitement connus pendant près de vingt-quatre ans, sont des gens fort estimables et plus attachés à la magistrature qu'à ces...... *(Note de Barbier d'Increville.)*

mains; et quand quelque autre pensoit autrement, il étoit presque hué.

Cela engagea plusieurs gens sages et modérés à se retirer chez M. Julien de Prunay, qui suit les anciens et qui est très-habile homme, pour pouvoir du moins s'entendre. Et toutes les raisons bien pesées, ils furent d'avis d'aller le lendemain au Palais et de continuer le service.

Les autres de même s'étoient retirés en petit nombre chez M. Duhamel. On envoya d'une assemblée à l'autre, et on nomma six commissaires de chaque côté pour discuter les raisons.

Les commissaires de la bande de M. Julien de Prunay allèrent à dix heures du soir chez M. Duhamel et y restèrent jusqu'à deux heures après minuit, et se séparèrent de différents avis [1].

Le lendemain, 13, je savois ceux qui étoient du parti de continuer, et j'y ai été, comme étant le parti le plus sage. Ce sont : MM. Julien de Prunay, Cochin, Normant, Aubry, Huart, Bellanger, Pillon, Ambroise Guérin, qui doit être bâtonnier l'année prochaine, et plusieurs autres, tous de grande distinction dans l'Ordre. L'après-midi, nous nous assemblâmes chez M. Julien de Prunay. Aubry rendit compte de tout ce qui s'étoit passé la veille chez M. Duhamel, et des raisons de ceux qui étoient du parti de quitter. Et au nombre de soixante-douze, on fut tous d'avis de continuer le service, quelque parti que voulussent prendre les autres, et de tâcher de les ramener à l'unanimité, pour éviter la division d'un corps que l'on convenoit être un très-grand mal, à l'effet de quoi les mêmes commissaires furent chargés d'aller chez M. Duhamel, où se tenoit aussi une autre assemblée du

---

1. En 1730 ou environ, les avocats du Parlement de Grenoble avoient de même quitté leurs fonctions. Le Parlement fit plaider les procureurs, et lorsqu'il se présentoit des questions d'une difficile discussion, on ordonnoit un délibéré. Ainsi, on sut se passer des avocats. (*Note de Barbier d'Increville.*)

parti contraire, pour leur apprendre notre résolution.

Il n'y a personne qui n'ait senti et qui ne soit convenu que l'arrêt est déshonorant; qu'il y a du faux, de la perfidie, de l'ingratitude même de la part des enquêtes; que l'indépendance de l'Ordre est entamée. Et en effet, on ne se ressouvient point d'un arrêt pareil et qui est arrivé pour une cause de rien.

Mais d'un autre côté, on a considéré qu'on s'est très-imprudemment conduit dans cette affaire : quitter samedi 9, sans savoir ce dont il seroit question à l'assemblée des chambres, rentrer lundi, par le conseil de trois ou quatre personnes, sans savoir pourquoi et sans aucune assurance ; qu'il seroit, après cela, ridicule de quitter encore le mercredi sans savoir comment on en sortiroit.

Car, quand on a quitté pour les affaires du jansénisme dans les années passées, les avocats avoient pour eux tout le public et le Parlement. On exageroit le besoin qu'on a d'eux et qu'on ne peut pas s'en passer. On savoit que cela ne pouvoit pas durer longtemps.

Mais ici, si l'on quitte, quelle sera la porte pour rentrer? Il est certain que le Parlement ne pouvoit pas se rétracter envers des inférieurs et des gens qui doivent être subordonnés sans avilir son autorité : ainsi, il faudroit prendre le parti de quitter pour toujours, ce qui n'est pas proposable dans une compagnie dont la plupart sont dans un âge à ne pouvoir prendre une autre profession, et qui ont besoin de leur état, soit pour soutenir la dépense dans laquelle ils se sont engagés, soit même pour subsister, en sorte que, dans six mois, une partie se seroit détachée et auroit repris la plaidoirie.

Il faut dire aussi que dans la division, qui est aujourd'hui dans l'Ordre, la raison intérieure de ceux qui sont à la tête du parti de M. Julien de Prunay est de faire tête aux autres et de sortir de la domination de MM. Duhamel, Le Roy, Pothouin, Visinier, Prévost, grands jansénistes, et autres, qui s'étoient mis sur le pied de régler tout, par l'avis desquels on passoit par docilité, d'autant que ce sont d'habiles gens, et qui nous ont fait faire beaucoup de sottises. Leur cabale alloit même jusqu'à se renvoyer entre eux les affaires, les consultations, les arbitrages, et à enlever la besogne aux autres. Voilà le motif de ceux du second âge, qui sont gens sensés et qui tiennent le premier rang dans le barreau. Il s'agit aujourd'hui de savoir ce qu'aura produit, hier, le rapport de nos commissaires, et si on pourra parvenir à la réunion.

Mercredi 13, jeudi 14, les commissaires du côté de M. Julien de Prunay ont eu de grandes conférences avec ceux de l'autre parti, mais ils n'ont pu rien gagner; ils sont inflexibles, et ne veulent point rentrer que l'on ne se soit réuni et que l'on n'ait obtenu quelque adoucissement à l'arrêt du 12.

Je ne sais point ce qui arrivera de leur dessein de quitter; mais ces deux conditions-ci n'arriveront point, car, premièrement, tel événement que ce soit, les *Juliénistes* ne quitteront point, et il y a grande apparence que le Parlement, qui ne trouve rien d'extraordinaire, c'est-à-dire de trop fort dans son arrêt, ne changera rien de ce qui est sur les registres : il compromettroit en cela son autorité.

Vendredi 15, nous nous assemblâmes chez M. Julien de Prunay. Les commissaires nous rendirent compte de leurs démarches, de tous les efforts qu'ils avoient faits pour ramener les autres. On dit même que M. Cochin s'étoit surpassé en éloquence, et qu'ils n'avoient pu rien gagner. Sur quoi il fut déterminé qu'il n'y auroit plus de notre part de conférence de commissaires, et que la semaine prochaine on prendra aux audiences les avantages contre les défaillants. Car, quoiqu'on aille au Palais, le service ne se fait pas; tout se passe aux audiences en remises. Les présidents n'osent point encore prononcer de déboutés d'opposition, qui sont de grande conséquence pour des parties très-innocentes; mais aussi à la fin, le Parlement pouvoit s'impatienter de ce que cette division dure trop longtemps.

Quoiqu'il ne soit question dans les conférences que d'amour pour ses confrères, de douleur dans le cœur de la désunion, il faut dire qu'intérieurement il n'y en a guère qui ne fût charmé que cela durât; chacun y gagneroit considérablement dans son emploi, surtout pour la consultation, tous les anciens s'étant retirés; mais il faudra bien que cela prenne fin; et au fond du cœur, tous ces anciens-là seroient bien fâchés de ne pas travailler et de ne pas gagner des écus.

Je crois qu'ils souhaiteroient bien avoir, lundi prochain, une lettre de cachet portant injonction au bâtonnier et à ses adhérents de reprendre leurs fonctions; ils diroient alors qu'ils ne sont rentrés que par ordre du Roi, et qu'ils ont eu plus de cœur et plus de fermeté que les autres. Il seroit pourtant vrai de dire que, sans le parti des travaillants, il y auroit peut-être eu des lettres de cachet d'une autre espèce. On peut dire même que le Conseil ne devroit pas se servir de cette voie, dont il n'a pas osé dans le temps que tous les avocats avoient quitté, et que le public étoit sans défense et sans conseil. Ce seroit employer un ordre du Roi pour servir de porte et de prétexte honnête à ceux du parti de M. Duhamel pour rentrer, et il semble que le Roi ne doive point employer son autorité pour engager des particuliers à reprendre malgré eux une profession, quand d'ailleurs le public est servi. Le plus ou le moins doit être indifférent, et surtout parce que tous ceux de l'autre côté, qui sont à la tête, sont jansénistes outrés, et qu'il seroit de l'intérêt de la Cour et du clergé qu'ils fussent pour jamais séparés du corps des avocats, d'autant plus que ce seroit le vrai moyen de venir à bout du Parlement, parce que les avocats qui restent dans quelque occasion que ce soit ne les soutiendront pas, et se ressouviendront toujours de ce coup-ci.

Depuis le 15, il n'y a eu de la part des rentrants que des visites et exhortations particulières. Les autres se sont toujours assemblés, ont persisté dans leur refus, et ont renvoyé leurs sacs chez les procureurs; mais aucun des travaillants n'a voulu se charger des affaires dont étoient chargés ci-devant leurs confrères. Ces procédés généreux ont encore duré une semaine, pendant lequel temps on a fait de son mieux pour remplir les audiences de causes contradictoires. Et enfin par amitié pour leurs confrères, par envie de travailler, par l'impossibilité de réussir dans leur parti, M. Duhamel, le bâtonnier et tous les anciens consultants ont promis de rentrer demain, samedi 23 juillet, ce qui entraîne la jeunesse.

La curiosité a conduit au Palais; la plus grande partie de ces messieurs est rentrée, les uns d'un côté, les autres de l'autre, comme à l'ordinaire. On s'est embrassé, il y aura toujours du fiel entre les chefs des deux partis. Car le vrai de ceci est que Normant a été piqué de ce que, malgré la démarche qu'il avoit faite d'aller plaider à la cinquième chambre, pour éviter l'assemblée des chambres, on ait été d'avis de ne pas continuer d'y plaider, c'est-à-dire MM. Le Roy, Pothouin, Visinier, Prévost et M. Duhamel lui-même, jusque-là qu'il est vrai qu'ils ont voulu tenter de supplanter Normant par jalousie de son emploi, et qu'il a été obligé, pour les contenter, d'aller avec Griffon, jeune avocat, qui l'avoit accompagné à la cinquième chambre des enquêtes, faire une espèce de satisfaction au bâtonnier. Normant, piqué, voyant que ces gens-ci avoient occasionné tant de sottises en se rendant maîtres de l'Ordre, a formé une cabale pour continuer de travailler malgré les autres. Cette division ne s'oubliera point entre les chefs et fera sûrement, par la suite, grand tort à l'Ordre, quand il voudra soutenir ses prétendus droits d'indépendance.

Ce qu'il y a de plus chagrinant, c'est que cette histoire a fait la risée du public. Cela a donné lieu à des imprimés infâmes et méprisants, jusqu'à une alliance entre l'Ordre des Décrotteurs[1] et celui des avocats, comme ordres libres, des Calottes et des chansons!

Voilà bien le public! Quand tous les avocats ont cessé leur travail avec le Parlement, ils ont été exaltés non pas parce qu'ils soutenoient le Parlement, mais parce qu'ils défendoient la cause du jansénisme et les miracles de M. Pâris, chose qui au fond ne méritoit pas la moindre attention d'un avocat, en tant qu'homme savant et d'esprit; mais cela étoit beau, parce que tout le public est janséniste sans savoir pourquoi. Aujourd'hui que les avocats sont en quelque façon maltraités par le Parlement, le public en est charmé, parce que cela ne le regarde plus.

Novembre.

Rentrée du Parlement. — Éloge du père de l'auteur par M. Portail, premier président.

A la rentrée du Parlement, on a fait, comme à l'ordinaire, l'éloge des avocats qui sont morts dans l'année. J'avois eu le malheur de perdre, au mois de mars,

---

1. *Requête présentée aux avocats par les décrotteurs, pour demander la réunion des deux ordres, signée* Trousse Pet, *bâtonnier de l'Ordre des Décrotteurs et Ramoneurs.* Paris, 1735, in-4.

Brevet du régiment de la Calotte en faveur des avocats du Parlement de Paris, in-4, 4 pages.

Arrêt de la Basoche, *en faveur des avocats du Parlement de Paris,* signé la Buvette, in-4, etc.

On trouve dans la collection Maurepas, t. XVIII, p. 411, *un avis important aux avocats,* etc.

On fit courir encore dans le public un feuillet in-4 imprimé, intitulé : *Extrait du second tome des Mémoires de Sully, vers le milieu du onzième chapitre.*

Cet extrait commençait ainsi : « Pendant le cours de l'année 1602, il se passa plusieurs autres affaires en France, etc. » Il s'agissait de l'opposition que les avocats firent cette année-là à l'exécution d'un arrêt du Parlement qui leur ordonnait de donner quittance des honoraires reçus, et récépissé des pièces de procédure remises. M. de Sigongne était contraire à l'Ordre.

M. Barbier, mon père, âgé de quatre-vingts ans, et qui avoit été, pendant plus de cinquante ans, dans un emploi très-considérable. M. le premier président Portail, qui avoit été avocat du Roi au Châtelet, et qui connoissoit mon père depuis ce temps-là, a fait son éloge en ces termes :

« L'un véritablement digne de sa réputation, mais
« attaché par choix et par reconnoissance à une juri-
« diction où ses vertus et ses lumières firent de si
« grands progrès, avoit voulu lui consacrer, pendant
« tout le cours de sa vie, les hommages et la gloire qu'il
« y avoit acquis. »

« Au milieu de sa science et de ses talents, la modestie
« la plus sincère et la plus parfaite sembloient être
« peintes sur son front; un caractère de douceur et de
« simplicité prévenoit en sa faveur; un style pur et
« concis, un esprit d'ordre et de clarté, une éloquence
« naturelle et insinuante, toujours amie de la justice et
« de la vérité, régnoient dans tous ses discours. Habile
« à manier les dons de la parole, dont il connoissoit
« tous les ressorts, et dévoué sans réserve au service du
« public, il ne connut jamais d'autre ambition ni d'autre
« récompense de ses travaux que le plaisir de lui être
« toujours utile.

« Témoin de la considération universelle qu'il avoit
« déjà méritée dans ce même tribunal où nous avons
« porté, comme lui, les premiers essais de nos forces,
« nous nous faisons aujourd'hui un devoir de rendre ces
« justes témoignages à sa mémoire. »

Ce portrait est très-fidèle. Edmond-Jean Barbier étoit fils de Jean Barbier, né en 1630 et mort en 1678. Jean[1], avocat au Parlement, avoit plaidé au Châtelet avec distinction et avoit acquis l'estime et l'amitié de M. Le Camus, lieutenant civil. Après sa mort, Edmond-Jean,

---

[1]. Je crois avoir lu dans les *Arrêts de Soef* un éloge de ce Jean, mort en 1630. (*Note de Barbier d'Increville.*)

n'ayant pas de biens, s'attacha au Châtelet, et, avec la protection de M. le lieutenant civil Le Camus et ses talents, et surtout une mémoire sans exemple, il y eut un emploi considérable qui a toujours augmenté jusqu'en 1721, qu'il a quitté la plaidoirie. Alors retiré dans son cabinet, il a tenu le premier rang dans la consultation, ayant été dix ans conseil de madame la princesse de Conti et autant du conseil de M. le duc d'Orléans. Il a conservé jusqu'à la mort tous ses talents, la justesse d'esprit et sa mémoire.

ANNÉE 1736.

Bruits de paix. — Réflexions.

On dit la paix certaine, et les conditions en ont été arrêtées secrètement entre M. le prince Eugène et le cardinal de Fleury sans autre médiation[1]. La guerre avoit été entreprise contre l'avis du prince Eugène, et le cardinal aime mieux la paix. Cela s'est conclu sans le consentement de l'Espagne et de la Savoie, qui sont cependant nos alliés. Le roi de France agit en cette partie comme étant en état de donner la loi, sans avoir besoin des entremises de l'Angleterre et de la Hollande qui, depuis la guerre, n'ont pas osé se déclarer, parce que la marine de France étoit sur un pied à pouvoir leur résister, et le roi d'Angleterre a paru ne faire des démarches que pour la conciliation des puissances qui étoient en guerre.

Le 12 février, le duc de Lorraine a épousé, à Vienne, l'archiduchesse aînée[2], ce qui s'est fait avec les magnificences convenables.

Les conditions de paix, suivant les bruits publics, car le secret des négociations est toujours conservé à l'ordinaire, sont que l'électeur de Saxe demeurera roi de Pologne; que le roi Stanislas, qui est toujours dans le

---

1. Le 3 octobre 1735, des préliminaires de paix avaient été signés à Vienne. Voyez Lacretelle, *Histoire du dix-huitième siècle*, t. II, p. 175, édition de 1808, et *Art de vérifier les dates*.

2. Voyez plus haut, t. II, p. 374, note 3, Marie-Thérèse d'Autriche, fille de l'empereur Charles VI. Cette princesse eut, à la mort de son père, en 1740, à conquérir son héritage, que lui disputaient et Frédéric II et l'empereur Charles VII. Nous la verrons encore recommencer la guerre dite de *Sept ans*, contre la Prusse, pour reprendre la Silésie. Elle mourut en 1780.

pays du roi de Prusse, avec une cour considérable d'une partie des seigneurs qui s'étoient attachés à son parti, sera reconnu roi de Pologne par toutes les couronnes, et qu'il abdiquera en faveur de l'électeur de Saxe; que le duc de Lorraine abandonne le duché de Lorraine et le duché de Bar à la France qui serviront de résidence et d'État au roi Stanislas pendant sa vie; les uns disent avec le titre de roi d'Austrasie, et qu'après la mort du grand-duc, les duchés de Toscane et de Parme appartiendront au duc de Lorraine; que don Carlos conservera les royaumes de Naples et de Sicile; qu'on rendra à l'Empereur toute l'Italie, dont nous nous sommes emparés depuis la guerre, sauf à donner quelque chose au roi de Sardaigne, qui, quoique non en état de donner la loi à des puissances telles que l'Empire et la France, est celui de tous les princes qui a donné le plus de marques d'un grand roi et d'un grand capitaine.

Ces conditions ont trouvé des obstacles de la part de la cour d'Espagne, à cause des duchés de Parme et de Toscane, bon pays destiné à don Carlos, et qui d'ailleurs est le patrimoine de la reine d'Espagne, dont on la dépouille sans son consentement par des arrangements particuliers. Mais, d'un autre côté, comme c'est le roi de France qui, par ses nombreuses armées en Allemagne et en Italie, lui a procuré les moyens de s'emparer des deux royaumes pour l'établissement de don Carlos, son fils, il a cru pouvoir disposer de Parme et Plaisance. Et d'ailleurs comment pourroit faire l'Espagne seule pour s'opposer à ces arrangements, l'Empereur et le roi de France ayant fait la paix entre eux?

Ceux qui frondent notre ministère, et surtout les ennemis de l'élévation du garde des sceaux[1], prétendent que cette paix est *déshonorable* à la France. On dit néanmoins qu'il n'y a eu aucune part, et que son sys-

---

1. Ses intrigues contre la politique du cardinal dans ces négociations amenèrent sa disgrâce et sa chute, ainsi que nous le verrons plus bas, en 1737.

tème politique étoit de faire durer la guerre, attendu que le cardinal, âgé de quatre-vingts ou quatre-vingt-cinq ans, pouvant manquer d'un jour à l'autre, et restant seul informé des négociations et des projets, c'étoit le seul moyen de le continuer dans la première place du ministère et dans la confiance du Roi, et que ces intérêts d'opposition à la paix que le cardinal a bien sentis l'ont déterminé à traiter directement et secrètement avec le prince Eugène.

Quoi qu'il en soit, les critiques prétendent donc que cette paix n'est point honorable, la guerre n'ayant eu d'autre objet que l'injure faite au roi de France dans la personne du roi Stanislas, son beau-père, lequel, par l'événement, après avoir été élu roi de Pologne, ne demeure point en possession de cette couronne.

Cependant, dès le commencement de la guerre, on a dit ici que le royaume de Pologne n'étoit que le prétexte de la guerre, et que l'objet de la politique a été de s'opposer à la pragmatique sanction, c'est-à-dire à la disposition que l'Empereur avoit faite de ses biens et de ses États en faveur de sa fille aînée qu'il avoit destinée au duc de Lorraine.

Il paroît assez par l'événement qu'on s'est servi du roi Stanislas pour objet de la guerre, par le voyage qu'on lui a fait faire et par tous les risques qu'on lui a fait courir; car tout le monde est convenu qu'on pouvoit, dès le commencement, envoyer des secours suffisants à Dantzick, qui auroient dérangé les oppositions de la czarine, au lieu qu'on a sacrifié visiblement trois régiments qu'on y a envoyés quand il n'étoit plus temps. C'est ce qui a fait dire que la Lorraine, dont, depuis deux cents ans, la France ne peut pas venir à bout de s'emparer, a été le véritable objet des négociations.

La paix paroît réellement faite entre l'Empereur et la France, puisqu'il n'y a plus de campagne cette année en Allemagne, et qu'en Italie nos troupes se sont retirées, et ont abandonné tout le Mantouan et le pays où l'on avoit pénétré. Mais il s'agit à présent des intérêts de l'Espagne. Et quoique la paix soit faite, on ne sait point encore ni les conditions ni quand elle sera publiée[1].

1. La paix ne fut signée définitivement que le 18 novembre 1738 à Vienne, et elle fut publiée à Paris le 1ᵉʳ juin 1739. Mais, depuis l'année 1735, la guerre avait réellement cessé. — L'annonce de la paix excita peu l'enthousiasme des poëtes, si nous en jugeons par une ode que son auteur, un sieur de Portes, chanoine de Laon, dédia au cardinal de Fleury (*Ode à la Paix*, in-4, 1736, 10 pages. Paris, Mesnier).

ANNÉE 1737.

Janvier.

Suppression de l'impôt du dixième. — Les Espagnols en Toscane. — Mort de M. Patiño. — Intrigues de M. Chauvelin. — *Almanach du Diable.* — Mariage du roi de Sardaigne. — Élisabeth de Lorraine — Le duc d'Orléans. — Réduction de l'armée. — Guerre entre la Russie et la Porte. — L'Empereur. — La Corse. — Le roi Théodore.

Le Roi, pour donner les étrennes à son peuple, a rendu un arrêt du Conseil, le 1er janvier, par lequel il a déclaré que le dixième imposé sur les biens n'auroit plus lieu à compter du 1er janvier, quoique la paix ne fût pas publiée, parce que, par la déclaration qui a établi le dixième, il est dit qu'il cesseroit trois mois après la publication de la paix. Il devroit y avoir une déclaration pour la suppression, laquelle fut pareillement registrée au Parlement, mais apparemment qu'on n'a pas voulu la rendre que la paix ne fût généralement publiée, et elle ne peut l'être que quand les Espagnols auront entièrement évacué la Toscane, que les troupes de l'Empereur y seront, et que les garanties pour les Deux-Siciles à l'égard de don Carlos, et de la Toscane à l'égard du duc de Lorraine, seront respectivement signées par l'Empereur, la France et les autres puissances.

Depuis un an et plus que nous avons abandonné l'Italie à l'Empereur et que nos troupes sont retirées, et qu'on a cessé la campagne en Allemagne, il a paru étonnant que la retraite des Espagnols pour évacuer la Toscane ait été si longue et si difficile; et on vient d'en savoir la cause, car l'Empereur et le cardinal agissoient de bonne foi avec les Anglois et les Hollandois pour terminer toutes les conditions de la paix.

M. Patiño[1], premier ministre d'Espagne, est mort le mois dernier. Il étoit frère du marquis de Castellar[2], qui a été ici ambassadeur d'Espagne. Il avoit été jésuite; c'étoit un homme d'un génie supérieur, qui avoit des vues, des projets, et dont la politique étoit d'éloigner la conclusion de la paix. Il avoit mis dans son parti M. Chauvelin, garde des sceaux, qui a toujours eu son intérêt particulier de faire durer la guerre, pour, au défaut du cardinal, être l'homme nécessaire pour continuer de travailler avec le Roi, et pour occuper la première place du ministère. On dit que M. Walpole[3], ambassadeur d'Angleterre en Hollande, grand politique, s'est méfié de cette intelligence secrète, et qu'après la mort de M. Patiño, il a fait voler la cassette de M. le marquis de Vaugrenant[4], notre ambassadeur en Espagne, laquelle étoit dans son cabinet. Dans cette cassette étoient non-seulement ses papiers et les instructions qu'il recevoit directement de M. Chauvelin; mais il y avoit aussi ses diamants. Après ce vol, on dit que M. de Vaugrenant a reçu une lettre anonyme, qu'il pouvoit être tranquille sur ses diamants, qu'il n'en perdroit pas un, et qu'on a fait dire la même chose au cardinal de Fleury. A l'égard des papiers, M. Walpole en a fait usage pour informer l'Empereur et M. le cardinal de Fleury qu'on les trompoit dans leurs opérations. Il est certain que M. Patiño, avant de mourir, a fait venir le roi et la reine d'Espagne dans sa chambre, et qu'il leur a dit : « Monsieur et madame, je n'ai point d'autre conseil à

1. Don Joseph Patiño, né en 1667, mort en novembre 1736. Après avoir fait partie de la compagnie de Jésus, comme le dit Barbier, il remplit plusieurs fois les fonctions de ministre en Espagne.
2. Don Balthasar Patiño, marquis de Castellar, mort à Paris en 1633, pendant son ambassade.
3. Horace Walpole, 1678-1757. Il avait été ambassadeur à Paris en 1727.
4. M. le comte de Vaugrenant, ambassadeur extraordinaire en Espagne.

« vous donner que de faire présentement la paix telle « qu'elle est arrêtée. J'avois d'autres desseins, mais, « moi mort, tout est mort, et personne n'est ici capable « d'exécuter mes projets. » Et, en effet, on a distribué depuis sa mort à quatre secrétaires d'État tous les départements qu'il remplissoit seul. Ç'a été une grande perte pour la reine d'Espagne dont l'ambition ne pouvoit être remplie que par ce ministre. Aussi, depuis ce temps, se dispose-t-on sérieusement à évacuer la Toscane, et ici on va travailler à une grande réforme dans nos troupes, ce qui est la preuve d'une paix assurée.

Cette affaire a été approfondie sur ce que depuis trois semaines on parle fort mal du garde des sceaux en Cour. On l'a regardé comme devant être disgracié. Des gens disent qu'on a entendu le cardinal lui dire : « Monsieur, la mesure est comble ! » C'est M. Orry, contrôleur général, qui a été fait ministre d'État à la place de M. le duc d'Antin[1], qui a toute la confiance du cardinal ; cependant il n'y a point encore aucun changement par rapport au garde des sceaux, qui est toujours en place, mais il y a tout à craindre pour lui. On voit, par les bruits qui ont couru sur lui, qu'il a beaucoup d'ennemis. On dit qu'il est fort haut et qu'il ne tient parole à qui que ce soit de ce qu'il promet. Si tous ces bruits-là sont vrais, on en verra la suite.

Il a paru au commencement de ce mois un *almanach* appelé *du Diable*[2] ; il a été vendu une livre quatre sols

---

1. Mort le 2 novembre 1736.
2. *Almanach du Diable, contenant des prédictions très-curieuses et absolument infaillibles pour l'année* 1737. L'auteur de cet almanach était, dit la *Bibliothèque hist. de France*, un abbé Quesnel, qui mourut à la Bastille. Il y eut deux éditions de ce pamphlet. « Dans la première, le titre est « enfermé dans un cartouche gravé, soutenu par un diable avec la devise : « *Ridendo mores castigo...* On trouve à la fin une clef qui explique le nom « des personnes désignées dans les épigrammes qui composent cet almanach. « On en fit une seconde édition, avec une critique et contre-critique fort bien « imprimée dans le format in-12. Il y a peu d'almanachs qui aient fait autant

au concert spirituel du jour de Noël, ensuite trois livres à l'Opéra, et après, étant très-fort défendu, il a coûté jusqu'à douze ou quinze livres. Ce sont des petits morceaux en vers par mois de ce qui est arrivé l'année dernière. M. Hérault, lieutenant de police, y est assez mal traité. M. de La Fare, évêque de Laon, madame d'Orléans, abbesse de Chelles, que l'on dit avoir fait un petit poupon; des brocards sur la Constitution; le tout ensemble ne vaut pas grand'chose, mais on en cherche fort l'auteur, qui ne passeroit pas bien son temps.

Le roi de Sardaigne épouse Élisabeth[1] de Lorraine, sœur aînée du duc de Lorraine. Son mariage a été déclaré au Roi par son ambassadeur. La duchesse de Lorraine conduit sa fille à Turin, en sorte que le roi Stanislas partira au printemps pour aller à Lunéville faire sa résidence. M. Chaumont de la Galaizière, maître des requêtes, beau-frère de M. Orry, contrôleur général des finances, et qui est fils de M. et de madame Chaumont, qui ont fait une si grosse fortune au système, et qui étoient auparavant marchands de grains, est chancelier et garde des sceaux des duchés de Lorraine et de Bar, et part incessamment pour Nancy.

Le public disoit que M. le duc d'Orléans épouseroit la seconde princesse de Lorraine[2], qui est une des belles personnes de l'Europe; mais cela ne se confirme pas. Comment accorderoit-il un pareil mariage avec cette dévotion austère et cette retraite continuelle à l'abbaye Sainte-Geneviève, qu'il continue toujours? A propos de sa dévotion, on dit que c'est l'homme le plus emporté et le

« de bruit que celui-ci. On se donna de grands mouvements pour en empêcher
« le débit et pour en découvrir l'auteur. » Bois-Jourdain, t. III, p. 67-8.

1. Élisabeth-Thérèse. Voyez plus haut, t. II, p. 63, note 3. Cette princesse, née en 1711, était, ainsi que le déclare Barbier, l'aînée des sœurs, mais non la sœur aînée du duc François, qui était né en 1708.

2. Anne-Charlotte de Lorraine, née en 1714. Cette princesse se fit religieuse et devint, en 1738, abbesse à Remiremont. Il avait déjà été question, en 1729, du mariage du duc d'Orléans avec la princesse Élisabeth. Voyez t. II, p. 63.

plus violent et entier dans ses volontés; je le sais par gens, qui ne lui sont pas inférieurs, et qui, sur ce caractère certain, se trouvent obligés de prendre des mesures.

Depuis la mort de M. Patiño, la paix s'exécute: Les Espagnols ont évacué la Toscane, et les actes de cession et de garantie entre l'Empereur et le roi d'Espagne, pour les royaumes de Naples et de Sicile, et pour les duchés de Toscane, Parme et Plaisance, cédés au duc de Lorraine, ont été signés ce mois-ci. De notre part, on a fait une réforme considérable tant dans l'infanterie que dans la cavalerie. Les compagnies de dragons de quarante hommes sont réduites à vingt-cinq dont il y en a dix à pied et sans chevaux. Non seulement cela met bien des hommes sur le pavé, mais cela diminue furieusement le revenu des capitaines de cavalerie; M. le cardinal ne travaille qu'à l'épargne, et il laissera bien de l'argent dans les coffres du Roi.

La guerre qui occupe à présent l'Europe est entre la Porte et la czarine[1], dans laquelle l'Empereur, obligé de secourir la czarine par des traités faits avec elle, se trouve aussi engagé; il y a longtemps que l'Empereur fait en sorte de parvenir à un accommodement sans y réussir. Je croirois pourtant que M. Patiño et M. le garde des sceaux avoient grande part à ces événements pour se venger de la czarine et pour embarrasser l'Empereur; de même qu'il n'est pas douteux que le seigneur Théodore[2], qui s'étoit fait déclarer roi de l'île de Corse, à la

---

1. Cette guerre avait été entreprise contre la Turquie par l'impératrice Anne, afin de réparer les échecs de Pierre le Grand et d'effacer le traité du Pruth. Le général Munnich commença cette entreprise en comptant sur l'assistance de Thamas-Kouli-Khan, schah de Perse, qui n'exécuta pas ses promesses. Munnich envahit la Crimée, s'avança jusqu'à Azof et s'empara d'Oczacow. L'Empereur, obligé de prendre parti contre la Turquie, n'essuya dans cette campagne que des échecs successifs et la termina par un traité déshonorant signé par le baron de Neuperg. La précipitation de ce diplomate rendit inutile l'intervention officieuse du cardinal, auprès de la Porte.

2. Théodore-Étienne, baron de Neuhoff, né, dit-on, à Metz, en 1690,

tête des mécontents contre la république de Gênes, y avoit été envoyé et soutenu par M. Patiño, puisqu'aussitôt sa mort ce particulier, sous des prétextes dont il a leurré les chefs des mécontents, s'est retiré furtivement avec son prétendu ministre et qu'on dit s'être réfugié à Naples. Il y a apparence que ces grands projets de politique s'évanouiront et que les différends entre la Porte et la Moscovie s'accommoderont plus aisément. Pour le garde des sceaux, on est toujours en suspens; on attend la bombe, car les griefs du cardinal sont certains. On prétend même qu'il a reçu des sommes considérables d'Espagne, et il a beaucoup d'ennemis; mais aussi il est fin et a beaucoup d'esprit.

Février.

M. le duc de La Trémoille. — Thèse de l'abbé de Fleury. — Le chapitre de Saint-Amé, à Douai, et la Constitution. — Comment on enterre un chanoine janséniste. — Refus de sacrements. — M. Titon. — Le premier président Le Peletier. — Assemblées du Parlement. — Évocation au Conseil. — Le *Sac* des conseillers. — Disgrâce de M. Chauvelin. — M. de Maurepas. — M. d'Aguesseau a les sceaux. — M. de Jumilhac garde M. Chauvelin à Gros-Bois. — Bruits divers. — M. Amelot de Chaillou, secrétaire d'État des affaires étrangères. — M. Du Theil. — Madame Amelot. — Le Parlement. — Titres de comédies. — Le *Miserere* de M. Chauvelin. — Chanson. — Le Parlement.

M. le duc de La Trémoille, marié depuis sept ou huit ans avec mademoiselle de Bouillon, n'avoit point d'en-

mena une existence des plus étranges. Il fut tour à tour page de la duchesse d'Orléans, ami de Gœrtz en Suède, agent d'Albéroni en Espagne. Marié à la fille de lord Kilmarnoch, il revint en France, s'attacha à la fortune de Law, et, après la chute du système, se fit l'agent de l'Empereur en Italie. Il se lia avec quelques Corses et alla à Tunis solliciter du secours en faveur de cette île infortunée. Il débarqua quelque temps après à Aleria et se fit proclamer, le 15 avril 1736, roi de Corse sous le nom de Théodore Ier. Il battit les Génois en plusieurs rencontres, quitta l'île pour chercher de nouveaux secours et se dirigea vers la Hollande. Il réussit encore à former une compagnie, mais la flotte génoise et la tempête anéantirent ces nouvelles ressources. Dès lors Théodore, considéré comme un aventurier, fut obligé de quitter la Corse, et, en butte à ses créanciers, poursuivi par la haine de Gênes, il erra longtemps en Europe et vint mourir, en 1755, à Londres. Il fut enterré à Westminster.

fants. Il avoit paru même, par sa conduite, ne s'en pas soucier, n'ayant eu d'autre occupation, comme un des plus beaux seigneurs de la Cour, que de ...... toutes les jolies femmes de la Cour et de la ville. A son retour de l'armée d'Italie, il a donné quelques-unes de ses nuits à sa femme, qui est d'ailleurs très-aimable et très-respectable par sa sagesse et ses sentiments; elle est devenue grosse, et elle est enfin accouchée, le 6 de ce mois, d'un prince[1], qui devient l'aîné d'une des plus grandes maisons de l'Europe. On dit prince, non pas seulement à cause de la principauté de Tarente, mais parce que, par des dons et concessions des rois de France, l'aîné de la maison de La Trémoille a les mêmes titres et les mêmes honneurs que les princes du sang et immédiatement après eux.

Le 7 de ce mois, l'abbé de Fleury[2], petit-neveu[3] du cardinal, a soutenu une thèse en Sorbonne. Le cardinal y étoit, et le duc de Fleury[4], frère de l'abbé, faisoit les honneurs. Il y a eu une assemblée nombreuse des quatre cardinaux[5] qui sont ici, de tous les évêques, de toute la Cour. M. le comte de Clermont y a été. On avoit envoyé des thèses dans la robe, aux présidents à mortier, aux gens du Roi et à tous les chefs des compagnies. Les présidents à mortier dînèrent chez M. le premier président et y allèrent en corps. On dit que le nonce du pape a pris place au-dessus de l'archevêque de Paris, quoiqu'en cérémonie dans son diocèse.

Voici une nouvelle affaire à laquelle on ne s'attendoit pas. Dans la ville de Douai, il y a le chapitre de Saint-

1. Jean-Bretagne-Charles-Godefroi, duc de La Trémoille, prince de Tarente.
2. Pierre-Augustin-Bernardin de Rosset du Rocozel, abbé de Fleury, né en 1716, fils de Jean-Hercule de Rosset, duc de Fleury.
3. Par sa grand'mère paternelle, Marie de Fleury, sœur du cardinal et femme de Bernardin de Rosset, sieur de Rocozel.
4. André-Hercule de Rosset, marquis de Rocozel, fils aîné de Jean-Hercule, duc de Fleury, né en 1715. Il devint premier gentilhomme en 1741.
5. Les cardinaux de Fleury, de Bissy, de Rohan et de Polignac.

Amé[1], qui est dans le ressort du conseil d'Artois, et par appel au Parlement de Paris. Tout ce chapitre étoit appelant de notre bonne Constitution *Unigenitus*, dont on n'avoit guère parlé pendant la guerre. M. l'évêque d'Arras[2] avoit lancé une sentence d'excommunication, ce qui par la suite avoit fait revenir tout ce chapitre, à l'exception de trois ou quatre chanoines, qui ont persisté et renouvelé leur appel. Un de ceux-ci est tombé malade au mois de janvier; sa maladie a duré quelque temps, et tout à coup elle a tourné à la mort. Une nièce qu'il avoit avec lui a averti le doyen pour lui faire administrer les sacrements. On a répondu que c'étoit un excommunié, un hérétique, indigne, par conséquent, des sacrements; il est mort à bon compte. Il y avoit alors quelque chose de plus indispensable, qui étoit de l'enterrer. Sa nièce a fait là-dessus ses diligences; refus par les mêmes de sépulture en terre sainte. Il y a eu jugement ou ordonnance (je ne sais pas bien de quel juge) pour l'enterrer dans son jardin. Le pauvre mort est resté trois ou quatre jours sans savoir où on le mettroit en dépôt. A la fin il a été enterré dans le jardin; mais ce qu'il y a de mieux, c'est qu'on lui avoit fait l'honneur de lui tourner la tête du côté de l'église et le visage du côté du ciel, comme cela se fait par habitude. Cela a paru une contravention aux chanoines catholiques constitutionnaires. Il y a eu nouvelle ordonnance portant permission d'exhumer, et on a tourné le défunt de la tête à la queue avec le visage contre terre.

La nièce, janséniste, apparemment indignée d'un traitement aussi méprisable à l'égard de son oncle, a

1. Le chapitre de Saint-Amé était une abbaye de Bénédictins fondée dans le septième siècle à Merville-sur-la-Lys, qui fut par la suite sécularisée et transférée à Douai. Ce chapitre était composé d'un prévôt, d'un doyen, d'un chantre, d'un trésorier, d'un écolâtre et de vingt-quatre prébendes. Le roi nommait le prévôt.

2. François III, Baglion de La Salle, évêque d'Arras, 29 octobre 1725, 14 mars 1752.

rendu plainte, fait informer des faits, peut-être même interjeté appel comme d'abus au Parlement. La procédure n'est pas encore constante. Quoi qu'il en soit, des mémoires exacts de ces faits graves et violents, tendant bien parfaitement à un schisme déclaré, sont parvenus entre les mains de M. Titon, conseiller au Parlement.

Mercredi, 13, M. Titon a rendu compte de ces mémoires à sa chambre, le fait a paru grave, et, après en avoir parlé aux autres chambres des enquêtes, on a député la première chambre pour demander le cabinet, c'est-à-dire l'assemblée des enquêtes, qui se fait ordinairement par deux députés de chaque chambre à la première des enquêtes, comme la plus ancienne.

Comme tous les honnêtes gens sont jaloux d'une sépulture orthodoxe, la chose mise en délibération a paru très-sérieuse, et il a été arrêté de demander l'assemblée des chambres.

Vendredi 15, le Parlement s'est assemblé. M. le premier président Le Peletier[1] a commencé par un compliment très-gracieux pour la première occasion qu'il avoit de marquer sa reconnoissance à la compagnie de la manière dont il avoit été reçu dans sa place, et de l'assurer de sa part du plus parfait attachement. Cela a été parfaitement bien jusque-là; mais il a continué de parler de l'affaire en question qu'il est convenu être très-grave; après quoi il a dit qu'il ne croyoit pas néanmoins qu'il fût de son devoir de permettre qu'on délibérât sur cette affaire, et qu'il falloit que chacun s'instruisît en particulier sur ses livres de ce qu'il avoit à faire dans pareille occasion.

Or, à ce propos, la compagnie a changé de mine et de maintien. Quelqu'un lui a répondu qu'on n'entendoit pas ce langage; que le Parlement étant assemblé,

---

[1]. Louis Le Peletier, président à mortier, nommé premier président en remplacement de M. Portail, mort l'année précédente. Il donna sa démission en septembre 1743, après avoir eu quelques désagréments avec sa compagnie.

c'étoit à tout le corps à prendre un parti et à arrêter si on délibéreroit ou non, mais qu'il n'avoit aucun droit de permettre ou d'empêcher qu'on délibérât. Il s'est dit, à ce qu'on rapporte, des propos fort durs qui lui ont été adressés. De jeunes conseillers, ne songeant qu'à rire, quoiqu'en lieu grave, et plus au fait des rébus de théâtre que des lois, se disoient : « Messieurs, « la troupe du sieur Le Peletier ne représentera pas « aujourd'hui, parce qu'elle va en Cour. » (On resta assemblé jusqu'à une heure sans se rien dire). Et ils vouloient dire que le premier président vouloit aller à Versailles, à l'ordre, avant de prendre un parti. On sortit. Le premier président crut que cela en étoit fait, mais les conseillers en sortant dirent : « Messieurs, allons-« nous-en dans nos chambres; et à deux heures et demie « il faut revenir au Palais. »

A trois heures au plus, toutes les chambres sont venues dans la Grande, M. le président de Maupeou est arrivé pour tenir son audience de relevée. Il a été surpris. « Messieurs, a-t-il dit, je ne croyois trouver ici si « bonne compagnie; apparemment que vous comptez « vous assembler. Ainsi point d'audience, et il faut faire « avertir M. le premier président. » Cela a été fait, et il est arrivé sur-le-champ. On a pris place, et cela s'est passé en altercations. Assemblée remise au samedi.

Samedi 16, l'assemblée n'a pas duré longtemps sans rien conclure. A lundi.

Lundi 18, on a signifié au Parlement un arrêt d'évocation de l'affaire de Douai pour être rapporté au Conseil par M. d'Angervilliers, secrétaire d'État de la guerre, qui a le département de la Flandre, et être ordonné ce que de raison.

Sur cette évocation, M. le premier président a dit qu'au moyen de ce, il n'y avoit plus rien à faire. Quelqu'un a répondu qu'il falloit faire des remontrances. Il en est convenu, et qu'il falloit faire des mémoires à cet effet; il comptoit en être quitte, mais M. de Champeron, conseiller de Grand'Chambre, a pris la parole en disant qu'il y avoit une affaire plus importante sur laquelle il falloit délibérer, qui étoit de savoir si M. le premier président avoit seul le droit de permettre ou d'empêcher de délibérer et de convoquer l'assemblée du Parlement comme il le prétendoit. Toute l'assemblée est demeurée d'accord d'examiner cette prétention, et les choses sont restées en cet état; l'assemblée des chambres tenante; messieurs se rendent tous les matins à la Grand'Chambre; on dispute un peu, et depuis huit jours on ne fait rien au Palais.

M. le premier président a rapporté l'exemple de Matthieu Molé, premier président. C'étoit dans le temps des troubles et des guerres civiles contre le Roi et le cardinal Mazarin. Quelqu'un du Parlement proposa de lever un régiment que l'on nommeroit le régiment du Parlement. M. Molé dit qu'il empêchoit de délibérer sur cette proposition, et il prétendit que c'étoit à lui à décider du mérite d'une chose pour la mettre ou non en délibération.

On a répondu à M. Le Peletier qu'on s'étonnoit qu'il osât rappeler un fait qui devoit être enseveli dans l'obscurité et qui étoit à la honte du Parlement.

M. Le Peletier a dit dans un autre temps qu'il falloit éviter les menaces de la Cour. M. l'abbé Pucelle lui a répondu que ce n'étoit pas les menaces de la Cour qui étoient à craindre, mais ses caresses, et dans le fond cette pensée est juste.

Quoi qu'il en soit, et indépendamment de tous les propos qui se tiennent par les uns et par les autres, voilà une bonne querelle dans le Parlement même! Je crains fort que cette division ne soit un coup de politique de la Cour et qu'on n'ait dit à M. Le Peletier:
« A la première occasion, il faut élever ce droit pour
« faire naître une dispute, une cessation de palais, et

« donner lieu à quelque règlement. » D'autant qu'à présent que tout est tranquille par la paix, le cardinal veut peut-être mettre quelque arrangement dans les affaires de l'Église. Sur quoi il se doute bien trouver de l'opposition dans le corps du Parlement.

Car si cela vient tout naturellement de M. Le Peletier par hauteur et par ambition de dominer le Parlement, il est très-mal conseillé. Ce magistrat, qui est fort poli et fort honnête homme, a été élevé dans sa place par les vœux du public et de tout le Palais avant d'être nommé par le Roi. Et dans un moment le voilà méprisé de sa compagnie dont il ne rattrapera jamais la confiance.

D'ailleurs, en cas qu'il parvînt à sa prétention, en même temps qu'il seroit le maître en apparence, il deviendroit petit, il dépendroit entièrement du ministre, il seroit garant de tout, il ne pourroit plus assembler le Parlement qu'avec permission ; et s'il le faisoit sans ordre, il en seroit seul la victime. D'ailleurs, s'il avoit des vues particulières, il ne seroit plus secondé par la compagnie. Au lieu qu'un premier président, habile, qui est aimé et estimé de son corps, est un homme à craindre pour le ministre; il peut, en refusant d'entrer dans les vues du ministère, rejeter tout ce qu'il feroit faire lui-même sur la compagnie, en disant qu'il n'est pas le maître; et il faut le gagner pour l'engager à gagner lui-même sa compagnie. Et la résistance étant générale, on ne punit pas deux cent cinquante personnes qui tiennent des places distinguées dans la société, comme on en punit une seule ; et quand l'union y est, on n'en peut pas punir un pour une cause commune qu'on ne punisse tous, le public s'y trouve intéressé par contre-coup par la cessation des affaires, cela fait crier et cela devient trouble.

De quelque façon que ce soit que le premier président ait entamé ce parti, soit par impulsion, soit par idée de sa supériorité, il y a toute apparence qu'il prend un mauvais parti, et ceci a l'air de finir par un lit de justice[1]. En tout cas, c'est le coup de partie pour les enquêtes; car s'ils perdent le droit de convoquer les assemblées pour délibérer ensuite sur les matières proposées, ils ne jouiront plus de ce vieux reste des priviléges du Parlement de Paris, qui le mettent au-dessus des autres parlements. Si, au contraire, ce droit d'assemblée du Parlement et de la Cour des pairs alloit être réservé à la Grand'Chambre exclusivement, cela rendroit la place de conseiller de Grand'Chambre une place d'État; mais en même temps le premier président deviendroit le maître absolu, car comme ces conseillers *courent furieusement le sac*[2] par amour d'argent, ils dépendent du premier président en cette partie et lui font la cour servilement.

Tout ceci n'est rien. Mardi 19, le Roi alla à la Muette; le cardinal s'en alla à sa maison d'Issy, et il dit au garde des sceaux d'aller à Paris tenir son audience des mardis pour les ambassadeurs, et que jeudi matin il viendroit travailler avec lui à Issy. Tout cela se fit, et le garde des sceaux eut du monde à dîner et à souper chez lui.

Mercredi 20, à sept heures du matin, M. de Maurepas, secrétaire d'État, arriva chez M. Chauvelin[3], étant porteur d'une lettre de cachet, à ce qu'on dit écrite de la main du Roi, par laquelle il demande la démission de ses charges de secrétaire d'État des affaires étrangères, de garde des sceaux et de vice-chancelier; ce qu'il signa apparemment. Il demanda à M. de Maurepas s'il

---

1. Voyez le *Journal de ce qui s'est passé au Parlement au sujet de l'affaire de Douai*, in-4, Paris.

2. C'est-à-dire sollicitent du premier président d'être désignés comme rapporteur dans les affaires civiles. Les pièces de chaque dossier étaient renfermées dans un *sac*. De là *courir le sac*, à cause des épices ou honoraires attachés à chaque rapport.

3. Les Chauvelin sont Vendômois, fameux avocats. Christophe Chauvelin l'étoit vers 1559. Il étoit l'oncle de ceux dont M. le garde des sceaux descend. Le premier qui ait été conseiller au Parlement est Sébastien, reçu en 1597.

(*Note de Barbier d'Increville.*)

pouvoit aller parler à madame de Chauvelin; il lui permit. Il monta en haut, la fit réveiller, et lui *dit* seulement : « Madame, M. de Maurepas est là-bas! » Elle entendit fort bien ce que cela vouloit dire. M. de Maurepas fut longtemps à causer avec lui. M. Chapelle de Jumilhac, officier des mousquetaires, entra avant huit heures, qui lui montra l'ordre qu'il avoit de le conduire à Gros-Bois, sa terre, à sept lieues de Paris. M. Hérault arriva aussi, qui lui rendit une grande lettre de M. le cardinal, dans laquelle il lui mandoit que, dans les circonstances présentes, il lui conseilloit de ne recevoir à Gros-Bois que sa famille; on ne sait pas le reste. On dit que, quand M. de Maurepas arriva, il étoit à travailler, et qu'il avoit reçu, à trois heures du matin, une lettre de madame la princesse de Carignan, qui l'avertissoit du coup. On mit dans le même temps le scellé sur son cabinet à Versailles. Mais depuis le temps qu'il doit se méfier de l'aventure dont il savoit mieux que personne la cause et les particularités[1], il n'est pas douteux qu'il avoit mis ordre à ses papiers.

M. de Maurepas est sorti avec les sceaux et les hoquetons qu'il a portés à Issy, pour rendre compte de ce qui s'étoit passé; il les a reportés ensuite au Roi à Versailles, qui les a fait reporter à midi à M. le chancelier d'Aguesseau[2]. Voilà pour la troisième fois qu'on les lui

---

1. Il avait formé une intrigue pour renverser le cardinal. Le duc de Bourbon et madame la Duchesse sa mère étaient, dit-on, de ce complot. Le cardinal le déjoua, et répandit le bruit que M. Chauvelin avait trahi le secret de l'État. La disgrâce du garde des sceaux donna lieu à des satires et à des chansons, entre autres à une pièce de vers intitulée le *Salve de M. Chauvelin* :

>   Dans un revers fatal que je n'ai pu prévoir
>   Chacun de moi se retire;
>   Je me vois tristement dans un sombre manoir,
>   Et personne ne vient me dire :
>   *Salve.*

Voyez Bois-Jourdain, *Mélanges*, t. III, p. 21.

2. « M. d'Aguesseau a eu les sceaux à la mort de M. Voisin, le 2 février 1717. On les lui a ôtés en 1718 pour les donner à M. d'Argenson. On les a

rend. Il y a apparence qu'il les gardera cette fois-ci; il commence à être fort âgé et il a des maladies assez fréquentes.

A Paris, M. Chauvelin est monté dans son carrosse; M. de Jumilhac est monté dans sa chaise de poste. Étant arrivés à Gros-Bois, M. de Jumilhac n'a pas voulu s'y arrêter; il est reparti sur-le-champ pour venir rendre compte au Roi de sa commission. On disoit dans Paris qu'il étoit accompagné de dix mousquetaires, qui le garderoient à Gros-Bois; mais tout cela n'est pas vrai.

Enfin, voilà donc ce coup arrivé! Il faut croire que M. le cardinal, qui est bon, ne s'y sera déterminé qu'avec peine, et que cela n'a été fait qu'à la sollicitation de l'Empereur et du roi d'Angleterre, qui, ayant voulu conclure la paix avec la France, se sont vus traversés depuis plus d'un an par la politique et l'intelligence de M. Chauvelin avec l'Espagne; car il y a plus d'un an que l'évacuation de Toscane et les échanges traînent sans qu'on pût savoir pourquoi. Et si les choses sont de façon que M. Chauvelin eût reçu de grosses sommes d'Espagne, la punition n'est pas assez forte dans une prévarication pareille.

Cette disgrâce fait plaisir à bien des gens, car il avoit bien des ennemis, surtout madame la comtesse de Toulouse, qui a grand crédit sur l'esprit du Roi, et le maréchal de Noailles, son frère. Tous les secrétaires d'État sont charmés intérieurement; ils souffroient impatiemment la supériorité du Chauvelin, qui visoit au ministère, et qui avoit voulu, comme adjoint du cardinal, les obliger à venir travailler chez lui. D'ailleurs il étoit

ôtés à M. d'Argenson et on les a rendus à M. d'Aguesseau. M. d'Aguesseau les a conservés jusqu'en 1722, qu'on les lui a ôtés pour les donner à M. d'Armenonville. On les a ôtés à M. d'Armenonville en 1727 pour les donner à M. Chauvelin, à qui ils ont été ôtés en 1737, pour les rendre à M. d'Aguesseau, qui les a conservés jusqu'au 27 novembre 1750, qu'il a donné sa démission. (*Note de Barbier d'Increville.*)

fort haut, et on se fait bien des ennemis en voulant dominer sur les autres par caractère. Au demeurant, il est prodigieusement riche, ce qui devoit le tranquilliser; mais un homme ambitieux périt ordinairement de chagrin dans ces sortes de chutes. Il a un fils de vingt ans au moins dont on ne parle pas et qui n'est pas plaint; c'est un impertinent[1], qui visoit et croyoit déjà être duc et pair; je crois qu'il sera bien heureux de se faire avocat pour avoir la charge de président à mortier que M. Chauvelin a gardée, et dont je ne crois pas qu'il fasse grand usage; car, quand son exil finiroit, il n'y a pas apparence qu'il retourne au Parlement.

Le jeudi 21, il y a eu de grands discours dans Paris sur la place de secrétaire d'État des affaires, qui est un poste important. On l'a donné d'abord à M. le marquis de Monti, lieutenant général des armées du Roi, cordon bleu, qui a été ambassadeur en Pologne, qui étoit à Dantzick avec le roi Stanislas, qui a facilité sa fuite et qui a été si longtemps arrêté chez la czarine Anne. C'est, dit-on, un grand négociateur; mais donner cette partie du ministère à un étranger, cela n'étoit pas naturel, et il n'est pas d'usage ici d'y mettre des gens d'épée. On a dit que M. le comte de Maurepas avoit ce département et qu'il quittoit la marine; mais il est trop fin pour quitter le département de la marine, qui est immense, pour prendre un détail qu'il ne sait pas et qui est sujet à révolution. On dit qu'on l'a offert à M. le marquis de Torcy[2], grand ministre, et qui est fort aimé et considéré dans toutes les cours étrangères. Mais il a refusé de reprendre cette place à cause de son âge[3].

1. Charles-Louis Chauvelin, marquis de Gros-Bois, fort mauvais sujet, dit Barbier, dont le père ne peut rien faire, pas même le faire entrer au Parlement. Il fut tué en duel, bien malgré lui toutefois, en novembre 1750, par un capitaine aux gardes, nommé Lelièvre.

2. Voyez plus haut, t. I, p. 162, note 3.

3. Il était né en 1665, et avait par conséquent soixante-treize ans.

Enfin, le Roi a nommé pour secrétaire d'État des affaires étrangères M. Amelot de Chaillou[1], intendant des finances. Il faut convenir que personne ne s'y attendoit, et on a donné sa place d'intendant des finances à M. Orry de Fulvy[2], maître des requêtes, frère du contrôleur général. Celui-ci a tant de crédit auprès du cardinal qu'on dit que M. Amelot de Chaillou n'a été fait secrétaire d'État que pour donner sa place à M. de Fulvy.

Au reste, M. Amelot est un homme de petite mine, délicat, qui peut avoir de l'esprit, mais qui ne doit rien savoir de ce métier-là. A la vérité, il est dit qu'il travaillera avec M. Du Theil[3], qui est un premier commis des affaires étrangères, très-habile, homme froid, qui depuis longtemps est à Vienne, et qui a négocié toute l'affaire de la paix avec l'Empereur, de qui il a reçu de grandes marques de considération. Il travaillera même, conjointement avec M. Amelot, avec le cardinal, en sorte qu'à proprement parler, M. Amelot n'aura que le titre, et c'est M. Du Theil qui fera les affaires étrangères. Il y a apparence qu'on attendoit son retour, c'est-à-dire le cardinal, pour frapper sur M. Chauvelin, car M. Du Theil n'est arrivé de Vienne que mardi dernier, 19 du présent.

Tous ces événements rassemblés sont fort heureux pour M. Amelot, qui attrape un peu en volant une grande place où il lui sera aisé de s'instruire avec M. Du Theil s'il a de l'esprit. Sa femme est fille de M. de Vougny, homme d'affaires, et sœur de Vougny, maître des requêtes. Elle est au nombre des jolies femmes de Paris. Pour lui, c'est un homme de la bonne robe[4]. Il y avoit

---

1. Jean-Jacques Amelot, seigneur de Chaillou, né en 1689, membre de l'Académie française. Il fut secrétaire d'État des affaires étrangères du 22 février 1737 au 17 novembre 1744, et mourut en 1749.

2. Il fut l'un des directeurs de la Compagnie des Indes, et se rendit célèbre par sa passion effrénée pour le jeu.

3. N. La Porte Du Theil.

4. Amelot, en 1557, étoit avocat. J'ai, dans un délibéré que j'ai rapporté,

M. Amelot de Gournay[1], président à mortier, et il y a eu le président Amelot[2], qui a été ambassadeur en Portugal, en Espagne et autres endroits, et qui étoit un homme très-recommandable par ses talents et sa capacité dans les négociations.

A l'égard du Parlement, que cette grande nouvelle a un peu fait oublier, l'affaire est toujours au même état; depuis plus de douze jours on ne date point au Palais; on ne répond point de requêtes, et on ne tient point d'audience. Les chambres se sont toujours assemblées sans rien conclure. On dit que les enquêtes ont appréhendé, par la tournure de l'arrêt d'évocation, que le Roi s'étant réservé à lui seul la connoissance de l'affaire de Douai, le dessein de la Cour ne fût ensuite de la renvoyer à la Grand'Chambre seulement, exclusivement aux autres, et que c'est ce qui les a déterminés à vouloir délibérer sur la prétention de M. le premier président. On dit cependant que, dans l'assemblée du samedi 23, M. le premier président a commencé un peu à mollir pour entrer en accommodement. L'assemblée est remise à lundi 25. On verra si cela finira.

Il y a toujours des gens oisifs qui se divertissent aux dépens des grands; on a fait des applications de titres de comédies sur plusieurs personnes, et il y en a d'assez bien trouvés :

Le prince travesti[3], M. le comte de Clermont.

Il est abbé et jouit de plus de trois cent mille livres de bénéfices; il est cependant en habits brodés et galonnés, avec une bourse à ses cheveux, et de plus est lieu-

en 1786, lu l'expédition d'un arrêt où les avocats étoient Amelot et Lamoignon. (*Note de Barbier d'Increville*).

1. Charles-Michel Amelot, marquis de Gournay, mort président à mortier en 1730.

2. Michel Amelot, marquis de Gournay, mort en 1724. Il remplit, en 1685, une mission particulière en Portugal; et en 1707 il fut nommé envoyé extraordinaire en Espagne.

3. Comédie de Marivaux, en trois actes et en prose, représentée sur le Théâtre-Italien en 1724.

tenant général des armées du Roi, à la vérité avec dispense et permission du pape.

La fausse prude[1], la princesse de Carignan.

Elle fait la dévote, elle est intime du cardinal, et ne cherche qu'à faire réussir des affaires pour de l'argent.

Jodelet maître et valet[2], le cardinal de Fleury.

Il gouverne le royaume, et n'est que le valet du Roi comme ministre.

Crispin rival de son maître[3], M. Chauvelin, ci-devant garde des sceaux.

C'est le cardinal qui l'a élevé à toutes ces dignités, et il auroit bien voulu prendre sa place et son empire sur l'esprit du Roi. Il lui a manqué et l'a trompé en une infinité d'occasions, le cardinal le reconnoît de plus en plus.

Autre rébus sur lui : *Un élève de la grande troupe du sieur Le Peletier a fait un saut périlleux, on le donne en quatre.*

Il a été avocat général et président à mortier au Parlement ; ainsi c'est un élève du Parlement. Pour le saut qu'il a fait, il est effectivement très-périlleux.

Le Médecin malgré lui[4], M. Pâris de Saint-Médard, réputé saint.

On lui a, en effet, fait faire des cures et des guérisons à quoi il ne pensoit guère.

On dit qu'il y a eu et qu'il y va un grand monde à Gros-Bois ; mais on ne voit que madame Chauvelin. Pour le garde des sceaux, comme on lui a recommandé de ne voir que sa famille, il ne parle à personne. Madame la princesse de Conti, seconde douairière, et madame la princesse de Carignan, ont été le voir, et il a été obligé

1. *La Coquette et la Fausse prude*, comédie de Baron, en cinq actes et en prose, représentée en 1686.
2. *Jodelet, ou le Maître-valet*, comédie de Scarron, en cinq actes et en vers, représentée en 1645.
3. Par Le Sage, comédie en un acte et en prose, représentée en 1707.
4. Comédie de Molière, en trois actes et en prose, représentée en 1666.

d'aller recevoir madame la princesse de Conti, sœur de M. le Duc.

Cet homme-là ne reviendra jamais en place tant que le cardinal vivra, c'est un homme prudent et piqué personnellement qui ne changera pas de parti, mais il est bien vieux, et je ne serois point du tout surpris qu'il reprît ses places après sa mort. Il a beaucoup d'esprit, fin, bon travailleur, sait tous les secrets du cardinal et des étrangers pendant cette dernière guerre, et par-dessus cela a de grands biens. Il a eu contre lui l'Empereur, l'Angleterre et la Hollande. Il doit avoir pour lui l'Espagne et le roi de Naples. On lui fait succéder un homme tout neuf qui de longtemps ne sera au fait des intrigues des cours, qui n'est plus à portée d'apprendre les projets des cours pendant la paix, qui peut-être par lui-même ne sera jamais capable d'être un grand ministre. Avec de l'argent, il gagnera bien des protecteurs et des protectrices dans ce pays-ci, et il fera revenir les ministres des cours qui ont été contre lui et qui ont contribué à sa perte.

On dit que, depuis l'exil du Chauvelin, on a présenté contre lui des mémoires abominables sur sa trahison, ses négociations secrètes et ses pilleries. Il est certain qu'une ambition démesurée a fait la perte de cet homme-ci. On a fait sur lui une parodie sur le *miserere*[1], où on le fait parler pour demander pardon au cardinal et pour avouer tous ses crimes. L'ouvrage n'est pas des meilleurs, mais il est très-mauvais et très-critique pour le pauvre garde des sceaux. Tous ces mémoires rassemblés, seront un grand moyen pour l'exclure à toujours d'aucun retour à la Cour.

>Enfin, mon ami Chauvelin,
>   Tu n'es plus rien en France;

---

1. Voyez mss., t. III, p. 343-347. Voyez aussi le *Recueil* de Maurepas, xix, p. 244. Nous avons cité plus haut, p. 65, note 1, une parodie du *Salve Regina* imprimée par Bois-Jourdain.

J'en ai dans l'âme un vrai chagrin,
　　J'avois quelqu'espérance,
　Car tu fus toujours bon patron.
　La faridondaine, la faridondon,
　　Généreux et fidèle ami,
　　　　Biribi,
　A la façon de Barbari.

　Redevenu simple et bourgeois,
　　Ma foi, c'est grand dommage !
Sans ce coup, fait duc de Gros-Bois,
　　Ton fils, prudent et sage,
Sans doute eût décoré ton nom,
　　La faridondaine, etc.,
D'un titre si rare aujourd'hui,
　　　　Biribi,
A la façon de Barbari.

　Si tu savois comme à Paris
　　Un chacun te regrette,
Les grands autant que les petits,
　　Fâchés de ta retraite,
Chantent tous sur le même ton,
　　La faridondaine, etc.,
Chauvelin n'est plus, Dieu merci !
　　　　Biribi,
Qu'à la façon de Barbari.

A l'égard du Parlement, les choses sont toujours dans le même état. On s'assemble le matin en la Grand'-Chambre, où l'on demeure les bras croisés ; en sorte que l'on dit dans Paris : « C'est aujourd'hui la huitième re-« présentation de la scène muette de la troupe du sieur « Le Peletier. » Les après-midi quelques conseillers députés des chambres vont chez le premier président en habit, la conférence se passe en verbiage sans rien faire.

On avoit imaginé un arrêté par lequel il étoit dit que le Parlement seroit maintenu dans le droit de délibérer. Messieurs des requêtes n'ont pas trouvé la décision assez bien expliquée, ils ont ajouté dans le droit et dans le libre exercice de délibérer. Cela a été reporté chez M. le premier président, qui n'a pas voulu passer ces termes qui peuvent seuls lever toute difficulté, parce que, pour le droit de délibérer, il ne sera pas douteux quand le premier président voudra assembler la compagnie, et mettre une chose en délibération. Mais le libre exercice de délibérer s'entend de la faculté qu'a tout le corps de former et de proposer une délibération.

Cela a donné lieu à plusieurs conférences; il n'y a que la cinquième chambre des enquêtes qui a tenu bon pour n'envoyer qui que ce soit chez le premier président. A son égard, il a toujours persisté dans sa prétention, en disant qu'il espéroit que Messieurs se consulteroient et qu'ils reviendroient à son avis. La Grand'Chambre a toujours été opposée au premier président, et l'on s'est quitté en remettant l'assemblée au premier jeudi de carême.

Mars.

Le Roi au bal de l'Opéra. — Le duc d'Ayen. — Délibération du Parlement. — M. Chauvelin. — *Lettre* du cardinal de Fleury. — Suppression de l'office de garde des sceaux. — M. Amelot de Chaillou. — Les Francs-Maçons ou les *Frimassons*. — Mademoiselle Le Juge. — Miracle. — Le chevalier d'Orléans et M. de Conflans.

Lundi gras[1], le Roi est venu au bal de l'Opéra[2], incognito, lui neuvième. Il avoit soupé à Versailles avec plusieurs seigneurs. Un des seigneurs avoit acheté neuf dominos. Le Roi avoit une robe bleue avec un domino couleur de rose. Ils descendirent de la grande calèche dans la rue Saint-Nicaise. Il n'y avoit que trois ou quatre

---

1. 4 mars.
2. Voyez le *Mercure de France*, 1737, mars.

hommes à cheval, en redingote. Le Roi et les autres vinrent à pied depuis la rue Saint-Nicaise jusqu'à l'Opéra, et comme ils n'avoient pris par inattention que sept billets et qu'ils étoient neuf, on les arrêta à la porte, et ils donnèrent deux écus de six francs pour entrer tous ensemble. Le Roi fut plus d'une heure et demie sans être reconnu de personne. Mademoiselle de Charolois le reconnut, parce que quelque jeune seigneur lui en fit apparemment la confidence par galanterie. Il se divertit beaucoup. Il fut bien poussé, et ils s'en retournèrent à pied chez M. le Premier[1], au Carrousel, où étoient les équipages et où ils se déshabillèrent. On ne sut dans le bal que le Roi y étoit venu, que sur les six heures du matin, plus de deux heures après qu'il en fût sorti. Il fut éclairé par un de ces savoyards qui sont à la porte avec des bouts de flambeaux. Il se fit même décrotter à la porte de M. le Premier, et il lui donna un écu de six livres.

Le duc d'Ayen[2], fils du maréchal de Noailles, reçu en survivance capitaine des gardes, et qui est en exercice, avoit soupé avec le Roi, qui ne lui avoit rien dit de la partie. Après que tout fut retiré, le Roi, éclairé par un garçon de la chambre, monta à la chambre du duc d'Ayen, qui étoit couché. Il cogna. Le duc d'Ayen demandant qui c'étoit, le Roi dit : « C'est moi. »—Le duc dit : « Je ne sais pas qui c'est ; je suis couché. » — Le Roi dit : « C'est le Roi. » Et ayant répété, le duc, qui reconnut sa voix, lui ouvrit et lui dit : « Et où allez-« vous, Sire, à l'heure qu'il est ? » — « Habille-toi « promptement. » — « Et pour où aller ? » — « Ne t'em-« barrasse pas. » — « Attendez donc que je sonne, dit « le duc, je n'ai point ici de souliers. » — « Non, dit le

---

1. Le marquis de Beringhen, premier écuyer. Le premier écuyer de la maison du Roi et le premier président du Parlement avoient également le titre de M. le Premier.

2. Philippe de Noailles.

« Roi, que personne ne vienne. » — « Où allons-nous ? » — « Au bal de l'Opéra. » — « Allons donc, dit le duc, « je vais chercher les souliers que j'ai quittés. » Lui habillé, ils sont descendus dans les cours. Le Roi, qui n'avoit point de cordon bleu, prit le duc sous le bras pour passer les postes gardés par les sentinelles des gardes du Roi. Le duc dit : « C'est moi, le duc d'Ayen. » — « J'ai bien l'honneur de vous reconnoître, monsei-
« gneur, dit le garde de sentinelle. » Ils passèrent et allèrent joindre les calèches qui l'attendoient où étoient les seigneurs du complot. Après son souper, il avoit écrit lui-même deux lettres : l'une à M. le premier écuyer pour donner ordre sur-le-champ de faire trouver des calèches par delà la grille, et d'envoyer des relais à Sèvres, et l'autre à la reine pour lui apprendre qu'il alloit incognito et en secret au bal de l'Opéra, et qu'elle ne fût point inquiète.

Il rentra à six heures du matin dans Versailles, il fallut passer par les appartements, qui étoient fermés et gardés. On cogna à une porte. Le garde du corps ayant demandé qui c'étoit, on dit : « Ouvrez, sentinelle, c'est le
« Roi. » — « Le Roi doit être couché à présent, je n'ou-
« vrirai point, et vous ne passerez pas, qui que vous
« soyez, qu'avec la lumière. » Il a fallu, sans autre raison, attendre et aller chercher de la lumière. Alors il a ouvert, il a reconnu le Roi. « Sire, a dit la sentinelle,
« je demande excuse à Votre Majesté, mais je ne dois
« laisser passer ici personne; ainsi ayez la bonté de me
« relever de ma consigne. » Le Roi a été très-content de l'exactitude de sa garde.

Le mardi gras, il alla encore au bal, à Versailles, chez madame la princesse de Chalais[1], où il dit, en entrant, qu'il se retireroit s'il dérangeoit en aucune façon la fête. Madame de Chalais le prit pour danser; il dansa un menuet pour faire honneur à la maîtresse de la mai-

---

1. Elle était dame du palais.

son, et ensuite il ne fit qu'une révérence avec une autre dame. En sorte qu'il s'évertue.

On parle fort que le cardinal a envie de se retirer.

Le Roi ne veut point travailler par lui-même. Le cardinal a, dit-on, proposé à M. le duc d'Orléans, comme premier prince du sang, de se mettre à la tête des affaires, et qu'il iroit travailler chez lui pour le mettre au fait; mais on dit que le prince l'a refusé. Cela le détourneroit de tous ses exercices de piété. On croit cependant qu'il en seroit fort capable. Le gouvernement d'un prince si dévot ne seroit pas pour cela le plus juste. Il y a bien des inconvénients. On parle ensuite du comte de Toulouse, pour remplir la place de premier ministre; c'est un honnête homme, mais très-borné, en sorte que ce seroit le maréchal de Noailles, son beau-frère, qui feroit toute la besogne. C'est un homme d'esprit, mais un peu fol homme à projets, à idées, et qui seroit bien capable de faire des nouveautés dangereuses. Les finances sont dans le meilleur état qu'elles n'ont jamais été. Il sera toujours fâcheux de perdre le cardinal.

Le jeudi, 7 mars, le Parlement s'est assemblé, et l'affaire enfin s'est accommodée à la honte du premier président. Il est fort à présumer qu'il aura un ordre de se désister de ses prétentions, attendu que cela a fait une interruption du service public pendant trois semaines entières.

On a fait reprendre à M. de Champeron son avis sur lequel il avoit été interrompu et arrêté par le premier président, et il a proposé un arrêté qui avoit sans doute été concerté. On a commencé par dresser un procès-verbal sur le registre de tout ce qui s'étoit passé, et ensuite il a été arrêté ce qui suit :

« La Cour, en délibérant sur ce qui s'est passé le 15
« février et jours suivants, a arrêté qu'elle continuera
« de se conformer aux usages, maximes et disciplines
« qui lui sont propres, et notamment en ce qui con-

« cerne le droit et la liberté de délibérer qu'elle a tou-
« jours eus. »

Le public a paru fort content de cette décision qui maintient le Parlement dans les anciens droits. Et, vendredi 8, tout a repris sa forme ordinaire, et l'on a plaidé à l'ordinaire dans les chambres.

Pour moi, je suis tondu dans mes conjectures, car il paroît fort que le premier président n'a point été soutenu de la Cour, et, cela étant, voilà un homme perdu et déshonoré dans sa compagnie, qui n'y aura plus aucun crédit, et sur lequel, par conséquent, la Cour ne pourra plus compter dans les occasions. Je ne conçois pas le faux d'une pareille démarche. Peut-on présumer qu'un homme ait compté lui seul l'emporter sur deux cent cinquante personnes pour leur enlever le plus beau et le plus distingué de leurs droits, et dont ils sont en possession? Car le Roi n'a pas voulu lui-même exiger l'exécution de la déclaration qu'il avoit rendue en 1732; et on a bien reproché à M. Le Peletier qu'il avoit été le premier et le plus vif à s'y opposer dans le temps. Quelques-uns ont prétendu qu'il n'avoit entrepris cette affaire que par le canal du garde des sceaux; mais cela n'est pas à présumer. Il y avoit longtemps qu'il savoit mieux qu'un autre les bruits qui couroient sur son compte, et il ne se seroit pas embarqué sur l'espérance de son crédit. D'ailleurs gens mieux informés disent qu'il n'étoit pas bien avec le garde des sceaux; en sorte que jusqu'ici on ne peut attribuer qu'à hauteur, imprudence, fausse politique l'entreprise du premier président. Si cela est, cet homme ne soutiendra pas sa place.

Le Parlement est à présent tranquille et continue ses fonctions. On ne parle de rien du côté de la Cour. Les faits justifient que j'ai eu tort en supposant plus d'esprit et de politique dans le premier président qu'il n'y en a.

A l'égard du Chauvelin, c'est un homme perdu pour jamais. On donne tous les jours des preuves nouvelles de sa friponnerie. On dit qu'il avoit retranché les appointements des premiers commis des autres commissions, et même de ce que l'on donne aux courriers, et qu'il en faisoit son profit. Un homme de génie peut être ambitieux et tomber dans des vices qu'il croit nécessaires à son ambition, mais de faire des injustices par amour d'argent, cela est bas, surtout à un homme qui avoit de gros biens par lui-même. Celui-ci a eu quinze cent mille livres de sa femme, et il ne peut être trop puni. On dit aussi qu'on lui a défendu de prendre aucun titre de ci-devant garde des sceaux, et qu'on lui a ordonné d'effacer ses armes des carrosses et de sa vaisselle d'argent.

Lettre[1] de M. le cardinal de Fleury à M. Chauvelin, du 21 février 1737 :

« Les liaisons qui ont subsisté entre vous et moi,
« monsieur, m'engagent à vous donner des marques de
« mon souvenir dans le malheur qui vient de vous ar-
« river. Je ne puis que vous plaindre de vous être attiré
« l'indignation du Roi. Mais si vous faites réflexion à
« votre conduite, vous sentirez combien peu elle est
« exempte de reproches. Le Roi vous honoroit de ses
« bontés, vous en avez abusé au point de rompre les
« mesures que l'on prenoit pour l'affermissement de la
« paix de l'Europe et la tranquillité de ses peuples. Vous
« savez avec quelle ouverture de cœur je me suis tou-
« jours comporté à votre égard. Malgré tout cela, vous
« trompiez ma confiance de la manière la moins per-
« mise. Rappelez-vous, monsieur, ce que je vous dis,
« lors des premiers avis que j'eus de certaines intelli-
« gences. La manière dont je vous parlai me donnoit
« lieu d'espérer que la suite répareroit les premières
« démarches. Si j'avois seul à me plaindre de vous, j'y

---

1. Cette pièce se trouve dans la collection Maurepas. Suivant une note qui accompagne cette copie, la lettre serait apocryphe.

« serois moins sensible; mais le bien et le repos de
« l'État y étoient trop intéressés, et dès lors je ne pou-
« vois être indifférent. Vous avez manqué au Roi, au
« peuple, à vous-même; ce sont des vérités tristes à vous
« dire, mais qui n'en sont pas moins réelles. Cependant
« le Roi se contente de vous éloigner de sa personne,
« sans toucher à vos biens. Combien de princes aussi
« justement offensés en agiroient ainsi? Admirez la
« clémence de Sa Majesté, et, pénétré du regret que
« vous devez avoir de cette faute, reconnoissez combien
« vous êtes heureux d'être sujet d'un maître aussi doux
« et aussi indulgent. »

Par rapport au gouvernement, on dit toujours que le cardinal a envie de se retirer; mais il ne paroît encore aucun arrangement. Le ministre, qui est juste, et qui connoit la Cour, a bien de la peine à se trouver un successeur tel qu'il voudroit.

Par lettres patentes du mois d'août 1727, on avoit rétabli en titre d'office la commission de garde des sceaux en faveur de M. Chauvelin, et on y avoit ajouté la place et le titre de vice-chancelier. Par édit du mois de février 1737, le Roi a éteint et supprimé le titre et la charge de garde des sceaux, et en a remis les fonctions par commission au chancelier d'Aguesseau. Cet édit ne s'est point vendu; on en a envoyé seulement aux cours où il devoit être registré. Il a été scellé par le Roi même, comme il paroît par l'édit; c'est une grâce que le chancelier a demandée à M. le cardinal de Fleury, avant de retirer les sceaux des mains du Roi, que sa première fonction ne fut pas de sceller la suppression de la charge de son prédécesseur; en sorte que le cardinal a engagé le Roi à sceller cet édit, lequel a été enregistré au Parlement, le 8 mars, lendemain de sa rentrée dans ses fonctions.

On dit déjà que M. Amelot de Chaillou ne restera pas longtemps dans sa place de secrétaire d'État des affaires étrangères ; ce seroit donc un tour de M. Orry, contrôleur général, de l'avoir proposé pour avoir sa place d'intendant des finances pour son frère. Cependant on les dit en liaison d'amitié depuis longtemps.

M. Amelot bégaie, ce qui n'est pas trop convenable pour donner des audiences aux ambassadeurs étrangers, sur quoi on a fait une mauvaise chanson, que le Roi, qui ne parle pas, a donné ou a pris pour interprète avec les ambassadeurs un bègue [1].

On fait encore un mauvais conte que, rapportant une affaire au Conseil, il confondoit toujours la mer du Sud avec la mer du Nord, sur quoi on l'avoit relevé plusieurs fois ; que, pour la décision de cette affaire, il auroit été résolu de la renvoyer à un abbé, homme connu et employé pour les affaires et négociations de ce pays-là ; à quoi M. Amelot ayant dit fort naturellement qu'il ne connoissoit point cet abbé-là, le Roi prit la parole et lui dit : « Je vois bien, M. Amelot, que vous ne lisez pas « plus les cartes géographiques que les *Gazettes*. » Il y a grande apparence que cela n'est pas vrai ; mais c'est toujours trop qu'on débite pareille raillerie dans le public.

Nos seigneurs de Cour ont inventé tout récemment un ordre appelé des *Frimassons* [2], à l'exemple de l'An-

---

[1].   D'Amelot la basse prestance
Répondra bien à l'éloquence
De l'ambassadeur étranger.
Le choix est bon, quoi qu'on allègue.
Au Roi, qui ne sait pas parler,
L'on donne un interprète bègue.

[2]. Des *Francs-Maçons*. Barbier traduit ici le mot anglais *freemasons*. Cet ordre, qui a la prétention de remonter à Hiram, architecte du temple de Salomon, ne fut introduit en France que vers 1725. La première loge fut fondée à Paris, dans la maison d'un cuisinier de la rue des Boucheries, par des Anglais, lord Dervent-Waters, le chevalier Maskelène et M. d'Haguettye. En 1736, lord d'Harnouester fut élu grand-maître par les quatre loges parisiennes Ce fut à l'occasion de l'élection de son successeur que fut donnée la défense dont Barbier parle ici. Cependant, en juin 1738, le

gleterre, où il y a ainsi différents ordres de particuliers ; et nous ne tardons pas à imiter les impertinences étrangères. Dans cet ordre-ci étoient enrôlés quelques-uns de nos secrétaires d'État et plusieurs ducs et seigneurs. On ne sait quoi que ce soit des statuts, des règles et de l'objet de cet ordre nouveau. Ils s'assembloient, recevoient les nouveaux chevaliers, et la première règle étoit un secret inviolable pour tout ce qui se passoit. Comme de pareilles assemblées aussi secrètes sont très-dangereuses dans un État, étant composées des seigneurs, surtout dans les circonstances du changement qui vient d'arriver dans le ministère, M. le cardinal de Fleury a cru devoir étouffer cet ordre de chevalerie dans sa naissance, et il a fait faire défenses à tous ces messieurs de s'assembler et de tenir de pareils chapitres.

Il est arrivé ces jours-ci, sur la relation publique, un grand miracle du bienheureux M. Pàris, en la personne de mademoiselle Le Juge, fille d'un correcteur des comptes, sur la paroisse Saint-Paul. On dit qu'elle étoit abandonnée des médecins et chirurgiens, et qu'on l'avoit laissée à l'agonie, comme ne devant pas passer la nuit. Son père ou son confesseur lui fit boire un verre d'eau avec de la terre du tombeau de notre bienheureux. Une demi-heure après, la demoiselle Le Juge appela, dit-on, sa femme de chambre, qu'elle vouloit se lever et s'habiller. On crut que c'étoit l'effet d'un trans-

---

duc d'Antin fut nommé grand-maître inamovible et fut remplacé, en 1743, par le comte de Clermont. Mais à cette époque les maçons furent poursuivis par les sentences du Châtelet. Il y avait alors vingt-deux loges ouvertes. En 1756 la grande loge de Paris se sépara de la maçonnerie d'Angleterre et voulut diriger les autres loges de la France. La nomination du duc de Chartres comme grand-maître fit cesser pour un moment les dissensions qui séparaient les différentes sections des francs-maçons de France. C'est en 1773 que se fonda le Grand-Orient, qui ne se réunit aux autres loges qu'en 1799. Voyez les deux lettres de Ramsay au cardinal de Fleury, dans Lemontey, *Hist. de la Régence*, t. II, p. 290, 292, 293 ; *Hist. du Grand-Orient ; Journal de Verdun*, 1724, juin, p. 436, etc.

port; elle leur fit entendre qu'elle ne se sentoit plus si mal, et qu'elle se portoit bien. On envoya chercher la nuit le médecin et le chirurgien. Ils vinrent, ne lui trouvèrent plus aucun symptôme de maladie. Elle se leva et est guérie. Cette guérison subite et miraculeuse ayant fait bruit, on en a dressé un procès-verbal, qui a été signé du médecin, du chirurgien, du confesseur, prêtre de Saint-Paul, et même, dit-on, du curé de Saint-Paul. En voilà assez, si tous ces faits sont vrais, pour nous amener quelque incident; car on aura beau faire, on ne cessera pas sitôt de parler de M. Pâris.

Le 20 de ce mois, M. le chevalier d'Orléans[1], grand prieur de France, et M. le marquis de Conflans[2] se sont mis en état et constitués prisonniers à la Conciergerie du Palais, pour purger le décret de prise de corps décerné contre eux au sujet de leur duel de l'année dernière. Ils avoient depuis été absents. On a fait faire les informations de manière qu'il n'est pas question d'eux en aucune façon, quoique le fait soit très-avéré, très-véritable et très-public. Hier, M. le prince de Conti et plusieurs seigneurs allèrent lui tenir compagnie à la Conciergerie[3]; et samedi, ils seront jugés. Comme il n'y a eu personne de tué, il ne s'agit que de les décharger de la plainte rendue nommément contre eux par M. le procureur général sur la notoriété publique, et du décret rendu en conséquence. Il faut convenir que dans ce pays-ci on s'attache bien à des minuties pour remplir la forme. Il n'y a pas un juge qui ne soit persuadé que les informations sont fausses. Et pour la forme, on fait faire de faux serments à nombre de témoins que l'on paye bien à la face de la justice et de tout le public, puisque M. le procureur général avoit fait informer

---

1. Fils naturel du Régent.

2. Eustache, marquis de Conflans, chevalier de Malte, connu d'abord sous le nom du *chevalier*, né en 1719. Il s'était battu avec le chevalier d'Orléans à la suite d'une discussion dans un des chapitres de l'ordre.

3. Au chevalier d'Orléans. (*Note de Barbier*).

nommément contre eux uniquement sur la notoriété publique.

Par l'arrêt, le samedi, ils ont été déchargés et sont sortis de prison. On dit que M. de Conflans[1], l'oncle, est rentré au Palais-Royal, ce qui n'est pas trop bien, car il est certain qu'il en a très-mal agi.

Avril.

Le roi Stanislas prend possession de la Lorraine. — Ses gardes. — Mariage du roi de Sardaigne.

Il ne s'est rien passé de remarquable, si ce n'est le départ du roi Stanislas et de la reine sa femme, pour prendre possession de la Lorraine, avec le titre de roi de Pologne et de duc de Lorraine et de Bar. Cela est très-réel, et ils feront résidence à Lunéville. Tous les édits se font en son nom[2], et il est souverain dans toutes les formes. Il a envoyé déjà un prince de la maison de Lorraine, le prince de Craon[3], qui réside dans ce pays-là, donner part au roi de France de son arrivée.

Il a deux compagnies de gardes du corps, commandées par des seigneurs lorrains, et son régiment des gardes, infanterie, composé de trois cents invalides que l'on a choisis ici parmi les bas officiers, dont le colonel est François, et nommé par le roi de France. C'est le comte de Moncan[4], colonel réformé, un de mes amis.

Le roi de Sardaigne a épousé l'aînée[5] des princesses de Lorraine. On parle dans les *Gazettes* que don Carlos,

1. Philippe-Alexandre, bailli de Conflans, né en 1676, gentilhomme de la chambre du duc d'Orléans.
2. Barbier a inséré dans son *Journal*, t. III, p. 363, le *Discours prononcé à l'hôtel de ville de Nancy par M. de Viray, avocat général, lors de la prise de possession de la Lorraine*. Paris, Garnier, 4 pages in-4.
3. Marc de Beauvau-Craon, prince de Craon, grand écuyer du duc de Lorraine.
4. Jean-Baptiste de Marin, comte de Moncan. Il devint lieutenant général en 1758.
5. Élisabeth-Charlotte.

roi de Naples, épousera la seconde, qui est très-belle.

Madame la duchesse de Lorraine, douairière, fera sa résidence à Commercy avec une espèce de souveraineté sur plusieurs villages aux environs.

Mai.

La princesse de Modène fait assigner le duc d'Orléans.

Le 22 de ce mois, madame la princesse de Modène, fondée de procuration du prince de Modène, son mari, qui est à Vienne, et de M. le duc de Modène, régnant, a fait assigner M. le duc d'Orléans, son frère, pour lui communiquer les inventaires faits après le décès de M. le duc d'Orléans, régent, leur père commun, pour parvenir au partage. Elle a été mariée en 1720. Par son contrat de mariage, elle a eu en dot du Roi neuf cent mille livres, et de son père quatre cent mille livres, savoir : deux cent mille livres en pierreries et autant en argent. Cette dot en argent n'est, quant à présent, qu'à moitié payée. C'est sur ce moyen qu'elle prétend que sa renonciation ne doit pas avoir lieu. Elle a consulté, sur un mémoire anonyme, plusieurs avocats dont j'étois, et elle a eu en sa faveur l'avis de trois avocats, qui sont actuellement du conseil même de M. le duc d'Orléans, qui sont MM. de La Vigne, Cochin et Normant. Cette affaire, qui est majeure et de grande importance pour M. le duc d'Orléans, se plaidera à la Grand'Chambre, après la Pentecôte.

Juin.

M. Chauvelin exilé à Bourges. — Madame la Duchesse.

Jeudi, 6 de ce mois, M. Chauvelin, en vertu de l'ordre du Roi, est sorti de Gros-Bois et s'est retiré à Bourges. Cette nouvelle a fait grand bruit dans Paris, et a fait beaucoup raisonner. On dit que mademoiselle de Charolois, des princesses de la maison de Condé, madame la princesse de Carignan et autres faisoient des menées pour lui, pour le faire rentrer en place. Le parti contraire, qui est madame la comtesse de Toulouse, grande amie du Roi, le maréchal de Noailles, son frère, tous les secrétaires d'État, les ambassadeurs de Vienne[1] et d'Angleterre[2] ont apparemment déterminé le cardinal à cet exil. On croyoit même qu'il iroit plus loin ; mais il est à Bourges, et sa femme à trois lieues de là. Il n'est plus si à portée d'entretenir des intrigues et d'avoir des conférences secrètes avec ceux qui peuvent s'intéresser pour lui.

Madame la jeune Duchesse se porte mieux ; elle sort souvent, mais elle n'est pas encore parfaitement rétablie.

Juillet.

L'exempt Montigny. — Son supplice. — Accouchement de la Reine. — Madame Louise de France. — Affaire de la princesse de Modène. — M. Normant et M. Laverdy. — Mort du duc de Toscane, Gaston de Médicis. — Mort du cardinal de Bissy. — Le prince de Clermont. — Mademoiselle Camargo. — M. de Montgeron à Versailles. — *La Vérité sur les miracles*. — M. de Montgeron arrêté. — Assemblée du Parlement.

Un exempt de robe courte[3], ayant rencontré le soir, dans les rues de Paris, une jeune femme avec son mari, lui a mis la main dans la gorge et l'a insultée. On dit qu'il la connoissoit et qu'il n'avoit pas pu avoir accès chez elle. Le mari[4], qui étoit un boisselier, a dit, comme de raison, quelque sottise à cet homme. Celui-ci a mis

---

1. Le prince de Lichtenstein.
2. Saladin, résident depuis 1731.
3. Il se nommait Jean-Baptiste Beaulieu de Montigny, écuyer. — L'exempt était un officier qui existait dans certains corps de cavalerie, ayant rang de capitaine, et qui était chargé de la police. Dans la connétablie, la compagnie de robe courte, le guet, était chargé de notifier les ordres du Roi, de faire les arrestations et de faire exécuter les sentences.
4. Pierre-Nicolas Roudier, maître boisselier à Paris.

l'épée à la main et a tué le mari. La femme[1], quoique grosse, s'est jetée à la gorge de cet exempt, lui a arraché son épée et l'a tenu jusqu'à ce que le guet fût venu. Elle l'a conduit elle-même chez le commissaire. Il y avoit assez de disposition pour le faire sauver, à cause de sa qualité; mais la femme, accompagnée, comme l'on croit bien, de beaucoup de monde, quoique ce fût la nuit, l'a mené en prison, et le lendemain, elle a été se jeter aux pieds de M. le cardinal, on dit même du Roi, pour lui demander justice. L'affaire n'a pas été difficile à instruire; il a été condamné à être pendu au Châtelet. Il en a interjeté appel, et il a demandé l'assemblée des chambres, comme gentilhomme, c'est-à-dire de la Grand'Chambre avec la Tournelle. Son père avoit été dans les mousquetaires, et ensuite gouverneur d'un duc. Son frère avoit été page à l'hôtel de Conti. Il étoit fort bon gentilhomme. Plusieurs personnes de grande distinction à la Cour sollicitoient pour sa grâce; mais il n'y avoit pas moyen à cause de la femme, qui poursuivoit vivement en son nom, qui a refusé dix mille livres qu'on lui offroit. C'étoit d'ailleurs un mauvais sujet, qui avoit déjà tué deux autres hommes.

Par arrêt[2] de samedi, 13 de ce mois, il a été condamné à avoir la tête coupée; il y avoit douze voix à la roue[3], et il le méritoit bien, sans lui faire l'honneur de la décollade. Mais l'assassinat n'étoit point prémédité, à la différence de celui du comte de Horn, qui fut roué vif le mardi saint 1720. Notre exempt a donc été exécuté, samedi 16, et, comme depuis longtemps il n'y avoit eu de tête coupée, il y avoit un monde étonnant, tant aux fenêtres que dans la rue. Et comme l'endroit de la Croix du Trahoir, autrement du Tiroir, est assez serré, il y a eu plusieurs personnes estropiées et des chevaux étouf-

---

1. Anne-Marguerite Paramour.
2. Du Parlement. Cet arrêt est imprimé in-4, chez Pierre Simon.
3. C'est-à-dire douze juges avaient opiné pour le supplice de la roue.

fés. Le bourreau l'a décollé parfaitement d'un seul coup ; il a pris sa tête et l'a montrée, et tout le peuple a claqué des mains pour lui faire compliment sur son adresse. On dit que MM. les maréchaux de France se sont plaints de l'arrêt, à cause de la qualité de l'exempt ; mais comme elle ne déroge pas, et que cet homme, quoique mauvais sujet, tenoit peut-être à de fort honnêtes gens, on lui a accordé les honneurs de la noblesse.

Depuis près de quinze jours, on attend l'accouchement de la Reine ; il y avoit même de grands préparatifs à la Ville ; le Roi devoit venir à Paris ; mais le ciel en a disposé autrement. Lundi dernier, 15 de ce mois, neuf heures du soir, la Reine est accouchée encore d'une fille [1] ; elle a le ventre furieusement disposé de ce côté-là ; en voilà bon nombre. La France politique est alarmée de n'avoir qu'un Dauphin bien jeune, et un Roi qui fatigue beaucoup son tempérament. Cela relève en même temps de plus en plus les droits de M. le duc d'Orléans, qui, quoique continuant ses exercices de dévotion, prend connoissance de tout ce qui se fait ; et M. le cardinal, qui ne cherche que le bien de l'État, l'y engage autant qu'il peut, voyant bien que le Roi ne voudra jamais travailler par lui-même aux affaires du gouvernement.

L'affaire entre M. le duc d'Orléans et madame la princesse de Modène, sa sœur, se prépare. M. le duc d'Orléans a été demander l'audience à M. le premier président, et madame de Modène y a été aussi. M. le premier président leur a promis qu'elle seroit fixée entre les deux Notre-Dame d'août et de septembre. M. Normant plaidera la cause contre sa propre consultation, et M. Laverdy plaidera pour la princesse. Le mémoire de celui-ci, que nous avons bien examiné, sera imprimé et distribué incessamment. Le prince aura un grand crédit

[1]. Madame Louise de France, qui entra, en 1771, comme religieuse dans le couvent des Carmélites de Saint-Denis et mourut en décembre 1787.

dans le Parlement. Il n'a pas voulu entendre à aucun accommodement par principes de dévotion, en disant que, s'il lui doit un partage, il ne veut rien avoir à sa sœur; et s'il ne lui doit rien, il ne veut pas lui faire de grâce. Mais il ne pense pas que la crainte de son rang, la qualité de principal ministre qu'il peut avoir, même de souverain par l'événement des choses humaines, peut faire faire une injustice en sa faveur; et que, par un accommodement, il mettroit à couvert sa conscience et celle de ses juges.

Gaston[1] de Médicis, dernier du nom, grand-duc de Toscane et de Parme, est mort, le 9 de ce mois de juillet, âgé de soixante-six ans. Cet événement est très-avantageux à la suite de la paix. Voilà le duc de Lorraine en état de prendre possession de ces États, qui lui sont accordés au lieu de la Lorraine qui nous a été abandonnée; ce que nous possédons et le grand-duché de Toscane est plus considérable que la Lorraine. Nous y gagnons aussi, parce que nous faisions au duc de Lorraine quatre millions cinq cent mille livres par an, qui cessent par cette mort. On dit que le grand-duc a laissé par son testament, à la reine d'Espagne, ses pierreries et son mobilier, ce qui va à des sommes extraordinaires, parce que c'étoit le prince de l'Europe le plus magnifique en tout et le plus riche en diamants. Mais voici le moment où la reine d'Espagne se voit dépouillée du duché de Parme, qui est son patrimoine; il est à craindre que cela ne se passe pas tranquillement; d'autant que voilà l'Empereur occupé sérieusement avec la Czarine dans une grande guerre contre les Turcs qui, malgré tous les projets d'accommodement, paraît avoir lieu et se préparer pour la campagne prochaine.

M. le cardinal de Bissy, abbé de Saint-Germain-des-Prés, est mort à Paris, le 26 de ce mois, âgé de quatre-

---

1. Jean-Gaston, né en 1671. Il avait eu une fille, Anne, qui mourut en 1743. Elle avait été mariée à Jean-Guillaume, électeur palatin

vingt-quatre ans. Ce prélat étoit grand moliniste, mais en même temps très-charitable; il étoit évêque de Meaux, et tout le revenu de l'évêché étoit employé à soutenir l'hôpital de cette ville. On est fort embarrassé pour le successeur de cette abbaye, qui est de cent soixante mille livres de revenu. M. le comte de Clermont, prince du sang, voudroit bien attraper ce morceau, mais pour cela il faudroit prendre réellement l'état ecclésiastique et n'être pas en habit galonné et en épée, comme lieutenant général des armées du Roi. Les religieux n'aimeroient pas un abbé dans leur palais, qui seroit occupé journellement par mademoiselle Camargo, sa maîtresse, ci-devant danseuse à l'Opéra, et par des compagnies assortissantes; aussi disoit-on dans Paris que le Roi avoit donné cette abbaye au comte de Clermont et l'abbaye de Montmartre à mademoiselle Camargo.

D'autres disent que le cardinal voudroit former avec le revenu de cette abbaye un établissement pour élever de jeunes gentilshommes pauvres, comme on a fait à Saint-Cyr, pour de pauvres demoiselles. Cela fait travailler très-utilement et avec grandeur, car la noblesse des provinces a grand besoin d'un pareil secours pour l'éducation de leurs enfants.

Il y a toujours ici du nouveau. Lundi, 29 de ce mois de juillet, M. Carré de Mongeron, conseiller au Parlement en la seconde chambre des enquêtes, grand janséniste, chef de parti et un des cerveaux brûlés en ce genre; lundi donc, il se mit en manteau, grand rabat et perruque à l'avenant, monta en chaise de poste et se rendit droit à Versailles. Le Roi dînoit à son petit couvert. Dans cet équipage, il trouva le moyen d'entrer et assista au dîner très-gracieusement. Chacun demandoit qui étoit cette figure robine. On ne porte guère en Cour de ces rabats plats. Personne ne le connoissoit. Enfin, le dîner fini, on présenta au Roi la serviette pour s'essuyer les mains. Notre magistrat prit ce temps et se jeta à ses pieds. Régulièrement, à l'approche d'un homme inconnu vers la personne du Roi, comme on ne pénètre point l'intention, les officiers devoient se jeter sur lui et le repousser ; mais à cette génuflexion imprévue, tout le monde demeura étonné et dans l'inaction, ce que l'on remarquera peut-être dans la *Gazette ecclésiastique* comme fait miraculeux. En sorte que notre homme eut la liberté de dire au Roi qu'il étoit un des plus respectueux, zélés et fidèles de ses sujets, qu'il prenoit la liberté de lui présenter un livre où la vérité étoit écrite, laquelle on lui cachoit depuis longtemps[1].

Le Roi prit le livre assez gracieusement, sans surprise, et passa tout de suite dans son cabinet, et M. de Montgeron se leva et regagna sur-le-champ la cour où sa chaise l'attendoit. Les sens revenus aux spectateurs, car tout ceci se passa en un moment, on fut effrayé de la hardiesse du particulier, du danger qu'il y avoit de laisser ainsi approcher le Roi. Le premier gentilhomme arracha promptement le livre des mains du Roi, qui fut surpris de cette vivacité. On lui fit entendre les conséquences d'un livre qui pourroit être empoisonné, et on donna ordre de courir après cet homme en manteau que quelqu'un, qui venoit d'arriver, dit avoir vu dans les appartements et être M. de Montgeron, conseiller au Parlement ; d'ailleurs son nom étoit bien en bas de la lettre dédicatoire au Roi. M. le cardinal fut averti et vint sur-le-champ. Sur cet ordre, un exempt des gardes du corps trouva M. Caze, maître des requêtes, qui étoit en manteau. L'exempt lui demanda si ce n'étoit pas lui qui avoit présenté un livre au Roi. M. Caze parut surpris de la demande, dit qu'il sortoit de chez M. le cardinal, et qu'il alloit chez M. le contrôleur général. L'exempt l'y

---

1. *La Vérité des miracles du diacre Pâris*, etc., démontrée contre M. l'archevêque de Sens, par Basile Carré de Montgeron. Paris, 1737, 3 vol. in-12 ou in-4. Il y eut une seconde édition en 3 vol. in-4.

suivit, et là fut informé que c'étoit M. Caze et non M. de Montgeron. On envoya sur-le-champ un courrier sur le chemin de Paris, où on ne trouva pas notre homme, qui avoit pris la route de Saint-Cloud[1], pour présenter à M. le duc d'Orléans, qui y étoit, un pareil livre, et de là étoit venu à Paris tranquillement en donner autant à M. le premier président et à M. le procureur général.

De Versailles, on expédia sur-le-champ une lettre de cachet adressée à M. Hérault; et, le soir, M. de Montgeron étant rentré chez lui, est arrivé M. Duval, commandant du guet, porteur de la lettre de cachet et accompagné d'un commissaire au Châtelet, qui a mis le scellé chez M. de Montgeron et sur ses papiers, et il a été conduit droit à la Bastille.

On dit qu'il s'attendoit à quelque chose d'approchant, attendu que lundi il paya à tous ses domestiques leurs gages jusqu'à ce jour, et qu'il leur dit de ne point fermer les portes.

Ce livre a, dit-on, plusieurs parties; les égarements de sa jeunesse, sa conversion et la vérité des miracles de M. Pâris. Cet ouvrage a été sans doute travaillé avec de bons jansénistes, et il se sera chargé, par force d'esprit, intrépidité et inspiration divine, de le rendre lui-même au Roi; en sorte que voilà une action héroïque dans le parti!

Mardi 30, sur cette nouvelle, le Parlement s'est assemblé; l'après-midi, MM. les gens du Roi ont été envoyés en Cour pour demander une audience, et on a donné vendredi pour la députation du Parlement.

Mercredi 31, les chambres assemblées, la députation a été arrêtée; il paroît que le Parlement a regardé cette démarche comme une extravagance outrée, ainsi qu'elle l'est en tous points. Quand un particulier veut parler au Roi, il se fait connoître et se fait présenter par le pre-

1. Saint-Cloud, donné en 1658 par Louis XIII à Monsieur, son frère, fut vendu, en 1784, par la famille d'Orléans, à Marie-Antoinette.

mier gentilhomme, et d'ailleurs c'est vouloir renouveler des choses assoupies.

Mais le Parlement ira pour réclamer les droits de la compagnie, qui a droit de juger un confrère en cas qu'il y ait quelque délit dans sa conduite, sans le conduire ainsi à la Bastille. D'ailleurs, le Parlement se plaint de la façon dans la forme, en ce qu'il a été arrêté par le sieur Duval et non pas par un officier des mousquetaires ou autre, comme cela s'est pratiqué jusqu'ici, et de ce qu'un simple commissaire au Châtelet a mis le scellé. Il y avoit des avis à l'assemblée pour envoyer chercher le commissaire, ce qui sagement n'a pas été suivi, attendu que ce commissaire, exécutant les ordres du Roi, n'est plus garant si on n'a pas fait à ce conseiller tous les honneurs prétendus.

Il y a apparence que M. de Montgeron sera la victime de l'indiscrétion de son zèle, que le Parlement ne fera des démarches que pour la forme, et qu'il restera à la Bastille, et il le mérite bien. Il est même coupable d'un autre fait. Par les règlements du Parlement même, il est défendu, sous des peines, d'imprimer et faire imprimer aucun livre sans permission et sans nom d'imprimeur, et il a contrevenu pleinement à ces règlements de sa compagnie. Il faut donc attendre les suites de cet événement.

Il faut dire ici en passant que, depuis quinze jours, il y a dans l'air des orages continuels avec des pluies considérables sur Paris. Cela ne fait que laver les rues et incommoder les allants et venants; mais ces orages ont été bien plus cruels dans les provinces. La Touraine et l'Anjou ont été inondés. On dit qu'il y a eu une nuée qui tenoit plus de vingt lieues de pays, que dans l'Anjou il y est tombé des grêles de six à sept livres de pesanteur, ce qui a tué dans les champs des bestiaux, des hommes; des arbres renversés et un grand ravage. On mande de Bordeaux qu'il y aura une perte considérable sur les vins, qui est la richesse de ce pays. Cette calamité dérangera en bien des endroits l'espérance qu'on avoit d'une année heureuse.

Août.

Incendie de l'Hôtel-Dieu. — Le Parlement réclame M. de Montgeron. — Réflexions. — Vers. — Le père Guignard. — Enterrement de M. Pâris, vicomte de Muire. — Réponse du Roi au Parlement. — Itératives remontrances.

Vendredi[1], 2 de ce mois, il y a eu, la nuit, un grand malheur dans cette ville. Le feu a pris à l'Hôtel-Dieu, dans la boulangerie et la lingerie; on ne sait pas comment. Mais on dit qu'il avoit commencé à neuf heures du soir, le jeudi, que les religieuses avoient compté l'éteindre par le grand nombre de domestiques et de monde qui est dans cette maison et par la facilité d'avoir de l'eau; en sorte qu'elles avoient fermé leurs portes. N'ayant pas pu en venir à bout, le feu a fait de tels progrès qu'à minuit les bâtiments du côté de l'archevêché et du Petit-Pont, où l'on paye[2], se sont embrasés de façon que le danger étoit extrême. Il a fallu courir au secours. La désolation a été générale dans toutes les salles. Tout le guet y est arrivé. M. le premier président, le procureur général, le lieutenant de police et tous les autres magistrats, les soldats aux gardes ont été commandés pour venir travailler. Les religieux mendiants ont été aussi appelés; tous les malades sont sortis, et se sont réfugiés, les uns dans Notre-Dame, les autres dans les rues, et on en a transporté autant qu'on a pu dans des charrettes à l'hôpital Saint-Louis[3]. M. le premier président a emporté chez lui l'argent qui étoit dans la caisse.

1. Le feu commença dans la nuit du 1er au 2 août, et il ne fut éteint que le 5 de ce mois.
2. Pont-au-Double.
3. Rue Saint-Louis, dans le Faubourg-du-Temple.

Il y a eu des femmes qui ont accouché dans les rues; tous les petits enfants nouveau-nés ont été étouffés par la fumée. Le feu a continué avec violence jusqu'à midi du vendredi, malgré le grand secours, car on arrêtoit encore dans les rues tous les hommes en état de travailler. On a été obligé de découvrir trois salles et de jeter dans l'eau la charpente dans laquelle le feu avoit gagné successivement. Il y a eu deux religieuses perdues, péries apparemment sous les ruines; quelques moines, sept ou huit soldats ou autres écrasés par un plancher qui a fondu, et trente à quarante hommes blessés. Ce n'est que le samedi matin qu'on a été absolument sûr qu'il n'y avoit plus rien à craindre. M. l'archevêque de Paris a fait ramasser ce que l'on a pu trouver de bouillon dans le quartier, et il a donné à dîner aux religieuses. Outre ce qu'il en coûtera pour la réparation de la maison, on dit qu'il y a pour sept à huit cent mille livres de linge brûlé et perdu. Cela n'est pas étonnant dans cet hôpital, où il y a trois mille personnes.

Le public souhaiteroit fort que cet accident donnât lieu à ôter l'Hôtel-Dieu du milieu de Paris[1] pour le transporter dans l'île Maquerelle[2], au-dessus des Invalides, attendu que la quantité d'ordures qui sortent de cet hôpital, par une lessive continuelle, doit corrompre l'eau que l'on puise au-dessous pour boire dans tout Paris.

1. Ce souhait des Parisiens de 1737, formulé ici par Barbier, n'a point encore été exaucé. L'Hôtel-Dieu est toujours au même endroit. Il n'est plus question de le déplacer, mais de l'agrandir en faisant disparaître de la Cité une grande partie des habitations particulières (mai 1856).
2. L'île Maquerelle ou des Cygnes était située au bout de la Grenouillère et du Gros-Caillou, depuis l'esplanade des Invalides jusqu'au pont d'Iéna. Cette île tenait son nom d'*Ile des Cygnes* de l'établissement fondé par Louis XIV, en 1676. Ce prince, voulant embellir Paris, mit un grand nombre de cygnes dans l'île afin de les multiplier sur la Seine. Malgré les précautions et les défenses de l'administration, les baigneurs, les chiens et les maraudeurs firent disparaître ces oiseaux. L'île, qui servait de chantier, a été réunie à la rive gauche au commencement de ce siècle. La rue des Cygnes, qui y conduisait, existe encore.

AOUT 1737.   95

Le vendredi matin, M. le premier président et M. le procureur général furent obligés de quitter le feu à sept heures pour se rendre au Palais, et partir en corps pour la députation vers le Roi, qui étoit attendue à midi. Tous les présidents à mortier y étoient, quatre conseillers de Grand'Chambre, le parquet et un conseiller de chaque chambre des enquêtes et requêtes. Leur mission étoit pour réclamer M. de Montgeron, attendu le privilége de la compagnie de juger leur confrère, et en même temps de se plaindre de la façon dont il avoit été arrêté et du scellé qui avoit été mis par un simple commissaire au Châtelet. Cette cérémonie, tant pour le discours du premier président que pour la réponse du Roi, qui devoit aller à la chasse, n'a duré, dit-on, que deux minutes.

Voici la réponse du Roi :

« J'ai voulu punir un manquement de respect qui
« m'est personnel; si je veux aller plus loin, je vous
« ferai savoir mes intentions. »

Comme il ne convient point de charger la mémoire du Roi, M. le chancelier a pris la parole et a dit :

« Le Roi m'a ordonné d'ajouter que le temps n'a
« pas permis de suivre les formes pour la réparation
« d'une démarche aussi téméraire, dans laquelle Sa
« Majesté n'a pas reconnu le magistrat.

« A l'égard des imprimés, on n'a pu se dispenser de
« s'en emparer, pour empêcher le désordre qu'ils au-
« roient causé dans le public. »

Cela a été dit à cause de plusieurs exemplaires du livre en question, et de plusieurs autres mémoires et papiers qu'on a trouvés chez M. de Montgeron, et qu'on a enlevés.

Le samedi, 3 août, on a rendu compte au Parlement assemblé de la réponse du Roi; elle a été enregistrée, et chacun s'est retiré tranquillement dans sa chambre.

J'ai vu samedi et parcouru un exemplaire du livre de

M. de Montgeron; il commence par une épître dédicatoire au Roi, signée de lui; ensuite est sa vie et sa conversion au tombeau de M. Pâris. Il rend compte de son caractère, de ses passions, de ses débauches de jeunesse; qu'il a été à la Trappe. Cette partie du livre fait tort au reste; cela annonce un caractère changeant, incertain, volage, dont la conversion n'est pas autrement respectable. Ce premier tome contient huit miracles faits sur le tombeau. La maladie, la guérison et la démonstration du miracle par les certificats des médecins, chirurgiens et autres notables personnages, avec deux estampes à chaque miracle; la personne dans son état d'infirmité et la maladie guérie. A l'égard de l'épître dédicatoire, elle est parfaitement écrite et séduisante, et elle contient bien du vrai sur tout ce qui s'est passé de la part du gouvernement au sujet de la constitution *Unigenitus*; mais en même temps c'est un libelle diffamatoire contre la cour de Rome, sur ses projets ambitieux de se rendre maîtresse des États et des princes, contre les Jésuites par la liaison qu'ils ont avec la cour de Rome, et contre ceux qui approchent la personne du Roi, qui le trompent et le trahissent dans ce qui intéresse le plus essentiellement la religion et les droits de la couronne. Ceci regarde personnellement M. le cardinal, et il n'aime pas à être attaqué; en sorte que M. de Montgeron sera la victime de son zèle. On l'enverra pour longues années dans quelque château éloigné, et à l'égard du livre, il fera ici du mouvement quelque jour de la part de la cour de Rome, qui n'oublie et ne pardonne rien.

Ce qui est de certain, c'est que, malgré toute la précaution de M. de Montgeron, le Roi ne lira pas seulement l'épître dédicatoire, qui seroit capable de lui faire faire des réflexions. Outre qu'il n'est pas curieux, on fera ce qu'il faut pour l'empêcher de la lire; mais il est à craindre qu'une entreprise pareille de la part d'un chef de parti et d'un magistrat, qui, pour la prétendue vérité, sacrifie ses biens, son état et sa liberté, ne fasse faire quelque autre sottise à quelque cerveau brûlé dont la secte janséniste est suffisamment garnie.

Vers faits contre un loyaliste qui déclamoit contre M. de Montgeron :

> Un loyaliste à face étique,
> D'un air saintement furieux,
> Traitoit Mongeron d'hérétique
> Et de sujet séditieux ;
> C'étoit un crime punissable
> D'oser présenter à son Roi
> Un imprimé contre la foi
> Et contre une bulle adorable !
> Mais que cet horrible attentat
> Ait pu partir d'un magistrat,
> Certes, le cas étoit pendable !
>   Tout doux, tais-toi, père Guignard !
>   Un livre n'est pas un poignard !

Cela est tapé ; le père Guignard[1], jésuite, a été pendu comme complice du meurtre d'Henri IV.

Samedi, 17 août, M. Pâris, conseiller au Parlement en la première chambre des enquêtes, vicomte de Muire, frère du prétendu saint Pâris, qui fait tant de bruit dans notre bonne ville de Paris, a été enterré à Saint-Gervais, sa paroisse, âgé de cinquante ans tout au plus. C'étoit un homme fort sage, qui ne prenoit point de parti violent dans les assemblées, mais qui vivoit très-saintement, portoit le cilice, et qui n'est mort que par épuisement d'austérités. Il y avoit à son enterrement un monde étonnant, surtout grand concours de prêtres et de dévotes. Il avoit demandé verbalement à être en-

---

1. Barbier, pour être exact, devait dire : *De la tentative de meurtre commise par Jean Châtel.* Jean Guignard, jésuite, bibliothécaire au collége de Clermont, à Paris, était de Chartres. Il fut exécuté le 7 janvier 1595.

terré dans le cimetière; mais M. Hérault, lieutenant de police, a donné ordre de l'enterrer dans l'église, pour éviter les mêmes aventures du cimetière de Saint-Médard. On dit cependant qu'à l'endroit où il est enterré, il y a concours de monde tous les jours. On a pris de la terre, on a coupé la planche sur laquelle le corps avoit été posé. Suivant les apparences, on entendra parler de quelque extravagance nouvelle sur cette paroisse. M. Pâris ne laisse point d'enfants.

Il y a affaire nouvelle sur le tapis pour notre Parlement. L'assemblée, qui s'est tenue au sujet de M. de Montgeron, a donné lieu à parler des remontrances qui ont été données il y a plus de trois ans[1] avant la guerre sur un mandement qui avoit paru de M. l'archevêque de Cambrai et qui n'étoit pas du goût du Parlement; en sorte qu'il a été délibéré d'aller chercher à Versailles la réponse à ces anciennes remontrances, qui étoient dans l'oubli, et en même temps de renouveler les instances de la compagnie auprès de Sa Majesté, pour pardonner à M. de Montgeron, leur confrère.

Le Parlement y a été, mercredi 21 août. Ordinairement la réponse du Roi est très-courte, même par la bouche du chancelier; mais celles-ci y ont été longues. Le chancelier a fait, pour ainsi dire, des contredits aux remontrances du Parlement, leur disant même que les maximes qu'il y avoit proposées étoient fausses.

Ces réponses ont infiniment piqué le Parlement qui étoit à Versailles en grande députation; en sorte qu'on disoit dans Paris, surtout de la part du parti janséniste, que la réponse du chancelier sembloit avoir été dictée par la cour de Rome.

Le Parlement assemblé sur ces réponses, il a été arrêté qu'on feroit d'itératives remontrances, et qu'on ne registreroit pas de réponse du Roi, ce qui ne s'est jamais fait. Le motif du Parlement est que cette réponse est

---

1. En février 1735.

totalement contraire aux droits du Roi vis-à-vis de la cour de Rome, et que les ennemis de l'État pourroient un jour se prévaloir de trouver une pareille réponse dans les registres du Parlement qui ne doit rien admettre de contraire aux droits du royaume.

On travaille aux nouvelles remontrances qui ont été portées à Versailles par les gens du Roi.

Septembre.

Affaire de la princesse de Modène contre le duc d'Orléans. — M. Gilbert, avocat général. — Le Parlement retourne à Versailles. — Assemblée.

L'affaire de M. le duc d'Orléans et de madame la princesse de Modène occupoit trois audiences de la Grand'Chambre chaque semaine, où j'assistois comme conseil de la princesse. Elle a été conduite et plaidée parfaitement de notre côté par M. de Laverdy, de l'aveu et de l'approbation de tout le public qui disoit tout haut que le crédit seul pouvoit faire perdre cette cause. M. Normant, qui plaidoit pour le duc d'Orléans, n'a pas eu le même avantage, et ayant quitté la plaidoirie il y a deux ans, avec une réputation entière, il auroit tout aussi sagement fait d'en rester là et de laisser plaider cette cause à M. Cochin, retenu pour plaider les affaires du duc d'Orléans.

Jeudi 5, M. Gilbert, avocat général, a porté la parole pendant trois heures, et il a parlé avec tout l'art et toute l'éloquence possibles pour parvenir à dire que, s'il s'agissoit d'une affaire entre particuliers, la question de la renonciation mériteroit attention, mais que, dans un contrat de mariage d'une princesse du sang, sa renonciation étant faite du consentement du Roi et moyennant une dot considérable qu'il a donnée, cette convention n'étoit plus sujette à variation, ni à pouvoir être attaquée sous prétexte de formalités et de règles ordinaires, que c'étoit une dictée par le prince souverain et chef de sa famille.

Ces conclusions ont été suivies d'un arrêt qui, suivant les offres faites par M. le duc d'Orléans de payer à la princesse, sa sœur, le restant de la dot en monnoie forte [1], avec les intérêts, l'a condamné à payer le surplus de la dot, et a déclaré madame la princesse de Modène non recevable dans sa demande en partage et néanmoins sans dépens.

M. le duc d'Orléans avoit soutenu, dans son mémoire et dans les premières plaidoiries, que la dot constituée par M. le Régent à la princesse sa fille n'étoit pas en monnoie forte, et que toute sa dot lui avoit été payée. C'est après avoir démontré la vérité de nos preuves par des notes conformes, tirées du secrétariat des affaires étrangères, que M. le duc d'Orléans a envoyé ordre à son conseil de se désister de ce qu'on avoit soutenu. Cette démarche a fait honneur à M. le duc d'Orléans, mais non à son conseil; et cela a fort mortifié M. Normant, qui s'étoit flatté de prouver que la dot étoit payée [2].

A la façon dont cette affaire a été jugée en un quart d'heure d'opinions tout d'une voix, sans avoir fait retirer le monde, ce qui se fait ordinairement par rapport à la qualité des parties, pour faire présumer qu'une affaire a été discutée sérieusement, et à la tournure du plaidoyer de l'avocat général, je croirois volontiers qu'il y avoit eu quelque ordre d'en haut pour confirmer et faire exécuter la renonciation de la princesse de Modène.

Et, en effet, il y a bien des gens qui pensent que cela est bien jugé par rapport à la dot considérable que la princesse a portée au duc de Modène, tant du Roi que

---

1. C'est-à-dire en écus de neuf à la taille au marc. Si la dot eût été payée au contraire en *monnaie courante*, le marc représentant au moment du mariage une valeur double, à cause de la rareté du numéraire, la somme reçue par la princesse se fût trouvée réduite de moitié.

2. Voyez Lemontey, *Hist. de la Régence*, t. II, p. 311, note 1.

de M. le duc d'Orléans, son père, en pierreries et en argent, les dots ayant été estimées en monnoie forte. Cela va à plus de deux millions cinq cent mille livres; ce qui est au delà de ce qu'elle auroit pu prétendre en qualité d'héritière de M. le Régent, son père. D'autres disent que si elle étoit venue à partage, elle auroit dû tenir compte à M. son frère de la dot donnée par le Roi, en considération de la renonciation, en sorte qu'elle a à recevoir à présent à peu près quatre cent cinquante mille livres.

Ce même jeudi 5, le Parlement alla à Versailles, où il avoit été mandé, pour recevoir la réponse aux secondes remontrances. Le Roi lui répondit qu'il sauroit conserver et maintenir les droits de sa couronne et les libertés de son Église, et qu'il comptoit que son Parlement ne lui manqueroit jamais de respect, ce qui a été dit à cause du refus de registrer la première réponse aux remontrances.

Le vendredi 6, le Parlement s'est assemblé pour entendre cette dernière réponse. Et comme c'étoit le dernier jour, que chacun ne songe qu'à prendre son parti pour la campagne, on n'aura pas eu le temps de faire ses réflexions sur la réponse du Roi, qui leur a dit deux mots, qu'il n'a pas besoin de son Parlement pour maintenir ses droits, et qu'il vouloit être obéi. Et, en effet, cela est bien vrai, les temps sont bien différents de ceux où le Parlement représentoit la nation, et où il falloit son sceau et son approbation pour les affaires d'État. Aujourd'hui, toute l'Europe sait que le Roi est seul le maître. Le secret de la politique lui fait soutenir ou abandonner de ses droits, selon qu'il le jugera à propos; et il est si puissant, qu'il sera toujours maître de réduire la cour de Rome.

Je ne sais pas si les deux réponses du Roi ont été registrées.

Octobre.

Madame la Duchesse. — Le Roi à Fontainebleau. — M. de Montgeron à Avignon. — M. de Roucy, duc de La Roche-Guyon. — Incendie du Palais de Justice. — La Chambre des Comptes. — M. Hérault. — M. Arouet, receveur des épices. — Réflexions.

Madame la Duchesse, la jeune, est revenue des eaux de Forges[1], qui lui ont fait beaucoup de bien ; elle est entièrement rétablie de ses indispositions et du danger où elle avoit été depuis sa couche.

Le Roi est parti, le 20 de septembre, pour Fontainebleau, avec la Reine et toute la Cour. Il y a un monde considérable. M. le Dauphin y est aussi pour la première fois. On compte, dit-on, sur une promotion d'officiers généraux et sur le renouvellement, ou pour mieux dire sur un nouveau bail des fermes générales, et cela y a attiré grand concours.

A la fin de septembre, ou dans le commencement du mois d'octobre, on a retiré M. de Montgeron de la Bastille, et on l'a conduit dans un château à cent cinquante lieues d'ici ; les uns disoient dans une abbaye de Bénédictins[2] ; d'autres, dans l'île Sainte-Marguerite. Ce qui est de certain, c'est qu'il est très-éloigné, et cela a été fait apparemment de la part de la Cour, pour prévenir les sollicitations du Parlement, à la rentrée, pour le mettre en liberté. C'est un homme séquestré pour toujours, et cet événement pique infiniment le parti janséniste, qui avoit compté quelque succès de son entreprise, et qui d'ailleurs perd un chef et un appui dans le Parlement.

Jeudi, 24 octobre, le Roi a déclaré à Fontainebleau que M. le comte de Roucy[3], qui est le comte de La Roche-

---

1. Chef-lieu de canton de la Seine-Inférieure, dans le pays de Bray.
2. M. de Montgeron partit, le 7 octobre, de la Bastille, et fut envoyé à l'abbaye de Saint-André d'Avignon. De là, il fut conduit au château de Valence, où il resta enfermé jusqu'à sa mort.
3. Louis-François-Armand de Roye de La Rochefoucauld, comte de Roucy, duc d'Estissac, né en 1695, brigadier.

foucauld en son nom, et qui s'appeloit, il y a quelques années, le comte de Marton, seroit duc de La Roche-Guyon, et devoit épouser mademoiselle de La Rochefoucauld[1], fille du duc, qui n'a point de mâles. Depuis un temps infini, ce seigneur étoit l'ami déclaré de mademoiselle de La Roche-sur-Yon, princesse du sang. On croyoit même dans le monde qu'ils étoient mariés secrètement, et il avoit refusé d'épouser la fille aînée[2] du duc de La Rochefoucauld, que le duc d'Anville[3], de la même maison, a épousée. Si cela se confirme et s'exécute, cela justifiera que l'on s'étoit trompé sur le fait de son mariage; mais on est fort surpris de cette nouvelle.

Samedi, 26 octobre, il est arrivé un malheur irréparable entre deux et trois heures après minuit; le feu a pris dans la Chambre des Comptes[4] et dans une chambre où il n'y a personne la nuit. En deux heures de temps, il y a eu un embrasement considérable. Il faisoit froid et grand vent, et pendant deux heures, il n'y a point eu de secours. C'est la Saint-Simon; tous les magistrats sont en campagne. Le concierge et ceux qui demeurent dans l'emplacement de la chambre ont été effrayés. Les portes du Palais étoient fermées; il a fallu envoyer à Madrid avertir le premier président; à Fleury[5], à quatre lieues, pour le procureur général. M. Hérault y est venu le premier. Il n'a pu commander que le guet, les pompiers et les religieux mendiants. On dit que M. le pro-

1. Marie de La Rochefoucauld, fille d'Alexandre de La Rochefoucauld, duc de La Roche-Guyon, né en 1718.

2. Louise-Élisabeth de La Rochefoucauld. Elle se maria en 1732.

3. Jean-Baptiste-Louis-Frédéric de Roye de La Rochefoucauld, marquis de Roucy, duc d'Anville.

4. Les bâtiments de la Chambre des comptes étaient situés dans la cour de la Sainte-Chapelle et en face du portail. Après l'incendie, on les reconstruisit sur le même emplacement. C'est aujourd'hui l'hôtel du préfet de police, depuis que la Cour des comptes a été transférée au palais du quai d'Orsay. Ce *malheur irréparable*, comme le dit notre auteur, a détruit la plus grande partie des précieuses archives de cette cour souveraine.

5. A Fleury Merogis, du côté de Corbeil, château de M. Joly de Fleury, le procureur général.

cureur général seul a droit de demander du secours au major des gardes. Quoi qu'il en soit, à près de six heures, quand tout ce monde a été rassemblé, la plus grande partie des titres et papiers étoient brûlés, et il en tomboit des paquets en feu et à moitié brûlés jusque dans la rue Montmartre et dans le jardin du Palais-Royal, qui étoient enlevés et poussés par le vent. Ce feu et cet embrasement ont duré dimanche et lundi. Tous les bois de charpente sont de châtaignier; cela est très-ancien et très-sec, en sorte que la plus grande partie des bâtiments qui sont du côté de l'hôtel de M. le premier président sont tombés et écroulés sur les fondements. Il y a eu nombre d'ouvriers, des soldats et des moines blessés et quelques-uns écrasés. Hier au soir, lundi, Saint-Simon, le feu étoit dans les bas; la provision de bois pour la Chambre des Comptes et même pour le Parlement est, dit-on, dans ces caves. Il y a quatre cents voies de bois et deux cents fagots; si cela se communique dans ces endroits, il ne sera pas possible d'éteindre ce feu. On a tout déménagé chez M. le premier président, et on a donné tous ses soins pour empêcher la communication.

Le feu a été éteint au bout de trois jours par la grande quantité d'eau qu'on a jetée, par le moyen des pompes, dans les caves et sur les toits. Messieurs de la Chambre des Comptes se plaignent de M. Hérault, qui, le premier jour, employoit les deux tiers des pompes à empêcher la communication du feu chez M. le premier président, où il n'étoit question que de murs et de bâtiments, au lieu de songer entièrement aux bâtiments de la chambre, à cause des papiers, et pour donner le temps de les faire sortir; au lieu que ç'a été une confusion épouvantable, indépendamment de tous les titres, qui ont été brûlés entièrement ou à moitié. La grande chaleur du feu a fait retirer la plupart des registres de parchemin, qu'il ne sera plus possible d'en faire usage.

Il y a eu plusieurs personnes tuées et écrasées dans cet incendie. Ce qu'il y a ici de particulier, c'est qu'il n'a pas été possible de savoir comment a pris ce feu. On a dit que c'étoit par les cuisines ou écurie du premier président, ce qui n'est pas possible, puisque le feu auroit commencé par chez lui ; ou que c'étoit du feu qui étoit resté dans une cheminée et qui auroit roulé dans une chambre où il y auroit eu assemblée. Cela n'est pas encore probable, attendu que les garçons de buvette ont le soin d'éteindre le feu et de retirer le bois, qui est leur profit.

Le public n'a pas laissé que de faire plusieurs raisonnements sur ce feu. Les jansénistes ont fait courir le bruit que c'étoit une punition du ciel. On pourroit croire aussi bien que ce feu a été mis secrètement par quelque janséniste qui a eu accès dans la Chambre des Comptes, et le feu qui a pris à l'Hôtel-Dieu a été de même. Ce premier feu a pris trois jours après l'enlèvement de M. de Montgeron, et celui de la Chambre des Comptes dans le même mois qu'on a transféré M. de Montgeron dans une abbaye de Bénédictins du côté d'Avignon, où l'on dit que le prieur est un moliniste capable de le faire enrager. On peut juger combien cela est sensible à tout le parti, qui ne songera qu'à venger un protecteur, qui s'est sacrifié pour la bonne cause et pour le parti.

M. Arouet[1], receveur des épices de la Chambre des Comptes, demeure dans l'emplacement de la chambre. Il est grand janséniste ; il est très-honnête homme ; mais cela ne fréquente que des jansénistes ; et il y a tel prêtre qu'il regarde comme un saint, et qui est un cerveau brûlé, capable d'une telle méchanceté. Pour moi, j'aurois fait arrêter tous ceux qui demeurent et logent dans l'enceinte de la chambre, buvetiers, concierge, domestiques et autres, et j'aurois su tous ceux qui seroient entrés la veille du feu dans l'intérieur.

---

1. Armand Arouet, frère de Voltaire, 1685-1745.

Depuis cinq à six ans qu'il a été question des miracles de M. Pâris et des convulsions, on a eu trop de foiblesse de la part du ministère à l'égard de ce parti janséniste, qui compose à présent les deux tiers de Paris, de tous états, et surtout dans le peuple, et qui est allumé par un nombre de prêtres qui ont été déplacés, et qui ne subsistent que par les charités du parti, sur les apparences d'une vie sainte et d'une morale pure. On ne devoit point souffrir toutes ces assemblées nocturnes, en fait de religion, qui, en tout pays, n'est autre chose que superstition. On doit arrêter avec sévérité dans le principe les sectes, et ne point laisser de progrès aux préjugés et aux préventions. Ce parti s'est accru d'autant plus aisément, qu'on a en horreur la Constitution *Unigenitus,* qui a donné lieu aux premières divisions; et les jésuites, qui en sont les auteurs.

Il auroit été mieux de n'avoir point cette bulle, fort inutile en elle-même; mais, ayant été une fois admise en France par l'autorité de Louis XIV, ayant été registrée au Parlement et reçue bien ou mal par la plus grande partie des évêques et par la Sorbonne, comme il est très-indifférent pour le public et pour le commerce que les cent et une propositions soient justement condamnées ou non, il falloit étouffer à ce sujet toutes disputes, et punir sévèrement et également ceux des deux partis qui y auroient contrevenu. On a souffert trop longtemps toutes ces assemblées nocturnes et ces impressions secrètes. A présent, la pelote est trop grosse, les esprits sont trop échauffés, et il ne sera plus possible de détruire ce parti dans lequel il y a une grande union.

Le Parlement rentre le mois prochain. Si ce corps ne fait point de démarche vive et ne prend pas un parti déterminé pour la liberté de M. de Montgeron, leur confrère, je suis persuadé qu'avant Pâques il arrivera dans cette ville quelque malheur, et il est arrivé de grands troubles dans les États pour de moindres sujets.

Novembre.

Les archives de la Chambre des Comptes à la place Royale. — Maladie du comte de Toulouse. — Visite du Roi. — Mademoiselle Peirenc de Moras et M. de La Roche-Courbon. — Enlèvement. — Chanson. — La béquille du père Barnabas. — M. et Mme Morion. — Le Roi et la comtesse de Mailly. — Les petits appartements. — Bachelier. — M. Girardin de Vauvray. — Friponnerie. — Les amusements de madame de Vauvray.

La Ville, c'est-à-dire le prévôt des marchands et échevins, a fait tendre dans l'enceinte de la place Royale des tentes. Dans celles du milieu, qui sont grandes, on a fait porter tous les registres et titres que l'on a retirés de la Chambre; les autres tentes sont étiquetées par matières, et l'on porte à mesure dans chaque tente ce qui concerne la matière. Il y a deux maîtres des comptes, deux auditeurs et deux procureurs, qui se relèvent toutes les heures et qui travaillent à cet ouvrage toute la journée. On dit que la Chambre du Domaine est entièrement brûlée, et que celle des Fiefs, par bonheur, ne l'est pas. Je ne crois pas qu'on puisse savoir encore tout ce qui manquera; et d'ailleurs les officiers de la Chambre auront intérêt de dissimuler le dommage. Il faudra faire rapporter les titres des grandes maisons pour en prendre des doubles[1]; je suis sûr qu'il y aura de quoi employer bien des commis pendant dix ans, sans peut-être qu'on puisse remettre les choses dans l'ordre où cela étoit à la Chambre, ni réparer le dommage, qui est considérable pour un État comme celui-ci. Je crois même que cela pourroit faire tort par la suite à la Chambre, où il y a un grand nombre d'officiers inutiles. On ne sait point encore si on rebâtira ce qui est démoli dans la cour du Palais, ou si on placera les chambres ailleurs[2].

1. Un grand nombre de documents n'ont pu être rétablis à l'aide des doubles que possédaient les familles, et la perte de ces pièces est un malheur pour les études historiques.

2. Ainsi que nous l'avons dit plus haut, la Chambre fut réédifiée sur le même emplacement.

Le roi de Pologne, duc de Lorraine, a donné le gouvernement de la Lorraine et du Barois à M. le duc de Fleury, petit-neveu du cardinal. Cela rapporte quatre-vingt mille livres de rente, et cela fait un des plus beaux gouvernements du royaume.

M. le comte de Toulouse est très-incommodé depuis quelque temps; il a le sang brûlé et corrompu comme M. le duc du Maine, son frère. Cela a formé des ulcères, en sorte qu'on a déterminé de lui faire une opération. Le Roi, qui l'aime fort, et qui en est fort touché, est parti, mercredi 6 de ce mois, de Fontainebleau avec quelques seigneurs, est venu coucher à Versailles, où il a demandé à souper à madame de Tallard, gouvernante de mesdames de France, attendu qu'il n'y a pas un officier à Versailles. Le jeudi, il a été à Rambouillet voir M. le comte de Toulouse, est revenu coucher à Versailles, et, le vendredi, est retourné à Fontainebleau. Cette action de sensibilité est fort louable; on dit, comme chose sûre, que M. le cardinal l'y a accompagné. Il n'aura pas voulu apparemment quitter le Roi, crainte de quelque conversation avec M. et madame de Toulouse. La politique fait faire bien des démarches. Morand[1], fameux chirurgien, a fait vendredi l'opération à M. le comte de Toulouse et fort bien; mais avec cela on ne croit pas qu'il en revienne. Cette mort fera bien tort aux grands projets de M. le maréchal de Noailles, frère de madame de Toulouse, pour avoir le ministère à la mort du cardinal.

Depuis quelques jours, il y a eu le feu chez un libraire du quai des Augustins, qui a pris la nuit par une cave, et qui a brûlé pour plus de six mille livres de livres. Un autre feu a pris aussi dans une maison de l'île Notre-Dame; cela devient fréquent. On dit qu'à l'occasion de l'incendie de la Chambre des Comptes, on informe sé-

---

1. Sauveur-François Morand, chirurgien en chef des Invalides, de l'Académie des sciences et de chirurgie, 1697-1773.

rieusement pour savoir comment il a pris et les auteurs.

Histoire arrivée à Paris. Peirenc de Moras, fils d'un barbier de village, et qui faisoit ici le métier d'agioteur, a trouvé le secret, par le système, de gagner plus de six cent mille livres de rente, avec deux ou trois millions d'effets mobiliers. Il a épousé la fille de Fargès, autre fripon. Il est mort, a laissé une veuve fort riche, un fils conseiller aux requêtes du Palais[1], et une fille de quatorze ans[2], qui est un gros parti, et qui étoit dans un couvent[3].

Cette veuve, fort riche, a une très-bonne maison, garnie de seigneurs, qui font la cour à madame. M. de La Mothe-Houdancourt[4], lieutenant général des armées du Roi, homme de grande condition et bien fait, a l'honneur de ses bonnes grâces. Il a introduit dans la maison un de ses parents et amis, M. de La Roche-Courbon[5], brigadier des armées du Roi, cadet de Poitou, frère du marquis de Blénac[6], de fort bonne maison, mais n'ayant que huit cents livres de rente de patrimoine. On envoyoit souvent chercher la fille à son couvent pour voir sa mère. La Roche-Courbon lui a fait la cour, a plu à la jeune fille, que l'on dit aussi résolue qu'à vingt ans. M. de La Mothe-Houdancourt donnoit les mains à cette intrigue. Tant y a que le dimanche avant la Toussaint, une femme de chambre de la mère, qui étoit gagnée, a

1. .... Peirenc de Moras devint intendant des finances en 1754; adjoint au contrôleur général, puis contrôleur lui-même, en 1756; ministre d'État, ministre de la marine en 1757, puis premier président du Grand Conseil en 1758; et perdit tour à tour ces positions diverses. Il mourut dans l'obscurité.

2. Anne-Marie Peirenc de Moras, née en 1724. Déshéritée par sa mère, elle se maria, en février 1750, au chevalier de Beauchamp.

3. La communauté de N.-D. de la Consolation, rue du Cherche-Midi.

4. Louis-Charles, marquis de La Mothe-Houdancourt, chevalier d'honneur de la Reine, mort en 1755. Il était maréchal de France depuis 1747

5. Charles-Angélique, comte de Courbon-Blénac, capitaine de cavalerie au régiment de Clermont, né en 1699.

6. Gabriel-Madeleine de Courbon, marquis de Blénac, sénéchal de Saintonge, né en 1698.

été chercher la fille au couvent dans un carrosse de la maison, à l'ordinaire. Au sortir du couvent, la fille est montée avec la femme de chambre dans une chaise de poste, postée au coin d'une rue, et a pris le chemin d'Orléans pour se rendre dans une terre dudit sieur de La Roche-Courbon, en Poitou. On dit aussi qu'au-dessus de Châtres, la femme de chambre a crié au postillon de prendre un chemin de traverse, pour aller à une terre de madame de Moras, et que la jeune fille a tiré un pistolet de poche et a dit à la fille de chambre qu'elle lui casseroit la tête si elle parloit, ce que l'on regarde comme ayant été fait exprès en présence du postillon, pour décharger la femme de chambre d'être complice du rapt. Il y avoit deux domestiques à cheval à la suite de la chaise. Le postillon ayant rendu compte de ce qui s'étoit passé au maître de poste, celui-ci a écrit à M. d'Ons-en-Bray Pajot[1], directeur général des postes, en sorte qu'on a su le chemin que la fille avoit pris, et même le jour qu'elle étoit arrivée à Poitiers. En conséquence, grand bruit dans la maison. MM. Fargès de Polisy et Prévost de Saint-Cyr, ses oncles, maîtres des requêtes, sont partis en poste avec un ordre du Roi, l'ont trouvée dans le château[2], où elle étoit depuis deux jours avec M. de la Roche-Courbon, et l'ont ramenée dans un couvent. Les uns disent que cela avoit été fait de concert entre madame de Moras et La Mothe-Houdancourt, pour ne pas donner la fille à un duc un peu forcément de la part du ministre. D'autres, que c'est un complot entre M. de La Mothe et La Roche-Courbon, et que M. de La Mothe a été congédié de la maison de madame de Moras. Quoi qu'il en soit, il ne sera plus aisé de marier convenablement cette fille, ayant passé deux jours dans le château. Cela est suspect pour la

1. Louis-Léon Pajot, comte d'Ons-en-Bray, grand mécanicien, célèbre par sa collection de machines, 1678-1753.
2. A Contré, où le mariage s'était fait le 1ᵉʳ novembre

virginité, et on fera peut-être tout aussi bien de la marier avec La Roche-Courbon, bonhomme, de bonne maison, qui n'aura pas fait une mauvaise affaire.

S'ensuit une petite chansonnette sur un vaudeville courant les rues :

> La petite Moras,
> Cette riche héritière,
> Suit avec grand fracas
> Les traces de sa mère!
> Elle a quitté la grille,
> Et ne savez-vous pas
> Que c'est pour la béquille
> Du père Barnabas[1]?

Ce refrain, qui est assez plaisant, a fait faire nombre de jolis couplets sur les aventures publiques.

M. Moriau, procureur du Roi de l'Hôtel de Ville, a épousé la fille de M. Dionis, ancien notaire et secrétaire du Roi. Elle est fort jolie. Le mariage, quoique entre jeunes gens, n'a pas été heureux. La femme a fait quelque écart que le mari n'a pas pris aussi doucement qu'il l'auroit dû; bref, la jeune femme est sortie de la maison maritale. Un curé de Paris a voulu, au bout de quelques mois, l'y ramener. On dit ironiquement qu'elle étoit grosse. Le mari n'a pas voulu la recevoir. Elle a passé, dit-on, la nuit dans la loge du portier; cela a produit une histoire joyeuse pour le public. Ma foi, la

---

1. « Il y avoit plus de cinquante ans que l'on chantoit parmi le peuple la chanson de la *Béquille du père Barnabas*, faite à l'occasion d'un capucin qui avoit été chez les filles et y avoit laissé sa béquille, lorsqu'elle se répandit parmi les gens du monde et devint à la mode.

« Ce fut vers le mois d'octobre 1737 qu'un nommé Charpentier, musicien de l'Opéra, en fit connoître l'air, qu'il avoit appris d'une chanteuse dans les rues, à qui il paya à boire pour qu'elle le lui chantât. On parodia dans le temps l'opéra de *Castor et Pollux* sur cet air... Tout étoit à la *Béquille*; les étrennes de 1737 furent toutes chargées de béquilles; les couvertures d'almanach, les tabatières, et jusqu'aux morceaux de pain d'épices, portoient un capucin tenant une béquille. » Bois-Jourdain, *Mélanges*, III, 37.

chanson ayant pris faveur chez les chansonniers, ledit sieur Moriau a eu son petit couplet :

> Un procureur du Roi,
> Au bureau de la Ville,
> Est dans un grand effroi
> D'être déclaré Gille.
> Croit-il que sa guenille
> A sa femme plaira,
> Autant que la béquille
> Du père Barnaba?

> Moriau, si tu te plains
> De ta femme infidèle,
> Crois-tu, petit robin,
> Qu'elle soit si criminelle?
> Non, non. Toute la ville,
> Avec elle te dira :
> Que n'as-tu la béquille
> Du père Barnaba?

Le Roi même n'a pas echappé à cette chanson [1] par rapport à madame la comtesse de Mailly [2], dame du

---

1.
> Notre monarque enfin
> Se distingue à Cythère ;
> De son galant destin
> L'on ne fait plus mystère.
> Mailly, dont on babille,
> La première éprouva
> La royale béquille
> Du père Barnaba !

2. Louise-Julie de Nesle, née le 16 mars 1710, dame du palais. Cette dame fut la première maîtresse en titre de Louis XV. Cette liaison, à laquelle le cardinal ne fut pas étranger, commença vers 1732 et dura dix ans. Madame de Mailly ne régna pas seule pendant tout ce temps sur le cœur du Roi, et elle fut obligée de partager son triomphe avec ses sœurs. Disgraciée en novembre 1742 pour faire place à madame de La Tournelle, sa sœur, elle se retira du monde et vécut dans la retraite jusqu'à sa mort, en 1751.

palais de la reine, fille ainée de M. le marquis de Nesle, et qui a épousé son cousin [1], appelé à la substitution des biens de la maison de Mailly, qui va à plus deux cent mille livres de rente. M. le marquis, n'ayant point d'enfants mâles, il n'est point remarié et vit avec une comédienne.

Il y a longtemps que l'on parle de cette comtesse de Mailly pour être la maîtresse du Roi [2]; mais la chose paroit certaine. Elle n'est pas jolie; elle a vingt-sept à vingt-huit ans; elle est bien faite, amusante et a de l'esprit. Cette intrigue se mène toujours secrètement, parce que le cardinal retient, mais il n'est pas possible que les gens de cour et les officiers ne voient. On dit qu'à Versailles, quand le Roi sort et revient de souper de ses petits appartements, il passe quelquefois seul de sa chambre dans ses garde-robes, et y reste deux heures. On ne doute pas que ladite dame n'y soit entrée par derrière, par le moyen de Bachelier, premier valet de chambre du Roi. A Fontainebleau, au-dessous de l'appartement du Roi, il y avoit un appartement meublé où personne ne logeoit et dont il avoit la clef, où il descendoit par un petit escalier, et l'appartement donné à la comtesse de Mailly étoit tout proche. On dit aussi qu'elle va aux soupers particuliers de la Muette avec les seigneurs, sans autres femmes [3]. De plus, le Roi ne couche plus avec la Reine depuis six à sept mois. Tout cela a ouvert les yeux à ceux même qui n'approchent pas assez près pour voir ce qui se passe, et on dit que le Roi lui donne six mille livres par

---

1. Louis, comte de Mailly. Ce mariage s'était fait en 1726.

2. Voyez les *Mélanges* de Bois-Jourdain, t. II, p. 205, et la *Vie privée de Louis XV*, t. II, p. 29 et suiv., qui cite les *Amours de Zeokinisul, roi des Kofirans*, pamphlet du temps.

3. Suivant la *Vie privée de Louis XV* et les *Mélanges* de Bois-Jourdain, l. c., ces soupers étaient des joutes de buveurs, où la comtesse tenait tête aux plus déterminés champions. C'est là, dit-on, que le Roi prit le goût du vin de Champagne.

mois. Elle pourroit bien faire duc son mari sans que personne y trouvât à redire. C'est un nom reconnu parmi nous de la première noblesse de ce pays-ci.

M. de Vauvray, maître des requêtes, Girardin de son nom, a eu, comme il a peut-être été dit ci-dessus, une très-mauvaise affaire au Conseil pour malversation dans plusieurs procès dont il étoit rapporteur, jusque-là qu'il y avoit eu une espèce de députation de plusieurs maîtres des requêtes au chancelier pour lui porter leurs plaintes et lui demander l'exclusion d'un pareil confrère. La chose examinée après quelque temps, le chancelier avoit fait dire à M. de Vauvray de ne point paroître au Conseil. Mais il a résisté; il a importuné le chancelier, et à la fin il a reçu une lettre de cachet qui l'exile à Château-Thierry, en sorte que voilà un homme perdu. C'est dommage! On convient que c'est un des plus habiles et des plus grands travailleurs du Conseil, mais il n'est pas bien riche; il est assez débauché de lui-même. On veut faire de la dépense, et quand le fond de probité manque, on n'est pas à l'abri de l'intérêt. Il a une fort jolie femme, fille de M. Hatte, fermier général, et qui passe pour aussi rusée en galanterie que le mari en affaires. C'est à son occasion que la F.....[1], fameuse maq......, a été enfermée. On dit qu'elle alloit chez elle faire des parties, d'autres disoient que c'étoit son mari qui l'y avoit menée par gentillesse. Le mari étoit depuis longtemps ami de cette fille. Quoi qu'il en soit, cela fait toujours de très-vilaines histoires, et qui se terminent mal par une aventure qui attaque la probité.

Décembre.

Mort du comté de Toulouse. — L'abbé de Salaberry. — Tutelle du duc de Penthièvre. — Prétention de la maison de Condé. — Madame de Vieux-

---

[1]. Nom resté en blanc dans le manuscrit.

Pont janséniste. — Convulsionnaires. — Mort du maréchal d'Estrées. — Le comte de Maurepas ministre. — Le Roi malade. — L'archevêque de Vienne cardinal. — Chauson.

Le 1er de ce mois, M. le comte de Toulouse est mort fort regretté du Roi et de tout le public. C'étoit un bon prince, qui n'a pas survécu de longtemps au duc du Maine[1], son frère aîné. Il laisse le duc de Penthièvre, son fils, âgé de douze ans, qui a toutes les places de gouverneur de la Bretagne et de grand amiral de France, et qui par conséquent sera fort riche.

M. l'abbé de Salaberry, conseiller de Grand'Chambre, qui n'a pas quarante ans, est chef de son conseil avec quatre mille livres d'appointement. Il a pour tuteurs honoraires M. le duc d'Orléans et madame la comtesse de Toulouse.

Ils ont sollicité, et je crois obtenu, en Cour des lettres patentes pour déférer la tutelle du duc de Penthièvre au Parlement. M. le duc de Bourbon s'y est opposé. Le comte de Charolois, qui ne paroît plus en Cour, y a été pour solliciter pour le duc de Penthièvre et contrecarrer son frère, et mademoiselle de Charolois, amie de la comtesse de Toulouse, étoit aussi de son côté; en sorte que cela brouille la maison de Condé.

On dit par réflexion sage qu'ils ont tous tort dans cette affaire. Il n'y a que les princes du sang légitimés qui aient ce droit, mais aussi ils l'ont de droit. Leur tutelle appartient au Parlement. Cependant ils peuvent ne pas exercer ce droit, et porter la tutelle au Châtelet devant le premier juge. Les princes légitimés voudroient bien marcher de pas égal avec les princes du sang. Pour cela, il falloit porter la tutelle de M. le duc de Penthièvre au Châtelet pour laisser du moins en doute s'ils avoient droit ou non d'aller au Parlement; mais d'obtenir des lettres patentes du Roi pour y aller, c'est dé-

---

1. Mort le 14 mai 1736.

clarer publiquement et reconnoître qu'ils n'en ont pas le droit et demander une grâce.

Pour la même raison, M. le Duc a eu tort de s'y opposer; il ne peut pas empêcher le Roi de faire une grâce et d'accorder une marque d'honneur à ses sujets. Il devoit seulement recommander d'exprimer dans les lettres que c'étoit grâce, concession, sans que cela pût tirer à conséquence.

Les lettres ont été accordées, mais comme grâce, le Roi déclarant que ce droit appartient aux seuls princes du sang; en sorte que cela fait pour la suite confirmation pour les princes légitimes et exclusion pour les princes légitimés.

Madame de Vieux-Pont[1], sœur du marquis de Béringhen, premier écuyer du Roi, est grande janséniste. Elle tenoit chez elle assemblée pour assister à la représentation d'une fille convulsionnaire. M. Hérault, en ayant été averti, y a envoyé un dimanche après midi un commissaire, qui a trouvé quarante personnes, prêtres, laïques et autres. On savoit le nom des assistants; et, en vertu de lettres de cachet, on en a conduit douze ou quatorze à la Bastille.

Il y avoit entre autres assistants et un des renfermés le sieur Boindin, frère du procureur du Roi des Trésoriers de France[2], homme très-savant, bel esprit, et qualifié et désigné dans les vers[3] de Rousseau : *l'athée Boindin*. Voilà deux frères pensant bien différemment.

Il y en avoit un autre qui avoit été déjà séjourner deux fois à la Bastille, et qui même étoit banni de

---

1. « Du temps de Louis XIII, Jacquinot et Beringhen étoient ses premiers valets de chambre. Avant François Ier, il falloit être gentilhomme pour être valet de chambre du Roi ; depuis, les roturiers ont pu l'être et l'ont été. »
(*Note de Barbier d'Incréville.*)

2. Nicolas Boindin, né à Paris, membre de l'Académie des Inscriptions, auteur des *Trois Garçons*, du *Bal d'Auteuil*, comédies; 1675-1751.

3. Les couplets qui causèrent en 1712 l'exil de Jean-Baptiste Rousseau.

Paris. Il faut bien aimer les convulsions. Ces emprisonnements font remuer les parents et les amis auprès des ministres pour obtenir la liberté, et, suivant la gravité des cas et le caractère des prisonniers, on les y laisse plus ou moins longtemps. Voilà tout ce qui arrive.

Le Roi a couché avec la Reine vers les fêtes de Noël. Comme cela n'étoit arrivé depuis longtemps, on l'a remarqué; avec préparation de bains, dans le dessein d'avoir un prince, si cela se peut.

M. le maréchal d'Estrées, doyen des maréchaux de France et ministre d'État, est mort à la fin de ce mois. M. le comte de Maurepas, secrétaire d'État, a sa place de ministre, qui lui donne entrée dans le conseil secret, quoique jeune. C'est un ministre qui a beaucoup d'esprit et très-habile dans tous les départements[1].

Le Roi est tombé malade d'un rhume dont tout le monde a presque été attaqué. Il a été saigné, à cause d'un peu de fièvre, mais cela n'a pas de suite. Il a gardé le lit, et surtout on lui a défendu la chasse pour quelque temps, ce qui doit faire grand plaisir à ses officiers; car, malgré la gelée, les brouillards et la neige, il court toujours, et l'on peut dire sans savoir pourquoi. Les gens qui l'approchent le trouvent très-changé et très-diminué, le visage fondu, les yeux enfoncés. Cela vient apparemment de trop de fatigue de toute espèce. On ne croit pas qu'il veuille se gêner à travailler lui-même aux affaires du royaume. Ce qui embarrasse furieusement le cardinal dans le choix d'un ministre qui puisse lui succéder, et dans la crainte qu'il a que cette place ne soit remplie par gens qui y ont des vues et qui ne s'attacheroient pas, comme lui, au bien de l'État. Car il faut dire que le Roi a beaucoup d'argent dans les

---

[1]. Mais malheureusement beaucoup trop insouciant.
(*Note de Barbier d'Increville.*)

coffres, et qu'il est actuellement, pour ainsi dire, maître et arbitre de l'Europe.

Le pape a fait cardinal, à la nomination du roi de France, M. l'archevêque de Vienne[1], premier aumônier du Roi, qui est Bouillon, et qui s'appelle le cardinal d'Auvergne. L'on voit que le cardinal lui a fait tomber cette grâce, parce qu'il n'y a rien à appréhender sur ce sujet pour aspirer à la place de premier ministre, à laquelle un homme d'esprit auroit pu prétendre avec la dignité de cardinal, suivant ce qui se pratique dans ce pays-ci. Ainsi, soit amour pour le bien public, soit vanité pour que son nom et son administration ne soient point effacés par un successeur cardinal, ce chapeau a été donné très-politiquement.

Notre nouveau cardinal est véhémentement soupçonné du libertinage romain. On ne croit pourtant pas que ce soit cette qualité qui lui ait donné droit de préférence au chapeau. Sur quoi il y a eu un petit couplet :

> Une vieille poupée,
> Pour ébaudir un peu
> Sa mine constipée,
> Met du couleur de feu
> Et dit à sa livrée :
> « Le coup d'œil est joli
> « Pour mon favori ! »

[1] Henri-Oswald de La Tour d'Auvergne, né en 1671; archevêque de Vienne du 10 mai 1722 à avril 1745.

ANNÉE 1738.

Janvier.

Mort de M. de Verthamont, premier président du Grand Conseil. — Suppression de sa charge. — Canonisation de saint Vincent de Paul. — Maladie du Roi.

M. de Verthamont, premier président du Grand Conseil, est mort, âgé de quatre-vingt-deux ans, sans enfants, extrêmement riche, et a fait son légataire universel le fils de M. d'Aligre, président à mortier, en quoi il a surpris et attrapé plusieurs de ses parents qui attendoient part dans sa succession. C'étoit un original fort ménager, et qui étoit brouillé depuis très-longtemps avec tout le Grand Conseil. En tout cas, on a trouvé sous ses scellés vingt paquets de p.... .. .... de différente couleur, et on dit qu'il avoit encore gagné une c.......... il n'y a pas plus de deux ans.

Depuis sa mort, la nouvelle de Paris a été de savoir qui auroit cette place, qui est une charge de cinq cent mille livres. On a nommé M. de Blancmesnil de Lamoignon, qui s'est retiré à sa terre de Malesherbes, de chagrin de n'avoir pas eu la place de premier président, après la mort de M. Portail. On l'a donnée à M. Hérault, lieutenant de police et conseiller d'État, comme une retraite sûre et honorable ; et ensuite on a nommé bien des prétendants. Les présidents du Grand Conseil ont été de leur côté à Versailles pour demander à rembourser le prix de la charge aux héritiers et présider par l'ancien de chaque semestre. Mais de tous ces arrangements aucun n'est arrivé.

Le Roi, par un édit de ce mois de janvier, a supprimé non-seulement la charge de premier président, mais celles des huit présidents, et a remis le Grand Conseil comme il étoit autrefois; car M. de Verthamont n'étoit que le second premier président, la charge avoit été créée en faveur d'un M. Bignon[1]. Il a nommé huit maîtres des requêtes pour les remplacer quatre par semestre, et s'est réservé de nommer tous les ans un conseiller d'État pour présider, en cas qu'il le jugeât à propos; au défaut duquel le plus ancien maître des requêtes présideroit. On a donné aux présidents supprimés le titre de maîtres des requêtes honoraires, avec promesse de les rembourser sur le pied de leurs acquisitions. Cela est avantageux à quelques-uns qui ont acheté au-dessus de la fixation. Mais, en général, ils ont tous été frappés de ce coup, à quoi ils ne s'attendoient pas; ce sont gens d'un certain âge qui avoient une place honorable et de crédit, et qui, dans un moment, ne sont plus rien et ne peuvent plus se placer.

Cela coûtera deux millions au Roi; mais M. le cardinal a, dit-on, beaucoup d'argent dans les coffres, et l'on se doute que le dessein est d'avoir une juridiction dont le ministère sera maître pour opposer au Parlement et pour lui attribuer telles affaires que l'on jugera à propos, surtout s'il y a quelque projet pour les affaires du temps et de l'Église. Cela a fait augmenter sur-le-champ les charges de conseillers au Grand Conseil qui compte devenir juridiction.

Cet événement a donné lieu à d'autres discours pour la suppression de plusieurs des charges du Parlement, qui sont, en effet, en trop grand nombre, et que le Roi trouvera toujours à créer de nouveau dans un temps où il auroit besoin d'argent. On fait à ce sujet différents projets dans le public, qui sont autant d'avis au ministère, mais qui jusqu'à présent ne sont fondés sur rien.

[1]. En 1690.

Le Parlement a eu ce mois-ci un petit déboire, au sujet de la canonisation d'un saint nommé Vincent de Paul[1], qui est l'instituteur et fondateur de la congrégation de Saint-Lazare. Le bref du pape ne lui a pas paru correct par rapport aux maximes du royaume; il a supprimé le bref[2], et, par arrêt du conseil[3], l'arrêt du Parlement a été cassé. Le Roi compte n'avoir plus besoin de défenseurs de ses droits et de ses libertés, et être assez bon lui-même pour y prendre garde. Cette connoissance et cette manutention du droit public a toujours été un point capital d'autorité dont le Parlement a été jaloux; mais comme l'ambition et l'indépendance gagnent tous les hommes de plus en plus, le conseil du Roi ne veut plus souffrir cette prétendue supériorité, et il prétend ne plus avoir besoin des cours souveraines que pour donner la forme extérieure aux affaires publiques, mais non pas pour les critiquer ou pour les autoriser au fond.

M. le maréchal d'Estrées[4] est mort fort âgé et fort riche. Il étoit ministre du conseil royal. Sa place a été donnée à M. le comte de Maurepas, secrétaire d'État qui a la marine. Cela est d'autant plus beau qu'il n'a que trente-cinq ans! Mais aussi c'est un homme de beaucoup d'esprit, élevé à la Cour, la connoissant parfaitement, ayant l'esprit fait pour la politique de ce

---

1. Saint Vincent de Paul, né à Ranguines, dans les Landes, en 1576, fut d'abord berger. Ordonné prêtre en 1600, il fut pris par un corsaire barbaresque pendant la traversée de Marseille à Narbonne et mené à Tunis. Il convertit son maître et l'amena en France, où il devint successivement aumônier de la reine Marguerite de Valois et instituteur chez Emmanuel de Gondy, général des galères. On doit à sa charité vraiment sublime la congrégation des Prêtres de la Mission en 1626, l'institution des sœurs de charité en 1624, l'établissement des Enfants-Trouvés en 1648, l'hospice du Nom de Jésus en 1653, l'hospice de la Salpêtrière en 1655. Louis XIII l'avait nommé aumônier général des galères dès l'année 1619. Vincent de Paul mourut en 1660, en odeur de sainteté, et fut canonisé par le pape Clément XII, en 1737.
2. Arrêt du 4 janvier 1738.
3. Arrêt du Conseil du 22 janvier 1738.
4. Voyez plus haut, année 1737, décembre.

pays-là, aimé du Roi, et qui vraisemblablement jouera un grand rôle après la mort du cardinal, si tant est qu'on puisse prévoir ce qui arrivera[1].

Comme il avoit déjà sa pension de ministre, de vingt mille livres, on a donné celle de la place du maréchal d'Estrées à M. le comte de Saint-Florentin, secrétaire d'État, beau-frère[2] de M. de Maurepas et son cousin aîné de la maison Phelypeaux. C'est un acheminement pour avoir la première place vacante au Conseil royal.

Le Roi se porte mieux; il ne va point encore à la chasse, et elles seront réglées par la suite. Le bruit couroit sourdement qu'il pouvoit bien avoir un peu de y....., ce qui donnoit aux chirurgiens en cette partie l'avantage sur les médecins de Cour, d'autant qu'il est vrai que Bachelier, son premier valet de chambre, lui a fait voir secrètement quelques filles, et l'on ne respecte point la royauté dans ce trou-là.

Février.

Mort du duc de Mazarin. — Le Roi et la bouchère de Poissy. — Maladie du cardinal de Fleury. — M. Chauvelin et les montres des Polonois.

Le duc de Mazarin[3] est mort subitement, à neuf heures du matin, dans son fauteuil, sans aucun secours. On n'étoit point encore entré dans sa chambre, et il s'étoit levé se trouvant un peu mal. Il n'auroit que trente-cinq ou trente-six ans. Il étoit fort puissant, assez mauvais sujet pour la conduite, buvant beaucoup de vin de

---

1. Le comte de Maurepas (Jean-Frédéric-Phelypeaux, 1701-1781) joua en effet un rôle important sous Louis XV et Louis XVI. Il fut disgracié en 1749, à cause d'une épigramme sur madame de Pompadour, et ne fut rappelé qu'en 1771. Il prit diverses mesures utiles. Il fit fermer les maisons de jeu, envoya Maupertuis et La Condamine sous l'équateur, Jussieu au Pérou, Sevin et Fourmont en Orient et en Grèce et prépara l'alliance avec les États-Unis.

2. Sa sœur, Marie-Jeanne Phelypeaux, avait épousé le comte de Maurepas.

3. Voyez plus haut, t. I, p. 200 et note 1.

Champagne. Il avoit épousé une princesse de Soubise, dont il eut une fille unique, mariée à M. le duc de Duras-Durfort[1]. Elle est morte il y a un an, et a laissé une fille de deux ans, qui est la seule héritière de tous les duchés et biens de la maison de Mazarin; qui vont, dit-on, à plus de quatre cent mille livres de rente. Il ne reste plus de mâle du nom de La Meilleraie ni de Mazarin.

Suivant les bruits de la Cour, il ne paroît plus douteux que le Roi a eu une c........., que l'on dit lui avoir été donnée par la fille d'un boucher de Poissy ou de Versailles, que le Roi a trouvée fort jolie, et qu'il s'est fait amener par Bachelier, son premier valet de chambre et son maq....... On dit qu'un garde du corps avoit gagné une pareille c......... de ladite petite bouchère, et que, voyant le Roi maigrir, sachant d'ailleurs que la petite fille avoit rôdé autour des petits appartements, il alla trouver M. le cardinal de Fleury et lui avoua qu'il avoit encore la c......: de la petite créature, et que, si le Roi l'avoit vue, il pourroit bien en avoir autant. C'est ce qui a causé les fréquentes conférences avec M. de La Peyronie, premier chirurgien. Il est guéri, et il prendra, dit-on, le lait au mois de mai. On ne dit point comment madame de Mailly se sera tirée de cette affaire, et si elle en auroit eu sa petite part.

Le dauphin a eu un petit abcès à la joue qui lui avoit causé un peu de fièvre. Les médecins et chirurgiens ont été appelés. Il a fallu lui faire une petite opération, et il est parfaitement guéri. M. Silva[2], médecin, a eu la noblesse, et M. Dumoulin six mille livres de pension.

M. le cardinal de Fleury est tombé malade depuis

---

1. Jean-Baptiste de Durfort, né en 1684, duc de Duras, maréchal de France en 1741; se distingua dans les campagnes d'Allemagne, de France et d'Espagne. Il mourut en 1770.

2. Jean-Baptiste Silva, né à Bordeaux en 1682, médecin consultant de Louis XV. Il est l'auteur d'un *Traité des différentes sortes de saignées*, 2 vol. in-12. Il mourut en 1748.

quinze jours. Il lui a pris un dégoût, de l'insomnie, foiblesse dans les jambes, lui qu'on ne pouvoit pas suivre. Il a voulu paroitre le plus qu'il a pu; mais le Roi lui a dit, par amitié, de se tenir tranquille, et lui a défendu de sortir. Les jambes lui sont enflées et la fièvre lui a pris. Le Roi l'a été voir plusieurs fois. On lui a apporté les sacrements; cela a fait courir le bruit, à Paris, qu'il étoit mort; mais on a appris le lendemain que la fièvre l'avoit quitté, et les médecins ont dit qu'il est hors d'affaire. A la vérité, il a quatre-vingt-cinq ou six ans; c'est un bon tempérament qui fait un dernier effort, et la nature manquera tout à coup.

C'est un sentiment général, sans politique et sans flatterie, que toute la France craint ce moment comme une perte réelle, parce que le gouvernement est généralement grand et judicieux et doux. Tout l'étranger a une confiance et un respect sans réserve dans la parole et les opérations de ce ministre, et il n'y a personne, si sensée qu'elle soit, qui puisse dire et prévoir ce qui arrivera par rapport au ministère de ce pays-ci.

Il y a apparence que M. le cardinal ne veut point de premier ministre après lui, et qu'il engage le Roi à prendre lui-même le gouvernement de son royaume et à travailler avec ses secrétaires d'État. Si cela arrive, M. le comte de Maurepas jouera un grand rôle. Il a de l'esprit supérieurement; il est aimé du Roi, élevé avec lui; il a la légèreté d'esprit propre à amuser le Roi en travaillant, et il auroit toute sa confiance.

Mais aussi il y a le Chauvelin qui a de puissants amis à la Cour, tant en princes, seigneurs que particuliers, et beaucoup d'argent. Il a aussi bien des vilenies contre lui et bien des ennemis. On m'en comptoit une ces jours passés qui mériteroit le fouet comme à un écolier. On a accusé M. Chauvelin d'avoir tiré de l'argent à son profit de vieilles pierreries de la couronne qu'on a vendues[1].

[1]. Il s'agit de la cuirasse ornée de diamants que Soliman avait envoyée en

Ses ennemis ont voulu justifier le fait; on a fait arrêter pour cela un homme en pays étranger avec permission du souverain ; on l'a amené à Paris, et l'on dit qu'on n'a tiré aucun éclaircissement contre lui. A ce sujet, on a interrogé Ganners, qui est le plus fameux ouvrier en ouvrages d'or. Il a déclaré que le ministère avoit récompensé les gentilshommes polonois, qui avoient accompagné le roi Stanislas à Dantzick et en Prusse, et qu'on l'avoit chargé de faire deux montres d'or pour deux de ces Polonois; et qu'ayant porté ces montres à M. Chauvelin, il les trouva si parfaites qu'il dit à Ganners : « Ma « foi! cela est trop beau pour ces Polonois. Tiens, prends « ma montre et celle de mon fils; tu leur donneras une « couleur. Je leur enverrai celles-là et je garderai les « tiennes. »

Or, rien n'est plus bas que cette action pour un ministre du roi de France, qui ne doit friponner que dans le grand, quand c'est son caractère.

On a donc raison de craindre, parce qu'on ne sait point ce qui arrivera. Je crois que personne ne connoît le caractère du Roi, tel qu'il sera après la mort du cardinal. Il l'aime et le craint. Le Roi est timide naturellement, et, quoiqu'il soit en âge, le cardinal a sur lui un ascendant qu'aucun autre n'aura. Mais, pour ses favoris, tournera-t-il du côté des seigneurs de la Cour ou des femmes? Voilà ce qu'on apprendra par la suite.

présent à François Ier. Le Roi avait envie d'une parure de diamants dont on demandait deux cent cinquante mille livres. Le cardinal hésitait. M. Chauvelin, dit-on, offrit de vendre en échange les pierreries de la cuirasse, qui étaient estimées à la même valeur. Un arrêt du Conseil intervint qui autorisa la vente et servit de décharge au sieur Nerot, gardien du mobilier de la couronne, et M. Chauvelin scella lui-même l'arrêt. La cuirasse fut vendue six cent mille livres, le Roi eut la parure et le garde des sceaux garda trois cent cinquante mille livres.

Mars.

Promotion d'officiers généraux. — Le Roi travaille. — Thèses de Sorbonne. Arrêté du Parlement.

Le Roi a fait, sur la fin du mois dernier, une promotion générale d'officiers généraux et de cinquante-six maréchaux de camp, en sorte que le cardinal a encore fait acte de premier ministre. Il se porte mieux. Le Roi et la Reine vont le voir, et le Roi va travailler avec lui. Pour la Reine, c'est effort de politique, car elle ne l'aime que de bonne façon; elle n'est maîtresse de quoi que ce soit, rien ne se fait que par les ordres du cardinal.

Le Roi travaille présentement tous les jours avec chacun des quatre secrétaires d'État en particulier, et il s'informe des détails. Il travaille aussi presque tous les jours chez le cardinal. C'est un grand bien que la tête de ce ministère n'ait point été attaquée, et qu'il ait quelque temps avant sa mort pour accoutumer le Roi au travail, dont il l'avoit lui-même dégoûté jusqu'ici, attendu qu'il vouloit être le maître.

Le cardinal peut bien compter mourir sans pouvoir terminer les affaires de l'Église, car il y aura toujours des sujets de dispute. Le Parlement a supprimé, par un arrêt du mois de décembre dernier, quatre thèses soutenues en Sorbonne sur quelques propositions qui regardoient le concile de Florence[1]. La Faculté de Théologie de Sorbonne a présenté sa requête au Roi pour justifier les thèses en question, pour se plaindre de l'injure que lui fait le Parlement, et en même temps elle a étalé quelque peu de doctrine pour faire entendre que le Parlement n'est pas bien instruit au sujet du concile de Florence, lequel a toujours été regardé par les grands écrivains comme concile œcuménique. La Sorbonne à la

---

1. Concile général, 1439-1442. La première session s'ouvrit le 26 février 1439. Ce concile est surtout célèbre par la réunion projetée, mais non accomplie, des deux églises grecque et latine.

vérité ne laisse pas d'avoir quelque droit sur ces sortes de matières. Le Roi, par un arrêt du Conseil, du 16 de ce mois, pour maintenir la liberté des écoles, a déclaré l'arrêt du Parlement à cet égard comme non avenu.

Sur cet arrêt, le Parlement s'est assemblé; et il y a eu à cet égard l'arrêt qui suit :

« La Cour a arrêté qu'elle continueroit de regarder
« le concile de Bâle comme concile œcuménique,
« qu'elle ne regarderoit point comme tel celui de Flo-
« rence, et qu'elle ne manqueroit en aucune occasion
« de donner des marques de la soumission pour le Roi
« et de son zèle pour la conservation des libertés de
« l'Église gallicane. »

Avril.

Mort de M. Colbert, évêque de Montpellier. — Mort du curé de Saint-André. — Réforme de la maison du Roi. — Économies. — M. de Monigeron et l'évêque de Vivier refusés à la communion. — Reconstruction du Palais. — La Chambre des Comptes aux Grands-Augustins. — Caricatures contre le Parlement.

M. Colbert, évêque de Montpellier, est mort au grand regret du parti janséniste; c'étoit un des chefs qui ne craignoit ni menaces, ni récompense, et qui étoit habile et honnête homme.

Le curé de Saint-André[1], pareillement grand janséniste, est mort aussi. On a pourvu à l'évêché et à la cure de personnages non suspects et dévoués convenablement à la Constitution. La paroisse de Saint-André étoit fort entichée du parti. Les prêtres desservants étoient choisis dans le même goût. Voilà comme par le changement des chefs et des prêtres ce parti-là s'affaiblit insensiblement. Cette cure est à la nomination de la Faculté de Médecine[2]; mais pour ne pas courir le hasard de l'élection, il y a eu une lettre de cachet qui leur a nommé

---

1. Jacques Labbé, curé depuis 1706.
2. L'Université, depuis 1345, avait droit de patronage sur cette paroisse.

quatre sujets entre lesquels ils pouvoient choisir. Et c'est l'abbé Thierry[1] qui a été nommé, qui est un vivant de ma connoissance, de beaucoup d'esprit, très-délié, qui n'ayant rien a profité de la division des ecclésiastiques pour se pousser. Il avoit déjà attrapé quelques bons morceaux avant cette cure[2].

Le cardinal a imaginé un moyen de ménager au sujet de toutes nos Filles de France, actuellement au nombre de sept, qui embarrassent le château de Versailles, et causent de la dépense. Ç'a été d'en envoyer cinq à l'abbaye de Fontevrault, dont l'abbesse, madame de Mortemart, sera surintendante de l'éducation des princesses. La suite sera simple, et cela renvoie un grand nombre de femmes et de domestiques. La troisième princesse a sept ans[3]; elle est fort aimée de la Reine, qui a été touchée de son départ. On la dit la plus aimable. On lui a fait sa leçon pour demeurer ici. Tous les jours, les deux dames aînées vont faire leur cour au Roi, au retour de la messe. Un de ces jours, la troisième se présenta devant le Roi, lui baisa la main, se jeta tout de suite à ses pieds, et se mit à pleurer. Le Roi fut touché de cette scène, il larmoya un peu et toute la Cour en fit autant, en sorte qu'il lui promit qu'elle ne partiroit pas. On prépare tout pour le départ des quatre autres.

Il vient d'arriver une aventure qui pourroit avoir des suites. M. de Montgeron, conseiller au Parlement, dont il est tant parlé dans l'histoire, n'est plus, dit-on, dans son abbaye, près d'Avignon; il a été transféré dans la ville de Vivier pour son exil. A la fête solennelle de Pâques dernier, il s'est présenté à plusieurs prêtres,

---

1. Cet abbé Thierry était de la maison et société de Sorbonne, chanoine de Notre-Dame et chancelier de l'Université. Il avait refusé l'évêché de Tulles. Il est mort en 1781 ou 1782.

2. Suivant les almanachs royaux, le curé de Saint-André s'appeloit Claude Léger.

3. Marie-Adélaïde.

même à monseigneur l'évêque de Vivier[1], moliniste comme l'on le juge bien, lequel l'a refusé[2] comme un vilain pour la communion pascale. Ce n'auroit été rien pour quelque janséniste crotté, mais celui-ci en outre est un de nosseigneurs du Parlement. Il a rendu compte de cette insulte à aucuns de ses confédérés; cela a été dénoncé au Parlement, qui a pris la chose à cœur comme manque de respect. On a dépêché, le 24 de ce mois, à Versailles, messieurs les gens du Roi pour demander un jour au Roi pour entendre les remontrances de son Parlement, au sujet du schisme qui s'élevoit dans le royaume, et du scandale arrivé en la personne de leur confrère. Le Roi a remis la partie après son retour de Marly, où il va passer onze jours.

Le Parlement a su cette réponse dans une assemblée, le 27, et il a nommé des commissaires pour faire ses remontrances à ce sujet et en même temps pour continuer à demander le retour dudit sieur de Montgeron.

L'affaire est grave. Il est certain qu'il y a de l'impertinence à refuser la communion à un homme qui est baptisé, qui se croit tout bonnement chrétien et qui n'est point juridiquement déclaré hérétique. Cela fait schisme, et c'est chose dangereuse dans un État. Nos saints jansénistes, qui sont en grand nombre, aimeront mieux se passer de pain céleste que de reculer sur leurs sentiments.

Je craindrois quasi encore quelque incendie. On en voit les effets, car les plans et les marchés sont faits pour rebâtir la Chambre des Comptes; actuellement le grand escalier est déjà démoli. Cette architecture gothique avoit une antiquité respectable[3]; la Chambre des Comptes occupe les grands Augustins, et on lui a promis

---

1. François-Renaud de Villeneuve, évêque de Viviers, 13 août 1724-1748.

2. Les molinistes accusaient M. de Montgeron de communier sans se confesser, comme on le verra ci-après.

3. Jean Joconde, Dominicain, avait été, en 1504, l'architecte de la Chambre des Comptes.

de la faire rentrer dans son nouveau tribunal en 1740, c'est-à-dire si d'ici là les fonds ne sont pas interrompus.

Les gens du parti moliniste disent que M. de Montgeron étoit dans l'habitude de se présenter à la Sainte-Table sans s'être confessé auparavant; apparemment parce qu'il ne vouloit pas se compromettre avec un prêtre moliniste. Ils ne se seroient jamais quittés bons amis; mais comme cependant ce procédé est contraire à la soumission à l'Église, l'évêque de Viviers a voulu arrêter cet abus. Il faut être bien savant et avoir beaucoup d'esprit pour savoir à qui donner le tort dans cette affaire-là.

Mais je ne sais point ce que sont devenus les remontrances de notre Parlement.

On a fait un vilain tour au Parlement. Il paroît, dit-on, une grande estampe qui est très-rare, représentant la Grand'Chambre et les cinq chambres des enquêtes.

LA GRAND'CHAMBRE.

Le premier président, habillé comme est le Grand Thomas, vendeur d'orviétan sur le Pont-Neuf, fait valoir les pilules qu'il donne. Les présidents à mortier les pilent dans leur mortier, et le premier président les distribue aux conseillers de Grand'Chambre, qui les gobent. M. Joly de Fleury, procureur général, et M. Gilbert, premier avocat général, qui portent toujours la parole dans les affaires importantes, et qui le font avec beaucoup d'esprit et d'éloquence, sont occupés à dorer les pilules. Les deux autres avocats généraux, M. Joly de Fleury, le fils, et M. de Plainmon, fils du chancelier d'Aguesseau, qui sont de jeunes gens, s'amusent à faire des bouteilles de savon avec des chalumeaux de paille.

LA PREMIÈRE DES ENQUÊTES.

Tous les conseillers sont montés sur des ânes rouges. M. Thomé, qui est le plus habile, est à la tête, et

M. .....[1], qui est toujours du sentiment de M. Thomé, est à la queue avec un grand fouet, et fait marcher tous les ânes.

LA DEUXIÈME CHAMBRE.

M. de Montgeron explique avec emphase à ses confrères les miracles de M. Pâris. Ils sont fort attentifs. Quelques-uns même tombent en convulsions, et, pendant qu'ils écoutent, le président Bernard de Rieux, fils de Samuel Bernard, s'occupe à fouiller dans leurs poches et à tirer les montres et les tabatières.

C'est une ancienne inclination dont il a fait souvent usage.

LA TROISIÈME CHAMBRE.

Tous les conseillers sont fourrés dans des sacs, et ils dansent autour du président de Hubert, qui joue du violon.

C'est un homme qui s'est toujours occupé de musique et qui joue fort bien ou trop bien du violon.

LA QUATRIÈME CHAMBRE.

On les a mis tous dos à dos, parce que effectivement ils sont désunis et ne s'accordent guère.

LA CINQUIÈME CHAMBRE.

Tous les conseillers sont autour du président Bertier, qui, d'une main, mange un petit pâté et de l'autre tient une langue.

Ce président aime fort la bonne chère.

Ceci est une pure polissonnerie qui, à l'exception de la Grand'Chambre, ne vaut pas grand'chose; car ce n'est pas représenter l'esprit de chaque chambre que de critiquer le vice particulier d'un des présidents. Cependant, je crois que celui qui aura gravé cette estampe aura soin de ne pas s'en vanter. Il n'y feroit pas bon. Elle vaut, à ce que l'on dit, quatre louis.

1. Ce nom est resté en blanc dans le mss., III, 435.

Mai.

Le cardinal de Fleury. — Voyages du Roi. — Suppression du bail des postes. — La famille Pajot. — M. d'Ons en Bray. — Réflexions.

Le pauvre cardinal de Fleury s'en va tout doucement; on dit même que la tête n'est plus au même état. On le regrettera avant qu'il soit un an. Les secrétaires d'État continuent de travailler avec le Roi. Et, suivant les apparences, M. de Maurepas a le haut bout, mais on craint qu'il n'ait trop d'esprit, et il est quelquefois dangereux d'en avoir trop et qu'on le sache; on se fait des ennemis et des jaloux d'avance.

Il devoit y avoir plusieurs voyages à Marly, avant le voyage de Compiègne; cela est changé. Le Roi a indiqué quatre voyages à Rambouillet, chez madame la comtesse de Toulouse que le Roi aime beaucoup. Le cardinal n'y sera pas, apparemment; les conversations seront libres, et le maréchal de Noailles en tirera parti. Il y a là bien des gens qui s'examinent de près, qui ne cherchent qu'à se culbuter. Les secrétaires d'État seront bien unis pour empêcher qu'il n'y ait un premier ministre. On a fait sur eux des rimes en ouille :

M. de Saint-Florentin	est un niguedouille.
M. d'Angervilliers [1],	sa tête se barbouille;
M. Amelot [2],	il bredouille;
M. de Maurepas [3]	n'a pas de ....

Bien des gens disent que, dans peu, nous aurons la guerre. La reine d'Espagne semble avoir quelque démêlé avec l'Angleterre. On craint qu'elle ne fasse quelque irruption dans la Toscane, d'autant que l'Empereur est très-mal dans ses affaires. Le Turc le presse de près et ses armées ne sont pas aussi complètes qu'on le dit dans les *Gazettes*.

---

1. Il a une grande maladie. *(Note de Barbier).*
2. Il parle difficilement. *(Idem.)*
3. Il n'a pas d'enfants. *(Idem.)*

Grande nouvelle à Paris. Mercredi, 21 de ce mois, M. Amelot de Chaillou, secrétaire d'État des affaires étrangères, avec M. Hérault, lieutenant de police, se sont rendus à six heures du matin à la poste et ont arrêté le compte de la caisse. Ils étoient porteurs d'un arrêt du Conseil, qui résilie le bail, supprime deux charges d'intendants généraux des postes, que possédoient MM. Pajot d'Ons-en-Bray et Pajot de Villers, et nomme six fermiers généraux, qui sont MM. Grimod[1], trois frères, et MM. Thiroux[2], trois frères aussi, pour avoir la régie des postes. Cette affaire, qui a été projetée avec un secret étonnant, surprend fort Paris. On ôte les postes aux Pajot et aux Rouillé[3], qui ont encore trois ans et demi de leur bail. Voilà deux familles ruinées (il y a quatre-vingts ans qu'ils ont les postes, du temps de M. de Louvois), et qui les ont perfectionnées au point où elles sont[4], de façon qu'ils ont des correspondances et des arrangements avec tous les directeurs des postes étrangères pour la remise prompte des lettres respectivement. Ils ont tous leurs parents employés dans les directions des postes des villes principales; et on les chasse tout d'un coup! On soupçonne quelque affaire qui regarde l'administration et le gouvernement. On dit qu'ils ont fait passer des lettres du garde des sceaux Chauvelin dans le Nord, sans en avoir apparemment

1. L'aîné, Grimod de La Reynière, était de Paris. Il était fermier général depuis 1721. Sa femme était d'une impertinence extrême. Grimod maria sa fille à M. de Malesherbes. Il mourut, en 1754, d'une indigestion.

Le second, Grimod-Dufort, prit part aux affaires de son frère. Il avait acheté l'hôtel de Chamillard, qu'il remit à neuf.

2. L'un de ces frères était Thiroux de Lailly, d'origine parisienne, fils de fermier général. Il remplissait lui-même ces fonctions depuis 1721. Il avait, dit-on, beaucoup d'esprit, et tenait peu sa parole.

3. Antoine-Louis Rouillé, comte de Joux, né en 1689. Il fut successivement intendant du commerce, directeur des postes, directeur de la librairie, ministre de la marine, puis des affaires étrangères, surintendant général des postes. Il mourut dans la retraite en 1761.

4. Depuis l'année 1672 jusqu'en 1789, la direction des postes fut tantôt donnée à bail et tantôt mise en régie.

rendu compte au cardinal. On ne sait encore rien de ceci, si ce n'est qu'on ne doit compter sur rien dans ce bas monde, car ces Pajot et Rouillé, qui étoient tous intéressés dans le fonds de la ferme, dont ils rendoient, je crois, quatre millions par an, regardoient cela comme leur patrimoine. Les anciens de ces familles avoient un plus gros intérêt, quoique dans des charges de maîtres des requêtes et de conseillers, et cela se continuoit successivement des uns aux autres. Le produit étoit considérable, et les commissions fortes. Pajot d'Ons-en-Bray, qui étoit à la tête et intendant général des postes, avoit soixante mille livres d'appointements. Pajot de Villers, qui avoit le département des ordres de la Cour, avoit quarante mille livres d'appointements, indépendamment du produit des fonds, et ainsi à proportion pour les départements subordonnés. Ils étoient huit, tant Pajot que Rouillé, qui travailloient tous les jours à la taxe des lettres, et qui avoient trois mille livres par an. Que de gens déplacés !

Le public, tant grand que petit, n'approuve pas ce changement. On étoit fort content de leur exploitation. Il y avoit un grand ordre par l'intérêt personnel de tous les principaux employés, qui ne faisoient pas leurs fonctions comme de simples commis. D'ailleurs, comme ce bénéfice se partageoit entre tant de personnes, cela ne faisoit pas un particulier ou deux assez riches pour donner de l'envie. C'est pour cela que dans Paris l'on suppose quelque sujet de querelle de la part du ministère ; mais on dit qu'il n'y a rien. Cela rouloit sur M. Rouillé, maître des requêtes et intendant du commerce, qui étoit intime ami de M. le garde des sceaux Chauvelin. Mais il dit n'avoir eu aucune relation avec lui depuis sa disgrâce. D'ailleurs, s'il y avoit eu quelque manœuvre de la part de M. Rouillé, il falloit l'arrêter.

Le fait est que le ministère a envie depuis longtemps de savoir le véritable produit de la ferme des postes, comptant qu'il y a un profit considérable. C'est pourquoi il est ordonné, par l'arrêt du Conseil, que les postes seront dorénavant en régie, et le contrôleur général a placé à cet effet six fermiers généraux travailleurs, qui sont ses créatures. Le Roi leur donne cent mille livres pour leur régie, et le tiers du bénéfice qui se trouvera au-dessus des quatre millions, prix de la ferme, toutes dépenses faites.

Cette raison ne méritoit pas de casser un bail contre le droit des gens, et de faire une action d'éclat. Le lendemain, les taxeurs ont été encore travailler, et, avec grande politesse, ils ont donné des instructions aux régisseurs pour l'arrivée des courriers et autres détails, car ils ne sont au fait de quoi que ce soit. A la vérité, ils gardent tous les commis et sont forcés de le faire. On verra l'effet de la régie; mais il est vrai que cette régie n'est ordonnée que pour un an.

Comme aussi il est vrai que M. Pajot de Villers, dont la charge de contrôleur général des postes a été supprimée, reste dans les postes à titre de commission, et que c'est lui qui signe à présent les permissions pour avoir des chevaux de poste. Il a fait difficulté d'y rester, quoique prié par le ministre; mais sa famille l'a engagé de le faire, attendu que les choses peuvent changer.

Juin.

Bruits divers. — Remontrances du Parlement. — Réponse du chancelier. — Scandale à Chablis. — Refus de communion.

Il a couru de grands bruits à Paris sur des suppressions dans le Parlement. On disoit d'abord deux charges de présidents à mortier, dont celle de M. Chauvelin, ci-devant garde des sceaux. Je crois bien que ses ennemis voudroient bien qu'il n'eût plus cette charge, pour être en état de lui faire peut-être son procès, car on le craint. On a dit que, lors de la maladie du cardinal, il est venu autour de Versailles; qu'il a eu des conférences; qu'il a été absent de Bourges, et que c'est pour cela qu'on en a voulu aux Pajot et Rouillé, d'autant que le sieur Rouillé, maître des requêtes et intendant du commerce, est son grand ami, et l'on sait qu'il a la protection de tous les princes et princesses de la maison de Condé. D'ailleurs, il a de l'esprit, il est remuant, entreprenant et a de l'argent.

On parloit de supprimer deux chambres des enquêtes, cent procureurs du Parlement, des avocats au Conseil, jusque-là qu'on a dit que les ouvriers avoient été enfermés à l'imprimerie royale, les fêtes de la Pentecôte, sans sortir. Cependant il n'a encore rien paru jusques ici de tous ces grands projets, ce qui fait croire que ce ne sont que des bruits de ville.

Le Roi avoit donné rendez-vous au Parlement sur les remontrances qu'il lui avoit présentées au sujet de M. de Montgeron, conseiller, au mercredi[1] d'après la Trinité. Il y a été en grande députation, c'est-à-dire tous les présidents à mortier, quatre conseillers de Grand'-Chambre, et deux de chaque chambre des enquêtes.

M. le chancelier leur a dit que le Roi s'étonnoit qu'ils insistassent autant sur le retour d'un homme qui avoit déplu à Sa Majesté; qu'il n'avoit pas encore expié sa faute, et qu'alors on verroit ce que l'on feroit. Le Roi leur a aussi parlé, mais si bas qu'ils sont sortis sans l'avoir entendu; de façon que les députés se sont assemblés, le jeudi de la Fête-Dieu, à midi, chez le premier président, pour se rappeler tous ensemble sa réponse.

Mais je crois que cette ignorance des députés a été un tour pour ne pas mettre sur les registres la réponse du Roi, que tout le monde dit avoir répondu au Parlement qu'il étoit fatigué de leurs remontrances, et que, pour ce qui regardoit l'administration de son royaume, il savoit y mettre ordre lui-même.

1. 4 juin, la Trinité tombant le 1er de ce mois.

Le Parlement s'étoit plaint de ce qui se passe dans plusieurs diocèses. Le curé de Vivier a passé un acte devant notaire, qui a été apporté à Paris, par lequel il déclare qu'il avoit eu ordre de l'évêque de refuser la communion à M. de Montgeron jusqu'à ce qu'il eût accepté la Constitution.

A Chablis, il est arrivé une scène à la Pentecôte. Le prêtre qui donnoit la communion, voyant à la sainte table deux principaux de la ville, apparemment reconnus pour jansénistes, dit tout haut : *Foris, canes!* et se retourna à l'autel, tenant le saint ciboire, pour faire une prière à Dieu, lui demandant pardon d'être obligé de donner la communion à gens qui la recevoient indignement. Le Parlement demandoit qu'on mît ordre à tous ces scandales. Mais cela se souffre ; cela fera un schisme, qui peut être dangereux : peut-être y a-t-il de la politique à laisser deux partis dans le royaume. Mais aussi, en fait de religion, cela a des suites. Il y a ici bien des sots, et Paris est bien rempli de jansénistes de tout état.

Le vendredi, le Parlement s'est assemblé pour rendre au corps la réponse du Roi, ou du moins celle du chancelier. Ils ont arrêté qu'ils feroient de nouvelles et itératives remontrances ; mais on ne leur donnera de jour qu'après tous les voyages de Compiègne. Ainsi on aura le temps de faire encore quelque nouveau tour aux jansénistes.

Juillet et Août.

Voyage de Compiègne. — Madame de Mailly. — Intrigues.

Le voyage de Compiègne[1] s'est fait le 7 juillet et a duré trois semaines. Les soupers du Roi en hommes et en femmes ont été fréquents et se poussoient jusqu'au matin. Madame de Mailly y a été fort fêtée. Quoiqu'elle

---

1. Le Roi a passé deux jours à Chantilly, chez M. le Duc, en allant à Compiègne. *(Note de Barbier.)*

ne soit pas maîtresse déclarée, la chose est publique. Le départ du Roi de Paris avoit été différé de trois jours, parce que madame de Mailly avoit sa semaine à achever auprès de la Reine comme dame du palais. On dit même qu'en allant prendre congé de la Reine, pour lui demander permission d'aller à Compiègne, la Reine lui répondit : « Vous êtes la *maîtresse!* » Mot à double entente, qui a été remarqué. Au retour de Compiègne, le Roi a été à Marly.

M. le cardinal de Fleury a eu quelque indisposition; il s'est même trouvé mal en présence du Roi, qui a marqué de la sensibilité. Il fait en sorte d'accoutumer le Roi avec ses ministres, et dans le public, on compte toujours que M. le comte de Maurepas aura le premier rang dans les bonnes grâces du Roi par la supériorité de son génie. D'autres disent qu'il est trop fin, qu'il est craint à ce titre, et que le Roi le connoît même pour être fin; en sorte qu'on croit que ce trop d'esprit connu pourra lui faire tort.

Le garde des sceaux Chauvelin a toujours des amis puissants en Cour qui n'osent parler à cause du Cardinal. On dit que M. le Duc et la maison de Condé ne prennent plus son parti, mais que les puissances étrangères, à l'exception de l'Empereur, le demandent, sous prétexte que les affaires sont au même état qu'elles étoient lorsqu'il est sorti de place. Tant que le Cardinal vivra, il n'y aura point de changement; mais après sa mort, il n'y a aucun politique qui puisse prévoir ce qui arrivera.

Septembre.

Réforme de la procédure du Conseil. — M. de Fresnes. — M. Godefroy. — Opposition de M. Thoré. — Suppression de charges d'avocats. — Soumission des avocats. — Bouderies du cardinal. — La Reine à Issy. — Mademoiselle. — M. de Vaurial.

M. le chancelier d'Aguesseau ne se mêle point de toutes ces intrigues; il ne s'occupe que de la jurisprudence, à laquelle il voudroit mettre ordre. Il a fait au mois de juin dernier un règlement nouveau concernant la procédure du Conseil. Il est vrai que les droits et les procédures des avocats au Conseil étoient exorbitants et coûtoient infiniment aux parties. Il les réduit considérablement, et l'on attribue cet ouvrage à M. de Fresnes, son second fils, conseiller d'État. Ils ont fait travailler secrètement M. Godefroy, ancien et habile avocat au Conseil, pour dresser un règlement, parce qu'ils n'étoient pas en état d'en faire un. Et quand il a été fait, à l'insu de M. Godefroy, ils ont ajouté ou changé vingt-deux articles, qui sont ceux qui rognent absolument la besogne lucrative de ces messieurs. Quand ce règlement a paru, il a fort irrité MM. les avocats au Conseil. M. Godefroy s'est justifié envers sa compagnie de la surprise qu'on lui a faite. Cela a donné lieu à plusieurs assemblées; ils ont refusé de se soumettre à ce règlement, et ils ont arrêté de cesser leur travail tant qu'il subsisteroit.

M. Thoré, avocat au Conseil, homme d'un esprit et d'un talent supérieur tant pour écrire que pour parler; le plus employé du Conseil pour les princes et les gens de Cour, ayant beaucoup de crédit, mais aussi ayant plusieurs traits désavantageux dans le public sur la probité (d'autant que c'est un homme à jeu, maîtresse entretenue, et table et de grosse dépense), a été le plus animé. Il a flatté sa compagnie de l'emporter auprès du cardinal sur le chancelier. On l'a cru de même dans Paris, parce que le chancelier ayant demandé des lettres de cachet, douze, neuf et deux, dont une pour Thoré, a été refusé. Cependant les choses ont tourné d'une autre façon. Il étoit de conséquence pour l'autorité royale de soutenir une ordonnance générale, imprimée et publiée partout, et qui est présumée faite avec attention et pour le bien public. Les avocats au Conseil tenant bon de leur côté, il a paru au présent mois de septembre un édit du Roi portant suppression des cent soixante et dix charges d'avocats aux Conseils et de création de soixante et dix autres. Et, le 13 de ce mois, il a été rendu un arrêt du Conseil qui ordonne le remboursement des charges appartenant aux veuves et héritiers de ceux qui sont morts revêtus de leurs charges.

Cet édit de suppression a fait grand bruit dans Paris, d'autant qu'il n'y est parlé en aucune façon du remboursement de ces officiers. Les avocats ne s'y attendoient pas. Cela dérange entièrement la fortune de plusieurs particuliers qui avoient acheté cette charge et une pratique, et qui perdent un état auquel on s'est destiné. Cela a donné lieu à nouvelles assemblées, dans lesquelles il a été résolu de ne pas se présenter pour acquérir des nouvelles charges. Cela ne laisseroit pas que d'embarrasser le Conseil, si cela s'exécutoit scrupuleusement par rapport aux affaires importantes, qui sont au Conseil de toutes les provinces, et qui seroient mal instruites par des nouveaux qui pourroient lever ces charges. Mais l'intérêt et la discontinuation d'une profession qu'on a faite toute sa vie feront prendre un autre parti.

D'abord il s'est présenté des premiers venus qui ont fait leur soumission et qu'on a reçus. A présent il y a nombre d'avocats au Conseil qui en demandent, et qu'on fait grande difficulté d'admettre. Ils veulent choisir et ne recevoir que des travailleurs, et ils attendent que les premiers qui consistent dans une trentaine reviennent et demandent place. On dit que leur dessein est d'en admettre cent en charges et d'en supprimer réellement soixante-dix. Ces premiers-là tiennent un peu bon et veulent se faire prier, mais ils y viendront. Et c'est ce qui ne peut jamais manquer d'arriver quand des particuliers, accoutumés à gagner dans une profession et à dépenser à proportion, chargés de famille, voudront faire les rebelles et se soustraire à l'autorité supérieure. J'ai sollicité moi-même pour un qui est avocat de M. le premier président de Nicolaï, de M. l'archevêque de Paris, de M. le duc de Mortemart et de plusieurs autres. M. le premier président Nicolaï a écrit pour lui. Il est honnête homme et n'a point été des turbulents, cependant on ne lui promet encore rien. Comme dans ce pays-ci il y a plus de sots que d'autres, et surtout parmi les grands, s'il s'étoit lié avec les gros, qu'il eût fait bien du bruit, cela lui auroit fait un nom. Il seroit soutenu par ses confrères dont on a besoin et qu'on recherchera. En revenant tous, ils l'auroient eux-mêmes proposé. Il est certain en général que dans les professions de talent, il est nécessaire de faire l'avantageux et l'insolent pour en imposer même avec peu de mérite, sans quoi le véritable demeure inconnu.

Il est arrivé quelque chose de plus grave. Le Cardinal s'est brouillé avec le Roi. On n'en sait pas véritablement le sujet; si c'est pour madame de Mailly, ou pour n'avoir pas déféré selon l'usage à ses avis. Quoi qu'il en soit, le vendredi, 5 de ce mois de septembre, le cardinal partit pour Issy[1], et fit partir toute sa maison comme prenant congé de la compagnie pour se retirer. On croyoit d'abord que c'étoit à cause de sa santé, mais le vrai étoit quelque petit mécontentement. Il y est resté dix jours. On dit même pendant ce temps d'absence que M. de Maurepas a été en avant pour prendre le dessus, ce qui seroit fort imprudent, parce qu'avec un homme de cet âge et dans une santé chancelante, qui ne peut aller loin, il est beau d'attendre patiemment. Pendant ces huit jours, la Reine a été à Issy voir le Cardinal, chose fort extraordinaire, parce que la Reine ne fait point de visite, et que d'ailleurs elle n'a jamais été trop contente de lui. M. le duc d'Or-

---

[1]. Dans la maison du séminaire de Saint-Sulpice. C'est là sa retraite.
(*Note de Barbier.*)

léans y a été aussi, l'un et l'autre pour faire le raccommodement et l'engager à revenir. Enfin, il est revenu à Versailles, le dimanche 14 de ce mois, pour assister au Conseil, et il a repris le train des affaires, sans néanmoins autant se fatiguer qu'avant sa maladie.

Le Roi part, le lundi 22, pour Fontainebleau, pour un voyage de près de deux mois. La Reine et monseigneur le Dauphin partent aussi; et M. le Cardinal est du voyage.

On dit que le sujet de la brouillerie de M. le Cardinal vient de ce que *Mademoiselle* [1] tout court (qui est donc mademoiselle de Charolois) avoit tant pressé et tourmenté le Roi pour renvoyer M. Amelot de Chaillou, et pour donner la place de secrétaire d'État des affaires étrangères à M. de Vauréal [2], évêque de Rennes, que le Roi lui en avoit donné sa parole. Il faut observer que le public critique donne ce monseigneur pour amant à cette princesse, et que c'étoit bien là le plus court chemin pour obtenir un chapeau de la cour de Rome, et pour prétendre à la place de premier ministre. M. le cardinal de Fleury, ayant été instruit du fait, qui n'étoit pas dans ses arrangements, alla trouver le Roi, se déchaîna contre la princesse, lui remontra que cela étoit non-seulement contraire à ses intérêts, mais scandaleux. Le Roi lui répondit qu'il avoit donné sa parole et qu'il le vouloit. Sur cela, le Cardinal prit congé du Roi, et donna ordre sur-le-champ à toute sa maison de partir pour Issy. M. le duc d'Orléans a pris parti dans cette affaire et, avec l'autorité de la religion, a fait entendre au Roi que de pareilles paroles ne l'engageoient en rien. Il l'a déterminé à n'en rien faire, et il a engagé, d'un autre côté, le Cardinal à revenir prendre sa place

1. Titre qui appartenait de droit à l'aînée des filles du frère ou de l'oncle du Roi.
2. Louis Guy de Guerapin de Vauréal, évêque de Rennes, 24 août 1732-1758.

à Versailles; de sorte que Mademoiselle, piquée au cœur, ne vouloit point aller à Fontainebleau; mais elle est partie quelques jours après les autres. On dit même que le Roi lui a écrit d'y venir.

Mais le bonhomme cardinal ne les incommodera pas encore longtemps. Il a eu une rechute considérable à Fontainebleau; on dit toujours que c'est une indigestion, mais c'est plutôt la nature qui manque. On a appelé Dumoulin, fameux médecin de Paris, et on a cru le perdre. Le Roi a été voir son bon ministre. Il lui a dit qu'il falloit tâcher de se rétablir et prendre des forces pour s'en retourner à Issy, et qu'il le suivroit peu de temps après. On dit aussi qu'il avoit travaillé tout de suite avec M. le comte de Maurepas, ce qui fait toujours regarder ce secrétaire d'État comme celui qui aura la confiance du Roi.

Octobre.

Santé du Cardinal. — Les avocats au Conseil. — Le Cardinal à Paris. — Affaires de Corse. — M. de Boissieux.

Le Cardinal heureusement se porte beaucoup mieux. On ne parle plus de son départ, et il travaille avec le Roi. Il faut en vérité qu'il aime bien à gouverner, car sa véritable place seroit à Issy.

Le chancelier ne veut pas avoir le démenti de son entreprise sur les avocats au Conseil. On a imprimé, le 27 septembre dernier, la liste de ceux qui ont de nouvelles commissions, au nombre de trente-huit, dont il y en a vingt et un des anciens. Et, pour ne point interrompre les affaires, il a été rendu, le 8 de ce mois d'octobre, un arrêt du Conseil qui condamne par corps les avocats supprimés à remettre dans quinzaine, au greffe, les instances et procédures dont ils étoient chargés, et qui leur indique la voie pour se faire payer après de ce qui peut leur être dû; en sorte que les plus fameux, qui tiennent bon, pourroient être contraints.

de revenir et de préférer l'idée de leur état et de leur fortune à une fierté mal placée.

Le 9 octobre, M. le cardinal de Fleury, s'étant trouvé mieux, est revenu dans sa maison d'Issy. Il s'y porte assez bien et reçoit compagnie. Les ministres, qui sont venus à Paris, ont été le voir et lui rendre compte des affaires. Il y a un courrier qui vient tous les jours de Fontainebleau de la part du Roi. On dit qu'il est plus jaloux que jamais de son autorité pour être instruit de tout et qu'on ne fasse rien sans lui. Cela n'est pas étonnant dans un homme de cet âge, accoutumé à gouverner, et qui craint de voir qu'on puisse se passer lui. On dit qu'il compte retourner, samedi 18 de ce mois, à Fontainebleau, quoiqu'il n'ait jamais aimé ce séjour. Le Roi lui donnera bien la satisfaction de jouir toujours de son pouvoir; mais je crois qu'il n'est pas fâché de son absence, et que cela le met plus à son aise. On pourra lui faire entendre qu'on avancera le retour de Fontainebleau pour le faire rester à Issy.

M. le cardinal de Fleury est parti d'Issy, le 24 octobre, pour être le lendemain, samedi à midi, à Fontainebleau. Il se porte assez bien; mais Fontainebleau lui déplaît, et l'air ne lui vaut rien, surtout dans cette saison-ci. C'est chercher à retomber. Il faut à cet âge bien aimer le gouvernement. Le Roi apparemment n'en reviendra, comme on avoit dit, qu'à la fin de novembre. Il est vrai qu'il y a au Conseil une affaire embarrassante, qui est celle de Corse; car le roi Théodore y est débarqué[1], comme nous avons dit, avec bien des munitions. On croit que nous allons y envoyer encore quatre bataillons joindre les troupes que nous avons à la Bastide[2].

---

1. A Aleria. Le roi Théodore avait rassemblé en Hollande des forces assez considérables.

2. Nous avions envoyé en Corse un petit corps d'armée, non pour combattre les habitants du pays, mais pour garder au nom des Génois les places qui leur restaient.

On ne doute point que ce Théodore ne soit soutenu par quelque puissance que l'on compte être l'Espagne. Il n'en faudroit pas davantage pour attirer une guerre.

Les quatre bataillons sont partis pour la Corse. Les mécontents ont fait dire à M. de Boissieux[1], qui commande les troupes de France, que, si le Roi vouloit être leur souverain, ils se soumettroient volontiers à la domination de France; mais que, s'il ne vouloit point les recevoir pour sujets, ils le supplioient de leur permettre de se choisir un souverain.

Novembre.

Encore les avocats au Conseil. — Le Cardinal. — Le Roi à la Muette et à Madrid.

Douze avocats au Conseil des anciens et des plus employés, après avoir tenu nombre d'assemblées à Paris, ont pris le parti de la soumission. Ils se sont rendus à Fontainebleau, et ont fait leurs soumissions entre les mains de M. le chancelier pour de nouvelles charges; ce qui a fait un grand plaisir à M. le chancelier, parce que cela rétablit entièrement l'expédition des affaires du Conseil. Le nombre de soixante-dix fixé par l'édit est présentement complet, et on ne parle pas d'en créer davantage. M. Thoré n'a pas pu parvenir à rentrer. Ce qui doit, malgré tous ses talents, l'incommoder fort.

Il y a aussi grand nombre des anciens avocats au Conseil, qui se trouvent supprimés même sans remboursement, et qui se trouvent la dupe de l'union qui a été concertée dans le corps par la cessation du travail pour s'opposer au règlement nouveau et pour tenir tête à M. le chancelier.

M. le cardinal de Fleury s'est assez bien porté à Fontainebleau; il est revenu à Issy huit jours avant le Roi,

1. Louis de Frétat, comte de Boissieux, maréchal de camp depuis 1734.

qui est revenu à Versailles, le 22 novembre, où le Cardinal s'est rendu le lendemain. Il s'y porte autant bien qu'on peut le souhaiter; il mange mieux qu'à son ordinaire, et il a repris comme auparavant le gouvernement de toutes les affaires.

Le Roi fait souvent des voyages à la Muette dans le bois de Boulogne avec les seigneurs et dames de sa cour. Il a même soupé chez Mademoiselle dans sa petite maison de Madrid. Ils étoient vingt-huit à table. Madame de Mailly est à l'ordinaire de toutes les fêtes.

Décembre.

Mort de Samuel Bernard. — Sa fortune. — Ses enfants. — Exécution de Mauriat, assassin et voleur. — Madame Destours. — Entrée du prince de Lichtenstein à Paris.

Samuel Bernard est retombé plus dangereusement malade. On l'a même dit mort dans Paris. On a cru que la gangrène s'étoit jetée sur une jambe, et qu'il n'y avoit plus de ressource. Cela a été au point que dans la famille il a été fait un état de son bien, qui a transpiré dans le public. On le fait monter par détail à plus de soixante millions, savoir : quinze millions et tant de mille livres en obligations particulières sur les gens de la Cour et de la ville. Il est certain qu'il a prêté sur toutes les grandes charges; deux millions quatre cent mille livres en terres; dix-sept cent mille livres en argent comptant chez lui, et le surplus dans les pays étrangers, en Hollande et en Angleterre. Il y a longtemps qu'on n'a vu un particulier aussi riche, surtout si l'on joint à cela les grandes dépenses qu'il a faites, le payement des dettes de ses fils qui alloient à plus de trois millions, et les dots considérables qu'il a données à ses filles et petites-filles, madame Molé et madame de Lamoignon et à madame la marquise de Mirepoix[1], dont la dot ne lui a pas encore été rendue par M. de Mire-

1. Morte en 1736.

poix, ambassadeur à Vienne. Il faut pourtant convenir qu'une pareille fortune est très-préjudiciable dans un État; elle est prise sur l'État même, et elle ne peut être faite qu'aux dépens d'un grand nombre de familles qui se trouvent ruinées par des suppressions de charges, des réductions de rentes et par le système.

Depuis quinze jours et plus que Bernard étoit regardé comme mort, il subsiste toujours, et l'on dit qu'il n'avoit pas la gangrène. On dit cependant que la gangrène y est. Les gens qui le connaissent de fort loin ne lui donnent que quatre-vingt-huit ans.

Lundi, 15 de ce mois de décembre, en vertu d'une sentence rendue par M. Nègre, lieutenant criminel du Châtelet, confirmée par arrêt du samedi 20 décembre, la Grand'Chambre et Tournelle assemblées, on a décollé le sieur Mauriat, gentilhomme de Franche-Comté, âgé de vingt-huit à trente ans.

L'exécution a été faite en place de Grève [1], à six heures du soir, aux flambeaux. Il a été conduit dans la charrette, en robe de chambre, avec un bonnet de nuit sur sa tête; il y avoit six douzaines de flambeaux. La tête a été tranchée du premier coup, et le coup a été donné par le bourreau comme le *Salve* [2] commençoit; ce qui a été fait apparemment par ordre pour lui cacher le moment du coup.

Cet homme étoit parent de MM. de Bissy, de M. le duc de Châtillon, gouverneur du Dauphin, de M. le duc d'Harcourt, capitaine des gardes du corps, neveu du prieur de l'abbaye de Saint-Claude [3], mais un mauvais sujet. Il avoit été lieutenant dans le régiment de Richelieu, d'où il avoit été chassé pour friponnerie. Il étoit sans biens, et n'avoit d'autre emploi à Paris que de joueur et de croc.

---

1. Dans le carrefour de la Comédie. (*Note de Barbier.*)
2. *Salve Regina*, prière à la Vierge.
3. En Franche-Comté.

Le lundi 27 octobre, après midi, il avoit assassiné une femme qui demeuroit dans la rue de la Comédie[1], nommée madame Destours. C'étoit une femme de vingt-cinq à vingt-six ans, jolie et bien faite, dont le mari étoit en commission, qui ne vivoit point avec lui et qui étoit dans la débauche. Elle avoit été entretenue quelque temps par un peintre âgé, qui à sa mort lui a laissé quelque chose. Mauriat étoit ami d'un jeune homme qui vivoit ou avoit vécu depuis avec elle. Elle ne vouloit plus voir ni l'un ni l'autre. Mauriat vouloit aller chez elle, malgré elle, et il n'y avoit qu'un mois qu'elle avoit rendu une plainte contre lui chez le commissaire Le Comte, demeurant dans la rue de la Comédie, vis-à-vis de chez elle, et il alloit chez cette femme plutôt, suivant les apparences, pour l'escroquer que pour autre chose; car il est certain qu'il avoit pour maîtresse une fille nommée la Joinville, à qui il a écrit une lettre, avant de partir pour l'échafaud, pleine de sentiments de religion pour la conversion de cette fille.

Ce lundi, il est monté chez cette femme, qui étoit seule dans son appartement, au troisième étage, dans une maison honnête. Cette femme n'étoit pas une p..... publique; en sorte qu'on ne sait ni le motif de sa visite, ni ce qui a donné lieu à la querelle. Cela a commencé par soufflets et coups de pieds dans le c.. que Mauriat lui a donnés. Cette femme, qui étoit forte et violente, s'est jetée sur un couteau de cuisine pour le frapper; il lui a donné un coup d'épée dans les reins; il a fermé le verrou de la porte; il lui a arraché le couteau dont il avoit la main coupée. La femme en se débattant a cassé un carreau de vitre et a crié : « Au meurtre! » Mais on ne pouvoit pas entrer pour la secourir. Enfin, dans ce débat, il lui a donné trois coups de couteau dans la gorge; et, ce qui est de plus grave, c'est que les chirurgiens ont remarqué qu'il l'avoit étranglée avec

---

1. Aujourd'hui rue de l'Ancienne-Comédie.

les mains. Des voisins ont même entendu qu'elle disoit : « Ah ! ne m'achève pas ! laisse-moi le temps de me re-« connoître dans l'état où je suis ! » Au bruit, les voisins se sont assemblés; la garde est venue; le commissaire a été deux heures pour avoir la permission de M. le lieutenant criminel, de faire enfoncer la porte. On a trouvé la femme morte dans une chambre, et Mauriat, dans un fauteuil dans une autre chambre, qui étoit de sang-froid. Il auroit peut-être pu se sauver d'abord, mais on est troublé d'un mauvais coup et après une action aussi vive.

On a cru à Paris qu'il auroit sa grâce à cause de sa condition et de la mauvaise conduite de la femme. Toute la famille a fort sollicité. Son frère aîné, qui vit dans une terre en province, a tourmenté M. le Cardinal. On veut faire depuis longtemps un évêché à Saint-Claude; le prieur est celui qui s'y est toujours opposé. Il offroit tous les consentements pour la grâce de son neveu. M. le chancelier s'est même fait apporter les informations; d'autant qu'on pense bien que ce n'étoit point un assassinat prémédité et que c'est l'effet d'un mauvais moment. M. le duc d'Harcourt a aussi demandé la grâce au Roi; mais tout cela a été inutile. On a voulu faire un exemple, et on a fait très-sagement. Il n'y auroit plus eu de sûreté dans Paris. Les jeunes gens de condition se seroient portés à tous les excès.

Le 21 de ce mois, le prince de Lichtenstein, ambassadeur de l'Empereur, a fait son entrée dans Paris à la manière accoutumée[1]. Il y a longtemps qu'elle étoit annoncée, on croyoit même qu'on vouloit publier la paix auparavant; mais cela n'a point encore été fait, quoique la paix soit faite depuis très-longtemps. Ce prince est ici avec son neveu, qui est l'aîné de la maison, et prince souverain, qui n'a guère plus de quinze ans et qui est extraordinairement riche. L'ambassadeur

---

[1]. Voyez le *Mercure de France*, 1738, décembre, p. 2700.

ne l'est pas autant. L'entrée a été très-superbe par le nombre de domestiques, leur habillement et les harnois des chevaux. Ils tiennent ici une maison considérable, huit pages et quarante valets de pied, avec grand nombre d'officiers.

On dit que l'ambassadeur a quatre ou cinq cent mille livres de rentes, et que le neveu a un million de revenu [1].

1. Barbier termine ici le récit des événements de l'année 1738. Il insère ensuite dans son *Journal*, t. III, p. 461, une *Calotte* intitulée : *Lettre pastorale de monseigneur Pancrace Pellegrin, patriarche de l'Opéra, aux fidèles de son diocèse.*

ANNÉE 1739.

Janvier.

Bref du Pape. — L'archevêque de Paris, réformateur de l'ordre du Calvaire. — Le Parlement perd ses priviléges. — Nouvelles étrangères. — Le roi Théodore. — Secours à M. de Maillebois. — Soupers du Roi. — Le Roi à l'Opéra. — *Atys*. — *Alceste*. — La duchesse de Fleury. — La marquise de Flavacourt. — Mort de Samuel Bernard. — Son testament. — Sa fortune.

Le Parlement s'est assemblé au commencement de cette année au sujet d'un bref du Pape, qui nomme M. l'archevêque de Paris pour faire, pendant deux ans, la réforme dans les maisons religieuses de l'ordre du Calvaire[1], dans son diocèse, et qui l'autorise à nommer deux évêques commissaires à la même fin dans les provinces. Ce bref n'est point revêtu de lettres patentes adressées au Parlement. Il a été envoyé à M. l'archevêque de Paris par des lettres particulières du Roi. On dit même qu'il y est porté que ses ordonnances seront exécutées nonobstant appel comme d'abus.

Par un arrêt du Conseil, le Roi a ôté au Parlement la connoissance des affaires de l'Université de Paris, au sujet de quelques contestations qu'il y a eues pour l'élection d'un recteur, et les a attribuées au Grand Conseil. Ces deux objets ont fait la matière de l'assemblée, et il a été délibéré qu'il seroit fait de très-humbles remontrances au Roi ; mais on est fort persuadé de l'inutilité

1. Congrégation de religieuses qui suivent la règle de Saint-Benoît, et dont l'institut est d'honorer particulièrement les douleurs que causèrent à la Sainte-Vierge les tourments qu'elle vit souffrir à son fils. Cet ordre fut fondé à Poitiers par Antoinette d'Orléans-Longueville, et confirmé en 1617 par Paul V et Louis XIII. La maison de chef d'ordre était à Paris dans le Marais et avait été construite en 1638 par le père Joseph.

de cette démarche. Le Parlement a été si mal reçu dans les dernières remontrances, qu'il est à craindre que la réponse du Roi ne soit encore plus vive à toutes ces tentatives, sous prétexte de la conservation de leurs droits. Il en perdra toujours de plus en plus, et les ministres qui succéderont à M. le cardinal de Fleury ne manqueront pas de profiter de ces circonstances et des dispositions du Roi pour diminuer le crédit de cette compagnie, qui autrefois savoit résister au ministère.

Suivant les nouvelles publiques, M. le cardinal de Fleury se trouve un peu piqué par l'Empereur. La France lui a donné douze millions pour l'aider dans sa guerre contre les Turcs, et continue toujours, à condition de nous donner Luxembourg et quelques places des Pays-Bas. Les Hollandois portent, dit-on, cette somme à l'Empereur pour nous le rendre, et l'Empereur leur a donné cette place importante en nantissement, ce qui fait une grande différence pour nous. On préjugeoit de là une guerre, mais le cardinal de Fleury n'en veut point et ne veut agir que par des médiations. Les amis du garde des sceaux Chauvelin disent qu'il avoit toujours averti M. le Cardinal de se méfier de l'Empereur, et qu'une année de guerre de plus le mettoit en état de lui imposer telle condition qu'il auroit voulu. On dit même que c'est la résistance de M. Chauvelin à la paix qui a valu la cession de la Lorraine, et que M. le cardinal de Fleury vouloit se contenter du Barrois. On juge de là que si le cardinal venoit malheureusement à mourir, il seroit très-difficile d'éviter une grande guerre dans l'Europe, qui n'est suspendue que par des propositions d'arrangements et de conciliation entre les puissances, qui ne finissent point, et bien des gens croient aussi que M. Chauvelin reviendroit en place, étant le plus capable de faire les projets du gouvernement. M. Amelot de Chaillou, qui a sa place, ne fait que suivre la modération du Cardinal, qu'on peut appeler mollesse dans un âge aussi avancé, quoiqu'avec les meilleures intentions, et tout en léthargie.

Théodore, usurpateur du royaume de Corse, a été pris et arrêté à Naples, sur un vaisseau hollandois. Le capitaine du vaisseau a été relâché. On ne sait presque rien de sûr de cet événement. On a dit jusqu'ici que ce Théodore, roi de Corse, étoit soutenu par l'Espagne. On dit à présent que ce sont les Anglois. Il n'est pas possible, en tout cas, qu'un simple particulier comme lui ait eu des vaisseaux, des hommes, de l'argent et des armes, sans être soutenu par quelque puissance[1].

Depuis sa prise, nos troupes y ont eu quelque affaire avec les Corses. Nous y avons perdu peu de monde, mais nous n'en sommes pas plus avancés contre ces rebelles. On parloit même d'y envoyer encore dix mille hommes, et M. le marquis de Maillebois pour les commander, dont on a envie de faire un maréchal de France. Mais l'on ne comprend rien à notre dessein à ce sujet, car nous n'avons rien à craindre ni à espérer des Génois, pour sacrifier ainsi nos troupes pour eux, d'autant que les personnes qui connoissent le pays prétendent qu'il sera très-difficile de réduire ces rebelles, parce que c'est un pays de montagnes et de défilés que ces habitants connoissent parfaitement pour leurs retraites, et les peuples sont très-braves et tirent dans un écu. Mais il n'y a encore aucun ordre pour le départ et l'embarquement de ces nouvelles troupes.

Madame la comtesse de Mailly continue toujours d'être regardée comme la favorite du Roi. Il y a à présent de fréquents soupers[2], soit à la Muette, au bois de Boulogne, soit chez Mademoiselle, à Madrid ; le Roi commence à prendre goût aux plaisirs ordinaires. Il n'y a pas grand mal qu'il se défasse peu à peu de la fureur

---

1. Voyez plus haut, p. 144, note 1. Théodore avait su par son adresse et son industrie réunir tout cela en Hollande.

2. Sur ces soupers, voyez les *Mémoires de la Cour de Perse.*

qu'il avoit pour la chasse, qui, répétée tous les jours en tout temps et en toute saison, ne pouvoit qu'altérer son tempérament et lui rendre l'esprit sombre et sauvage : le commerce des femmes et des plaisirs lui prendra moins de temps et lui formera mieux le génie et les sentiments.

Vendredi, 9 de ce mois, le Roi vint à l'opéra d'*Atis*[1]; il avoit six loges remplies des seigneurs de sa Cour. Un détachement du régiment des gardes étoit rangé sur son chemin, les Cent-Suisses sous sa loge, en sorte que cela étoit en règle. Il a paru fort content du spectacle; cela a fait dire qu'on croyoit qu'il prendroit une petite loge à l'année, pour y venir plus aisément sans appareil; d'autres ont dit qu'il donneroit une somme pour accommoder la salle des ballets aux Tuileries, qui est très-belle, et qu'on y mettroit pour toujours l'Opéra. M. le duc d'Orléans ne demande que la suppression du spectacle dans le voisinage de sa maison, et cela seroit plus séant pour le Roi de se rendre au spectacle public dans son Louvre.

Vendredi, 23 de ce mois, le Roi est venu voir l'opéra d'*Alceste*[2]; le spectacle étoit plus beau, parce qu'il étoit garni de femmes. Le Roi étoit dans la première loge, ayant à sa droite Mademoiselle, et à sa gauche mademoiselle de Clermont. Dans la seconde loge étoient madame la duchesse de Fleury[3], autres duchesses, et madame la comtesse de Mailly. Il avoit quatre loges; vis-à-vis, dans la loge de la Reine, étoit madame la jeune Duchesse, et toutes ces princesses pleines de diamants. On n'avoit délivré de billets au public qu'autant qu'il en falloit pour remplir le parterre et l'amphithéâtre, dont on avoit pris les billets le matin; et dès midi, tout

---

1. Opéra en cinq actes, paroles de Quinault et musique de Lulli, représenté pour la première fois en 1676.

2. Tragédie de Quinault, dont la musique a été composée par Lulli. La première représentation a eu lieu en 1674.

3. Anne-Madeleine-Françoise d'Auxy, duchesse de Fleury.

étoit rempli, en sorte qu'il n'y avoit point trop de presse. La sœur cadette[1] de madame la comtesse de Mailly, fille du marquis de Nesle, a épousé ces jours-ci[2] M. le marquis de Flavacourt[3]. Elle est très-jolie, aussi bien que madame la marquise de La Tournelle[4], sa sœur. Le premier banc de l'amphithéâtre étoit réservé pour la noce. Il n'y a pas de comparaison entre ces deux jeunes mariées, qui sont très-jolies personnes, et madame de Mailly, leur sœur aînée, qui n'a que de la vivacité et de l'enjouement, mais qui n'est pas jolie, il s'en faut bien, et qui d'ailleurs a plus de trente ans, et les autres sont entre dix-huit et vingt. Au sortir de l'Opéra, le Roi s'en retourna souper à la Muette avec femmes et hommes.

Le 18 de ce mois, est enfin mort le grand Samuel Bernard, âgé de quatre-vingt-huit ans. Il étoit de Sancerre[5] en Bourgogne et de la religion réformée. On dit que sa fortune a commencé dans le trouble des huguenots, qui ont été obligés de se retirer, et dont il avoit la correspondance pour leurs affaires. Son père étoit peintre[6]. Il laisse pour héritiers : M. Bernard, maître des requêtes, surintendant de la maison de la Reine, et grand officier de l'ordre de Saint-Louis; M. Bernard de Rieux, président aux enquêtes, ses deux fils d'un premier lit, et madame la présidente Molé, fille d'un second lit. M. le président de Lamoignon a épousé une petite-fille, fille du maître des requêtes. Par son testament, il a nommé pour exécuteur M. Normant, avocat, avec un legs de dix

---

1. Hortense-Félicité de Mailly de Nesle, née en 1715.
2. Le 21 janvier 1739.
3. François-Marie de Fouilleuse, marquis de Flavacourt, capitaine au régiment de Royal-Cravate.
4. Marie-Anne de Mailly de Nesle, née en 1717, mariée depuis 1734 à Jean-Louis, marquis de La Tournelle.
5. Ville du Berri et non de la Bourgogne, chef-lieu d'arrondissement dans le Cher.
6. Samuel Bernard, peintre et graveur.

mille livres, ce qui a paru très-médiocre pour sa générosité ordinaire, dans laquelle il y avoit même beaucoup de faste. Il laisse à chacun de ses deux valets de chambre cent mille livres. Il lègue à son fils aîné la terre de Coubert, à dix lieues de Paris, par delà Brie-Comte-Robert, qui est de la dernière magnificence, avec sa maison de Paris, et quatre cent mille livres en argent comptant ; au président de Rieux une grosse terre en Normandie, une autre maison à Paris et quatre cent mille livres, et il substitue le surplus des biens qui leur appartiendront. On dit que cette succession, qui est à partager entre trois héritiers, va à trente millions. Pour un État bien policé, cela ne se souffriroit pas. Il est inutile de retrancher des rentes viagères, de réduire les rentes sur la Ville au denier quarante, de laisser des rentes sur les États de Bretagne au denier cinquante, sous prétexte de soulagement de l'État et d'incommoder par là tous les particuliers, qui contribuent d'ailleurs au dixième dans le besoin, pour laisser une pareille fortune, acquise aux dépens de l'État, dans une seule personne, et une centaine d'autres, banquiers, agents d'affaires dans Paris, qui, soit du système de 1720, soit des grands profits dans les affaires du Roi, ont cinq ou six millions de biens.

Février.

Le Roi à la Muette. — Fête à Versailles. — Détails. — Mariage de Madame Première avec don Philippe. — Le roi Théodore à Naples et à Rome. — M. Orry de Fulvy. — M. de Tencin cardinal. — Bruits de ville. — Cordons bleus. — Chanson. — Mariage du duc de Fleury.

Le Roi a passé tous les jours gras à la Muette, dans le bois de Boulogne. Le jeudi gras, il est venu au bal de l'Opéra ; il y avoit tant de monde qu'il y a été extrêmement pressé sans pouvoir aller ni venir. Toute sa compagnie étoit en bergers et bergères, et lui en chauve-souris. Cette presse l'a un peu dégoûté de ce bal.

On a oublié ci-dessus la fête qui s'est donnée à Versailles. Le lundi, 26 janvier, il y a eu un grand bal prié, qui a commencé à six heures du soir dans le grand salon du côté de la chapelle, où les femmes priées étoient habillées. Le bal fut ouvert par M. le Dauphin et Madame Première. M. le cardinal de Fleury y vint faire un tour, se portant à merveille. Il y étoit entré tant de monde par amis que le Roi, étant venu sur les cinq heures voir la disposition, fut obligé de donner ordre de faire sortir du salon grand nombre de femmes et hommes. Les huissiers de chambre ne pouvant pas en être maîtres, M. le duc de La Trémoille, premier gentilhomme de la chambre, qui servoit alors pour M. le duc d'Aumont, malade, fut obligé de demander des gardes du Roi à M. le maréchal de Noailles, capitaine des gardes du corps, ce qui fit plaisir au capitaine des gardes, parce que les premiers gentilshommes de la chambre ont toujours prétendu avoir seuls le commandement dans les appartements, et que les officiers des gardes du corps n'y avoient aucune fonction.

Le bal finit à neuf heures, et le Roi alla souper. A minuit, il y eut un grand bal de nuit où tous les masques entrèrent sans billet. On faisoit seulement démasquer un de la compagnie, qui disoit son nom, et il y avoit des gens qui écrivoient sur une liste : « Monsieur ou Madame une telle avec tant de personnes. » Tous les appartements étoient illuminés magnifiquement. On dansoit dans trois pièces, et il y avoit des buffets pour les rafraîchissements dans trois autres, et la galerie étoit le lieu de promenade. Tous ceux de la ville et de la Cour, qui aiment les fêtes, ont été à celle-là. On portoit continuellement des rafraîchissements, oranges, biscuits, confitures sèches, dans toutes les salles, que l'on offroit à tout le monde; et il y avoit pâtés, jambons, daubes, avec du vin sur les buffets, le tout renouvelé de façon qu'à sept heures du matin tous les buffets étoient garnis comme en entrant. Les étrangers sont convenus qu'ils n'avoient point vu de fête aussi bien ordonnée et aussi magnifique[1]. On a répandu dans Paris que cela coûtoit des sommes assez considérables, et cependant je sais positivement que cela n'a pas coûté cinquante mille francs. Il y avoit deux cent cinquante musiciens à qui l'on a donné vingt-quatre livres chacun. Le Roi y a été jusqu'à quatre heures en chauve-souris, et s'y est fort réjoui. On dit que madame de Mailly n'aimoit point trop ce bal, dans la crainte que le Roi, étant déguisé, ne trouvât peut-être quelque minois à son goût.

On dit aussi que cette fête a été donnée en considération du mariage de Madame Première[2] avec l'infant don Philippe, troisième infant d'Espagne[3], et que, ce jour-là même, il y avoit un pareil bal à Madrid[4].

Cela s'est, en effet, vérifié par la suite, car ce mariage a été déclaré ce mois-ci, et les princes et princesses ont été à Versailles faire leurs compliments. Il paroît étonnant que la fille aînée de France n'épouse pas une tête couronnée. Ce prince n'ayant, suivant les apparences, aucune espérance ni sur la couronne d'Espagne où il a devant lui le prince des Asturies et le roi de Naples, ni sur la couronne de France[5]. On disoit qu'il viendroit demeurer en France; mais cela n'est pas, car le départ de la princesse paroît arrêté pour le mois d'août prochain. Peut-être aussi que dans les négociations, il y a quelque arrangement pour lui donner des États, d'autant plus qu'en Espagne les infants n'ont point d'apanage, mais une simple pension; ce qui pouvoit être fondé sur ce que l'Espagne seule arrêtoit la consomma-

---

1. Voyez le *Mercure de France,* 1739, février, p. 378.
2. Morte à Versailles le 6 décembre 1759. *(Note de B. d'Increville.)*
3. Ce prince est mort de la petite vérole à Alexandrie, en juillet 1765. *(Note de Barbier d'Increville.)* Il était né en 1729.
4. Ce mariage eut lieu en effet le 26 août 1739.
5. Il devint, en 1748, duc de Parme, de Plaisance et de Guastalla, par suite du traité d'Aix-la-Chapelle.

tion de la paix entre la France et l'Empereur, et qu'il a été déclaré en même temps que la paix étoit signée.

Théodore, roi de Corse, qui avoit été arrêté à Naples, a été mis en liberté. Il est à présent à Rome, à ce qu'on dit. Personne ne conçoit rien à tout ce qui se passe de notre part pour la Corse; nous y avons à présent dix bataillons. Les derniers, qui se sont embarqués à Antibes dans le mois de janvier, ont essuyé de fortes tempêtes dans le passage par les grands vents qu'il a fait, même ici à Paris. Ils ont été dispersés, et il y a eu quelques officiers qui ont péri, mais en petit nombre. Quelques-uns disent qu'on donnera l'île de Corse au roi de Sardaigne, et qu'il nous abandonnera quelque terrain en récompense.

M. Orry de Fulvy, frère du contrôleur général, qui est intendant des finances et directeur de la Compagnie des Indes, perdit, ces jours-ci, au biribi, jeu défendu, chez madame ..... [1], maîtresse de M. le contrôleur général, une somme de quatre cent quatre-vingt mille livres (vingt mille louis)! que gagna M. Houel, officier aux gardes, qui est un homme qui a fait sa fortune au jeu. Étant sorti des pages, il étoit spectateur dans un très-gros jeu; il avoit une orange dans la main; il demanda qui vouloit lui donner vingt-quatre sols de son orange. On lui donna. Il mit la pièce sur une carte et continua à doubler. Il y gagna, ce soir-là, soixante-quinze mille livres. Il jouit à présent de plus de quarante mille livres de rente avec de gros fonds en argent. Mais pour revenir à M. de Fulvy, il est ridicule que, chez la maîtresse du contrôleur général, on joue des jeux défendus pour lui procurer un gros revenu des cartes, et encore plus qu'un intendant des finances, à la tête de la Compagnie des Indes, passe la nuit à jouer des jeux de cette conséquence, d'autant que tout le public sait que M. le contrôleur général n'avoit pas plus de quatre ou cinq mille

1. Ce nom est resté en blanc.

livres de rente de patrimoine, et son frère deux ou trois, et qu'ils sont à présent extrêmement riches. Comme le Cardinal protége le contrôleur général, cette affaire n'aura pas de suite; mais elle ne sera pas oubliée par leurs bons amis de Cour après sa mort.

Une nouvelle importante. Les derniers jours de ce mois, le Pape a envoyé un chapeau de cardinal à M. Tencin, archevêque d'Embrun. Il a eu ce chapeau par la nomination du prince de Galles, autrement chevalier de Saint-Georges, qui est à Rome, fils du roi Jacques d'Angleterre (mort ici). On dit qu'il lui coûte six cent mille livres. Il y a longtemps qu'il avoit sollicité ce chapeau; mais il y avoit eu opposition de la part de la Cour de France, et M. Tencin avoit été relégué à son archevêché d'Embrun. Il avoit eu cette obligation à M. le garde des sceaux Chauvelin, qui s'étoit cru intéressé à éloigner ce prélat, que l'on convient être un homme d'infiniment d'esprit, entreprenant et d'une ambition sans mesure. Il est fils d'un conseiller du Parlement de Grenoble. Il a gagné du bien au système. Sa sœur étoit grande amie de Law. C'est lui qui a présidé au fameux concile d'Embrun, qui a condamné M. l'évêque de Senez, qui vit encore, âgé de quatre-vingt-six à sept ans, relégué dans une abbaye de la ville de la Chaise-Dieu.

Tout le monde parle de ce nouveau cardinal comme étant peut-être destiné par le cardinal de Fleury, et sûrement comme ayant grande envie de parvenir à la place de premier ministre. Il a reçu, à cette occasion, les visites des princes et de toute la Cour. Cela doit inquiéter M. Chauvelin. Les gens de l'Église sont d'ordinaire assez vindicatifs. Les jansénistes en sont alarmés. Cet homme, qui a tout au plus soixante ans, pourroit bien être choisi par le cardinal de Fleury pour remplir son grand objet qui est de mettre la paix dans l'Église. Ce qui, en tout cas, ne se fera pas aisément sans de grands troubles; car à la Cour et à la ville, il y a bien des gens entichés du jansénisme, et qui ont le bonheur de regarder cela comme une affaire sérieuse et importante, sans trop y rien connoître au fond. Enfin MM. les secrétaires d'État y sont intéressés plus que d'autres; ils ne feroient que passer d'un esclavage dans un autre, et ne pourroient plus espérer de gouverner par eux-mêmes chacun dans leurs départements.

Il est vrai que M. de Maurepas, qui avoit eu la voix du public pour avoir part au gouvernement, est assez délié pour traverser les projets de ce prélat. On compte que le Pape, ne pouvant aller loin, M. le cardinal Tencin seroit le seul de nos cardinaux en état d'aller à Rome pour l'élection. Mais il est certain que plus le cardinal de Fleury vit, et plus son confrère, M. Tencin, a d'avantage pour gagner sa confiance et pour s'en créer à la Cour.

Au commencement de ce mois de février, il y a eu une promotion de neuf cordons bleus, dont le choix n'a pas plu aux jeunes seigneurs de la Cour, qui s'attendoient, par leur naissance plus que par leur mérite, à cette marque de distinction. Ils ont soulagé leur bile par quelques couplets de chanson :

>   Célébrons tous pompeusement
>   Le très-inepte entendement
>   D'un pédant[1] que mort oublie,
>   Alleluia !
>
>   Il fait dire à Sa Majesté :
>   « L'Esprit-Saint s'est manifesté
>   « A neuf apôtres qu'il dicta, »
>   Alleluia !
>
>   Dans le nombre, cinq a choisi,
>   D'âge à peu près égal à lui,
>   Que bientôt on enterrera,
>   Alleluia !

---

1. D'un cardinal. *(Note de Barbier.)*

Ensuite trois ambassadeurs,
Assez minces négociateurs,
Puis un neuvième appareilla,
    Alleluia !

D'abord paroît le maréchal
Puységur, ce vieux caporal,
Plaisant novice que voilà,
    Alleluia !

Danarcy, Savines et Guerchy [1]
Semblent se présenter ici
A qui le mieux clopinera,
    Alleluia !

La Luzerne [2], le grand marin,
Sur son vaisseau dès le matin
Triste figure arborera,
    Alleluia !

Cambis [3], le bon Provençal,
Cherchera son armorial ;
Musicalement chantera
    Alleluia !

L'esprit bridé comme un oison,
Le politique Fénelon [4],
Ses grands multipliera,
    Alleluia !

Avec enflure de jabots,
Mirepoix [5], guindé sur ses argots,
Le beau pigeon étalera,
    Alleluia !

D'Auxy ne faut pas s'étonner
Si parenté le fait briller !
Fort peu de temps il *fleurira !*
    Alleluia !

1. Trois anciens lieutenants généraux, bons officiers. (*Note de Barbier.*)
2. Bon et vieux officier de marine. (*Note de Barbier.*)
3. Noire ambassadeur en Angleterre. (*Note de Barbier.*)
4. Ambassadeur en Hollande. (*Note de Barbier.*)
5. Ambassadeur à Vienne. (*Note de Barbier.*)

Le duc de Fleury, petit-neveu du Cardinal, a épousé la fille du comte d'Auxy[1] que le Cardinal a fait cordon bleu ; c'est un bon gentilhomme qui a servi et qu'on ne connoissoit pas trop et qui est apparemment riche.

Mars.

L'Université et la Constitution. — L'abbé Piat. — M. l'abbé de Ventadour, recteur. — Le père Ségaud, jésuite. — Affaire de mademoiselle de Moras. — Condamnation. — M. de Courbon en fuite. — Le Roi ne fait pas ses pâques. — Il ne touche pas les malades.

Le ministère ecclésiastique, toujours occupé des affaires qui divisent l'Église, a eu des desseins sur l'Université de Paris pour parvenir à donner faveur à la Constitution *Unigenitus*. Dans une assemblée de l'Université, tous les jeunes gens, et surtout dans la nation de Normandie, qui est nombreuse, ont voulu délibérer et avoir voix. Le recteur et les anciens ont donné leur requête au Parlement, qui est en possession de la police sur ce corps, pour faire ordonner qu'il n'y auroit que ceux âgés de trente ans qui auroient voix délibérative. Ceux qui menoient cette affaire ont ameuté les jeunes gens, qui ont signé, au nombre de plus de trois cents, un conseil ; et, par arrêt du Conseil, le Roi a évoqué à lui cette contestation, et il a été ordonné par provision que tous les membres de l'Université auroient voix à quelque âge que ce soit.

Sur cela, le Parlement s'est assemblé ; il a été arrêté de faire de très-humbles remontrances au Roi, et jeudi, 19 mars, les gens du Roi ont été députés pour aller demander au Roi un jour pour les recevoir. Mais l'on entend que tout ce cérémonial est temps et peine perdus, car avant le jour pour les recevoir et la réponse tous les projets seront exécutés.

On a bien senti qu'un recteur ordinaire, choisi parmi

1. Jacques d'Auxy de Monceaux, marquis d'Auxy, ancien colonel le Royal-Comtois.

les cuistres de l'Université, n'auroit pas une grande autorité sur tous les autres pédants ses égaux pour faire réussir le grand projet de faire révoquer dans une assemblée générale l'appel interjeté par l'Université de la Constitution *Unigenitus*, et qui a des suites considérables, parce que, dans la suite, pour prendre des grades, on ne recevra plus aucun sujet en théologie, médecine et faculté de droit, qu'après avoir signé le formulaire et accepté la Constitution, surtout pour le droit; parce que, sans cela, on ne pourra plus être avocat ni conseiller dans aucune juridiction. Il a donc été question de faire un recteur à la place de l'abbé Piat, homme d'esprit, régent de rhétorique au Plessis, qui l'est pour la seconde fois, mais qui n'auroit pas pu se charger d'une pareille entreprise; et enfin, le jour pris, le 20 de ce mois, pour l'élection, c'est M. l'abbé de Ventadour[1], âgé de vingt-trois à vingt-quatre ans, prince de la maison de Rohan, qui a été nommé recteur, et on a fait entendre que l'Université, ayant un homme de cette qualité à sa tête, seroit en état de faire revivre les anciens priviléges, qui avoient été méprisés. Par là, ils sont sûrs de parvenir à leurs fins, parce qu'au moyen de la voix délibérative à tous les membres sans distinction d'âge, ils sont assurés de l'emporter par la pluralité des voix. M. l'abbé de Ventadour a rempli tous les devoirs d'un nouveau recteur; il y a eu un grand repas dans la Sorbonne, où l'Université a été honorée de l'assistance du cardinal de Rohan et de toute la famille illustre de M. le recteur. On dit même que depuis il a déjà jeté aux uns et aux autres quelque discours sur l'article de la révocation et qu'il a fait entendre que les suffrages seroient libres, mais qu'après la délibération, si quelques-uns s'avisoient de faire des protestations, il ne répondoit

---

1. Armand de Rohan, dit le *cardinal de Soubise*, né en 1717, second fils de François-Jules de Rohan, prince de Soubise. Il devint membre de l'Académie française, grand aumônier, cardinal. Il mourut en 1756.

pas que cela ne déplût à la Cour. Il faut convenir que cette affaire a été assez légèrement conduite, et l'on attend incessamment l'assemblée pour la renonciation de cet appel.

Ce carême, le père Ségaud, jésuite, fameux prédicateur, prêchoit à Saint-Gervais. Un jour qu'il y avoit un grand concours de monde, un particulier ecclésiastique, qui s'étoit placé dans le chemin et passage du prédicateur pour gagner la chaire, l'arrêta et lui dit à haute voix : « Va, chien de prédicateur, prêcher ta chienne « de doctrine, dont personne ici ne sera la dupe! » Cette paroisse est généralement assez janséniste, mais le père Ségaud est un homme sage et prudent, qui ne dit rien qui puisse blesser aucun des partis; il monta en chaire un peu épouvanté, mais après s'être remis, il prêcha à son ordinaire. Cet homme a été arrêté. Le père Ségaud a sollicité vivement M. le cardinal de Fleury pour sa liberté, disant que c'étoit un fou et un cerveau brûlé qui méritoit d'être plaint. On dit même qu'il a obtenu sa liberté. Il faut convenir néanmoins que dans un État policé une pareille licence en pleine église est très-scandaleuse et qu'elle devroit être punie publiquement.

L'affaire de mademoiselle de Moras, qui dure depuis six mois que la sentence du Châtelet a été rendue au criminel, par mille incidents qu'on a fait naître pour gagner du temps, a été enfin jugée au Parlement le samedi 21 mars. La Grand'Chambre et la Tournelle assemblées, la fille de chambre, au lieu d'être pendue, a été condamnée au fouet, la fleur de lys et neuf ans de bannissement. Le curé de Contré, terre du sieur de Courbon, au lieu des galères, a été condamné à l'amende honorable et au bannissement; et, par rapport au sieur de Courbon[1], absent, la sentence qui le condamne à avoir la tête tranchée a été confirmée. L'arrêt a été exécuté

---

[1]. Il s'était retiré à Turin. Il fut obligé de s'éloigner. Sa mère, madame de Courbon, mourut de chagrin après une longue détention.

pour la femme de chambre et le curé, qui étoient prisonniers, et par effigie pour le sieur de Courbon. On n'a jamais pu obtenir la grâce de la femme de chambre, dont on a voulu faire un exemple à Paris, pour la sûreté des filles de famille. Cependant on rejette toute la cause de ce malheur sur madame de Moras[1] mère, qui a donné lieu aux familiarités de M. de Courbon avec sa fille.

Le départ de Madame Première pour l'Espagne est arrêté au mois d'août prochain. On dit qu'il y aura auparavant une grande fête à Versailles. On dit aussi que l'infante d'Espagne, destinée pour le Dauphin, sera conduite sur les frontières par l'infant don Philippe, son frère, et qu'elle vient en France dans les carrosses de Madame. Ce double mariage est un grand événement qui ratifie enfin la paix dont la publication n'étoit arrêtée que par l'Espagne. Il y a ici quelque négociation secrète de la part de la reine d'Espagne, qui ne travaille que pour l'établissement de ses enfants et qui y réussit assez bien.

Tout le monde trouve toujours extraordinaire que l'on donne Madame Première à un prince cadet qui n'a aucun titre; c'est ce qui fait présumer quelque arrangement. La Reine a toujours eu beaucoup de peine à se voir dépouillée de la Toscane, qui est son patrimoine[2]. Peut-être qu'en donnant les mains avec la France pour faire déclarer le duc de Lorraine roi des Romains, comme ce titre doit remplir son ambition et celle de l'Empereur son beau-père, et qu'il aura des États suffisamment, la Hongrie, la Bohême, l'Autriche, le Milanois, etc., il se pourroit faire qu'il cédât la Toscane à l'infant don Philippe, que l'Empereur cédât Pavie et qu'il le fît roi de Lombardie, ou bien qu'on lui donnât le royaume de Corse avec quelques autres domaines; car il est certain

1. Elle mourut de la douleur que lui causa le scandale de cette affaire.
2. Je n'entends pas comment la Toscane a pu être le patrimoine de Farnèse. (*Note de Barbier d'Increville.*)

que c'est la reine d'Espagne qui a soutenu jusqu'ici ce Théodore, roi de Corse, et les mécontents. Et l'on n'a pas encore trop deviné pourquoi nous avons des troupes dans ce pays-là. M. le marquis de Maillebois, lieutenant général, a dû s'embarquer à Toulon, il n'y a pas long-temps, pour les y commander.

Le Roi touche ordinairement les malades le samedi saint, après avoir fait ses dévotions. Cette année, sous prétexte de quelque incommodité, il n'a fait ni la cérémonie, ni ses pâques; cela a causé un grand scandale à Versailles et fait beaucoup de bruit à Paris. Cela rend publique son intrigue avec madame de Mailly. Il est dangereux pour un roi de donner un pareil exemple à son peuple, et nous sommes assez bien avec le Pape pour que le fils aîné de l'Église eût une dispense de faire ses pâques en quelque état qu'il fût, sans sacrilége et en sûreté de conscience.

Avril.

Annonce de paix. — Préparatifs. — Requête des avocats au Conseil supprimée. — Allusion sur le cardinal. — Les deux curés de Saint-Roch, MM. Brillon et Chéret. — Plaisanterie sur l'Université. — Collecte sur le cardinal de Tencin. — Mort du duc de Tresmes. — Le seigneur du *Pied-Brûlé*. — Funérailles du duc de Tresmes. — *Poisson d'avril.*

On prépare tout ici pour une publication de paix solennelle, un feu à l'Hôtel de Ville à neuf piliers, un grand bal. On dit même que M. le Dauphin et Mesdames de France viendront à l'Hôtel de Ville voir cette fête. Tout se doit faire avec magnificence à cause de l'ambassadeur de l'Empereur et celui d'Espagne. La publication est annoncée pour mardi, 14 de ce mois.

Depuis deux ou trois jours, la publication de la paix est différée et remise, on n'en sait pas trop la raison. On dit que c'est à cause du rhume du Roi; d'autres, que tous les équipages nécessaires à cette marche ne sont pas prêts, mais d'autres disent secrètement qu'il est parti un courrier pour l'Espagne, et que la ratification de la reine d'Espagne remise ici par l'ambassadeur ne s'est pas trouvée conforme en tout à ce qui avoit été arrêté entre la cour de France et l'Empereur. Si la paix ne se publie que de quinze jours plus tard, sûrement, il y aura eu quelque raison de cette espèce ; et si cela est, c'est une imprudence un peu forte sur le compte du Cardinal.

Les avocats au Conseil supprimés et qui n'ont pas repris de commission ont présenté au Roi une requête très-bien écrite, où ils rendent compte de l'injustice qu'on leur a faite et de l'impossibilité qu'il y avoit d'exécuter plusieurs articles du nouveau règlement pour la procédure du Conseil. Ils concluent par cette requête à ce que le Roi révoque l'édit de suppression et qu'il soit sursis à l'exécution du règlement.

Cette requête a été regardée comme un coup hardi ; c'étoit faire le procès au chancelier, et le règlement bon ou mauvais étant une fois publié, il faut qu'il s'exécute pour la dignité du ministère. Aussi cette requête a été supprimée par un arrêt du Conseil, en sorte que voilà plusieurs familles sans état, sans emploi pour subsister et sans remboursement des charges et pratiques qu'ils ont achetées. Cela servira d'exemples à toutes les compagnies et à tous les ordres pour instruire de la nécessité de la subordination et de l'obéissance.

Chanson sur l'air du Noël : *Laissez paître vos bêtes*, au sujet d'une femme de qualité d'un certain âge, remariée, qui étoit en doute si elle seroit grosse ou non :

> Chez une vicomtesse,
> Puzot et Pérard[1] réunis
> Formoient sur sa grossesse
>   Deux différents avis.
>   Du cardinal,
>   Point de signal ;

---

1. Deux fameux accoucheurs. Le dernier est celui de la Reine. (*N. de B.*)

> Mais n'en seroit-il point ici
> Comme du départ pour Issy?
> Vénus, qui rentre en danse,
> A plus d'un doute donne lieu.
> Puzot dit : « C'est à l'absence. »
> Pérard dit : « C'est à Dieu. »

Cette allusion est fort spirituelle par rapport à la démarche de M. le cardinal de Fleury, quand il quitta Versailles, et qu'il partit avec toute sa maison pour Issy, qu'on ne savoit trop s'il n'avoit pas été remercié par le Roi.

Vers sur les deux derniers curés de Saint-Roch, dont l'un étoit grand janséniste[1], et le dernier, nommé Brillon, moliniste[2]; le premier fort aimé de tous les paroissiens et le second très-mal reçu; ils n'y ont été qu'un an chacun :

> C'est ici la dernière place,
> Où, dans moins d'un an, furent mis
> Deux apôtres, dont les avis
> Étoient différents sur la grâce.
> Dieu, qui les a mandés tous deux
> Pour leur éclaircir ce mystère,
> Évoquant la querelle aux cieux,
> Sur ce point, apprend à se taire.

C'est à présent, depuis un mois, M. Cheret[3], ci-devant chanoine de Chartres, et fils d'un fameux traiteur de Paris, qui est curé de Saint-Roch, homme suivant les apparences convenables à la Cour.

Plaisanterie sur l'Université de Paris au sujet de la nomination de M. l'abbé de Ventadour pour recteur :

« Vous êtes prié d'assister aux convoi et enterrement

---

1. L'abbé Bence.
2. Aubin Brillon de Jouy.
3. Parent de ce Cheret qui fut assassiné dans sa prison en 1723.

« de très-haute et très-puissante dame, madame l'Uni-
« versité de Paris, fille aînée du Roi, décédée en son
« hôtel des sciences, le 2 mars 1739.

« Son corps mort sera déposé dans l'église des Révé-
« rends Pères Jésuites, pour y attendre la résurrection
« du bon sens en France. »

Requiescat in pace.

« Son éloge funèbre sera prononcé le même jour, en
« l'hôtel de Soubise, par M. l'abbé de Ventadour, son
« unique héritier par droit de confiscation. »

On n'a encore entendu parler de rien des projets sur ce nouveau rectorat; on prend les mesures et l'on attend l'occasion favorable pour tirer parti de ce changement.

Collecte très-vive sur M. le cardinal de Tencin :

« Sancte pater, qui nova cardinalis non *tam sancti*
« promotione æterno sacrum collegium opprobrio con-
« taminasti, fac ut novus iste cardinalis scelerum om-
« nium, scilicet *simoniæ, confidentiæ, usuræ, incestus*
« labe, tua potestate ablutus ad supremum Galliæ mi-
« nisterium pervenire dignetur! Qui vivis et regnas et
« brevi moriturus es. »

Notre Saint-Père a quatre-vingt-cinq ans et est fort indisposé. On le disoit même prêt de mourir, il n'y a pas longtemps.

M. le duc de Tresmes, gouverneur de Paris, est mort le 15 ou 18 de ce mois. Il a été exposé pendant quatre ou cinq jours dans un lit de parade, avec toute la magnificence possible. Tout l'hôtel[1] étoit tendu de noir jusqu'au toit. La ville et tous les couvents ont été jeter de l'eau bénite. Il lui est arrivé une vilaine aventure. Les prêtres de Saint-Roch, qui y passoient la nuit, ayant soupé dans une chambre voisine et bien régalés, ont bu par trop et se sont tous endormis. Les cierges, qui étoient autour du lit, par la grande chaleur du luminaire, se

---

1. L'hôtel de Tresmes était situé rue Neuve-Saint-Augustin, près de la rue Sainte-Anne.

sont fondus, des mèches sont tombées sur le drap mortuaire, y ont mis le feu de façon que le cercueil de plomb a fondu, et ledit seigneur mort a eu les pieds brûlés. On s'est aperçu de la fumée; on a apporté des secours, heureusement, sans quoi l'hôtel et les prêtres auroient été brûlés. Le duc de Gesvres, son fils, a fait venir par la suite des Capucins; mais les seigneurs, qui, comme parents, étoient en deuil, ne disoient autre chose, sinon qu'ils étoit en deuil *du pied brûlé*. Le nom lui est resté.

Lundi, 20 de ce mois, s'est fait l'enterrement, qui a été des plus magnifiques. Tout le convoi a été, depuis l'hôtel, rue Neuve-Saint-Augustin, jusqu'à Saint-Roch, à pied. A cause de la longueur du convoi, on a pris par la rue Neuve-des-Petits-Champs, la place de Vendôme et la rue Saint-Honoré jusqu'à Saint-Roch. On est parti à huit heures et demie de l'hôtel. De Saint-Roch, on a conduit le corps dans un carrosse à huit chevaux aux Célestins[1]. La marche étoit composée de cent pauvres avec des flambeaux; les couvents des Carmes, Cordeliers, les trois maisons des Capucins[2], Petits-Pères de la place des Victoires, Augustins et Jacobins, avec des cierges; une trentaine de ses Suisses, cinquante gentilshommes en manteau et rabat à cheval.

M. le duc de Gesvres avoit emprunté des chevaux des mousquetaires gris, tous les archers de l'Hôtel de Ville, un grand nombre de domestiques en noir avec des flambeaux, une douzaine de pages à cheval, ses quatre-vingts gardes à pied comme gouverneur de Paris, un premier carrosse du corps à huit chevaux avec quatre aumôniers à cheval, en surplis aux portières, un second carrosse où étoient des prêtres, un troisième carrosse où étoient

1. Ce couvent était situé près de l'Arsenal, à l'extrémité du quai dit des Célestins, après la rue du Petit-Musc. Sur son emplacement, on a construit une caserne.

2. Les trois maisons étaient : rue Saint-Honoré, rue Saint-Jacques et au Marais. L'église, située rue du Perche, est devenue une paroisse de Paris, sous le nom de Saint-François-d'Assise.

M. le prévôt des marchands qui donnoit la droite à M. le duc de Gesvres, comme gouverneur de Paris. On dit que c'est la ville qui mène le deuil. On m'a dit aussi que M. le cardinal de Gesvres, frère du défunt, étoit sur le devant de ce carrosse, ce qui me paroît extraordinaire à cause du rang de cardinal. Il y avoit douze carrosses de deuil à six chevaux, trois carrosses à la livrée de la ville, à six chevaux, plusieurs autres carrosses, et enfin la marche étoit terminée, tant à pied qu'en carrosse, par M. le lieutenant civil, M. le lieutenant de police et M. Moreau, premier avocat du Roi au Châtelet. Cependant le Châtelet n'étoit point en corps. Il n'y avoit que ces trois magistrats. Il y avoit, à ce qu'on dit, plus de douze cents flambeaux. Il faisoit malheureusement un temps épouvantable de pluie, vent et froid, ce qui n'a pas empêché un concours de monde étonnant dans tout ce passage, qui est fort long. On n'est sorti des Célestins qu'à une heure après midi.

Je ne sais pourquoi, deux jours auparavant, il y a eu des défenses chez tous les imprimeurs d'imprimer la marche de cette cérémonie. Si c'est par la trop grande magnificence de l'enterrement d'un gouverneur de Paris, fort au-dessus de celui d'aucun prince du sang; d'autant plus que, dans la maison de Gesvres, ils sont très-superbes. Cet enterrement ne sera pas sitôt payé.

Au surplus, nous sommes à la fin du mois; la charpente du feu dans la Grève est au même état qu'elle étoit. On ne parle point de publication. Il faut bien que les bruits qui ont couru soient véritables. Cela fait une véritable cacade pour le ministère, et cela donne occasion de dire que le Cardinal radote un peu. Il est difficile, en tous cas, à quatre-vingt-sept ans, d'avoir la tête assez forte pour gouverner un État comme celui-ci, et la cupidité de gouverner et d'être toujours maître l'a si fort gagné qu'il est plus jaloux que jamais de son autorité, et qu'il veut se mêler et décider de tout par lui-même.

Des polissons ont mis, il y a déjà plus de quinze jours, sur un des piliers du feu, un placard : *Poisson d'avril*. C'est au commencement du mois qu'on a élevé ce feu, comme si on n'avoit fait ces préparatifs que pour rire, se moquer et attraper le peuple, c'est ce que veut dire *poisson d'avril*.

Mai.

Mort de la princesse de Conti, première douairière. — Le duc de La Vallière son héritier. — Assemblée de la faculté des Arts. — Protestation de MM. Gibert et Rollin. — La Constitution acceptée par la faculté des Arts. — L'abbé de Ventadour. — M. Gibert exilé à Auxerre. — Requête des opposants au Parlement. — Prix du pain. — Disette. — Tailles. — Trafic. — Réflexions de Barbier. — Le cardinal de Tencin à Rome. — Le cardinal de Fleury.

Madame la princesse de Conti, première douairière, veuve d'un prince de Conti[1], cadet de la première branche de Conti, sortie de la maison de Condé, fille du roi Louis XIV et de mademoiselle de La Vallière, qui est morte carmélite, est décédée au commencement de ce mois, âgée de soixante-treize ans, d'un abcès dans la tête, et ayant beaucoup souffert pendant plus d'un an. On a pris le deuil le 7, jour de l'Ascension, pour quinze jours. Elle avoit été intimement liée avec monseigneur le Dauphin[2], aïeul du Roi, et une des belles personnes de la Cour, où elle a toujours été infiniment estimée. Son enterrement a été fait à Saint-Roch[3], sa paroisse, à sept heures du matin, sans pompe, suivant son testament. Elle étoit fort riche, et elle a donné tout son bien à M. le duc de La Vallière, son parent, et à M. le duc de Vaujour, fils du duc de La Vallière, qui, par ce moyen, vont être de puissants seigneurs.

1. Louis-Armand, prince de Conti, mort en 1685.
2. On alla jusqu'à dire qu'elle fut sa maîtresse. Mademoiselle Chouin, qui devint la femme du Dauphin, avait été la demoiselle d'honneur de cette princesse.
3. Elle demeurait à l'hôtel de Lorges, rue Neuve-Saint-Augustin, près le carrefour Gaillon.

Lundi, 11 de ce mois, il y a eu aux Mathurins une assemblée générale de la Faculté des Arts de l'Université de Paris, où l'on a consommé le grand projet du rectorat de M. l'abbé de Ventadour, et de l'effet de cet arrêt du Conseil qui a donné voix à tous les membres de cette Faculté, au-dessous de trente ans, qui n'en devoient point avoir.

Il a été question de la Constitution *Unigenitus*. M. l'abbé de Ventadour a fait un très-beau discours latin. Chaque nation[1] se distribue en tribu, et chaque tribu en délibère en particulier à la pluralité des voix, et donne ses conclusions.

M. Gibert[2], qui a été plusieurs fois recteur, et qui est syndic, et M. Rollin[3], si connu par ses ouvrages, à la tête de soixante autres personnes de mérite et de distinction de la tribu de Paris, qui est celle que l'on redoutoit le plus pour cette opération, se sont avancés pour protester contre la délibération que l'on proposoit, sur ce que l'appel de la Constitution au futur concile avoit été interjeté unanimement qu'il ne pouvoit être révoqué que de la même manière et par les mêmes personnes, que le futur concile étoit saisi de l'appel, pourquoi formoient opposition à tout ce qui seroit fait, et qu'ils renouveloient en tant que besoin leur appel.

M. l'abbé de Ventadour leur a répondu que leur démarche étoit contre l'intention du Roi, qu'il avoit des ordres pour ne recevoir aucune opposition ni protestation, que les suffrages étoient libres, et que la délibération se feroit à l'ordinaire, et il leur dit de se retirer.

Si le recteur avoit été un simple régent à l'ordinaire,

---

1. Il y avait quatre nations dans la Faculté des Arts : France, Picardie, Normandie, Allemagne. La nation de France comprenait les tribus de Paris, Sens, Reims, Tours, Bourges.

2. Il fut exilé à Auxerre par lettres de cachet.

3. Charles Rollin, historien, professeur et membre de l'Académie des Inscriptions, auteur du *Traité des Études*, de l'*Histoire Ancienne* et de l'*Histoire Romaine*, né à Paris en 1661, mort en 1741.

ces gens-ci se seroient sûrement révoltés, bataillés, et ils auroient fait la même scène qu'à l'abbé Poirier, recteur, à qui ils firent mille insultes, jusqu'à lui déchirer la robe; mais la qualité de prince en impose toujours aux hommes inférieurs.

On a donc délibéré par tribu, et toutes les conclusions ont été unanimes à la pluralité des voix, même dans la tribu de Paris, malgré ces contradictions pour révoquer l'appel de la Constitution *Unigenitus*, lequel seroit rayé et biffé des registres, comme nul et non avenu, et cette fameuse Constitution a été reçue de cœur et d'esprit comme un jugement dogmatique de l'Église universelle, purement et simplement, sans aucune restriction ni réserve. Toute la Compagnie de Jésus et tous les jésuites assemblés ne pourroient pas la mieux recevoir. Cette grande assemblée a fini et s'est séparée avec joie et applaudissement jusque-là que le recteur n'est reconduit ordinairement chez lui que par les officiers de chaque nation; et toute cette cohorte noire, composée de quatre cents personnes, a reconduit M. l'abbé de Ventadour dans une maison particulière qu'il a louée rue des Maçons, indépendamment de l'appartement qu'il a au collége du Plessis, parce qu'il est des statuts que le recteur loge dans un collége. Il se trouve que l'abbé de Ventadour occupe dans la rue des Maçons la maison qu'avoit M. Aubry, avocat. C'est dans le même appartement où il avoit fait la fameuse consultation contre le concile d'Embrun, qui a si fort excité le jansénisme, qu'a été travaillé et exécuté tout le projet pour cette acceptation de la Constitution.

Voilà un grand coup contre les jansénistes, car enfin dans une décision bonne ou mauvaise, faite à la pluralité des voix, des opposants ne doivent être regardés que comme des mutins. Autrement, il n'y auroit plus d'avis ni de décision. Il y a eu des défenses faites chez tous les notaires de recevoir aucune protestation, ni opposition. Les jansénistes disent bien que ces soixante personnes qui ont réclamé sont gens d'un mérite distingué et connu, et que toute cette foule d'opinions n'est que de la jeunesse gagnée par l'intérêt et l'envie de se pousser. Cela est vrai dans le fond, car l'on dit que tout ceci est l'ouvrage de M. le comte de Maurepas, secrétaire d'État, qui a fait sonder et manier tous ces jeunes gens de l'Université, et qui a répondu de la réussite à M. le Cardinal. C'est aussi l'abbé Piat, dernier recteur, et qui l'avoit été déjà une fois, qui a mené toute cette intrigue. C'est un homme que je connois fort, de beaucoup d'esprit, et qui étoit même, il y a cinq à six ans, très-janséniste dans le cœur, qui s'est laissé gagner par les politesses des grands, et qui n'y perdra rien, suivant les apparences.

Quoi qu'il en soit, la Constitution deviendra peu à peu une règle de foi, et par ce que l'on voit, l'on peut juger sainement du respect intérieur que l'on doit avoir pour tous les grands points décidés par l'Église universelle. On doit compter que, de façon ou d'autre, cela a été conduit de même par cabale et par intrigue, surtout dans ces temps éloignés d'ignorance, où les gens d'église étoient seuls les maîtres.

Cette nouvelle aura fait ou fera grand plaisir à la cour de Rome, à qui on fera bien entendre qu'il n'y avoit que M. l'abbé de Rohan-Ventadour capable de cette grande œuvre. Son chapeau sera mis sur-le-champ à la teinture[1]. Il n'a que vingt-deux ou vingt-trois ans; mais on dit généralement que c'est un homme très-aimable, de beaucoup d'esprit, parlant bien, séduisant par ses façons polies et gracieuses. Il avoit régalé chez lui toute l'Université, les uns après les autres : c'est bien le chemin pour avoir les places de M. le cardinal de Rohan[2].

On va commencer, dit-on, par faire proposer l'accep-

---

1. Il eut en effet le chapeau et prit le nom de cardinal de Soubise.
2. Son oncle.

tation à la Faculté de Médecine; on viendra ensuite à la Faculté de Droit, et il sera après question de signer le formulaire pour avoir ses lettres de licence. Mais voici un embarras : il faut que le licencié soit présenté au barreau par un ancien avocat en la grande audience de la Grand'Chambre, pour être reçu avocat; savoir si les avocats voudront les présenter. J'attends là-dessus quelque nouveau tapage, qui finira encore de nécessité par l'avilissement de l'Ordre; par la grande règle, que de petits sujets ne doivent point sortir de leur état pour s'opposer aux intentions du Roi, et aux arrangements en fait de religion, qui se trouvent appuyés de l'autorité du Roi et de la plus grande partie des puissances ecclésiastiques.

Il y a eu une lettre de cachet lâchée contre M. Gibert, syndic, qui l'exile à Auxerre. C'est un homme de quatre-vingts ans, sur qui on fait un exemple, mais qui sera d'ailleurs aussi bien à Auxerre qu'à Paris. On en avoit porté aussi pour M. Rollin et pour M. l'abbé d'Eaubonne, chanoine de Notre-Dame, qui étoit de l'assemblée, sur ce que celui-ci avoit dit, entendant claquer des mains à la fin de l'assemblée, qu'il se doutoit bien qu'il y auroit là plus de mains que de têtes; mais il n'y a qu'une lettre de cachet.

M. Gibert, syndic, a fait signifier, le même jour, son discours au greffe de l'Université, et les opposants leur acte d'opposition; sur quoi il a été rendu, le 14, arrêt du Conseil d'État, qui supprime ces actes. Mais ces soixante opposants ont présenté au Parlement une requête portant appel comme d'abus apparemment de la conclusion (cette requête a été rapportée par M. l'abbé Pucelle, le 14 au matin, même jour de l'arrêt du Conseil); et sur cette requête il y a eu une ordonnance du Parlement de : *Soit communiquée* à MM. les gens du Roi. Comme l'on est dans les vacances de la Pentecôte, on ne voit rien paroître; il faut attendre au lundi d'après la Trinité. M. le procureur général a mis *néant* sur la requête, pour être rendue aux parties. On croyoit que le Parlement s'assembleroit lundi après la Trinité ; mais tout a été tranquille, et il n'a été question de quoi que ce soit. C'est une affaire finie.

Il y a quelque chose de plus intéressant que tout cela. Depuis près de dix mois, le pain vaut deux sols six deniers la livre à Paris, et même plus, et s'il n'est pas plus cher, c'est qu'il a été taxé à deux sols six deniers par le grand ordre et la police que l'on fait à Paris, où il est grandement de conséquence d'éviter les suites de la cherté du pain. Mais en Touraine et Anjou, et encore d'autres provinces, il est constant qu'il n'y a pas de blé, que le pain y a valu longtemps plus de quatre à cinq sols la livre, et que les paysans mangeoient de l'herbe. On ne sait trop à quoi attribuer cette disette. On dit qu'on a enlevé les blés de ces provinces l'année dernière, pour en envoyer en Espagne, qui en manquoit, et qu'au lieu d'une certaine quantité, par mauvaise manœuvre du contrôleur général et des intendants, on a multiplié les transports ; d'autres disent que les tailles[1] ne se payoient pas bien dans ces provinces l'année passée, où il y avoit beaucoup de blé, mais sans débit ; qu'on en a acheté grande quantité pour faire ces envois ; qu'on en a gardé une grande partie, parce que la récolte de l'année dernière n'a pas été bien abondante, et qu'on leur revend aujourd'hui le triple. Mais il s'agit de savoir qui fait cette manœuvre et ce profit ; c'est ce que le premier ministre devroit approfondir pour punir vigoureusement, sans distinction de place ; aussi parloit-on de changement dans les ministres ; mais ces nouvelles n'ont pas de suite et ne se confirment pas. Le Cardinal est fort prévenu du contrôleur général, que je ne connois pas,

---

1. Le payement des tailles est toujours le motif dans les mémoires pour obtenir la permission de faire acheter des blés et de les faire sortir.

(Note de Barbier.)

Dieu merci! mais contre lequel j'entends beaucoup de plaintes.

Le Cardinal a vécu deux ans de trop pour la gloire du ministère, où il y a eu du beau et du bon, malgré ce que peuvent dire ses envieux ; il y a aussi de sa faute d'avoir la rage de gouverner un État à quatre-vingt-six ans. Deux événements ternissent furieusement son histoire : la famine, qui arrive dans une partie du royaume, sans qu'il y ait eu de disette de blé, soit par le mauvais ordre de faire sortir trop de blé du royaume, soit par la friponnerie qu'il y a eue dans ces envois et qu'on ne punit pas. La seconde chose est l'affaire de la paix annoncée il y a plus d'un mois ; la charpente du feu de la Grève toute élevée, qui se pourrit. On dit par plaisanterie qu'on y fera un toit d'ardoises pour la conserver, et cela dans le temps que les puissances ne sont pas généralement d'accord sur les traités, et qu'il y a trois ans qu'on travaille à cette conciliation générale avant de publier la paix. Il faut bien que le Cardinal, par facilité, ait été surpris et joué ; mais cela fait des impertinences décidées pour le ministère de France à la vue de tous les ambassadeurs et ministres étrangers. Il y a grande apparence que le cardinal Tencin profitera de l'état de son confrère pour se fourrer dans le gouvernement.

Dans les *Gazettes,* on le faisoit partir pour aller à Rome, et on ne le croyoit pas. Cependant il est certain qu'il est parti pour son évêché d'Embrun et de là à Rome ; mais il a ici son parti fait en cas d'événement.

On a fait une plaisanterie, que le cardinal avoit eu un moment d'........ dont Barinc, son valet de chambre, avoit été tout surpris, ce qui a donné lieu à des vers[1] sur son compte, qui ne partent pas de ses amis.

---

1. Ces vers ont été imprimés dans les *Mélanges* de Bois-Jourdain, II, p. 121, sous le titre de *le Siècle d'or, ou le Signe de santé de M. le Cardinal de Fleury,* avec quelques variantes.

Juin.

Publication de la paix. — *Te Deum.* — Compliment de M. Le Camus, premier président de la Cour des Aides. — Illuminations.

Le lundi, premier de ce mois, on a enfin publié la paix dont la cérémonie est depuis si longtemps promise. Cette marche a duré depuis neuf heures du matin jusqu'à cinq heures du soir. M. Hérault, lieutenant de police, et M. Turgot, prévôt des marchands, tous deux conseillers d'État, étoient sur des chevaux ornés et harnachés superbement, avec chacun cinq laquais de livrée.

Le mardi 2, on a chanté le *Te Deum* à Notre-Dame, où les Cours ont assisté à l'ordinaire, et de plus l'Université. Le soir, il a été tiré devant l'Hôtel de Ville un grand feu d'artifice. Toutes les princesses du sang et les ambassadeurs étoient à la Ville. Le concours de monde étoit surprenant, non-seulement dans la Grève, mais aussi à l'hôtel des Ursins[1], dont presque toutes les maisons étoient louées. La décoration du feu étoit extraordinaire et assez belle. Pour le feu, on s'attendoit à du merveilleux, mais l'artifice n'a pas été bien servi. Il n'y a point eu de bal à la Ville, des feux et des illuminations dans les rues de Paris.

Le mercredi 3, toutes les Cours ont été à Versailles faire les compliments au Roi sur la paix. Celui de M. Le Camus, premier président de la Cour des Aides et décoré de l'ordre du Saint-Esprit, a fait oublier tous les autres. Il est effectivement dur à la circonstance de la paix, et la vérité y est un peu brutalement annoncée. Le voici tel qu'il court dans Paris :

« SIRE,

« Le bruit des trompettes annonce la paix à votre
« peuple, à ce peuple qui gémit dans la misère sans pain

---

1. Dans la Cité, sur le port Saint-Landi, aujourd'hui quai Napoléon. Dès le seizième siècle, on ouvrit sur une partie de son emplacement une rue dite *rue du Milieu des Ursins*, et on y construisit plusieurs maisons.

« et sans argent, obligé de disputer la nourriture aux
« bêtes qui sont dans les champs pendant que le luxe
« immodéré des partisans et des gens d'affaires semble
« encore insulter à la calamité publique. Un seul regard
« favorable de Votre Majesté dissipera tous ces malheurs
« et rendra la paix l'objet de la joie universelle. »

Tous ces faits sont vrais, mais il est vrai aussi qu'il y a eu des ordres servis non-seulement pour Paris, mais pour les provinces, joint aux grandes charités des évêques. L'archevêque de Tours[1] fait actuellement travailler par jour neuf cents personnes pour les faire vivre. Quoi qu'il en soit, le compliment est vif. Il l'a prononcé très-haut. Toute la Cour est demeurée muette; le Roi a paru même surpris. On dit que le Cardinal a dit à M. le contrôleur général : « Il se venge de la pension qu'on « lui a refusée l'année passée. » C'est toujours un coup hardi, désapprouvé de la plus grande partie. Ce qui a surpris a été de le voir sortir de la bouche d'un homme que l'on regarde comme un sujet simple et fort ordinaire.

Dimanche, 7 de ce mois, il y a eu une illumination fort magnifique dans l'hôtel du prince de Lichteinstein, ambassadeur de l'Empereur, qui loge à l'hôtel de Mailly, vis-à-vis le Pont-Royal. Cela auroit été bien plus beau sans un vent froid qui n'a pas permis que tous les lampions fussent allumés ensemble. Cela n'a pas empêché qu'il n'y ait eu du monde dans les Tuileries et sur les quais toute la nuit. Le lundi 8, il y a eu chez lui un grand souper pour les ministres étrangers et les ministres de France, hors le Cardinal et le chancelier[2].

Le Roi est parti, le 9, pour Compiègne, où il fait un voyage de deux mois; la Reine et M. le Dauphin sont du voyage.

1. Louis-Jacques de Chapt de Rastignac, archevêque de Tours, 1723-1751.
2. Voyez le *Mercure de France*, 1739, juin, p. 1242.

Juillet.

Le Roi à Compiègne. — Camp. Attaque du polygone.

Il y a eu à Compiègne un camp où étoit le régiment du Roi, et quelques autres. M. le comte d'Eu, second fils de M. le duc du Maine, commandoit le camp et y a fait une très-grande dépense.

On a fait l'attaque du fort polygone, on a jeté des ponts sur la rivière, et tous les exercices de guerre pour le divertissement et l'instruction de M. le Dauphin, et l'on dit que tout y a été servi à merveille, surtout de la part de l'infanterie.

Août.

Mariage de Madame Première. — Préparatifs. — Feu d'artifice de l'ambassadeur d'Espagne. — La maison de M. de Saint-Port. — Guerre de l'Angleterre contre l'Espagne. — Le Cardinal. — La Corse soumise. — Mariage du Dauphin. — Défaite de l'Empereur. — Madame la jeune Duchesse et le marquis de Bissy. — Jalousie de M. le Duc. — M. de Lezonnet, gardien. — Réjouissances. — Insolence des artificiers. — Bal à la Ville.

Depuis le retour du Roi, il y a de grandes nouvelles en ce pays. On songe à tous les préparatifs de la plus grande magnificence pour le mariage de Madame Première avec don Philippe, Infant d'Espagne ; le marquis de Las Minas[1], ambassadeur d'Espagne, a pris caractère d'ambassadeur extraordinaire pour faire la demande de Madame. Le mariage se fera dans la chapelle de Versailles ; c'est M. le duc d'Orléans qui l'épouse au nom de l'Infant don Philippe. Le mercredi, 26 de ce mois, il y aura ensuite un grand feu d'artifice que l'on construit depuis longtemps dans le jardin, vis-à-vis de la grande galerie, et le soir, le banquet royal où le Roi soupera avec toutes les princesses du sang.

Le 27, M. l'ambassadeur d'Espagne fait tirer un feu

---

[1] Ambassadeur à Paris depuis 1730.

d'artifice sur la rivière, vis-à-vis de son hôtel, qui est sur le quai Malaquais, quelques maisons avant les Théatins[1], et donnera chez lui un grand souper à toute la Cour et tous les ministres étrangers. Son hôtel est sur la même ligne et la même hauteur pour les appartements qu'une maison voisine qui appartient à M. Glucy de Saint-Port, conseiller au Grand Conseil[2]. Lui ayant demandé pour y faire ouvrir une communication, M. de Saint-Port s'est excusé sur ce que nombre de seigneurs et dames de la Cour lui ayant demandé des places pour voir le feu, M. l'ambassadeur en a parlé à M. le Cardinal, qui a écrit à M. de Saint-Port qu'il lui feroit plaisir de céder sa maison. Cela a passé pour un ordre poli, et pour en éviter un autre il l'a abandonnée. Il s'est trouvé une seconde maison, par delà celle de M. de Saint-Port, aussi convenable, appartenant à M. de La Villemur[3], receveur général des finances de Paris. Même demande; il s'est excusé sur ce qu'il avoit deux caisses publiques. Il a eu ordre de céder son premier appartement pour percer pareillement les murs de communication, en sorte qu'il aura par ce moyen vingt croisées d'enfilade.

Le 28, il y aura repos, et le 29, l'Hôtel de Ville de

---

1. Cet ordre fut fondé en 1524 par le pape Paul IV, alors Paul-Pierre Caraffa, évêque de Chiesi au Theate. Les Théatins portaient l'habit clérical et se distinguaient par leurs bas blancs. Le cardinal Mazarin introduisit ces religieux en France en 1642 et les établit sur le quai Malaquais, dont une partie, appelée depuis quai Voltaire, fut alors nommée *quai des Théatins*. L'entrée du couvent existe encore au no 21 du quai Voltaire.

2. M. de Saint-Port était conseiller au Parlement et non au Grand Conseil. Il était aussi propriétaire de l'hôtel occupé par l'ambassadeur, et qui avait appartenu à M. de Chamillard.

3. Fillon de Millemur, né à Reims, qui devint fermier général en 1719. Il fut aussi receveur général des finances de la généralité de Paris. C'est sans doute le même personnage qui est désigné dans les *Mélanges* de Bois-Jourdain, t. I, p. 431, sous le nom du président Fillon. Ce nom se trouvait, par malheur pour le président, être également celui de la *Bonne année* du cardinal Dubois. Cette synonymie attira à madame la présidente plusieurs aventures désagréables.

Paris fait tirer un très-beau feu d'artifice que l'on construit et qui tient toute la surface de la plate-forme où est le cheval de bronze, sur le Pont-Neuf. Les décorations de ces trois feux sont entreprises par Servandoni[1], fameux peintre, et l'on dit que l'artifice a été conduit et sera tiré par un ingénieur de Saxe[2] que l'on fait venir ici parce qu'ils sont très-habiles en Saxe pour les feux d'artifice. On y fait des feux de beaucoup supérieurs aux nôtres.

Le Roi viendra sur le balcon du vieux Louvre voir ce feu d'artifice; le 30 il y aura un grand bal dans l'Hôtel de Ville, pour lequel on a fait de la Cour une grande salle bien planchéiée, couverte et garnie de décorations en marbre et dorées, qui, selon les apparences, fera un très-bel effet par les illuminations; et le 1er septembre est arrêté le départ de Madame pour l'Espagne.

Pendant tous ces grands préparatifs, on en fait d'autres sur mer, attendu que le 22 du mois de juillet il y a eu en Angleterre une déclaration de guerre contre l'Espagne, avec injonction aux Anglois de courre sur les Espagnols. Toutes les négociations au sujet des indemnités demandées par l'Angleterre à l'Espagne pour vaisseaux pris[3] n'ayant pas réussi. Comme il y a grande apparence que nous prendrons parti pour l'Espagne, et que tout cela est peut-être mené de loin par des ressorts de politique, il est certain qu'on travaille ici à mettre une flotte sur pied. Il y a même déjà du temps que M. le marquis d'Antin[4] se promène avec sept ou huit vaisseaux dans

1. Jean-Nicolas Servandoni, artiste, né à Florence en 1695. Il est, comme peintre, auteur du tableau des *Ruines*. Architecte, il a élevé le portail de l'église de Saint-Sulpice. Il mourut à Paris en 1756.
2. Nommé Elric.
3. Ces faits remontaient à l'année 1735. Des navires anglais faisant la contrebande avaient été saisis dans les colonies espagnoles de l'Amérique méridionale. Il y eut une convention signée au Prado, le 11 janvier 1739. Les communes rejetèrent cet arrangement, et une guerre maritime commença entre l'Espagne et l'Angleterre.
4. Antoine-François de Pardaillan de Gondrin, marquis d'Antin. Il était

la mer Baltique sans qu'on en dit d'autre raison, sinon pour lui faire connaître la mer. Il est arrivé en Suède, et l'on voit à présent la raison de cette promenade. Les Hollandois ont déclaré qu'ils ne prendroient point de parti, et de là l'on conjecture que l'Angleterre n'étant pas en état de soutenir cette tentative, il y aura quelqu'accommodement, surtout parce que l'on suppose que M. le Cardinal n'aime ni les frais ni l'embarras de la guerre, quoiqu'il soit en parfaite santé, *quod mirandum*, cela ne va pas à son grand âge. Cependant ceci est un beau prétexte aux Espagnols pour tâcher de reprendre le port de Gibraltar, qui est un morceau trop avantageux aux Anglois.

Pendant ce temps, M. le marquis de Maillebois, qui commande notre armée en Corse, a réduit cette île entièrement, sans grande bataille. Tous les chefs des mécontents se sont rendus, et on lui a apporté les clefs des villes, mais toujours sous la protestation de ne point rentrer sous la domination des Génois. Cela a fait dire aux spéculatifs qu'il y avoit des arrangements pour donner cette île à don Philippe, second Infant d'Espagne, et qu'il auroit le titre de roi de Corse, lors de son mariage, d'autant qu'il a paru surprenant à tout le monde qu'on donnât la fille aînée du roi de France à un prince particulier sans titre, et qui n'a même aucun apanage en Espagne, dont les deux frères sont roi d'Espagne et roi de Naples. Si cela arrive, cela contentera ceux qui avoient peine à concevoir pourquoi et comment on exposoit nos troupes à cette guerre de Corse pour la seule considération de la république de Gênes[1].

Le mariage de M. le Dauphin est aussi arrêté et dé-

petit-fils du duc d'Antin, beau-frère du Régent. Il avait le grade de vice-amiral, que sa mère, la comtesse de Toulouse, lui avait fait obtenir. Il mourut en mai 1741, ainsi que nous le verrons plus bas.

1. Barbier en voyant, en 1768, le roi de France, à la suite du traité avec les Génois, prendre le titre de roi de Corse, aura sans doute compris que l'intérêt guidait le gouvernement dans cette guerre.

terminé avec la seconde Infante [1] d'Espagne, qui est de son âge. On disoit d'abord qu'elle viendroit ici par la même occasion, dans les mêmes équipages qui viendront prendre Madame de France, et ensuite dans ceux qui auront conduit Madame; mais il n'y a pas d'apparence que cela se fasse : je crois que l'exemple qui est déjà arrivé pour la première Infante apprendra aux Espagnols à ne point envoyer ici de princesses que lors du mariage.

Le bruit a couru ici que la première Infante d'Espagne est morte de la petite vérole il y a quinze jours. Cela ne se confirme pas, mais peut-être aussi ne veut-on pas déclarer cette mort que toutes les fêtes ne soient faites?

L'Empereur, quoique notre bon ami en apparence, ne voit pas tranquillement tous nos plaisirs. Il y a eu en Hongrie une assez grande bataille aux environs de Belgrade dans laquelle il a perdu réellement plus de quinze mille hommes, entre autres plusieurs princes, généraux et une grande quantité d'officiers. Les Turcs deviennent à craindre pour ce pays-là. M. le marquis de Bonneval[2], qui commandait un corps de cavalerie, et qui en veut personnellement à l'Empereur, s'est vengé cruellement. On dit qu'il a bien discipliné les troupes du Grand Seigneur; la troupe qu'il conduisoit étoit armée à la françoise; on dit aussi qu'il y a dans cette armée quantité d'officiers françois bien reçus et bien payés, et que l'on ne gêne point sur le fait de la religion; ils n'en agissent plus même avec cruauté comme autrefois, ils traitent bien les prisonniers et font des échanges. Si cela se

---

1. Marie-Thérèse-Antoinette-Raphaël, Infante d'Espagne, née en 1726, morte à Paris en juillet 1746.

2. Claude-Alexandre, comte de Bonneval, né en 1675 dans le Limousin. Il servit dans la marine, sous Tourville; en Italie, sous Catinat et Vendôme; fut disgracié par Chamillard, passa au service de l'Empereur et combattit contre la France. Mécontent de la cour de Vienne, il se sauva en Turquie, se fit mahométan, et, sous le nom d'Achmet-pacha, essaya d'organiser les troupes ottomanes. Disgracié, il se disposait à rentrer en France lorsqu'il mourut en 1747. On a publié sous son nom des *Mémoires* qui paraissent apocryphes.

perfectionnoit, cet empire riche et fertile en hommes se feroit respecter de ses voisins.

Le prince de Hesse-Reinsfeld, frère de madame la duchesse de Bourbon, a été blessé dans cette action, et on a reçu la nouvelle depuis huit jours qu'il étoit mort de ses blessures, ce qui a causé un très-grand chagrin à cette princesse, qui aimoit fort son frère.

Les malheurs ne vont pas seuls. Il est arrivé histoire dans la maison de Condé. Il est revenu à M. le Duc que madame sa femme avoit quelques particularités avec M. le marquis de Bissy, commissaire général de la cavalerie[1], jeune homme bien fait ; qu'elle lui avoit donné son portrait, et qu'il y avoit eu des lettres respectives, ce qui a d'autant plus surpris notre seigneur duc que madame la jeune duchesse étoit très-resserrée, toujours avec des dames, et n'ayant aucune liberté de voir des hommes. Il a fait grand bruit, il a pris à partie toutes les dames qui sont attachées à la princesse. On dit même qu'il a traité très-durement madame la Duchesse sa mère jusqu'à lui reprocher qu'elle avoit été la m....... de ses filles, et qu'elle vouloit l'être de sa femme. Mais madame la Duchesse, qui a beaucoup d'esprit, l'a traité à son tour comme un fou, non-seulement d'avoir un pareil soupçon sur sa femme, mais même de faire un si grand fracas pour une chose aussi légère qu'une simple galanterie. On a dit qu'il vouloit renvoyer la princesse dans son pays ; d'autres que, sous prétexte de la mort de son frère, elle avoit demandé à se retirer dans un couvent. Ce qui est de certain, c'est que M. de Sézonnet, conseiller au Parlement, qui a l'expectation de chef du conseil de M. le Duc à la place de M. de Fortia, conseiller d'État, et qui se mêle, à ce qu'on prétend, de bien des choses qui ne regardent pas un chef de conseil, a fait fermer

---

1. On donnait ce titre à l'officier qui commandait la cavalerie légère sous le colonel général. Il avait un régiment à lui.

toutes les portes des gardes-robes derrière l'appartement de madame la Duchesse.

On prétend aujourd'hui qu'on a fait entendre à M. le Duc qu'une affaire d'éclat lui feroit tort à la Cour et dans le public, et que les choses sont pacifiées. On dit aussi que c'étoit une simple fille de garde-robe qui recevoit et rendoit les lettres, et que nulle personne n'étoit dans le secret. Ce qui est encore certain, c'est que le marquis de Bissy a eu ordre de se rendre à son régiment, ce qui est une espèce d'exil dans un temps où pas un colonel n'y est.

M. de Sézonnet, non-seulement ne devroit pas entrer dans les détails d'une pareille affaire, mais en tout cas il agit bien imprudemment de prendre si ouvertement le parti de M. le Duc et suivre ses premières idées. Ces sortes de querelles s'accommodent toujours par la suite par une espèce de justification à laquelle tout le monde donne les mains, et M. de Sézonnet en sera la victime.

On trouve dans ces imprimés [1] la relation de la cérémonie du mariage de Madame Première et la description des feux et des fêtes donnés à cette occasion, et il est vrai de dire qu'elles perdent de leur beauté dans les relations.

Le feu de Versailles étoit très-vaste. La décoration qui étoit en face de la galerie avoit beaucoup plus de face. Le dessin en étoit beau et l'illumination d'un grand goût. L'enceinte des chaises où étoit le monde placé par billets joignoit le bâtiment et régnoit le long de la galerie, qui étoit garnie de lustres, vis-à-vis des fenêtres et très-bien illuminée; on y jouoit à différentes tables. Avant le feu, tous les princes et seigneurs venoient se montrer aux fenêtres et voir le public nombreux. Le

---

1. Barbier insère ici dans son *Journal*, ms., t. III, p. 507, la *Description de la Feste donnée à Versailles, à l'occasion du mariage* de Madame Élisabeth, *fille aînée* du Roy, *avec* don Philippe, *infant* d'Espagne, in-4, 23 pages, avec une planche.

Roi, la Reine et Madame vinrent ensuite se placer à la fenêtre du milieu, sur un tapis, et le Roi donna le signal par une fusée qu'il tenoit à sa main.

Les jardins étoient éclairés au loin par des lampions, et les cours du château étoient garnies de quantité de pots de feu qui faisoient un très-bel effet.

Le feu de l'ambassadeur d'Espagne fut fort bien exécuté pour l'artifice, mieux même que celui de Versailles; il ne fut pas aussi long, mais il fut servi plus de suite. Je ne vis point celui-ci, qui se tira le lendemain. La peine de prendre place sur la terrasse de Versailles, d'avoir été exposé cinq heures de temps au soleil, en attendant la nuit, et le voyage, m'avoient rebuté d'artifice, d'autant que celui de Versailles avoit été fort long et qu'il y avoit eu des morceaux magnifiques.

A l'égard de la décoration du feu de l'ambassadeur, qui étoit flanqué vis-à-vis son hôtel, contre le parapet du Louvre, quoiqu'il y eût une charpente considérable et de fort belles peintures (j'y allai le soir après le feu tiré et que toute la décoration étoit encore illuminée et éclairée par derrière les toiles), cela faisoit une confusion qui ne répondoit pas à ce qu'on avoit attendu.

Pour la fête de la Ville, elle surpassoit toutes les autres par la magnificence et par la galanterie. A la vérité, sa position étoit extrêmement avantageuse, les deux bords de la rivière jusqu'au Pont-Royal garnis d'échafauds remplis de monde faisoient un grand spectacle. Le salon en colonnade qui est au milieu de la rivière, sur un bateau rond, vis-à-vis le balcon du Louvre, où étoit le Roi et la Cour, et où étoit la musique, étoit d'une invention parfaite. Tout étoit garni de lampions dans des verres de toutes sortes de couleurs qui rendoient un éclat singulier. Cela représentoit un palais enchanté.

Rien n'étoit encore plus galant que les petits bateaux qui se promenoient des deux côtés de la rivière. Ils étoient figurés en petits navires et garnis chacun de quatre cents lanternes. Il y avoit soixante-dix bateaux de cette espèce, et d'autres dorés et figurés en monstres marins qui venoient l'un sur l'autre et se battoient par des artifices.

L'artifice du grand feu fut beau, mais il n'eut pas le succès qu'on attendoit. La police avoit ordonné de fermer les fenêtres et d'avoir des tonneaux pleins d'eau dans tout le voisinage du Pont-Neuf, crainte d'incendie. Mais cette précaution fut fort inutile, car le morceau d'artifice qui devoit terminer le feu et qui devoit être surprenant par la grande quantité de feux qui devoit partir à la fois manqua par la malice des artificiers de Paris qui étoient employés pour servir le feu à différents endroits, et cela par jalousie de métier contre l'entrepreneur étranger, qui ne savoit pas parler françois. Jusque-là que le Roi envoya lui-même demander si le feu étoit fini, parce qu'on attendoit toujours quelque chose d'extraordinaire, et que pendant un gros quart d'heure on tira fusée à fusée.

Cette insolence a été punie; on en a mis plusieurs en prison. On parloit de leur faire perdre leur maîtrise et de punition corporelle. Mais ils en ont été quittes pour des amendes considérables.

A l'égard du bal qui se donna le lendemain à la Ville, il étoit de la dernière magnificence. La salle que l'on avoit construite dans la Cour étoit accommodée et illuminée au mieux, et l'on tournoit en haut dans les appartements qui sont autour de la cour et qui étoient diversement ornés avec des toiles peintes en or et en argent. Il y avoit une symphonie nombreuse et dans plusieurs endroits.

Il y avoit sept ou huit cabinets de rafraîchissements, remplis non-seulement de toutes sortes de rafraîchissements, biscuits, oranges, pommes d'api, mais aussi de daubes, pâtés, et de toutes sortes de vins, même de liqueurs et de paquets de confitures sèches; et tout cela étoit offert par nombre d'officiers, à six heures du matin de même que pendant la nuit, avec une affluence étonnante de masques; car on n'entroit que masqué avec des billets. On avoit même eu la précaution de destiner des cabinets avec des inscriptions au-dessus des portes : *Garde-robes pour les femmes; garde-robes pour les hommes*, avec des femmes de chambre dans les unes et des hommes dans les autres. Et au surplus un ordre infini par la quantité des sentinelles distribuées à chaque escalier et à toutes les portes. Cette fête a fait un honneur infini à M. Turgot, prévôt des marchands, pour sa sortie de place, et elle a dû coûter beaucoup. On croyoit que le Roi y viendroit, mais il n'y vint pas[1].

1. Barbier termine ici le récit de l'année 1739.

ANNÉE 1740.

Janvier.

M. Hérault, intendant de Paris. — Mort du duc de Bourbon ; son testament. — La duchesse de Bourbon. — M. de Lezonnet.

M. Hérault, intendant de Paris, ne paroît pas devoir jouir longtemps des faveurs qu'il a reçues de la Cour. Il est toujours mal et est changé comme un homme qui n'en peut pas revenir. Il y a divers bruits sur le sujet de sa maladie qui dure déjà depuis longtemps. Les uns disent que c'est jalousie de sa femme, qui est une des jolies femmes de Paris, sur le compte de qui on met M. le duc de Boufflers, depuis M. le duc de Durfort. Ce lieutenant de police n'a pas osé murmurer, il n'auroit pas manqué d'être chansonné. D'autres disent qu'il y a de la malignité dans sa maladie, et que les médecins n'ont pas osé l'en avertir, crainte de lui donner des soupçons sur la conduite de sa femme, que l'on excuse cependant, en disant qu'elle peut avoir cet accident de naissance, étant fille de M. Moreau de Séchelles, intendant de Maubeuge, lequel, au vu et su de Paris, a été traité aux Invalides, il y a nombre d'années, et y a même pensé périr.

M. le duc de Bourbon[1] est tombé malade à Chantilly, depuis dix à douze jours, d'une dyssenterie violente, à laquelle il avoit été sujet depuis plusieurs années.

---

1. Louis-Henri, duc de Bourbon, pair et grand-maître de France, gouverneur de Bourgogne, né le 18 août 1692, mort à Chantilly le 27 janvier 1740. Il a laissé un fils, Louis-Joseph, duc de Bourbon, né en 1736, qui épousa Charlotte de Rohan-Soubise. (MORÉRI.) — C'est ce dernier duc de Bourbon qui commanda pendant la révolution l'armée dite de Condé.

M. Sylva, son médecin, a appelé M. Dumoulin, ils ne l'ont pas cru en danger; cependant il est mort mercredi, 27 de ce mois, à midi. Tous les princes et princesses, ses frères et sœurs, et de la famille y étoient depuis huit jours avec la jeune Duchesse.

Il laisse une veuve jeune, âgée seulement de vingt-cinq ans, et un prince de trois ans et demi. Il a fait un testament par lequel il nomme madame la Duchesse, sa femme, et M. le comte de Charolois, son frère, tuteurs honoraires du prince, et un Conseil de tutelle composé de M. de Lezonnet, conseiller au Parlement, pour chef; de MM. Cochin et Huart, avocats, et de M. Gougenot, attaché depuis longtemps à la maison, pour tuteur onéraire, et aussi du Conseil de tutelle. Il a défendu de vendre les meubles et la vaisselle d'argent; il ne récompense qui que ce soit de sa maison, soit principaux officiers ou subalternes, soit domestiques. Il en laisse le soin au Conseil de tutelle.

Le prince ne sera pas beaucoup regretté de la part du public; il a un grief qui ne s'efface pas aisément, qui est de lui avoir fait manger le pain très-cher, pendant un temps considérable. A l'égard de sa femme, elle étoit infiniment gênée, n'ayant pas la liberté d'aller ni de voir les personnes qui pouvoient lui convenir, quoique de son côté on sût publiquement qu'il avoit madame la comtesse d'Egmont pour maîtresse. D'ailleurs, la dernière histoire de madame la Duchesse avec le marquis de Bissy, et la conduite qu'a tenue M. le Duc à ce sujet, ne l'ont pas disposée à regretter M. le Duc.

Au surplus, le sort de la jeune Duchesse n'est pas fort heureux, à la liberté près. Elle n'étoit point en communauté, et elle n'a d'autre reprise qu'une dot d'une somme de vingt-cinq mille livres, ce qui paroît fort extraordinaire, et un douaire de trente mille livres par an, ce qui est fort au-dessous de la dépense que doit faire cette princesse, en sorte qu'elle n'a de ressource que dans les pensions que le Roi peut lui donner, et dans les facilités qu'elle trouvera de la part de M. le comte de Charolois et du Conseil de tutelle. On ne croit pas même qu'elle puisse accepter la garde noble du jeune prince, à cause des dettes mobilières qui vont, dit-on, à cinq millions, et des grands biens substitués qui n'y entrent pas.

Le Roi a accordé au jeune prince de Condé la charge de grand-maître de sa maison, dont M. le comte de Charolois son oncle fera les fonctions. Il a été bien reçu et a prêté serment à cet effet. On croyoit que ce pouvoit être pour M. le duc de Chartres, mais on dit que M. le duc d'Orléans, qui avoit toujours été brouillé avec M. le Duc depuis la mort de M. le Régent son père, n'a pas voulu la demander.

Pour le gouvernement de Bourgogne[1], le Roi l'a promis au jeune prince, quand il aura l'âge de dix-huit ans, et il sera en attendant exercé par M. le duc de Saint-Aignan, qui est actuellement ambassadeur à Rome, qui n'est pas riche. Ce gouvernement-là vaudra bien cent cinquante mille livres par an.

Tout le monde prévoyoit bien que M. de Lezonnet ne resteroit pas un moment dans la maison après la mort de M. le Duc, sur la façon indigne dont il s'est conduit contre madame la Duchesse dans la dernière affaire. Comme il n'y a pas de loi qui exempte un prince plus qu'un autre d'être cocu, quand cela arrive, ou du moins quand il le soupçonne, un homme de confiance ne doit jamais entrer dans la passion et l'aigreur; il rend service à toutes les parties intéressées en diminuant les objets. On dit qu'aussitôt la mort de M. le Duc, M. le comte de Charolois s'est transporté dans l'appartement de M. de Lezonnet à Chantilly, et y a

---

1. La France était partagée en trente-huit gouvernements. Les gouverneurs, investis d'attributions militaires, avaient chacun une compagnie de gardes.

mis le scellé avec son cachet. On ne peut mieux marquer le mépris personnel et la méfiance sur la probité[1].

Ainsi, jeudi au soir, M. de Lezonnet, voulant prévenir son congé, a donné sa démission de l'emploi de chef du Conseil de tutelle. Il a été nommé aussi exécuteur testamentaire avec un legs d'un diamant de cinquante mille livres; il aura le diamant et ne se mêlera en rien de l'exécution. M. le comte de Charolois a admis au Conseil de tutelle M. Visinier, avocat, son conseil.

Le corps de M. le Duc a été conduit à l'hôtel[2], à Paris, vendredi 29, et madame la Duchesse s'est retirée dans le couvent du Précieux Sang[3].

C'est M. de Fortia, conseiller d'État, et qui étoit toujours en chef dans la maison de M. le Duc, qui a été choisi pour chef du Conseil de tutelle à la place de M. de Lezonnet. C'étoit lui qui avoit produit M. de Lezonnet, et celui-ci n'avoit rien négligé pour le supplanter et prendre en entier la confiance de M. le Duc.

Février.

Funérailles du duc de Bourbon. — Dettes considérables qu'il laisse en mourant. — M. Bauyn d'Angervilliers, secrétaire d'État de la guerre. — M. de Chavigny. — M. de Breteuil. — Affaires de la famille Le Camus.

Le corps de M. le Duc a été exposé dans l'hôtel avec beaucoup de magnificence, mercredi 3 février, pour y rester huit jours dans une chapelle ardente avec deux autels où on disoit des messes.

Mercredi, 5, M. le prince de Conti y a été jeter de l'eau bénite de la part du Roi, à trois heures, accompagné de gardes du corps et Cent-Suisses. Tous les princes et

---

1. Ayant été reçu conseiller au Parlement, le 18 avril 1768, j'ai vu assez longtemps M. de Lezonnet, conseiller de Grand'Chambre. Il étoit d'une bonne maison de Bretagne. (Note de Barbier d'Increville.)

2. L'hôtel de Bourbon-Condé était situé sur l'emplacement du théâtre de l'Odéon.

3. Rue Saint-Antoine.

princesses y ont envoyé de même; et le Parlement et les autres Cours souveraines ont été jeter de l'eau bénite en vertu de lettres de cachet.

Le lundi, 8, son cœur a été porté avec pompe en l'église des Grands-Jésuites.

Le mercredi, 10, s'est fait le convoi à sept heures du soir. Il n'y avoit pas le cortége et le nombre de gens à cheval que l'on attendoit. Le corps de M. le Duc étoit dans un chariot à huit chevaux avec quatre aumôniers à cheval, qui portoient le poële. Il étoit précédé des hérauts d'armes. Le chariot étoit très-élevé à la hauteur du balcon de la Comédie-Françoise d'où je le vis passer. Il a été porté à Enghien, autrefois Montmorency[1], où sera dorénavant la sépulture des princes de la maison de Condé, parce que la terre de Vallery[2] a été, dit-on, vendue. On doit même faire revenir de Vallery tous les cercueils des princes de cette maison pour les mettre à Enghien. M. l'évêque de Mâcon et MM. les comtes de Charolois et de Clermont, frères, conduisoient cette pompe funèbre avec plusieurs autres personnes et officiers du prince; il y avoit à la suite huit carrosses de deuil à six chevaux.

On a quitté le deuil en cour le mardi, veille du convoi, et il n'a été que de onze jours. Madame la Duchesse veuve est revenue quelques jours après à l'hôtel.

Il est vrai, et je le sais du Conseil, que M. le Duc a laissé pour huit millions de dettes. Il faisoit des dépenses considérables surtout à Chantilly, sans connoissance de ses affaires et sans ordre de la part de M. de Lezonnet. On convient que s'il avoit vécu encore trois ans sur le même pied, ses affaires auroient été entière-

---

1 Ce fut Louis XIV qui, en 1689, changea le nom de Montmorency en celui d'Enghien, qui était le nom d'une baronnie du Hainaut, qui avait appartenu au roi de Navarre, Antoine de Bourbon, et ensuite à son frère, Louis de Bourbon, prince de Condé.

2. Château situé à vingt kilomètres de Sens.

ment dérangées. Ce qui paroit bien extraordinaire pour un prince très-puissant, et qui a dû faire des profits très-considérables dans le système[1]. On vendra tous les effets mobiliers et des bijoux de toute espèce pour payer en partie les dettes.

M. Bauyn d'Angervilliers, ministre et secrétaire d'État de la guerre, est mort, le 13 ou 14 de ce mois, âgé de soixante-trois ans environ. Il avoit été intendant de Strasbourg et de Paris, et avoit succédé à M. Le Blanc; il étoit fort expérimenté dans ce qui regardoit ce département, mais il étoit un peu dur, de difficile abord et n'étoit pas aimé des seigneurs. Son père étoit maître de la Chambre aux deniers et avoit été homme d'affaires, d'où l'on croyoit communément qu'il étoit sans naissance, mais son grand-père étoit conseiller de la Cour des Aides, qui avoit laissé sept ou huit enfants. Son bisaïeul étoit Prosper Bauyn, conseiller de Grand'-Chambre, dont Scaliger, qui avoit apparemment perdu quelque procès à son rapport, avoit fait l'anagramme : *Bos in purpura*; et ses ancêtres étoient dans le Parlement depuis près de deux cents ans.

Le bruit de Paris a été que M. Orry, contrôleur général, seroit secrétaire d'État de la guerre, d'autant que c'est l'homme intime et de confiance de M. le Cardinal; qu'on donnoit à M. Amelot de Chaillou, secrétaire d'État des affaires étrangères, la place de contrôleur général des finances, ce qui le dégradoit furieusement à mon avis, et qu'on donnoit sa place à M. de Chavigny, nommé ambassadeur en Portugal, à la place de M. d'Argenson l'aîné, conseiller d'État, qui a refusé de partir, sur le refus de quelque arrangement avec M. le Cardinal par rapport au payement des appointements.

---

1. Il avait en effet gagné de grosses sommes dans la banque de Law, et sa fortune s'élevait à 2,400,000 livres de rentes, ce qui du reste était insuffisant pour ses goûts. Ce fut lui qui fit bâtir les magnifiques écuries de Chantilly.

Ce M. de Chavigny, au reste, est un homme de beaucoup d'esprit et très-habile dans les négociations. Il est fils d'un simple particulier de la ville de Beaune, en Bourgogne, et il a un autre nom. Il s'étoit présenté à la Cour de Louis XIV, comme fils du marquis de Chavigny, ancien lieutenant général, de bonne maison de Bourgogne, qui s'étoit retiré depuis longtemps dans ses terres et qu'on avoit perdu de vue en Cour. Il avoit même présenté à Louis XIV des lettres de son prétendu père que le Roi montroit en disant aux seigneurs : « Voyez comme on écrivoit avec esprit autrefois dans « ma Cour! » Il fut fort bien reçu sous ce titre, mais la fourberie ayant été découverte par des amis de cour, il fut chassé lui et son frère. Il a voyagé et profité de ses talents. Du temps de M. le duc d'Orléans régent, il s'est raccroché à la Cour; il a été employé dans des négociations. Ce prince considéroit le mérite et s'embarrassoit peu de l'équivoque sur les noms. Il s'est depuis poussé et maintenu avec hardiesse, et enfin le voilà nommé ambassadeur en Portugal, toujours sous le nom du marquis de Chavigny[1], et comme l'on voit, reconnu capable de grande place.

Mais cette nouvelle n'a pas eu de suite. Le Roi a rendu, le 17 de ce mois, la place de secrétaire d'État de la guerre, à M. le marquis de Breteuil, chancelier de la Reine et cordon-bleu, qui l'avoit été quatre ans dans le temps de la disgrâce de M. Le Blanc, et qui l'avoit remis de lui-même entre les mains du Roi pour y remplacer M. Le Blanc. Ce choix a eu l'applaudissement général du public. M. de Breteuil est fort poli, gracieux, aimant à faire plaisir et fort aimé. On dit que c'est mademoiselle de Charolois qui n'a pas quitté le Roi qu'il ne lui eût accordé son agrément, car on croit que le Cardinal avoit ses vues sur M. Orry ou quelque autre.

---

1. Il remplit aussi diverses autres missions diplomatiques en Angleterre, en Danemark, en Italie et en Espagne. Son nom de famille était Chevignard.

Au moyen de cela, il n'y a point de changement dans les ministres.

Il paroît depuis quelques jours un mémoire imprimé pour M. l'abbé Le Camus[1], frère du premier président de la Cour des Aides, contre le commissaire D'Alby et autres; il est signé de M⁰ Chesnei de la Charbonnelais, avocat; il est fort bien écrit, et c'est une pièce épouvantable contre M. le premier président Le Camus.

Le fait est que M. le premier président, madame la marquise de Mauleuvrier et l'abbé Le Camus, frères et sœur, ont été faits légataires universels par tiers par leurs père et mère avec substitution réciproque. Il n'y avoit pas grand bien. M. le premier président Le Camus n'a jamais eu tout au plus deux cent mille livres de bien de patrimoine. L'abbé a formé sa demande en distraction de sa légitime. Ce qui est de droit. Cela l'a brouillé avec son frère qui a menacé l'abbé de son crédit; et par l'entremise de gens affidés au premier président, il y a eu une transaction au mois de juillet 1738, par laquelle l'abbé Le Camus a cédé à M. le premier président, son frère, tous ses biens paternels et maternels montant à six mille sept cent quarante livres de rente, moyennant cinq mille livres de pension viagère, et il n'a pas manqué de se faire subroger aux droits de l'abbé pour suivre, au nom de l'abbé, sa demande en distraction de légitime, pour disposer librement de telle portion eu égard à madame la marquise de Mauleuvrier, appelée également à la substitution.

Depuis cette transaction, M. le premier président Le Camus a sollicité et obtenu une lettre de cachet, à la faveur de laquelle l'abbé Le Camus a été conduit aux îles Sainte-Marguerite, où il lui fait tenir, dit-on, sept cent cinquante livres par an. L'abbé Le Camus demeuroit

---

2. Robert-Jean Le Camus, né en 1700. — La famille Le Camus, de Grenoble, a donné plusieurs hommes éminents à la magistrature, et à l'Église un cardinal, Étienne Le Camus, né en 1632, mort en 1707.

dans la rue Neuve-Saint-Étienne-du-Mont. Le commissaire D'Alby a mis le scellé dans la maison comme de la part du Roi ; et avant de procéder juridiquement à la levée des scellés, on a enlevé des effets, titres et papiers, et pour ne pas payer trop longtemps les loyers, on a fait vendre les gros meubles de l'abbé à la requête d'un nommé Frambourg, créancier de l'abbé, sur un faux domicile, sans son aveu, de façon que Frambourg, contrôleur des rentes à Paris, passant sur le pont Saint-Michel, et ayant appris par hasard qu'on vendoit les meubles de l'abbé Le Camus, voulut former opposition entre les mains de l'huissier qui lui apprit que c'étoit à sa requête que se faisoit la vente. La surprise de Frambourg arrêta tout, ce qui fut suivi de sa part de procédure en désaveu contre le procureur et en nullité de ce qui avoit été fait.

En cet état, l'abbé Le Camus, apparemment par un fondé de procuration, a interjeté appel de la sentence sur laquelle on avoit vendu ses meubles, et a rendu plainte contre l'enlèvement et divertissement de tous ses effets, titres et papiers. Information faite, en conséquence, arrêt du Conseil obtenu par M. le président Le Camus, à la fin de 1739, par lequel le Roi a évoqué à lui l'appel, la plainte et informations, et a nommé pour commissaires M. Hérault, lieutenant de police, et des conseillers du Châtelet.

C'est donc depuis cette commission qu'a paru ce mémoire imprimé pour instruire la Cour et la Ville du caractère intéressé, de la fourberie et du mauvais cœur de M. le président Le Camus et des prévarications qu'il a fait faire au commissaire D'Alby. On dit même dans ce mémoire, que le commissaire D'Alby, qui a déjà été noté et que l'on traite de monstre dans la société, est tranquille sur l'événement de cette affaire, qu'il dit n'avoir agi que par ordre par écrit et qu'il a de quoi perdre M. le président Le Camus. Il y a aussi copie de lettres écrites par lui à l'abbé son frère aux îles Sainte-Marguerite, pour lui faire entendre que tout cela ne vient pas de lui, que la lettre de cachet, en vertu de laquelle il a été conduit à cet exil, n'a été donnée que sur un mémoire présenté au ministre par un particulier prétendu ami de l'abbé, contenant le dérèglement de la vie et de la conduite de l'abbé, en sorte que cela compromet le ministère qui sûrement n'a donné de pareils ordres que sur les sollicitations secrètes du président.

L'abbé Le Camus étoit, dit-on, un assez mauvais sujet, c'est-à-dire un homme qui voyoit mauvaise compagnie, qui n'avoit point les allures d'un homme de son nom, petit neveu du cardinal Le Camus, aimant peut-être un peu trop les femmes et le vin, mais qui ne faisoit tort qu'à lui-même et à sa fortune sans faire mal à personne. Il étoit curieux de fleurs, il avoit un beau jardin dans sa maison avec une quarantaine de très-beaux orangers qu'on a pris soin de faire enlever depuis son exil. Il avoit de quoi vivre à son aise dans sa façon. De juger s'il n'étoit pas aussi sage que ceux qui, par des dehors de monde et de représentation et par des bassesses infinies obtiennent des bénéfices et des évêchés sans aucun sentiment de religion, pour satisfaire avec plus d'éclat l'ambition, le luxe et tous les autres vices de nos ecclésiastiques, c'est une autre affaire. Il est seulement probable que cette vie privée, même un peu libertine, n'intéresse ni l'État, ni le public et que cela ne mérite ni la perte de la liberté, ni la privation de son bien, c'est ce qui rend grave toute la conduite de M. le premier président Le Camus. On verra de quelle manière se conduiront les nouveaux commissaires du Roi aux yeux de tout le public informé aujourd'hui de cette affaire, aussi bien que le ministère, qui en veut à ce magistrat pour ce certain compliment sur la calamité publique fait au Roi à la tête de la Cour des Aides, au sujet du mariage de madame avec l'Infant don Philippe.

On dit que cette affaire est suivie et suscitée par quelque personne en place, car il y avait eu une défense envoyée à tous les imprimeurs d'imprimer aucun mémoire pour le sieur abbé Le Camus, laquelle est copiée dans le mémoire, avec le portrait que le président avoit fait de son frère. On ne connoît point au Palais l'avocat qui a signé ce mémoire que l'on a distribué libéralement, quoiqu'il soit sur le tableau. On dit qu'il a quelque relation dans la maison de M. de Fulvy, frère du contrôleur général, dont il est pour ainsi dire le secrétaire ou l'intendant sans titre.

Mais comme ce mémoire contient des traits épouvantables contre un magistrat du premier ordre, chef d'une cour souveraine, qui a l'honneur de porter le cordon bleu, que l'on fait passer à découvert pour un fripon et pour une bête en rejetant tout en apparence sur les conseils de ses gens d'affaires à qui il s'est livré, les avocats se sont assemblés et ont jugé à propos de rayer du tableau ce M. Chesnel de la Charbonnelais qui, je crois, n'a fait que signer le mémoire et n'en est pas l'auteur. Le bâtonnier alla même, ces jours-ci, à la tête des anciens avocats à la chambre de la Cour des Aides en rendre compte à M. le premier président, qui leur témoigna sa reconnoissance de leur zèle et de leur justice.

On dit qu'il ne paroît point démonté de cette triste aventure, et qu'il se présente à son ordinaire. Ce que l'on peut dire, c'est que la Cour des Aides est très-fâchée d'un pareil éclat contre leur chef, mais qu'elle cesserait de l'être, si cela alloit au point de l'obliger à se démettre de sa charge. Il n'est ni aimé ni estimé de sa compagnie. C'est un homme assez poli, mais un petit sujet, sans esprit, qui ne sait soutenir ni la dignité de sa place, ni sa compagnie dans les occasions.

Nous avons eu cette année un hiver remarquable. Il fait froid depuis le mois d'octobre, et depuis celui de novembre, la terre n'a point dégelé. Depuis la veille des Rois, le froid a été excessif; la rivière a été prise; on a fait déménager tous ceux qui logent sur les ponts par précaution par la crainte d'une débâcle précipitée; mais elle est arrivée sans fracas parce qu'il y a eu plusieurs faux dégels qui n'ont duré que deux jours. La gelée a pris de nouveau ces jours-ci. Il y a eu des jours aussi froids qu'en 1709, surtout hier, 25 de ce mois. Le froid a été universel, le Rhin, le Danube et la Tamise ont été glacés. On voit même par les *Gazettes* qu'en Hollande la mer étoit en glace jusqu'à quatre lieues; et à Hambourg à plus de trente lieues, de manière qu'on a mis des gardes le long des côtes pour empêcher les déserteurs qui s'enfuiroient par mer. C'est, dit-on, ce que l'on n'avoit jamais vu. Un hiver si rude et si long est terrible pour les pauvres gens et les ouvriers, et a causé une grande cherté sur tous les vivres.

Le Roi, qui ne peut plus chasser depuis longtemps, monte souvent à cheval dans le manége de Versailles, fait des parties de traîneaux sur les canaux, et va à ses différentes maisons de campagne.

Mars.

Le président Le Camus publie un mémoire. — Les thèses des abbés de Fleury. — Affaires de l'Église; le conclave; l'abbé de Ventadour. — Le château de Choisy.

M. le président Le Camus a répandu dans le public un mémoire imprimé d'une feuille pour sa justification sur la transaction. Il dit mépriser tout le reste du mémoire de son frère; il fait un calcul du bien de son frère, des charges de pension viagère et de douaire sans dire à qui, des dépenses pour l'exécution des lettres de cachet qui paroissent considérables. Ce mémoire est très-mal fait, et l'on convient qu'il ne peut être que de lui. Il n'est signé de qui que ce soit. Il ne sert qu'à prouver la lésion de l'abbé, et à faire la condamnation de M. le premier président Le Camus. Il auroit fait bien plus sagement de ne rien dire. On dit que depuis ce mémoire il s'est désisté par un acte du profit de la transaction. L'affaire se poursuit toujours, car il y a des monitoires au coin des rues pour découvrir ceux qui ont enlevé les effets de l'abbé Le Camus; mais il n'est pas douteux que rien ne s'est fait que par les ordres et par les gens du premier président Le Camus.

M. le cardinal de Fleury se porte mieux que jamais, et il a toute la présence d'esprit et la mémoire qu'on peut souhaiter; ses deux petits neveux abbés de Fleury, car toute la famille des Rocozel a pris ce nom, ont soutenu des thèses en Sorbonne, où il a assisté et reçu le concours de tous les grands, qui sont à Paris, ambassadeurs et autres, à l'exception des princes du sang et des seigneurs, qui par nécessité étoient ces jours-là auprès du Roi. Il mérite bien ces distinctions. Cela fait un homme rare.

Notre saint-père, Clément XII, Corsini, en son nom, est mort, le 10 février dernier, âgé de près de quatre-vingt-huit ans. Vacance du saint-siége. Les cardinaux se sont rendus de tous côtés à Rome pour le conclave. Nous y avons le cardinal Tencin, qui a, dit-on, le secret de la cour de France sur l'élection d'un nouveau pape. Le cardinal de Rohan et le cardinal d'Auvergne-Bouillon sont partis pour Rome. Le cardinal de Rohan a quinze ou seize jeunes abbés de condition avec lui, qui logeront dans son palais et y seront nourris. Il a toujours vécu avec la grandeur et la magnificence d'un prince. Son neveu, l'abbé de Ventadour, est du voyage. Il prendra cette occasion pour faire valoir à la cour de Rome son entreprise sur l'Université de Paris en faveur de la bulle *Unigenitus*.

Il n'avoit été recteur que pour ce projet, car on en a nommé un autre à sa place qui est à l'ordinaire un pédant de l'Université. Apparemment qu'on ne se soucie pas en cour, ou qu'on a remis à un autre temps de faire accepter la Constitution par les autres facultés de l'Université, comme le droit et la médecine. Celle de la Théologie, à cause de la Sorbonne, étoit la plus importante.

Le Roi a fait l'acquisition, dès la fin de l'année dernière, de la maison de Choisy[1], qu'avoit madame la princesse de Conti, dernière décédée. La situation de cette maison sur la rivière est charmante; on y travaille à force depuis trois mois autant que le temps l'a permis pour y faire des augmentations de logements; le Roi en a fait un gouvernement qu'il a donné à M. le comte de Coigny, jeune seigneur, colonel général des dragons, et fils du maréchal de France. Cette nouvelle maison fera tort au gouvernement de M. le marquis de Berenghen, premier écuyer de la Muette dans le bois de Boulogne. Le Roi se plaît fort à Choisy, qu'on appelle Choisy-le-Roi, et il y fait souvent des voyages de trois jours. La proximité de la forêt de Senar lui donnera encore plus de goût. Il a déjà pris plusieurs terres voisines. Les voisins se seroient bien passé de cet événement.

Mai.

Froid rigoureux. — Les reliques de sainte Geneviève. — Les chasses et les soupers du Roi.

Le froid a continué jusque dans le mois de mai, de manière que l'on a beaucoup appréhendé pour les biens

---

1. Sous le règne de Louis XIV, mademoiselle de Montpensier, fille de Gaston, duc d'Orléans, et nièce du Roi, fit construire par Mansart un château à Choisy. Ce château fut successivement possédé par le grand Dauphin, mademoiselle de Louvois, la princesse de Conti, et Louis XV. Ce dernier prince ne le trouvant pas à son gré, en fit bâtir un nouveau qui lui servit de *petite maison*. Gentil-Bernard, l'auteur de l'*Art d'aimer*, en fut nommé bibliothécaire. C'est depuis cette époque que le village de Choisy s'est appelé *Choisy-le-Roi*.

de la terre, et comme les vivres ont été d'une cherté très-grande pendant le Carême, nous n'aurions pas eu besoin d'une stérilité. A l'exception des marchands de bois, qui ont vidé tous les chantiers, et qui ont fait beaucoup d'argent, tout le public est mal à son aise.

L'église et les magistrats se sont unis pour apporter les secours temporels et spirituels; et pour cet effet, par un mandement de M. l'archevêque de Paris, du 20 mai, il a été ordonné des processions solennelles et générales de tout le clergé aux églises de Notre-Dame et de Saint-Germain, ce qui s'est fait pendant neuf jours avec un grand concours de peuple de toutes les paroisses. La princesse d'Orléans, reine douairière d'Espagne, suit à pied avec grande édification la procession de Saint-Sulpice, sa paroisse. Heureusement et avec le secours de la nouvelle lune, au 18 mai, le temps s'est un peu calmé et radouci, en sorte qu'il n'a pas été nécessaire de faire la grande procession de la châsse de sainte Geneviève[1], que les religieux de cette abbaye, aussi bien que les cours, évitent autant qu'il est possible par les embarras que cela cause.

Le Roi a fait un voyage de Marly avec la Reine et toute la Cour, depuis le 5 de ce mois jusqu'au 28. Il va quelquefois coucher à Choisy, qui devient la maison de campagne favorite pour faire les petits soupers. On vit partir ces jours-ci, d'un des petits pavillons de Marly, madame de Mailly, très-parée, dans une chaise de poste du Roi avec deux pages de l'écurie à cheval et des flambeaux. Tous les jours, nouvelle partie de chasse où le Roi se fatigue beaucoup. Il a été même un peu incom-

---

1. La châsse de sainte Geneviève était, lors des grandes calamités publiques, solennellement tirée de l'église qui lui était consacrée et promenée dans les rues de Paris. Cette châsse, très-vénérée, plus riche que belle, dit Dulaure, offrait des formes barbares, une infinité de détails, beaucoup d'or et de pierreries. Elle était supportée par quatre statues de vierges plus grandes que nature. Au-dessus brillaient un bouquet et une couronne de diamants. Elle fut détruite pendant la révolution.

modé dans une chasse. La suite du Roi se trouva très-éloignée des rendez-vous et sans chevaux de relais; les chevaux étoient tellement rendus qu'aucun seigneur ne fut en état de suivre le Roi pour le retour à Marly. Un seul page le suivit pendant une lieue et demeura en chemin, le Roi revint seul, étant mieux monté que les autres pendant plus de six lieues. Il arriva par conséquent le premier à Marly; il se fit changer de linge sans vouloir qu'on le frottât, et il but quatre grands verres de vin pur pendant qu'on l'habilloit. Il se moqua fort de tous les seigneurs qui arrivoient les uns après les autres, et ensuite il se mit à souper jusqu'à trois heures du matin, ce qui a causé son incommodité.

Juin.

Assemblée du clergé. — Nouvelles étrangères. — Affaires de la Corse. Richesses du clergé.

Le 1er de ce mois, l'assemblée du clergé, qui se tient à Paris tous les cinq ans, a été ouverte solennellement dans les Grands Augustins que MM. de la Chambre des Comptes ont quittés le mois dernier, comme il avoit été promis, pour aller occuper leur nouveau bâtiment dans la Cour du Palais. M. l'archevêque de Paris a été nommé président de l'assemblée.

Le roi de Prusse[1] est mort le 31 mai dernier, âgé de cinquante-un ans. Il étoit fils de l'électeur de Brandebourg, qui, le premier de sa maison, prit le titre de Roi, le 18 janvier 1701, sous le nom de Frédéric Ier. Il laisse un fils âgé de vingt-huit ans[2] dont les projets de gouvernement donnent de grandes idées.

Les Espagnols et les Anglois se font toujours la chasse

---

1. Frédéric-Guillaume, né en 1688.
2. Frédéric II, surnommé le Grand, né à Berlin, en 1712. Nous ferons remarquer que Voltaire, dans le *Précis du règne de Louis XV*, lui donne toujours le nom de Frédéric III.

et les prises respectives sont fréquentes. L'Angleterre a plusieurs flottes destinées pour des expéditions.

M. le marquis de Maillebois est toujours en Corse à l'effet de réduire les bandits et de mettre la police dans l'île, mais cela n'est pas aisé. Il paroît toujours extraordinaire à quel motif nous avons là un nombre de troupes qui doivent être fatiguées par les chaleurs du pays et qui causent beaucoup de dépenses ; surtout ne voulant pas nous emparer de cette île à notre profit. On dit que nous avons un grand intérêt à empêcher que d'autres puissances ne s'emparent des ports de cette île, ce qui seroit ou pourroit être fort incommode pour le commerce, mais il faudra pourtant que cela ait une fin.

On a fait sauter la citadelle de Belgrade en présence de l'ambassadeur du Grand Seigneur et de celui de l'Empereur, et les Turcs sont enfin en possession de cette ville ; et le Grand Seigneur a conclu des traités de paix et de commerce avec la Czarine et le roi des Deux-Siciles. C'est, dit-on, M. le marquis de Villeneuve[1], notre ambassadeur, qui a fait toutes ces grandes opérations de paix avant de revenir en France.

Les commissaires nommés par le Roi se sont rendus à l'assemblée générale[2] du clergé et y ont obtenu de ces messieurs un secours de trois millions cinq cent mille livres. Le clergé possède à présent plus d'un grand tiers des biens du royaume à titre gratuit, c'est-à-dire

---

1. L'Empereur faisait la guerre aux Turcs, sans consulter l'Empire. Cette guerre fut malheureuse : Louis XV le tira de ce précipice par sa médiation, et M. de Villeneuve, notre ambassadeur à la Porte ottomane, alla en Hongrie conclure, en 1739, avec le grand-visir, la paix dont l'Empereur avait besoin. VOLTAIRE.

2. Les assemblées générales du clergé, convoquées principalement pour les affaires temporelles, et où le clergé n'était représenté que par députés, n'avaient rien de commun avec les conciles. Il y en avait de deux sortes, les ordinaires et les extraordinaires. Les premières étaient particulières, c'est-à-dire de chaque diocèse ; ou provinciales, de chaque province ecclésiastique ; ou générales, de tout le clergé de France. Celles-ci se tenaient tous les dix ans ; les assemblées ordinaires, de cinq ans en cinq ans. CHÉRUEL.

sans grande peine, surtout par les principaux bénéficiaires et par les grandes abbayes. Il est fort singulier qu'il faille tant de cérémonies pour obtenir d'eux quelque secours pour l'État.

Juillet.

Le prince de Turenne. — Le Roi à Compiègne. — Le Pelletier des Forts. — Les Anglais à Carthagène. — Mort du comte du Luc. — Le marquis de Nesle.

Le Roi a donné à M. le prince de Turenne[1], fils du duc de Bouillon, grand chambellan, la charge de colonel général de la cavalerie, par la démission de M. le comte d'Évreux, qui continuera toujours d'exercer jusqu'à ce que le prince soit en âge.

Le Roi est parti le 16 pour son voyage de Compiègne, avec toute la Cour, pour y chasser tous les jours. Tous les ministres et le conseil sont toujours de ce voyage. Tant pis pour ceux qui y ont affaire. Dans toutes les maisons royales il y a à présent des petits appartements pour les petits soupers particuliers.

M. Le Pelletier des Forts, comte de Saint-Fargeau, ci-devant contrôleur général, est mort le 11 de ce mois, âgé de soixante-dix ans ; il est fort riche de patrimoine, il étoit fort bon financier, mais il a eu quelque mauvaise affaire sur son compte par rapport aux actions. Il a perdu M. de Saint-Fargeau, maître des requêtes, son fils unique, et il ne reste de tout cela que de petits enfants.

Les Anglois se sont emparés sur les Espagnols du port de Portobello[2] et de quelques forts aux environs de Carthagène qu'ils ont bombardés, en sorte que cette

---

1. Godefroi-Charles-Henri de La Tour, prince de Turenne, né en 1728. — Ce prince avait par conséquent treize ans quand il fut nommé colonel-général.
2. Dans le golfe du Mexique.

guerre devient sérieuse[1]. Cette expédition a été faite, au mois d'avril dernier, et les prises faites par les Anglois paroissent assez considérables.

L'on dit toujours qu'on maintient les Hollandois dans la disposition de neutralité dans l'événement de cette guerre, et qu'on leur a fait voir qu'ils avoient toujours été les dupes de leur union avec des Anglois par les dépenses qu'ils étoient obligés de faire.

M. le comte du Luc, frère de notre archevêque de Paris, est mort le 19 de ce mois, âgé de quatre-vingt-huit ans. Il a été ambassadeur et plénipotentiaire en plusieurs occasions. C'étoit un homme d'esprit et grand négociateur. Il meurt riche de plus de cent mille livres de rentes; il laisse un fils, le marquis du Luc, homme privé dont on ne parle pas, et un petit-fils, le marquis de Vintimille, qui a épousé une quatrième fille de M. le marquis de Nesle, sœur de madame la comtesse de Mailly, qui est toujours en faveur auprès du Roi. Il ne se fait pas un souper ni une partie sans elle. A l'égard du marquis de Nesle, son père, il est toujours en exil pour les impertinences qu'il a débitées contre les maîtres des requêtes, commissaires de sa commission avec ses créanciers. C'est un homme d'esprit, mais très-fou et d'une hauteur extraordinaire. Il est à présumer, s'il étoit d'un autre caractère, qu'avec le crédit de sa fille, il auroit arrangé ses affaires, mais il faut toujours que cela passe par le canal du Cardinal. Si le marquis de Nesle mouroit, madame la comtesse de Mailly, sa fille aînée, à cause du comte de Mailly son mari, se trouve-

---

1. On sait quelle fut l'origine de cette guerre. L'Espagne avait accordé aux Anglais, en 1716, la permission d'envoyer en Amérique un vaisseau de 500 tonneaux chargé de marchandises anglaises. Au lieu de se borner à décharger ces marchandises seules, les Anglais les remplaçaient par des marchandises nouvelles, que de petits navires apportaient au vaisseau autorisé par l'Espagne, au fur et à mesure qu'il avait mis à terre une partie de sa cargaison. Ce vaisseau était devenu de la sorte un véritable entrepôt de contrebande; l'Espagne protesta contre cette déloyauté, et la guerre éclata en 1739.

roit appelée à une substitution de plus de deux cent mille livres de rentes; mais j'ai entendu dire qu'il y a eu un grand garçon de quinze ans, fils de M. le prince de Soubise, et de madame la marquise de Nesle, né pendant le mariage, baptisé sous le nom du marquis de Nesle, élevé secrètement par la maison de Rohan, qui pourroit bien un jour paroître pour recueillir seul tous ces grands biens. Cela fera un bon procès; à la vérité les circonstances ne seroient pas favorables pour lui à présent.

Le duc de Cumberland [1], fils du roi d'Angleterre, monte sur l'escadre de l'amiral Vernon [2] en qualité de volontaire, et cette flotte projette une expédition en Amérique sur les Espagnols [3].

Août.

Mort de M. Hérault. — Conspirations en Russie. — M. de Fontanieu. — L'ambassade turque à Vienne. — Turgot quitte la place de prévôt des marchands. — Élection du Pape.

M. Hérault, conseiller d'État, ci-devant lieutenant général de police et intendant de Paris, est mort, le 6 de ce mois, âgé de quarante-neuf ans. Il laisse quatre ou cinq enfants de deux lits. On avoit toujours compté que dans les mouvements étonnants qu'il y a eu de son temps au sujet des recherches pour les affaires de la Constitution, il avoit gagné des sommes considérables. Il est très-singulier, et il est cependant vrai, qu'il meurt mal à son aise. Sa veuve, fille de M. Moreau de Séchelles, trouvera tout au plus de quoi avoir ses reprises et

---

1. Guillaume-Auguste, duc de Cumberland, né le 15 avril 1721, mort en 1765.

2. Édouard Vernon, né à Westminster, le 12 novembre 1684, mort en 1757.

3. L'expédition contre Carthagène, dans laquelle les Anglais échouèrent complétement, et dont il sera parlé plus loin.

son douaire. Le public a peine à se persuader à ce sujet; mais comment feroit-on pour le cacher, y ayant des mineurs de deux lits à l'égard de qui il faut que les choses se fassent en règle? M. Hérault n'avoit pas grands biens de patrimoine, c'est-à-dire environ cent cinquante mille livres ; mais quand après avoir été vingt-trois ans lieutenant de police, il laisseroit un million de biens, il n'y auroit ni à se cacher ni à se récrier. M. Hérault n'étoit pas un homme d'esprit, ne sachant jamais quel parti prendre. A présent qu'il est mort, on en dit ce que l'on en sait. Il avoit la confiance du cardinal, il étoit obligé de faire une assez grosse dépense et il étoit sans aucun ordre dans sa maison et pour ses affaires domestiques; il a laissé faire la fortune à bien des gens qui lui étoient attachés. Le sieur Chaban, qui l'avoit suivi à son retour de l'intendance de Tours et qui étoit un de ses premiers secrétaires, logeant chez lui, et son homme de confiance, a plus de cinq cent mille livres de bien, au dire de tout le monde. Il y a plus de dix exempts, qu'il avoit choisis malheureusement pour ses gens de confiance, qui ont chacun gagné pendant son temps plus de trois cent mille livres, et quant à lui il a fort mal fait ses affaires.

Cette mort est très-fâcheuse pour M. Feydeau de Marville, son gendre, et qui a sa place de lieutenant de police. Il avoit besoin d'être élevé et instruit dans cette charge pendant quelques années.

Il y a du trouble dans les finances de Russie; il y a eu même une conspiration contre la Czarine, pour raison de quoi on a fait le procès et exécuté à mort plusieurs ministres et nombre de personnes de la première distinction. Ces traitements violents sont attribués aux favoris de l'Impératrice, qui en a trois ou quatre en même temps, à ce que l'on dit, et qui vraisemblablement se sont voulu emparer injustement de l'administration des affaires. Il s'étoit répandu que, par les amis et parents de ceux qui ont été sacrifiés, il y avoit eu à Saint-Pétersbourg une sédition considérable contre l'Impératrice, qui avoit été obligée de se réfugier chez notre ambassadeur de France; mais cette nouvelle ne s'est pas confirmée.

M. de Fontanieu [1], maître des requêtes et intendant de Grenoble et de l'armée d'Italie dans la dernière guerre, a eu la place de conseiller d'État de M. Hérault. Il ne s'étoit pas fait aimer en Italie, et il ne s'y étoit pas même oublié pour la fortune, quoique fort riche de lui-même; mais il est beaucoup protégé du Cardinal. Le père Fontanieu étoit du Languedoc, homme de rien, artisan; sa femme étoit assez jolie, et l'on dit que la connoissance du Cardinal est très-ancienne. Il peut avoir des raisons de sentiment pour protéger le fils; c'est un homme d'esprit et ambitieux.

L'ambassadeur de la Porte Ottomane vers l'Empereur est arrivé à deux lieues de Vienne avec neuf cents hommes de suite, huit cents et tant de chevaux et plus de trois cents bêtes de charges, tant chameaux qu'autres.

M. Turgot [2] est sorti de place de prévôt des marchands, il est regretté. Il a eu beaucoup de goût pour l'embellissement de Paris et une grande attention pour toutes les provisions. M. de Vatan, maître des requêtes et intendant de Tours, a été élu en sa place.

Les pluies continuelles qu'il fait ici font beaucoup appréhender pour la récolte, et les suites d'un long et

1. Fontanieu (Gaspard-Moïse), mort le 26 septembre 1767. Il consacra ses jours à l'histoire de France et forma sur ce sujet le plus ample *recueil de titres* que nous possédions. Ce recueil, composé de 841 portefeuilles in-4, contient plus de 60,000 pièces sur l'histoire de notre pays. Il est déposé à la Bibliothèque impériale. (Voir Louis Paris, *Essai historique sur la Bibliothèque*, etc. Paris, 1856, in-12, p. 187.)

2. Turgot (Michel-Étienne) naquit à Paris le 9 juin 1690, et mourut le 1er février 1751. Ce digne magistrat s'occupa sans relâche de l'assainissement de la capitale. C'est lui qui fit construire cet immense égout qui embrasse tout le côté de la ville situé sur la rive droite de la Seine, ouvrage comparable à ceux des Romains.

cruel hiver paroissent se faire sentir généralement dans tous les autres pays. On a jugé à propos d'implorer ici pour la seconde fois le secours du ciel ; et en vertu de l'ordre des magistrats et du mandement de l'Archevêque de Paris, on a découvert la châsse de sainte Geneviève, et on a recommencé pendant neuf jours les processions générales du clergé de Paris, ce qui s'est fait avec grande dévotion.

Le deuil pour le roi de Prusse a été de trois semaines. L'assemblée du clergé a fini ses séances.

Le 22 de ce mois d'août, le Roi est revenu de Compiègne à Versailles avec toute la Cour.

A la fin, le 17 de ce mois, le conclave a fini, qui a duré très-longtemps et pendant lequel il est mort cinq ou six cardinaux. Le peuple de Rome murmurait déjà du retardement de l'élection. Le cardinal Lambertini, archevêque de Bologne, a été élu pape, et il a pris le nom de Benoît XIV. Il n'a que soixante-cinq ans, ce qui est jeune pour un pape. Le cardinal Aldobrandini avoit eu presque toutes les voix hors une pendant plus de douze jours, c'est-à-dire trente-trois voix ; et celui-ci a profité tout d'un coup des disputes du conclave qui s'est réuni en sa faveur.

Septembre.

Débats du Parlement et du clergé à l'occasion du refus des sacrements. — Départ des flottes de Brest et de Toulon ; bruits de guerre. — Cherté du pain ; spéculation sur les blés. — Arrêts du Parlement sur les blés. — Indifférence du Roi pour la misère publique. — Révolte à Bicêtre. — Le cardinal à la place Maubert. — Troubles en Corse. — Nominations diverses. — Arrestation de M. Pecquet. — Préparatifs de guerre ; trahison dans le ministère. — M. de Chauvelin.

M. de La Fare, évêque de Laon, toujours occupé à renouveler les disputes de l'Église, a fait imprimer une instruction pastorale, au mois de septembre 1739, sur la conduite qu'on doit tenir à l'égard de ceux qui sont notoirement rebelles à la Constitution *Unigenitus*; lequel mandement contient apparemment des propositions très-dangereuses. Le Parlement a fait remettre cette pièce à M. le procureur général ; et sur les conclusions, par arrêt du 1ᵉʳ septembre, ce mandement a été non-seulement supprimé, mais la Cour a fait défenses de faire aucuns actes ou écrits qui tendissent à autoriser le refus des sacrements et de la sépulture sur le fondement de l'appel de la Constitution *Unigenitus*. Et le motif de ces défenses a été de ce que, dans quelques villes, des curés avoient eu la témérité de refuser les sacrements même, dit-on, à des laïques sur le prétexte qu'ils ne vouloient pas reconnoître l'autorité et l'authenticité de cette Constitution. MM. les évêques, qui se sont trouvés tous rassemblés dans la bonne ville de Paris, n'ont pas trouvé bon ce zèle charitable de messieurs du Parlement. Ils ont cru que c'étoit entreprendre sur leurs droits que de se mêler de l'administration des sacrements et de la concession de la sépulture en terre sainte, quoiqu'on puisse dire néanmoins que cela ait trait à la police générale, qui appartient sans difficulté à la puissance temporelle sur les ecclésiastiques.

Quoi qu'il en soit, MM. du clergé qui viennent d'accorder de l'argent au Roi ont obtenu par leur crédit un arrêt du Conseil, du 6 de ce mois, qui annule la disposition de l'arrêt du Parlement, quant aux défenses y portées, et fait défense de l'exécuter. Cet arrêt est fort bien dressé et me paroît vif. Il fait entendre que c'est à l'Église seule à décider des dispositions propres à recevoir les sacrements et à mériter la sépulture, et cette proposition peut être vraie en général. Mais il semble décider aussi que la simple opposition à la Constitution *Unigenitus*, reçue par toute l'Église et confirmée par les lois de l'État, suffit pour autoriser les ecclésiastiques à prendre là-dessus le parti qu'ils jugent à propos, et il semble qu'il faudroit une loi générale de l'État, enjoignant à tous les sujets laïques et autres d'accepter cette bulle, sinon déclarés et traités comme hérétiques, pour pouvoir être privés tant des sacrements que de la sépulture qu'on ne refuse ordinairement qu'à des hérétiques décidés. Il y a apparence que cet arrêt du Conseil autoriseroit bien de folles entreprises de la part des gens du parti, ce qui donnera lieu à de nouvelles plaintes et à de nouveaux mouvements.

Il y a quelque chose de plus intéressant dans l'État : d'un côté quelque apparence de guerre avec les Anglois, et de l'autre la disette de blé.

Le 2 de ce mois, deux flottes, composées de trente vaisseaux de guerre avec des approvisionnements pour six mois, sont parties de Toulon et de Brest, l'une commandée par le marquis d'Antin, vice amiral, assisté d'un ancien lieutenant général, et l'autre par le chevalier de La Rochalart. On ne sait point quelle est leur destination. Cela ne s'apprend ordinairement par les commandants mêmes qu'en ouvrant leurs ordres à une certaine hauteur en mer, et par conséquent il est difficile d'en donner avis à ses amis.

Il y a longtemps que les flottes se préparoient dans ces ports. Les ordres étoient même donnés dès le mois de septembre de l'année dernière, mais l'incertitude du Cardinal est extrême, et son inclination pour les médiations et pour la paix peut être quelquefois très-dangereuse. On a apparemment appris que le dessein des Anglois étoit de s'emparer des possessions des Espagnols dans l'Amérique. Ils ont trois flottes considérables et plus de cent vaisseaux de guerre en mer, en sorte qu'on est forcé de prendre un parti pour secourir l'Espagne. Et il est quelquefois peu prudent d'attendre à le prendre à la dernière extrémité. C'est ce qu'on a même glissé dans la *Gazette de Hollande*, dans les nouvelles de Paris, pour justifier l'esprit pacifique de M. le

Cardinal. On juge donc que nos vaisseaux sont partis pour l'Amérique, et il est encore certain qu'on a ordre d'équiper en guerre tous les vaisseaux qui reviennent dans nos ports. On dit aussi que l'ambassadeur d'Angleterre a fait avertir tous les Anglois, qui sont à Paris, de se tenir prêts pour partir au premier ordre.

L'Espagne a aussi une flotte considérable qui est partie de Cadix sans qu'on sache où elle est allée.

On craint que la première rencontre de nos vaisseaux avec quelques-uns des Anglois, ne détermine une véritable déclaration de guerre, ce qui sera suivi indubitablement du parti de quelques autres puissances, auquel cas la guerre se trouvera allumée sur terre comme sur mer, et deviendra peut-être générale dans l'Europe [1].

Lors de la dernière paix, j'ai entendu dire par gens habiles qui la blâmoient, parce que nous étions en état de la refuser et de donner la loi, qu'avant quelques années il y auroit une guerre immanquable. Voilà où en sont les choses à cet égard. L'on disoit, depuis six mois, que nous restons tranquilles dans nos ports, parce que le Cardinal avoit la paix signée dans sa poche; mais il ne paroît pas qu'il y eût de réalité à cette nouvelle.

La cherté du pain, qui a couru dans plusieurs provinces, il y a près d'un an, est enfin venue à son tour à Paris, qui est une ville de conséquence. Il y a déjà du temps que nous mangeons le pain à trois sols la livre par le moyen d'un blé d'ordonnance, qui étoit dans les magasins, que l'on forçoit les boulangers de prendre dans les marchés; et comme il étoit un peu gâté, le pain s'en ressentoit. Mais comme la provision de ce blé est à sa fin, le ministère est embarrassé et cherche des arrangements pour faire venir des blés, d'autant que le pain est à présent à quatre sols et demi. Cet événement n'étoit pas difficile à prévoir. Il est fort extraordinaire

---

1. La prévision de Barbier fut vérifiée, et très-souvent, les lecteurs l'auront déjà remarqué, les événements justifient les opinions qu'il avance.

qu'on manque ici de blé, n'y ayant point eu de stérilité entière depuis longtemps; mais que cela vienne d'une mauvaise administration dont on s'est plaint, si hautement, et que l'on rejette sur le contrôleur général pour avoir laissé enlever des blés, soit que cela vienne de la malice des sujets du royaume qui resserrent les blés qu'ils ont amassés pour profiter de la misère, ce qui est arrivé dans les provinces devoit faire prendre des mesures éloignées pour en faire venir des pays étrangers, et même de nos propres provinces, car en Languedoc et à Bordeaux, le pain n'est présentement qu'à deux sols. Et l'on dit qu'il faut toujours parer la disette du pain, et ne se jamais mettre dans l'obligation d'y remédier.

Actuellement, tous nos bons magistrats s'assemblent depuis quinze jours pour voir ce qu'ils feront, non-seulement pour remédier à la cherté, mais pour que les marchés soient fournis, car c'est là le dangereux. Pour cet effet, il a été rendu deux arrêts par le Parlement en vacations, le 22 septembre, l'un portant défense de faire d'autre espèce de pain que du bis-blanc et du bis, et de ne plus faire de pain mollet ni de petits pains; l'autre d'employer aucuns grains pendant un an, soit à faire de la bière, soit à faire de la poudre à poudrer, soit pour servir aux tanneurs, ce qui feroit assez entendre que c'est l'espèce qui manque. L'exécution du premier arrêt étoit indiquée au samedi, 24 de ce mois; cependant on a encore eu ce jour-là du pain à l'ordinaire sur le pied des quatre sols et demi. Nous verrons dans la suite ce que cela deviendra. On a été obligé de faire mettre des gardes de soldats aux gardes dans les marchés pour empêcher que les boulangers ne fussent pillés, et les cuisinières se font escorter par un laquais et quelque homme pour aller chercher le pain.

Ce qui inquiète en ceci, est l'indifférence du Roi pour ces calamités. Cela ne le détourne ni de ses chasses, ni de ses voyages. On dit que le Cardinal, lui ayant parlé des nouvelles de la guerre et de la cherté du pain, il ne lui répondit quoi que ce soit, que cela avoit affligé le Cardinal qui s'en alloit passer quelques jours à sa maison d'Issy avant le voyage de Fontainebleau.

Le Roi ayant su cela alla, le 18 de ce mois, à Issy voir le Cardinal en allant à Choisy, où il a passé quelques jours avant d'aller à Fontainebleau, où il n'a dû arriver que le 23. On dit qu'il fut une heure avec lui pour lui parler apparemment de ces affaires-ci. On n'a pas approuvé ce voyage ni cette visite comme peu convenable au Roi. Il semble que ce soit une espèce d'excuse, et il devoit se faire rendre compte de l'état présent des choses par tous ses ministres, sans les aller chercher. On croit bien que le Cardinal auroit été charmé de faire rompre sur ce prétexte le voyage de Fontainebleau. Il n'aime pas ce pays-là, où on lui a presque annoncé qu'il y périroit; et plus nous allons en avant et plus cette prédiction épouvante.

Le 22, on retrancha le pain à Bicêtre à ceux enfermés dans la maison de force; au lieu d'une livre, on ne leur distribua pour leur journée qu'une demi-livre de pain avec du gruau cuit dans de l'eau. Ces malheureux murmurèrent, forcèrent les portes et firent une sédition qui dura presque toute la journée, qui obligea d'y envoyer des détachements de soldats suisses et françois qui sabrèrent et tirèrent sur quelques-uns. On craignoit le feu. Cela fut apaisé, et le lendemain on dit qu'on en a pendu un. Il est triste de faire périr des hommes qui demandent du pain, mais cependant on est forcé de faire exemple. Un homme pendu en contient dix mille. On dit aussi qu'on leur a donné dès le lendemain leur pitance ordinaire.

Le 23, le Cardinal passa dans la place Maubert, pour aller au collége de Navarre dont il est proviseur. Son carrosse fut entouré et arrêté en sortant du collège, par la populace qui crioit misère et demandoit du pain. Il eut la présence d'esprit de leur jeter de l'argent pour les amuser et il passa. Il a été effrayé de cette aventure, et à son âge le moindre saisissement est dangereux, aussi a-t-il eu une foiblesse depuis à Fontainebleau.

Suivant les nouvelles, il y a toujours du trouble et des bandits séditieux dans l'île de Corse, qu'on a peine à soumettre et à attraper. Le neveu du baron de Neuhoff[1], qui s'appeloit Théodore, premier roi de Corse, est dans cette île sans qu'on puisse le joindre. On dit aussi que l'Empereur y envoie des troupes. Tout le but de cette expédition n'est pas encore tiré au clair.

M. le cardinal Tencin, qui suivoit nos affaires à la Cour de Rome, et qui apparemment a réussi pour nos intérêts dans l'élection du pape Lambertini a eu, dans la nomination faite ces jours-ci aux bénéfices, l'archevêché de Lyon qui depuis longtemps étoit dans la maison de Villeroy, et sur lequel comptoit beaucoup un des Brissac[2], qui est actuellement évêque, et l'abbé Fouquet, cousin de M. le comte de Belle-Isle, et qui a été agent du clergé, âgé de trente-quatre ans, a eu du même coup l'archevêché d'Embrun.

Le Roi a nommé au commencement de ce mois, dans la place d'intendant de Paris, vacante par la mort de M. Hérault, M. d'Argenson, conseiller d'État, chancelier de M. le duc d'Orléans. Il y avoit trois prétendants que l'on nommoit : M. Turgot, ci-devant prévôt des marchands ; M. Bignon[3], intendant de Soissons, et

---

1. Neuhoff (Théodore-Étienne, baron de), aventurier qui régna quelque temps en Corse, était né à Metz, vers 1690. Criblé de dettes, ses créanciers le firent mettre en prison, où il languit pendant sept ans dans la misère et le mépris. Horace Walpole ouvrit en sa faveur une souscription qui lui assura les moyens de subsister jusqu'à sa mort, arrivée en 1755. Walpole chargea sa tombe d'une épitaphe qui finissait par ces mots : *La fortune lui donna un royaume et lui refusa du pain.*

2. Henri-Timoléon de Cossé-Brissac, évêque de Vendôme.

3. Armand-Jérôme Bignon, né le 27 octobre 1711, mort le 8 mai 1772.

M. de Fontanieu, intendant de Grenoble. Quelques-uns parloient aussi, mais bien sans fondement, de M. de Fulvy, frère du contrôleur général, mais la nouvelle est venue de Compiègne à M. d'Argenson. C'est un beau présent, car cela vaut quarante mille livres de rentes, sans beaucoup de peine. M. d'Argenson a beaucoup d'esprit et remplit avec distinction tout ce dont il est chargé. Il est d'une figure et d'un abord aimables, il est fort aimé du Cardinal et du Chancelier avec qui il est souvent en relation par rapport à la direction de la librairie qui lui a été donnée. Cet homme, qui est jeune et d'un beau nom pour la naissance, pourra bien aller plus loin.

Vendredi dernier de ce mois de septembre, le sieur Du Val, commandant du guet à cheval, arrêta, en vertu d'une lettre de cachet, M. Pecquet, premier commis des affaires étrangères, que l'on a conduit au château de Vincennes, après avoir mis le scellé sur ses papiers. C'est un homme de cinquante ans en grande considération, élevé dans le ministère par M. Pecquet son père, dont il a eu la place.

Cette nouvelle a fort surpris. On dit que c'est pour intelligence secrète avec M. Chauvelin[1], exilé à Bourges, qui par ce moyen instruisoit et avoit correspondance avec des cours étrangères et surtout avec l'Espagne, sur les projets de la France. Si cela est vrai, cette affaire est grave et peut avoir de grandes suites.

Le système de M. Chauvelin est d'engager l'Europe

1. Louis-Germain de Chauvelin, né en 1685, mort en 1762. Chauvelin exerça durant quelques années une grande influence sur le vieux Fleury, au prix de bien des ménagements et de bien des sacrifices. Il avait dû immoler dans sa personne le garde des sceaux au ministre des affaires étrangères, endosser l'impopularité des arrêts du Conseil et des lettres de cachet contre le jansénisme, et déguiser et atténuer le plus longtemps possible ce que ses plans diplomatiques avaient de grand et de hardi. Il était parvenu de la sorte, depuis 1732, à jouer le rôle de premier ministre en second..... On montra Chauvelin au cardinal comme un ingrat qui visait à le dégoûter du ministère pour usurper sa place, et le 20 février 1737, Chauvelin fut exilé dans ses terres par lettre de cachet : il y mourut en 1762. HENRI MARTIN.

dans une guerre générale pour se rendre nécessaire. Ceci est un coup terrible pour le Cardinal à son âge. Une bonne tête auroit peine à y résister : une guerre presque sûre, car outre les deux flottes qui sont parties de Toulon et de Brest, je sais positivement qu'on prépare encore un armement considérable (ce qui annonce des desseins ou des craintes); une disette de blé dans le royaume. Actuellement on travaille à en tirer du Poitou, du Languedoc et même de la Sicile pour fournir Paris, en sorte que les munitionnaires des vivres de la marine sont fort embarrassés où en tirer pour l'armement nouveau. Ils sont même obligés de tirer du bœuf salé de Prusse pour ne pas ici consommer l'espèce; et par dessus cela, une trahison marquée dans le secret du ministère. Il ne seroit pas surprenant s'il se retiroit dans ces circonstances.

Mais aussi le coup est pressant pour les ennemis de M. Chauvelin, qui sont, entre autres, tous les secrétaires d'État, et qui pis est pour lui, M. le duc d'Orléans, s'il y a lieu; il ne faut pas manquer l'occasion de le perdre entièrement, où ses amis feront tout leur possible pour le faire remettre en place.

Octobre.

Motifs de l'arrestation de M. Pecquet. — Mesures administratives au sujet des blés. — Le dentiste Gaulard. — Mort de l'empereur Charles VI. — Marie-Thérèse d'Autriche. — La pragmatique-sanction. — Le deuil de la Cour. — Bruits relatifs à l'élection de l'Empereur.

Cette affaire a donné lieu à de grands raisonnements dans Paris. On a dit qu'on avoit arrêté plusieurs directeurs des postes qui avoient trempé dans cette correspondance. On a dit aussi que M. Chauvelin étoit gardé à vue, même qu'on l'auroit conduit à Pierre-Encise; mais rien n'est plus faux que toutes ces nouvelles. M. Chauvelin n'a aucune part dans ceci, et l'affaire est toute simple. M. Amelot de Chaillou, secrétaire d'État des affaires étrangères, n'a jamais eu de confiance dans M. Pecquet, parce qu'il avoit paru être fort estimé de M. Chauvelin. M. Pecquet n'avoit plus le secret des affaires. Il avoit demandé à se retirer, et il passoit une partie de son temps à sa terre près de Fontainebleau, où il a été arrêté. M. Amelot, pour donner sa place de premier commis à M. Le Dran, frère du chirurgien, qui n'étoit qu'en second, lui a cherché querelle. On dit que M. Pecquet, étant venu pour travailler avec lui, voulut prendre un fauteuil qui étoit près de son bureau, comme il avoit accoutumé de faire et qu'il avoit toujours fait avec M. Chauvelin, M. Pecquet n'étant pas regardé comme un simple commis. M. Amelot lui dit d'un ton aigre de prendre un tabouret. M. Pecquet répondit, s'échauffa, ce qui donna lieu à des vivacités de part et d'autre, dont M. Amelot s'est plaint à M. le Cardinal comme d'un manque de respect, et sous prétexte qu'il ne convenoit pas de chasser simplement de sa place un homme d'État qui avoit connoissance de bien des choses, on l'a fait arrêter. Tout ceci est si vrai que depuis que M. Pecquet est à Vincennes, il n'a point été interrogé; il a eu la liberté de voir sa femme et ses enfants, et de plus depuis quelques jours, le Roi par un brevet lui a confirmé une pension de six mille livres qu'il avoit sur les postes, mais il est toujours à Vincennes et le scellé sur ses papiers. Cette conduite du ministère, par rapport à un homme de la considération de M. Pecquet, a paru fort extraordinaire et a été blâmée de tout le monde.

Par rapport aux blés, on a pourvu par une déclaration[1] du Roi à en faire diminuer le prix en supprimant pour un an tous les droits qu'on payoit dans la conduite des grains. Il est certain qu'il en vient pour Paris de toutes les provinces, et même de Naples et Sicile. Et pour punir ceux qui en ont fait des amas, on dit que dans la géné-

1. Cette déclaration est du 26 octobre.

ralité de Paris, on a pris un état de tous les blés qui étoient dans les greniers, qu'on a fait défense aux fermiers et propriétaires d'en amener aux marchés jusqu'à nouvel ordre, avec injonction de rendre compte de la quantité dont ils sont chargés et d'en avoir soin. Pendant ce temps, on vend et débite ceux qui arrivent à mesure, l'abondance est même très-grande dans les marchés. Le pain est diminué de deux liards par livre. Il étoit, le dernier marché, 29 de ce mois, à quatre sols six deniers. On compte qu'il diminuera ainsi à mesure, et l'on fera vendre apparemment les blés qui étoient resserrés quand il sera venu à un prix raisonnable. Ces opérations paroissent assez justes, mais prises un peu trop tard, parce que la cherté dure depuis trois mois et durera encore trop longtemps pour grand nombre de particuliers qui souffrent.

Sur la fin du mois dernier, il est arrivé une aventure dont la fin n'a pas été heureuse. Un nommé Gaulard, chirurgien-dentiste, était garçon ou associé de Fauchard[1], qui est le premier homme de Paris pour dents, demeurant rue de la Comédie, dans la même maison où il a été assassiné une femme par le sieur Mauriat. Ce Gaulard était un homme de trente ans, gagnant, à ce qu'on dit, trois ou quatre mille livres par an, débauché, voyant des filles et dépensant beaucoup. Il connaissoit entre autres mademoiselle Varlet, fille servant aux plaisirs de la ville de Paris, laquelle en ouvrant devant lui une armoire lui laissa voir beaucoup d'or, environ deux cent cinquante louis, en quoi consistoit sa petite fortune. Gaulard proposa un jour à cette fille une partie d'Opéra-Comique et un souper, et l'engagea de mener avec elle sa fille de chambre. Il les mena. Il prit prétexte d'être obligé d'aller une heure de temps chez une femme de qualité pour les dents. Il prit le même carrosse de remise, revint chez mademoiselle Varlet, entra dans sa chambre,

---

1. Pierre Fauchard, né en Bretagne, mort à Paris, le 22 mars 1761.

força l'armoire et prit les deux cent cinquante louis et même quelques hardes, les porta en différents endroits, retourna trouver mademoiselle Varlet, soupa avec elle et la ramena chez elle.

Cette fille fort désolée de se voir volée, fit du bruit, se donna le lendemain les mouvements nécessaires. Elle eut par des circonstances quelque soupçon sur Gaulard, elle porta ses plaintes au lieutenant de police. On dit que Gaulard lui renvoya la moitié de l'argent par un prêtre de Saint-Sulpice, ce qui ne satisfit point mademoiselle Varlet. Le lieutenant de police envoya chercher Gaulard, lequel ayant rendu de mauvaises raisons, a été arrêté et sur-le-champ est convenu de tout.

Comme Fauchard a beaucoup d'amis dans les gens de considération, que même il a épousé la fille de Du Chemin, comédien, dont la troupe étant à Fontainebleau étoit à portée de solliciter, l'instruction du procès a traîné en longueur tant au Châtelet qu'au Parlement. On a dit ici que mademoiselle Gaussin[1], première comédienne, avoit été introduite dans le cabinet du Roi et s'étoit jetée à ses pieds, et que nombre de seigneurs

1. Mademoiselle Gaussin était fille d'un laquais de Baron et d'une cuisinière qui fut depuis ouvreuse de loges. Elle naquit le 25 décembre 1711. Elle débuta à Paris en 1731. Le rôle de *Zaïre*, dont Voltaire la chargea, fut le commencement de sa réputation. Qu'on juge quel effet devaient produire sur les succès d'une actrice de jolis vers tels que ceux que Voltaire lui adressa :

> Jeune Gaussin, reçois mon tendre hommage ;
> Reçois mes vers au théâtre applaudis :
> Protége-les, Zaïre est ton ouvrage ;
> Il est à toi, puisque tu l'embellis, etc.

Elle joua dans presque toutes les comédies nouvelles qui furent représentées pendant les trente années qu'elle passa au théâtre. Elle était en possession de l'emploi des princesses ; elle y excellait dans tous les rôles tendres et qui ne demandaient que l'expression naïve de l'amour et de sa douleur. Elle eut les amants les plus illustres, et n'en devint pas plus riche, ayant constamment préféré le plaisir à l'intérêt. Quand on lui reprochait son extrême facilité, elle répondait naïvement : Que voulez-vous, cela leur fait tant de plaisir, et cela coûte si peu. — Lemazurier, *Galerie des acteurs du Théâtre-Français*. Paris, 1810, in-8, t. II.

avoient sollicité. On comptoit qu'il auroit sa grâce, et en dernier lieu, qu'on avoit commué la peine aux galères, car cela a fait l'entretien de tout Paris. Mais l'action préméditée a paru trop noire. On a pensé que cela pourroit autoriser des enfants de famille dans le libertinage à tenter de pareils tours, qu'il n'y auroit plus de sûreté. Le Roi a constamment refusé la grâce, et hier samedi, 29 de ce mois, le pauvre Gaulard a été pendu en place de Grève et en grande compagnie.

Ceci a été bientôt oublié par le plus grand événement qui pût arriver dans l'Europe[1]. Le 20 de ce mois d'octobre, l'empereur Charles VI d'Autriche est mort à Vienne, âgé de cinquante-six ans, après huit jours de maladie, en sorte qu'il ne reste plus aucun mâle de cette grande maison d'Autriche, qui possède l'empire depuis plus de trois cents ans, et qui a été si fort opposée à la maison de Bourbon. Il ne laisse que deux filles, dont la cadette n'est point mariée.

Le lendemain, l'archiduchesse Marie-Thérèse d'Autriche, fille aînée, mariée à François-Étienne de Lorraine, à présent grand-duc de Toscane, a été proclamée reine de Bohême, reine de Hongrie et archiduchesse d'Autriche, par les principaux officiers de ces royaumes qui étoient à Vienne, et elle a écrit en ces qualités à toutes les puissances; mais quoique tous ces États paroissent devoir lui appartenir par la pragmatique sanction, approuvée par tous les États de l'Empire, par la France et l'Angleterre (on dit qu'il n'y a que l'Espagne qui n'y a point signé), la question est de savoir si par l'événement ces États lui resteront par les différentes prétentions des autres archiduchesses. L'électrice de Bavière et la reine de Pologne électrice sont d'Autriche.

---

2. Voir sur cette mort et sur les suites qu'elle eut pour l'Europe, Voltaire, *Précis du siècle de Louis XV*, ch. v. — Nous engageons les lecteurs de Barbier à relire, pour s'orienter au milieu des faits politiques qui vont suivre, l'admirable chapitre de Voltaire que nous venons d'indiquer ci-dessus.

Le Roi a appris la nouvelle de cette mort à Fontainebleau, le 28, qui a annoncé ici un deuil sur la durée duquel on a été fort partagé. On a dit d'abord qu'il seroit de quatre mois et demi, au moins de trois mois, parce que l'Empereur a fait porter le deuil à Vienne pendant un an, avec cessation de spectacles pendant un temps assez considérable, pour la mort de Louis XIV. Mais comme ici on le porte plus haut, que les deuils sont beaucoup diminués par les dernières ordonnances à cause du commerce, de manière que le deuil pour le Roi de France ne seroit à présent que de six mois, que même il faudroit que le Roi drapât, ce qui causeroit une grande dépense, on dit qu'il a été réglé de trois semaines seulement, ainsi qu'il a été pour le roi de Prusse, attendu que nous ne considérons l'Empereur que comme tête couronnée, sans égard à la supériorité que ce titre sembleroit lui donner sur les rois. Il faut aussi faire attention qu'il ne laisse point de fils.

Mais il n'y a encore rien de décidé publiquement là-dessus, parce que la mort n'est point annoncée. Le prince de Litchenstein, ambassadeur de l'Empereur ici, n'a plus de pouvoir. L'envoyé du grand-duc de Toscane, quoique son gendre, n'a point de qualité, et quand la reine de Bohême et de Hongrie enverroit des pouvoirs au prince de Litchenstein, peut-être faut-il que cette mort soit annoncée par un ambassadeur des grands vicaires de l'Empire pendant la vacance.

Ces vicaires sont l'électeur de Bavière et l'électeur de Saxe, roi de Pologne; l'électeur et archevêque de Mayence est chancelier de l'Empire. C'est à lui à convoquer l'assemblée des électeurs pour l'élection du roi des Romains. On dit que l'assemblée est indiquée pour le 27 février de l'année prochaine à Francfort.

Les politiques sont ici très-occupés pour le choix de cette grande place. L'électeur de Bavière y a grande part. Il a quarante mille hommes de bonnes troupes, et l'on croit que la France, qui a toujours été amie, le protégera dans cette occasion. Pour le grand-duc de Toscane, qui paroissoit être destiné à être roi des Romains, il ne peut plus y prétendre qu'autant que l'archiduchesse sa femme lui cédera ses droits sur le royaume de Bohême, parce qu'en qualité de roi de Bohême, il sera électeur, du nombre desquels on doit choisir le roi des Romains, mais il ne paroît pas que les voix soient ici pour lui. On dit qu'il n'est point aimé en Allemagne à cause de ses hauteurs, et il ne s'est pas comporté dans la dernière guerre de Hongrie de manière à se faire respecter; peut-être aussi que s'il réunit en lui les royaumes de Bohême et de Hongrie, l'archiduché d'Autriche et le grand-duché de Toscane, il sera assez puissant et qu'on ne se souciera point ici d'avoir un empereur qui possède de si grands États.

On dit que le roi de Prusse, électeur de Brandebourg, âgé de vingt-huit ans, est dans le dessein de faire abjuration pour se mettre sur les rangs. C'est un prince redoutable, il a cent mille hommes de bonnes troupes et cent cinquante millions dans ses coffres. Le roi de Pologne, électeur de Saxe, prétend aussi à l'empire.

D'ici au 27 février 1741, et pendant le cours de l'assemblée qui vraisemblablement sera long, il y aura bien des mouvements dans l'Europe[1]. Tous les princes d'Allemagne voudront faire revivre des droits qu'ils ont perdus par la grande puissance de la maison d'Autriche. La reine d'Espagne songera à ses intérêts et à ses vues, non-seulement sur les duchés de Parme et Plaisance, qui sont son bien de patrimoine, mais aussi sur le grand duché de Toscane pour l'établissement de don Philippe son fils et de Madame Première de France, sa femme. Cependant la France est garante du duché de Toscane,

---

1. La guerre dite de *la succession d'Autriche*, guerre qui commença en 1741 et se termina en 1748, par le traité d'Aix-la-Chapelle, va bientôt donner raison à Barbier, dont la sagacité politique est souvent très-remarquable.

pour le duc de Lorraine. Le roi de Sardaigne aura des idées pour s'agrandir. Dans l'Italie, le duché de Milan n'appartenoit à l'Empereur que comme fief de l'Empire. Pour nous, il y a des morceaux bien tentants : Luxembourg et les Pays-Bas.

Novembre.

La France publie un manifeste. — Mort de l'impératrice Anne de Russie ; suites de cet événement. — Intrigues politiques de l'Angleterre. — Mariage de mademoiselle de Verneuil. — Les fourrures de M. de La Chétardie. — Madame de Mailly et le *Mercure de France*. — Lettre de la reine de Bohême au cardinal. — Prix du pain.

Le Roi est parti, le 15, de Fontainebleau. Depuis son retour, on a distribué ici un manifeste de la France, imprimé chez Coignard, par rapport à la guerre présente entre l'Espagne et l'Angleterre, au sujet des flottes qui sont parties de nos ports de Toulon et de Brest, et des batteries de canon qu'on a établies à Dunkerque. Ce n'est point une déclaration de guerre, mais le ton y est si absolu, pour faire entendre que la France ne souffrira pas plus longtemps les entreprises de la nation angloise dans l'Amérique, qu'il faut de nécessité que l'Angleterre abandonne ses projets, et qu'elle dérange les ordres des armements considérables qu'elle a sur mer, sans quoi la guerre sera inévitable, malgré l'humeur pacifique de M. le Cardinal.

On ne doute point que la mort de l'Empereur n'ait bien déterminé à faire paroitre ce manifeste, parce que le mouvement général que cela causera dans l'Europe change bien les affaires de face. On a toujours dit que le roi d'Angleterre personnellement ne vouloit point de guerre, que c'est la nation angloise qui est animée. Elle souffre déjà beaucoup par la dépense de cette guerre sans aucun profit. Le Parlement est convoqué pour le 29 de ce mois, et on a été bien aise de manifester publiquement à la nation les intentions du roi de France.

Un autre grand événement vient encore d'assurer le repos et le bonheur de la France. La Czarine, impératrice de Russie, âgée de quarante-sept ans, étoit fort malade. La nouvelle de sa mort est arrivée ici le 16[1]. On dit qu'elle a été empoisonnée et elle se l'est bien attiré. Elle a fait faire le procès à plusieurs princes et grands seigneurs de Moscovie, sous prétexte d'une conjuration contre elle, que l'on a fait mourir cruellement; on en a rompu, on a tranché des têtes, on a confisqué de grands biens, en sorte que cette exécution a mis la consternation dans les premières maisons de ce pays.

Dans sa maladie elle a disposé, par acte solennel, du royaume en faveur d'un jeune prince de trois mois appelé Jean III, fils du prince de Brunswick et de la Princesse, nièce de l'impératrice, et elle a nommé pour régent de l'Empire le comte de Biren, duc de Courlande, qui étoit son favori depuis plusieurs années. Mais il y a la princesse Élisabeth[2], âgée de vingt-sept ans, fille du Czar, en faveur de qui apparemment ces mouvements sont arrivés, qui prétendra l'empire de Moscovie, et qui est en état en se mariant de faire un empereur. Il n'est quasi pas possible qu'il n'y ait de grands troubles dans cet État, que cela occupera intérieurement et qui devenoit de jour en jour trop puissant et formidable pour ses voisins, et même pour les autres puissances éloignées.

1. Anne Iwanowna, impératrice de Russie, née en 1693, morte le 28 octobre 1740. Ernest-Jean de Biren, son amant, qui gouvernait la Russie, fit périr les Dolgorouki dans les supplices avec près de douze mille autres personnes, et en exila plus de vingt mille. On assure que l'impératrice se jeta plusieurs fois à ses genoux et prodigua vainement les larmes et les prières pour l'adoucir. — Il n'est pas vrai qu'elle ait été empoisonnée, comme le dit Barbier.

2. Élisabeth Petrowna, fille de Pierre le Grand et de Catherine Ire, née en 1709, morte le 29 décembre 1761. Les Russes lui ont donné le nom de *Clémente*, et ils chérissent sa mémoire. — Voir l'*Histoire de la Russie moderne*, par Leclerc, où l'on trouve entre autres morceaux curieux le portrait d'Élisabeth par le maréchal Munich.

Il est certain qu'il y avoit un traité d'alliance entre la Moscovie et l'Angleterre. On a appris aussi depuis quelques jours que les Anglois avoient sollicité l'Empereur à force d'argent, et qu'il y avoit un traité secret entre eux, ce qui fait voir que cette guerre d'Espagne en auroit produit une générale par terre et par mer. Le Cardinal se voyoit récompensé de la modération qu'il a eue pour l'Empereur dans la dernière guerre.

Aujourd'hui tout est changé de face. L'Angleterre se trouve seule et sans espérance de secours d'aucun côté, car les Hollandois sont dans une position à ne pouvoir remuer ni prendre aucun parti. Ce seroit une belle occasion de réduire la nation angloise, qui en a toujours voulu à la France, et que l'on trouvera toujours pour ennemie des François.

Il faut avouer aussi que M. le cardinal de Fleury est bien heureux d'avoir vécu assez longtemps pour voir dans son gouvernement les plus grands événements qui soient arrivés dans l'Europe de temps immémorial, et pour se trouver dans la position flatteuse de pouvoir faire la loi et donner le ton à tout ce qui arrivera.

La fille bâtarde, que feu M. le Duc a fait reconnoitre par des lettres-patentes, enregistrées au Parlement et qui ont été arrêtées à la Chambre des Comptes, a été mariée, le 15 ou 16 de ce mois, sous le nom de mademoiselle de Verneuil, à M. le comte de La Guiche, parent de madame la comtesse de Lassay, et que M. le comte de Lassay, premier écuyer de madame la Duchesse, première douairière, et son favori depuis très-longtemps, a fait son héritier, et qui se trouvera par conséquent très-riche. Madame la Duchesse l'a menée dans sa loge à l'Opéra, le 18 et le 19 de ce mois, elle étoit couverte de pierreries. Elle a quinze ans et est assez jolie.

Pour madame la jeune Duchesse, seconde douairière, elle est retombée; on commence à désespérer de son état, il y a même de fort soupçons sur la nature de sa maladie.

Pendant le voyage de Fontainebleau, il a couru un faux bruit à Paris que madame de Mailly étoit exilée ; voici ce qui y a donné lieu :

Madame de Mailly connoissoit et étoit en liaison avec M. le marquis de La Chétardie, nommé ambassadeur en Moscovie auprès de la Czarine. Il alla prendre congé d'elle et lui offrit ses services dans cette cour. Elle lui dit qu'elle n'y avoit pas grande relation et le remercia ; elle fit réflexion que c'étoit dans ce pays qu'on avoit les belles peaux et les belles fourrures ; elle le pria de lui faire l'emplette d'une fourrure et de deux perses[1] en lui recommandant que la fourrure ne dépassât pas trois cents livres, et les deux perses à proportion, parce qu'elle ne vouloit pas du beau et qu'elle n'étoit pas assez riche pour cela, et qu'elle rendroit l'argent, sur la lettre d'avis, à qui il lui manderoit. Le marquis se chargea avec plaisir de la commission.

M. de La Chétardie arrivé à Saint-Pétersbourg, après son arrivée en Moscovie, et s'étant mis un peu au fait du pays, s'informa comment on pourroit avoir de ces fourrures. Il est vrai qu'il y en a là des plus belles, mais on dit que c'est la Czarine qui s'en emparoit et en faisoit une espèce de magasin ; en sorte qu'il étoit difficile d'en avoir. Cet ambassadeur, jeune et gracieux, qui étoit sur un grand pied dans la cour de la Czarine, s'adressa au comte de Biren, duc de Courlande, favori de l'impératrice, pour sa commission. Celui-ci lui dit la difficulté d'en avoir et lui demanda en même temps si cela l'intéressoit d'une certaine façon, et s'il pouvoit lui demander pour qui c'étoit. Le marquis de La Chétardie lui dit naturellement que c'étoit pour madame de Mailly, mais qu'elle ne vouloit y mettre qu'un certain prix. Le duc de Courlande lui dit de ne plus s'embarrasser, et l'assura qu'il feroit son affaire mieux que personne. Il en

---

[1]. Toiles peintes que la Russie tiroit de la Perse, et qui jouissaient en France d'une grande vogue.

parla à la Czarine, et comme il s'agissoit de faire un présent à la maîtresse du roi de France, on choisit deux fourrures magnifiques, l'une de trente mille livres et l'autre de soixante (c'est extrêmement cher dans le beau), et douze perses dont six d'une beauté parfaite. Le duc de Courlande fit faire lui-même le paquet et dit un jour à M. de La Chétardie : « Votre affaire est faite, il « n'y a qu'à l'envoyer en France. » M. de La Chétardie, qui ne savoit ni ce qui étoit dans le paquet ni le prix, demanda au duc de Courlande ce qu'il avoit à lui rembourser, celui-ci lui dit que c'étoit une bagatelle, et qu'il avoit été charmé et la Czarine aussi de lui faire ce petit plaisir.

On adressa donc le paquet à M. Amelot, secrétaire des affaires étrangères, avec une lettre. Les uns disent qu'elle étoit écrite par M. de La Chétardie, d'autres par le duc de Courlande, parce que M. de La Chétardie avoit été obligé de faire un voyage dans le temps du départ du courrier. Quoi qu'il en soit, il y avoit dans la lettre : « A l'égard du paquet de telle façon qui vous est adressé, « je vous prie de le remettre à madame..., » sans nom ni désignation. M. Amelot ayant reçu le paquet et la lettre fut fort embarrassé, ne pouvant deviner pour qui c'étoit, ni si ce n'étoit pas pour Madame de France. Un beau jour après le conseil, il en parla au Roi devant les autres ministres, tous furent aussi embarrassés que lui. M. le comte de Maurepas, secrétaire d'État, dit : « Mais « ce pourroit être pour madame de Mailly, qui connois- « soit M. de La Chétardie, et qui lui aura donné quelque « commission, il faudra s'éclaircir de ce fait. »

Le soir, le Roi à son petit souper avec ses seigneurs et madame de Mailly, entreprit de la badiner sur ce qu'elle recevoit des présents des cours étrangères sans rien dire. Madame de Mailly, qui se fait un point d'honneur par hauteur, de ne demander aucune grâce ni pour elle ni pour qui que ce soit (délicatesse assez mal placée), qui de son naturel est assez étourdie, qui peut-être avoit déjà bu quelque petit verre de vin, se sentit piquée de la raillerie. Elle ne savoit encore rien du fait. Elle prit son sérieux, et elle répondit au Roi qu'elle ne recevoit de présents de personne, et qu'elle n'étoit ni femme ni fille de ses ministres et tout de suite elle tomba sur madame de Maurepas, sur madame Amelot et sur madame de Fulvy, belle-sœur du contrôleur général, et dit entre autres que celle-ci avait un pot-de-vin sur toutes les marchandises de la Compagnie des Indes, ce qui en tous cas peut être très-vrai. Mais la scène devint grave; les seigneurs gardèrent silence, le Roi prit son sérieux, mais le raccommodement ne fut pas long à faire. Il n'a plus été question de cela, je ne sais' pas ce que sont devenues les fourrures. Je sais un autre fait de son étourderie qu'on ne croiroit pas, si je ne le tenois d'original. Le seigneur de La Roque [1], qui fait le *Mercure galant*, a été à l'extrémité avant le voyage de Fontainebleau. Cette commission produit six à sept mille livres de rente, ce qui est très-gracieux pour un homme de lettres. Fuzelier, poëte, qui a fait plusieurs pièces, garçon d'esprit et mal à son aise, a fait des mouvements auprès de M. de Maurepas, de qui cela dépend pour avoir cette commission. Comme il est de tout temps ami du marquis de Nesle et de madame de Mailly, sa fille, il l'alla trouver un matin dans son lit et lui dit : « Madame, je viens vous prier de me rendre un service. » Elle se défendit d'abord sur ce qu'elle ne demandoit quoi que ce soit ; il la tourmenta tant qu'elle lui dit : « As-tu un mémoire ? — Oui, madame. » Elle le prit, le lut : « Qu'on me lève, dit-elle : mes porteurs ! Va m'attendre « chez M. de Maurepas, j'y vais dans le moment. » Elle

---

[1]. Antoine de La Roque, né à Marseille, en 1672, obtint en 1721 le privilége du *Mercure de France*, dont il publia 321 volumes. Ce journal avait jusqu'alors porté le titre de *Mercure galant*. La Roque mourut à Paris, le 3 octobre 1744.

y arrive. M. de Maurepas n'étoit pas chez lui. Elle dit à son valet de chambre qu'elle reviendra et de prier M. de Maurepas de l'attendre, et par un effort d'imagination pour servir plus chaudement Fuzelier, elle va tout de suite chez M. de La Peyronie, premier chirurgien du Roi. « Je viens, lui dit-elle, vous demander une
« grâce qu'il faut que vous m'accordiez absolument. Je
« vous demande pour Fuzelier, que je protége, un pri-
« vilége exclusif pour distribuer le *Mercure*. » M. de La Peyronie tomba de son haut; il lui témoigna la disposition où il était de lui accorder tout ce qui dépendoit de lui, mais en même [*temps*] l'impossibilité de le faire sur cet article, que cela n'avoit jamais été, que cela ne convenoit en aucune façon à un homme de lettres, et que cela ne se pouvoit pas, que Fuzelier n'y avoit pas pensé. Malgré ses instances, madame de Mailly, persuadée que la demande était ridicule, s'en retourne chez M. de Maurepas, tout en colère, et lui dit : « Je
« venois vous demander une grâce pour Fuzelier ; mais
« il faut qu'il soit fou de me faire faire des démarches
« pour chose qui ne se peut pas. Je viens de chez M. de
« La Peyronie qui me l'a bien assuré. » — « Mais, ma-
« dame, répondit M. de Maurepas, je suis informé de ce
« que demande Fuzelier, cela n'a point de rapport à
« M. de La Peyronie. » — « Comment? dit-elle, il de-
« mande le privilége exclusif du *Mercure?* » — « Cela
« est vrai, lui répondit le ministre, son cousin, c'est le
« *Mercure galant,* qui est un ouvrage d'esprit. »— « Ah!
« dit-elle, que ne s'explique-t-il donc cet animal-là ! Si
« cela est ainsi, je vous le recommande très-fort. »
Il n'y a point de trait d'une étourderie et d'une absence d'esprit pareille. On pourroit même penser plus mal. Fuzelier a eu l'agrément pour faire le *Mercure*, mais malheureusement le seigneur de La Roque s'est rétabli, et est en parfaite santé à présent.

On ne sait point encore quand on prendra le deuil de

l'Empereur ni pour quel temps. On dit que la dénonciation de la mort par une lettre de la reine de Bohême, sa fille, n'a pas été agréée pour le cérémonial, en ce qu'elle a écrit au Roi, suivant la même formule qui avoit été convenue entre l'Empereur et le roi de France.

On dit aussi que la reine de Bohême a écrit une lettre de quatre pages au cardinal de Fleury, où elle le comble de louanges; elle lui rappelle toutes les attentions qu'il a eues pour l'Empereur, son père, et elle lui en demande la continuation. Mais s'il est vrai, comme c'est le bruit, que l'Empereur avoit signé un traité avec l'Angleterre, dont étoit aussi le roi de Sardaigne qui, à son égard, n'a pas eu trop de tort, attendu qu'on en a très-mal agi ici avec lui, il est à craindre que le Cardinal se voyant trahi par un prince qu'il n'a que trop ménagé par son humeur pacifique, cela ne retombe un peu sur la fille.

Pour ce qui est au dedans du royaume le pain est toujours à quatre sols et demi la livre à Paris; il est pour le moins aussi cher dans bien des provinces, et les paysans mangent du pain d'orge et du pain d'avoine. Cependant M. Orry[1], contrôleur général, en fait venir beaucoup du Poitou et d'autres endroits; mais, à ce que disent gens entendus en fait de fournitures de vivres, à grands frais, par de mauvais arrangements. On ne prend point ici conseil de ceux qui, dans chaque matière, doivent être mieux au fait que d'autres. Il y a aussi une compagnie de gens qui se sont chargés de faire venir des blés du Nord et de la Sicile. On dit que les événements sont à leurs risques, qu'on compte avec eux de clerc à maître pour le coût des achats et pour les

---

[1]. Le contrôleur général Orry était un homme d'ordre, intègre, mais dur, livré aux traitants, ne connaissant que sa routine financière et n'entendant rien aux intérêts maritimes et coloniaux, qui dépendaient de lui en grande partie, la Compagnie des Indes relevant de son département. (HENRI MARTIN.) — Orry a été contrôleur général depuis le mois de mars 1730 jusqu'au mois de décembre 1745.

frais, et qu'on leur donne dix pour cent de bénéfices.

Il paroit par les mesures prises qu'on ne manquera pas de blé à Paris, qui est un premier point important; mais aussi il faut s'attendre, par les fausses mesures et par les friponneries presque inévitables, qu'il sera longtemps cher.

Décembre.

Discours du roi d'Angleterre dans le Parlement. — Disgrâce du comte de Biren. — Le comte et le marquis d'Argenson. — Les trois empiriques. — M. Orry. — Intrigues de Cour. — Affaires de Russie. — Quand la toile est levée, on ne rend pas l'argent. — Les danseuses et les fermiers généraux. — Les culottes du maréchal de Broglie. — Inondations. — Cherté du pain. — Bons mots du marquis de Souvré. — M. de Belle-Isle, ambassadeur à la diète de Francfort. — Maisons renversées à Paris par les eaux. — Les eaux se retirent. — Inondations à Metz. — Arrêts au sujet des pauvres.

Le Parlement d'Angleterre s'est assemblé, le 29 du mois dernier. Le Roi a fait un discours, dans lequel il répond avec hauteur aux expressions qui sont dans le dernier manifeste de la France. Il déclare qu'il faut se préparer à une guerre ouverte avec des puissances qui paroissent vouloir s'opposer aux desseins de la nation angloise; et comme la disette des vivres est assez générale, on a fait des défenses en Angleterre et ailleurs de laisser sortir aucune sorte de provisions pour les étrangers. Les munitionnaires des vivres de la marine faisoient assez communément des marchés en Irlande pour des bœufs salés, pour ne pas consommer l'espèce dans le royaume de France, mais je sais qu'ils ont arrêté leurs provisions en Prusse par des marchés faits ici avec un ministre de Prusse, du consentement du Roi, et cela depuis la mort de l'Empereur; ce qui marquerait quelque intelligence avec cette couronne.

Néanmoins que le roi d'Angleterre en particulier ne veut point la guerre, et qu'il ne parle ainsi que pour contenter sa nation, laquelle, n'ayant d'autre ressource que son commerce, se consumera insensiblement par les dépenses et les pertes considérables, il y a cependant grande apparence que le choix d'un Empereur décidera beaucoup de la paix ou de la guerre dans l'Europe.

Les commencements ont été fort tranquilles en Moscovie ; tous les membres et corps de l'État ont prêté serment de fidélité au jeune Czar, et ils ont reconnu le duc de Courlande pour Régent. Le Sénat lui a même assigné une pension de trois cent mille roubles pour la dépense de sa maison.

Mais il est arrivé ici une nouvelle de conséquence. Les principaux seigneurs se sont assemblés secrètement ; ils ont envoyé chercher la nuit le comte de Munich[1], Saxon de nation et généralissime des troupes, grand général ; et, après avoir conféré sur l'intérêt de l'État et de la patrie, le comte de Munich s'est transporté lui-même de grand matin[2] au palais du Régent, s'est fait prêter obéissance comme généralissime par ses propres gardes du corps, il a fait ouvrir les portes, est entré avec eux dans la chambre du Régent qui étoit dans son lit, et l'a fait arrêter. Les mesures étaient bien prises apparemment pour les troupes qui étoient dans la ville, et le comte de Munich étoit en sûreté. On ne sait point encore si cette entreprise est en faveur du duc de Brunswick, père du Czar, qui naturellement doit avoir la régence du royaume, préférablement à un particulier étranger, ou si c'est une faction de la princesse Élisabeth, ou si c'est en haine du gouvernement précédent, auquel le comte de Biren a eu grande part. On dit qu'il

---

1. Munich (Christophe-Burchard, comte de), général au service de Russie, né en 1683, dans le comté d'Oldembourg, servit sous le prince Eugène dans la guerre de la succession, puis passa au service de Pierre le Grand. Il fut comblé d'honneurs par l'impératrice Anne, qui le nomma feld-maréchal. Il battit les Polonais et les Turcs, parvint premier ministre ; mais sa faveur excita la jalousie de Biren, qui le fit exiler en Sibérie. Renversé lui-même l'année suivante, il fut banni à son tour et alla remplacer Biren. Il resta vingt-trois ans en Sibérie et fut rappelé par Pierre III, qui le combla de faveurs. Il mourut un an après, 1767.   BOUILLET.

2. Le 28 novembre 1740. Ce coup de main fut exécuté dans la nuit.

est Suédois et que c'est un aventurier dont l'Impératrice étoit devenue amoureuse. Il y a quelque apparence qu'il passera mal son temps[1]. La maison de Biron en France l'a reconnu pour parent[2], à cause de sa qualité nouvelle de duc de Courlande. Elle n'en sera peut-être pas satisfaite par les suites.

On a pris ici le deuil, le 1er de ce mois, pour la Czarine, pour trois semaines après la notification faite par le prince de continuer ambassadeur de Moscovie. Cet événement ne peut que causer des troubles dans ce pays, et apporter peut-être des changements aux traités d'alliance avec plusieurs puissances.

Nouvelles de notre pays. M. le duc d'Orléans a remercié et renvoyé M. le comte d'Argenson, son chancelier et attaché à lui depuis nombre d'années, et auparavant au duc d'Orléans, son père. Il a pris pour son chancelier le marquis d'Argenson, son frère aîné, conseiller d'État, et qui avoit été nommé ambassadeur en Portugal, et où il n'a point été pour quelque petite tracasserie d'intérêts avec le Cardinal, par rapport aux appointements et aux équipages. M. le comte d'Argenson est parti peu de jours après pour continuer sa tournée dans son intendance de Paris.

Ceci a causé de grands bruits dans Paris. On compte que cela s'est fait d'intelligence entre le Roi, M. le duc d'Orléans et le Cardinal ; qu'il n'étoit pas convenable de donner une des places du ministère à M. d'Argenson, étant attaché au premier prince du sang. On parle de le faire secrétaire d'État des affaires étrangères et de mettre M. Amelot de Chaillou contrôleur général des

---

1. Il fut exilé en Sibérie, comme le dit la note ci-dessus.
2. Il était de basse naissance. J'ai bien de la peine à le croire, car enfin MM. de Biron s'appellent Gontaut, et non Biron. D'ailleurs ce serait un excès de bassesse très-difficile à croire. Biren était un scélérat ; indépendamment des princes de la maison de Dolgorouki, dont il fit rompre deux, écarteler deux, décapiter trois, il fit exiler plus de vingt mille hommes en Sibérie, malgré les larmes de la czarine. (*Note de Barbier d'Increville*).

finances. Dans tout ceci, on déplace M. Orry, qui est haï généralement[1] et dont on parle en très-mauvais termes, tant à la cour qu'à la ville. C'est néanmoins depuis longtemps la créature favorite du Cardinal ; mais si on a ouvert les yeux au Cardinal sur quelque malversation pour les blés, comme sa gloire est ici intéressée personnellement pour son administration, il pourroit se venger et prendre son parti. On a fait une chanson sur les trois médecins empiriques ; le cardinal de Richelieu, qui *saignoit* beaucoup, parce qu'il a fait couper quelques têtes ; le cardinal de Mazarin, qui *purgeoit*, parce qu'il tiroit de l'argent ; et que l'ordonnance du cardinal de Fleury est pour la *diète*, à cause de la cherté du pain. Il n'en faut pas davantage pour avoir indisposé ce ministre contre M. Orry.

Au Palais-Royal, la chose s'est faite sérieusement. On parle de M. d'Argenson comme ayant été renvoyé sèchement, parce qu'il avoit trop d'affaires pour remplir celles de la maison d'Orléans. Mais comme on croit qu'il n'a eu la place d'intendant de Paris, que par le crédit de M. le duc d'Orléans, et que l'on voit ce prince prendre M. son frère pour le remplacer auprès de lui, en qualité de son chancelier, on croit toujours qu'il y a quelque opération secrète dans cette conduite.

On dit aussi, d'un autre côté, que c'est une fausse démarche de M. d'Argenson, dont on connoît l'ambition. Il a beaucoup d'esprit, est de qualité et d'une belle figure. Il a fait sa cour très-assidûment au Cardinal, et il l'amuse. Ce ministre, qui passe de l'avis de tout le monde pour le plus fin et le plus faux politique de toute la Cour, lui a peut-être fait entendre pour le flatter qu'il pouvoit espérer à toutes les places, s'il n'étoit pas atta-

---

1. Orry était un honnête homme, mais ses manières brusques lui avaient fait beaucoup d'ennemis. « Comment voulez-vous, disait-il, que je ne montre pas d'humeur ! sur vingt personnes qui me font des demandes, il y en a douze qui me prennent pour une bête ou pour un fripon. »

ché aussi étroitement à M. le duc d'Orléans. On croit que M. d'Argenson a donné dans ce bagage ; qu'il s'est brouillé exprès avec M. de Balleroy, son parent, qu'il a placé lui-même gouverneur de M. le duc de Chartres, et qu'il a cherché des prétextes pour quitter sa place et se faire remercier. On conjecture de là qu'il a très-mal fait de découvrir ses projets d'ambition, parce que cela prévient les autres ministres pour s'y opposer. M. le comte de Maurepas, qui est fort son ami, est peut-être le premier à ne pas laisser mettre à côté de lui un homme qui pourroit le traverser dans le dessein et l'espérance qu'il a d'avoir l'oreille et la confiance du Roi, au-dessus des autres ministres, si le Cardinal venait à manquer. Les ennemis de M. d'Argenson disent à présent qu'il est faux, paresseux et incapable du ministère. Quoi qu'il en soit, il n'est plus chancelier de M. le duc d'Orléans, déjà depuis quelque temps. M. Orry est toujours en place, et les autres affaires font qu'on ne parle plus de celle-ci.

Les affaires de la Moscovie sont arrangées. On a lié le duc de Courlande, on l'a mis dans un carrosse, et on l'a conduit comme criminel d'État dans une forteresse. On a arrêté sa femme, son fils et plusieurs personnes en place qui étoient attachées à lui. On dit pour prétexte qu'il avoit des vues trop ambitieuses, et contraires aux dispositions de la Czarine, et qu'il avoit tenu des propos peu respectueux des duc et duchesse de Brunswick, père et mère du Czar. Par un édit de ce jeune empereur, reçu et confirmé par tous les États du royaume, la régence a été remise à madame la duchesse de Brunswick, mère de l'Empereur, avec le titre de grande princesse des Russies. Il n'est point question de la princesse Élisabeth. On croit que tout ceci est l'ouvrage du baron d'Ostermann[1], premier ministre de Moscovie, et qui est un homme d'un rare mérite.

1. Ostermann (André, comte d'), chancelier de Russie, né à Bochum, dans

Il faut un peu parler des bons mots qui courent dans la ville. Un étranger fait marché d'une somme pour le p....... d'une fille d'Opéra[1], ce qui est un peu équivoque. Il a payé et couché avec elle, mais il n'a pas trouvé à cette jeune fille ce qu'on lui avoit promis ; il a compté, sur la bonne foi des conventions, que cela changeoit le marché et qu'il lui falloit rendre une bonne partie de sa somme. Sur cette contestation, les parties s'en sont rapportées à la décision de mademoiselle Carton, ancienne actrice, chanteuse de l'Opéra. Après avoir entendu les faits, elle a décidé que l'homme ne savoit pas lire apparemment, et qu'il devoit savoir que quand la toile est levée, on ne rend plus l'argent.

Il est d'usage à l'Opéra de rendre l'argent à ceux qui sortent pendant tout le prologue, jusqu'au commencement du premier acte. Bien des jeunes gens viennent se montrer au spectacle, entendent le prologue, en partie ou tout entier, et sortent ensuite. On joue présentement *Amadis de Gaule*[2] où il y a toujours un très-grand monde, et on a affiché sur l'escalier qu'on ne rendroit point l'argent la toile levée et l'opéra commencé. La réponse de Carton est extrêmement jolie sur l'allusion et la chemise de la fille avec la toile de l'Opéra.

Une autre fille de l'Opéra[3] a été accusée par plusieurs de ses compagnes d'avoir .... dans sa loge, en s'habillant, par le marquis de Bonnac, jeune seigneur. En conséquence, suivant les règles de police de cette congrégation, elle a été chassée de l'Opéra. Pour se justifier dans le public de cette calomnie, elle a fait courir un petit mémoire imprimé fait par une bonne plume,

le comté de La Marck, entra en 1704 dans la marine russe, devint baron et conseiller sous Pierre Ier, ministre et grand chancelier sous Anne, fut exilé en Sibérie sous Élisabeth, dont il avait dénoncé la conspiration à Ivan IV, et mourut en 1747.

1. Mademoiselle Dazencour ou Dazincourt.
2. Tragédie lyrique de Quinault.
3. Mademoiselle Petit.

que je n'ai pas pu avoir[1]. Il a été couru, parce qu'à propos de rien, elle fait un parallèle entre les filles d'Opéra et les fermiers généraux. Ils entrent également dans le monde sans bien et en gagnent, les uns d'un coup de plume, les autres .... Ils sont détestés de ceux aux dépens de qui ils s'enrichissent, les filles sont adorées de ceux même qu'elles ruinent, etc.

On dit que M. le maréchal de Broglie a formé opposition au scellé de l'Empereur, pour revendiquer ses culottes que les Allemands lui ont prises en Italie, au passage de la Secchia, quand ils ont surpris de nuit notre camp, et que le maréchal a été obligé de s'enfuir en chemise.

Cette année est réservée pour les grands événements. Depuis plus de deux mois, il a plu considérablement dans la France, et même dans les pays étrangers. Les neiges, qui étoient sur nos montagnes du Dauphiné et d'Auvergne, ont fondu et ont augmenté insensiblement toutes les rivières. Cela est venu à un tel excès qu'il y a une inondation générale dans le royaume. Actuellement, jour de Noël, 25 de ce mois, Paris est entièrement inondé. D'un côté, la plaine de Grenelle et tout le canton des Invalides, le grand chemin de Chaillot, le Cours et les Champs-Élysées, tout est couvert d'eau. Elle vient même par la porte Saint-Honoré jusqu'à la place Vendôme. Le quai du Louvre, le quai des Orfévres, le quai de la Ferraille, le quai des Augustins, la rue Fromenteau jusqu'à la place du Palais-Royal, tout est en eau. On ne passe plus qu'en bateau ; le côté de Bercy, de la Rapée, de l'Hôpital Général, de la porte et quai Saint-Bernard, c'est une pleine mer. La place Maubert, la rue de Bièvre, la rue Perdue, la rue Galande, la rue des Rats et la rue du Fouarre, c'est pleine rivière. Toutes les boutiques sont fermées; de tous les côtés on est

1. *Factum pour mademoiselle Petit, danseuse de l'Opéra, révoquée, complaignante au public*, 1740, in-12.

réfugié au premier étage, et c'est un concours de bateaux comme en été au passage des Quatre-Nations. Sur le port au Blé, l'eau va au-dessus des portes cochères. La place de Grève est remplie d'eau, la rivière y tombe par dessus le parapet, toutes les rues des environs sont inondées; dans les maisons à porte cochère, les bateaux entrent jusqu'à l'escalier, comme les carrosses feroient. Il y a plus : dans toutes les rues de Paris, où il y a des égouts, l'eau de la rivière y gonfle, se répand dans la rue et il faut y passer dans des bateaux ou sur des planches. La rue de Seine, faubourg Saint-Germain, est remplie d'eau qui entre des deux côtés dans les maisons, en sorte qu'on ne sait plus même quel chemin prendre pour aller dans Paris en carrosse, d'autant plus qu'il y a des gardes qui empêchent de passer sur tous les ponts, qui sont couverts de maisons. La police a fait déménager, il y a deux jours, tous les marchands et locataires, qui sont sur les ponts Saint-Michel, au Change, Notre-Dame et Pont-Marie. L'eau est si rapide et si haute qu'on craint fort qu'elle ne les jette à bas; les arches, surtout des deux bouts, sont à peu de chose près bouchées; on ne passe donc que sur le Pont-Royal et le Pont-Neuf, car le pont de La Tournelle n'est pas accessible. Tous les habitants de l'île Notre-Dame sont enfermés et ne peuvent point sortir en carrosse, ni du côté de la porte Saint-Bernard dont le quai est rivière. Les gens de pied ne passent plus même sur le pont de bois, qui va à Notre-Dame[1]. On dit aussi que la rivière des Gobelins est débordée et que le faubourg Saint-Marcel est plein d'eau. Pour aller à Versailles, on va à présent par les Chartreux et par Châtillon ; on ne passe ni sur le pont de Neuilly, ni sur celui de Sèvres. On remarque que la crue d'eau est au moins aussi forte à présent qu'en 1711, il y a vingt-neuf ans. Apparemment

---

[1]. Ce pont, nommé Pont-Rouge, faisait communiquer l'île de la Cité avec l'île Saint-Louis.

que cela suit les grands hivers. Celui de cette année a été plus long et aussi fort que celui de 1709.

La Loire et la Marne font aussi des ravages considérables. Cette inondation paraît générale. On a reçu des nouvelles que la moitié de la ville de Florence a été submergée par une crue d'eau de la rivière de quarante pieds.

Les suites de ceci sont terribles, non-seulement par la perte que fait un grand nombre de particuliers, mais par la difficulté d'amener les provisions à Paris. Heureusement que la ville est, dit-on, garnie suffisamment de blés dont on a rempli les couvents et les hôpitaux. Mais le pain y vaut toujours quatre sols et demi la livre et tout le reste est très-cher.

Dans tous les endroits où la rivière s'est répandue, c'est le prévôt des marchands et les échevins qui ont la police. Dans la place Maubert, les bateliers exigeoient quatre sols et même plus par personne; cela est infiniment peuplé; les uns déménagent des meubles, les autres ont besoin d'aller chercher de quoi vivre, ou sont obligés d'aller à la messe dans ces fêtes. Ce qui seroit bien difficile seroit d'avoir du secours la nuit pour des malades, et il n'est pas possible qu'il n'y en ait dans le cas. Hier, 26 de ce mois, la Ville a envoyé des archers pour mettre l'ordre; elle donne quarante sols par jour aux bateliers, et ils ne peuvent plus prendre qu'un liard par personne. Il y en a un qui a été mis en prison, pour avoir exigé douze sols pour passer une pauvre femme et son enfant.

Aujourd'hui 27, l'eau est diminuée dans la rivière de plus d'un pied. On craignoit beaucoup pour les ponts; peut-être la diminution continuera-t-elle. Elle a augmenté le 28. On a vu dans la place Maubert porter le Bon Dieu dans un bateau et monter par une échelle à la chambre du premier étage, et descendre un corps mort de la même manière. C'est grande désolation pour une infinité d'habitants. Le faubourg Saint-Antoine est plein d'eau, il y en a dans le couvent des Célestins jusqu'à l'autel dans l'église.

Le 29, l'eau est diminuée, et il gèle assez fort; il est temps que cela cesse, car les moulins à eau ne vont pas, et il y a grande difficulté dans les chemins pour l'arrivée des boulangers, en sorte que ce n'est pas assez d'avoir beaucoup de blé dans Paris. Il faut de la farine. On dit même que le pain devoit diminuer d'un liard par livre ces jours-ci, et que le Parlement s'y est opposé par prudence, dans la crainte qu'on ne soit obligé de l'augmenter par la suite, ce qui feroit un bien plus mauvais effet. Le peuple de Paris, qui est doux, est accoutumé à le payer quatre sols six deniers, et il se croit heureux de ce qu'il n'a point augmenté dans une pareille inondation qui est générale, car la ville de Meaux est remplie d'eau et une infinité d'autres. J'ai cependant entendu dire à d'anciens entrepreneurs de vivres d'armée que, sur le pied de quarante-huit livres le setier, le pain blanc ne devoit valoir que trois sols la livre. Il ne coûte aujourd'hui que quarante livres, et le pain mollet bien différent et plus mauvais qu'à l'ordinaire vaut cinq sols la livre. A la vérité ces munitionnaires ont des boulangers à gage, ce qui est bien différent de ceux qui fournissent Paris, qui sont chargés de gros loyers en détail et de dépense de chevaux pour l'amener. Il faut que la marchandise porte les frais.

On dit que M. le contrôleur général a eu l'impudence de dire au Roi que dans Paris le pain ne valoit que dix-huit deniers pour les pauvres et deux sols six deniers pour les riches, et que le marquis de Souvré[1], qui étoit présent, s'écria : « Ah! mon Dieu! je suis volé! » Le Roi lui demanda ce qu'il vouloit dire, il répondit : « Sire, « mes gens me comptent depuis longtemps le pain à

---

1. Louis-François Le Tellier de Rebenac, marquis de Souvré, brigadier d'infanterie, colonel du régiment de Souvré.

« cinq sols. » C'est un seigneur de beaucoup d'esprit et fort libre avec le Roi. Il lui dit ces jours passés : « Sou-
« vré, qui faites-vous Empereur[1]? » — « Ma foi, sire, dit
« Souvré, je m'en embarrasse peu, mais si Sa Majesté
« vouloit, elle nous en diroit mieux des nouvelles que
« qui que ce soit. » — « Non, dit le Roi, je ne m'en
« mêlerai pas, je regarde cela du mont Pagnote[2]. » —
« Ah! sire, dit Souvré, Votre Majesté y aura bien froid
« et y sera bien mal logée! » — « Pourquoi? dit le Roi. »
— « Sire, répondit Souvré, c'est que vos ancêtres n'y
« ont jamais fait bâtir de maison! » La réponse est fort
jolie, et à l'égard de la demande on n'en peut rien dire
parce que le Roi est fort dissimulé.

Le Roi a nommé pour son ambassadeur et ministre plénipotentiaire à la diète de Francfort, pour l'élection d'un Empereur, M. Fouquet, comte de Belle-Isle, cordon-bleu et lieutenant général, qui est non-seulement grand militaire, mais qui a travaillé extraordinairement dans le cabinet. Le Cardinal, quoique ménager, lui a dit que le Roi vouloit que cela se passât au plus grand. Le comte de Belle-Isle, qui est magnifique, ne demande pas mieux, en sorte qu'il prépare des équipages superbes et une maison considérable. Il aura, à ce qu'on dit, douze pages et le reste à proportion et une grande suite de gentilshommes volontaires. Il vise à être duc et pair et maréchal de France. Quelle étoile différente de ce grand père, procureur général au Parlement de Paris et surintendant des finances, que M. Colbert a culbuté, à qui il vouloit faire couper la tête, et qui par grâce est mort à Pignerol après dix ans de prison.

Il y a eu quelques maisons à Paris détruites et renversées par les eaux, entre autres une rue Saint-Dominique,

---

1. Par allusion à l'élection de l'empereur d'Autriche.
2. *Pagnote,* synonyme populaire de poltron. Regarder les choses du *mont Pagnote,* c'est faire comme les poltrons dans une bataille, se retirer de la mêlée et se mettre hors d'affaire.

vis-à-vis le couvent de Belle-Chasse[1], appartenant à M. le duc de Saint-Simon et occupée en partie par le sieur Viau, marchand de bois. Il y en avoit une partie vieille et l'autre rebâtie à neuf. La partie vieille a résisté; l'autre, la nuit à trois heures, a écroulé de fond en comble dans les caves remplies d'eau. Le sieur Viau. n'étoit pas à Paris. Sa fille de vingt ans, qui couchoit dans l'appartement du père, eut le bonheur cette même nuit d'aller coucher avec sa servante, qui couchoit dans la partie vieille pour se rassurer de la peur qu'elle avoit. Tous les meubles et tous les papiers de ce marchand sont dans l'eau et en danger d'être perdus. Un mari et une femme, logés au second étage, sont tombés dans leur lit jusque dans les fondements. Une poutre qui s'est arrêtée de travers dans la chute les a préservés d'être écrasés; mais il y a eu trois ou quatre personnes écrasées et noyées.

Vendredi 30, on a découvert la châsse de sainte Geneviève; l'eau avoit déjà commencé à diminuer. La pleine lune y avoit peut-être quelque part. Quoi qu'il en soit, en deux jours, l'eau s'est retirée considérablement, et elle a quitté les rues de Paris avec l'année.

On a su par un fermier général fort entendu, qui a le détail des entrées de Paris, que la Ville avoit été à deux jours de sa perte par le défaut de farine, par l'impossibilité d'aborder aux moulins à vent ni de jouir des moulins à eau. La ville de Metz a été dans le même cas, où il y a une garnison considérable, par une inondation générale. Il n'étoit pas possible de faire entrer des farines; et dans les magasins, il n'y avoit pas un moulin à bras, qui est une imprudence, mais à quoi M. le comte de Belle-Isle, gouverneur commandant, n'avoit pas prévu, parce qu'on n'étoit pas dans le cas d'appréhender

---

1. Ce couvent, situé sur l'emplacement de la rue Belle-Chasse, entre les rues Saint-Dominique et de Grenelle, était occupé par des chanoinesses du Saint-Sépulcre.

un siége. Un ingénieur s'est avisé de faire jeter à bas dans la rivière des bâtiments qui étoient bons pour gonfler la rivière, la faire refluer dans les champs et dégager un peu une des portes de la Ville, ce qui a réussi, et pendant vingt-quatre heures on y a fait entrer des farines.

Le Parlement et tous les magistrats préposés pour la police de Paris ont continuellement travaillé, à la fin des vacances, de concert avec la Cour pour des arrangements. Ils ont rendu des arrêts qui marquent bien l'extrémité où l'on est réduit et les craintes de l'avenir, car si la récolte de l'année prochaine alloit manquer, on seroit très-mal. Le Parlement a défendu de faire des gâteaux pour les Rois, et il a fait un règlement pour la subsistance des pauvres dans les campagnes de son ressort, avec ordre à tous les pauvres de sortir de Paris dans six semaines sous des peines afflictives. Cela est sage, parce qu'effectivement tous les pauvres et fainéants de la campagne abondent dans cette ville. De là deux inconvénients : l'embarras des provisions à cause d'une plus grande consommation et la crainte des maladies contagieuses, par la mauvaise nourriture de cette multitude de pauvres. Mais l'exécution de la taxe ou cotisation sur les biens de campagne pour la subsistance des pauvres de chaque paroisse sera difficile, aussi bien que le retour de tous ces pauvres dans leurs villages. Comment sortiront-ils de Paris pour aller à trente ou quarante lieues sans argent, et quoique natifs d'un village, où logeront-ils, s'ils n'y ont point de maisons? Je ne vois pas que tous ces cas soient prévus. Il y a déjà longtemps, indépendamment de la disette des blés, qu'on s'est plaint dans Paris de la grande quantité de pauvres, que dans les campagnes, il n'y avoit pas de monde pour travailler, qu'on a rendu des arrêts pour les faire arrêter, qu'il y a eu des archers établis à cet effet; cela n'a jamais été bien exécuté. Si cela l'avoit été depuis trois ou quatre ans, on ne se trouveroit pas dans l'inconvénient présent. Il n'est parlé en aucune façon de Paris dans l'arrêt; il semble ne regarder que la campagne et l'on s'attend à quelque autre règlement pour la subsistance des pauvres honteux qui sont à Paris, et qui ne peuvent se retirer ailleurs.

ANNÉE 1741.

Janvier.

Suite des inondations. — Prix du pain. — Arrêt de la Chambre des comptes au sujet des impôts et des pauvres. — Nouvelles étrangères. — Affaire de la Chambre des comptes. — Épigrammes. — La taxe des pauvres, le Parlement et les ministres. — Loterie pour les pauvres. — Retrait des eaux dans Paris. — Mort de l'évêque de Senez.

La diminution de la rivière n'a pas continué comme on l'espéroit, elle est toujours fort grosse; la plaine de Gonnesse, les maisons et un moulin à vent qui sont au-dessous sont en pleine rivière. Le pavé pour aller à Versailles, le long du Cours, est couvert d'eau. Il n'y a point de chemin libre pour aller à Saint-Germain. Toutes les caves à Paris sont encore pleines d'eau. Il y a des ordres pour visiter les fondements quand elle sera retirée, et le dommage sera considérable. La Ville fait abattre un grand nombre de vieux bâtiments à la descente du Pont-Marie, sur le quai des Morfondus[1] et autres endroits. On ne parle que des ravages de cette inondation qui a été générale. La ville basse de Grenoble a eu de l'eau jusqu'au second étage, ce qui est arrivé tout à coup par le débordement du Drac. Les magistrats portoient eux-mêmes tous les jours des vivres dans des barques aux habitants qui s'étoient réfugiés dans les greniers. Il y a eu quelques villes entièrement submergées en Hollande; et cet événement a été aussi général dans l'Europe, par les *Gazettes*, que le grand hiver de l'année dernière.

Le pain est toujours ici à quatorze sols et demi, il est même assez mauvais. Les marchés sont toujours garnis

1. Aujourd'hui le quai de l'Horloge.

de soldats aux gardes, et il n'y a pas d'apparence que cela finisse si tôt. Il s'agit de savoir ce que deviendra la récolte prochaine. Tous les arrêts et déclarations du mois de décembre dernier pour la police, tant pour les grains que pour les agneaux, ne font que marquer la crainte d'une disette en toute sorte d'espèce.

La Chambre des Comptes[1] de Paris n'a pas trouvé bon le règlement fait par le Parlement pour la subsistance des pauvres dans l'étendue de son ressort; elle a prétendu que c'étoit une collecte et une imposition sur les peuples, qu'il n'étoit pas en droit d'ordonner sans elle et surtout sans être autorisé par la puissance souveraine, et que ceux qui recevroient ces deniers deviendroient comptables en la Chambre. En conséquence, elle a rendu un arrêt au commencement de ce mois qui ordonne qu'il ne sera levé aucun impôt sur les biens et sur les sujets du Roi, qu'en vertu des déclarations du Roi et qui fait défenses d'exécuter l'arrêt du Parlement.

On dit que M. de Nicolaï, premier président de la Chambre des Comptes, avoit eu à ce sujet une conférence avec M. le Cardinal, du consentement duquel il avait fait rendre cet arrêt par la Chambre. Cependant, il est certain que M. le chancelier a écrit au premier président du Parlement de ne point s'assembler; que le Roi donnerait satisfaction au Parlement à cet égard, et qu'il a fait défenses de faire imprimer l'arrêt de la Chambre des Comptes, qui en effet ne paroit pas. Par ce moyen, l'exécution demeure à l'arrêt du Parlement, mais elle sera longue et difficile.

Il n'y a, au surplus, aucun changement dans le ministère. M. d'Argenson, dont on a tant parlé, est intendant de Paris[2], n'a plus de suisse à la livrée de M. le

---

[1]. La Chambre des comptes, chargée de surveiller la gestion de tous les financiers du royaume, date du commencement du quatorzième siècle. Elle a existé jusqu'en 1790. (Chéruel.)

[2]. L'intendant de Paris avait les mêmes attributions que les intendants

duc d'Orléans, et il n'en est plus question. Les grands bruits à présent regardent tous les mouvements de l'Allemagne[1]. Chacun fait sur cela des nouvelles à la mode. L'Espagne a des prétentions sur une partie de l'Italie, où elle envoie des troupes auxquelles la France donne passage. On dit que l'Angleterre avoit pratiqué des voies secrètes, qui ont été découvertes, pour surprendre la ville de Lille et celle de Dunkerque. On dit aussi que l'électeur de Saxe a envoyé ici au ministre pour proposer de le faire empereur, et de céder de sa part le royaume de Pologne au roi Stanislas, qui est en Lorraine, qui ne demanderait pas mieux, quoiqu'il soit tranquille et ne manque de rien. L'ambition de régner effectivement dans sa patrie l'emporte. Il est certain que toute l'Europe est en négociation, en levée de troupes et en mouvement. C'est à Francfort que nos projets se découvriront.

Le 12 de ce mois, le Roi a pris le deuil pour trois semaines, pour la mort de l'Empereur; apparemment que le cérémonial a été levé pour la dénonciation. On n'en a fait aucun détail dans les *Gazettes*.

Arrêt du Conseil d'État du 9 de ce mois, au sujet du

de provinces qui étaient à la tête de l'administration, surveillaient les finances et remplissaient à peu près les mêmes fonctions que les sous-préfets.

1. La mort de Charles VI, dernier prince de la maison d'Autriche, devait entraîner bien des révolutions. L'héritage de cette maison sembla devoir être déchiré; il s'agissait de la Hongrie et de la Bohême, royaumes longtemps électifs, que les princes autrichiens avaient rendus héréditaires. Marie-Thérèse se fondait sur le droit naturel qui l'appelait à l'héritage de son père. Charles-Albert, électeur de Bavière, demandait la succession, en vertu d'un testament de l'empereur Ferdinand Ier. — Auguste III, roi de Pologne, alléguait des droits plus récents, ceux de sa femme, fille aînée de l'empereur Joseph Ier, frère aîné de Charles VI. Le roi d'Espagne, Philippe V, étendait ses prétentions sur tous les États de la maison d'Autriche en remontant à la femme de Philippe II, fille de l'empereur Maximilien II. Philippe V descendait de cette princesse. Frédéric, roi de Prusse, prévit la confusion générale, et ne perdit pas un moment pour en profiter. Il prétendait en Silésie à quatre duchés. Ses aïeux avaient renoncé à toutes leurs prétentions, parce qu'ils étaient faibles. Il se trouva puissant, il les réclama et marcha sur la Silésie au milieu du mois de décembre 1740. — VOLTAIRE.

différend entre le Parlement et la Chambre des Comptes. Le Roi, étant en son Conseil, a cassé et annulé l'arrêt rendu, incompétemment et sans aucun pouvoir, par la Chambre des Comptes, le 9 du présent mois, voulant qu'il soit regardé comme nul et non avenu, faisant défenses à ladite Chambre des Comptes d'en rendre de semblables, sauf à elle de faire des représentations à Sa Majesté, dans le cas où elle pourra avoir un juste sujet de croire que son devoir l'y oblige pour le maintien des règles dont l'exécution lui est confiée.

Cela a donné lieu à des railleries sur la Cour des Comptes, qui en général n'est pas trop estimée, et qui, malgré son ancienneté, est regardée aujourd'hui comme une compagnie trop nombreuse, onéreuse et en quelque façon inutile, par la différence des temps et surtout par l'empire général que les ministres d'État veulent s'attribuer sur tout ce qui est de gouvernement et d'administration.

> De par la Chambre et sa buvette,
> Défenses de faire cueillette
> Pour la veuve et l'orphelin.
> Avec ces magistrats dont le ventre est bien plein,
> Les pauvres ont vraiment très-grand tort d'avoir faim.

—

> La Chambre, qui n'a la police
> Que sur omelettes et saucisses,
> Vient de casser étourdiment
> Votre arrêt, gens du Parlement !
> Pour faire à ces grimauds la nique,
> Et pour écarter la critique
> De ce sénat ignorantin,
> Rendez comme jadis vos arrêts en latin !

Cela s'est fait sur-le-champ dans le palais, au sortir de l'assemblée du Parlement tenu pour mettre l'arrêt du Conseil, qui avait été envoyé au premier président, sur les registres de la Cour. L'arrêt du Conseil n'a point été imprimé.

On en veut dans le public à la Chambre des Comptes, et cela depuis longtemps, sur les bons déjeuners de leur buvette et sur leur ignorance en général. La circonstance de la misère et de la nécessité de pourvoir à la subsistance des pauvres n'a pas été favorable, pour recevoir les motifs de leur arrêt.

Le Parlement a rendu deux arrêts à peu près semblables en pareille occasion, en 1693[1] et 1709, mais on dit qu'ils n'ont point eu d'exécution, ce qui pourra bien arriver à ce dernier. La Chambre prétend que ces sortes d'impositions sont contraires à l'autorité royale et sont défendues par plusieurs déclarations. Cela peut être fondé en quelque sorte de raison. La forme de recevoir cette taxe, le pouvoir de ceux qui recevront, l'engagement de tout receveur de deniers publics de rendre compte : il y a bien des inconvénients dans l'exécution. Il est vrai que ce dernier arrêt a été rendu de concert entre le Parlement et le ministère, et par conséquent le Roi. Mais par où cela paroît-il ? La Chambre des Comptes n'y a point été appelée. De tout cela il faut dire que le Parlement ne doit point trop se prévaloir en ceci de sa victoire. L'arrêt du Conseil n'est pas rendu pour lui ; le ministère seul y gagne, et cherche à agrandir son autorité absolue. Il prétend avoir une inspection générale sur tout ce qui est d'administration, et il ne veut plus souffrir ces anciens droits et prétentions d'aucune des cours souveraines, pour critiquer ou approuver ses opérations, et il n'entend plus avoir besoin de leur approbation pour l'exécution. Le dessein du Conseil est de se soustraire à toutes les vieilles formalités pour s'emparer

1. Par arrêt du 1er décembre 1693, il fut enjoint aux mendiants étrangers à la capitale de la quitter dans l'espace de huit jours, sous les peines corporelles les plus sévères, qui devaient atteindre les hommes, les femmes et les enfants.

de toute l'autorité; cela pourroit être bon, si l'on étoit sûr d'avoir toujours des ministres sages et prudents, mais les suites en sont dangereuses.

On a pensé aux moyens de se procurer quelque soulagement pour les pauvres particuliers des paroisses de Paris, car le règlement du Parlement ne regarde que la campagne. L'imposition a paru apparemment difficile; on a imaginé de faire une loterie royale en faveur des pauvres. Par arrêt du Conseil, du 22 de ce mois, le fonds de cette loterie est de dix millions, de cinquante mille billets à raison de deux cents livres chacun et cinq mille cent trente-cinq lots. Ces deux cents livres se payeront en six fois, dont le dernier payement sera de cinquante livres et se fera dans le mois de janvier 1742, et il y aura aussi six tirages différents, dans lesquels tous les lots seront distribués, en sorte qu'il paroît d'abord qu'y ayant cinq mille cent trente-cinq lots sur cinquante mille billets, c'est à peu près un lot sur neuf billets, mais par le fait ce sont six loteries dans chacune desquelles les cinquante mille billets auront toujours part, et par la distribution des lots, cela fait sept lots par mille dans le premier tirage, et en augmentant de peu quarante-huit par mille dans le dernier tirage.

Il y a douze pour cent pour les pauvres à prendre sur les lots, les frais déduits. Ces douze pour cent montent à douze cent mille livres. Supposons pour les frais deux cent mille livres, ce sera un million à distribuer pour les pauvres dans le cours de l'année, suivant les ordres du Roi, si cela est fidèlement exécuté.

Comme le dernier tirage, en 1742, est le plus fort, y ayant pour cinq millions de lots, on retient pour cet effet des fonds sur la mise de chacun des cinq payements. Le Roi commet le receveur général de la ville pour recevoir ces fonds, et pour en rendre compte à la fin. Par cette opération, le Roi qui pourra disposer de ces fonds trouvera moyen de se servir pendant le courant de l'année, en cas même qu'il n'y ait point de prorogation, de sommes considérables dont il aura besoin, sans en payer d'intérêt.

Il est aisé de justifier cette proposition.

Le premier payement de cinquante mille billets à dix-huit livres par billet fait neuf cent mille livres; le premier tirage ne sera que de six cent mille livres de lots : voilà donc déjà trois cent mille livres de réserve. Il y aura dans ce tirage trois cent soixante-dix-huit lots, et il est dit que sur chaque lot on retiendra le payement entier de chaque billet qui est de deux cents livres, et sur lequel il n'aura été payé que dix-huit livres. On retiendra donc trois cent soixante-dix-huit fois cent quatre-vingt-deux livres, qui font soixante-quatre mille sept cent quatre-vingt-seize livres ; en sorte qu'au mois de mars prochain il y aura en caisse trois cent soixante-quatre mille sept cent quatre-vingt-seize livres que le Roi n'aura à rendre qu'en 1742.

Il en aura bien davantage au mois de mai prochain, qui sera le second tirage. Le payement réel à vingt-quatre livres le billet, déduit le payement retenu sur les trois cent soixante-dix-huit billets gagnants du précédent tirage, montera à un million cent trente-cinq mille deux cent quatre livres. Il n'y aura que pour huit cent mille livres de lots, c'est par conséquent trois cent trente-cinq mille livres de réserve. Mais il y aura quatre cent cinquante-neuf lots sur lesquels on retiendra à chacun cent cinquante-huit livres restant à payer du billet, qui font soixante-douze mille cinq cent vingt-deux livres. Il y aura donc encore en caisse, au mois de mai, quatre cent sept mille sept cent vingt-six livres, et ainsi des autres tirages jusqu'au dernier. On ne laissera sûrement pas des sommes aussi considérables entre les mains du receveur général de la ville. Comme c'est le Roi qui le commet pour recevoir, il peut lui en donner décharge, et il résulte de là que les cinq tirages pourront bien être exécutés à la lettre ; mais la difficulté sera au dernier, où il faudra que le Roi fournisse deux millions six cent trente-six mille cinq cents livres, qui auront été dissipées d'avance pour fournir et remplir les cinq millions de lots. Cela pourra retarder ce tirage, suivant la circonstance des temps.

Les eaux se sont enfin retirées pour laisser arriver par eau les provisions de Paris, mais après avoir fait de grands ravages dans toutes les campagnes et avoir endommagé bien des maisons à Paris. La ville en fait abattre de celles qui lui appartiennent au bout du pont Marie ; mais comme les eaux sont restées dans les caves, la police y a mis ordre pour obliger tous les propriétaires à les faire vider et nettoyer, pour prévenir les puanteurs.

J'ai peut-être oublié de remarquer que M. l'évêque de Senez [1], grand personnage dans l'Église par sa condamnation au concile d'Embrun, est mort à l'abbaye de la Chaise-Dieu, où il étoit relégué, âgé de quatre-vingt-huit ou neuf ans, dans une extrême piété, et ayant vécu jusqu'à la fin dans un travail continuel. On l'a ouvert, et on assure que par l'intelligence du médecin et de son valet de chambre, on a eu l'adresse de prendre son cœur, et qu'il est parvenu en dépôt à Paris. Peut-être cela n'est-il pas vrai ; il est même à présumer qu'il y avait des ordres, dans cette abbaye, pour que tout se passât secrètement et régulièrement à sa mort. Mais si cela est, ou qu'on le croie, ce qui revient au même, l'on

---

[1]. Jean Soanen, né à Riom, le 16 janvier 1647, mort le 25 décembre 1740. — L'exil de Soanen à l'abbaye de la Chaise-Dieu fut un véritable triomphe pour la piété de ce prélat ; il devint l'objet d'une espèce de culte qui s'expliquait du reste par ses grandes vertus. Il s'intitulait : *Prisonnier de Jésus-Christ*, et dans ses portraits, qui se distribuèrent secrètement, on le représentait avec des chaînes. — Son anneau pastoral est conservé à Abbeville, dans la famille de MM. Hecquet-Dorval, descendants du célèbre docteur Hecquet, médecin de Port-Royal. Cet anneau est enrichi d'une pierre fine, sur laquelle est gravé un crucifix.

verra sûrement ce cœur-là faire quelque jour des miracles dans Paris, et renouveler quelque scène fameuse qui fera oublier M. Paris; car enfin celui-ci a été le martyr de la foi.

Février.

Disgrâce du duc de Courlande. — Guerre maritime entre l'Espagne et l'Angleterre. — Combat naval soutenu par M. de Chavagnac. — Haine de l'Angleterre et de la France. — Le roi de Prusse en Silésie. — La diète de Francfort. — Promotion de maréchaux de France. — Jugement sur ces maréchaux.

Charles de Biren[1], duc de Courlande, a eu un furieux revers de fortune. On l'a mis en prison dans un château, on a arrêté son frère, tous ses enfants et même ses amis ; on l'a dépouillé de tous ses grands biens dont Son Altesse Impériale, mère du Czar, a fait des libéralités au comte de Münich et autres ministres. On lui a ôté l'ordre de Saint-André, et on l'a dépouillé de tous ses titres d'honneur, sauf à disposer du duché de Courlande. On se prépare à lui faire son procès, et attendu cette dégradation il pourroit bien être rompu, ainsi qu'il en a fait rompre d'autres. On dit cependant qu'ayant été interrogé il a paru avoir l'esprit égaré, cela a fait cesser l'instruction, et qu'il pourroit bien par ce moyen

1. Biren, dont Barbier a déjà parlé plusieurs fois, était petit-fils d'un piqueur des écuries de Jacques III ; il naquit en 1687. Son extérieur agréable, son esprit orné, lui captivèrent la faveur d'Anne, duchesse de Courlande, nièce du Czar, lorsque cette princesse monta sur le trône de Russie, en 1730. Biren obtint le titre de comte, fut décoré du cordon de Saint-André, et devint même duc de Courlande. Altier et féroce, il se livra à toutes les fureurs de la haine contre ses rivaux, fit périr dans les supplices onze mille personnes. Il ne restait plus à Biren qu'à se faire régent ; Anne, sur le point d'expirer, lui en donna le titre en 1740. Biren écarta tous ceux qui lui faisaient ombrage, et laissa entrevoir le projet de faire passer le trône dans sa famille. Mais une seule nuit renversa tous ses desseins. A l'avénement d'Élisabeth, il fut rappelé et se joignit au parti qui fit monter Catherine II sur le trône. Il mourut à Mitau, le 28 octobre 1772. — Voir Lévesque, *Hist. de Russie*. Paris, 1812, in-8, t. v, p. 204 et suiv.

passer le reste de ses jours dans un château en Sibérie. Voici en tout cas une vilaine aventure pour notre maison de Biron qui, attendu cette qualité de prince souverain, avoit bien voulu le reconnoître pour parent.

On ne parle plus ici que de l'élection d'un Empereur et des mouvements de l'Allemagne. Les nouvellistes ont de quoi s'occuper.

La guerre n'est encore jusqu'à présent que sur la mer. Les Espagnols continuent toujours de prendre beaucoup de bâtiments aux Anglois. M. le marquis d'Antin [1], notre vice-amiral, est avec sa flotte en rade sur les côtés de Saint-Domingue. On dit que toute sa destination est pour escorter les galions, où la France est toujours intéressée. Cependant il est arrivé un malentendu de la part des Anglois. M. de Chavagnac, le plus ancien chef d'escadre, étoit en mer sur une simple frégate de dix ou douze pièces de canon seulement. Je ne sais où il alloit. Il étoit de la flotte de M. d'Antin. Il s'est rencontré entre six bons vaisseaux de guerre anglois, la partie n'étoit pas égale ; est arrivée une chaloupe pour le reconnoître. Cela étoit aisé, mais la même chaloupe est revenue de la part du commandant anglois lui dire d'amener, c'est-à-dire d'abaisser les voiles et le pavillon et de venir à lui. Cérémonie très-humiliante en fait de marine. M. de Chavagnac a bien déclaré qu'il n'en feroit rien, et il a lâché fièrement sa petite bordée, mais il a été sur-le-champ canonné, entouré ; on a pris son vaisseau, où il a été dangereusement blessé. Il est vrai que le commandant anglois a écrit une lettre d'excuse à M. le marquis d'Antin, et qu'il auroit renvoyé sur-le-champ M. de Chavagnac, s'il avoit été en état d'être transporté ; mais l'aventure et l'insulte ne sont pas moins

---

1. Antin (Antoine-François de Gondrin, marquis d') ; vice-amiral de France du Ponant, mort à Brest, le 23 avril 1741, à l'âge de trente-deux ans. Il était fils de Louis de Pardaillan, marquis de Gondrin, colonel d'un régiment d'infanterie, brigadier des armées du Roi.   Morbri.

faites, et ce qui est surprenant, c'est qu'on s'est contenté de l'excuse. On dit que M. le marquis d'Antin a été maître depuis de désoler une partie d'une des flottes des Anglois, qui étoit en très-mauvais état. Il faut bien croire pour lui qu'il a des ordres précis pour ne pas donner, d'autant plus qu'ici on n'a pas laissé paroitre le fait dans les *Gazettes*. M. le Cardinal évite tant qu'il peut la guerre. Il paroît même en intelligence secrète avec le roi d'Angleterre, qui a toujours paru opposé personnellement à la guerre avec l'Espagne, et qui ne l'a entreprise que par force pour satisfaire et contenter la nation angloise ; mais cette liaison même, sincère avec le roi d'Angleterre, n'est pas d'un grand secours. On doit être persuadé d'une haine irréconciliable de la part des Anglois qui ne finira qu'avec la nation, et nous ne les aimons guère davantage. On voit même dans les *Gazettes*, que dans l'assemblée du Parlement il y a une faction qui se méfie des intentions du Roi dans cette guerre, qui lui demande des éclaircissements sur tout et qui veut même l'obliger de se défaire de Robert Walpole[1], qui est son favori et un grand ministre. Il arrivera qu'après avoir bien ménagé cette nation, depuis un an qu'on pouvoit prendre un parti, on sera peut-être obligé d'avoir guerre dans toute l'Europe, à l'occasion de la conjoncture présente, et que les Anglois, le Roi même, toujours forcé par son peuple, prendront sûrement parti contre tout ce qui paroîtra être de notre intérêt.

Le roi de Prusse, qui a fait entrer ses troupes en Silé-

---

[1]. Walpole (le chevalier Robert), ministre célèbre par ses talents et par le système de corruption qu'il mit en pratique pendant le long espace de temps qu'il gouverna l'Angleterre, naquit le 26 août 1676, et mourut en 1745. Sa devise : *Fari quæ sentiat*, dit Voltaire, est celle des philosophes anglais. Il connut mieux que personne, ajoute-t-il, le grand art du gouvernement moderne, l'art de diviser et de corrompre. On disait un jour devant lui que toutes les voix du Parlement étaient vénales : ***Je le sais bien***, répondit-il, ***j'en ai même le tarif***.

sie, prétendant des droits sur une partie de ce pays, continue son entreprise, assiége et prend des villes. La reine de Hongrie[1] y a envoyé des troupes. Le roi de Prusse a fait répandre des manifestes pour l'établissement de ses droits, en sorte que la guerre paroît sérieuse entre ces deux puissances qui, par là, s'épuisent toujours d'avances d'hommes et d'argent.

Les ambassadeurs de toutes les puissances pour l'assemblée[2] de Francfort sont désignés et sont prêts à partir, mais l'assemblée n'est pas encore indiquée. La reine de Hongrie a associé son mari, le grand-duc de Toscane, au royaume de Bohême pour lui donner la qualité d'électeur; mais les autres lui contestent la voix électrice dans l'assemblée de Francfort, difficulté qui n'est pas encore réglée.

Le Roi, pour donner un titre d'éclat à M. le comte de Belle-Isle, son ambassadeur à Francfort, a fait sept maréchaux de France, dont il est le dernier, savoir : M. le marquis de Brancas, M. le duc de Chaulnes, le marquis de Nangis, le prince d'Isenghien, le duc de Duras, Desmarets, le marquis de Maillebois, et le comte de Belle-Isle.

Cette promotion, faite par le cardinal de Fleury, a fort étonné. M. de Maillebois et M. de Belle-Isle sont deux bons officiers et d'ailleurs à la mode. Ils n'ont point par devers eux d'action d'éclat, mais il y a deux ou trois ans que le premier commande dans l'île de Corse, qui est une commission ennuyeuse et fatigante. M. de Belle-Isle avoit besoin d'un titre de guerre qui est le plus respecté en Allemagne. La hauteur et la fierté

---

1. Voir, sur Marie-Thérèse et les événements de son règne, William Coxe, *Hist. de la maison d'Autriche.* Paris, 1810, in-8, t. v. — Pfister. *Hist. d'Allemagne.* Paris, 1838, in-8, t. ix et x.

2. L'assemblée de Francfort est *la diète germanique ou de l'Empire*, chargée de veiller sur les affaires générales de l'Allemagne et de concilier les différends qui pourraient s'élever entre les États confédérés. Elle se tient à Francfort-sur-le-Mein.

de cette nation est connue, et il n'est pas d'un nom assez élevé pour une pareille ambassade; mais aussi tout le monde convient que c'est le seul homme qui rassemble supérieurement les qualités nécessaires pour un grand général et pour un grand négociateur.

Mais pour les cinq autres maréchaux de France, ils n'ont attiré que des chansons. Il n'y a pas longtemps que l'on parloit du duc de Chaulnes, commandant des chevaux-légers, comme ayant l'esprit baissé. Le Cardinal a toujours fort aimé et protégé la maison de Luynes[1]. Pour les autres, on ne sait pas où ils sont parvenus à cette dignité; les uns du côté des femmes, les autres du côté des hommes. On a passé par-dessus les grands officiers et lieutenants généraux : M. Desmarets qui est fort âgé, M. le marquis de Dreux, M. le marquis de Ravignan de Mesmes, M. de Quadt, M. le marquis de Savines et M. de Guerchy. Ces officiers ont toujours servi et ont tous des actions distinguées dans la dernière guerre de 1732. M. de Ravignan a commandé en Italie et ensuite en Allemagne. C'est lui qui, au siége de Philisbourg où les François ont fait des actions étonnantes, proposa, parce que la tranchée étoit pleine d'eau, d'aller à découvert sur les revers de la tranchée pour gagner le chemin couvert, et qui y conduisit ses troupes l'épée à la main, à la face de toute l'artillerie de la place, laquelle fut prise ensuite.

Tout le public a rendu justice à ces messieurs. Cette promotion a fait bien des ennemis au Cardinal, mais en même temps elle prouve son autorité supérieure. Car entre M. de Ravignan, qui même est un homme de condition, et ces MM. de Maillebois et de Belle-Isle, il y a trente lieutenants généraux. Ni l'un ni l'autre n'ont fait des actions de commandement marquées et utiles, quoique braves gens. Ce dernier est petit-fils de M. Fouquet, procureur général du Parlement et surintendant

---

1. Le duc de Chaulnes était issu de cette maison.

des finances, dont on a su les malheurs, mais on ne va pas plus loin pour la famille. L'autre est petit-fils de M. Desmarets, contrôleur général des finances.

Mars.

Ambassade du maréchal de Belle-Isle. — Situation de l'Europe. — Candidats à l'empire. — Réflexions sur le Cardinal et le Roi. — Triste état de la France. — Les quatre chats. — Le roi de Prusse en Silésie.

M. le maréchal de Belle-Isle [1] est parti pour Francfort; il va par Metz à son gouvernement, et ensuite dans plusieurs cours d'Allemagne, chez l'électeur de Bavière, de Cologne, l'électeur de Brandebourg, roi de Prusse, et l'électeur de Saxe, roi de Pologne. Il est apparemment chargé d'instructions particulières avec tous ces princes. Et il est vrai qu'il a la plus glorieuse et la plus importante négociation qu'il y ait eu depuis plusieurs siècles en Europe, où le Roi de France joue aujourd'hui le premier rôle. Tous ses équipages sont arrivés à Francfort, mais il n'y a pas d'apparence qu'il s'y rende si tôt.

La diète étoit indiquée pour le 15 du mois de mai, mais on croit qu'elle sera différée. Les préliminaires seront très-difficiles à arranger, et il faut qu'ils le soient avant la nomination d'un Empereur. Ce sont les droits que plusieurs princes prétendent sur la succession de l'Empereur. Le roi de Prusse continue la guerre vivement dans la Silésie. Il a même fait arrêter le cardinal de Zinzendorf, archevêque d'une des villes dont il s'est emparé, sur ce qu'il avoit des correspondances avec les ministres de la reine de Hongrie qu'il informoit de ce qui se passoit. Il est placé pour ne pas tant ménager le Saint-Siége. L'électeur de Bavière a quarante mille hommes de troupes que l'on dit destinés pour aller en Bohême,

---

1. Le maréchal de Belle-Isle, sans avoir fait de grandes choses, avait une grande réputation; il n'avait été ni ministre, ni général, et passait pour l'homme le plus capable de conduire un État et une armée. VOLTAIRE.

où il prétend avoir des droits. L'Espagne fait des préparatifs de troupes pour aller en Italie sur la Toscane. La reine de Hongrie a bien des affaires à la fois jusqu'en Turquie. Il y a eu des mouvements considérables dans le ministère. Le Grand Seigneur paroît vouloir observer la paix conclue avec l'Autriche. La nation veut la guerre. Pour la contenter, on a été obligé de faire marcher un corps de quarante mille janissaires du côté de Belgrade. Le Grand Seigneur a écrit à la reine de Hongrie de n'en prendre aucun ombrage; mais ce sont toujours des troupes prêtes en cas d'événements qui changent d'un moment à l'autre.

Toute l'Europe arme et fait des préparatifs de guerre. La France seule est tranquille, et ne paroît faire aucun mouvement, et il est pourtant à croire qu'elle a grande part à tout ce qui se passe. On est persuadé que le dessein de la France est de diviser les grands domaines de la maison d'Autriche, et de ne laisser aucun vestige de cette grande puissance, dont on sent ici les effets depuis si longtemps.

L'on croit en conséquence que le grand-duc de Toscane n'a rien à espérer sur le titre d'Empereur. On prévoit que s'il réunissoit en lui ce titre et tous les biens de cette maison, il ne seroit pas longtemps sans en suivre les vues contre nous. La reine de Hongrie est accouchée ce mois-ci d'un prince qui deviendroit par le sang héritier de cette grande maison.

Dans ces circonstances, on jette les yeux sur deux princes : l'électeur de Bavière, et le roi de Pologne, électeur de Saxe. Les nouvellistes prétendent qu'il y a beaucoup plus à parier pour ce dernier; mais ce sont des conjectures qui dépendent des événements. Les desseins et les projets de la France à cet égard sont dans un profond secret.

Le rôle que tient le cardinal de Fleury, à l'âge de quatre-vingt-neuf ans, devient miraculeux. Il se porte parfaitement bien. Il est sûr que tout roule sur lui. Il paroît tranquille ainsi que le Roi et toute la cour, comme s'il n'y avait aucun mouvement dans l'Europe. Le Roi n'est occupé qu'à aller à la chasse, à faire tous les jours ses petits soupers jusqu'à deux et trois heures du matin avec les jeunes seigneurs et les dames, et à faire de très-fréquents voyages à sa maison de Choisy, pendant que le Cardinal va à sa maison d'Issy[1], et les autres ministres viennent à Paris comme des écoliers qui ont congé.

A la vérité le dedans du royaume souffre beaucoup, les provinces sont dans un misérable état, la taille est plus forte qu'elle n'a été, il n'y a point d'argent et les vivres et les fourrages sont très-chers. Cela a donné lieu à un conte de Paris. On a dit que le Roi avait fait un rêve dans lequel il avoit vu quatre chats, l'un aveugle, l'autre borgne, un maigre et un gras ; qu'il avait demandé à Bachelier, son premier valet de Chambre, et son favori décidé, ce que cela signifioit. Bachelier avoua de bonne foi son ignorance sur les rêves ; mais il indiqua un soldat des Gardes-Françaises, fort habile en ce genre, que l'on fit venir, qui après bien des instances et la parole du Roi pour sa sûreté, expliqua que le chat aveugle étoit le Roi lui-même, qui ne voyoit rien de ce qui se passoit ; le chat borgne, le Cardinal, qui ne voyoit les choses qu'à demi ; le chat maigre, le peuple ; et le chat gras, le contrôleur général et les gens d'affaires. Ce rêve a couru Paris sur l'invention de quelque plaisant, mais le fait est absolument faux, quoique l'explication en soit assez juste.

Le roi de Prusse continue toujours ses poursuites sur la Silésie, dont il s'empare des places. On a regardé d'abord son invasion comme un procédé assez extraor-

---

[1]. Le village d'Issy, *Isiacum*, existait dès le règne de Childebert. C'était alors une terre royale. On y comptait autrefois plusieurs maisons de plaisance appartenant à de grands seigneurs ou à des évêques de Paris. Le cardinal de Fleury est mort dans la maison dont parle Barbier.

dinaire et contraire aux droits des gens. Son prétexte est de rentrer dans la propriété de domaines, dont la maison d'Autriche s'est emparée sur ses ancêtres par autorité. Il prétend que les rois n'ont point de tribunal pour se faire rendre justice, et qu'il est plus simple de se mettre en possession de ce qui nous appartient. On a fait courir des manifestes de part et d'autre. Il a établi son droit et il a fait voir que la garantie de la Pragmatique, pour l'indivisibilité de la succession de l'Empereur dans la personne de l'Archiduchesse, sa fille aînée, ne pouvoit regarder que les biens qui appartenoient réellement à la maison d'Autriche, et non pas ceux qui avoient été usurpés. Il s'est aussi plaint d'une entreprise violente sur sa vie, de la part du grand-duc de Toscane, par des hommes chargés de ce dessein qu'il a fait arrêter, mais ce fait quoique grave est tombé, et on n'en a plus parlé.

Avril.

Bataille de Molwitz. — Éloge du roi de Prusse. — Bruits de Paris sur les affaires d'Allemagne. — Mort du prince de Carignan. — Les tripots des grands seigneurs. — Le duc de Gesvres. — Combat naval contre les Anglais; le marquis d'Épinay. — Politique de l'Angleterre, de la Hollande, de la France et de l'Allemagne. — Mort du marquis d'Antin. — Luxe et misère à Paris. — Les jeux de hasard sont interdits.

Le 10 de ce mois, il y a eu une grande action en Silésie, entre le roi de Prusse et la reine de Hongrie[1]. Les troupes autrichiennes étoient supérieures en nombre. Le comte de Neuperg et le général de Linsulas, deux des plus forts généraux de la reine, ont attaqué les Prussiens. Le roi de Prusse commandoit en personne avec le comte de Schwerin, qui est un grand général. Il n'avoit que douze mille hommes environ. Le combat

1. Cette bataille fut livrée à Molwitz, près de la rivière de Neisse. Les Autrichiens étaient au nombre de vingt-quatre mille environ. Voltaire dit que cette affaire devint le signal d'un embrasement universel. Voir *Précis du siècle de Louis XV*, ch. v.

a duré plus de quatre heures et a été vif. Il y a eu deux mille Prussiens tués et beaucoup de blessés, mais il y a eu cinq mille Autrichiens tués, grand nombre de blessés, mille prisonniers et le champ de bataille est resté aux Prussiens. La reine de Hongrie a perdu plusieurs généraux, et l'on disait les deux chefs blessés. Pour le roi, cette action le met au-dessus des rois ordinaires. Il s'est battu très-fort en personne, a eu un cheval tué sous lui et deux pages à ses côtés. Plusieurs princes de sa cour ont été blessés, et l'on dit que ses gardes du corps ont fait des actions de bravoure étonnantes. Ce qui est de plus beau, c'est qu'en se retirant après le combat pour aller manger, il a recommandé au général d'Henerin de visiter tous les soldats et d'en avoir soin comme de lui-même ; que le lendemain il viendroit les visiter lui-même de grand matin. Il avoit aussi publié, en entrant en campagne, que les officiers et soldats qui ne seroient plus en état de servir par leurs blessures auroient la même paie. Jusqu'ici on avoit parlé différemment de ce prince, on l'avoit regardé en quelque façon comme un jeune homme ennuyé des grandes richesses que son père lui avoit amassées, qui vont, dit-on, à cent cinquante millions. Mais, si avec quatre-vingt mille hommes de bonnes troupes, beaucoup d'argent, bien de l'attention pour ses troupes qui n'étoient point aguerries et qui le deviennent, ce prince se bat ainsi de bonne grâce le sabre à la main, sans craindre le coup de fusil, cela fera un homme par la suite redoutable à ses voisins.

Le mal dans cette affaire, c'est que le grand-duc de Toscane n'en fera jamais de même. Aussi n'est-il point aimé des Allemands, et il auroit plus besoin qu'un autre dans les circonstances présentes d'être un héros, sans quoi il aura peine à conserver les domaines de la reine sa femme.

On croit que la France n'est pas fâchée de cet événement, et qu'elle fait agir sous main le roi de Prusse pour lier la partie, et ne pas commencer la première à rompre les engagements de garantie de la Pragmatique-sanction, car il paroît que le dessein de la France est de dépouiller l'Archiduchesse, reine de Hongrie, d'une grande partie de ses États. Il y a plus ; à l'occasion de la mort de l'Empereur, il a paru des traités sur l'état de l'Allemagne et de la maison d'Autriche, par lesquels il est prouvé que, par une donation faite par Philippe II, roi d'Espagne, à l'Empereur de plusieurs États, il est expressément stipulé au défaut de mâles de l'Empereur un droit de réversion aux descendants de Philippe II, même des filles, à l'exclusion des filles de l'Empereur. Par là, le roi de France, qui descend certainement des filles d'Espagne par les femmes de Louis XIII et de Louis XIV, est le seul héritier de la plus grande partie des États délaissés par Charles VI, dernier Empereur, à l'exclusion de toutes les archiduchesses soit filles, soit nièces, soit sœurs de Charles VI, en sorte qu'il pourra avec droit disposer de tous ces États à qui bon lui semblera, et en conserver ce qu'il jugera à propos. Ce qui pourra faire dire que le feu Empereur n'ayant point de mâles, c'est inconsidérément qu'on a fait garantir au Roi la Pragmatique qui réunit tous ces mêmes États dans la personne de la reine de Bohême, surtout la France n'ayant pas été obligée de souscrire à cet acte par la situation de ses affaires. Mais aussi, on peut répondre que les Rois sont toujours mineurs, qu'ils ne peuvent pas plus que d'autres renoncer à une succession future, et encore moins faire perdre au Dauphin une propriété de biens qu'il ne tient point aujourd'hui des Rois de France ses ancêtres, mais de Philippe II, roi d'Espagne. Cette position du Roi de France est la plus grande qui ait jamais été[1].

Le prince de Carignan, premier prince du sang de Savoie, et le plus proche parent du roi, est mort à Paris

---

1. Toute cette partie politique est parfaitement traitée par Barbier, et il y a peu d'histoires générales où les faits soient plus nettement exposés.

au commencement de ce mois, âgé de cinquante-un ans. C'étoit un fort bon prince, mais extrêmement décrié par ses débauches avec nombre de filles d'Opéra, dont il étoit le premier directeur, et pour le dérangement de ses affaires. Ses créanciers sont sans nombre, et il tenoit à cet égard la conduite d'un escroc, attrapant tant qu'il pouvoit marchands et autres; c'est ce qui a fait dire qu'il y avoit un homme à l'Opéra, qui jouoit toutes sortes de rôles, hors celui de prince.

Il laisse un fils et une fille. Son fils est à Turin et marié à la princesse de Hesse, sœur de la feue reine de Sardaigne et de la jeune Duchesse seconde douairière.

Il laisse pour cinq millions de dettes qui pourront se payer, soit par la vente de l'hôtel de Soissons dont le prix sera considérable, soit par tous ses effets mobiliers; son écurie est rare, il y a un grand nombre de chevaux à six mille livres et à quatre mille livres. Il avoit un jeu à l'hôtel de Soissons qui lui rapportoit un gros revenu, et qui a été fermé la veille de sa mort, attendu que sa veuve n'en a pas besoin. La princesse de Carignan est fille légitimée du dernier duc de Savoie et de madame de Verue; elle a une pension du roi de France de cent soixante mille livres par an, par suite de conventions, ce qui lui suffira pour mener un train convenable à son état.

Ceci a fait un grand bien à Paris; le duc de Gesvres, gouverneur de Paris, avoit un pareil jeu qui lui rapportoit cent trente mille livres par an, payées tous les premiers jours du mois. Ces deux jeux étoient la ruine des enfants de famille de Paris, de bourgeois, d'officiers et autres. Cela faisoit la ressource d'un nombre de crocs; cela donnoit lieu à des vols au sortir du jeu, à des accidents funestes. Il n'y a pas plus de deux mois qu'un officier, ayant perdu tout ce qu'il avoit, revint désespéré à son auberge et se mit une si bonne dose d'opium dans le corps qu'il creva la nuit.

Le Cardinal a saisi la mort du prince de Carignan pour faire cesser le jeu de M. le duc de Gesvres. Comme la maladie a duré quelques jours et qu'il avoit eu même plusieurs rechutes depuis longtemps, le duc de Gesvres, premier gentilhomme de la chambre et fort bien en Cour, étoit instruit de son dessein. Le jour de sa mort, il a fait fermer son jeu, comme de lui-même, pour en faire un sacrifice au public. Le duc de Gesvres a toujours vécu en grand seigneur; il avoit vingt gentilshommes attachés à lui avec pension, une grande table et une écurie considérable; heureusement qu'il ne pouvoit pas faire grande dépense en femmes. Ses biens personnels étoient abandonnés à ses créanciers. Par ce coup funeste, il se trouve réduit à peu de revenu. Dès le lendemain, il a renvoyé une grande partie de ses domestiques, et a envoyé au marché un grand nombre de chevaux et n'a plus de table. C'est un seigneur fort aimé de tout le monde, s'employant tous les jours pour faire plaisir. On croit que le Cardinal, qui lui en vouloit depuis longtemps pour d'anciennes intrigues de Cour, n'a pas manqué cette occasion de lui jouer ce vilain tour. Il ne paroit pas qu'on lui donne aucune indemnité; cependant l'on croit qu'on lui accordera quelque somme d'argent pour payer ses dettes les plus pressées. Il y a plusieurs personnes mal à leur aise par ces deux contre-temps et qui ont des affaires sur le corps; il y a eu même quelques notaires dérangés pour des engagements avec le prince de Carignan, entre autres le sieur Boivin, qui a quitté son étude et sa maison, et que l'on disoit s'être noyé. Il demeuroit rue des Marmousets.

La guerre continue toujours sur mer entre les Anglois et les Espagnols, et ceux-ci ont toujours l'avantage des prises sur les Anglois. Ils leur prennent au moins le double des vaisseaux. Nos deux flottes commandées par M. le marquis d'Antin, vice-amiral, et par M. le comte de

La Rochalart, qui ont été en Amérique, sont restées tranquilles sur les côtes de Saint-Domingue[1] et n'ont rien fait. Elles sont même à la fin revenues ces jours-ci, l'une à Brest et l'autre à Toulon. On disoit qu'elles doivent escorter les galions, mais je n'ai point entendu dire qu'elles soient revenues. Elles paroissent aussi destinées, suivant la déclaration imprimée de la France, à empêcher les entreprises des Anglois en Amérique. Cela n'a point été exécuté, ils ont à présent en mer trois flottes considérables. Il est vrai qu'elles ont souffert beaucoup par les maladies et les mauvais temps, mais ils arrivent toujours et ils ont beau jeu aujourd'hui pour entreprendre, que nos flottes sont de retour.

Mais il est arrivé dans le retour une aventure qui aura des suites. En quittant l'Amérique, il y avoit quatre de nos vaisseaux ensemble, dont le premier étoit commandé par M. le chevalier d'Épinay. L'amiral anglois a détaché six vaisseaux de guerre pour aller à la rencontre des quatre. Ils se sont trouvés à la portée de la voix, sur les huit heures du soir, à la nuit, dans le mois de janvier, près de Saint-Domingue. Sur les demandes, nous avons répondu que nous étions François. Les Anglois ont feint de ne nous pas reconnoître, et ils ont demandé qu'on amenât le canot, qui est le cérémonial d'honneur en mer. Notre commandant a répondu que s'ils ne vouloient point le croire, ils n'avoient qu'à eux-mêmes envoyer un canot. Les Anglois alors ont attaqué. Le combat naval a duré toute la nuit. Ils étoient six vaisseaux, et par le détail des vaisseaux ils avoient plus de cent pièces de canon plus que nous. L'avantage est resté aux François. Un des vaisseaux anglois a été démâté des trois mâts, et un autre sur le côté. A la pointe du jour les Anglois, qui s'étoient retirés, se sont trouvés

---

1. Voir, sur cette campagne du marquis d'Antin, *Histoire de la marine française*, par le comte de La Peyrouse. Paris, 1845, in-8, t. III, p. 246 et suivantes.

à une lieue de l'endroit où le combat s'étoit donné, et où nos vaisseaux étoient restés. Alors le commandant anglois a détaché un canot avec un officier, qui est venu faire excuse de ce qui étoit arrivé; que c'étoit une méprise, et qu'ils nous avoient pris pour des Espagnols. Notre commandant a répondu à cet officier que la méprise étoit un peu forte, et que ce n'étoit point à lui à en décider, mais aux puissances respectives; qu'au surplus ils devoient être contents des François; qu'apparemment ils faisoient quelque route, et que les François ne quitteroient pas qu'ils ne les eussent vus partir. L'officier s'en est retourné, les Anglois ont parti de leur côté et nous avons continué notre route.

Personne n'est la dupe de cette prétendue méprise. Les Anglois prétendent toujours avoir les honneurs de la mer, et on est persuadé qu'ils nous haïssent et nous haïront toujours. Dans les *Gazettes* angloises et dans les nouvelles de Londres, ils ont rapporté le fait comme ayant été à leur avantage; ils ont eu même la témérité de marquer que les François avoient envoyé faire excuse avec leur politesse ordinaire, de manière qu'on a été obligé de rapporter le fait tel qu'il s'est passé dans la *Gazette de France* à l'article *Paris*, où l'on fait entendre qu'il ne devoit pas y avoir eu de méprise.

Il s'agit de savoir présentement comment notre pauvre cardinal prendra tout ceci[1]. Les gens de guerre le blâment infiniment de son indolence sur la déclaration de guerre avec les Anglois, car l'insulte est marquée. Mais on ne peut bien juger de son ministère à cet égard que par l'événement. Suivant le mouvement général de l'Europe, il paroît que quelque amour qu'il ait pour la paix, il aura bien de la peine à éviter la guerre. Il n'est pas douteux que les Anglois surtout et les Hollandois, que l'on appelle les puissances maritimes, ont un inté-

1. Le cardinal de Fleury ne voulait point la guerre, et Voltaire dit qu'elle fut entreprise malgré lui.

rêt décidé à conserver, dans la personne de la reine de Hongrie qui représente aujourd'hui la maison d'Autriche, tous les biens et la même puissance qu'avoit l'Empereur qui a toujours été leur allié, pour maintenir la balance de l'Europe contre la France et la maison de Bourbon, qui est à présent très-puissante.

Leur dessein à présent n'est plus caché. Dans les derniers discours du Parlement d'Angleterre rapportés au long dans la *Gazette de Hollande,* le Roi et la nation s'unissent pour s'opposer aux puissances qui travaillent au démembrement des biens et des États de la maison d'Autriche. Le roi d'Angleterre, comme électeur d'Hanovre, met vingt-cinq mille hommes sur pied pour aller au secours de la reine de Hongrie. Les Anglois sont alliés avec la Russie. Les Hollandois ne se sont point encore déclarés. Il s'agit de savoir qui ils entraîneront dans leur parti, du Danemark, de Suède et de Saxe. Tous ces différents intérêts des princes d'Allemagne tiennent tout en suspens. Tous ont armé, mais à l'exception du roi de Prusse, aucun ne prétend encore partir. M. le maréchal de Belle-Isle a été dans toutes les cours[1], et en dernier lieu il a passé trois jours à Dresde avec le roi de Pologne et ses ministres. C'est ce qui fait croire que l'élection de l'Empereur n'est pas prochaine.

Dans toutes ces circonstances, depuis la mort de l'Empereur, nous avons eu plus de prétextes qu'il n'en falloit pour déclarer la guerre aux Anglois. On auroit été en état de leur tenir tête avec les Espagnols, et les Malouins n'attendent que cela pour couvrir la mer de vaisseaux et pour les désoler. Reste à savoir s'il n'auroit pas été plus prudent de profiter de la division inévitable dans l'Allemagne, des troubles qui sont arrivés en Russie, pour réduire cette nation qui est la seule que nous ayons à craindre, et pour borner son commerce, que d'attendre que les affaires d'Allemagne s'arrangent, que les

---

1. Ce fut lui, dit Voltaire, qui dirigea toutes les négociations.

intérêts différents se développent, que nos vues soient trop à découvert, que les puissances aient armé, et qu'enfin les Anglois se trouvent en état de former contre nous une ligue considérable, d'autant que la France excite avec raison la jalousie de toute l'Europe. C'est ce que nous verrons par la suite. Mais nous avons déjà un exemple de la trop grande modération du cardinal. Nous avons été les maîtres, dans la dernière guerre, de chasser l'Empereur de l'Italie et de l'incommoder fort en Allemagne. Le cardinal lui a donné la paix, même sans l'avis de l'Espagne et de la Sardaigne, ses alliés. L'Empereur n'a pas été plus tôt remis, qu'il a fait un traité avec l'Angleterre, les Hollandois et la Russie contre nous. S'il n'étoit pas mort, nous aurions une guerre sanglante. En bonne politique, les ennemis décidés ne cessent jamais de l'être dans le cœur. Il n'y a pas de plus sûr moyen pour sa tranquillité, que de les détruire entièrement quand on en a l'occasion.

M. le marquis d'Antin, vice-amiral, fils de madame la comtesse de Toulouse, est mort à Brest peu de temps après son arrivée, âgé de trente-cinq ans. Il est bien heureux, car il étoit perdu pour tout le mal qu'on en dit. M. de Roquefeuille, chef d'escadre, rapportoit contre lui en Cour des mémoires épouvantables, signés des officiers mêmes de son bord. On ne lui donnoit que trois qualités : de fripon, de lâche et d'impertinent par ses hauteurs. Il n'y avoit aucune discipline dans sa flotte. On croit ici qu'il s'est battu et qu'il est mort de ses blessures, par la raison qu'il est parti d'ici M. Morand, fameux chirurgien et son ami, qui n'a pas eu le temps d'aller jusqu'à Brest. On compte que si c'eût été maladie ordinaire, on auroit mandé un médecin. Il est sûr qu'il n'a pas été en état de supporter la litière pour venir à Paris.

A l'égard du dedans du royaume, il n'est pas en trop bon état, les provinces souffrent beaucoup, et il n'y a pas d'argent. Ici, à Paris, l'on mange toujours le pain à trois sols neuf deniers la livre, ce qui fait une cherté longue. Il n'est pas douteux qu'on emploie à présent le blé que le ministère a fait venir en grande quantité, et l'on est persuadé qu'il n'y perd rien. Jusqu'ici le temps ne nous annonce pas une année heureuse; il y a neuf semaines qu'on n'a vu d'eau et il fait actuellement froid, d'où l'on craint fort que les foins et les avoines n'augmentent plutôt que de diminuer. On ne s'aperçoit point de la misère à Paris où tout est d'une grande magnificence, en équipages et en habits, surtout les hommes, et ce luxe a pris dans tous les États.

Les deux jeux de l'hôtel de Soissons et de l'hôtel de Gesvres avoient autorisé bien des femmes d'avoir des jeux défendus dans leur maison, ce qui étoit difficile à empêcher. Par la cessation de ces jeux, on a rendu une nouvelle ordonnance pour la défense de tous les jeux de hasard, pour quelques personnes que ce soit; elle est assez mal rédigée, il suffit qu'on tienne la main à la faire exécuter.

Mai.

Nouvelles de la Cour. — Tête humaine cuite aux herbes et au lard. — Procès du duc de Biren. — Le duc de Gramont et la place de colonel des gardes françaises. — Le duc de Fleury, premier gentilhomme de la Chambre.— Intrigues à l'occasion de cette charge. — La duchesse de La Trémoille. — Voyage du duc de Chartres.

Le Roi est à Marly avec toute sa Cour pour trois semaines, sans préjudice des petits voyages particuliers qu'il fera à Choisy. Tout va de même que s'il n'y avoit aucunes affaires sur le tapis.

Lundi 8, le Roi a fait la revue de ses régiments des gardes Françoises et Suisses dans la plaine des Sablons, où il vint de la Muette, où il avoit soupé et couché la veille. La Reine, Mesdames de France et M. le Dauphin y étoient venus de Marly et de Versailles. M. le duc de

Chartres y étoit aussi à cheval. C'est un prince infiniment gros pour son âge.

Le 5 de ce mois, on a pris en Cour le deuil pour M. le prince de Carignan, pour quinze jours, sur la notification de la mort par le prince de Carignan, son fils.

Le 10 de ce mois, aventure fort singulière! Un homme, habillé en ouvrier, entra en plein midi dans l'allée d'un faïencier, rue Saint-Martin, aux environs de la rue aux Ours, et se reposa sur les premières marches d'une montée, tenant dans sa main une huguenotte[1] dans un torchon. Une servante, qui balayoit l'allée, lui demanda ce qu'il faisoit. Il répondit qu'il se reposoit, il posa son paquet sur les marches et se mit en devoir de pisser. La servante s'étant retirée, l'homme s'en alla pendant ce temps; la servante lui cria en vain de reprendre ce qu'il oublioit. Le faïencier étant survenu, on découvrit l'huguenotte et l'on y trouva la tête d'un homme cuite avec des herbes et du gros lard. Le spectacle parut effrayant. On courut chercher le commissaire et la garde qui portèrent ce dépôt à la Morgue du Châtelet, où tout le peuple a été en foule pour voir cette tête. On n'a point trouvé l'homme et l'on ne sait que penser de ce fait, car des gens qui assassinent un homme sont assez embarrassés de l'action et de se défaire du corps, sans s'amuser à faire cuire une tête, et à l'exposer en public en plein jour. On ne sait si ce sont des chirurgiens qui, pour quelque expérience, ont fait cet usage de cette tête. Mais pourquoi s'exposer à des peines en la portant ainsi? D'autres ont pensé que ce pouvoit être pour faire voir que la misère étoit si grande qu'on se déterminoit à manger de la chair humaine. Mais la misère n'est pas encore à ce point, à moins que dans cette maison il ne soit arrivé quelque aventure qui ait occasionné un assassinat, et que pour manifester la vengeance, on y avoit porté cette tête ainsi cuite. Ce qui est

1. Espèce de marmite.

de certain, c'est qu'on ne sait encore rien de précis sur ce triste événement.

Par rapport à la Russie, la Cour a nommé des commissaires pour le procès d'Ernest de Biren, duc de Courlande[1]. On lui a ôté tous ses biens et ceux de ses frères et de sa famille, toutes ses dignités et marques d'honneur et le duché de Courlande. Par l'instruction du procès, il a été convaincu du crime de lèze-majesté, et il a été condamné à mort. Mais le Czar, ou pour mieux dire, la princesse Régente, sa mère, lui fait grâce de la vie pour être conduit avec ses enfants dans un château en Sibérie, avec un certain nombre d'officiers pour le servir, et on travaille à l'élection d'un nouveau duc de Courlande. On dit, par les *Gazettes*, que le sieur de Biren avoit donné des Mémoires pour sa justification, et pour instruire la Régente de mouvements et complots secrets qui avoient été faits contre le présent gouvernement. Quoi qu'il en soit, il ne sera plus question à présent de ce grand duc de Biren.

Huit jours après la revue du régiment des gardes, M. le duc de Gramont, colonel du régiment des gardes françoises, est mort âgé de cinquante-trois ans. Il ne laisse point d'enfants mâles. Cette place, qui rapporte cent vingt mille livres de rentes, et qui est une des plus considérables de l'état militaire, a été fort courue. M. le cardinal de Fleury avoit envie de profiter de cette place pour en donner quelque autre au duc de Fleury, son neveu. On parloit de M. le duc de Villeroy, capitaine des gardes du corps, de M. le prince de Soubise, commandant des gendarmes. La maison de Pouilles, et toute cette famille qui est nombreuse, sollicitoit vivement pour le comte de Gramont, frère du défunt et qui devient duc par sa mort. Mais il n'a aucun poste considérable à remettre, ce qui ne faisoit pas le compte du Cardinal. Un beau matin, le Roi a déclaré au Cardi-

---

[1]. Voyez plus haut, p. 238.

nal qu'il avoit donné le régiment des gardes à M. le comte de Gramont. Cette façon de donner a fort étonné et mortifié le Cardinal, qui est dans l'habitude depuis longtemps de disposer des places.

M. le duc de La Trémoille a fait la sottise de s'enfermer avec sa femme, sœur du duc de Bouillon, qui a eu la petite-vérole. Il a gagné cette vilaine maladie et en est mort en quatre jours de temps, le 23 de ce mois, à l'âge de trente-trois ans. Il est extrêmement regretté de tout le monde ; il étoit revenu depuis deux ans des fantaisies de jeunes seigneurs, il s'étoit attaché à sa femme dont il laisse deux enfants, un fils [1] et une fille. Toutes ses affaires qui étoient en direction sont rangées depuis six mois, il ne devoit plus rien et jouissoit de plus de deux cent mille livres de rente en fonds de terre ; c'est sans contredit le plus grand seigneur de la Cour après les princes. Il avoit infiniment d'esprit, et en s'attachant à des occupations sérieuses, cela auroit fait dans la suite un grand homme d'État. Il auroit fait bien plus sagement d'avoir peur de la mort dans cette occasion, que lors de la malheureuse histoire qui a couru sur son compte dans la malheureuse guerre d'Italie [2].

Il n'avoit point encore prêté serment pour son gouvernement de l'île de France, que M. le comte d'Évreux reprend et garde.

Sa charge de premier gentilhomme de la chambre a fait du bruit. Les trois autres premiers gentilshommes de la chambre qui sont : le duc de Gesvres, le duc d'Aumont et le duc de Rochechouart, l'ont demandée au Roi pour le petit duc de La Trémoille, son fils, âgé de trois ou quatre ans. Ils ont offert de faire son service alternativement ; à la vérité ils travailloient pour eux en pareille occasion. M. le duc de Gesvres, qui n'a point d'enfants, en qualité d'impuissant déclaré, a dit même au

1. Jean-Bretagne-Charles Godefroi, né en 1737.
2. Voyez plus haut, t. II, p. 1734, juin.

Roi qu'il étoit glorieux à Sa Majesté d'avoir pour premier gentilhomme un homme du nom de La Trémoille.

M. le duc d'Orléans, qui ne se mêle de rien, l'a sollicitée pour le fils, en disant au Roi que c'étoit son seul parent à la Cour. La maison de Condé, le prince de Conti, M. le duc de Bouillon, grand chambellan, oncle, ont fortement demandé pour le fils ; madame de Mailly, d'un autre côté, a demandé cette place très-sérieusement et bon jeu bon argent pour M. le duc de Luxembourg, qui est aussi un grand nom.

Il s'agissoit ici d'un coup de parti pour le crédit du Cardinal à cause de la dernière affaire du comte de Gramont. Ma foi, il l'a emporté, et le Roi l'a donnée à M. le duc de Fleury[1]. Le mercredi matin, dernier de ce mois, le Roi, étant dans son lit, fit demander qui étoit dans l'antichambre. L'huissier lui nomma plusieurs seigneurs, entre autres M. le duc de Fleury, il dit de le faire entrer. M. le duc de Gesvres, qui étoit à côté du lit, se retira un peu, et le Roi dit au duc de Fleury : « Je vous donne la « charge du premier gentilhomme de feu M. le duc de La « Trémoille, » et lui donna un petit billet pour porter au Cardinal. Après de profonds remerciements le duc de Fleury sortit.

Il alla chez son oncle et demanda à lui parler. Il étoit neuf heures, il travailloit avec M. Amelot, secrétaire d'État des affaires étrangères. Bergerac, son valet de chambre, annonça le duc de Fleury. Le Cardinal répondit qu'il étoit à travailler ; Bergerac rentra lui dire qu'il venoit de la part du Roi. « Oh ! que me veut le Roi, « dit-il, qu'il attende. » Bergerac rentra encore. « Mais, « Monseigneur, M. le duc de Fleury a une lettre du Roi « à vous remettre. » — « Eh bien ! qu'il entre donc ! » Faisant fort le fâché, M. le duc de Fleury entra avec grande révérence, lui remit la lettre ou billet et lui dit :

1. André-Hercule de Rollet, marquis de Rocozet, duc de Fleury, né le 27 septembre 1715.

« Mon oncle, j'étois obligé de vous informer que le Roi
« a eu la bonté de me donner tout à l'heure la place de
« premier gentilhomme. » Le Cardinal se lève en gesti-
culant des bras comme un homme fâché, qu'il ne souffrira pas cela, bien des mauvais propos. Enfin il dit à
son neveu : « Voilà qui est bien, » et à M. Amelot :
« Allons, Monsieur, je vous demande pardon, si nous
« sommes obligés de finir notre travail, mais il faut bien
« que j'aille remercier le Roi; qu'on m'habille! »

M. Amelot présent, à qui on n'avoit point demandé
aucun secret, a redit la scène qui est d'un grand et d'un
petit comédien. Le Cardinal savoit parfaitement ce qui
devoit se passer le matin, et le billet dont son neveu seroit chargé; il avoit fait venir exprès M. Amelot pour
être témoin de ses mines, pour faire croire qu'il n'avoit
pas de part à cela; que cela venoit de la pure et libre
bonté du Roi. On est bien persuadé qu'il a fait ici tous
ses efforts auprès du Roi; il lui aura représenté qu'on le
regarderoit comme n'ayant plus aucun crédit, et qu'à
son âge, c'est la dernière grâce qu'il lui demandera,
qu'il revivra dans la personne de son neveu, le sachant
si intimement attaché à Sa Majesté.

Le Cardinal a écrit dès le jour même une lettre à madame la duchesse de La Trémoille[1]; c'étoit un si grand
galimatias qu'une personne d'esprit, qui venoit de la
lire, n'a pas pu la rendre au juste, pour dire qu'il ne voudroit pas être le dernier à lui apprendre que le Roi avoit
disposé de la charge en faveur de son neveu, pour lui
marquer la part qu'il prenoit au chagrin de cette princesse; et, mot pour mot, que s'il avoit été consulté, le
Roi lui auroit rendu la justice qu'elle avoit lieu d'attendre.

Il faut convenir que la Cour et la Ville ont paru surpris qu'on ait ôté la charge dans cette maison, où elle

---

1. Cette lettre se trouve dans les *Mélanges historiques*, de Bois-Jourdain, t. II, p. 124.

étoit depuis longtemps. Quelle différence du nom de La Trémoille à celui de Fleury! M. le duc d'Orléans a écrit, dit-on, une lettre au Roi assez forte à ce sujet, et le Cardinal vient de se faire de puissants ennemis par cette faveur qu'il a emportée.

Je crois que le Cardinal aura employé une raison d'exclusion pour le jeune duc qui aura déterminé le Roi. Madame la duchesse de La Trémoille est grande janséniste, entourée de femmes et d'hommes de cette secte, gens même peu convenables pour elle; elle n'agit que par eux. Il aura représenté au Roi que ce petit seigneur sera élevé dans ces sentiments, et qu'il ne faut pas de ces gens-là auprès de Sa Majesté; elle a été élevée dans la haine des jansénistes, et cela peut avoir suffi.

D'ailleurs, il y en a d'autres qui pensent qu'il n'est pas de la grande politique de rendre les grandes places héréditaires pour ainsi dire dans les maisons, que les seigneurs se croiroient en possession de ces places et que le Roi doit les donner, quand elles vaquent, à ceux qui les ont méritées ou par leurs actions ou pour leur attachement à sa personne.

Le lendemain des fêtes de la Pentecôte, M. le duc de Chartres est parti pour son voyage, pour visiter les principales places de guerre en Flandre, et pour voir quelques ports de mer pour son instruction. Il est conduit par M. le maréchal de Puységur que le Roi lui a donné. Il fait ce voyage en prince. On dit qu'il a deux cents personnes à sa suite, ce qui causera une dépense fort considérable à M. le duc d'Orléans; mais cela est à sa place. Il est étonnant que le duc de Chartres voie et apprenne, à quinze ans, ce que le Roi n'a jamais vu ni fait à trente-trois ans.

Juin.

Démonstrations de guerre. — Les Anglais à Carthagène. — Réflexions sur la politique du Cardinal. — Mort de la duchesse de Bourbon. — Conduite du

Parlement à l'occasion de cette mort. — Funérailles de la Duchesse. — Bruits de Paris. — Le duc de Chartres. — Petit voyage du Roi. — Le Palais-Royal. — Le comte de Montijo. — M. de Bussy. — Échec des Anglais devant Carthagène. — Préparatifs de guerre. — État de santé du Cardinal. — Chauvelin et Maurepas. — Les adjoints du Cardinal. — Affaires de l'Empire. — Discorde dans la maison de Condé. — Affaires diverses. — Armements de la France.

A la fin, le Cardinal s'est déterminé à faire quelque mouvement et démonstration de guerre par de nouvelles ordonnances du Roi. On augmente toutes les compagnies de dix hommes. On fait ici, depuis quinze jours, des recrues à force. Les rues sont pleines de gens engagés et qui partent continuellement pour se rendre aux régiments. La misère qui dure depuis longtemps et la fainéantise donnent beaucoup d'hommes.

Mais tout le monde, grands et petits, se plaint que ces mesures prennent trop tard. Depuis la mort de l'Empereur, toute l'Europe a armé et est en état; la Ligue et le traité sont annoncés depuis longtemps entre l'Angleterre, les Hollandois et la Russie, en faveur de la reine de Bohême, pour faire cesser les entreprises du roi de Prusse. Les Anglois eux-mêmes avoient dix mille hommes en Flandres, pour défendre le pays de tout événement.

Il y a plus. Les Anglois poursuivent leurs entreprises et font de grands progrès dans l'Amérique sur les Espagnols. Il paroît, d'après ce que l'on annonce dans les *Gazettes*, que l'amiral Vernon a paru devant Carthagène dès le mois de mars, avec une flotte de cent vingt-quatre vaisseaux, qu'il a attaqué et débarqué. Et les nouvelles du 12 avril sont qu'il avoit pris trois des forts, qu'il n'en restoit plus qu'un à prendre; que les Espagnols avoient été obligés de faire couler à fond et de faire sauter trois gros vaisseaux de guerre de soixante-dix pièces de canon, pour embarrasser le détroit et empêcher la communication pour aller à la ville, et que l'amiral Vernon étoit occupé à faire déboucher, pour faire passer toute la flotte et faire débarquer ses troupes pour assiéger la ville. Il y a, à ce qu'on dit, une bonne garnison, et on regarde la prise de cette ville comme très-difficile d'autant qu'il y a des sables impraticables, mais aussi depuis le 12 avril il s'est passé bien du temps; c'est beaucoup de s'être emparé des forts, et il est à craindre que la ville ne soit prise à présent [1]. C'est une place infiniment considérable à l'Espagne, d'une grande richesse; une partie des galions y étoit. On ne sait pas absolument si on les en a retirés. Cette perte fait faire des banqueroutes considérables, non-seulement en Espagne, mais bien davantage en France.

Or, l'Espagne est notre alliée. Il y a plus d'un an que le Roi a déclaré à toute l'Europe par un imprimé qu'il ne chercheroit pas la guerre, mais qu'il ne souffriroit pas que l'Angleterre fît quelque entreprise dans l'Amérique. Depuis ce temps-là, elle s'est moquée de nos rodomontades, elle nous a insultés plus d'une fois sur mer, elle a pris Porto-Bello [2], et elle attaque Carthagène. On peut dire, sans être politique, que cela est extrêmement honteux à la nation.

Pour le coup, tout le monde crie contre l'indolence du Cardinal, qui ne songe qu'à être le maître à Versailles, et qui, hors d'état à son âge de soutenir le poids d'une guerre, s'amuse à parlementer et à envoyer M. de Belle-Isle de porte en porte, chez les puissances. Il est à craindre que nous n'ayons une guerre trop tard et très-désavantageuse [3]. Elle deviendra générale et sérieuse. C'étoit notre intérêt d'abattre la maison d'Autriche, et nous en étions les maîtres, pour ôter la balance et la

---

1. Malgré ses premiers succès, Vernon fut obligé de lever le siége. — Voir Voltaire, *Précis*, ch. VIII.

2. Cette ville, située dans le golfe du Mexique, fut prise sur les Espagnols et rasée en mars 1740, par l'amiral Vernon. Il fit, dit Voltaire, un chemin ouvert par lequel les Anglais purent exercer à main armée le commerce autrefois clandestin qui avait été le sujet de la rupture.

3. Les événements ne tardèrent point à prouver que Barbier avait bien jugé la situation.

mettre de notre côté. L'intérêt de toute l'Europe est de conserver la maison d'Autriche, ou ses représentants, c'est-à-dire le grand-duc de Toscane pour empereur, pour réunir toujours l'Empereur, l'Angleterre et la Hollande, et d'abattre, s'il est possible, la maison de Bourbon. Il est à craindre qu'on en vienne à bout. On commence à regretter M. Chauvelin. Il doit être bien content de cette plate administration, et peut-être les circonstances deviendront-elles bien favorables à ses amis pour parler en sa faveur.

Le 14 de ce mois, mercredi, à onze heures et demie du matin, madame la jeune duchesse de Bourbon est morte. Elle étoit fille du landgrave de Hesse-Reinfeld, sœur de la feue reine de Sardaigne[1] et de la branche cadette du roi de Suède, veuve depuis très-peu de temps de M. le duc de Bourbon; elle était âgée de vingt-six ans et neuf mois. On l'a ouverte en présence de douze médecins et chirurgiens et cela s'est fait apparemment avec cet appareil, à cause des mauvais bruits, qui avoient couru à son sujet, sur le compte de M. le Duc. Depuis son veuvage, elle a toujours été malade et elle a beaucoup souffert. On la croyoit attaquée du poumon comme sa sœur. On dit cependant qu'elle est morte de la suite d'un lait répandu de sa couche que les médecins n'ont point connu. Elle a été fort regrettée, elle étoit jeune, jolie et bonne; elle avoit été fort gênée depuis son mariage avec M. le Duc, qui depuis avoit toujours eu pour maîtresse madame la comtesse d'Egmont. Elle commençoit à jouir, et elle pouvoit jouir longtemps. Elle jouissoit de plus de deux cent mille livres de rentes, tant des bienfaits du Roi que par les bons procédés de M. le comte de Charolois, qui aimoit beaucoup sa belle-sœur.

La jeune Duchesse a été exposée pendant huit jours dans une chapelle ardente, dans son appartement, avec

---

[1]. Christine-Jeanne de Hesse-Rhinfelds, femme de Charles-Emmanuel III, morte en 1735.

toute la magnificence possible par la quantité de tentures dans l'hôtel de Condé et par les armoiries. Mademoiselle de Clermont, sa belle-sœur, surintendante de la maison de la Reine, a été jeter de l'eau bénite, au nom de la Reine, le mardi 20, avec des gardes du corps et cent Suisses. Elle a été reçue par les princes et princesses de la maison de Condé, et elle a été conduite par M. le marquis de Dreux, grand maître des cérémonies, et par le maître des cérémonies. Comme c'est une princesse, le Roi n'a envoyé personne de sa part.

Le Parlement a refusé d'aller en corps jeter de l'eau bénite; cependant il y avoit été à M. le Duc son mari. Apparemment qu'il prétendoit y avoir une différence par rapport aux princesses. D'ailleurs, le Parlement ne fait peut-être cette cérémonie que pour les princes de la maison royale et pour les princes du sang inclusivement. Or, M. le Duc n'avoit plus la qualité de premier prince du sang, depuis la mort de M. le duc d'Orléans, régent, qui étoit encore altesse royale. Cette qualité appartient à M. le duc d'Orléans d'aujourd'hui, qui n'est plus qu'altesse sérénissime, ce qui recule infiniment les autres princes.

Quoi qu'il en soit, M. le comte de Charolois s'est donné beaucoup de mouvement pour obliger le Parlement à faire cette démarche. Le chapitre de Notre-Dame et l'archevêque de Paris à la tête y avoient été, jusque-là que M. le comte de Charolois avoit dit que le corps de la princesse resteroit plutôt dix ans dans l'hôtel, dans un appartement particulier, avec six cierges autour de son corps, s'il n'y alloit pas.

Enfin le Roi a envoyé ordre par une lettre de cachet au Parlement d'aller jeter de l'eau bénite, et en conséquence il y a été le vendredi 23, et les autres Cours y ont été ensuite. Ce qui a retardé le convoi. Peut-être aussi cet ordre a-t-il eu pour motif de ce que cette princesse est de la maison du roi de Suède, et à cause de lui par rapport aux circonstances présentes des affaires.

Samedi 24, jour de Saint-Jean, a été fait le convoi de la princesse qui a été enterrée à dix heures du soir aux Carmélites du faubourg Saint-Jacques. Cette pompe a été faite avec grande magnificence. Il pouvoit y avoir au moins trois cents flambeaux portés par des domestiques, beaucoup d'officiers à cheval, les hérauts d'armes; plus de douze carrosses de deuil à six chevaux caparaçonnés en velours noir et argent, et le char à six chevaux, garni et couvert d'hermine avec les armoiries, dont les quatre coins étoient portés par quatre aumôniers à cheval. Ce char étoit extraordinairement précédé, entouré et suivi de flambeaux. M. le comte de Charolois avoit ordonné tout dans le grand.

Il ne reste donc plus pour le chef de cette maison qu'un jeune prince de quatre ans, qui se porte fort bien jusqu'à présent, et qui sera excessivement riche par les épargnes, s'il vit.

On a dit dans Paris, ces jours-ci, que les Anglois s'étoient engagés dans le canal de Carthagène, après avoir pris quelques forts. Le gouverneur de cette ville, où il y avoit trois mille hommes de bonnes troupes et douze mille habitants avec des armes, avoit fait pointer six cents pièces de canon, qu'il avoit abîmé la flotte de l'amiral Vernon, tué trois mille Anglois, coulé à fond des vaisseaux et que les Anglois avoient été obligés de se retirer en très-mauvais état et avec une grande perte. Cependant il n'en est parlé en aucune façon dans les *Gazettes*, ni de la part de l'Angleterre, ni de la part de l'Espagne.

On parle toujours d'alliance entre la Russie, l'Angleterre, la Hollande et la reine de Hongrie; peut-être aussi l'électeur de Saxe, roi de Pologne. On parle aussi dans la *Gazette de Hollande* d'alliance entre l'Espagne, la Sardaigne, la France et la Bavière. D'autres disent qu'il y a un traité de neutralité entre la France et la Hollande.

Cependant on garnit et on fortifie toutes les places de la Bavière.

On parle aussi de grands projets; qu'il n'y aura plus d'Empereur, et que les électeurs seront respectivement rois et indépendants dans leurs territoires. En ce cas, le roi de France seroit non-seulement le plus puissant, mais le premier prince de l'Europe. Mais au fond on ne sait rien de positif sur les projets de négociations, et il seroit bien surprenant si le Cardinal sortoit glorieusement de cet événement, même sans guerre effective.

M. le duc de Chartres, qui a à présent seize ans, est revenu à Paris de son voyage pour lui faire voir les principales villes de Flandres et quelques ports de mer. Il avoit deux cents personnes à sa suite; il étoit conduit par le maréchal de Puységur, et il a été reçu dans la ville de Lille et dans les autres avec tous les honneurs dus à son rang. Ce prince est fort puissant pour son âge et le seul de la maison d'Orléans; il est temps de le marier, et l'on présume que ce voyage a été le préliminaire de son établissement. Enfin, il a vu ce que le roi de France n'a pas encore eu la curiosité de voir. Tous ses voyages se terminent à Rambouillet, La Muette et Choisy, lesquels il réitère très-souvent, et ce qui coûte plus, à ce que l'on dit, que les dépenses que Louis XIV faisoit en bâtiments et en fêtes. Le Roi ne passe jamais huit jours de suite à Versailles, ce qui fait même grand tort à toutes les affaires. Le Cardinal, qui ne cherche qu'à se tranquilliser, part toutes les fois pour sa maison d'Issy. Les autres ministres reviennent aussitôt à Paris, sans jour fixe ni marqué; en sorte qu'on ne sait plus, à moins d'être au fait des nouvelles de cour, les trouver ni à Versailles ni à Paris.

La reine d'Espagne, qui demeure au Luxembourg, est partie pour faire une promenade de quinze jours à Compiègne, avant que le Roi n'y aille. Ce voyage a donné lieu à des nouvelles de Paris. On a dit qu'à son retour elle irait à Fontainebleau, et de là ou à Chambord ou à Vincennes. On a fait la destination du palais du Luxembourg, et il s'est répandu que M. le duc de Chartres épouseroit Madame Seconde, avec maison et titre d'Altesse Royale, et qu'ils logeroient au Luxembourg, parce que le Palais-Royal est occupé par Son Altesse Royale Madame la duchesse d'Orléans, et par M. le duc d'Orléans qui, attendu sa retraite et sa grande dévotion, n'aimeroit pas un train de maison si bruyant. Mais ce bruit de mariage n'a aucun fondement ni aucune apparence. Il est même à croire que le mariage de Madame Seconde entrera dans les projets d'accommodement avec quelques puissances.

M. de Bussy, ministre de France en Angleterre, est revenu à Paris, d'où il doit, dit-on, se rendre à Hanovre, où est à présent le roi d'Angleterre, par rapport aux affaires d'Allemagne.

M. le maréchal de Belle-Isle est aussi de retour à Paris, après avoir fait ses courses d'Allemagne auprès du roi de Prusse, de l'électeur de Bavière et autres princes, pour savoir apparemment les dispositions dans lesquelles ils sont. Le comte de Montijo, ambassadeur d'Espagne à Francfort, fait à présent le même manége dans les différentes cours d'Allemagne.

Comme les conférences sont bien plus utiles que les relations par lettres, M. le maréchal de Belle-Isle et M. de Bussy sont bien à portée de rendre compte de l'état de l'Europe, et de déterminer le Cardinal à prendre un parti décidé. Ce M. de Bussy est un homme de fortune, mais de beaucoup d'esprit, sachant nombre de langues et extrêmement habile dans les négociations. Il a été longtemps à Vienne avant la dernière guerre avec l'Empereur.

La nouvelle est confirmée aujourd'hui de la levée du siège de Carthagène. L'amiral Vernon est parti et retourne à la Jamaïque, avec une perte considérable d'officiers, soldats et matelots, et un grand désordre dans sa flotte. Le détail en est tout au long dans les *Gazettes*. On dit que cette malheureuse expédition coûte des sommes immenses à l'Angleterre et beaucoup d'hommes, dont ils manquent principalement, car M. de Bussy lui-même a rapporté qu'ils sont obligés de prendre de force la nuit, dans les maisons, des hommes pour en faire des matelots. Ils ont démoli les deux forts qu'ils avoient pris d'abord. Cet événement est un coup extraordinaire pour l'Espagne et pour la France. Reste à savoir si on a bien fait d'en courir les hasards, et de s'exposer aux suites fâcheuses que pouvoit causer la prise d'une place aussi importante. Comme rien n'empêchera aujourd'hui les Anglois de pénétrer par le détroit jusqu'à la ville, au moyen de la démolition des forts, ou du moins qu'ils n'auroient plus à prendre que le fort de Saint-Lazare, on prendra apparemment les mesures nécessaires pour empêcher qu'ils n'y renvoient une autre flotte.

Cette nouvelle a dû causer une grande désolation à Londres, où l'on avoit fait de si grandes réjouissances pour le succès des armées navales de la nation. Sur la prise des deux premiers forts, on dit qu'on avoit cassé à Londres pour plus de vingt mille livres de vitres des maisons où l'on n'avoit pas fait de feux de joie. Par l'événement, ceux-là étoient plus prudents d'attendre ce que deviendroit cette entreprise [1].

Mardi, 11 de ce mois, il s'est tenu à Versailles un grand conseil général, où le maréchal de Belle-Isle a assisté, et où certainement il aura joué un grand rôle, en rendant compte de ses négociations, et en donnant son avis sur le parti à prendre.

Le Roi envoie vingt-cinq mille hommes à l'électeur de Bavière. Les régiments sont désignés, tous les officiers ont ordre de s'y rendre avec leurs bagages au mois

[1]. On avait même fait frapper par anticipation des médailles avec cette légende : « Il a pris Carthagène ! »

d'août, pour recevoir ensuite les ordres du dépôt. Six lieutenants généraux sont nommés, qui sont pris dans les derniers, parce que l'on dit que M. le maréchal de Belle-Isle sera généralissime des troupes de Bavière et de France. Cette armée sera composée de quatre-vingt mille hommes pour entrer dans les royaumes de Bohême et de Hongrie. Avec l'alliance du roi de Prusse, qui est toujours dans la Silésie, il n'est pas possible que la reine de Bohême résiste à la réunion de toutes ces forces, quoiqu'elle vienne d'être tout nouvellement couronnée à Presbourg, capitale de la Hongrie.

Cette guerre ou du moins ces préparatifs vont suspendre l'assemblée de Francfort, où réside et résidera le chevalier de Belle-Isle; ceci est bien glorieux pour le maréchal de Belle-Isle d'être, tout à la fois, plénipotentiaire chargé des négociations politiques et généralissime d'une grande armée. Dans son traité avec l'électeur de Bavière, qui a de son côté plus de quarante mille hommes de bonnes troupes, il n'aura pas voulu être exposé à la division ordinaire d'une armée commandée par deux généraux de différentes nations; ce qui arrivoit presque toujours dans les troupes auxiliaires que les électeurs et les cercles de l'Empire fournissoient à l'Empereur.

On dit qu'il y aura cent mille hommes dans les places de Flandres, prêts à former un camp et une armée sous les ordres du maréchal de Maillebois. On parloit même d'envoyer le maréchal de Noailles avec une autre armée en Italie, pour se joindre aux troupes d'Espagne qui attendent toujours à y entrer, et à celles du roi de Sardaigne qui est notre allié. En sorte qu'il se prépare une guerre universelle dans l'Europe, tant par terre que par mer. Ce qui pourroit être à craindre, c'est qu'il n'y aura d'employé aucun des bons lieutenants généraux, à qui on a fait un passe-droit par la dernière création de maréchaux de France.

Parmi ces grands et intéressants mouvements, le public s'est imaginé que le Cardinal ne pourroit pas suffire aux affaires, ce qui ne seroit pas bien surprenant, à quatre-vingt-dix ans ! Son état même tient du prodige, et de là il s'est trouvé qu'il avoit eu plusieurs faiblesses, et qu'il cherchoit lui-même à se décharger un peu de ce fardeau. On lui a cherché un successeur ou du moins un adjoint ; et comme chacun a ses partisans, on a parlé dans le public de M. Chauvelin, qui est reconnu assez publiquement pour homme de travail et de grand mérite ; de M. le comte de Maurepas, qui a infiniment de finesse, d'esprit et de manége de cour, mais que l'on dit trop jeune et ne savoir rien autre chose que sa marine qui, en tout cas, est une grande partie du gouvernement.

Comme il doit y avoir une haine irréconciliable entre lui et M. Chauvelin, par les discours qui ont été tenus de ce dernier, bien peu mesurés pour des gens en place, on sent bien que le retour du premier seroit la perte du second qui, par conséquent, doit tout employer pour l'empêcher. Toutes les princesses de la maison de Condé et de Conti, qui sont pour lui, aussi bien que madame de Mailly, favorite de Sa Majesté, Bachelier, son premier valet de chambre et son favori secret, entreprennent de les raccommoder. « Quarante mille hommes « n'en viendroient pas à bout, disoit une personne, « mais deux p...... femmes de cour y réussiront. »

On parle aussi du maréchal de Belle-Isle et même du chevalier, qui a pour le moins autant d'esprit que son frère ; mais de donner directement à ce dernier un titre de ministre d'État, cela seroit bien extraordinaire.

On met encore sur les rangs le maréchal de Noailles, à cause de madame la comtesse de Toulouse, sa sœur ; mais il est rejeté généralement. C'est un homme à systèmes, entreprenant, trop dangereux pour ses alliances avec toute la cour, pour toutes les grâces et places à donner, et aimant personnellement l'argent.

Enfin, il est question du cardinal de Tencin, à qui on a, dit-on, envoyé un courrier à Rome. Celui-là a le titre qui est le vrai moyen de parvenir. Il a ici pour fondée de procuration madame de Tencin, chanoinesse, sa sœur, qui est riche, ayant de l'esprit comme un diable, et intrigante au-dessus de tout. Mais les jansénistes, dont la cour ne laisse pas d'être peuplée dans l'intérieur, s'y opposeront de tout leur cœur.

Telles sont les nouvelles de Paris; et l'on dit au vrai qu'il n'en est aucunement question. Le Cardinal s'est fait bien des ennemis par le choix de premier gentilhomme de la chambre, qu'il a ôté de la maison de La Trémoille, pour le donner au duc de Fleury, son neveu, et par une infinité de grâces dont il dispose souverainement. Il y a six ans qu'on souffroit cela plus patiemment dans l'espérance que cela finiroit bientôt. Sa longue présence commence à ennuyer ceux qui peuvent le plus compter sur la faveur du Roi, se voyant toujours en arrière. C'est ce qui a fait prendre le parti de parler sur son compte et de murmurer, et quand dans ce pays-ci on a entamé quelqu'un, on ne le quitte plus.

Pour moi, je commence à croire que l'étoile triomphante et miraculeuse du Cardinal n'a pas encore fait son cours. Bien des gens pensent, malgré les grands préparatifs, qu'il n'y aura pas de guerre. On a, dit-on, quatre électeurs, Bavière, Palatin, Cologne et Brandebourg. Il n'en faut qu'un cinquième pour être maître de l'élection d'un Empereur, et en rejeter le Lorrain, grand-duc de Toscane. L'élection d'un Empereur, tel que nous le souhaitons, et aux conditions convenues avec lui à notre égard, finira toute guerre. Les autres puissances ne seront jamais en état de s'y opposer. Peut-être un autre ministre plus ambitieux auroit-il gagné davantage par une guerre plus prompte et effective, mais quels désordres et quels inconvénients ne s'ensuivent pas pour les hommes et pour l'argent! Si, au contraire, le Cardinal réussit à faire nommer un Empereur, à notre bienséance, et que le tout se passe sans guerre, pour peu que nous tirions d'avantage de ce grand événement, cela fera pour le Cardinal une fin de gouvernement supérieure à tout ministère.

C'est pour y parvenir qu'on prépare de notre part ces armées formidables de tous côtés. Le maréchal de Belle-Isle doit partir, le 17 de ce mois, pour retourner à Francfort, pour instruire apparemment les princes d'Allemagne des dernières résolutions du Roi et pour donner la loi, ou pour mettre à exécution les projets qui ont été résolus.

Pendant tous ces embarras d'État, il s'est élevé une petite guerre intestine dans la maison de Condé, à laquelle la mort de la jeune Duchesse a donné lieu.

Après la mort de M. le Duc, on a nommé au jeune prince de Condé, par avis des parents, en exécution du testament de M. le Duc, pour tuteurs honoraires : madame la Duchesse sa mère, et M. le comte de Charolois son oncle, un tuteur onéraire, et un Conseil de tutelle composé de trois avocats. Par la mort de la jeune Duchesse, il ne reste plus pour tuteur honoraire que M. le comte de Charolois.

Madame la Duchesse, première douarière, aïeule paternelle du jeune prince, a demandé à M. le comte de Charolois, son fils, de remplir la place vacante, et d'être tutrice honoraire, conjointement avec lui. Refus de la part du comte de Charolois, requête au Parlement de la part de madame la Duchesse pour procéder à une assemblée des parents; plainte respective des parties. Dans le public, discours même peu mesurés et peu séants, tout ainsi que dans le bourgeois. Il faut savoir que M. le comte de Charolois hait et méprise madame sa mère, et que madame la Duchesse ne considère pas trop M. son fils. Cette inimitié vient de loin. Ils ont peut-être raison tous deux. Madame la Duchesse se conduit par les conseils de M. le comte de Lassay, son premier écuyer. M. le comte de Charolois tient enfermée dans une maison près Montmartre, et depuis longtemps, madame de Courchamp, femme du maître des requêtes, vivant. Il ne vient à l'hôtel que pour assister au Conseil, on ne lui parle que là. On adresse ses lettres aux suisses de l'hôtel de Condé, et du reste il n'a point d'autre domicile que la petite maison, et on ne le voit nulle part, hors à Versailles quand il faut faire les fonctions de grand-maître, ou à Chantilly pour chasser.

Il est encore vrai que dans le Conseil les trois avocats peuvent faire de belles et sages délibérations; mais l'avis de monseigneur l'emporte toujours, et il n'en fait que ce qu'il veut. On dit à cela qu'il entend fort bien les affaires, qu'il est fort appliqué, fort zélé pour le petit prince, son neveu. Cela peut être, et même il faut avouer que la manière dont il s'est présenté à tout cela depuis la mort de M. le Duc, et que les égards qu'il a eus pour madame la Duchesse, lui ont fait beaucoup d'honneur dans le public.

Mais il se trouve d'un autre côté que la substitution des biens finit dans la personne du jeune prince de Condé; que si par malheur il venoit à mourir pendant sa minorité, M. le comte de Clermont et M. le comte de Charolois, frères, succéderoient également dans les biens nobles. Les princesses, tantes, Mademoiselle, mademoiselle de Clermont, mademoiselle de Sens, madame la princesse de Conti succéderoient également avec les deux princes, leurs frères, dans tous les propres qui ne sont point fiefs, et madame la Duchesse aïeule seroit seule héritière des meubles et acquêts, ce qui intéresse encore tous les princes et princesses ses enfants. Les voilà tous par là intéressés dans l'administration des grands biens de ce mineur, d'autant qu'il a beaucoup de dettes. C'est ce qui a fait agir madame la Duchesse.

M. le comte de Charolois a offert à madame sa mère

l'éducation de son petit-fils; elle répond à cela qu'elle ne veut point de cette éducation à titre de gouvernante, seulement sans le titre de tutrice honoraire.

Par arrêt du Parlement, du 5 juillet, il a été dit que les parents seroient assemblés à la diligence de M. le comte de Charolois, par devant MM. Pucelle et Canaye, doyens du Parlement, pour y donner leurs avis, s'il y avoit nécessité ou utilité de donner au prince un nouveau tuteur honoraire, et s'il ne lui étoit pas plus avantageux de n'en avoir qu'un.

M. le comte de Charolois a fait assigner vingt-six parents, quoiqu'il n'en faille ordinairement que sept ou tout au plus dix, dans un avis de parents, dont le premier est M. le duc d'Orléans, M. le comte de Clermont, le prince de Dombes et le comte d'Eu, fils de madame la duchesse du Maine, grand'tante du mineur; les princes de la maison de Lorraine (Louis XIV disoit avec vivacité qu'après les princes du sang ses parents les plus proches étoient MM. de Matignon. Effectivement, la sœur de Charles, duc de Vendôme, avoit épousé Claude de Lorraine, duc d'Aumale, dont une fille épousa Louis II d'Orléans, duc de Longueville, dont la fille a épousé un Matignon; Charles, duc de Vendôme, était l'aïeul de Henri IV), le prince de Rohan, MM. de Luxembourg et de Montmorency, de La Rochefoucauld, de Matignon, etc. Le prince de Conti en est débarrassé, parce qu'il n'a pas vingt-cinq ans.

M. de Charolois a été voir tous ces messieurs et leur a fait entendre qu'aux termes de l'arrêt, il étoit déshonoré dans le monde, si on nommoit madame la Duchesse sa mère; qu'il n'y avoit pas de règle pour qu'un mineur eût toujours deux tuteurs honoraires; que l'un étant mort, celui qui reste suffit; que madame la jeune Duchesse étoit nommée par le testament de M. le Duc, et d'ailleurs étoit mère; qu'elle ne s'étoit mêlée de quoi que ce soit, et que tout avoit roulé sur lui; que d'ailleurs si on en substituoit un second, ce ne pourroit être qu'en cas qu'il y eût un oncle du côté de la mère, mais qu'on n'en nomme pas deux d'un même côté; que si on jugeoit qu'il y eût nécessité de lui donner pour adjoint sa mère, ce seroit faire entendre qu'il a mal géré ou qu'il est incapable de gérer.

Ceci a fort intrigué tous les parents qui sont liés avec tous ces princes et princesses, et qui ne veulent se brouiller avec aucun d'eux. D'un autre côté, le comte de Charolois peut être chef de la maison de Condé, et un prince puissant, grand-maître de la maison du Roi. C'est un mâle contre des princesses, la partie n'est pas égale.

Les deux commissaires de la Cour se sont assemblés au Palais, dans la chambre de Saint-Louis, où l'on a dressé procès-verbal de tous les avis contenus et rédigés dans des procurations, dont étoient porteurs des procureurs au Parlement. M. le comte de Charolois a eu dix-sept voix, pour le maintenir seul dans la qualité de tuteur honoraire. L'avis de M. le duc d'Orléans étoit même fait avec un grand éloge et plusieurs autres. Le prince de Rohan a déclaré que si les règles ne s'y opposoient pas, il étoit d'avis d'admettre madame la Duchesse. MM. de La Rochefoucauld s'en sont rapportés à la justice, en sorte que M. le comte de Clermont a été seul d'un avis décidé pour donner la tutelle à madame la Duchesse sa mère.

Depuis, madame la Duchesse a présenté une autre requête par laquelle elle a indiqué trente autres parents, qu'elle a demandé devoir être assignés pour donner aussi leurs avis. Elle s'est opposée à la clôture du procès-verbal, et elle a demandé que les parties fussent renvoyées à l'audience, pour y établir son droit plus solennellement. La Cour a ordonné à ce sujet un délibéré.

Quelque chose qui arrive, voici une désunion bien cimentée dans toute cette maison, et du froid de part et d'autre, avec tous les seigneurs de la Cour. Tout le monde convient que le Roi, premier parent et chef de la famille, devoit interposer son autorité, se faire rendre compte des usages en général et des faits particuliers et décider lui-même cette question, sans en laisser maître le Parlement qui, dans les grandes règles de la jurisprudence, peut, sans avoir égard aux avis des parents, nommer ou ne pas nommer un second tuteur honoraire.

Sur le délibéré, par arrêt du 24 de ce mois, madame la Duchesse a été déboutée de toutes les demandes, et M. le comte de Charolois a gagné sa cause. On n'a pas voulu exposer la mère et le fils dans une affaire de pique, à faire dire en pleine audience des faits désagréables et peut-être indécents. M. le comte de Charolois est encore plus piqué contre ses frères et sœurs que contre madame sa mère, qui a eu l'imprudence de lui écrire, avant toutes choses, qu'elle étoit persécutée par tous ses enfants pour demander la tutelle honoraire de son petit-fils. C'est cette lettre qui a animé le comte de Charolois à faire toutes les démarches, pour faire exclure madame la Duchesse; et le Parlement s'est trouvé autorisé à le faire par un avis de parents des plus amples. Au surplus, la procédure de madame la Duchesse a été fort mal enfournée. Le premier arrêt du 5 juillet et l'avis des parents fait en conséquence, n'ont eu pour objet que de savoir, en général, s'il falloit un second tuteur honoraire au prince mineur, et ce n'est que lors du procès-verbal que madame la Duchesse a demandé personnellement, en qualité d'aïeule, à être nommée tutrice de son petit-fils, ensorte qu'il n'a point été question de donner son avis pour l'exclure personnellement; mais seulement de dire que M. le comte de Charolois suffisoit pour remplir la place de tuteur honoraire. Et tout le monde a bien senti que si on nommoit d'office madame la Duchesse, la mère et le fils seroient toujours d'avis opposé dans toutes les opérations qu'il faudroit faire.

M. le maréchal de Belle-Isle est parti de Versailles, le 25 de ce mois, pour retourner à Francfort, après avoir reçu tous les honneurs possibles. On dit que quand il sortoit de chez le Roi et la Reine, il avoit une cour, une suite de seigneurs et d'officiers toute aussi grande que le Roi même.

L'affaire qui tient tout le monde en suspens est celle des Hollandois. On veut ici absolument qu'ils se déclarent. On avoit dit qu'ils avoient consenti de réformer l'augmentation de troupes qu'ils ont faite, et même de donner quelques places de sûreté, mais cela ne se confirme pas. Il est pourtant vrai que l'ambassadeur de Hollande est très-fêté à la Cour; et il est encore vrai que le Cardinal et lui s'aiment et s'estiment très-sincèrement.

Tout étoit préparé pour un grand voyage de Compiègne au 2 du mois d'août, mais le Roi a déclaré dans un souper à Choisy, jeudi, 27 de ce mois, qu'il n'y auroit pas de Compiègne, ce qui fait juger qu'il y aura guerre et qu'il ne conviendroit pas d'exposer le Roi à ses parties de chasse dans la forêt de Compiègne, qui, de bois en bois va jusque dans les Ardennes, où il pourroit fort bien être surpris par quelque parti.

Tous les préparatifs pour la campagne se font avec une précipitation qui n'a point d'exemple, tant pour les trente mille hommes de troupes, qui doivent passer en Bavière, pour entrer dans la Bohême avec l'électeur, qui aura une armée de soixante-dix mille hommes, que pour les quarante mille hommes commandés par le maréchal de Maillebois sur la Meuse. Tous les officiers ont ordre d'être aux régiments, le 10 août. C'est un embarras étonnant pour tous les équipages; les chevaux et les mulets sont hors de prix, et ces messieurs ont encore plus de peine à trouver de l'argent.

Depuis deux jours, il y a eu ordre d'augmenter de

quinze hommes par compagnie le régiment des Gardes-Françoises, ce qui fait croire qu'il y aura aussi un autre corps de troupes d'un autre côté[1].

Août.

Mademoiselle de Clermont. — Mouvements de troupes. — L'Électeur de Bavière général de l'armée française. — La Suède s'allie avec la France. — Situation de la Russie. — Entrée des troupes françaises en Allemagne. — Situation du roi de Prusse. — Les Anglais attaquent nos vaisseaux. — État de l'Europe. — Traité avec la Hollande. — Mandement de l'archevêque de Cambrai. — Feu d'artifice.

Mademoiselle de Clermont, princesse de la maison de Condé et surintendante de la maison de la Reine, est morte âgée de trente-neuf ans. Elle étoit depuis longtemps d'une santé très-délicate. L'hôtel du Petit-Luxembourg, qu'elle avoit acheté à vie de M. le Duc, revient par sa mort au jeune prince de Condé. Elle a été enterrée aux Ursulines, huit jours après sa mort. Les Cours n'ont point envoyé jeter de l'eau bénite. La Cour en a porté le deuil onze jours.

Toutes nos troupes sont parties pour les deux armées. Les équipages des officiers ont été faits avec grande diligence, et les chevaux ont été très-chers dans le cours de ce mois.

Elles ont pénétré dans le cœur de l'Allemagne en différentes colonnes avec un ordre admirable. Tous les différents princes d'Allemagne ont été obligés de livrer passage de bon gré. Ils fournissent tous les vivres et fourrages nécessaires et les voitures dont on a besoin, suivant les conventions et les mesures prises, et nous payons tout exactement sans faire le moindre désordre.

En attendant la jonction de nos troupes, l'électeur

---

[1]. Ici Barbier place une chanson insignifiante sur le château de Choisy, que nous supprimons. Cette chanson n'a point de rapport avec ce qui suit et ce qui précède.

de Bavière s'est emparé d'abord de la ville de Passaw et depuis de la ville de Lintz, capitale de la haute Autriche, de façon que la reine de Hongrie a été obligée d'en faire retirer les Archives pour les faire transporter à Vienne.

M. le maréchal de Belle-Isle a joint l'électeur de Bavière. Le Roi a nommé par un brevet, rapporté dans les *Gazettes*, l'électeur de Bavière lieutenant général des troupes françoises pour le représenter en personne, avec ordre aux officiers généraux et aux différents corps de troupes de lui obéir en tout, soit pour donner bataille, soit pour assiéger des villes. Nos troupes y sont nommées troupes auxiliaires, que le roi de France s'est trouvé obligé de donner à l'électeur pour s'opposer aux entreprises de ses ennemis; tandis que dans le fait, c'est pour attaquer et entreprendre de notre côté.

On dit que les troupes de l'électeur de Bavière et les nôtres, forment à présent une armée de plus de cent mille hommes, avec deux cents pièces de canon, et que l'électeur Palatin, de la même maison, en a aussi trente mille; rien ne pourra empêcher une pareille armée d'aller jusqu'à Vienne, si on veut s'opposer à nos desseins.

Pendant ce temps, le roi de Prusse est entré dans Breslaw, capitale de la Silésie, et s'est fait reconnoître et proclamer par tous les corps duc de Silésie. Le comte de Neuperg, général des troupes autrichiennes, n'a pas pu empêcher ce coup. Son armée n'est pas éloignée de celle du roi de Prusse, mais il n'y a eu que de petites rencontres de hussards.

D'un autre côté, le roi de Suède s'est lié avec nous. Il y a longtemps qu'il arme et fait des préparatifs de guerre, sans qu'on en sût d'autre raison que le mouvement général de l'Europe, qui autorisoit toutes les puissances à se mettre sur leurs gardes. Mais enfin il a déclaré la guerre à la Russie, qui est alliée de la reine de Hongrie et de l'Angleterre, ce qui auroit pu donner du secours à l'Allemagne, comme elle a fait dans la dernière guerre au sujet du royaume de Pologne.

La flotte suédoise est sortie, et est allée tout droit bloquer le port de Pétersbourg, où est la plus grande partie de la marine de la Russie, de manière que le Czar et la princesse de Brunswick, régente, ont été obligés de quitter cette ville et de se retirer à Moscou. Le roi de Suède a publié un manifeste par lequel il prétend que la Russie s'est emparée de plusieurs pays qui appartenoient à la Suède, et il est question, dans la réforme générale qui paroît se faire, de mettre aussi une égalité dans le Nord.

On dit que nous fournissons aux frais de cette guerre du roi de Suède, que nous faisons agir pour réduire la puissance du Czar qui devenoit formidable à ses voisins.

La Russie se trouve ici d'autant plus embarrassée et hors d'état malgré son traité de secourir, soit la reine de Hongrie soit l'Angleterre, que nous avons fait faire la paix par nos ambassadeurs entre la Porte et Thamas Koulikan, roi de Perse, et qu'actuellement Thamas Koulikan s'est approché des frontières de la Russie avec différents camps, qui composent trois cent mille hommes, comme aussi le Turc a fait rassembler près Belgrade, du côté de la Hongrie, environ quatre-vingt mille hommes, sans que toutes ces troupes fassent aucun mouvement. Mais apparemment qu'elles sont préparées, par nos négociations avec ces puissances, pour agir en cas de besoin suivant nos intentions.

Indépendamment de ceci, M. le maréchal de Maillebois a passé la Meuse avec un corps d'armée de cinquante mille hommes, qui traversent l'Allemagne avec le même ordre, en payant tout suivant les marchés convenus avec les princes pour les fournitures et les prix. Il auroit été difficile à tous ces princes particuliers de faire autrement dans cette division, crainte des contributions et du pillage.

On sait à présent, par la route que font ces troupes, qu'elles sont destinées à s'avancer vers Hanovre, mais pas un des officiers ne sait encore ce qu'elles vont faire.

De cette manière, l'Autriche et Francfort se trouvent environnés d'armées très-considérables et l'on presse l'élection de l'Empereur, malgré la résistance de l'électeur de Mayence. Le roi de Prusse y a fait déclarer par ses plénipotentiaires qu'il donnoit sa voix pour l'électeur de Bavière, et qu'il avoit rompu toute proposition d'accommodement avec la reine de Hongrie, que les ministres d'Angleterre avoient toujours ménagée jusqu'ici.

Mais le parti du roi de Prusse n'est pas difficile à prendre; il est proclamé duc de Silésie, et il est en possession par ses armes de tous les États qu'il revendiquoit sur la maison d'Autriche. Quand la reine de Hongrie lui abandonneroit aujourd'hui tous ces mêmes États, par accommodement forcé, pour le mettre dans son parti et pour parvenir à faire nommer le grand-duc de Toscane, son mari, Empereur, il n'auroit pas les mêmes sûretés par la suite pour la conservation de ces États. La maison d'Autriche, se renouvelant dans la personne du grand-duc de Toscane, pourroit reprendre par la suite cette ancienne puissance et l'y troubler; au lieu que les biens et domaines de la maison, étant divisés et partagés entre plusieurs puissances, comme il paroît que c'est le projet, la reine de Hongrie et archiduchesse d'Autriche ne sera qu'une simple souveraine, aussi bien que ses descendants, qui ne pourront point faire ombrage à la maison de Brandebourg.

M. de Bussy, ministre de France auprès du roi d'Angleterre, est parti de Paris, le 26 de ce mois, pour se rendre à Hanovre pour instruire, dit-on, le Roi des dernières intentions de la France, et le roi d'Angleterre quitte Hanovre pour retourner en Angleterre et y voir son Parlement.

Pour les Anglois, il ne sont pas plus circonspects à notre égard. On a appris que le chevalier de Chelus, revenant de la Martinique avec un vaisseau de guerre et deux frégates, a été attaqué à dix heures du soir par quatre vaisseaux de guerre anglois de soixante canons qui s'étoient détachés d'une flotte, toujours sur le prétexte du canot à amener. On a beaucoup tiré pendant quatre heures, et M. le marquis de Pardaillan d'Antin qui commandoit une frégate, a été tué d'un coup de canon. Cette affaire est rapportée dans la *Gazette de France*, avec un récit du fait très-simple, comme n'y ayant aucune faute de part ni d'autre, mais cette simplicité paroit affectée et ces insultes réitérées pourront avoir des suites.

On parle toujours dans les *Gazettes* du départ de don Philippe pour une expédition, mais on n'en voit et on n'en sait pas davantage. On ne parle plus ici d'envoyer des troupes en Italie. On ne sait pas même si le roi de Sardaigne est pour ou contre nous. Il paroit qu'il a vingt mille hommes de troupes sur pied, et que la reine de Hongrie fait munir de troupes et de vivres Milan, Mantoue et les autres places.

Ce qui est de particulier et de grand en même temps dans les opérations du ministère de France, c'est que avec deux armées considérables que nous avons dans le cœur de l'Empire, avec des flottes que nous préparons, nous n'avons de guerre avec qui que ce soit. Les ambassadeurs d'Angleterre, de Russie, de la reine de Hongrie et de toutes les puissances sont ici comme en pleine paix générale. Il n'y a de guerre actuellement qu'entre l'Espagne et l'Angleterre, la Prusse et la reine de Hongrie, la Bavière et la reine de Hongrie, et le roi de Suède et la Moscovie. Et il y a un secret impénétrable pour les projets et les opérations. Cependant il est bien apparent que nous faisons mouvoir toute l'Europe pour remplir nos desseins, et que nous donnons la loi partout.

A l'égard des Hollandois, il n'y a plus d'incertitude

sur notre alliance. Le Roi a envoyé au Parlement, le 11 août, présent mois, des lettres patentes pour l'enregistrement d'un traité de commerce et de navigation entre la France et la Hollande, passé dès le 21 décembre 1739, avant la mort de l'Empereur, mais qui étoit apparemment resté indécis ou en suspens, puisqu'on a dit que, lors de la mort de l'Empereur, il y avoit une alliance nouvelle entre lui, l'Angleterre, la Hollande et la Moscovie contre la France, ce qui n'étoit peut-être pas véritable.

Quoi qu'il en soit, les lettres patentes et le traité ont été enregistrés en Parlement, le 18 de ce mois, suivant la convention des deux puissances de le rendre authentique, par l'enregistrement respectif dans les cours supérieures. Ce qui est de surprenant, c'est qu'on n'en a rien su dans Paris, jusqu'à la publication qui ne s'est faite que plus de quinze jours après.

Ce traité d'union entre ces deux puissances paroit des plus forts, jusque-là que, par l'article 37, les sujets des États généraux ne seront point réputés aubains[1] en France et qu'ils seront capables de faire le commerce en France, de succéder, de tester comme les sujets du Roi, sans avoir besoin de lettres de naturalité, et de même pour les François en Hollande.

Il n'y est point parlé de guerre contre qui que ce soit, mais il contient toutes les conditions d'une intelligence parfaite. La publicité de ce traité a été retardée politiquement jusqu'à la position présente des affaires, et cela avec un grand secret, et ce doit être un coup de conséquence pour les Anglois, qui se trouvent seuls aujourd'hui avec la reine de Hongrie, laquelle, suivant les apparences, ne sera pas longtemps en état de leur être d'un grand secours. Il est certain que si la France peut profiter de ses grandes négociations et des événements qui en doivent résulter, il ne lui sera pas difficile, non-

---

1. C'est-à-dire étrangers, et placés en dehors du droit du pays.

seulement de se venger, mais d'abattre la supériorité de cette nation pour le commerce.

L'archiduchesse gouvernante des Pays-Bas, fille de l'empereur Léopold, est morte dans ce mois, âgée de soixante ans. Si la reine de Hongrie reste souveraine des Pays-Bas, on pense que le gouvernement en sera donné au prince de Lorraine, frère du grand-duc de Toscane.

Notre Saint-Père le Pape peut être embarrassé dans cette affaire; la cour de Rome a toujours été amie et protégée de la maison d'Autriche; elle a même accordé à la reine de Hongrie, par un bref, la permission de vendre l'argenterie des églises, et elle trouvera peut-être mauvais notre grande union avec les Hollandois, ennemis de la papauté; mais en matière d'État, les petites considérations cèdent aux grandes. Pour consoler la cour de Rome, l'abbé de Saint-Albin, archevêque de Cambrai, a fait publier un mandement, le 25 juillet dernier, contre une consultation des avocats de Paris, où il les traite d'insolents et d'ignorants. A la vérité, ils étoient peut-être trop entrés en matière au sujet des bulles contre Baïus et Jansenius et contre la Constitution *Unigenitus*, ce qui peut excéder leur pouvoir et leur connoissance.

Soyer, un de nos avocats des plus ardents pour le jansénisme, et qui avoit travaillé à cette consultation, a voulu en porter ses plaintes au prémier président pour chercher les moyens de se venger de ce mandement; mais l'on dit qu'il a eu de lui, pour toute réponse, qu'il étoit encore jeune et un peu étourdi. Il peut avoir grande raison au fond, mais il ne s'accréditera pas par cette voie auprès de l'Ordre des avocats en général et du parti janséniste, qui n'a pas l'air de s'affoiblir par la grande communication qui va être dorénavant avec des protestants[1].

1. Par suite du traité conclu avec la Hollande, et dont il vient d'être parlé.

Quatre artificiers de la ville de Paris, qui par malice avoient fait manquer le feu d'artifice donné par l'Hôtel de Ville sur la rivière, au sujet du mariage de Madame Première avec don Philippe, lequel avoit été entrepris par un Saxon, et qui pour ce ont été longtemps en prison, ont voulu donner des preuves de leur science et capacité.

Ils ont obtenu un privilége pour douze ans pour faire tirer un feu d'artifice tous les ans, à la fête de saint Louis sur la rivière, entre le Pont-Royal et le Pont-Neuf, pour quoi la Ville leur a accordé tout le bord de la rivière pour y construire des loges et échafauds, et même six pieds sur les quais, dans tout le tour de ce terrain, pour y mettre des chaises, afin que personne ne pût approcher des parapets et voir sans rien payer.

Ces artificiers ont loué considérablement ce terrain, par toise, à des particuliers qui ont entrepris des échafauds. Tous les deux bords de la rivière étoient remplis de loges tapissées, dont les places se louoient quatre livres et même plus, et de chaises dans le bas. Tout a été presque rempli et formoit un spectacle magnifique. Ce feu a été tiré le jour de Saint-Louis[1]. Il a été parfaitement exécuté, et tout le monde est convenu que depuis longtemps on n'en avoit vu un aussi beau. Il y a eu plusieurs moments où c'étoit un enfer par la quantité d'artifices et le bruit.

Le Roi n'y est pas venu non plus que la Reine et le Dauphin ni les dames.

Septembre.

Impôt du dixième. — Mort de madame de Vintimille. — Événements militaires en Allemagne.

Le Roi, pour subvenir aux dépenses considérables qu'il est obligé de faire, tant pour ses troupes de terre

---

1. Voir *Description historique de l'édifice que les sieurs Guérin père et fils, Testard et Dodemant, auront l'honneur de présenter pour bouquet à sa majesté, à la fête de saint Louis*, 1741. Paris, in-4° de 4 pages.

que pour ses flottes, a imposé le dixième [1] sur tous les biens du royaume produisant un revenu, par une déclaration du 29 août dernier, pour commencer au 1er octobre prochain, et il y a un article particulier pour faire contribuer à cette taxe arbitrairement les commerçants et ceux qui font profiter leur argent. Il y a eu à ce sujet des remontrances au Roi de la part du Parlement, soit pour ne faire commencer cette taxe qu'au 1er janvier, soit par rapport à l'imposition sur le commerce, soit enfin parce que la France n'a de guerre déclarée avec aucune puissance, et qu'il n'est point parlé de guerre dans la déclaration; mais la réponse du Roi à ces remontrances ou formalités bien inutiles, a été qu'il étoit le maître d'imposer des taxes quand il le jugeoit à propos, et conformément à cette réponse, elle a été enregistrée le 7 de ce mois [2].

Madame de Vintimille du Luc [3], sœur de madame la

---

[1]. *Dixième*, impôt établi en 1710, et qui consistait dans la dixième partie des revenus de toute espèce. Cette taxe onéreuse fut étendue à toutes les classes de la nation; mais plusieurs corps privilégiés parvinrent à s'y soustraire en payant une somme considérable. Cet impôt, qui devait cesser trois mois après la paix, fut levé pendant tout le dix-huitième siècle; mais il changea de caractère. Les terres furent affranchies en 1717, et l'impôt du dixième ne porta plus que sur quelques branches du revenu.   CHÉRUEL.

[2]. Les rois avaient intérêt à faire porter sur un corps puissant quelque chose de la responsabilité de leurs actes. Un enregistrement sans discussion, des remontrances trop craintives auraient mal déguisé ce qu'il y avait de peu réel dans la part que le Parlement prenait aux actes publics. Les rois enhardirent leur officiers parlementaires dans ces prétentions ambitieuses, selon lesquelles ils s'érigeaient en des États généraux au petit pied. Ils firent plus, ils leur permirent d'exercer toutes les apparences d'un véritable pouvoir souverain et national. Le droit d'enregistrement et de remontrances, réservé au Parlement, s'éleva de la sorte à une audace de tracasserie qui a fait souvent illusion sur notre ancienne liberté publique. (Ph. Le Bas, *Dictionnaire de l'histoire de France*, t. XI, p. 407.)

[3]. L'une des cinq filles du marquis de Mailly de Nesle, Pauline-Félicité, était encore fort jeune lorsque sa sœur, la comtesse de Mailly, fut déclarée maîtresse du roi, en 1736. La nouvelle de cette élévation la frappa vivement au couvent où elle était encore, et elle se promit de supplanter la favorite dès qu'elle serait lancée sur la scène du monde..... Louis XV la voyant enceinte, la fit épouser au comte de Vintimille du Luc, neveu de l'archevêque de Paris (1739). Elle

comtesse de Mailly, est accouchée d'un garçon, sur quoi M. le comte de Vintimille, son mari, a tenu de fort mauvais propos, comme n'ayant pas grande part à cet enfant que l'on disoit être d'un bien plus haut rang; mais cela n'a pas grande apparence, attendu la liaison connue avec madame de Mailly, sa sœur. Au demeurant, cette pauvre comtesse de Vintimille est morte, ces jours-ci, de la suite de sa couche par une maladie appelée la *milliaire* dont est morte la reine de Sardaigne, maladie nouvelle en ce pays. Elle étoit laide, mais beaucoup d'esprit; elle amusoit le Roi et étoit de toutes ses parties, et il est vrai qu'il avoit beaucoup de crédit auprès de Sa Majesté.

Tout le monde a été très-surpris du chagrin réel que cette mort a causé au Roi. Il n'a jamais paru si touché et il en a donné des marques trop publiques; il n'a vu personne ce jour-là, et il s'est retiré pendant quatre ou cinq jours à Saint-Léger, qui est une petite maison proche de Rambouillet, qui appartient à madame la comtesse de Toulouse, avec quatre ou cinq personnes seulement, et l'on a dérangé pour quelque temps les voyages de Choisy. Madame la comtesse de Mailly est néanmoins toujours des parties de Saint-Léger, où le Roi a fait plusieurs petits voyages; et en hommes ce sont principalement le prince de Soubise, fort aimé du Roi, et le duc de Richelieu. On disoit que la jeune veuve du marquis d'Antin[1], qui n'a que dix-huit ans, et qui est extrêmement jolie, étoit de ces parties. D'où l'on craignoit que madame la comtesse de Toulouse ne se servît de ce moyen innocent pour exclure madame de

---

aurait dépouillé de leur rang toutes ses rivales, si, à la suite d'un accouchement laborieux, elle n'eût été enlevée subitement et au milieu d'effroyables douleurs (1741). Les courtisans, frappés de l'extrême ressemblance que son enfant avait avec le roi, l'appelaient le *Demi-Louis*. (Biogr. univ. de Michaud.) — Madame de Vintimille était née au mois d'août 1712.

1. Mademoiselle de Carbonnel de Canisy, mariée au marquis d'Antin en 1737.

Mailly, et mettre en faveur le maréchal de Noailles; mais cette nouvelle n'a pas eu de suite.

Les nouvellistes sont toujours très-impatients de la réussite des projets, mais cela sera plus long qu'on ne pense.

L'électeur de Bavière est entré dans la ville de Lintz, capitale de la haute Autriche, et y a été proclamé et reconnu publiquement pour duc d'Autriche, avec toutes les cérémonies accoutumées, et accompagné de tous les grands officiers de la haute Autriche.

Les troupes de Bavière ont marché pour venir à Vienne dont il faut faire le siége en forme, attendu que les fortifications de cette place sont en très-bon état, et qu'il y a une forte garnison. L'archiduchesse d'Autriche avec le jeune archiduc, le grand-duc de Toscane, les deux autres archiduchesses et toute la famille autrichienne ont été obligés de sortir de la ville et de se retirer à Presbourg, capitale de Hongrie. On a enlevé les archives et tous les trésors. Tous les grands seigneurs ont emporté tous leurs effets. On a fait même sortir tous ceux qui n'étoient pas en état d'avoir des provisions pour six mois, et on a permis à tous les étudiants de l'Université de prendre parti dans les troupes, en sorte que c'est une désolation générale dans une ville capitale, où il y a deux cent mille habitants peu accoutumés à de pareils désordres.

A l'égard de l'armée de Maillebois, elle s'est avancée vers l'électeur de Hanovre avec espèce de menace d'y entrer, de façon que le maréchal de Maillebois a même envoyé dire au roi d'Angleterre de faire retirer quelques corps de ses troupes qu'il avoit fait avancer, sinon qu'il entreroit dans son pays.

L'armée de Maillebois est éloignée de plus de cent lieues de celle de Bavière. L'électeur de Cologne est venu avec toute sa Cour dans le camp et en voir la revue. Notre maréchal a donné grand souper et bal, où l'électeur, revêtu de trois évêchés, a fort bien dansé.

La position de cette armée est de manière que l'armée autrichienne, commandée par le comte de Neuperg, se trouve arrêtée d'un côté par l'armée du roi de Prusse et de l'autre par nos troupes; en sorte qu'il ne peut pas marcher pour aller s'opposer aux entreprises de l'électeur de Bavière sur l'Autriche et sur la Bohême; car suivant son manifeste, il a des prétentions égales sur tous ces pays.

Octobre.

L'armée française en Allemagne. — Préparatifs pour l'assemblée de Francfort. — Affaires de l'Europe. — Petits soupers du Roi. — D'Aguesseau de Fresne. — Les places et les mariages.

Les troupes de Bavière et les nôtres sont à dix ou douze lieues de Vienne. On a cru que le retardement du siége étoit pour attendre l'artillerie qui descendoit le Danube, mais on dit à présent qu'on ne fera pas ce siége. Peut-être voudroit-on ménager cette ville capitale? On dit que l'électeur marche vers la Bohême, et que les états sont même disposés à le recevoir à Prague.

L'électeur se fait très-fort aimer des troupes françoises qu'il comble de politesses. Il a recommandé à ses officiers et à ses troupes de vivre fraternellement avec les François, et de leur céder en tout; qu'ils ne pouvoient assez reconnoître l'obligation qu'ils avoient au roi de France et à ses troupes, de les tirer de l'oppression et pour ainsi dire de la servitude.

D'un autre côté, M. de Bussy s'est arrangé de façon avec le roi d'Angleterre, en qualité d'électeur de Hanovre, qu'il n'est plus question de sa part de faire marcher des troupes au secours de la reine de Hongrie. Il reste neutre et donne même sa voix pour le duc de Bavière. Aussi a-t-on changé la destination pour le quartier d'hiver des troupes de France, qui devoient le prendre dans l'électorat de Hanovre.

Il faut convenir que toutes les troupes en général ont eu un temps des plus favorables. Il y a longtemps qu'il n'y a eu un automne aussi beau et aussi doux; mais la saison est bien avancée à présent et il n'y a pas encore de dénoûment. Les troupes souffrent par la rareté des vivres, qui coûtent aux officiers. On dit que le pain a valu huit sols et le reste à proportion, ce qui ne fait rien au soldat à qui l'on fournit également les vivres nécessaires. On dit qu'à l'armée de Maillebois, la cavalerie n'a que demi-ration de fourrages, d'où l'on craint un grand dépérissement. Cependant ils vont entrer en quartier d'hiver et aucun officier ne reviendra en France, ce qui ne les réjouira pas.

Pendant ce temps, l'assemblée se prépare à force, à Francfort. L'électeur de Mayence, qui préside à cette Diète, y est arrivé. L'électeur de Cologne et celui de Trèves ont fait faire ici de superbes carrosses pour y faire leur entrée. On compte que dans le mois de novembre, il sera procédé à l'élection de l'Empereur. Il y a apparence que cela se fera sans grande résistance en faveur de l'électeur de Bavière; mais la plus grande difficulté sera pour le partage des biens de la maison d'Autriche. Il paroît que l'on veut dépouiller de toutes parts la reine de Hongrie, et l'on ne voit point encore l'issue de ce projet, d'autant plus que les Espagnols n'ont encore rien dit ni rien tenté. On ne parle plus d'aucune entreprise en Italie. La reine de Hongrie a seulement fortifié ses places, et elle en retire des troupes pour se mettre en défense. Elle est attaquée de tous côtés. A notre égard il paroît que nous jouons gros jeu, et l'on ne voit point encore ce qui nous en reviendra. On m'a dit du bureau des finances que nous fournissions par mois douze millions pour nos armées d'Allemagne, et quatre et cinq pour l'armée de Suède. Notre argent restera en Allemagne et va enrichir tout ce pays-là, si cela dure longtemps; et par dessus le marché, nous avons nos meilleures troupes en pays étrangers qui, par maladie, ou autrement, diminueront considérablement. L'événement de cette affaire sera, suivant les apparences, très-glorieux pour la nation. Mais il est en attendant très-intéressant.

Les Suédois ont été battus à Willmanstrund, par les Moscovites, mais sans que cela fasse tort à la bravoure suédoise. Le général moscovite avoit dix mille hommes contre trois, et il a perdu beaucoup de monde. Suivant les véritables relations, il y a eu de l'imprudence de la part du général suédois de s'être engagé au combat.

Nos flottes sont reparties de Brest et de Toulon pour aller en Amérique et pour, dit-on, favoriser le retour des galions. Les Anglois font toujours des armements, et les prises continuent entre eux et les Espagnols.

On ne parle plus des voyages du Roi à Choisy, ni même des petits soupers. Comme cela causoit des dépenses considérables, M. le Cardinal a apparemment obtenu ces retranchements. Les voyages à Saint-Léger ou à La Muette, et les petits soupers, ne se font plus qu'entre cinq ou six personnes.

Le Cardinal, au surplus, se porte toujours à merveille. Il va à Issy toutes les fois que le Roi s'absente de Versailles, et il y travaille avec les ministres. L'on croit que le roi d'Angleterre est rangé avec nous. Il doit arriver à Londres au commencement de novembre, pour faire agréer ses résolutions par le Parlement, et l'on se flatte que tout l'arrangement pourra se terminer cet hiver ; mais, en même temps, l'on croit que toutes ces négociations coûteront beaucoup d'argent à la France. L'événement seul justifiera si un parti plus absolu et une guerre mieux concertée eussent été plus avantageux.

M. d'Aguesseau de Fresne, conseiller d'État, fils du chancelier, a épousé, en secondes noces, mademoiselle Le Bret, fille du premier président de Provence. C'est lui qui a été l'auteur de la suppression des avocats au conseil et de plusieurs nouveautés. Et il n'en faut pas davantage pour se faire généralement haïr ; aussi a-t-on fait les vers suivants sur ce mariage :

> Démons, rassemblez-vous, l'oracle s'accomplit!
> De Fresne, au cœur pervers, né du sang d'Asmodée,
> S'accouple. Venez tous honorer l'hyménée.
> C'est de lui sûrement que naîtra l'Antechrist!

Son frère, M. d'Aguesseau de Plimont, avocat général du Parlement, est mort du poumon, ces vacances. M. d'Ormesson a eu ses places, et M. Le Bret, fils du premier président de Provence, a celle d'avocat général au Grand Conseil.

Il se fait actuellement un grand mariage à Saverne, chez le cardinal de Rohan. Le prince de Soubise, qui est fort aimé du Roi, épouse mademoiselle de Carignan, fille du prince, qui est mort ici, et dont le frère est premier prince du sang à Turin. On avoit dit même que le roi de Sardaigne la vouloit épouser. Ce mariage illustre beaucoup la maison de Rohan, et rendra le prince de Soubise le plus proche parent du Roi, à cause de sa femme. Madame la princesse de Carignan, sa mère, a loué l'hôtel du Petit-Luxembourg, où est morte mademoiselle de Clermont.

M. Joly de Fleury, procureur général, avoit offert douze mille livres de loyer de cet hôtel, pour loger avec toute sa famille qu'il a su bien établir ; mais madame de Carignan a eu la préférence, c'est-à-dire en donnant un loyer plus fort.

Novembre..

L'électeur de Bohême. — Siége et prise de Prague. — Opérations militaires en Allemagne. — Conduite politique de l'Angleterre et de la Hollande. — Expédition des Espagnols en Italie. — Le roi de Sardaigne. — Situation de la Corse. — Révolution en Russie; Élisabeth, fille de Pierre le Grand, s'empare du pouvoir. — Isolement de l'Angleterre. — Suites de la révolution de Russie. — Biren en Sibérie. — Les princes Dolgorouki. — Les armées françaises en Allemagne. — Bruits de Paris.

Nos troupes, qui étoient aux environs de Vienne, et que l'on croyoit disposées à en faire le siége, ont replié du côté de Bohême. On avoit bien arrêté que, pour cette fois seulement, on se passeroit pour l'élection d'un empereur de la voix du roi et électeur de Bohême, mais on a cru apparemment qu'il étoit encore plus à propos de prendre la ville de Prague, capitale de ce royaume, et de faire couronner l'électeur de Bavière[1] roi de Bohême, parce qu'alors on ne pouvoit pas lui disputer cette voix.

Dans ce dessein, les François et les Bavarois d'un côté se sont approchés de Prague. Le roi de Prusse et le roi de Pologne, tous deux électeurs, qui sont nos alliés déclarés, y ont envoyé aussi, l'un vingt mille hommes, l'autre douze mille. On a fait le siége et ouvert la tranchée. Il n'y avoit que trois mille hommes de garnison dans la ville, mais les habitants auroient été en état de la défendre ; c'est une des plus grandes villes de l'Europe. Il y a cinq cent mille habitants, beaucoup de richesses. Tous les grands seigneurs de ce royaume y avoient envoyé leurs trésors et leurs meubles précieux. Il y a, entre autres, soixante mille Juifs dans cette ville, qui y font un commerce considérable, ce qui pouvoit avoir eu part à ce qui est arrivé.

M. le maréchal de Belle-Isle n'étoit point à ce siége. Il avoit été en Pologne auprès de l'électeur de Saxe, et même étoit incommodé d'une sciatique. Mais malgré

---

1. L'électeur de Bavière avait osé concevoir l'espérance de prendre Vienne ; mais il ne s'était point préparé à ce siège : il n'avait ni gros canons, ni munitions. Le cardinal de Fleury n'avait point porté ses vues jusqu'à lui donner cette capitale : les partis mitoyens lui plaisaient : il aurait voulu diviser les dépouilles avant de les avoir, et il ne prétendait pas que l'empereur qu'il faisait eût toute la succession. VOLTAIRE.

son éloignement et sa maladie, il est si vif que ses ordres pour tout continuoient également.

On a pensé, dans le conseil de guerre, que ce siége seroit long et que la saison étoit fort avancée ; il a été résolu secrètement, de concert entre les généraux des troupes alliées, de prendre la ville par escalade. Cela a été exécuté à une heure après minuit, par trois endroits différents, par les François, les Saxons et les Prussiens[1]. M. le comte de Saxe, lieutenant général des troupes de France, a monté le premier avec des grenadiers sur la muraille. Tout étoit tranquille dans la ville, et l'on ne se méfioit de rien. Les sentinelles ont été surprises, et sans perte. M. le comte de Saxe s'est trouvé en état de marcher à la place d'armes avec ses troupes. Il y a eu plus de résistance du côté de l'attaque des Saxons, où il y a eu un officier général tué, mais peu de monde. La garnison s'est assemblée dans la place d'armes, mais trop tard. M. le comte de Saxe, qui alloit à eux en bon ordre, les a fait sommer de se rendre, sinon qu'on passeroit tout au fil de l'épée. Il n'y avoit pas moyen de résister, ni même de délibérer. On entendoit avancer les autres troupes ennemies, par différents quartiers, au bruit des tambours. On a donc commencé par faire prisonniers toute la garnison de la ville et du château. Mais ce qu'il y a de plus extraordinaire, dans une surprise pareille pendant la nuit, c'est que M. le comte de Saxe s'est donné des mouvements si utiles, et il a été tellement maître des troupes qu'il n'y a pas eu une douzaine de maisons pillées. Le matin, au jour, tout étoit en ordre, et les boutiques ont été ouvertes comme à l'ordinaire. L'électeur de Bavière est entré dans cette ville fort tranquillement ; il a fait assembler tous les grands officiers du royaume et tous les ordres, et il a été couronné solennellement roi de Bohême dans la ca-

---

1. Le récit que fait Voltaire de la prise de Prague diffère en quelques points de celui de Barbier. C'est Voltaire qu'il faut suivre. Voir *Précis*, ch. v.

thédrale de Prague. Il a donné le gouvernement de cette ville à M. le comte de Bavière, lieutenant général en France, son frère légitime. Cette expédition a été très-heureuse et très-importante.

Après avoir fait les opérations nécessaires pour la garde de la ville et des environs, les armées des alliés se sont mises en marche pour venir au-devant du comte de Neuperg, général de la reine de Hongrie, qui auroit été joint par un corps de douze mille Hongrois, et qui étoit aussi entré dans la Bohême, comptant peut-être avoir le temps de secourir Prague[1]. Son armée est de cinquante à soixante mille hommes, mais elle est fatiguée d'une longue guerre contre les Prussiens, sans argent, sans habits et il y a beaucoup de désertions; cependant elle est toujours à craindre, parce que le comte de Neuperg est étroitement lié d'amitié avec le grand-duc de Toscane et la reine de Hongrie, et sans beaucoup d'espérance, il ne chercheroit qu'à faire un coup désespéré.

Le dessein des alliés est de repousser le comte de Neuperg du côté de la Hongrie, parce que, par l'arrangement qui paroît, le roi de Prusse doit conserver ce qu'il a pris en Silésie, et le roi de Pologne doit avoir la Moravie; mais il y a apparence qu'on veut faire cela prudemment et éviter une action.

Les choses sont toujours dans le même état; chacun des généraux veut de son côté s'emparer des postes avantageux. Nous n'avons pas encore plusieurs places fortes de la Bohême, et cela se passe en rencontres particulières, où l'on se bat bien de part et d'autre.

Pendant ce temps, les électeurs ecclésiastiques se sont rendus à Francfort, où sont tous les ambassadeurs des autres électeurs et des puissances. M. le maréchal de Belle-Isle y est aussi. Mais comme il est toujours in-

---

1. Le comte de Neuperg n'était plus qu'à cinq lieues de Prague, lorsque cette ville fut prise, comme on vient de le voir.

commodé de la goutte, et qu'il ne peut pas vaquer aux emplois de plénipotentiaire et de général d'armée tout à la fois, on a envoyé d'ici M. le maréchal de Broglie, pour commander nos troupes en Bohême.

A l'égard de notre autre armée commandée par M. de Maillebois, qui est à plus de cent cinquante lieues de celle de Bohême, elle est plus tranquille. Les troupes sont en garnison dans les évêchés d'Osnabruck et de Munster, et dans les environs de l'électorat d'Hanôvre. Les mesures ont été prises à cet égard avec le roi d'Angleterre, qui après avoir garni son pays de troupes, s'en est allé à Londres pour tenir son Parlement, où il a des affaires sérieuses dans les circonstances présentes; surtout s'il est vrai qu'il ne soit pas aussi indisposé contre nous que la nation angloise. Notre armée est donc répandue dans tout ce pays pour contenir en cas de besoin les Hollandois, qui, malgré la neutralité dont on parle, font toujours des augmentations de troupes, et qui sont très-inquiets de l'événement de tout ceci. On disoit même qu'ils prêtoient de l'argent secrètement à la reine de Hongrie; mais c'est bien hasarder leurs fonds.

D'un autre côté, cet embarquement des Espagnols, annoncé depuis si longtemps, a eu enfin son exécution. La mer a été couverte de vaisseaux, et le duc de Montemar a débarqué avec toutes ses troupes en Italie. Il y a eu quelque contestation pour le passage sur les terres du Pape, mais Sa Sainteté a été obligée d'y consentir. Les troupes du Roi y descendent aussi, en sorte que, comme la saison est différente en ce pays-là, il deviendra peut-être le théâtre de la guerre véritable. On ne parle point que don Philippe, qui devoit partir à chaque instant, soit sur cette flotte. On ne sait point encore quelle est la destination de ces troupes, et sur quel pays de l'Italie elles vont tomber. On assure qu'elles n'en veulent point à la Toscane[1], et cela est assez vraisemblable,

1. Le grand-duc de Toscane, mari de la reine de Hongrie, accorda le pas-

parce qu'enfin ce grand-duché n'est point domaine à succession de la maison d'Autriche. C'est un échange que nous avons fait avec la Lorraine que nous possédons, et il ne paroîtroit pas naturel d'en dépouiller le duc de Lorraine.

Mais en attendant le dessein des troupes espagnoles, comme la reine de Hongrie a retiré ses troupes du Milanois, qui n'est plus autrement gardé, le roi de Sardaigne, qui avoit armé de son côté à tout événement avec vingt mille hommes, s'est emparé de Milan et de ce duché, et a fait paroître même un manifeste pour établir les droits incontestables qu'il a sur ce duché et qui sont bien fondés, en remontant jusqu'à Charles II, roi d'Espagne. On disoit aussi que les Vénitiens armoient. Mais il ne paroît aucun mouvement de leur part. Il s'agit donc de voir ce que vont faire les Espagnols dans l'Italie, ce qui ne se fera vraisemblablement que de concert avec nous, et le dessein du roi de Sardaigne. Car on ne sait point encore dans le public s'il est pour nous ou contre nous. Son intérêt le décidera. Il est brave, homme de tête et il a de plus un des plus habiles ministres de l'Europe.

Pour la Corse, depuis que nos troupes en sont retirées, la république de Gênes y a envoyé des commissaires et quelques troupes pour y mettre des arrangements; mais les troubles y recommencent de nouveau, les séditieux ont repris les armes et ces peuples, soit de leur gré, soit par des impulsions étrangères, ne veulent point absolument de la domination génoise. Ce royaume, qui est un très-bon pays, mais en nulle valeur par la fainéantise des habitants, est destiné à quelqu'un. Ils veulent être gouvernés par les François ou les Espagnols.

---

sage à ces troupes et se déclara neutre, ainsi que le duc de Modène. Il en fut de même du Pape, qui embrassa, dit Voltaire, la même neutralité, en qualité de père commun des princes et des peuples, tandis que ses enfants vivaient à discrétion sur son territoire.

Dans ce mouvement général de l'Europe, et tandis que tout le monde n'est attentif qu'à l'élection de l'Empereur comme un coup de parti, il est arrivé en Moscovie l'événement le plus extraordinaire et le plus inattendu.

La princesse Élisabeth Petrowna avoit sans difficulté les droits légitimes à l'Empire. Elle est propre fille de Pierre Ier, dit *le Grand*, qui est venu en France. Pierre II, neveu de cette princesse, n'a point laissé de mâle. Anne sa sœur est morte. Elle étoit seule comme héritière du sang appelée au trône, sur lequel on a mis la Czarine défunte, qui n'y avoit aucun droit. Et celle-ci a disposé de l'Empire par un testament en faveur du jeune Czar, âgé de quelques mois, fils du prince de Brunswick et de la princesse, nièce de la Czarine. Cela a eu son exécution. Le Czar a été couronné, la princesse sa mère a été Régente, le prince son père a été généralissime des troupes, et il y a eu toutes les révolutions que l'on a su par rapport au comte de Biren, ci-devant duc de Courlande.

Le 5 décembre, suivant la relation que j'ai vue de chez le prince de Cantimir[1], ambassadeur de Russie, la princesse Élisabeth étoit à jouer chez la duchesse de Brunswick, Régente, avec toute la Cour. La Régente prit en particulier la princesse, et lui dit qu'elle avoit reçu des nouvelles de Breslaw en Prusse, et que l'on l'avertissoit qu'il y avoit quelque conspiration contre elle de la part de la princesse; qu'elle n'ajoutoit pas de foi à ces bruits, mais cependant qu'elle ne trouveroit pas mauvais si elle faisoit arrêter son gentilhomme et son chirurgien, qui étoient soupçonnés d'avoir part à ce bruit et de méditer quelque révolution. La princesse l'assura de sa fidélité, qu'elle étoit bien la maîtresse de faire punir ceux qui

---

1. Antiochus Cantimir, ambassadeur de Russie auprès des cours de Londres et de Paris, né à Constantinople, en 1709, mort à Paris, en 1744, auteur de satires, de fables, d'un poëme intitulé *Pétréide*, et traducteur des *Lettres persanes* et *de la pluralité des mondes*.

pourroient être coupables de quelque trahison, et elle se remit au jeu sans paroître plus émue. Elle se retira ensuite dans son palais.

Il y avoit alors près de trente mille hommes de troupes dans Saint-Pétersbourg, qui attendoient leur destination, et le régiment des gardes, qui est troupe considérable dans ce pays, devoit le lendemain recevoir ordre de partir.

A une heure après minuit, sept grenadiers du régiment des gardes vinrent au palais de la princesse pour lui parler. Ses premiers domestiques étonnés refusèrent la porte, et allèrent avertir la princesse qui étoit couchée; elle dit tranquillement de les faire entrer. Ils lui dirent qu'il n'y avoit pas de temps à perdre, et qu'ils devoient partir le lendemain. Elle se leva, prit une cotte d'armes, et un esponton; sortit avec eux. Ils avoient un traîneau; ils la conduisirent à de premières casernes, en disant : « Voilà notre véritable impératrice que nous amenons! » De caserne en caserne, on porta cette nouvelle, et tous les soldats sortirent armés. Elle envoya sur-le-champ chercher tous les officiers des gardes au nombre de quatre cents, qui ne savoient rien; elle leur dit qu'il n'y avoit pas à délibérer, qu'il falloit lui prêter serment, sinon perdre la vie. Ils n'auroient pas été les plus forts : ils prêtèrent serment sur le crucifix qu'elle avoit tout préparé. Ainsi escortée, elle marcha droit au palais impérial. Les sentinelles ne pouvoient pas faire résistance et peut-être n'avoient pas envie de le faire. Elle parvint jusqu'à l'appartement de la Régente, qui étoit dans son lit, dont elle se fit ouvrir les portes; elle l'arrêta elle-même dans son lit, en lui disant que tout ce qui s'étoit passé jusqu'ici n'étoit qu'un songe, et qu'elle eût à reconnoître la véritable et légitime impératrice de Russie. Elle prit ensuite le petit Czar sur ses genoux, et lui dit : « Pauvre enfant, tu es innocent, mais tes parents sont coupables! » Elle fit conduire le prince de

Brunswick, la Régente et le petit Czar dans le palais d'Été, avec bonne et sûre garde, et elle envoya aussitôt arrêter le comte d'Osterman[1], grand chancelier et ministre des affaires étrangères, le comte Golosskin, autre ministre, et le comte de Munich, feld-maréchal général. Elle envoya chercher les principaux de la ville, du clergé et autres ordres, se fit prêter serment et donna les ordres nécessaires pour que tout fût tranquille. A huit heures du matin, à peine savoit-on dans la bourgeoisie de la ville ce qui s'étoit passé la nuit. Les boutiques furent ouvertes comme à l'ordinaire ; les cloches sonnèrent, et elle a été couronnée vers le midi.

Il est très-surprenant qu'une pareille révolution se soit passée sans la moindre effusion de sang, quoique cela paroisse l'affaire de deux heures de temps. Il n'est pas douteux que cela étoit médité, et que cela a été exécuté avec bien de la prudence et du secret. Cela fait voir de quel prix est le droit du sang dans l'esprit des troupes. On dit que ce sont son premier gentilhomme et son chirurgien, qui ont fait les premières menées pour gagner le régiment des gardes et pour distribuer de l'argent. Comment avoit-elle cet argent, c'est ce qu'on ne sait pas; d'autant que les ministres et les grands seigneurs n'avoient pas la liberté de lui faire leur cour. Ils auroient déplu au gouvernement.

Il faut considérer que le jeune Czar et son père sont Allemands, étrangers à la nation et n'ayant aucun droit à l'empire. Il y avoit toujours eu mésintelligence entre la princesse régente et son mari. Elle vouloit conserver son autorité au-dessus de lui. Le comte de Munich étoit haï des troupes. On a profité de ces circonstances. On ne manque pas de dire que le marquis de La Chétardie, notre ambassadeur en Russie, a eu part à ce grand

---

1. Voir plus haut, p. 241. Barbier lui donne, en cet endroit, le titre de baron.

coup[1], mais qui peut savoir cela ? Si cela étoit, ce seroit une grande négociation. Il étoit en tout cas tranquille dans son hôtel. La princesse eut l'attention d'envoyer aussitôt une garde autour de sa maison. Il n'est pas que cela ne fasse quelque bruit. Les domestiques furent étonnés, mais l'officier qui commandoit cette garde rassura, et dit seulement que l'ambassadeur ne sortît pas et ne laissât sortir personne. On réveilla M. de La Chétardie, qui peut-être ne dormoit pas; il sut bientôt la nouvelle, s'habilla magnifiquement et fût des premiers à faire son compliment et à assister au couronnement.

Ce que l'on peut dire de ceci est que ce grand événement est dû au bonheur du Roi et de M. le Cardinal. Cela change toute la face des affaires. Dans la même matinée, elle envoya dire à M. de La Chétardie de faire partir un courrier pour le roi de Suède, de lui apprendre cette nouvelle. Elle en dépêcha un autre au général des troupes moscovites contre les Suédois, pour attendre ses ordres et suspendre toute hostilité, en sorte qu'on ne doute point que cela ne termine la guerre que nous n'avions fait faire à la Suède que pour occuper les Moscovites, ce qui nous coûtoit bien de l'argent.

Le roi d'Angleterre, qui étoit de la même maison du Czar, et la nation angloise sont désespérés de cette aventure. Il y avoit un nouveau traité fait entre eux. Le Czar devoit envoyer au printemps prochain des troupes considérables, à la reine de Hongrie. Par ce moyen, l'An-

1. On le disait avec raison. L'entourage du jeune Czar appartenait au parti allemand et se montrait sympathique à la reine de Hongrie Marie-Thérèse; on pouvait craindre une alliance entre cette Reine et la Russie. Voilà ce qui décida la France à aider Elisabeth, fille de Pierre le Grand, à s'emparer du pouvoir. Voyez de Tocqueville, *Hist. philosophique du règne de Louis XV*, t. 1, p. 443; L'Évesque, *Hist. de Russie.* Paris, 1812, t. v, p. 135 et suivantes. — Il faut se rappeler aussi que La Chétardie fut l'amant de l'impératrice Élisabeth, et que ses relations avaient peut-être commencé avant les événements dont on vient de lire le récit.

gleterre se trouve seule, isolée, sans ressources et sans alliés. Les Hollandois vont être plus circonspects envers nous que jamais; le roi d'Angleterre ne parloit dans ses harangues au Parlement que de ses soins pour maintenir la balance de l'Europe. Cela pouvoit être quand il avoit avec lui la Moscovie, les Hollandois, la maison d'Autriche; mais tout cela n'est plus.

La nouvelle Czarine a fait publier un premier manifeste dans lequel elle se plaint de la suppression ou falsification d'un testament de Pierre Ier, son père, par lequel, au défaut d'enfant mâle de Pierre II, elle est appelée précisément à l'empire, et elle charge de cette trahison le comte d'Osterman et le comte de Munich qui, suivant les apparences, ne doivent pas bien passer leur temps.

Ce qui est de surprenant, elle reproche au prince de Brunswick et à la régente d'avoir usurpé la régence, qui appartenoit au comte de Biren par le testament de la feue Czarine. Il y a plus, elle a envoyé ordre en Sibérie de traiter le comte de Biren, prisonnier, en prince, et de le laisser sortir du château pour aller à la chasse et à la promenade. Il sembleroit qu'elle auroit dû avoir des sujets de plaintes contre lui, qui, étant favori de la feue Czarine, a dû avoir part à son testament. Peut-être aussi le comte de Biren et ceux qui pouvoient lui être attachés avant sa disgrâce, ont-ils contribué secrètement à donner les moyens à la princesse pour entreprendre et réussir dans cette révolution? Il seroit étonnant qu'après une chute aussi épouvantable, le comte de Biren revînt en grâce et fût rétabli duc de Courlande, attendu que la place est vacante. On disoit bien ici que le comte de Saxe, qui avoit fait des protestations à l'élection du frère du prince de Brunswick, étoit parti pour ce duché; mais c'est jusqu'ici fausse nouvelle.

La Czarine a rappelé aussi de Sibérie les deux princes

Dolgorouki, fils de celui que la feue Czarine a fait rompre tout vif[1], pour conspiration contre elle. Ces princes sont jeunes et parfaitement bien faits, mais on a dit en même temps dans les *Gazettes* qu'on les a trouvés avec la langue coupée, ce qui avoit été exécuté depuis peu par ordre de la régente, sans qu'on en eût rien su.

Telle est donc la situation des affaires à la fin de cette année. Il n'y a à ceci que deux inconvénients; un argent considérable qui passe en Allemagne pour nos deux armées, qui enrichit ce pays-là, et qui ne reviendra pas si tôt, et le sort de nos troupes en Bavière qui sont toujours campées, malgré la saison et le froid, sans pouvoir faire autrement, parce que le comte de Neuperg tient toujours la campagne et fait de derniers efforts pour fatiguer notre armée et pour tâcher de nous surprendre.

Il n'est quasi pas possible que par maladie nous ne perdions beaucoup de chevaux et de soldats, et nous avons là nos meilleures troupes. On dit toujours que l'élection de l'Empereur se fera à Francfort, le 24 du mois de janvier prochain. On compte que cette élection une fois faite, la reine de Hongrie sera obligée de céder et de se soumettre au partage qu'on voudra bien lui faire[2].

Les nouvelles dans Paris se débitent toujours assez défavorablement. Tantôt nous n'avons plus d'argent, nos troupes meurent de faim, l'armée est presque périe par maladie ou nous avons été battus. Cela ne peut venir que du parti janséniste[3], qui voit avec peine la

---

1. En 1737. — Voyez Lévesque, *Hist. de Russie*, t. v, p. 203 et suivantes.

2. L'opinion publique se trompait en jugeant ainsi. Les événements le prouvèrent bientôt. « Plus la ruine de Marie-Thérèse paraissait inévitable, dit Voltaire, plus elle eut de courage. »

3. Les faux bruits ont été dans tous les temps en France l'arme favorite des partis; et les jansénistes, qui représentèrent toujours sous l'ancienne monarchie l'opposition la plus ardente et la plus obstinée, ne se firent point scrupule de se servir de cette arme.

grandeur du Roi. Cela leur annonce une nécessité d'obéir. Ils n'aiment point non plus le gouvernement du Cardinal, qui non-seulement vit toujours, mais qui a la tête assez bonne, à plus de quatre-vingt-dix ans, pour suffire aux opérations les plus importantes et pour faire de ce règne le plus beau et le plus grand de l'histoire de France.

Car on dit aussi que, pour que nous ne soyons pas la dupe de toutes nos dépenses, le Roi, au mois de mars prochain, s'emparera de tous les Pays-Bas et de la Bavière, ce qui forme trente-trois villes. Il est certain qu'on pourra le faire si l'on veut, et si cela est, le royaume deviendra extrêmement puissant.

ANNÉE 1742.

Janvier.

L'ambassadeur turc à Paris. — Son cortége. — Assassinat. — Compliment de l'ambassadeur au Roi. — Opérations militaires en Allemagne. — M. de Ségur assiégé dans Lintz. — Vers et chansons. — Paris s'inquiète de l'élection de l'Empereur. — Les canons - télégraphes. — Affaires de Hollande.

Méhémet Effendi[1], ambassadeur extraordinaire de Turquie, pacha à trois queues, fils de l'ambassadeur, qui est venu en France, il y a vingt et un ans, et qui y vint avec son père, est enfin arrivé dans le mois de décembre au faubourg Saint-Antoine, dans la maison de M. Titon, que l'on lui avoit préparée. Il a avec lui son gendre qui est un homme bien bâti, et son fils qui est un jeune homme de douze à treize ans, et cent quatre-vingts personnes pour sa suite, qui n'est que la maison d'un simple pacha. Comme pacha à trois queues, il a le droit d'avoir trois fois autant de monde, mais comme il est défrayé aux dépens du Roi, cela auroit causé et trop de dépense et trop d'embarras.

Ce ministre est un homme de quarante-cinq ans, d'esprit, très-poli et sachant parler françois aussi bien que nous autres. Il a reçu les visites des seigneurs et dames de la Cour, et aussi de toute la ville. Il a reçu tout le monde avec politesse, faisoit asseoir, reconduisoit suivant les rangs, et causoit librement. On en a été extrêmement content et même toute sa suite étoit polie. Il avoit cent hommes de garde des dragons de Mailly qu'on avoit fait venir exprès. Ces visites générales n'ont pas été approuvées de bien des gens, qui ont regardé cela

---
1. Son véritable nom était Zaid-Effendi (de La Villegille).

comme un effet de curiosité, de même qu'on va voir l'ours; surtout quand cela tombe dans le public et dans les simples particuliers. Cela pouvoit avoir sa raison, cependant on y a entré assez facilement sans nom et sans être connu.

Dimanche, 7 de ce mois, l'ambassadeur a fait son entrée à Paris, qui a été fort belle. Cette entrée est à cheval; il y avoit les inspecteurs de police, le guet à cheval[1], la connétablie[2]; en troupes, le régiment des dragons de Mailly, le régiment de cavalerie de Beaucaire et les grenadiers à cheval. Toutes ces troupes étoient très-lestes et bien montées. Toute la suite de l'ambassadeur étoit fort bien habillée et montée sur les chevaux de l'écurie du Roi. Les esclaves, qui étoient à pied, tenoient les chevaux des principaux Turcs; ils avoient des babouches, mais jambes nues. Il y avoit six chevaux de présent pour le Roi, qui avoient des couvertures, menés par des esclaves. Celui pour le Roi avoit une superbe étoffe. Il y avoit une tente dressée sur un chariot tirée par huit chevaux du Roi, et un faisceau d'armes, fusils, pistolets très-richement travaillés portés sur deux mulets. On dit que les présents qu'on ne voyoit pas sont considérables. L'ambassadeur étoit à cheval entre M. le maréchal de Noailles et M. de Verneuil, introducteur des ambassadeurs, lesquels avoient nombre de gens de livrée. Les carrosses du Roi et des princes suivoient comme à l'ordinaire. L'ambassadeur est sorti du faubourg Saint-An-

---

1. Le guet à cheval, sous Louis XIV, se composait de cent vingt cavaliers; en 1784, de cent vingt-huit; en 1789, de cent onze. L'uniforme du guet à cheval était habit bleu, galonné d'or, veste et parements écarlate, épaulettes d'or, housses des chevaux écarlate et or. Cette milice était presque toujours mal composée, et n'inspirait à la population parisienne ni confiance ni considération. — Ph. Lebas.

2. Connétablie. — Cette juridiction continua d'exister après la suppression de la dignité de connétable, et conserva le nom de connétablie. Elle connaissait de tous les crimes et délits commis par les gens de guerre. C'était une des trois tables de marbre du Palais à Paris. Les appels étaient portés au Parlement. (Chéruel.)

toine, à onze heures, et est arrivé à l'hôtel des Ambassadeurs extraordinaires, rue de Tournon, avant trois heures. La route a été la même jusqu'au Pont-Neuf; là, on a pris le quai des Théatins jusqu'à la rue Dauphine, pour étendre la marche. Comme il faisoit une gelée très-vive et que le pavé n'étoit pas praticable pour les chevaux, on a couvert de fumier haché le faubourg et la rue Saint-Antoine, et le reste de la route a été couvert de sable. Cela a été accommodé dans l'après-midi et la nuit de samedi. Cette entreprise a coûté douze mille livres au Roi. L'ambassade a passé le long de la rue de Condé, devant le palais du Luxembourg, et est redescendue par la rue de Tournon, parce que les troupes ont eu de quoi s'étendre, quoiqu'il fît un froid très-vif et très-violent. Les fenêtres et les rues ont été garnies de tout Paris[1].

Le jeudi 11, l'ambassadeur a fait son entrée à Versailles pour l'audience du Roi.

Dimanche matin, 14, Jean Bourgeois, corroyeur à Paris, ayant femme et trois enfants, étant dans la misère, sans cuir, la veuve Lavardin, marchande de peaux, rue de la Heaumerie, lui en ayant refusé à crédit le samedi (d'autant qu'il lui devoit déjà de l'argent, et chez laquelle il avoit été garçon); cet homme sort de chez lui, près la porte Saint-Denis, avec un marteau dans sa poche, vient chez cette veuve, qui étoit dans une petite cuisine dans une cour, lui dit qu'il a de l'argent et si elle veut l'accommoder. Elle dit à son garçon de lui faire voir des cuirs dans une arrière-boutique. La servante balayoit alors la porte et l'allée. Étant seul avec ce garçon, il lui donne un coup de marteau dans la tête, le jette par terre étourdi, lui en donne un second au-dessus de la tempe, et le croyant mort, étant tout en

---

1. *Ambassade de la Porte ottomane à la Cour de France.* Paris, 1742 et 1743, 2 vol. in-12. — *Ambassade solennelle de la Porte à la Cour de France. Mercure*, 1742, juin, vol. II. — Le volume tout entier traite de cette ambassade.

sang, le couvre de peaux. Il passe ensuite dans la petite cuisine, dit à la maîtresse que son garçon ne veut pas l'accommoder. « Il faut voir cela, » dit-elle. Elle se baissoit pour boucler un soulier, il lui donne un seul coup de marteau et lui sépare la cervelle en deux, lui prend ses poches où elle avoit non-seulement quelque monnoie, mais les clefs de ses armoires. Il sort, appelle la servante, en disant : « Votre maîtresse vous de- « mande! » Elle jette son balai, rentre, il la traite de même, mais celle-ci avoit la tête si dure que, malgré sept coups de marteau dans la tête, elle n'a pas cessé de crier de toute sa force ; des voisins de la maison sont descendus, et notre homme s'est enfui. Sur-le-champ le commissaire et la garde. Le garçon qui n'étoit pas encore mort et la servante, ont dit que c'étoit Jean Bourgeois qui demeuroit rue d'Orléans. On a été chez lui, il venoit de chercher une bouteille de vin au cabaret voisin, et étoit à déjeuner tout seul; on l'a pris, et il a avoué en chemin qu'il étoit parti de chez lui dans ce dessein, pour voler ce qui étoit dans la maison. Le procès n'a pas été long, et on l'a d'autant plus vite expédié qu'il n'a pas voulu manger et qu'on a appréhendé qu'il ne mourût. Cet exemple est terrible de ce qu'on a à craindre de la fureur et de la résolution d'un homme.

Compliment de l'ambassadeur du Grand-Seigneur au Roi, le jour de son audience à Versailles :

« Empereur des François, je ne viens point ici de la « part du grand Sultan, mon maître, pour te demander « du secours contre ses ennemis. Juge de ses vertus, il « m'envoie pour rendre hommage aux tiennes. »

Ce compliment est court, il y a du grand et du sublime. Si on en avoit chargé MM. de l'Académie Françoise, il y auroit eu du galimatias, du croissant et des fleurs de lys qu'on n'auroit pas entendus.

La nouvelle de Paris est une suspension d'armes entre les armées en Bohême. Le comte de Neuperg a envoyé.

dit-on, un trompette à M. le maréchal de Broglie, lui dire qu'il croyoit qu'il étoit temps de prendre des quartiers d'hiver; d'autant qu'un dégel rend la campagne impraticable, et que le maréchal de Broglie a répondu qu'il suivroit son exemple. Il s'agit donc de la cérémonie à qui décampera le premier. Ainsi il n'y a encore rien de certain à ce sujet.

D'autres disent que M. le marquis de Ségur est fort mal à son aise dans Lintz, quoiqu'avec dix mille hommes et qu'il pourroit y avoir une affaire. Pendant ce temps-là, les Prussiens et les Saxons se sont emparés de la Moravie qui est le lot de l'électeur de Saxe. Notre désavantage dans la position vient de la faute de nos généraux, qui ont quitté Tabor et une autre place dans la Bohême assez imprudemment, quand on a pris Prague. Ce sont deux postes importants dont le comte de Neuperg s'est emparé, ce qui empêche qu'on se rende maître de la Bohême. Il paroît assez étonnant qu'avec quatre armées des alliés, François, Bavarois, Prussiens et Saxons, qui font plus de soixante-dix mille hommes, supérieurs de beaucoup en qualité de troupes à l'armée du grand-duc de Toscane, on soit ainsi dispersé pour prendre des provinces; qu'on soit harcelé tous les jours, et en risque d'être battu par cantons et par surprise; qu'on soit dans la nécessité de camper en plein hiver; tandis qu'en se rassemblant on pourroit aisément envelopper l'armée du comte de Neuperg et la forcer à quitter la partie.

Tous ces bruits ont donné lieu à cette petite chansonnette sur l'air : *Dupont, mon ami.*

> Fouquet, mon ami,
> Tu n'es pas trop sage
> D'avoir entrepris
> Un si grand ouvrage!
> Tu doubleras, ce dit-on,
> La chute de Phaéton,

On dit effectivement dans Paris qu'on parle assez mal en cour sur son compte, et qu'on envoie des ordres à Francfort directement à M. Blondel, notre ministre particulier; mais je ne crois rien de cela. Ce sont bruits des gens mal intentionnés, de même que sur notre armée, dont on parle comme périe et perdue: elle souffre, mais c'est tout, et il peut y avoir de la faute des lieutenants généraux qui ne doit pas retomber sur M. de Belle-Isle.

Voici aussi de petits vers sur la pauvre reine de Hongrie :

> En vain pour t'accabler, l'Europe tout en armes,
> De nombreux bataillons inonde tes États;
> Belle Reine, le Ciel te donna trop de charmes!
> Ils te garantiront de tous leurs attentats!
> Laisse-toi dépouiller et cède à leur manie;
> Laisse aller, s'il le faut, et chemise et jupon;
> Cléopâtre autrefois, ainsi que toi jolie,
> De ne leur rien cacher te donna la leçon.
> Tu paroîtras alors si fraîche, si fleurie,
> Que de notre César, l'âme tendre et saisie,
> Oubliera tous ses droits pour te prendre ......

Notre ambassadeur turc, Zaïd Effendi, est à l'hôtel des Ambassadeurs extraordinaires, rue de Tournon. Il y a à la porte de la rue des gardes de la connétablie, et en dedans douze cent-suisses de la garde du Roi, avec un exempt; et, quand il sort en carrosse, il est accompagné de quatre gardes de la connétablie avec un officier, qui sont à cheval et l'épée à la main. Il a été en cérémonie avec sa suite à l'Opéra et à la Comédie, dans la loge du Roi. Il avoit trois premières loges et trois au-dessus des secondes. On l'a affiché à la Comédie-Françoise : « Son excellence Zaïd Effendi, ambassadeur du « Grand Seigneur, honorera de sa présence. » Ce qui ne se fait que pour les princesses du sang, en sorte qu'il a ici tous les grands honneurs. La raison de cette distinction sur les autres ambassadeurs extraordinaires est apparemment la rareté de cette ambassade. Celui-ci, qui sait et parle le françois comme nous, et mieux que tous nuls autres ambassadeurs, a ici bien plus d'agrément que ses prédécesseurs. Il va au spectacle avec plaisir, et il l'aime. Il va manger chez les autres ambassadeurs. Il reçoit compagnie et cause, et il est fait à toutes nos façons.

Sur l'air : *De la Béquille*.

Du Turc l'ambassadeur
Pour Paris s'achemine,
Chacun avec ardeur
S'empresse à voir sa mine.
La plupart de nos filles
Comptent les queues qu'il a
Pour autant de béquilles
Du père Barnabas.

Sur l'air : *Que j'estime, mon cher voisin*.

Le héros le plus vertueux
Est un homme ordinaire;
Mais une Excellence à trois queues
Est un Dieu sur la terre!

Sur l'air : *Réveillez-vous, belle endormie*.

A mon mari je suis fidèle,
Mais je tremble pour mon honneur!
J'ai jour et nuit dans la cervelle
Les trois queues de l'ambassadeur!

La grande inquiétude de Paris est à présent l'élection de l'Empereur, qui a dû se faire le 24 de ce mois. Tout étoit préparé pour cela. On dit qu'on a proposé à M. le Cardinal de faire savoir cette nouvelle de Francfort en cinq heures, par le moyen de canons qu'on auroit portés de deux lieues en deux lieues. Mais le transport des canons pour cette opération auroit coûté douze mille livres, et M. le Cardinal n'a pas voulu faire cette dépense. Il est plus patient. Il n'y a, dit-on, que cent lieues d'ici à Francfort. On disoit, hier 25, à l'Opéra que la nouvelle étoit arrivée, et que le chancelier l'avoit dit à Versailles en tenant le sceau. Mais cela ne s'est pas confirmé. Aujourd'hui 26, on dit que M. le chevalier de Belle-Isle, frère du maréchal, étoit parti de Francfort le 22, pour attendre le courrier à Meaux, et prendre le paquet, et qu'il est arrivé ce matin à Versailles, à onze heures, parce qu'il n'auroit pas pu faire dans ce temps une pareille course à cheval avec grande diligence.

Il est toujours certain et confirmé que M. de Ségur, lieutenant général, est délivré de la situation où il étoit dans Lintz, et que le blocus est levé par le secours que M. le maréchal de Broglie y a conduit. On dit aussi que nos troupes sont cantonnées; elles vont se remettre des fatigues qu'elles ont eues, et il y a apparence que l'élection une fois faite, ces deux mois-ci vont se passer en négociations.

Une autre nouvelle est que les Hollandois ont à la fin accepté et signé la neutralité, quoiqu'ils fissent des préparatifs pour augmentation de troupes. Mais ils voient bien qu'ils n'ont pas d'autre parti à prendre, et qu'ils n'ont point de secours à attendre des Anglois.

On disoit une nouvelle fort triste pour eux : le port de Batavia, dans l'Asie, est une des premières places du monde pour le commerce et les richesses. On dit que c'est infiniment supérieur à Carthagène. Elle appartient aux Hollandois. Il est certain que le gouverneur, qui y est de la part de la république, a fait massacrer cinq mille Indiens, tant établis dans la ville qu'à bord des vaisseaux. Les États généraux, informés de cet événement, n'en ont point été contents. Ils ont envoyé des vaisseaux pour y conduire un autre gouverneur, et pour ramener le premier pour rendre compte de sa conduite. Sur cela, on a dit que ce gouverneur avoit fait un soulèvement général, qu'il s'étoit fait proclamer roi de Batavia, et qu'il s'étoit emparé de toutes les richesses. Si cela étoit, ce seroit une perte irréparable pour la république. Mais les gens connoisseurs disent qu'il n'est pas possible qu'on ait des nouvelles de Batavia depuis l'envoi des vaisseaux, et que cette nouvelle ne s'est répandue que par conjectures.

On compte toujours que nous aurons au printemps une forte armée en Flandre, et que l'Empereur, à qui appartient Luxembourg et toutes les places frontières des Pays-Bas, nous les cédera. Les Hollandois n'ont que le droit d'y avoir garnison; mais nous les débarrasserons de ce soin, et il leur sera difficile de s'y opposer, parce qu'ils se trouveront entre l'armée de M. de Maillebois et celle de Flandre. On les assurera de notre amitié et de notre protection envers et contre tous.

Février et Mars.

Élection de l'Empereur. — Capitulation du marquis de Ségur dans Lintz. — Guerre en Allemagne. — Les Autrichiens de Paris. — Armée française envoyée en Bavière. — Armements des Hollandais et des Anglais. — Expédition des Espagnols en Italie. — Affaires générales de l'Europe.

L'électeur de Bavière a été élu roi des Romains, le 24 janvier, et empereur, d'une voix unanime, par tous les électeurs. Il a été couronné à Francfort[1].

Cette élection n'a fait qu'animer la reine de Hongrie[2], aussi bien que les Anglois et les Hollandois, qui s'y

---

1. Sous le nom de Charles VII. — Voltaire l'appelle l'empereur Charles-Albert de Bavière.

2. Toute la nation anglaise s'anima en sa faveur... Des particuliers proposèrent de faire un don gratuit à cette princesse. La duchesse de Marlborough, veuve de celui qui avait combattu pour Charles VI, assembla les principales dames de Londres : elles s'engagèrent à fournir cent mille livres sterlings, et la duchesse en déposa quarante mille. La reine de Hongrie eut la grandeur d'âme de ne pas recevoir cet argent. VOLTAIRE.

opposent, et qui lui prêtent sous main de l'argent pour lever des troupes qu'elle a en grand nombre; et, malgré l'hiver et la saison fort rude, elles sont toujours en campagne, et obligent les nôtres d'y être aussi, ce qui les fatigue beaucoup.

Le comte Kevenhuller, général de la reine, s'est avancé vers Lintz, l'a assiégée, a tiré à boulets rouges. Il a brûlé une partie de la ville, ce qui a mis la consternation chez les habitants, de manière que, quoique ce général n'ait, dit-on, que quinze à seize mille hommes, M. le marquis de Ségur, qui en commande dix mille, tant François que Bavarois, a été obligé de se rendre. Il a capitulé le plus avantageusement qu'il a pu. Les dix mille hommes ont été faits prisonniers, et ils sont néanmoins sortis, à la charge de ne point servir d'un an contre la reine.

Il est vrai que la reine de Hongrie a depuis donné permission au marquis de Ségur et à deux autres officiers généraux de servir. Ils ont cru d'abord se faire un mérite de cette grâce; mais on l'a interprétée, au contraire, à leur honte.

On a fort blâmé ici M. le marquis de Ségur, lieutenant général, de cette manœuvre. Il y a apparence qu'étant en état de se défendre avec de bonnes troupes, il ne l'a pas fait sans des ordres de l'électeur de Bavière; mais cet échec lui a fait grand tort personnellement, car ce général Kevenhuller, qui n'étoit arrêté que par ce poste de Lintz, ne trouvant plus de troupes ni de résistance, a pénétré dans toute la Bavière; il a tout mis à contribution et ravagé tout ce pays, et enlevé toutes les provisions qui y étoient, de façon qu'il est à présent en possession de Munich, ville capitale, et qui est à l'extrémité de la Bavière, de notre côté.

Au moyen de ce, le nouvel Empereur est obligé de résider à Francfort avec l'impératrice sa femme et sa famille, n'ayant aucun état où il pourra être en sûreté.

Il n'a que la ville de Prague, capitale de Bohême, qui a été prise. Au moyen de la division que nous avons faite de nos troupes en petits paquets, dans la Bohême, les Autrichiens se sont emparés de deux postes avantageux que nous avons imprudemment abandonnés, en sorte qu'il s'en faut bien que l'Empereur soit paisible possesseur du royaume de Bohême; dans lequel il y a continuellement de petites affaires entre les houssards de la reine de Hongrie, dont elle a un grand nombre dispersés de tous côtés, et nos troupes; les uns et les autres ont alternativement des avantages. On en tue toujours quelques-uns, on se fait des prisonniers; mais tout cela, joint aux maladies et au grand froid, en tenant continuellement la campagne, n'a servi qu'à diminuer considérablement les troupes que nous avons envoyées en Allemagne dans l'Autriche, et cela ne décide rien pour le projet qui est à exécuter.

Comme Paris est toujours rempli d'un grand nombre d'Autrichiens de cœur qui sont charmés des mauvais événements; on a mis à la Bastille quelques particuliers imprudents qui ont dit en plein café que l'Empereur étoit *Jean sans terre*, et qu'on seroit obligé de lui meubler un appartement à Vincennes. Mais, dans le fait, il reste à Francfort, et il lui seroit difficile d'aller ailleurs en sécurité.

Ces aventures fâcheuses, qu'on ne devoit pas prévoir dans le commencement du projet, ont obligé d'appeler les alliés roi de Prusse et roi de Pologne au secours. La reine de Hongrie a levé nombre de troupes hongroises, et elle a aujourd'hui trois corps d'armée considérables pour défendre l'Autriche et soutenir ses desseins, et le roi de Prusse avec les Saxons, qui forment aussi de nombreuses troupes, est entré d'un côté dans l'Autriche aux environs de Vienne, et d'un autre dans la Hongrie jusqu'à Olmutz, et met tout à contribution, dont on dit qu'il tire bien de l'argent, et il y a aussi dans un canton de continuelles affaires de détachements particuliers.

La reine de Hongrie a fait des protestations contre l'élection de l'Empereur qu'il paroît néanmoins difficile de détruire. Il a été reconnu du Pape et de la cour de Rome par un bref. Il a été pareillement reconnu des Hollandois par une lettre. En cette qualité, il a donné ses rescrits aux différents cercles de l'Allemagne pour lui fournir leurs contingents. Il s'assemble, en conséquence, pour lui un corps de troupes dans le cercle de Souabe, en sorte qu'insensiblement cette guerre va devenir guerre de l'empire, avec confiscation et mise au banc de l'empire des biens de tous ceux qui porteront les armes contre lui.

Il y a plus, nous envoyons une nouvelle armée de près de trente-cinq mille hommes en Bavière, commandée par quatre lieutenants généraux, dont le marquis de Ravignan est le plus ancien. Ces troupes sont parties et partent tous les jours. Le rendez-vous général est à Danouer, à l'entrée de la Bavière. C'est apparemment pour reprendre tout cet État et en chasser M. de Kevenhuller; mais il n'est pas moins vrai que, dans nos trois armées du maréchal de Maillebois, du maréchal de Broglie et cette dernière, nous aurons envoyé plus de cent mille hommes, composés de l'élite de nos troupes, qui sont dans le fond de l'Allemagne, hors de notre royaume, dont il est sorti et sort tous les jours un argent très-considérable.

Les Hollandois, de leur côté, ont fait chez eux trois augmentations de troupes; ils ont à présent plus de quatre-vingt mille hommes, tant pour garder leurs places que pour se défendre en cas d'attaque, ce qui est bien opposé à la neutralité dont on avoit parlé, il y a deux mois. Mais on a vu par les *Gazettes* que les Anglois vouloient faire embarquer quinze mille hommes pour envoyer dans le port d'Ostende et autres places frontières, afin que la reine de Hongrie en retirât ses troupes pour s'en aider en Allemagne. Or, on doute que les Hollandois souffrent cette entreprise, et qu'ils se fient jusqu'à ce point aux Anglois qui garderoient ces places en garantie des sommes qui leur sont dues par la reine de Hongrie, c'est-à-dire pour longues années; ce qui seroit très à craindre pour le commerce des Hollandois, les Anglois n'ayant d'autre dessein que de se rendre maîtres du commerce général, et il n'est pas aussi à présumer que nous le souffrions de notre part.

Pendant ces différents mouvements en Allemagne, les troupes espagnoles sont enfin arrivées en Italie; une partie même a passé par le Languedoc. Elles vont à trente-cinq mille hommes, commandées par le duc de Montemar et don Philippe; notre gendre[1] est à la tête; il a passé par Montpellier et doit s'embarquer à Antibes. Le roi de Naples en envoie aussi. Une partie des troupes a passé sur les terres du Pape, et ce qui est de plus singulier, on leur a donné même passage dans le grand-duché de Toscane[2], en payant tout; mais le roi de Sardaigne, qui avoit annoncé ses prétentions sur le Milanois, a fait un traité d'alliance avec la reine de Hongrie, et lui donne vingt-cinq mille hommes à la tête desquels il marche pour s'opposer aux entreprises des Espagnols, dont on ne sait point encore au juste les prétentions. Il est néanmoins vraisemblable qu'un établissement pour don Philippe en est le but, et que nous ne le faisons pas entrer en Italie pour qu'il s'en retourne sans rien avoir.

Une autre nouvelle est que le Grand-Seigneur, qui, comme l'on sait, est en possession de Belgrade, envoie deux armées de quarante mille hommes chacune, l'une vers la Hongrie, l'autre en Transylvanie, et qu'il envoie aussi vingt-deux caïques sur le Danube, bien armées et munies de provisions. Le tout, dit-on, pour amuser ses peuples, sans autres desseins. Mais ce voisinage doit

---

1. C'est-à-dire le gendre de Louis XV, l'infant don Philippe.
2. Le duché de Toscan appartenait au mari de la reine Marie-Thérèse.

alarmer la reine de Hongrie, qui est le pays qui paroît jusqu'à présent lui être principalement destiné. On dit même qu'on veut rétablir le prince Ragotski[1] ou ses ayants-cause dans le duché de Transylvanie, dont il a été dépouillé par la maison d'Autriche.

A l'égard de la nouvelle Czarine, on n'entend rien dire de positif à notre égard, ni qu'il y a aucune conclusion de paix avec la Suède.

De tout ceci, il résulte qu'on n'a jamais guère vu une guerre plus générale que celle-ci, où toute l'Europe est engagée en armes, quoiqu'il n'y ait aucune déclaration formelle de part ni d'autre.

Il est difficile d'en prévoir les suites par les événements imprévus qui peuvent arriver tous les jours, et qui, dans une affaire longue et engagée, sont capables de changer les différents intérêts des puissances.

La France continue toujours à déclarer qu'elle ne veut rien pour elle et qu'elle n'a aucune prétention sur le Pays-Bas[2]. La grande difficulté, tant pour la reine de Hongrie personnellement que pour ceux qui la soutiennent, est le partage et le démembrement des États de la maison d'Autriche, et l'on pense que la France, malgré toutes ses dépenses, tirera un avantage considérable

---

1. Ragotski, né en 1673, descendait des princes de Transylvanie. Sa mère avait épousé en secondes noces le fameux comte Tékéli, qui tint vingt ans l'Autriche en échec. La comtesse Tékéli, après avoir lutté elle-même contre la cour de Vienne, fut obligée de se rendre à l'empereur et de se fixer à Vienne avec ses enfants. Ragotski, accusé de conspiration, fut arrêté et condamné à mort; mais il s'échappa de sa prison, se mit à la tête des Hongrois, et commença avec quatre-vingt mille hommes une guerre qui dura huit ans. Épuisés à la fin et trahis, les Hongrois mirent bas les armes. Ragotski se réfugia en France, où Louis XIV l'accueillit généreusement. Sous la Régence, il partit pour l'Orient, et y suscita de nouveaux ennemis à la cour de Vienne; mais les victoires du prince Eugène désarmèrent les Turcs, et quelques années plus tard Ragotski mourut dans l'Asie-Mineure. Voir Voltaire, *Essai sur les mœurs*, ch. CLXXXIX-CXCXII. — *Hist. de l'empire de Russie*, ch. XVI, et les *Mémoires de Ragotski*, La Haye, 1739, 2 vol. in-12.

2. Les déclarations du gouvernement français étaient sincères, et dans toutes ces guerres il suivit toujours une politique désintéressée.

de ce seul partage, parce qu'alors l'Angleterre, n'ayant plus en Allemagne d'allié aussi puissant que la maison d'Autriche, il n'y aura plus de balance, et la France et la maison de Bourbon en général donnera la loi à toute l'Europe.

Il y a un autre effet de politique dans ceci par ces différents mouvements convulsifs dans le corps de l'Allemagne. C'est une guerre civile générale. On ruine tour à tour la Bohême, la Bavière, l'Autriche, la Hongrie, la Silésie, la Moravie. Ils se détruisent eux-mêmes, et de longtemps ils ne seront en état de se relever d'une pareille désolation, ni de se réunir contre la France.

Avril.

Le comte de Clermont, la Camargo, mademoiselle Le Duc et le président de Rieux. — Promenade de Longchamps. — Louis XV chansonne le comte de Clermont. — Conseiller au Parlement exclu de la Cour. — Règlement et mercuriale.

M. le comte de Clermont, prince du sang, abbé de Saint-Germain-des-Prés, avoit depuis sept à huit ans pour maîtresse mademoiselle Camargo, fameuse danseuse de l'Opéra, d'où elle étoit sortie; elle faisoit sa résidence dans le château de Berny[1], terre de l'abbé de Saint-Germain, mais on n'en parloit plus.

M. le comte de Clermont a changé de maîtresse; on dit même que la Camargo y a donné les mains pour sortir de l'esclavage où elle étoit. Ce prince a pris mademoiselle Le Duc, autre danseuse de l'Opéra, qui n'est pas jolie, mais bien faite, et il l'a enlevée au président de Rieux, fils du grand Samuel Bernard, et pour qui il a fait des dépenses considérables.

La Camargo, qui aime infiniment la danse, est rentrée à l'Opéra, peut-être aussi comme asile de protection. Le

---

[1]. Berny est un hameau dépendant de la commune de Fresne-les-Rungis. Le château, où logèrent en 1676 les ambassadeurs du roi de Siam, était célèbre par sa magnificence et ses jardins. Il a été détruit à la Révolution.

président de Rieux, pour se venger du tour qui lui avoit été fait, a déterminé avec de l'argent mademoiselle Camargo à l'écouter. Cela a fait du bruit dans Paris. Le président se ruine avec cette conduite, et il n'a que soixante mille livres de rentes substituées avec lesquelles il ne pouvoit plus vivre. On avoit parlé de l'obliger à se défaire de la charge de président des enquêtes, dont la conduite doit être plus grave et moins indécente; mais cela est tombé, et il est en place.

Pendant la semaine sainte, il a fait extrêmement beau, ce qui a favorisé le concours ordinaire de tout Paris aux ténèbres de Longchamps[1], ou pour mieux dire, à la promenade dans le bois de Boulogne. Mademoiselle Le Duc a paru le mercredi et le jeudi saint; elle y a été de Paris, avec deux compagnons, dans un carrosse à six chevaux; et il y avoit dans le bois de Boulogne, pour la promener, une petite calèche toute neuve, que le prince avoit fait faire, bleue et argent, et en dedans de velours bleu brodé en argent, attelée de six petits chevaux pas plus forts que des ânes; cela étoit de la dernière magnificence. Mademoiselle Le Duc, pleine de diamants; elle a été ainsi vue de tout Paris. Cela a non-seulement blessé l'amour-propre de toutes les femmes, mais cela a

---

[1]. L'abbaye de Longchamps fut fondée vers 1256, par Isabelle de France, sœur de saint Louis. Les religieuses qui l'habitaient donnèrent au seizième et au dix-septième siècle de graves scandales. La foule, qui jusqu'alors s'était portée avec dévotion à l'abbaye de Longchamps pour visiter le tombeau de sainte Isabelle, cessa ses pieux pèlerinages. Mais en 1727, une chanteuse de l'Opéra, mademoiselle Le Maure, ayant pris le voile à Longchamps, où elle chantait au chœur, le public se porta de nouveau vers l'abbaye; l'abbesse s'assura le concours d'artistes éminents, et les mercredi, jeudi et vendredi de la semaine sainte il y eut des offices en musique qui attirèrent une affluence considérable. C'était là ce qu'on appelait *les ténèbres de Longchamps*. Ce fut aussi l'origine de la promenade qui a encore lieu de nos jours. Cette promenade était très-suivie au dix-huitième siècle par les filles de théâtre, qui venaient, comme mademoiselle Le Duc, y étaler leur honte et leurs diamants. Les femmes du grand monde se mirent de la partie et firent assaut de luxe avec les courtisanes. On y vit figurer, en 1780, la duchesse de Valentinois dans un carrosse de porcelaine.

fort scandalisé tout le public, et cela a donné lieu à des chansons très-vives contre M. l'abbé, qui a eu, dit-on, une forte réprimande de madame la Duchesse, sa mère.

Le Roi a fait une chanson, la plus jolie de toutes, sur M. le comte de Clermont :

>Un char à ta catin,
>   Mon cousin,
>Ce n'est pas son allure;
>Le coche à Pataclin [1],
>   Mon cousin,
>Et un habit de bure,
>   Mon cousin.
>Ah! voilà l'allure, l'allure,
>   Mon cousin,
>Oh! voilà son allure [2].

Autre histoire. Il y a six jeunes conseillers au Parlement qui sont d'assez mauvais sujets; qui font des lettres de change; qui ont des contraintes par corps, et qui déshonorent leur place. M. le chancelier a voulu leur enjoindre de se défaire de leurs charges. Cela a donné lieu à quelques assemblées du Parlement, qui a cru ne devoir pas déférer à cette espèce d'ordre, craignant que cela ne fût de quelque conséquence pour la compagnie, surtout à cause des affaires du temps, si le ministère prenoit pied de vouloir éloigner du corps les personnes qui

---

1. La directrice de l'hôpital où on enferme les filles de joie. (*N. de Barbier.*)
2. En regard de cette chanson faite sur le comte de Clermont par Louis XV, nous indiquerons quelques-unes des chansons faites sur Louis XV par le peuple. On en trouve un grand nombre dans le recueil de Maurepas, t. xviii, 1, 17, 24, 29, 52, 54, 64, 70, 71, 90, 109, 117, 171, 173, 194, 195, 249, 305, 413, 422, 441; — xix, 62, 124, 163, 165; — xx, 8, 9, 10, 14, 22, 80, 93, 127, 275, 315, 333, 371; — xxx, 259, 271, 285, 297, 219, 377; — xxxi, 10, 25, 31, 39, 62, 79, 81, 95, 97, 104, 112, 121, 123, 131, 133, 139, 143, 175, 177, 190, 181, 192, 224, 229. — Le tome xxxii de la même collection contient un grand nombre de vers sur le départ de Louis XV pour l'armée de Flandre, ses conquêtes, sa maladie à Metz, sa convalescence et son retour à Paris.

pourroient lui être suspectes. Cependant le Parlement s'étant réservé la connoissance de cette affaire, on en a obligé quatre à se défaire de leurs charges, savoir : Porlier de Rubelles, fils de M. Porlier, maître des comptes, qui étoit auparavant bailli du Temple, et qui a gagné considérablement au système; Paris, fils de Paris de la Montagne; Aubry, fils du défunt M. Aubry, ancien conseiller des requêtes du Palais, et de La Live, fils d'un receveur général des finances. On a conservé M. Fermé, fils du conseiller de Grand'Chambre, et M. Dubois d'Anisy, fils du président Du Bois, des requêtes du Palais, à condition néanmoins de les faire voyager pendant quelque temps.

A la rentrée du Parlement, après Pâques, cela a fait la matière des mercuriales qui ont été prononcées par M. Joly de Fleury, procureur général; comme ce discours ne pouvoit tourner qu'à la honte de la magistrature, personne n'est entré dans la Grand'Chambre. M. le procureur général, après son discours, a laissé sur le bureau un projet de règlement qui contient dix ou quatorze articles tirés des anciennes ordonnances touchant la conduite et la décence des magistrats. On ne sait point au juste ce qu'ils contiennent. On dit qu'il leur étoit défendu de paroître en habit gris aux environs de Paris[1]. Dans le cours de l'année, le Parlement a nommé deux commissaires de chaque chambre pour examiner ce règlement. Ils se sont assemblés deux fois dans la chambre de la Tournelle; mais les assemblées ont cessé, et cela est tombé sans aucune suite, ce qui arrive assez ordinairement dans ces sortes d'affaires.

---

1. Le costume de la ville, pour les conseillers comme pour les avocats, se composait d'un habillement noir de drap, étamine, soie ou velours, suivant la saison. Cette couleur était d'obligation stricte. C'eût été une espèce de scandale de se laisser voir en *habit de couleur* dans un autre temps que celui des vacances. Il y a loin de cette discipline à celle d'aujourd'hui. Fournel, *Hist. des avocats*, t. II, p. 496.

Mai.

Le Roi à Fontainebleau. — Détails sur le contrôleur général Orry — Mouvements de troupes. — Faux bruits. — Bataille de Czaslaw. — Les hussards de Marie-Thérèse. — Les Autrichiens sont vaincus à Sahay. — Armées françaises en Bavière, en Westphalie et en Flandre. — L'infant don Philippe à Antibes. — Les flottes française et anglaise. — Maladies à Paris.

Le Roi est parti cette année, le 3 avril, pour un voyage de Fontainebleau, d'où il ne reviendra que la veille de la Fête-Dieu, 23 mai; toute la Cour y a été à l'ordinaire. On dit que c'est pour donner le temps de raccommoder à Versailles l'appartement de M. le Dauphin, qui étoit étayé; d'autres, qu'on n'osoit pas laisser aller le Roi à Compiègne, à cause de la guerre; d'autres, à cause du Cardinal qui a mieux aimé cette saison pour Fontainebleau que dans l'automne.

M. Orry, contrôleur général, est fort mal depuis longtemps; on doute même qu'il en puisse revenir, et il ne paroîtroit regretté ni de la Cour ni de la ville. Il est actuellement aux eaux de Bourbonne, à plus de soixante lieues d'ici. Pour ne lui pas faire de peine, il y fait également le contrôle général; il y a deux courriers qui vont et viennent tous les jours pour les signatures nécessaires. En conséquence, les quatre intendants des finances, pour ne lui pas donner de jalousie, sont tous partis pour leurs terres; par ce moyen, dans un temps aussi critique que celui-ci, les finances se trouvent pour ainsi dire abandonnées. Comme c'est le favori du Cardinal, personne ne veut s'en faire ennemi. Telle est la façon dont le Roi est servi, quoique bien le maître d'y remédier.

Les Anglois ont fait, le 12 de ce mois, un premier débarquement de trois mille cinq cents hommes dans le port d'Ostende; et les autres doivent suivre jusqu'à concurrence, dit-on, de vingt mille hommes pour mettre dans les autres villes des Pays-Bas. En conséquence, l'ordre a été donné réellement à la maison du Roi de partir pour la Flandre. Les gardes doivent partir le 28 de ce mois; et après la revue, mousquetaires, gendarmes et gardes du corps partiront aussi. On dit qu'il n'y aura pas de camp, que les troupes seront seulement répandues dans les villes pour la sûreté des frontières, d'autant qu'Ostende est à huit lieues de Dunkerque, qui est démoli. D'un autre côté, les Anglois ont une flotte de trente vaisseaux qui se promènent sur la mer vis-à-vis Toulon, et qui bloquent ce port, au moyen de quoi don Philippe est à Antibes et ne sauroit s'embarquer. On ne sait s'il passera en Italie par mer ou par terre.

J'apprends tout présentement qu'il n'est pas vrai qu'il y ait encore aucun Anglois débarqué à Ostende, quoique les *Gazettes* soient remplies de cette nouvelle, et même qu'il n'y a aucun ordre positif pour le départ de la maison du Roi. On dit même qu'on parle fort d'une paix prochaine. Ce qui est de certain, c'est que les munitionnaires des vivres de notre marine tirent leurs bœufs et autres provisions d'Irlande. Il y a quelque temps qu'ils n'en tiroient que par fraude; aujourd'hui, ils les tirent ouvertement. Il n'y a que le blé qu'il est défendu en général de laisser sortir du royaume d'Angleterre; par conséquent, cela ne marque pas encore une mésintelligence bien décidée. Il est vrai que si on travaille à la paix, elle ne sera pas suivant les apparences aussi glorieuse que le commencement du projet paroissoit le faire espérer, mais elle sera toujours avantageuse pour les peuples. Car cette guerre aussi mal conduite iroit loin et coûteroit des sommes infinies à la France.

Tout ce que je viens de dire ci-dessus n'est pas plus vrai que la méfiance que bien des gens ont eue jusqu'ici sur le compte du roi de Prusse.

On a nouvelle certaine d'une action importante qu'il y a eu, le 17 de ce mois de mai, à Czaslaw, en Bohême, douze lieues au-dessous de Prague, entre le prince

Charles de Lorraine[1], frère du grand-duc, commandant une des armées de la reine de Hongrie, et le roi de Prusse, à la tête de son armée. On n'a encore aucun détail de cette action. On sait seulement que le prince Charles, qui avoit sept ou huit mille hommes plus que le roi de Prusse, a voulu le surprendre, et l'a attaqué. Le roi de Prusse alloit joindre M. le maréchal de Broglie, qui est à Pissek. Il a été averti, la nuit, de la marche du prince Charles. Il a mis son armée en bataille la nuit. Le combat a commencé à huit heures du matin jusqu'à cinq heures après midi. On dit que la cavalerie du roi de Prusse a d'abord plié, et que le roi de Prusse, qui étoit partout en personne, a fait lui-même tirer dessus par derrière pour la faire marcher, et qu'elle a ensuite fait son devoir. On dit que l'infanterie du roi de Prusse a fait des merveilles[2]; qu'il y a eu six mille hommes sur la place du côté des Autrichiens et deux mille prisonniers, et environ deux mille Prussiens tués. Le prince Charles de Lorraine, qui étoit bien dans la mêlée, a été blessé. Son armée s'est retirée en désordre, et le roi de Prusse la poursuit. On ne sait ces nouvelles en gros que par une lettre que le roi de Prusse a écrite à l'Empereur sur le champ de bataille, et par une que M. de Valory, notre ambassadeur auprès de lui, a écrite au Roi, dans le moment de l'action. Non-seulement cela justifie pleinement la conduite du roi de Prusse à notre égard et sa bravoure, mais le gain de la bataille et la déroute de ce corps d'armée autrichienne, où étoient les meilleures troupes de la Reine, est d'une grande importance dans le commencement de la campagne. Nos troupes n'ont encore rien fait.

1. Charles-Alexandre de Lorraine, né à Lunéville, le 12 décembre 1712, mort le 4 juillet 1780. Il était feld-maréchal et beau-frère de Marie-Thérèse, dont il avait épousé la sœur.

2. Cette infanterie, avec ses feux de trois rangs, tirait si vite et si juste, qu'on vit deux régiments autrichiens et hongrois couchés presque entiers sur le sol devant le poste d'un corps prussien qu'ils avaient attaqué. HENRI MARTIN.

On se plaint fort des procédés de la reine de Hongrie depuis peu. Un parti de deux mille hussards a retourné à Munich en Bavière pour piller. Sur la résistance qui a été faite par les habitants, on dit qu'ils ont brûlé un faubourg de la ville, massacré vieillards, femmes et enfants, violé dans les couvents, enfin des cruautés qui ne s'exercent que par les barbares, et cela dans la ville capitale d'un Empereur, élu unanimement par le corps électoral; et l'on peut dire, sans prévention, de celui qui avoit droit à l'Empire. Le roi de Prusse, les autres puissances et le corps germanique ont été indignés de ces cruautés. Il est à craindre pour la Reine qu'on ne s'en venge sur les pays qui lui sont destinés.

Il est encore certain que, les 28, 29, 30 de ce mois, les régiments des gardes-françoises et suisses sont partis de Paris pour se rendre en Flandre. On dit à Douai et à Valenciennes que le Roi a fait la revue de la cavalerie de sa maison, et que tout part incessamment. Et l'on dit à présent que sûrement il est débarqué déjà cinq mille Anglois à Bruges, et que le reste n'a été arrêté que par les vents. Il y a apparence que cela est sérieux. On est toujours en peine de savoir le parti véritable que prendront les Hollandois. On convient que la possession que les Anglois veulent prendre des places d'Ostende, Nieuport, Bruges et autres, est absolument contraire à leurs intérêts et à leur commerce, d'autant qu'ils se sont toujours opposés à la compagnie d'Ostende que l'Empereur, qui étoit leur ami, vouloit y établir. On conclut que s'ils se prêtent à cette entreprise des Anglois, ce ne peut être que par excès de mauvaise volonté pour nous.

Le Cardinal est revenu à Versailles en bonne santé. C'est un miracle qu'on ne peut trop répéter.

Autre nouvelle. Le 23 de ce mois, le prince Lobkowitz[1], général de la reine de Hongrie, qui étoit en

---

1. Né en 1702, mort le 9 octobre 1753.

Bohème, avec une armée assez considérable, a voulu faire le siége d'une petite place nommée Franberg (et non pas Francmberg comme il y a dans les premières lettres); dans laquelle il y avoit quelques troupes bavaroises. M. le maréchal de Broglie, qui étoit à Pissek, a fait une fausse marche pour les laisser avancer, et il est arrivé en présence des ennemis qui ont voulu se retirer, mais il étoit trop tard; il a fallu combattre, ce qui a duré depuis cinq heures du soir jusqu'à la nuit close. Nos carabiniers et nos dragons ont fait des merveilles; ils ont battu la cavalerie autrichienne composée en partie des cuirassiers, ce qui a fait un combat très-sérieux. Nous avons perdu bien du monde et beaucoup d'officiers. M. le duc de Chevreuse, maître de camp des dragons, qui est un très-beau seigneur, a combattu avec une valeur étonnante; il a eu un coup de sabre et un coup de feu à la joue, un coup de feu au talon, et une balle heureusement amortie sur la poitrine. Quoique tout en sang, il n'a jamais voulu quitter. Une brigade du régiment de Navarre a attaqué le petit village de Sahay, où il y avoit des pièces de canon de campagne qui ont incommodé cette brigade, dont il y a eu cinq ou six capitaines tués. M. le maréchal de Belle-Isle, que M. le maréchal de Broglie avoit averti de son dessein et prié de le joindre par politesse, a eu aussi part à cette action. On a chassé les Autrichiens, l'on s'est emparé du village de Sahay, et le prince de Lobkowitz a profité de la nuit pour se retirer à Butneis.

Voilà un commencement de campagne heureux : deux affaires qui mettent en déroute deux corps d'armée de la Reine. Pour le prince Charles, il s'est retiré bien loin en Moravie, mais la perte pour lui a été considérable par le nombre de tués, blessés, déserteurs et prisonniers en grand nombre.

Ces avantages vont embarrasser la politique des Hollandois, d'autant que nous avons deux armées neuves qui n'ont encore rien fait. Celle de M. le duc d'Harcourt, en Bavière, composée de trente mille hommes de nos meilleures troupes, qui voudra avoir son tour, si M. de Kevenhuller, général de la reine de Hongrie, qui est à Passaw, nous attend; et celle du maréchal de Maillebois en Westphalie.

Les Anglois sont débarqués et sont campés dans les Pays-Bas, comme troupes auxiliaires. Il paroît qu'ils ne se sont point emparés des places d'Ostende et autres, et qu'elles sont toujours gardées par les troupes autrichiennes.

Nous avons un camp sous Dunkerque, et à l'égard de la maison du Roi, elle ne campe point et n'avance point trop encore. Les régiments des gardes iront à Valenciennes et à Douai, et la cavalerie ne va qu'à Péronne, à Ham et autres endroits, pour être seulement prêts aux premiers mouvements qu'on voudra faire.

On dit qu'en Italie on attend aussi quelques nouvelles. M. le duc de Montemar, général des Espagnols, n'étant pas loin des ennemis, le roi de Sardaigne a voulu forcer le duc de Modène de prendre parti pour la reine de Hongrie, de sorte que ce duc avec toute sa famille a abandonné son pays et se retire à Genève, et le duc de Montemar entre par le Modénois.

Le prince don Philippe est toujours à Antibes, où il s'ennuie fort sans pouvoir s'embarquer, ni ses troupes. Ce séjour nous coûte de l'argent. On dit que s'il étoit arrivé quinze jours plus tôt, il auroit passé en sûreté, mais il est vrai qu'il y a une escadre angloise de quarante vaisseaux dans le golfe de Lyon, qui bloque pour ainsi dire le port de Toulon, où est notre flotte et la flotte d'Espagne, ce qui forme trente vaisseaux en très-bon état. On dit que ces trente vaisseaux batteroient sûrement la flotte angloise; mais ce seroit déclarer la guerre. Apparemment que la politique demande que nous souffrions toutes ces oppositions de la part des Anglois.

Le vent du nord, qui a continué dans ce pays, et qui a succédé alternativement avec le chaud de la saison, a causé des maladies considérables par des rhumes, courbatures, fièvres, fluxions de poitrine. Cela a causé, par la corruption de l'air, une espèce de maladie épidémique. Sans être dans l'armée de Bohême, il meurt une très-grande quantité de monde à Paris.

Juin.

Échec d'un corps français en Bavière. — Fautes politiques du gouvernement français. — Manœuvres du maréchal de Broglie en Allemagne. — Bruits de Paris relatifs aux opérations militaires. — Mort de la reine d'Espagne; ses funérailles. — Mortalité à Paris; état de la température.

La bataille gagnée par le roi de Prusse n'a pas eu toute la suite qu'on en attendoit. Le prince Charles s'est retiré au commencement de la Moravie. Le roi de Prusse ne l'a point suivi. Il attend, dit-on, un renfort de troupes, et il est toujours campé aux environs de Czaslaw, en Bohême, à douze lieues de Prague.

M. le duc d'Harcourt, qui est en Bavière, a voulu faire une tentative pour surprendre un petit endroit où il y avoit peu de monde. Il y a envoyé quinze cents hommes, sans avoir la précaution de faire avancer des troupes pour soutenir celles-ci en cas de besoin. M. de Kevenhuller, général de la reine de Hongrie, qui en sait plus que lui et qui connoit bien le pays, avoit fait cacher des troupes derrière un petit bois. Nos troupes se sont trouvées engagées entre une petite rivière et ce bois, quand l'ennemi est sorti du bois. Nous avons été obligés de nous retirer, et nous avons perdu du monde, surtout des carabiniers qui sont de bonnes troupes. Le gendre de M. le duc d'Harcourt a été fait prisonnier. On dit que M. de Kevenhuller l'a renvoyé sur sa parole; qu'il lui avoit présenté à signer un écrit où il y avoit qu'il avoit été pris par les troupes de la reine de Hongrie et de Bohême; qu'il ne l'avoit pas voulu signer, aimant mieux rester prisonnier; que M. de Kevenhuller lui avoit trouvé une grande présence d'esprit pour un jeune homme; qu'il l'avoit renvoyé avec des compliments, et qu'il lui avoit dit en même temps, comme maxime de la guerre, qu'il ne falloit jamais s'engager dans un pays qu'on ne connoît pas, sans le faire sonder auparavant dans les environs. On compte aussi que si le commandement de nos troupes reste à M. le duc d'Harcourt, qui est fort brave, mais qui n'a pas encore assez d'expérience, M. de Kevenhuller trouvera le secret de ruiner peu à peu notre armée de Bavière par de petits échecs, en évitant des batailles sérieuses.

Il est certain, à présent, qu'il est débarqué vingt mille Anglois dans les Pays-Bas. Les places frontières sont toujours occupées par les troupes autrichiennes. Les Anglois sont là comme troupes auxiliaires de la reine de Hongrie. Le comte de Stairs[1], général anglois, a des conférences continuelles avec le président des États généraux et le ministre de la reine de Hongrie. L'intelligence n'est pas équivoque, il n'étoit pas même difficile de le prévoir. On a vu depuis longtemps dans les *Gazettes* que l'objet des Anglois, pour s'opposer à notre projet, est de conserver l'équilibre et la balance dans l'Europe. Cette politique générale intéresse également les Hollandois, qui ont toujours amusé le Cardinal par de belles paroles. Quand on entreprend un projet qui tend à donner la loi à l'Europe, il y a de la foiblesse à croire amuser les autres nations, en disant hautement qu'on ne veut prendre aucune ville ni aucun pays. Les puissances mieux conseillées ne se mettent point aux risques des événements. Dans la circonstance singulière de la mort de l'Empereur, la France devoit rester tranquille chez elle, et laisser agir les princes d'Allemagne entre eux, ou, si elle vouloit faire quelque entreprise, elle

1. Stairs (Jean Dalrymple, comte de), homme d'État et militaire distingué, né à Édimbourg, en 1673, mort le 7 mai 1747.

devoit détruire la maison d'Autriche et ses successeurs, par le partage et la désunion de ses grandes possessions et de ses États. Cette entreprise, grande et glorieuse pour la France, ne pouvait réussir que par une guerre sérieuse, sans ménagement, et par des succès vifs et prompts. Il falloit profiter de l'embarras de l'Allemagne, des divers intérêts des princes de ce pays qui n'étoient pas en état de délibérer et de se réunir, et commencer, de notre côté, par abattre les deux puissances maritimes qui devoient absolument s'opposer à notre projet. Il falloit s'emparer de tous les Pays-Bas, on auroit été maître après de faire un empereur et de le soutenir. Mais on a perdu une année entière, après la mort de l'Empereur; on n'a envoyé des troupes en Allemagne et en trop petit nombre qu'au mois d'octobre 1741, à l'entrée de l'hiver; on a donné lieu aux négociations, on a donné le temps aux Hollandois d'avoir quatre-vingt mille hommes sur pied, en nous assurant toujours qu'ils ne seroient pas contre nous. Ma foi! on a cru, en envoyant M. le maréchal de Belle-Isle avec de grands et de magnifiques équipages, que cela suffiroit pour en imposer et donner la loi à toutes les nations. Cette politique est foible et fausse.

Le prince Charles est revenu en Bohême, et s'est réuni avec l'armée du prince Lobkowitz, ce qui fait une armée de soixante mille hommes. Il s'est avancé du côté de Francfort, où étoit M. le maréchal de Broglie, qui n'a pas vingt mille hommes. Celui-ci a appris qu'on vouloit l'attaquer; il s'est retiré derrière un ruisseau et s'est mis en bataille. Le prince Charles a été tout un jour en présence sans oser l'attaquer; mais ayant trouvé un endroit pour faire passer des troupes à gué, M. de Broglie a été obligé de se retirer dans son ancien camp de Pissek. On parle de cette retraite comme d'un chef-d'œuvre en fait de guerre. Cependant, comme il a été obligé de laisser de la cavalerie en arrière pour favoriser la retraite de l'infanterie, nous avons perdu là de fort bonnes troupes; on dit même en assez bon nombre. C'est un détail qu'on ne sait pas au juste.

M. le maréchal de Broglie a bien prévu qu'il seroit attaqué dans Pissek, et qu'il ne pouvoit pas soutenir; il en est décampé la nuit et a gagné une marche, et il s'est retiré sous le canon de Prague. Cela fait une marche et une évacuation de trente lieues de pays. Mais comme les bagages ne vont pas si vitement, les hussards de la reine de Hongrie n'ont pas perdu leur temps. Ils ont enlevé presque tous les bagages de notre armée. Cela fait une perte considérable pour les officiers.

Le bruit court que le roi de Prusse, qui a près de quarante mille hommes, et les Saxons, qui sont au nombre de vingt mille, et qui étoient restés au-dessus de Prague, vont joindre l'armée du roi de Prusse, ce qui composera un corps d'armée considérable et de bien bonnes troupes. On dit que M. de Broglie viendra commander, en Bavière, l'armée de M. le duc d'Harcourt, et que M. le maréchal de Belle-Isle commandera nos troupes avec le roi de Prusse, qui l'a toujours demandé. On compte que toutes ces troupes viendront au devant du prince Charles, pour l'engager à une bataille ou pour l'obliger de se retirer en Autriche; que M. de Broglie, d'un autre côté, en Bavière, repoussera M. de Kevenhuller; qu'on fera le siége de Vienne; qu'ainsi finira l'histoire de la reine de Hongrie. On a de fort grandes espérances. Il s'agit, pour cela, de cette jonction générale. Les uns disent qu'elle est faite; d'autres soutiennent que non, et même qu'elle ne se fera pas.

Le 18 de ce mois, notre reine d'Espagne[1], douairière, fille de M. le duc d'Orléans, régent, demeurant au Luxembourg, est morte, âgée de trente-deux ans, d'une goutte remontée. Elle a demandé, par son testament, à être enterrée dans le cimetière de Saint-Sulpice. Le public a été inquiet du cérémonial qui s'observeroit,

---

1. Louise-Élisabeth d'Orléans, née le 11 décembre 1709.

comptant que, reine, veuve du cousin germain du roi de France, elle devoit être enterrée à Saint-Denis. On a demandé à l'ambassadeur d'Espagne s'il vouloit avancer l'argent pour cette cérémonie, qui coûteroit trois cent mille livres; il a répondu qu'il avoit écrit à sa Cour, et qu'il ne feroit rien sans ses ordres. Nous sommes dans un mauvais temps, l'Espagne et nous, pour faire honneur aux morts. Quoi qu'il en soit, par composition entre M. le duc d'Orléans, son frère, l'ambassadeur d'Espagne et le curé de Saint-Sulpice, pour se conformer en partie à son testament, on l'a enterrée, trois jours après sa mort, dans un caveau sous le maître autel de Saint-Sulpice. On l'a vue, pendant deux jours, dans son lit de parade, sans pompe, peu de tentures et d'armoiries, dans la cour du Luxembourg; point de hérauts d'armes autour de son corps, ni prince ni princesse, chargés de la part du Roi et de la Reine pour jeter de l'eau bénite. Les Cours souveraines n'y ont point été; point de chariot. Elle a été portée à Saint-Sulpice dans un simple carrosse. C'est ainsi qu'en attendant des nouvelles d'Espagne a été enterrée cette reine; le testament a servi d'excuse.

M. le duc d'Orléans hérite à cette mort de douze cent mille livres de rente pour les quatre millions qui lui avoient été donnés en dot par le Roi, et qui sont sur le trésor royal, et de plus de huit cent mille livres de pierreries, et il se charge de payer ses dettes en quatre années, qui vont à peu près à la même somme de huit cent mille livres. M. le duc d'Orléans fait aussi à tous les domestiques et officiers une pension viagère de la moitié de leurs appointements et gages. M. le duc d'Orléans a pris grand deuil, drapé sans armes, et toute sa maison en pleureuses, le tout à cause de la qualité de reine.

M. le contrôleur général est revenu des eaux; mais il n'en est guère mieux. On compte toujours que c'est une vieille v..... incurable. On ne croit pas qu'il aille loin. On lui donne pour successeur M. Trudaine, intendant des finances, qui a été chargé d'un grand détail pendant son absence, et qui est un travailleur. On le dit honnête homme, dur et fiscal.

A la Cour, les choses vont toujours de même. Le Cardinal se porte fort bien, parle, raisonne et travaille tant bien que mal; c'est à tous égards *res miranda!* Le Roi va à la chasse et à Choisy; madame de Mailly est toujours sur les rangs.

Les variations de l'air ont causé bien des maladies, et il est mort ici beaucoup de monde. A présent, il fait une grande chaleur, et on aura un bon été. Pour la campagne, elle est au parfait. Il n'y aura pas beaucoup de foin ni d'avoine, parce qu'il n'y a pas eu assez de pluie dans le temps; mais pour la récolte et la vigne, on dit que, de mémoire d'homme, il n'y a pas eu d'apparence d'une plus belle année. Les seigles et orges vont se couper, et on ne tardera pas à couper les blés; pour la vigne, il faut encore attendre. Cette joie générale a été un peu troublée pour quelques-uns par différents orages survenus à la fin de ce mois, avec des grêles qui, aux environs de Paris, ont tout perdu dans vingt lieues de pays. Mais c'est un malheur particulier qui n'empêchera pas l'abondance, dont on a un extrême besoin dans la misère où sont toutes les provinces.

Juillet.

Le roi de Prusse abandonne l'alliance française. — Position critique des Français en Allemagne. — Précautions du maréchal de Broglie à l'égard de Prague. — Le comte Maurice de Saxe. — Le public blâme le maréchal de Belle-Isle. — Épigrammes latines. — Les nouvellistes à la Bastille. — Les Français à Prague. — Le chevalier d'Argenson tué par le tonnerre. — Bruits de Paris. — Fâcheuse situation de la France. — Les Anglais à Ostende. — Affaires de Hollande et d'Italie.

La consternation est dans Paris. Malgré le secret de la Cour, la nouvelle s'est répandue par des lettres particulières, et enfin par les *Gazettes* que le roi de Prusse nous abandonne, et qu'il a fait, dès le 11 juin, son traité de paix avec la reine de Hongrie. Elle lui abandonne la haute et basse Silésie, à l'exception de deux duchés, et le roi de Prusse se charge de payer aux Hollandois, ce que le feu Empereur leur devoit, à prendre sur les revenus de la Silésie. L'Angleterre et la Hollande sont garantes de l'abandonnement fait de la Silésie au roi de Prusse, qui, par ce moyen, retire ses troupes et demeure neutre.

On dit que le roi de Prusse a envoyé au Roi copie de son traité, avec un manifeste; qu'il s'excuse de cette espèce de trahison à notre égard, sur ce que le Cardinal faisoit traiter secrètement d'un accommodement avec la reine de Hongrie, sans sa participation, et que la Reine lui a envoyé copie de cette négociation pour le déterminer à finir. On ne voit point ce manifeste. Cette conduite de notre part seroit basse, mais le Cardinal, qui ne songe qu'à la paix telle qu'elle soit, en seroit très-capable.

Cette désertion, dans les circonstances présentes, nous met dans une position terrible. M. le maréchal de Broglie, qui n'a que dix-huit mille hommes dans son camp, ne peut pas être joint par l'armée d'Harcourt, qui est éloignée de plus de quarante lieues. L'armée autrichienne du prince Charles de Lorraine, et du prince Lobkowitz, qui est de soixante mille hommes, est entre deux et fort près de M. de Broglie; et l'armée de M. de Kevenhuller observe celle de M. d'Harcourt. Nous ne pouvons pas même faire revenir nos troupes; d'ailleurs ce seroit tout abandonner. Les Autrichiens sont actuellement en possession de Munich[1], et même ils la font fortifier comme dans le dessein de la garder.

Le Roi a fait, le mois dernier, M. le maréchal de Broglie duc, mais de plus il est généralissime des troupes

1. Ils y étaient entrés dès le mois de janvier de cette année 1742.

de France, et a, dit-on, carte blanche. En effet, il est difficile de gouverner d'ici à trois cents lieues les mouvements et les opérations d'un général.

M. de Broglie est campé sous le canon de Prague, dans un camp bien entendu, où il ne sera pas aisé de le venir forcer; comme il a à craindre des habitants de Prague, portés pour la reine de Hongrie, il a pris un parti sage, il a fait dresser une batterie de canons sur la ville; il a fait enlever la vaisselle d'argent, meubles précieux, bijoux, et les richesses des seigneurs et particuliers, et les a fait mettre dans une église avec des étiquettes des noms des propriétaires. Il a fait garnir cette église de matières combustibles; il a fait désarmer toute la ville, jusqu'aux épées. Il y a trois mille hommes du camp qu'on relève toutes les vingt-quatre heures, et qui gardent les endroits de dépôt; et il a fait dire aux magistrats, qu'au moindre bruit qu'il entendroit de sédition, rébellion et conspiration, il feroit tout brûler et passer au fil de l'épée. Ce sont des mesures violentes mais nécessaires.

On disoit que le roi de Pologne avoit accédé au traité du roi de Prusse pour faire aussi sa paix; qu'on vouloit même engager les Hollandois à prendre parti pour la Reine. Mais cela n'est pas vrai. La nouvelle est arrivée que huit mille Saxons étoient arrivés dans le camp de M. de Broglie, dont l'armée est à présent de plus de trente mille hommes.

On dit aussi que sept mille Hessois ont joint M. le duc d'Harcourt avec des troupes de l'Électeur palatin, et que M. de Sekendorf marche à la tête des troupes des cercles. Si cela est, ils obligeront M. de Kevenhuller à se retirer en Autriche.

M. le comte de Saxe étoit allé en Russie pour ses affaires. Il est revenu à Dresde, auprès du roi de Pologne, son frère, qui demeure, à ce que l'on croit, lié avec nous, et qui est beau-frère de l'empereur. On attend

M. le comte de Saxe pour commander l'armée du duc d'Harcourt. Il est à souhaiter qu'il arrive assez tôt pour empêcher l'autre de faire quelque mauvaise besogne. On dit aussi qu'on conduit à cette armée une grosse artillerie, comme si on avoit dessein de faire le siége de Vienne. Nous n'en sommes pas encore là.

Pour l'armée de M. de Maillebois, elle est nécessaire pour contenir les Hollandois et les troupes de l'électeur de Hanovre. On ne sait point quels mouvements ils feront.

On a beau retourner ceci au plus avantageux, en tout cela fait une misérable position pour la France. Il ne faut qu'un malheureux échèc dans un pays éloigné et ennemi pour risquer de perdre les meilleures troupes et toutes les forces du royaume, sans parler de ce qui peut arriver en Flandre, où les Anglois font débarquer une artillerie considérable. Notre salut dépend absolument de la conduite des Hollandois; s'ils se déclaroient contre nous, la ressource pour nous seroit douteuse par la dispersion de nos troupes.

Le public de Cour et de ville est déchaîné contre M. le maréchal de Belle-Isle. On dit que la France est sacrifiée à l'ambition d'un seul homme qui a mieux aimé risquer son projet, avec les trente mille hommes seulement que le Cardinal a envoyés d'abord en Allemagne, au mois d'octobre dernier, que de manquer le coup de sa fortune, dans l'espérance que le Cardinal manqueroit tout d'un coup et qu'il conduiroit cette affaire à sa fantaisie. On dit aussi qu'il en a imposé à la Cour, sur le compte du roi de Prusse, dans le temps qu'on étoit sûr de donner la loi, en restant chez soi et en laissant les princes d'Allemagne se désoler et se détruire eux-mêmes.

Ce qui est de singulier, c'est qu'après l'arrivée de ces bonnes nouvelles, le Roi a été à Choisy, le Cardinal à Issy, tous les ministres à Paris, comme à l'ordinaire, dans la plus grande sécurité du monde.

On a fait sur tout ceci de petits vers latins fort jolis :

Aut nihil aut Cæsar Bavarus dux esse volebas,
Et nihil et Cæsar factus utrumque simul.

Cela est charmant, car de fait, le duc de Bavière est empereur, mais il n'a plus aucun pays, et par conséquent hors d'état de soutenir la majesté impériale.

AUTRES.

Gallinis septem Gallus bene sufficit unus,
Fœmina sed septem sufficit una viris.

« Un bon coq suffit à sept poules; et la reine de Hongrie montre les dents à sept hommes : Bavière, Prusse, Pologne, Palatin, Cologne, France et Espagne. »

On a fait mettre ici nombre de nouvellistes à la Bastille. Cela est encore d'une administration puérile. Il est vrai qu'il y a dans Paris beaucoup de gens mal intentionnés, qu'on appelle Autrichiens; mais, ma foi! quand les nouvelles sont généralement mauvaises et qu'elles sont l'effet de la mauvaise conduite, il n'est pas possible que le bon François ne se plaigne et qu'il crie victoire! On peut dire sans se flatter que ce qui arrivera dans cette campagne va décider de notre sort. Il est certain que nous avons perdu bien du monde par maladies, que nous avons toujours eu quelque désavantage dans les petites guerres qu'il y a eues, à l'exception de Prague et d'Egra, que M. le comte de Saxe a pris, et que cette guerre nous coûte à présent plus de cent millions; et nous nous trouvons dans la plus mauvaise situation qui pouvoit arriver. Il ne nous manque plus que les Espagnols battus en Italie.

J'ai vu des lettres de Prague, du 1er juillet, d'un capitaine aide-major du régiment du Roi, très-entendu et qui a le détail de tout le régiment. Il parle du camp de M. le maréchal de Broglie comme d'un chef-d'œuvre. Il n'est pas possible qu'on le force sans risquer toute l'armée ennemie. On n'y manque de rien et il y a des provisions pour longtemps. On n'est inquiet que pour le fourrage qui y est très-rare. Il y arriva la veille de sa lettre cinq mille François de recrues conduits par un brigadier des armées du Roi, qui avoient passé par Egra. Il mande que M. le duc d'Harcourt avoit dû quitter son camp, le 30 juin, et qu'il en étoit sorti à trois heures du matin, pour se rendre avec toute son armée au camp de M. de Broglie, et que rien ne peut l'empêcher de le joindre. Il doit marcher par Ratisbonne; et en effet, il y a quelques jours que je vis une lettre d'un lieutenant de Picardie, qui marquoit qu'on avoit envoyé les gros bagages de leur armée à Ratisbonne. Il n'en savoit pas la raison et c'étoit pour exécuter cette jonction.

M. le maréchal de Belle-Isle a le commandement du dedans de la ville de Prague et des issues, et il y a communication de la ville au camp de M. de Broglie. La discipline y est admirable pour n'être pas surpris, d'autant que l'armée du prince Charles n'est qu'à trois quarts de lieue. La garnison de Prague campe sur les remparts. M. de Belle-Isle fait toutes les nuits la patrouille sur les remparts et dans la ville. Il y a une correspondance de sergents tous les quarts d'heure, pour savoir tout ce qui se passe d'un bout de la ville à l'autre. Il est défendu de marcher et de s'assembler dans la ville plus de trois personnes, à peine d'être fusillé sur-le-champ sans autre information. Il est défendu aux juifs, qui sont au nombre de vingt mille, de sortir de leurs maisons. Il est ordonné la nuit d'avoir des lumières sur toutes les fenêtres; défense de se mettre aux fenêtres qu'à huit heures du matin, ordre de tirer; défense d'être dans les rues, passé huit heures du soir. On a enjoint aux habitants d'avoir des provisions pour trois mois dans chaque maison. Il y a cent trente-cinq pièces de canon tant pour le camp que sur la ville. Il marque que l'armée du prince Charles n'est pas de plus de trente-deux mille hommes, qui viennent de la Moravie depuis le traité du roi de Prusse. Il ne parle en aucune façon des Saxons, et il n'en étoit pas question lors de la lettre. Il est pourtant vrai que, quand l'armée du duc d'Harcourt sera jointe à M. de Broglie, ce qui doit être fait, n'y ayant pas plus que trente-cinq lieues de marche ou un peu plus, à cause du détour par Ratisbonne, nos troupes seront en force.

Malgré tous ces préparatifs de guerre et de défense, il est certain qu'on travaille à des propositions de paix avec la reine de Hongrie. Cet officier marque que dans le moment il venait de commander cinquante grenadiers du régiment du Roi, pour servir à l'escorte de M. le maréchal de Belle-Isle qui passoit dans le camp des Autrichiens, où le grand-duc de Toscane étoit arrivé, et qui devoit avoir une conférence pour la seconde fois avec M. de Kœnigseck, général de la reine de Hongrie. Cela fait voir le cas qu'on doit faire de toutes les nouvelles de Paris sur le compte du maréchal de Belle-Isle, disgracié, perdu, tandis que c'est lui qui se mêle toujours de tout. Il y aura dans cette armée les régiments de Picardie, Normandie, Navarre et le régiment du Roi. S'il y a une action, il y fera chaud.

Il mande encore que l'Empereur, dans Francfort, est d'une tristesse et d'une mélancolie étonnante, qui fait même craindre pour sa vie. Il est extrêmement touché de la désolation de son électorat de Bavière et des malheurs de tous ses sujets, et cela avec d'autant plus de raison que la jonction de l'armée d'Harcourt avec celle de Broglie, rend maître M. de Kevenhuller d'entrer librement en Bavière avec son corps de troupes. Mais qu'y feront-ils de plus qu'on y a fait? Il faut espérer du moins qu'avec toutes ces mesures, la paix sera un peu moins honteuse qu'elle n'auroit été.

Il est arrivé trois courriers de Prague, les 16, 17 et 18 de ce mois. Non-seulement on ne sait point ce que contiennent leurs paquets, mais eux-mêmes ne disent rien de l'état de la ville, du camp et des ennemis, des choses qu'ils ont vues et entendues avant de partir. Apparemment que cela leur est défendu. On parle ici de suspension d'armes, qui seroit un très-mauvais parti, à moins de se déterminer à évacuer et à faire revenir toutes les troupes en France, pendant le terme de l'armistice; autrement on nous amusera, et on tâchera de nous tenir encore campés pendant l'hiver prochain, pour détruire notre armée.

Je viens d'apprendre seulement une nouvelle bien triste. Il a fait, ce mois-ci, à Prague un orage affreux. Le chevalier d'Argenson, officier dans le régiment du Roi, second fils de M. le comte d'Argenson, conseiller d'État, intendant de Paris, ci-devant chancelier de M. le duc d'Orléans, étoit à un poste avec des soldats. Le tonnerre a tombé, dont il a été tué avec quatorze autres hommes. Oh! parbleu! on ne va pas à la guerre pour être tué d'un coup de tonnerre! cela est ridicule à tous égards.

Nous sommes à la fin de juillet. On ne sait rien de positif de ce qui se fait en Bohême. Les *Gazettes* ne sont ni avantageuses, ni honorables pour la France. On y parle de nous en suppliants, par différentes propositions d'accommodement que la reine de Hongrie ne veut point entendre. On lui offre de lui rendre Prague, mais elle demande que nos troupes qui y sont en garnison soient prisonnières de guerre. Il y est dit même qu'elle ne veut entendre à aucune proposition que du consentement de ses alliés, qui sont les Anglois et les Hollandois, et à présent le roi de Prusse. Les nouvellistes de Paris enchérissent. On répand que la reine de Hongrie demande la Bavière pour frais de la guerre, la restitution de la Lorraine et l'Alsace. On disoit ici, il y a deux jours, que la ville de Prague étoit prise par les Autrichiens, que le maréchal de Belle-Isle étoit prisonnier et le maréchal de Broglie blessé. Comme on ne sait rien, les gens mal intentionnés ont beau jeu pour débiter de mauvaises nouvelles.

Il est certain que nous sommes dans une mauvaise position et que nous ne devrions pas y être. Mais il peut y avoir du remède. Il est encore vraisemblable que l'électeur de Saxe, roi de Pologne, cherche à faire son traité avec la reine de Hongrie, ou du moins qu'il retire ses troupes de la Bohême, car il n'en est plus question pour nous. Il paroît fort extraordinaire que le roi de Prusse et le roi de Pologne, qui étoient nos alliés, nous abandonnent ainsi dans la plus mauvaise situation où nous puissions être : peuvent-ils avoir un intérêt si décidé à rendre la reine de Hongrie extrêmement puissante, à réduire l'Empereur qu'ils ont élu unanimement à rien, et à abaisser la maison de France? C'est ce que l'événement justifiera, car il se pourroit faire que tout cela fût les préliminaires d'un accommodement général. La reine de Hongrie elle-même a-t-elle intérêt, par son alliance avec les Anglois, de nous réduire à l'extrémité et de convertir en haine la simple jalousie qui étoit entre la France et la maison d'Autriche? La France a de grandes ressources.

Tout ce que l'on peut deviner aujourd'hui, par les nouvelles, est que les deux maréchaux de Broglie et de Belle-Isle travaillent à une jonction des deux armées de Bohême et de Bavière. On disoit ces jours passés que M. de Broglie étoit sorti de son camp avec six ou sept mille hommes de cavalerie, pour se rendre à l'armée du duc d'Harcourt en Bavière et la commander. On dit aujourd'hui que, sous l'apparence d'un fourrage général, il a fait sortir sa cavalerie du camp, qu'il a même étrillé quelque parti de houssards, qui s'étoient avancés pour incommoder les fourrageurs, qu'il a gagné une marche pendant la nuit pour se rendre à Egra joindre quelque renfort qui y étoit, que M. le duc d'Harcourt s'y rend aussi avec vingt-cinq mille hommes, et que M. le maréchal de Broglie rentrera ainsi dans le camp sous Prague avec trente-trois ou trente-cinq mille hommes, sauf à donner bataille si on les attaque, et que M. de Sekendorf, général des troupes des cercles de Souabe[1], prendra le camp de M. d'Harcourt contre Passaw, pour tenir en échec avec vingt-cinq mille hommes M. de Kevenhuller. Après quoi, on attendra une action en Bohême, car il faut à présent ou la paix ou une action générale qui décide de notre sort.

D'un autre côté, le débarquement des Anglois à Ostende continue toujours avec quantité de pièces de canons et de munitions de guerre. Ils auront vingt-cinq mille hommes dans les Pays-Bas Autrichiens, à Mons, Bruges et autres places, sans compter toutes les troupes de la reine de Hongrie. Les Hollandois font aussi marcher trente mille hommes. Les régiments sont détaillés dans les *Gazettes*. On ne sait pas encore pourquoi. Si tout cela est contre nous, nous serons mal.

On dit aussi que M. le maréchal de Maillebois marche et revient avec toute son armée en Flandre joindre les troupes que nous y avons. Cette armée étoit postée pour contenir les Hollandois et l'électorat du Hanôvre. Ce projet étant abandonné, on présume de là qu'il doit y avoir quelque proposition entre nous et les Hollandois. On ne conçoit pas qu'ils puissent voir tranquillement les Anglois s'établir si fort dans leur voisinage. Le roi d'Angleterre a pour gendre le prince d'Orange; ils peuvent craindre qu'il n'ait le dessein de le leur donner par force pour stathouder de la Hollande, ce qui donneroit une grande atteinte à la liberté de cette république, au lieu qu'en effet ils n'ont rien à craindre de la France,

---

1. Non. M. de Sekendorf est actuellement auprès du roi de Prusse de la part de l'Empereur. (*Note de Barbier.*)

qui sera toujours en état de les maintenir contre tous.

A l'égard de l'Italie, il ne s'y passe encore rien de bien intéressant. Le roi de Sardaigne a pris Modène et la citadelle. Ce pauvre duc de Modène se trouve dépouillé de ses États, sans un grand intérêt dans l'affaire présente. Les Anglois tiennent toujours la mer en Provence, et le prince don Philippe est à Antibes, sans pouvoir en sortir pour passer en Italie; et dans l'Amérique les vaisseaux Anglois et Espagnols roulent toujours et font des prises les uns sur les autres.

On peut dire en général que de tous côtés nos affaires ne sont ni bonnes, ni honorables, et que nous devons notre mauvaise situation aux lenteurs, ménagements et timidité de notre ministère. L'on convient que pour avoir voulu épargner peut-être vingt millions dans le commencement, il en coûte cent millions à présent pour être déshonorés, et dans l'incertitude d'événements encore plus fâcheux.

Août.

Faits divers. — Satire contre le ministère. — Le Cardinal fouetté par la reine de Hongrie. — M. de Chauvelin président à mortier honoraire. — Nouvelles diverses. — Le maréchal de Maillebois se porte au secours de Prague. — Les Autrichiens marchent sur Prague. — Bruits au sujet du ministère. — Les ministres veulent perdre M. de Belle-Isle et son armée. — N. de Meslé et son mémoire sur la politique de la France. — Le valet de chambre de Louis XV. — Nominations diverses faites par le Roi. — Suppression de la place de président à mortier honoraire. — Domination du Cardinal sur l'esprit du Roi. — Factions à la Cour pour le ministère. — Les quatre secrétaires d'État. — Portrait du comte d'Argenson. — Les jansénistes s'agitent. — Habileté du Cardinal. — Le feu d'artifice de M. Orry.

On dit qu'il y aura de fréquents conseils à Versailles, dans cette première semaine du mois, sur les affaires présentes, pour prendre les partis convenables. Il est temps d'y songer. Il n'est guère possible d'avoir des nouvelles. Les passages sont bouchés par les ennemis qui sont continuellement en course. Les courriers ont peine à venir même par la Saxe. Et d'ailleurs, on décachette les lettres ici, à la poste. On raye tout ce qui est de nouvelles, de manière à n'y rien connoître, et l'on dit qu'il y a au bas de la lettre : *par ordre du Roi.*

M. de Séchelles, intendant de l'armée de Bohême et qui est actuellement dans Prague, a été fait conseiller d'État, à la place de M. Fortier, chef du conseil de M. le Duc, décédé, il y a quinze jours. Cet intendant a eu de quoi s'occuper depuis sa commission.

Il a paru ici une satire en trente vers[1] des plus vifs contre le ministère. Le Roi y est appelé un *mineur de trente ans*, et le Cardinal traité d'imbécile ; cela ne lui fait pas tant de déshonneur, il est d'âge à l'être sans qu'on puisse le trouver mauvais. Je n'ai pas pu l'avoir. On cherche l'auteur à pied et à cheval. On parle aussi d'une estampe insolente ; le Cardinal est à quatre pattes, le derrière à nu, et la reine de Hongrie à cheval sur lui, avec une poignée de verges, qui le fouette. Quelle différence de cette autre estampe, où au bout d'un bureau avec une baguette, il marquoit sur une carte les États qu'il destinoit à chaque puissance !

M. le président Chauvelin, neveu du garde des sceaux exilé à Bourges, exerce depuis quelques années la charge de président à mortier appartenant à M. Le Peletier de Rosambo, fils du premier président, jusqu'à ce qu'il soit en âge, lequel doit être reçu, ou pour mieux dire prendre place pour l'exercer, à la Saint-Martin prochaine, au moyen de quoi le président Chauvelin n'auroit plus aucun titre. Le Roi lui a accordé, le 2 de ce mois, des lettres de président à mortier honoraire, ce qui lui conservera le même titre et les mêmes honneurs et le droit de siéger le dernier à la Grand'Chambre. Il n'y a point d'exemple de cette grâce. Les présidents à mortier même n'en sont pas contents, attendu

---

1. Elle se trouve dans les *Mémoires* de Bois-Jourdain, t. II, p. 144.

que cela peut faire une planche, et multiplier par conséquent le titre de président à mortier.

Cette faveur singulière a donné lieu à des discours, à cause du garde des sceaux dont le public en général souhaiteroit le retour, comme du seul ministre capable de remédier à notre mauvaise situation. On ne sait si cette grâce vient du Cardinal, ou de la pure volonté du Roi.

On ne voit aucune nouvelle sûre dans les *Gazettes*, et on n'en reçoit point de l'armée. Il y a seulement dans la *Gazette de Hollande*, du 3 de ce mois, et dans l'article d'Amsterdam, copie d'une lettre supposée écrite par le cardinal de Fleury, sans dire à qui, par laquelle il se justifie et désavoue formellement aucune proposition d'accommodement de la part de la France, avec la reine de Hongrie, qui ait pu autoriser le roi de Prusse à faire sa paix avec elle et à quitter ses alliés, et ce, à l'occasion des bruits qui avoient couru.

On y voit aussi que l'escadre angloise côtoie nos ports de Toulon et de Provence, et même qu'ils arrêtent les bâtiments François, et les visitent pour savoir s'il n'y a pas de provisions pour les Espagnols, tandis que nous les souffrons impunément venir brûler des galères espagnoles, à deux lieues d'Antibes. Cette conduite marque ou beaucoup de timidité, ou une extrémité humiliante.

On continue d'inquiéter les nouvellistes dans les cafés ou dans les promenades publiques; et en effet il y a bien des gens mal intentionnés qui profitent de la disette des nouvelles, pour en annoncer de très-mauvaises pour la France.

L'espérance commence à reprendre dans ce pays. A la fin, on a pris un parti pour délivrer de captivité notre armée de Bohême, enfermée dans la ville de Prague et dans le camp de M. le maréchal de Broglie, qui sont entourés de l'armée de la reine de Hongrie, composée de soixante mille hommes qui forment quatre corps de troupes.

M. le maréchal de Maillebois est parti, le 2 de ce mois, de Dusseldorf en Westphalie, avec son armée de trente-sept mille hommes, et tout son train d'artillerie, pour aller droit à Prague en Bohême. Il marche par quatre divisions. La première est partie le 9, et la deuxième le 11. Cette entreprise est considérable. Ils vont par la Franconie, la Bavière, gagner Egra en Bohême, où nous avons garnison, et de là à Prague. Il y a juste sur la carte cent trente lieues de France. On dit que cela iroit à près de cinquante jours de marche. Il y a eu cinq cents chariots extraordinaires commandés, pour porter les relais et charges que portent les soldats, qui au moyen de ce n'ont que leur fusil, ce qui les soulage considérablement, et pour mettre aussi les soldats éclopés ou incommodés de la marche. Il faut dire aussi qu'il y a beaucoup d'ardeur dans les troupes. Quand la nouvelle vint au camp de M. de Maillebois, de partir pour la Bohême, tous les soldats marquèrent leur joie d'aller secourir leurs camarades par acclamation, en criant : « Vive le Roi ! » ce qui contribuera beaucoup à la diligence.

Les plaisants de Paris, qui ne sont pas trop bien intentionnés, appellent l'armée de Maillebois : *l'Armée de la rédemption des captifs*.

On a pourvu aux vivres dans la Franconie, et par delà, par trois routes différentes en cas d'événement. M. Feydeau de Brou, intendant de Strasbourg, a été dépêché à cet effet dans l'Allemagne. Le maréchal de Maillebois a d'ailleurs provisions de biscuit en cas de nécessité pour ne se point arrêter. Il a tous les pontons nécessaires pour aller droit sans détour. Les rivières ne l'arrêtent pas, et la route est fort belle, sans montagnes et sans bois considérables. La première colonne a dû passer à quatre lieues au-dessus de Francfort, le 17 ou

18 de ce mois. L'Empereur et toute la Cour de Francfort ont dû s'y rendre pour les voir. M. le maréchal de Maillebois est à la tête avec le régiment de Champagne.

Suivant le plan, M. de Maillebois doit prendre en chemin, dans la Franconie, sept mille hommes de nos troupes, qui sont à Bamberg, dix-huit cents dragons qui sont à Amberg et cinq mille hommes de la garnison d'Egra; cela fait cinquante et un mille François. Et le comte de Saxe doit aussi partir de Bavière, aux environs de Passaw, pour remonter à Egra avec dix-huit ou dix-neuf mille hommes de l'armée de M. le duc d'Harcourt; il a aussi plus de quarante lieues de chemin. D'autant que M. le comte de Sekendorf, général de l'Empereur, reste en Bavière avec les Hessois, les troupes de l'Électeur de Cologne, les Bavarois et les troupes des Cercles, ce qui compose plus de trente mille hommes avec lesquels il sera en état de tenir M. de Kevenhuller.

On compte, par conséquent, que nous entrerons en Bohême près de soixante-dix mille hommes. Avec l'armée de M. le maréchal de Broglie, qui est actuellement en captivité dans Prague et dans le camp, cela fera plus de quatre-vingt-dix mille hommes, qui sont l'élite des troupes françoises.

Cette marche de M. de Maillebois, et le départ de Westphalie, font conjecturer avec raison que nous sommes sûrs des Hollandois, qui du moins seront neutres, et qui font camper une armée de trente mille hommes où nous étions en Westphalie, pour se mettre à couvert du roi de Prusse et des Hanovriens, en cas de besoin.

Nous sommes fort impatients de l'arrivée de nos troupes en Bohême, dans la crainte que jusque-là il n'arrive quelque chose à Prague. On n'en reçoit point de nouvelles particulières, et il n'arrive que les courriers de la Cour qui même sont longtemps à venir. On a appris seulement, et cela est même dans les *Gazettes*, que, le 28 et le 29 du mois dernier, M. le maréchal de Broglie étoit sorti sous apparence d'un fourrage à la tête de cinq ou six mille hommes de cavalerie, qu'il avoit passé la Moldaw, qu'il étoit tombé sur deux mille houssards, qui avoient été ensuite soutenus par des cuirassiers; que dans ce combat on a tué neuf cents hommes aux Autrichiens, et que nous en avons perdu deux cents dans lesquels il y a plusieurs officiers. M. le prince de Soubise, qui n'est là que comme aide de camp de M. de Broglie, a eu un cheval tué sous lui, et M. de Broglie s'est retiré dans son camp.

On dit que, le 1er de ce mois, la tranchée n'étoit pas encore ouverte, mais que les ennemis sont très-près de Prague, à un quart de lieue. On n'a point de nouvelles certaines de ce qui peut avoir été entrepris depuis par les Autrichiens.

On croit de bonne part que toute l'armée de la reine de Hongrie devant Prague n'est composée que de soixante mille hommes, dans lesquels même il n'y a pas plus de vingt-deux mille hommes de troupes réglées. Tout le reste est de houssards, pandoures, Hongrois, troupes ramassées.

Prague n'est pas fortifiée en vraie place de guerre, mais au moyen de la communication du camp, il y a vingt-cinq mille hommes de garnison de très-bonnes troupes françoises. On compte que les maréchaux de Broglie et de Belle-Isle seront en état de tenir jusqu'à l'arrivée de nos troupes. Ils ont pain, vin, bière et eau-de-vie suffisamment. Mais il n'y a pas de viande, et l'on dit qu'on est obligé de tuer les chevaux inutiles pour les manger. L'espérance du secours donnera du cœur et des forces aux troupes.

Il s'agit de voir à présent, depuis la nouvelle de cette marche, le parti que prendra la reine de Hongrie; si c'est de forcer le siége de Prague ou d'attaquer M. de Broglie dans les retranchements. Si cela est, il y fera chaud, et la reine risque de perdre ses meilleures troupes. Si cela n'est pas fait avant notre arrivée, il faudra nécessairement que la reine de Hongrie fasse revenir toutes ses troupes à Vienne. Selon les apparences, nos troupes seront rassemblées vers Prague, au 10 septembre. Il n'y aura plus que le reste du mois et le mois d'octobre pour faire la guerre; à moins d'expédition vive, nous risquerons encore à être obligés de camper dans ce pays-là l'hiver, ce qui seroit très-préjudiciable à nos troupes; n'y aura-t-il pas même à craindre d'ici à ce temps quelque entreprise contre nous, soit de la part des Anglois ou même du roi de Prusse, pour donner du secours à la reine de Hongrie? Tout ce que nous faisons à présent devient indispensable dans notre situation, mais il faut convenir que nos cent mille hommes en Bohême, à deux cents lieues de notre pays, seroient beaucoup mieux sur nos frontières, et que nous en aurions tiré plus de profit.

Dans tous ces mouvements, et surtout depuis ce dernier projet, on a beaucoup parlé de changement dans le ministère. M. le Cardinal se porte à merveille et est encore tout entier, quand il n'est question que de la régie ordinaire; mais quand il s'agit d'affaires longues de détail, et aussi embarrassées que celles-ci par tous les cas qu'il faut prévoir, sa tête ne peut plus suffire, et cela n'est pas étonnant. On a parlé du retour de M. Chauvelin. On disoit même, ces jours derniers, qu'il étoit par permission du Roi dans le voisinage de Versailles, mais cela ne se confirme pas. Comme le Roi, depuis le départ de nos troupes, a fait un voyage de huit jours à Choisy, tous les ministres se sont dispersés et il n'a plus été question de cette nouvelle.

Malgré ces grands préparatifs, le Cardinal a toujours ses desseins de paix et d'accommodement[1]; on dit que

---

1. Le cardinal de Fleury, trop âgé pour soutenir un si pesant fardeau, prodigua à regret les trésors de la France dans cette guerre entreprise malgré lui. VOLTAIRE.

c'est le Roi qui s'y est opposé, et qu'il a dit même qu'il n'entendoit aucune proposition de la reine de Hongrie, que quand il auroit le dessus. Il pense en Roi. Autrement les conditions ne pourroient être que honteuses et laisseroient dans peu des sujets de renouveler une guerre.

Ce parti, pour le départ de l'armée de Maillebois, a été long à prendre. On dit qu'il falloit attendre les circonstances, être sûr des Hollandois, et que le roi de Prusse, qui s'est retiré, fût désarmé. Il faut dire aussi qu'il y avoit une léthargie dans le conseil. Le Cardinal ne savoit quel parti prendre, et les secrétaires d'État le laissoient dans l'inaction, et cela pour leur politique particulière, pour faire échouer le maréchal de Belle-Isle. Ils aimoient mieux laisser périr l'armée de Bohême, et la réduire à se rendre prisonnière, pour être forcés de faire une paix honteuse pour le Roi et pour la nation. Ils ont connu quand le maréchal de Belle-Isle est revenu en Cour, de Francfort, pour déterminer le Roi et le Cardinal à envoyer des troupes en Allemagne, que c'étoit un ouvrier à craindre. Ce fut lui qui ordonna tout, et qui fit tout expédier dans les bureaux; le ministre de la guerre et les autres se trouvèrent très-petits garçons.

Dans ces circonstances, ce fut un particulier, nommé M. de Meslé, garçon d'esprit et de mérite, qui n'a jamais été que mousquetaire, que je connois, très-connu du Cardinal, qui, depuis la mort de l'Empereur, avoit déjà fait un grand mémoire et fort beau sur l'intérêt de la France, sur les droits du Roi et des puissances, qui tendoit à faire l'électeur de Bavière empereur. Ce mémoire avoit été présenté et examiné par le Cardinal, communiqué même à M. de Belle-Isle, à qui peut-être il n'a pas été inutile pour son plan et son projet.

Ce même particulier, piqué de l'inaction où l'on étoit, dans une position aussi critique, depuis la trahison du roi de Prusse, a travaillé et fait de nouveaux mémoires pour le secours de Prague. Il a été trouver, de son chef, le Cardinal à Issy, lui a représenté l'état où l'on étoit, l'a pressé sur la gloire de son ministère, du Roi, de la nation, sur les troupes et la noblesse que l'on sacrifioit. Le Cardinal s'est laissé toucher, et l'a renvoyé à travailler avec le maréchal de Puy-Ségur, qui est son homme, et les ministres de Breteuil et Amelot. Cela a été long à opérer, et on a eu beaucoup de peine à déterminer tous ces ministres à se prêter à ce grand projet, qui tend à procurer, par la suite, la réussite du plan de M. de Belle-Isle, et à remédier aux inconvénients survenus. Il a fallu que ces projets aient été communiqués au Roi, et l'on croit qu'il a fallu des ressorts secrets auprès de lui pour l'engager à en déterminer l'exécution.

Un mouvement aussi considérable, et pour l'entreprise et pour la dépense, a fort intrigué tous les différents partis de la Cour sur les vues prochaines d'un ministère vacant. Des gens ont cru que les ressorts qui avoient été pratiqués auprès du Roi, pour ordonner ceci, ne pouvoient venir que des protecteurs de l'ancien garde des sceaux Chauvelin, que l'on compte être, entre autres, madame la comtesse de Mailly et Bachelier, premier valet de chambre, tous les deux les plus intimes favoris du Roi, chacun dans leur espèce, mais en même temps tous incapables de savoir profiter de leur crédit. On a donc imaginé de là qu'il pouvoit aussi y avoir relation et correspondance entre le maréchal de Belle-Isle, et peut-être l'auteur de ce dernier projet, avec M. Chauvelin. C'est ce qui a fait dire qu'on avoit tout préparé à Grosbois pour le recevoir, qu'il étoit à deux lieues de Versailles, qu'on ne l'avoit point vu à Bourges, et surtout depuis la grâce sans exemple que le Roi et le Cardinal venoient de faire à M. le président Chauvelin, son neveu.

Il faut, en effet, qu'il y ait quelque chose de réel dans

tous ces bruits par le coup extraordinaire que voici :

Le Roi vient de nommer ministre d'État M. le comte d'Argenson, conseiller d'État et intendant de Paris, et M. le cardinal Tencin, qui est à Lyon où il est archevêque, et à qui on a envoyé un courrier. Le Roi a nommé aussi M. le maréchal de Noailles pour aller commander l'armée en Flandre, et M. Bignon, intendant de Soissons, pour être intendant de notre armée.

Ce n'est pas tout. Le Roi a supprimé, par une lettre de cachet écrite par M. le comte de Maurepas au Parlement, les lettres-patentes qui avoient été scellées, par lesquelles il avoit accordé à M. le président Chauvelin le titre de président à mortier honoraire ; et il est dit dans la lettre de cachet que, pour éviter à l'avenir de pareils inconvénients, le Roi ne souffrira plus de place de président à mortier occupée que par des titulaires, en sorte qu'on ne gardera plus ces places pour les jeunes gens qui ne seront pas en âge, comme avoient fait M. le président de Blancmesnil pour M. de Novion, et M. le président de Chauvelin pour M. de Rosambo, fils du premier président Le Pelletier.

Cet arrangement a été fait par le Cardinal, à Dravet[1], maison de campagne d'un de ses secrétaires, où il va souvent, et où il a été pendant les derniers huit jours que le Roi a été à Choisy. Ceci prouve bien la domination du Cardinal et l'empire et l'ascendant qu'il a sur l'esprit du Roi. Il paroîtroit y avoir quelque chose de surnaturel de la part d'un homme de quatre-vingt-onze ans passés, qui même n'a plus la force et la présence d'esprit ni pour les affaires d'État ni pour de pareilles intrigues de politique, et cela vis-à-vis d'un Roi, maître absolu, qui a trente ans et qui aime son plaisir.

Il est certain qu'il y avoit en Cour quatre factions

---

1. Aujourd'hui Draveil, à vingt kilomètres de Paris, près de la forêt de Sénart.

pour le ministère : celle du maréchal de Noailles, qui tient à toute la Cour, et dont la sœur, madame la comtesse de Toulouse, qui a beaucoup d'esprit, est fort amie du Roi, puisque ses voyages à Rambouillet et à Saint-Léger continuent toujours. L'on a vu même, à la mort de madame de Vintimille, dont le Roi a été extrêmement touché, que c'est à Saint-Léger qu'il s'est retiré.

La seconde, pour M. Chauvelin, qui est à Bourges, qui, entre autres, a pour partisans Bachelier, premier valet de chambre du Roi, son favori et son confident, et madame la comtesse de Mailly, sa maîtresse, avec qui il est tous les jours en parties, et que l'on peut dire d'ailleurs être presque généralement souhaité du public, comme seul capable de remédier aux affaires présentes.

La troisième, pour le cardinal de Tencin[1], qui a sans doute des partisans secrets et peut-être des menées de la part de la cour de Rome et des jésuites.

La quatrième, pour le maréchal de Belle-Isle, qui, par ses entreprises, ses négociations et ses relations de politique avec toutes les puissances de l'Europe, tendoit sans difficulté au ministère, mais à qui la trahison du roi de Prusse, dont il avoit répondu, a fait un grand tort.

Il faut en ajouter une cinquième, qui est celle de tous les secrétaires d'État, dont l'intérêt étoit que le Roi prît le parti de travailler par lui-même avec eux, chacun dans leur département, sans avoir de ministre en chef, pour n'avoir plus de maître et de supérieur à leur égard.

Les quatre secrétaires d'État sont infiniment liés ensemble. M. le comte de Maurepas, qui est à leur tête, est fin, a beaucoup d'esprit et est fait depuis longtemps

---

1. M. de Tocqueville dit avec raison qu'il était indigne de ses fonctions. Il se montra d'abord très-ardent contre le jansénisme, et plus tard, quand il eut obtenu le chapeau, très-indifférent à l'égard de cette même doctrine. Ce fut lui qui tint, en 1727, le concile d'Embrun, où fut condamné Soanen. Né à Grenoble en 1680, le cardinal de Tencin mourut le 2 mars 1758. — Voir de Tocqueville, *Hist. philosophique*, t. II, p. 347.

aux manéges de la Cour. Il avoit un intérêt sensible à éloigner surtout le Chauvelin, à la disgrâce duquel il a eu part, et contre lequel il s'est ouvertement déchaîné; ils craignoient aussi le maréchal de Belle-Isle, qui, par beaucoup d'esprit et des connoissances supérieures, n'auroit pas manqué de les primer et peut-être avec hauteur.

Il est à présumer que la faction du Chauvelin a fait de grands efforts dans ces derniers temps, et que les bruits qui ont couru sur son retour ont eu quelque réalité. Pour éviter ce coup, les moments étoient précieux avec un ministre de quatre-vingt-dix ans; il faut apparemment que M. le comte de Maurepas et les autres secrétaires d'État unis se soient joints avec les partisans du cardinal de Tencin, pour animer le cardinal de Fleury contre le chancelier qu'il a proscrit et pour le déterminer à ce coup-ci; les secrétaires d'État, ne pouvant rester maîtres du ministère, ont mieux aimé ce dernier parti que de tomber entre les mains de gens qu'ils craignoient.

Le cardinal de Tencin, une fois entré dans le conseil d'État, va être adjoint au ministère pour soulager le cardinal de Fleury. C'est un confrère et un homme de confiance; il n'est pas douteux que c'est le désigner premier ministre: le titre de cardinal dans ce pays-ci et beaucoup d'esprit sont plus que suffisants; et il faut convenir que ce titre de gouvernement sur tous les États du royaume ne peut pas se soutenir par un simple particulier, vis-à-vis des princes et de tous les grands du royaume.

A l'égard de M. le comte d'Argenson, ceci est pour lui une distinction respectable. La place de ministre d'État est la récompense des services rendus dans les premières places, soit d'épée, soit dans les ambassades, soit dans les charges de secrétaire d'État. Il n'est encore que conseiller d'État et intendant de Paris. A la vérité, il a beaucoup de mérite, d'une figure aimable, d'une grande politesse; il a tout au plus cinquante ans. Mais depuis longtemps il a travaillé aux matières qui pouvoient conduire au grand, et il a été instruit d'abord par son père, qui étoit un grand génie, et ensuite par M. le duc d'Orléans, régent et premier ministre, dont il étoit le chancelier et le favori. Il n'avoit pas de grandes vues d'élévation, restant attaché à M. le duc d'Orléans d'aujourd'hui, et, par l'événement, il est heureux d'avoir été remercié par ce prince. Il est intimement lié avec M. le comte de Maurepas, et, pour lui, ceci le désigne ou pour être à la tête des finances, ou pour avoir la place de chancelier de France, après la mort ou la retraite de M. d'Aguesseau, qui est fort âgé et fort cassé.

Le coup que vient de porter le Cardinal à M. le président Chauvelin lui fait beaucoup de déshonneur. On regarde cela comme l'effet de la plus cruelle vengeance sur le nom Chauvelin. Le président est assez aimé dans le public et fort estimé dans le Palais. C'est le Cardinal lui-même qui lui avoit fait obtenir du Roi le titre de président honoraire du Parlement, grâce sans exemple, et dont il a reçu des compliments de toute la France. Quinze jours après on l'a révoqué! Cet homme devient le jouet du ministère et du public, cela est affreux. D'autant que du grand banc du Palais[1] M. le premier président a été seul en Cour faire les représentations, et sûrement les présidents à mortier n'auroient pas eu le crédit de l'empêcher. Jusqu'ici, et suivant les apparences présentes, ce coup exclut pour toujours toute idée de retour pour M. Chauvelin de Bourges.

Mais des gens bien intrigués à Paris, depuis deux jours, et qui tiennent, je crois, de sérieuses assemblées,

---

1. Le grand banc du Palais était celui des présidents à mortier, ce qui revient à dire que parmi les présidents à mortier, un seul, le premier président, a fait des représentations.

sont les jansénistes, parti nombreux et plus puissant qu'on ne croit à la Cour et à la ville, quoique secrètement et sourdement. Le cardinal de Tencin est un monstre pour eux ; c'est lui qui, comme archevêque d'Embrun, a fait le procès à l'évêque de Senez, qui est un grand saint du parti; c'est aussi lui qui a été condamné par arrêt du Parlement, comme simoniaque. Je ne sais comment se fera le raccommodement entre eux. Les jansénistes crioient déjà beaucoup contre le cardinal de Fleury, qui au fond n'a jamais agi avec beaucoup de violence, mais ils craignent celui-ci avec plus de raison. Ils disent déjà qu'il va achever de perdre la religion; cela sera bien plus curieux quand notre archevêque de Paris, qui est un bon homme, fort doux et âgé de quatre-vingt-cinq ans, sera remplacé par quelque prélat de cour, qui aura envie de servir la cour de Rome, pour avoir le chapeau. C'est là où je les attends.

M. d'Argenson ne doit pas être non plus de leurs gens. Son père, étant lieutenant général de police, a détruit, fait démolir et chassé les religieuses du Port-Royal-des-Champs, action affreuse et toujours présente aux jansénistes[1]. C'est aussi son père, qui étant garde des sceaux, a tenu, en 1720, ce fameux lit de justice, au Louvre, où le Parlement se rendit du Palais à pied, et où il fut fort

---

[1]. En 1708, les religieuses de Port-Royal-des-Champs signèrent leur adhésion à la bulle *Vineam Domini*, mais en déclarant qu'elles ne le faisaient que par respect et sans prétendre déroger à ce qui avoit été fait à leur égard lors de la paix de l'Eglise, sous Clément IX. Cette soumission incomplète ranima la persécution. Le 29 octobre 1709, la maison de Port-Royal-des-Champs fut investie par trois cents hommes de troupes conduits par le lieutenant de police d'Argenson. Les religieuses furent arrachées à leur cloître pour être enfermées dans divers couvents du royaume. Les bâtiments de l'abbaye furent rasés, en exécution d'un arrêt du 22 janvier 1701; enfin, l'année suivante, un second arrêt ordonna d'exhumer et de disperser dans les cimetières des villages voisins les restes des religieuses et des solitaires qui reposaient dans les tombes de l'église et du cloître. Ph. LEBAS.—Voir *Supplément à l'histoire de Port-Royal*, par J. Racine, t. v, p. 272, des œuvres annotées par Aignan. Paris, 1824, in-8.

humilié. Ces deux nouveaux ministres ont par devers eux des traits qui ne s'oublient pas aisément.

On dit au surplus que c'est le cardinal de Fleury lui seul qui a joué toute la Cour, par une politique raffinée qu'il possède encore à son âge, supérieurement à quelque courtisan que ce soit. Il avoit fait écrire à Lyon au cardinal de Tencin, de la part du Roi, de se préparer à retourner à Rome, au mois d'octobre prochain, afin d'ôter toute idée sur son compte et de donner plus beau jeu aux autres factions. Et quand il a vu ses menées à un certain point, il a conclu seul avec le Roi l'arrangement présent, pour prouver en même temps à la France et à l'Europe qu'il a toujours le même empire et la même autorité sur l'esprit du Roi. On dit qu'il a pour ami et pour conseil intime M. Mendeix, sans lequel il ne fait rien.

Le contrôleur général Orry se porte un peu mieux, et il étoit à sa maison de campagne de Bercy. Pour sa convalescence, on avoit préparé un feu d'artifice sur la rivière, vis-à-vis son jardin, qui devoit être tiré mardi 28 de ce mois. Le public même s'y étoit rendu en bateaux, et sur le bord de l'eau. Le feu n'a point été tiré, et le soir même on a tout défait. Le fait est certain. On dit que c'est par ordre de la Cour, attendu qu'on ne doit tirer des feux sur la rivière que pour des fêtes publiques; d'autres disent que c'est lui-même qui a donné cet ordre sur le chagrin qu'il a eu de la nomination des deux nouveaux ministres d'État. On n'y connoît rien, car il est certain qu'il a toujours été l'ami et l'homme du Cardinal.

Septembre.

Les Autrichiens assiégent Prague. — Encore les Autrichiens de Paris. — Sorties de la garnison de Prague. — On ne sait rien de nos armées d'Allemagne. — Les Espagnols et le roi de Sardaigne. — Affaires de Hollande. — Mort de la duchesse de Mazarin. — Bruits de Paris. — Les armées du comte de Saxe et de Maillebois s'avancent en Allemagne; bon esprit des troupes. — La duchesse de Villars. — Les Autrichiens lèvent le siége de Prague. — Conduite politique des Anglais. — Nouvelles des armées d'Allemagne. — Les princes du sang veulent partir. — Le prince de Conti sert en volontaire.

On reçoit toujours très-difficilement des nouvelles de la ville de Prague. Aucun officier n'écrit ou ne peut écrire. Il est sans doute défendu aux courriers du maréchal de Broglie de se charger d'aucune lettre, et on est fort avide des nouvelles que l'on peut attraper de la Cour.

Il est à présent certain par toutes les *Gazettes* que les ennemis ont formé le siége devant Prague, et que la tranchée a été ouverte, le 16 ou 17 du mois passé. Cette ville n'est pas fortifiée par elle-même et elle ne peut se défendre que par les ouvrages nouveaux que les maréchaux de Broglie et de Belle-Isle ont imaginés. Tous les jours on entend dire dans Paris que la ville de Prague est prise. Il continue à y avoir ici beaucoup d'Autrichiens de cœur qui ne cherchent qu'à indisposer le public.

Il est vrai néanmoins que M. le maréchal de Broglie fait faire tous les jours des sorties qui incommodent fort l'armée du prince Charles.

Il est vrai que les ennemis ont placé une batterie sur le camp de M. de Broglie, qui l'a fort incommodé, et qui l'a obligé de faire rentrer toute son armée dans la ville, qui se trouve par ce moyen avoir près de vingt-cinq mille hommes de garnison. Il n'est pas aisé de prendre d'assaut une pareille place.

Il se confirme que, le 23 du mois dernier, M. de Broglie a fait une sortie de six mille hommes dont étoit le régiment du Roi, que l'action a été vive, que les ennemis ont perdu environ douze cents hommes, qu'on a fait quelques prisonniers, qu'on leur a pris deux drapeaux et enlevé trois pièces de canon. Ils s'étoient emparés d'un autre côté d'un de nos ouvrages avancés au dehors de la ville, appelé de Munsfeld, où nous avions cent grenadiers. On dit qu'avant de se retirer, ils ont mis le feu à une mine qui a fait sauter l'ancien palais des rois de Bohême, qui étoit d'une grande magnificence par les peintures et par le marbre. On dit de plus qu'un régiment de houssards de la reine de Hongrie étant entré dans ce jardin qui étoit aussi miné, tout le régiment a sauté, dans le temps qu'ils étoient occupés à examiner les ruines de cet ancien château. On dit que nous avons perdu plusieurs officiers dans cette action, entre autres que M. le duc de Biron, colonel du régiment du Roi, a été fait prisonnier, et qu'il est dangereusement blessé, mais on ne sait aucun détail.

Le 8 et le 9 de ce mois, il est arrivé deux courriers à la Cour. Ce qui a fait répandre dans Paris une petite relation en abrégé, datée du 1er septembre, de Prague, d'une action importante; que M. de Broglie a fait une fausse sortie de quatre mille hommes, qui a attiré le prince Charles avec un corps considérable de troupes; que les nôtres batailloient, se retiroient, n'étant pas en état de résister; que les maréchaux de Broglie et de Belle-Isle ont fait une sortie considérable par deux autres portes de la ville, qu'ils sont tombés sur les ennemis, ce qui a fait un combat en forme; que le prince Charles a perdu plus de sept mille hommes; que nous avons coupé les jarrets à douze cents chevaux, qu'on ne pouvoit pas emmener faute de fourrages; qu'on a pris douze canons, et qu'on en a encloué un grand nombre, et qu'enfin le prince Charles a quitté son camp et s'est retiré à près de six lieues, et que nous avons perdu à cette action quinze cents hommes.

Si cela est ainsi, on aura comblé tous les ouvrages des ennemis, et le siége de Prague est levé. C'est une victoire complète et infiniment glorieuse à M. de Broglie, qui seroit parvenu à faire retirer le prince Charles avant l'arrivée du secours de l'armée de M. le maréchal de Maillebois.

Quoique cette relation soit entre les mains de tout le monde, depuis quatre jours, les uns la tenant de chez M. de Breteuil, ministre de la guerre, les autres de chez le prince de Grimberghe, envoyé de l'Empereur, plusieurs personnes en doutent encore et demandent confirmation. Mais on n'en a point d'autres détails. On ne parle de rien dans notre *Gazette de France*. On attend peut-être à donner au public une relation particulière du siége de Prague, quand la levée sera certaine.

On ne sait pas non plus de nouvelles positives de l'armée de M. de Maillebois, ni de celle de M. le comte de Saxe; cependant nous sommes au 13 septembre, et la marche doit être avancée. On dit que le rendez-vous général est à Amberg, pour entrer ensuite en Bohême.

Mais on ne peut pas savoir quelle sera la destination de ces troupes, ce qui dépendra du mouvement des ennemis.

Il paroît d'un autre côté par les *Gazettes* que M. de Montemar, général des Espagnols, s'est retiré du côté de Naples, que le roi de Sardaigne ne le suit plus et qu'il revient avec ses troupes dans le Piémont, sous prétexte de défendre ses États, d'autant que don Philippe entre avec d'autres troupes du côté de Barcelonette, ce qui fait conjecturer à bien des gens que le roi de Sardaigne a fait son traité avec le roi d'Espagne, et qu'il fera incessamment à la reine de Hongrie le même tour que le Roi de Prusse nous a fait.

On voit encore par les *Gazettes* que milord Stairs, ministre d'Angleterre, fait de grands efforts auprès des Hollandois pour les déterminer à secourir la reine de Hongrie, qui se plaint aujourd'hui, comme étant sur le point d'être opprimée par l'arrivée de nos nouvelles troupes en Allemagne; tandis qu'elle a refusé avec hauteur depuis un mois les conditions d'accommodement les plus avantageuses, et qu'elle ne vouloit pas moins que de nous faire tous prisonniers de guerre. M. de

Fénelon, notre ambassadeur auprès des États généraux, répond sérieusement aux mémoires de milord Stairs; et il ne paroît pas que les Hollandois aient envie de prendre aucun parti contre nous.

Madame la duchesse de Mazarin, Mailly en son nom, veuve auparavant de M. de La Vrillière, mère de M. de Saint-Florentin, secrétaire d'État, et de madame la comtesse de Maurepas, et dame d'atours de la Reine, est morte en huit jours de temps, le 11 de ce mois, âgée de cinquante-cinq ans. Voilà encore une grande place à donner par M. le Cardinal auprès de la Reine!

M. le cardinal de Tencin arriva, hier 12, à Paris. Il étoit parti en poste de Lyon, le 8, et il se porte bien.

Le 12 de ce mois, le bruit général étoit dans Paris que la nouvelle du 1er septembre, de cette grande sortie, étoit fausse; quelques-uns disoient même que la ville de Prague étoit prise par les Autrichiens. Le public inquiet va tout à coup d'une extrémité à l'autre.

Les gens mieux instruits disent que, depuis la sortie faite par M. de Broglie, le 22 août, on n'a point reçu en Cour de nouvelles de Prague même. Ce qui n'est pas étonnant, puisque nous sommes enfermés et qu'aucun courrier n'en peut sortir. On n'a pas même dans Paris aucune relation véritable de la sortie du 22 août, ni des deux autres qui avoient précédé. M. le Cardinal a bien ce détail; mais on ne le publie pas, à ce qu'on dit, pour ne pas chagriner les parties intéressées qui ont dans cette ville des maris, des enfants, frères et parents, d'autant que ces sorties ont été meurtrières.

A l'égard de la dernière que l'on dit avoir été de neuf à dix mille hommes, et avoir formé un vrai combat, il faut bien qu'il y ait eu réellement quelque chose: mais on dit qu'on n'a eu ici des nouvelles qu'indirectement par les pays étrangers, comme de Saxe, de Hollande, de Francfort, ce qui ne fait rien de positif, tant que la Cour ne reçoit point de courrier directement de M. le maréchal de Broglie. On parle dans Paris d'une lettre arrivée ces jours-ci, qui marque qu'il y a eu une action considérable dans laquelle nous avons eu grand avantage.

On dit aussi que la reine de Hongrie a envoyé un courrier à M. de Stainville, qui est ici le ministre et l'envoyé du grand-duc. Ce fait est certain, je le sais par la relation d'un de ses domestiques au mien, que le 12 au soir, étant à une maison de campagne près Paris, il reçut un courrier, qu'il revint fort empressé à Paris, et que le 13 au matin, il partit pour Versailles. On dit en effet qu'il fut enfermé plus d'une heure avec M. le Cardinal, sur quoi l'on dit qu'il étoit chargé de renouer avec M. le Cardinal les propositions qui avoient été faites à la reine de Hongrie, par M. le maréchal de Belle-Isle dans les conférences avec M. de Kœnigseck, son général devant Prague, qui étoient d'évacuer Prague. Mais l'on dit aussi que M. le Cardinal a répondu que les choses n'étoient plus dans la même position. Voilà les dernières nouvelles.

A la fin, nos troupes cheminent en Allemagne. On dit que M. le comte de Saxe, M. de Mailleboiset autres troupes qui étoient dans ces quartiers, doivent s'être rassemblés à Amberg, le 13, et qu'elles doivent partir toutes aujourd'hui 15, on ne sait plus pour aller où. D'Amberg, qui est dans le palatinat de Bavière, il y a quarante lieues de France pour remonter jusqu'à Prague; mais il n'y en a pas quinze pour entrer en Bohême. Il n'est pas à présumer que le prince Charles nous attende devant Prague, et il faut qu'il ait plusieurs jours d'avance pour s'assurer une retraite avec toute son artillerie. Ainsi la marche des armées respectives va devenir intéressante.

On reçoit des nouvelles de l'armée de M. de Maillebois. Une chose étonnante, c'est qu'il n'y a eu dans toute cette marche qu'un déserteur, que tous les autres soldats regardent comme un coquin : pas un maraudeur et pas un malade. Cela peint bien l'ardeur, le courage et la bonne volonté de nos troupes.

La place de dame d'atour de la Reine, qu'avoit madame la duchesse de Mazarin, est donnée à madame la duchesse de Villars, fille de M. le maréchal de Noailles. Elle étoit dame du Palais. On en a laissé le choix à la Reine. La duchesse de Villars a infiniment d'esprit; elle s'est mise depuis deux ou trois ans dans la dévotion avec madame la princesse d'Armagnac, sa sœur. Elle étoit auparavant comme toutes les femmes de Cour.

On a eu avis certain, et cela est dans la *Gazette de France*, que, la nuit du 12 au 13, le prince Charles a levé le siége devant Prague, après avoir fait retirer toute sa grosse artillerie; qu'il a laissé un corps de quinze mille hommes, avec le général Feschs, autour de la ville, pour la bloquer et empêcher la communication, et que le prince Charles, avec le gros de son armée, se rendit au devant de l'armée de M. le maréchal de Maillebois, pour l'arrêter, s'il pouvoit, dans les gorges qu'il faut passer absolument pour aller du côté de Prague.

Ce siége de Prague a duré plus de trois mois, il a coûté des sommes considérables à la reine de Hongrie. Elle y a perdu la meilleure partie de son infanterie, et ses troupes n'ont pas eu l'honneur de monter une fois à l'assaut, devant une place qui n'est point fortifiée par elle-même et qui ne l'est que par les ouvrages que nos généraux y ont fait faire. On blâme fort la reine de Hongrie, de la hauteur avec laquelle elle a refusé les propositions qui lui ont été faites. On dit, en même temps, qu'elle y a été forcée par les Anglois, qui l'ont aidée en tout dans cette guerre, et qui vouloient nous écraser. Ils ne croyoient pas qu'on se détermineroit à faire faire une marche de plus de deux cent cinquante lieues dans le mois d'août à l'armée de M. de Maillebois, ni que les Hollandois s'accommoderoient avec nous, sans quoi il n'auroit pas été possible de faire sortir cette armée de la

Westphalie. On dit sûrement que nous avons un traité avec eux, signé, par lequel ils sont obligés de nous fournir quarante mille hommes, en cas que nous soyons attaqués par les Anglois; et nous de leur en fournir autant, en cas que les Anglois fassent quelque entreprise sur eux. On a tellement fait connoître aux Hollandois notre bonne volonté à leur égard, qu'on dit que nous leur avons offert de leur livrer le port de Dunkerque, pour sûreté de nos intentions, qu'ils l'ont refusé, et qu'ils se sont contentés de la parole du roi de France.

On a aussi avis que l'armée de M. de Maillebois a passé les gorges, et que M. le comte de Saxe, après avoir gagné deux marches sur le prince Charles, s'en est emparé pour faciliter la marche de M. de Maillebois. Les uns attendent la nouvelle d'une action avec le prince Charles, du 25 au 26 de ce mois, d'autres disent qu'il n'est pas naturel que le prince Charles attende notre armée, quoique le général Kevenhuller l'ait joint, par la supériorité de nos troupes en nombre et en qualité, d'autant que M. de Seckendorf, général de l'Empereur, et le comte de Saxe sont réunis avec M. de Maillebois. On croit plutôt que le prince Charles se sera retiré.

M. le maréchal de Maillebois a l'honneur d'avoir dans son armée un prince de sang. Tous nos princes, le comte de Charolois, le prince de Conti, le prince de Dombes et le comte d'Eu, avoient demandé et sollicité vivement le Roi de leur permettre d'aller servir en Bohême. Le Roi les a refusés absolument et avec raison. Nous n'avons pas de guerre personnellement. Le théâtre de la guerre est dans un pays étranger et fort éloigné. On étoit incertain de l'événement, et les princes sont assez chers pour ne les pas exposer.

M. le prince de Conti, après des instances réitérées, a pris son parti. Il est parti sans rien dire, le 20 ou le 21 de ce mois, en poste, avec deux simples domestiques;

et l'on dit, qu'en six jours, il a joint l'armée de M. de Maillebois. On dit aussi qu'il avoit chargé le chevalier De Salleurs de lui préparer des équipages; cela étoit médité depuis longtemps. Le Roi a paru fort piqué de cette désobéissance. Il a envoyé un courrier à M. de Maillebois. Le prince, à son arrivée, a été trois jours aux arrêts; mais il y avoit une seconde lettre pour le mettre à son aise. On disoit dans Paris que le Roi avoit mandé à M. de Maillebois de lui donner le commandement de la cavalerie, mais cela n'est pas. Il sert seulement comme volontaire. Cela est très-louable pour ce prince qui, par ardeur et par gloire, veut servir; mais il est pourtant de conséquence, pour l'autorité du Roi, qu'un prince ne serve point dans les armées contre ses ordres; cela pourroit avoir dans d'autres temps des suites et des conséquences critiques. Quoiqu'il n'ait pas un sol, il a rassemblé dans sa famille et ses amis une somme de soixante mille livres qu'il a emportée avec lui.

Octobre.

Nouvelles des armées de Broglie et de Maillebois. — Médiation des Hollandais. — Succès du comte de Saxe. — Notre armée de Flandre. — Petits voyages du Roi. — Triste situation de notre armée en Bohême. — Dissentiments de nos généraux. — Chanson.

Il est vrai que le général Kevenhuller a joint le prince Charles, que l'armée de la reine de Hongrie est campée avantageusement, et que les armées sont en présence; mais cela ne va pas plus loin. M. le maréchal de Broglie a chassé les troupes qui étoient restées aux environs de Prague et qui bloquoient cette ville. M. de Broglie s'est aussi emparé de plusieurs petites places qui lui donnent la communication avec Egra, en sorte qu'il entre présentement toutes sortes de vivres dans la ville de Prague, dont la garnison avoit grand besoin, ayant été longtemps fort mal à son aise. On dit même que par ce moyen on s'est mis en état de fournir aussi des vivres à l'armée de M. de Maillebois. On souhaite fort ici que M. de Broglie, qui est généralissime, et qui a la carte blanche, se joigne à cette armée pour en prendre le commandement; mais il n'y a aucune nouvelle à cet égard.

On trouve aussi fort extraordinaire que depuis le temps que nos troupes ont passé les gorges et sont campées, on n'ait point attaqué les ennemis qui certainement n'ont point de troupes comparables aux nôtres, mais on croit qu'il y a là-dessous quelque convention particulière.

Les Hollandois paroissent ici donner la loi et vouloient se rendre les médiateurs de cette grande affaire, au moyen du traité que l'on dit fait avec eux ou du moins de leur neutralité. Ils ont permis à la France de retirer leur corps d'armée de Westphalie et de l'envoyer en Bohême pour délivrer la garnison de Prague, composée de vingt-cinq mille hommes de nos meilleures troupes, aussi bien que le corps de troupes de dix-sept et dix-huit mille hommes, qui étoit sous les ordres de M. le duc d'Harcourt, mais ils ne veulent pas qu'on écrase la reine de Hongrie, et l'on croit qu'ils ont exigé qu'on ne donneroit point de bataille, et qu'on n'entreprendroit rien de trop intéressant.

M. de Seckendorf, général de l'Empereur, est rentré dans la Bavière avec son corps de troupes et il a repris la ville de Munich, qui étoit occupée par les Autrichiens, on dit même sans grande difficulté, ce qui fait encore présumer que cela pourroit être fait de concert.

On a reçu avis, ces jours-ci, que M. le comte de Saxe a poursuivi un corps de houssards et autres troupes de la Reine, qui se sont retirés dans une petite place, et que M. le comte de Saxe a fait quatre mille cinq cents prisonniers de guerre, et pris quelques pièces de canon, et que M. le maréchal de Maillebois a fait aussi quelques prisonniers d'un autre côté, le tout sans tirer presque un coup de fusil. Tout cela ne dit encore rien, si cela n'a pas d'autre suite.

On parle beaucoup d'une suspension d'armes pour faire apparemment des arrangements de paix pendant l'hiver.

Du côté des Pays-Bas, les *Gazettes* ne parlent que du départ du roi d'Angleterre pour s'y rendre et pour commander les troupes. Ses équipages sont partis, mais il n'est pas encore arrivé. Il doit y arriver seize mille Hanovriens et Hessois. La reine de Hongrie aura avec les Anglois une armée, dit-on, de quatre-vingt mille hommes. On parle du siége de Maubeuge ou d'attaquer Dunkerque pour détruire les fortifications qu'on y a faites, et l'on croit que de tout cela il n'y aura rien, par bonnes raisons. La première, que nous sommes au 15 octobre, et que dans peu, à cause des pluies, il n'est pas possible d'entamer la campagne en Flandre; la seconde, que M. le duc de Chartres part pour la Flandre avec M. le comte de Clermont, le prince de Dombes, le comte d'Eu et le comte de Penthièvre. On conjecture de là qu'il n'y aura rien. On n'hasarderoit pas une tête aussi chère que celle de M. le duc de Chartres, et ces princes ne vont que pour voir les dispositions de notre camp et de nos troupes qui, actuellement, ne seroient pas fort nombreuses pour résister à l'ennemi. M. le maréchal de Noailles, qui commande en Flandre, demande, dit-on, à force des troupes.

Pendant ce temps-là, le Roi continue ses voyages de Choisy et de Saint-Léger, comme à l'ordinaire. Il arrive toujours beaucoup de courriers; on tient des conseils. Le cardinal de Fleury prend à présent du repos à Issy. Le cardinal de Tencin va travailler tous les jours avec lui, et travaille aussi avec le Roi. Cela le désigne bien successeur de l'autre.

Il sera avantageux pour le public que l'on termine ceci par une paix telle qu'elle soit, mais il ne sera pas autrement honorable, dans la position où l'on a été, que les Hollandois en fassent les conditions, surtout pour arrêter les entreprises des Anglois qui sont plus animés qu'aucune autre puissance. Si par la suspension d'armes que nous serons peut-être forcés d'accepter, on ne finissoit rien cet hiver, que nos troupes soient obligées de rester en Bohême, et où peut-être elles diminueront beaucoup par les maladies; et que par l'événement les Hollandois nous fissent le tour du roi de Prusse, il est certain que nous serions très-embarrassés, pour ne pas dire pis. Une entreprise de cette conséquence mal exécutée est bien dangereuse.

On n'entend rien ici à la conduite de notre armée en Bohême[1]. Nous sommes à la fin du mois, et elle est moins avancée que le premier jour qu'elle y est entrée. M. le maréchal de Maillebois s'est retiré contre Egra. M. le comte de Saxe s'étoit emparé d'Elbogen, comptant que M. de Maillebois s'avanceroit pour l'y soutenir. Ce maréchal lui a envoyé par deux fois ordre d'abandonner ce poste et de venir joindre l'armée. Le prince Charles s'est emparé de ce poste, d'où il empêche la communication de la Saxe avec nos troupes, d'où nous tirions toutes nos provisions, en sorte que notre armée n'a plus de vivres. On dit que la livre de viande vaut six livres, la pinte de vin sept livres, et la livre de pain à proportion. M. le maréchal de Broglie est bien sorti de Prague, mais il ne peut pas se joindre avec M. de Maillebois, parce que l'armée du prince Charles est entre deux. On dit même que M. de Maillebois, faute de vivres, doit revenir par les derrières, gagner le Danube et descendre à Passaw, dans la haute Autriche. Mais il y a soixante lieues d'Egra à Passaw. C'est une grande marche pour

---

1. Les armées françaises furent détruites en Bavière et en Bohême sans qu'il se donnât une seule grande bataille, et le désastre fut au point qu'une retraite dont on avait besoin, et qui paraissait impraticable, fut regardée comme un bonheur signalé. VOLTAIRE.

la saison, et que deviendra M. de Broglie avec ses troupes? Et la garnison de Prague, lesquels à la vérité ont actuellement des vivres.

Voilà sur quoi on raisonne bien différemment. M. le comte de Saxe est fort ami de M. de Broglie, et il a eu au contraire plusieurs différends avec M. de Maillebois. Il a fait tout ce qu'il a pu pour faire joindre M. de Broglie. M. de Maillebois, au contraire, qui a envie de se conserver le commandement de l'armée, a résisté à tout ce qu'a fait ou voulu faire M. le comte de Saxe.

Si la position présente de notre armée vient de ces divisions et mésintelligences particulières, cela est impertinent; car il sembloit que cette armée, qui n'a marché que pour secourir M. de Broglie, une fois arrivée en Bohême, devoit tout subjuguer; et après un mois on est moins avancé que le premier jour. Nos troupes, qui étoient pleines d'ardeur, sont découragées. Il faut que sans aucun succès elles passent l'hiver dans un climat contraire, où il en périra beaucoup. On dit qu'il n'y a qu'un cri contre M. de Maillebois, et sur cela même il court une petite chansonnette qui ne lui fera pas honneur:

> Voici les François qui viennent,
> Hongrois, sauvons-nous!
> Oh! nenny dà, dit la Reine,
> C'est Maillebois qui les mène,
> Et je m'en .....

Novembre.

Bruits de Paris sur la guerre d'Allemagne. — Chanson sur le maréchal de Maillebois. — Le Roi se brouille avec madame de Mailly. — Madame de La Tournelle. — Chanson sur madame de La Tournelle. — Causes de la disgrâce de madame de Mailly. — Nouvelles diverses. — Chanson sur les ministres. — Fâcheux état de nos armées d'Allemagne. — Politique de l'Angleterre.

On assure ici que le jour de Saint-Charles, 4 novembre, M. le maréchal de Broglie est sorti de la ville de

Prague, accompagné seulement de trente hommes, qu'il a passé par Dresde, et qu'il s'est rendu à l'armée de M. de Maillebois, mais on ne sait point encore aucun détail de cette réunion.

On dit aussi que M. le comte de Saxe a écrit directement au Roi toutes les fautes qu'avoit faites M. le maréchal de Maillebois et les sujets de plainte qu'il avoit personnellement contre lui. Cela a été si loin entre eux que l'on dit que, sans M. le prince de Conti, M. le comte de Saxe vouloit passer à Dresde et se retirer auprès du roi de Pologne, son frère.

Sur cette nouvelle, on ajoute que le Roi a fait donner ordre à ce maréchal de revenir ici. Madame la maréchale de Maillebois, qui est fille du maréchal d'Aligre, et qui est une très-méchante femme, a crié comme un diable à la Cour auprès du Cardinal, mais tout ce bruit n'a rien fait. On a fait encore sur ce maréchal une petite chanson, et si tous les bruits qui courent sur son compte sont véritables, il mériteroit mieux que cela. Cette chanson est sur un air courant de la Comédie-Italienne :

> Tous les François sont aux abois !
> Voilà ce que c'est qu'un Maillebois !
> On doit bien regretter ce choix :
>   Voyez la besogne
>   De ce gros ivrogne !
> Il a manqué son coup trois fois !
> Voilà ce que c'est qu'un Maillebois !

Mais il y a en Cour une nouvelle bien plus intéressante. On dit que le Roi s'est brouillé avec madame la comtesse de Mailly. On n'en sait pas le sujet, et quoiqu'il y ait longtemps que cela dure, on dit que la rupture a été vive ; que madame de Mailly l'ayant pris sur le haut ton, le Roi a fait démeubler, le 3 de ce mois, son appartement, et qu'il lui a annoncé qu'il y avoit une chaise de poste toute prête pour la conduire où elle voudroit. On dit aussi qu'elle est venue descendre à l'hôtel de Toulouse où elle est malade. On publioit en même temps que c'étoit un sermon du curé de Saint-Barthélemy, le jour de la Toussaint, à Versailles, qui avoit touché le Roi ; mais il y a bien une autre histoire sur le tapis. On dit que c'est pour prendre pour maîtresse madame de La Tournelle[1], veuve du marquis de La Tournelle, et sœur cadette de madame la comtesse de Mailly, laquelle a été nommée dame du palais de la Reine depuis peu de temps.

Ceci donne lieu à bien des discours un peu vifs. Madame de La Tournelle est jeune et assez belle ; on dit qu'elle a fait ses conditions, savoir : qu'elle seroit maîtresse déclarée, qu'elle auroit un état de maison, qu'elle n'iroit point aux petits soupers du Roi, dans les petits appartements ; qu'elle auroit tous les soirs dix couverts chez elle, et qu'elle nommeroit elle-même les personnes qui y souperoient, et qu'elle auroit de plus cinquante mille écus de pension assurée pour sa vie[2].

---

1. La famille de Nesle comptait cinq sœurs : madame de Mailly, madame de La Tournelle, madame de Vintimille, madame la duchesse de Lauraguais et madame de Flavacourt. Madame de Vintimille et madame de Lauraguais, sans être maîtresses en titre, comme leurs deux sœurs, passèrent pour avoir été admises dans le lit du prince, qui, si l'on en croit l'auteur de sa *Vie privée*, t. II, p. 102, attendit vainement la cinquième, grâce aux conjugales et énergiques menaces du marquis de Flavacourt. (*Revue rétrospective*, t. v, p. 79.) — Voir sur madame de La Tournelle, *Chronique du règne de Louis XV*, ibid., t. v, *passim*.

2. Celle-ci ne se contentait pas, comme la Vintimille, d'un partage et d'une faveur secrète : elle fit renvoyer madame de Mailly et se fit déclarer pour ainsi dire officiellement sous le titre de duchesse de Châteauroux. Cette femme brillante, audacieuse, pleine d'un attrait impérieux, inspirait à Louis pour la première fois quelque chose qui dépassait l'entraînement des sens... Dès que le Roi lui appartint, elle s'efforça de le relever et d'en faire un homme. Ceux des ministres et des courtisans qui, soit par ambition, soit par patriotisme, poussaient aux partis vigoureux, n'eurent point d'allié plus zélé ni plus utile. (HENRI MARTIN.) — Madame de La Tournelle, née en 1717, mourut le 8 décembre 1744, avec le titre de duchesse de Châteauroux. — Voir, pour les

On dit encore que le Roi paye les dettes de madame la comtesse de Mailly, qui vont, dit-on, à cent mille livres et qu'il lui fait cinquante mille livres de pension. Il ne s'agit plus que de savoir si tout ceci est bien vrai. Ce qui se verra dans l'exécution.

Ceci a donné lieu à plusieurs chansons indiscrètes. Comment empêcher la Cour et la ville de chansonner? Dont en voici une :

> Madame Allain est toute en pleurs,
> Voilà ce que c'est d'avoir des sœurs!
> L'une jadis lui fit grand'peur!
> Mais chose nouvelle,
> L'on prend la plus belle.
> Ma foi! c'est jouer de malheur!
> Voilà ce que c'est d'avoir des sœurs!

Il y a eu, dimanche, jour de Saint-Martin, un premier voyage à Choisy, avec madame de La Tournelle; les autres femmes sont : mademoiselle de la Roche-sur-Yon, princesse du sang; madame la duchesse de Luynes, dame d'honneur de la Reine, et madame la duchesse de Chevreuse, femme de grande vertu; madame de Flavacourt, sœur de madame de La Tournelle, et madame d'Antin, jeune et fort jolie.

On dit depuis que la rupture avec madame de Mailly vient d'affaires sérieuses; qu'on a intercepté une lettre du maréchal de Belle-Isle au maréchal de Maillebois, pour l'engager à faire tout ce qu'il a fait pour ne pas joindre et éviter la réunion avec M. de Broglie, et qu'ils seroient soutenus dans tout ce qu'ils feroient par madame de Mailly. On fait à ce sujet des histoires de toute façon.

Tous les princes reviennent de Flandre, cette se-

---

chansons sur cette favorite, *Recueil de Maurepas*, t. xxxi, 315; xxxii, 7, 36, 66, 119, 120, 133, 200, 203, 205, 211, 281, 285, 288, 318, 331, 383, 389, 391, 325, 406, 427, 428, 430, 431, 440, 441; xxxiii, 3, 106; xxxiv, 147.

maine : M. le duc de Chartres, le prince de Dombes, le comte d'Eu, et le duc de Penthièvre[1], pour lequel il faut à l'hôtel de Toulouse l'appartement qu'on avoit donné à madame de Mailly. On dit que le Roi a donné à cette dame un logement au vieux Louvre, au magasin des meubles, rue des Poulies, qu'il lui donne quarante mille livres de pension, et qu'il paye effectivement les dettes de M. le comte de Mailly, son mari, auxquelles le Roi l'avoit obligée de s'engager, et qui montent effectivement à cinq cent mille livres.

Mais à l'égard de madame de La Tournelle, rien ne prouve encore tout ce qui a été dit ; elle n'a ni maison, ni qualité ; elle est des parties de Choisy qui se sont faites, comme en étoit madame sa sœur.

On a fait à Versailles, la dernière semaine de ce mois, la cérémonie du baptême de M. le duc de Chartres, de M. le comte de La Marche, fils du prince de Conti, et de mademoiselle de Conti, du mariage de laquelle on parle toujours avec M. le duc de Chartres.

M. le Cardinal a été malade à Issy, même avec de la fièvre, mais cela s'est calmé, et il se porte mieux. Il paroît toujours avoir le même crédit, ce qui étonne tout le monde et paroît faire bien des mécontents. Aussi a-t-on fait tout nouvellement plusieurs couplets de chansons sur l'air courant *Voilà ce que c'est que d'aller au bois*, sur le ministère présent et sur tous les ministres dont le portrait est bien tapé. Cela a été sûrement composé par des gens de la cour, qui sont au fait de ces messieurs. Il paroît même que ce sont des amis du Chauvelin, quoiqu'il ne soit pas parlé de lui ; mais c'est le servir que d'abaisser tous les autres, surtout le cardinal de Tencin, qui est bien méprisé, et il ne paroît pas que son crédit augmente en cour.

---

1. Louis-Jean-Marie de Bourbon, duc de Penthièvre, fils du duc de Toulouse, né le 16 novembre 1725.

NOVEMBRE 1742.

Sur l'air : *V'là ce que c'est que d'aller au bois.*

Le désordre est ici complet,
Comme tout le monde sait!
Qui peut donc se taire, en effet,
    De voir l'Éminence[1],
    Dans sa décadence,
Traiter le Roi comme un baudet,
Comme tout le monde sait!

—

Voyez les ministres qu'il fait,
Comme tout le monde sait!
Vous jugerez, à leur portrait,
    Des maux de la France!
    Avec quelle instance,
Faut balayer le cabinet
Comme tout le monde sait!

—

Tencin, ce fourbe si parfait,
Comme tout le monde sait!
Visa toujours au grand objet[2]!
    Sa sœur infernale,
    Avec sa morale,
L'y conduira par un forfait!
Comme tout le monde sait!

—

Monsieur Orry n'est qu'un valet,
Comme tout le monde sait!
Coupe bras et jambes tout net!
    Voilà sa science,
    Pour toute finance,
Plus opiniâtre qu'un mulet!
Comme tout le monde sait!

—

Maurepas, dans son cabinet,
Comme tout le monde sait!

---

1 Le cardinal de Fleury.
2. C'est-à-dire au ministère.

Voit'tous les objets assez net!
　　Mais, comme son père,
　　Méchante vipère,
Dans le mal d'autrui se complaît!
Comme tout le monde sait!

Saint-Florentin [1], tout rondelet,
Comme tout le monde sait!
Suit son cousin comme un barbet!
　　Il fait le bon drille
　　Auprès de la fille,
Il est savant en quolibet!
Comme tout le monde sait!

Breteuil n'est qu'un nigaudinet,
Comme tout le monde sait!
Du Verney l'instruit en secret!
　　Et puis il ânonne,
　　Toujours nazillonne,
A chaque récit qu'il vous fait!
Comme tout le monde sait!

Amelot, pauvre perroquet,
Comme tout le monde sait!
Rend l'étranger tout stupéfait!
　　De sa contenance,
　　A son audience,
Et des réponses qu'il leur fait!
Comme tout le monde sait!

D'Argenson n'est qu'un freluquet,
Comme tout le monde sait!
Mais son ironique caquet,
　　Chez Son Éminence,
　　Passant pour science,

---

1. Il avait la feuille des bénéfices.

> Tout soudain ministre l'a fait !
> Comme tout le monde sait[1] !

Au surplus, il est assez vrai que nos affaires de la guerre ne vont pas trop bien. Nos troupes sont encore campées à la fin de novembre, et il a fait des pluies violentes pendant quinze jours. Elles vont se mettre en quartier d'hiver dans la Bavière, mais elles sont toujours suivies de l'armée du prince Charles, la rivière d'Iser entre deux.

On nous a fait prisonniers à Lardau, M. de Crillon, colonel, et quatre compagnies de grenadiers. Le mauvais temps ne fait rien aux houssards qui harcèlent continuellement.

M. le maréchal de Broglie n'a joint l'armée de M. de Maillebois que le 22 de ce mois. On disoit que ce dernier revenoit ici, qu'il étoit disgracié, et cependant il reste sous les ordres de M. de Broglie.

M. le maréchal de Belle-Isle est toujours dans Prague avec plus de vingt mille hommes. Il a un peu remonté la cavalerie ; il est toujours bloqué. On dit pourtant que le blocus diminue, mais on ne croit pas qu'il ait des vivres suffisamment pour pouvoir rester longtemps dans cet état. On dit à présent qu'il a carte blanche pour sortir de Prague et se retirer comme il pourra. On n'entend rien à toutes ces manœuvres.

D'un autre côté, un corps de troupes, Anglois, Hessois, Hanovriens et Autrichiens, qui étoient dans les Pays-Bas, se sont mis en marche, ces jours-ci, les uns disent pour aller en Allemagne au secours de la reine de Hongrie, d'autres pour aller du côté de Luxembourg et en Lorraine. On n'a jamais vu marcher des troupes dans cette saison. Cela intrigue et nous fait tenir sur nos gardes.

---

1. A la suite de cette chanson, Barbier en place une autre sur le Cardinal, que nous ne croyons point devoir insérer ici.

Tout cela ensemble tourne mal et à la honte de la nation. Les lettres des officiers de l'armée de M. de Broglie marquent que les troupes sont en mauvais état par les fatigues, la disette de vivres qu'elles ont essuyée, les maladies et les petites pertes qu'on fait tous les jours. On laissera périr ainsi la moitié de nos troupes, sans bataille, et par mauvaise conduite.

On dit aussi que l'accommodement est fait avec la reine de Hongrie, à qui l'on rendra sûrement la Bohême sans pouvoir même faire autrement, et que la conclusion dépend des Anglois. L'assemblée du Parlement a commencé à Londres, il y a quelques jours. Apparemment qu'on en attend la décision; et par conséquent, après avoir entamé cette affaire comme donnant la loi, il se trouve que nous la recevons de la nation qui est notre véritable ennemie; encore est-il bien à craindre que les ennemis croyant que nous nous affaiblissons de jour en jour d'hommes et d'argent, sans avoir encore gagné un pouce de terre en Allemagne, on ne continue d'amuser le Cardinal par des propositions comme on a fait depuis le commencement, et si la paix ne se fait pas cet hiver, je crois que nous recommencerons la campagne au mois de mars très-désavantageusement.

On a publié ici une ordonnance de milice pour lever trente mille hommes dans toutes les villes du royaume, où il est dit qu'on fera tirer les fils des artisans et des petits marchands. On dit que cela n'a jamais été fait dans toutes les guerres de Louis XIV.

Décembre.

Les assommeurs; supplice de la roue. — Le cardinal de Fleury retombe en enfance; on intrigue pour lui succéder. — Affaires politiques de l'Europe.

Il y a près de trois mois qu'il s'est formé dans cette ville une compagnie de brigands pour voler et assassiner dans les rues. Ils avoient un gros bâton d'un pied et demi de long, armé au bout de fer formant une espèce de marteau à battre du papier, d'autres garnis de plomb. Avec cette arme, ils assomment un homme par derrière d'un coup ou deux sur la tête. Il y a eu plusieurs personnes ainsi assommées entre neuf et dix heures du soir, même dans les grandes rues, de manière qu'on ne voyoit quasi personne dans les rues passé dix heures, et on a été obligé de doubler le guet pour la garde de Paris. On les appeloit les *assommeurs*. Sur la fin d'octobre, on a pris le nommé Raffiat, jeune homme, crieur de listes de loteries, que l'on a regardé comme le chef de cette troupe. On a pris vingt personnes, hommes et femmes. On disoit dans Paris qu'il y avoit des jeunes gens de famille; mais cela ne paroît pas, à moins que les surnoms et professions ne soient déguisés pour ne point déshonorer, ce qui seroit néanmoins difficile à arranger avec les formalités de la justice.

Par arrêt du Parlement, du 4 décembre 1742, Raffiat et Roussel ont été condamnés à être rompus vifs, et il avoit été sursis au Châtelet au jugement de tous les autres prisonniers; ils ont tous été renvoyés au Châtelet.

Le mercredi 5, Raffiat et Roussel ont eu la question : ils ne sont sortis du Châtelet qu'à sept heures du soir, après avoir jasé, et, étant arrivés à la Grève, ils ont pris le parti de monter à l'Hôtel de Ville pour dire le reste. Ils y ont passé toute la nuit, et jusqu'au jeudi 6, au soir, à faire des déclarations et à envoyer chercher du monde. Roussel a été enfin rompu vif à six heures du soir, et Raffiat à huit, et ils ont expiré sur la roue.

Par autre arrêt du 13, Rocher, tailleur, et Vaucher, compagnon orfévre, ont été aussi condamnés à être rompus vifs. Ils ont été conduits, le 14, à la Grève. Ils ont fait la même cérémonie; ils ont passé la nuit à l'Hôtel de Ville, ils ont été rompus samedi 15, à dix et onze heures du matin, et ont expiré sur la roue[1]. Il y a

---

1. Le supplice de la roue fut importé d'Allemagne en France sous le règne

apparence que ces déclarations, pour prolonger le temps, porteront malheur à tous les autres accusés; le lieutenant criminel en a la fatigue de reste.

En exécution du même arrêt du 13, le nommé Desmoulins, âgé de dix-sept à dix-huit ans, a été conduit à la Grève le lundi 17. Il a fait la même cérémonie de l'Hôtel de Ville, où il a passé la soirée, la nuit, jusqu'au mardi midi. On dit qu'il a fait venir bien des gens et qu'il a été encore reconfronté avec tous les autres prisonniers, car tous ces coquins n'avoient rien déclaré à la question. Il a donc été rompu mardi 18, à midi. C'étoit un garçon si robuste et même très-résolu, qu'il est resté vingt-deux heures vif sur la roue. On a relayé des confesseurs pendant la nuit, d'autant que la place sur un échafaud est un peu froide. Et ledit sieur Desmoulins a bu plusieurs fois de l'eau et a beaucoup souffert. Enfin, voyant qu'il ne vouloit pas mourir, et que le service étoit long, M. le lieutenant criminel a envoyé demander à messieurs de la Tournelle la permission de le faire étrangler. Ce qui a été ce matin, mercredi 19, à dix heures, sans quoi il y seroit peut-être encore. Messieurs ses compagnons, ou autres de même volonté, doivent voir qu'on ne badine pas!

Je ne sais pourquoi, dans tous ces arrêts, on ne parle que du sieur Portville, sergent aux gardes, assassiné; car il est vrai que, dans le mois de septembre, il y a eu dix ou douze hommes assassinés et assommés, même des gens connus, entre autres un monsieur Mandolf, qui étoit en liaison avec M. le duc d'Orléans pour les

---

de François Iᵉʳ. Ce supplice consistait à placer le condamné les jambes écartées et les bras étendus sur deux morceaux de bois disposés en croix de saint André, et taillés de manière que chaque membre portât sur un espace vide. Le bourreau lui brisait à coups de barre de fer les bras, les avant-bras, les cuisses, les jambes et la poitrine. On l'attachait ensuite sur une petite *roue* de carrosse suspendue en l'air par un poteau. On ramenait les jambes et les bras brisés derrière le dos, et on tournait la face du supplicié vers le ciel, afin qu'il expirât en cet état. CHÉRUEL.

charités des prisonniers pour dettes, et autres personnes de grande distinction. Il a été assassiné avant dix heures du soir, dans la grande rue Saint-Martin.

Les choses sont toujours dans le même état. Madame de La Tournelle est de tous les voyages de Choisy, avec bonne compagnie, madame la duchesse et mademoiselle de La Roche-sur-Yon et autres dames. On dit qu'il n'y a que de quoi loger six femmes; madame de La Tournelle est présumée la favorite, mais sans aucune des distinctions dont on avoit parlé, c'est-à-dire sans preuve. On ne parle plus de madame de Mailly. Tout cela n'est rien. Il y a bien du mouvement en Cour par rapport au ministère. Le cardinal de Fleury est toujours à Issy, malade. Il a eu des foiblesses fortes auxquelles il n'a résisté que par la force de son tempérament. C'est une espèce d'agonie longue et qui pourroit coûter beaucoup à la France. Dans une guerre aussi mal commencée et suivie que celle-ci, il n'y a pas de temps à perdre pour y remédier. Et tant qu'il vit, on craint son ascendant sur l'esprit du Roi; ses ministres vont pour la forme travailler avec lui à Issy. Comme la tête n'y est plus, et qu'il n'entend rien, on ne résout quoi que ce soit, et les ministres ne sont occupés qu'à des menées et à des intrigues de Cour pour se conserver ou pour primer sur les autres au moment de la mort.

On a fait des couplets de chanson, intitulée le *Testament du Cardinal*. Cela est infiniment mauvais sur lui et sur tous les autres ministres. Ce sont sûrement des gens de la Cour même qui font ces chansons. On en verra bien d'autres quand son Éminence n'y sera plus[1].

La grande affaire pour ces messieurs est de savoir qui aura la confiance du Roi. Il y a eu de grandes menées pour M. Chauvelin, que le public même souhaiteroit comme le plus capable de rétablir nos affaires;

---

1. Barbier place ici cette chanson; elle est passablement sotte, et nous ne la reproduisons pas. Il suffit d'indiquer qu'on la trouve dans le manuscrit.

mais il est absent, et ce n'est pas le moyen d'être le plus fort. M. de Maurepas, élevé à la Cour et très-fin, ambitionne cette place. On disoit ces jours-ci que le cardinal de Tencin étoit désigné pour remplacer son confrère, mais cela ne s'est pas confirmé. Tout est ainsi en l'air, et l'étranger peut profiter de ce désordre.

Ce qui est de certain, c'est que nous sommes à Noël, et que l'armée de M. de Broglie est encore en Bavière, campée sous la toile, ce qui est bien dur par le froid qui augmente tous les jours. Il voudroit bien prendre Passaw, pour être à portée de prendre des quartiers d'hiver dans la haute Autriche; mais l'armée du prince Charles s'y oppose.

Toute la maison du Roi est revenue de Flandres, et elle a déjà l'ordre pour y retourner dans le mois de mars.

On parle d'augmentation de troupes en cavalerie et en infanterie pour la campagne prochaine. On parle aussi d'un traité considérable dans le Nord, entre la Russie, la Suède et le Danemark, qui arme par terre et par mer, et que cela est à notre avantage. Le roi de Prusse a fait une ligue défensive avec l'Angleterre, à qui il donneroit des troupes, d'autant plus que le jeune duc de Holstein [1], neveu de l'impératrice de Russie, vient d'être proclamé successeur de la couronne de Suède, après la mort du roi régnant, et successeur de l'impératrice de Russie. Il deviendroit par là tout à la fois roi de Suède et empereur de Russie.

De cette façon, si Dieu n'y met la main, tout ceci dans l'Europe sera extrêmement brouillé. L'année 1743 nous apprendra bien des choses.

---

1. Adolphe-Frédéric, duc de Holstein-Gottorp; il monta sur le trône en 1751.

ANNÉE 1743.

Janvier.

Mort de M. de Breteuil. — Le comte d'Argenson ministre de la guerre. — Le maréchal de Belle-Isle sort de Prague. — Mésaventure des avocats au Parlement; M. Bigorre et M. Bontemps. — M. Du Breuil et M. Domyné; guet-apens. — Les avocats ne sont pas aimés; pourquoi? — Belle retraite du maréchal de Belle-Isle. — Le Cardinal se meurt; intrigues de Cour.— Chanson. — Levée de la milice. — Mort du Cardinal.

Samedi, 5 janvier, M. le marquis de Breteuil, secrétaire d'État de la guerre, étant à Issy chez M. le cardinal de Fleury, tomba en apoplexie, ou du moins si elle n'étoit pas absolument formée, il se trouva fort mal. On ne lui donna pas de secours prompts, crainte peut-être d'effrayer le Cardinal, et on lui conseilla de remonter dans sa chaise de poste, pour retourner à Paris où il seroit mieux soigné. Le froid le saisit dans le chemin, et il mourut le soir à Paris.

Il étoit ministre secrétaire d'État de la guerre, chancelier de la Reine, et grand-maître de cérémonies de l'ordre du Saint-Esprit; il n'avoit pas soixante ans. Ce n'étoit pas la peine de le mettre dans les chansons faites il n'y a pas longtemps.

Le Roi a donné la place de secrétaire d'État de la guerre à M. le comte d'Argenson, fait depuis peu ministre d'État par le cardinal de Fleury. Il ne peut pas avoir beaucoup d'expérience sur le fait des affaires militaires; mais il a de l'esprit, et s'en acquittera mieux que M. de Breteuil; d'ailleurs le bureau de la guerre est extrêmement bien monté en premiers commis, et cela iroit presque seul sans les circonstances critiques où l'on se trouve. On ne parle pas encore des autres places du défunt.

On a reçu la nouvelle, au commencement de cette année, que M. le maréchal de Belle-Isle étoit sorti de Prague, à la fin de décembre, avec quinze mille hommes des troupes qui y étoient [1]. Il a caché deux marches au prince de Lobkowitz, et il est arrivé à Egra, en fort bon ordre. Il a laissé dans la ville de Prague six mille hommes dont il y a au moins dix-sept cents malades sous le commandement de M. Chevert, brigadier des armées du Roi. On dit que M. de Belle-Isle a emmené avec lui pour otages cinquante hommes des premiers et des plus qualifiés de la ville et tous les trésors que l'on avoit déposés dans les églises, pour s'assurer du traitement que les habitants feroient à ses troupes.

Cette nouvelle a paru faire ici beaucoup de plaisir. On plaignoit depuis longtemps nos pauvres François, qui ont tant souffert dans cette ville. On pourroit dire à cela que ce n'étoit pas la peine d'aller si loin pour en sortir de la sorte.

On dit à présent que le prince Lobkowitz, qui a vingt ou vingt-cinq mille hommes, a fait sommer la ville de Prague de se rendre, sinon qu'il donneroit l'assaut; que le brigadier, commandant de nos troupes, n'a pas voulu entendre à se rendre prisonnier, qu'il a *capitulé* pour sortir avec tous les honneurs de la guerre et toutes les commodités pour les malades; enfin que nous sommes sortis tambour battant avec les chariots suffisants pour prendre le même chemin que M. le maréchal de Belle-Isle à Egra, et que le prince Lobkowitz est entré dans la ville. Ainsi voilà la Bohême bientôt évacuée et rendue à la reine de Hongrie. Il est fort à présumer que ceci est fait de concert avec la reine de Hongrie, sans quoi ces démarches paroîtroient singulières. Quoi qu'il en soit, il est toujours vrai que jusqu'ici voilà beaucoup d'argent dépensé et bien des hommes perdus, pour être moins

---

[1]. Notre grand moraliste Vauvenargues faisait partie de ces troupes, et sa santé fut pour jamais ruinée par les fatigues de la campagne.

avancés que nous n'étions au premier jour, puisque toutes nos armées sont sur les frontières de la Bavière, et que nous n'avons pas pu pénétrer dans la haute Autriche.

Il y a du malheur cette année sur les avocats du Parlement.

Première aventure. Madame la princesse de Listenay, Mailly en son nom, et sœur de défunte madame la duchesse de Mazarin, avoit obtenu du Roi par le crédit de madame de La Tournelle, sa cousine, un bon du Roi pour avoir une place de fermier général pour un particulier, qui avoit déposé chez un notaire une somme de cinquante mille livres. Le bon étant signé, il a été remis entre les mains de M. Bigorre, avocat, qui s'est mêlé de cette négociation, et qui avoit pour lui six mille livres; huit mille livres à une autre femme, et le reste à madame de Listenay.

Quand le particulier a voulu faire usage du bon du Roi auprès de M. le contrôleur général, cela a fait du bruit, parce que ces sortes de grâces ne sont pas d'usage. Elles intéressent même le crédit des ministres; en conséquence, les lettres de cachet ont été expédiées. On a arrêté une femme que l'on a conduite à la Bastille, laquelle a déclaré dans son interrogatoire que c'étoit M. Bigorre qui avoit fait et fabriqué ladite ordonnance. En conséquence, on a été à dix heures du soir pour enlever M. Bigorre qui n'étoit pas chez lui, rue Saint-André-des-Arcs, et on a mis le scellé. Sur quoi il s'est répandu dans Paris, qu'un avocat avoit contrefait la signature du Roi, ce qui étoit grave.

M. Bigorre, qui s'étoit caché pour laisser passer cette première fureur, a été deux jours après chez M. de Marville, lieutenant général de police chargé de cette affaire, et lui en a conté les circonstances, après quoi il a été renvoyé chez lui et on a levé les scellés. Et il s'est trouvé par l'événement que le Roi a été obligé de convenir à ses ministres, que c'étoit lui qui réellement avoit signé l'ordonnance, sauf à leur promettre de ne plus donner de pareils bons. On a repris chez M. Bigorre les six mille livres d'argent à dix-neuf cents livres près qu'il avoit employées à quelques dettes ; et chez l'autre femme, les huit mille livres à peu de chose près. A l'égard de madame de Listenay qui a besoin d'argent et qui en mangeroit bien d'autre, il n'y a eu ni exempt ni lieutenant de police en état de lui faire rendre ce qu'elle avoit; elle a tout envoyé promener. Et le particulier qui vouloit être fermier général par cette voie, n'a ni la place ni la plus considérable partie de son argent.

Cette affaire étoit assoupie, mais apparemment que M. Bigorre, pour se justifier dans le monde, a voulu compter trop exactement cette affaire qui regarde de trop près le Roi et les ministres. Ces jours-ci, il a été arrêté et mis à la Bastille pour le punir de son imprudence. En tout cas, il avoit été décidé même avant ceci qu'il seroit rayé du tableau pour s'être mêlé de choses qui ne concernent point sa profession.

Seconde aventure. M. Bontemps père, ancien premier valet de chambre et favori de Louis XIV, avoit épousé, il y a quelques années, en secondes noces une lingère. Il est mort, il y a quelque temps, fort âgé, sans laisser de bien, ayant mangé toute sa vie; et il a laissé du premier lit un fils qui est premier valet de chambre du Roi et fort en crédit, et des filles mariées. Procès entre ces enfants et la belle-mère, qui prétendoit prendre son douaire sur le brevet de retenue de la charge de premier valet de chambre. Cette affaire a été portée jusqu'au Conseil des dépêches[1]; il y a eu des écrits dans lesquels les enfants de M. Bontemps, entre autres le sieur Du Breuil, un des gendres, qui se faisoit appeler le

---

1. Conseil présidé par le Roi, où étaient portées les affaires d'administration générale, et même les contestations entre particuliers; lorsqu'il étais question d'affaires relatives à l'administration.   DE LA VILLEGILLE.

marquis Du Breuil, ont reproché à la veuve son état et sa naissance.

Cette veuve avoit pour avocat et pour conseil M. Domyné. Elle a fait un mémoire en son nom, où elle parle elle-même, qui n'est point signé d'avocat. Il y a seulement au bas du mémoire une consultation signée de M. Domyné en quatre lignes, qui ne dit autre chose sinon qu'il est d'avis que la demande de la veuve Bontemps est bien fondée sur les moyens employés dans le mémoire.

Mais on compte que ce mémoire a été fait par M. Domyné. Et pour se venger, la veuve Bontemps, après avoir rendu compte de sa généalogie, et qu'elle est d'une bonne et ancienne famille d'Orléans, dans laquelle elle n'a eu personne dont elle puisse rougir, attaque le sieur Du Breuil, en lui disant qu'il devroit mieux se connoître, qu'il a été commis chez un oncle à elle, et qu'ensuite, il a été facteur à Orléans.

Par le jugement du Conseil des dépêches, la veuve a perdu son procès, et le Roi a ordonné la suppression du mémoire; mais le sieur Du Breuil, qui a été démasqué par ce mémoire, n'a pas été content de cette satisfaction. Soit qu'il y ait eu d'autres circonstances entre lui et M. Domyné, soit qu'il l'ait seulement regardé comme l'auteur du mémoire, il a pris le parti de se venger par lui-même, plus de deux mois après le jugement du procès. Il a guetté M. Domyné, pendant plus de deux heures, mercredi, 9 de ce mois, en revenant à onze heures et demie du Grand Conseil où il avoit plaidé. Et dans la petite rue Bailleul, qui se rend dans la rue de l'Arbre-Sec, le sieur Du Breuil a donné audit sieur Domyné, en robe, plusieurs coups de bâton sur la tête. Du premier coup, il l'a jeté par terre; les coups ont été si rudes, que M. Domyné a été fort en danger, et l'on ne sait point ce qui en arrivera.

M. Domyné a rendu plainte au Châtelet. Le lendemain, jeudi, il s'est présenté au Parlement, c'est-à-dire par une requête pour rendre plainte en la Cour, et demander permission d'informer; mais la Cour a renvoyé l'affaire au Châtelet; les conclusions du procureur général étoient néanmoins pour la retenir. La Cour s'est déterminée sur ce que cela étoit fait dans la rue, qu'on n'en savoit pas le sujet et que cela n'étoit point arrivé dans les fonctions de la justice.

On compte que c'est un véritable assassinat prémédité, parce qu'un homme qui ne voudroit donner des coups de bâton à un autre que pour le corriger et le déshonorer, ne l'assomme pas sur la tête à coups réitérés. On disoit aussi qu'il étoit parti sur-le-champ en poste.

On dit, d'un autre côté, que le sieur Du Breuil a rendu plainte lui-même, le même jour, portant que M. Domyné lui a donné, en passant, un grand coup de coude d'un air de mépris; que le sieur Du Breuil l'ayant repoussé vivement, il est tombé d'abord sur des tonneaux, lesquels, ayant roulé, M. Domyné est ensuite tombé sur le pavé, ce qui lui a occasionné plusieurs contusions à la tête. On dit même que, dans l'information faite à sa requête, il a quelques témoins qui déposent ce fait; ensuite qu'il qualifie cette action de rencontre et de cas fortuit; mais personne n'est la dupe de cette information de témoins gagnés. La nature du coup est constatée par le procès-verbal des chirurgiens, et celle de l'action par les informations.

Au demeurant, M. Domyné en aura pour ses coups de bâton, car encore l'on dit que c'étoit un bâton, et non pas une canne, d'autant plus qu'on dit aussi que le sieur Du Breuil a été conduit à la Bastille par lettre de cachet, laquelle notifiée au lieutenant criminel arrêtera la procédure.

Cet effet du crédit n'est pas trop dans les règles, et les magistrats ne songent pas que cela peut intéresser toute la justice. Ces exemples sont à craindre de la part de gens violents et de grande condition qui accusent souvent, et mal à propos, un rapporteur seul de la perte d'un procès.

Au reste, il ne paroît pas que M. Domyné soit plaint au Palais, par ses confrères. Il est le fils d'un avocat du présidial de Vitry-le-François, fort estimé. Il aura, dit-on, un jour, cinquante mille écus de bien; il a lui-même du mérite et est assez employé, mais il est même avec ses confrères d'une hauteur et d'une insolence insupportable; et suivant les apparences, lui guéri, ayant satisfaction ou non, il n'aura d'autre parti que de se retirer en province; c'est une affaire malheureuse pour un jeune homme de trente-deux ans environ.

A l'égard du public, c'est une histoire qui ne lui déplaît pas, parce que les avocats n'y sont pas aimés. En général, on se plaint de leur hauteur, et on dit que cela les rendra plus circonspects dans leurs plaidoyers et leurs écrits, où quelquefois ils se lâchent trop pour se livrer à la passion des parties. C'est le luxe qui a amené tous ces inconvénients. Les magistrats, en général, en sont charmés et en disent beaucoup de sottises. Cependant, ils n'ont recours qu'à eux dans leurs affaires. C'est jalousie de métier, et l'effet de la supériorité de bien, et d'assurance, et de rang dans des gens qui, en général, n'ont pas plus de naissance que les autres.

L'affaire de la Constitution a attiré aux avocats la façon dont on les regarde. Les magistrats ont été piqués de ce qu'on avoit regardé les avocats comme ayant pris leur parti et les ayant soutenus. Il ne faut jamais trop se familiariser avec ses supérieurs. Les avocats, qui consistent en trente ou quarante, qui composent la tête de la consultation et de la grande plaidoirie dans Paris, n'avoient qu'à se tenir chez eux et continuer leurs fonctions avec la décence convenable. Ils n'ont pas besoin du Parlement, parce qu'ils ont dans leur cabinet une juridiction volontaire et recherchée de la Cour et de la ville; même encore aujourd'hui, ce corps est trop considérable par le nombre, et trop inégal dans la fortune, pour pouvoir prendre aucun parti dans des affaires publiques.

Il n'est pas vrai, dans l'histoire du jour, que le sieur Du Breuil soit à la Bastille. Il a été décrété de prise de corps, mais il s'est enfui.

Les affaires de la guerre et du ministère sont plus intéressantes. On parle de la retraite et sortie de Prague, par M. le maréchal de Belle-Isle, comme une des plus grandes preuves de la valeur et de la résolution de la nation. Il n'y avoit plus que pour six semaines de vivres dans la ville, et grande difficulté pour en avoir d'autres, attendu que le prince Lobkowitz entouroit la ville avec trente-cinq mille hommes. M. le maréchal de Belle-Isle fit pressentir les troupes sur ce qu'elles pensoient et ce qu'elles étoient résolues d'entreprendre. Elles parurent disposées à tout. Et après avoir fait toutes les dispositions pour la marche, il les harangua, et les soldats firent entendre qu'ils étoient prêts à le suivre partout. Malgré ses mesures, il n'étoit pas sûr de n'être pas attaqué et surpris, et il étoit question de se battre en désespérés.

On ouvrit les portes, on sortit en ordre, les otages et les bagages et provisions au milieu. Le maréchal sortit le dernier dans un carrosse à huit chevaux, où étoit madame la comtesse de Bavière, qui étoit accouchée depuis peu, l'enfant, sa nourrice et M. de Biron qui a été extrêmement blessé, et le comte de Bavière, ci-devant gouverneur de Prague, à cheval à la portière. La marche a été bien exécutée, il n'y a eu que quelques escarmouches avec des houssards et des pandours qu'on a toujours repoussés sans perte.

La rigueur de la saison a été le plus affreux pendant sept jours de marche. On n'entroit point dans les villages, crainte de surprise. La halte se faisoit la nuit au milieu des champs, où le soldat et l'officier se couchoient sur terre au milieu de la neige pour se reposer; et pour mettre le carrosse à l'abri, on faisoit un mur de neige du côté que venoit le vent. On a manqué un jour entier de pain, le soldat n'a point murmuré de toutes ces fatigues. Enfin, on est arrivé à Égra, et ce qui a fait le plus de peine, c'est qu'il y a eu quatre cents hommes, tant officiers que soldats, se portant bien, à qui il a fallu de nécessité couper à l'un les doigts, à l'autre le bras, le poignet, la jambe qui étoient gelés par le froid.

Quoi qu'il en soit, on a sauvé par là les meilleurs régiments de France, par le moyen de recrues qui y seront rétablies, en sorte que l'on compte que par ce moyen on sera en état de former cette armée de quarante mille hommes d'anciennes troupes. On dit que les Anglois sont au désespoir de cette sortie, et qu'ils espèrent faire périr totalement cette armée; elle est à présent à Nuremberg en Franconie, où elle se rétablit, et de ceci on conclut que les François bien menés sont capables d'aller partout.

A l'égard du ministère, il y a grande affaire. Depuis longtemps, le cardinal de Fleury est malade et abandonné de Dumoulin. Dimanche, 13 de ce mois, il alla à la messe, soutenu sur deux personnes, n'en pouvant plus, avec une toux sépulcrale. Lundi, il a eu la fièvre, et mardi 15, il a été toute la journée dans une espèce d'agonie. On le dit mort à Paris. L'après-midi, M. l'archevêque de Paris alla à Issy, et l'on crut qu'il y étoit allé par cérémonie pour lui jeter de l'eau bénite. Point du tout, le mercredi, il s'est trouvé mieux; ce qui est certain, c'est que le Roi y alla de Choisy et passa deux fois par Paris, l'Estrapade et la rue d'Enfer, sur les deux heures après midi, et alla voir le Cardinal à Issy. On le disoit un peu mieux hier jeudi 17; on ne sait plus qu'en penser et la bonne constitution de cet homme de quatre-vingt-dix à douze ans a quelque chose d'étonnant.

Mais dans ces circonstances, il y a eu de terribles intrigues en Cour. Le Roi est à Choisy, depuis le 11 de ce mois. Il devait revenir à Versailles hier 17. On ne sait plus quand il reviendra, comme s'il attendoit la mort du Cardinal pour retourner à Versailles. Le cardinal de Tencin a son parti, mais il est bien haï. En général, il y a un très-fort parti pour M. Chauvelin, entre autres, la maison de Condé et de Conti, et madame la Duchesse, madame la princesse de Conti et mademoiselle de La Roche-sur-Yon sont à Choisy. Madame de La Tournelle est, dit-on, aussi pour lui. Les ministres sont contre. On est fort impatient à Paris de voir la fin de cet événement avec grande raison, car dans tous ces mouvements, les affaires d'État périssent, et il n'y a pas de temps à perdre pour les rétablir.

Le Cardinal est toujours mal, d'autant qu'il ne peut rien avaler et qu'on est obligé de lui faire prendre du bouillon en lavement; mais il n'a point de fièvre, et il a la tête assez bonne. Tous les ministres y vont quand ils peuvent et y envoient tous les jours. Le cardinal de Tencin y passe ses soirées et y joue au piquet avec le nommé Marquet, que le Cardinal a protégé et fait entrer dans des sous-fermes, et cela dans la chambre du Cardinal pour l'amuser.

Madame la maréchale de Noailles, mère du maréchal d'aujourd'hui, laquelle a au moins quatre-vingt-sept ans, qui est vive, court dans Paris et écrit toute la journée, envoya savoir de ses nouvelles; il fit réponse de dire à la maréchale, « qu'elle avoit plus d'esprit que lui, qu'elle « savoit vivre et que pour lui il cessoit d'être. » C'est en effet une chandelle qui s'éteint, et qui a peine à finir. Bien des gens attendent cette fin, et toute la Cour craindra encore jusqu'à son ombre huit jours après qu'il aura été enterré. J'ai vu ce soir un homme qui avoit été le matin à Issy. On y disoit que, le dimanche 20, il avoit dit à Barjac, son valet de chambre et son ami, qu'il mourroit aujourd'hui 21. Il ne lui manqueroit plus que de prophétiser avant de mourir.

Il n'est pas possible de se refuser aux petites chansonnettes : en voici une sur l'air : *des Pendus*.

> Fleury, ...
> Disoit à M. Cassegrain :
> « Dites-moi, mais sans complaisance,
> « L'état où est ma conscience?
> « Croyez-vous, en vue du pays,
> « Qu'on me reçoive en paradis? »

> « — Monseigneur, dit le directeur,
> « A votre place j'aurais peur;
> « Car autour de Votre Éminence
> « Je vois rôder ici d'avance
> « Deux diables qui m'ont l'air malin ! »
> C'étoit Couturier et Tencin !

La Reine a été rendre sa visite au cardinal de Fleury, à Issy, plus par cérémonie que par cœur, ayant été toujours fort gênée sur ses volontés et sur les grâces, entre autres, en dernier lieu, pour la charge de son chancelier, pour laquelle on dit qu'il ne se présente plus personne.

Le Roi a été voir trois fois le Cardinal; mais la dernière fois il ne lui parla pas; le Roi s'approcha de son lit, le Cardinal n'entendit pas, et le Roi s'en alla sur-le-champ.

Depuis huit jours, il est à l'extrémité, ne prenant rien que quelques cordiaux. On le dit mort un jour, et le lendemain on voit le bulletin; on lui a dit un jour les prières des agonisants, et il répondoit, d'autant qu'il a encore toute sa raison; aujourd'hui, 29 de ce mois, le bulletin porte qu'il a des assoupissements, qu'il est sans pouls et qu'il ne parle plus. Il demande ses besoins par signes. On compte que la gelée le soutient, et qu'il partira au dégel. En tout cas, presque tout le monde est impatient de cette fin, d'autant qu'on dit que depuis huit jours, on n'a ouvert aucun des paquets qui sont arrivés soit de l'armée, soit des pays étrangers, et qu'on ne prend aucun arrangement.

D'autres disent que le Roi attend M. le maréchal de Belle-Isle, qui doit arriver au commencement de février, et M. le duc de Richelieu pour prendre quelque parti; si cela est, cela nous annonceroit le retour de M. Chauvelin, qui a ceux-ci pour partisans avec bien d'autres.

Il faut au surplus que nous ayons perdu beaucoup plus de monde qu'on n'a dit en Allemagne, et cela sans aucune bataille marquée, ou qu'on veuille se préparer à de grandes opérations pour la campagne prochaine, car on lève à force des miliciens dans toutes les villes, même en vertu de la dernière ordonnance, et l'on fait les arrangements pour faire tirer à Paris, ce qui ne s'est jamais vu.

Enfin le sort en a décidé! M. le cardinal de Fleury est mort[1], mardi 29 de ce mois de janvier, à midi un quart. M. le comte de Maurepas et M. Amelot, secrétaire d'État pour les affaires étrangères, ont été annoncer au Roi cette mort. On dit qu'il a été d'abord ému, et qu'il leur dit, après s'être remis, que jusqu'ici il s'étoit servi des conseils de M. le cardinal de Fleury, mais qu'il comptoit qu'ils feroient de la sorte qu'il n'auroit pas

---

1. Le cardinal de Fleury, dit Voltaire, laissa en mourant les affaires de la guerre, de la marine, de la finance et de la politique dans une crise qui altéra la gloire de son ministère, et non la tranquillité de son âme. Louis XV prit dès lors la résolution de gouverner par lui-même et de se mettre à la tête d'une armée. Il se trouvait dans la même situation où fut son bisaïeul dans une guerre, nommée comme celle-ci, la guerre de la succession. Il avait à soutenir la France et l'Espagne contre les mêmes ennemis, c'est-à-dire contre l'Autriche, l'Angleterre, la Hollande et la Savoie. *Précis*, ch. VII. — Ce que Voltaire appelle tranquillité d'âme, a été nommé avec raison par M. Henri Martin, égoïsme imprévoyant. Cet historien, qui se montre sévère pour le cardinal de Fleury, dit que son règne de ministre, qui a duré presque aussi longtemps que celui de Mazarin ou Richelieu, ne leur ressemblait pas plus que la décrépitude ne ressemble à la virilité.

besoin de mettre quelqu'un entre eux et lui. Si cette réponse est fidèlement rendue, elle est assez dans le grand pour annoncer qu'il n'y aura plus de premier ministre, ou du moins quelqu'un en faisant les fonctions, et que le Roi travaillera par lui-même. Il avoit tenu en effet déjà quelques conseils, et le Roi avoit fait ouvrir les paquets dimanche dernier, 27.

Sur-le-champ, il a été fait une épitaphe pour le bonhomme, qui n'est pas à son avantage, mais on en dira peut-être bien d'autres :

> Sans opulence et sans éclat,
> Se bornant au pouvoir suprême,
> Si Fleury vécut pour lui-même,
> Il mourut pour l'État.

Cela n'est que trop vrai : s'il étoit mort un an plus tôt, nos affaires ne seroient pas si délabrées. Il s'agit de voir à présent si on les rétablira d'ici au mois d'avril que la campagne commencera.

Février.

Nominations diverses. — Chansons. — Cabales pour le ministère. — Les cordons bleus. — Éloge de Louis XV. — Mémoire de M. de Chauvelin; son exil à Issoire. — Il est blâmé par le public. — Suppositions au sujet de ce Mémoire. — Le portefeuille secret du Cardinal. — Le chancelier de la maison de la Reine. — Levée de la milice; difficultés à ce sujet; exemptions. — Maladresse de Chauvelin. — Les Hollandais donnent des troupes à la reine de Hongrie. — La tragédie de *Mérope*. — L'abbaye de Saint-Hubert.

Le Roi a donné à M. Amelot, secrétaire d'État des affaires étrangères, la surintendance des postes qui appartient de droit à ce département et que M. le cardinal de Fleury s'étoit réservée, d'autant que le produit de cette surintendance est considérable. M. l'abbé de Fleury, petit-neveu du Cardinal, a été nommé premier aumônier.

Le Roi a donné la feuille des bénéfices à M. Boyer,

précepteur de M. le Dauphin, ancien évêque de Mirepoix. Il est fils d'un avocat au Parlement de Paris; il étoit Théatin et grand prédicateur.

Le Roi a donné au fils de M. le comte d'Argenson le régiment de Berry, cavalerie, vacant par la mort de M. de Colandre, neveu de M. d'Argenson. On se loue fort de la façon dont tout ceci commence.

Sur l'air : *Nous vivons dans l'innocence.*

L'on dit que son Excellence
La sultane de Choisy [1]
Continue la contredanse
Avec notre grand Sophi,
Et l'on est dans l'espérance
D'un petit mamamouchy [2].

Le Roi paroît vouloir travailler avec ses cinq ministres en particulier; et en général, il paroît que M. le cardinal de Tencin est coulé à fond. Le Cardinal s'y est pris trop tard pour le mettre en place; il paroît aussi que M. Chauvelin de Bourges n'a pas grande espérance de rétablissement. On ne voit jusqu'ici de doute que sur M. Amelot, d'autant qu'on parle du retour actuel de M. de Chavigny, notre ambassadeur en Portugal, dont j'ai rapporté l'histoire et l'origine, et qui est, à ce que l'on dit, le plus habile négociateur que nous ayons et le plus capable de remplir cette place importante.

Le cardinal de Tencin n'a pas évité le petit couplet :

Eût-on jamais cru qu'à Moïse
Tencin pût être comparé ?
Ils ont vu la terre promise,
Aucun d'eux n'y est entré !

Il faut qu'il y ait de furieuses cabales à la Cour entre

1. Madame de La Tournelle.
2. Barbier place ici quelques autres couplets plus grossiers que piquants, et pour lesquels nous renvoyons au manuscrit.

les partisans du Chauvelin, du maréchal de Belle-Isle, du cardinal de Tencin, du Maurepas et du duc de Richelieu, qui n'est point encore arrivé. Toutes ces chansons piquantes en sont la preuve. Sur les premières, qui ont été faites sur tous les secrétaires d'État et que le Roi avoit lues lui-même, on dit qu'il avoit fait remarquer à M. le duc de Richelieu que M. le comte de Maurepas y avoit été bien ménagé, et que M. le duc de Richelieu lui auroit répondu : « Sire, cela n'est pas bien étonnant, « c'est lui qui les a faites ! » Ce qui avoit causé une pique entre M. de Maurepas et M. de Richelieu.

Pour le coup ! en voici une qui se débite qu'on ne soupçonnera M. de Maurepas d'en être l'auteur ; cela part de cruels ennemis. C'est sur le même air : *V'là ce que c'est que d'aller au bois !* Ce vaudeville a été funeste aux gens en place :

>   Le Maurepas est chancelant,
> V'là ce que c'est que d'être impuissant[1] !
> Il a beau faire l'important,
>   Bredouiller et rire,
>   Lorgner[2] et médire,
> Richelieu dit en le chassant :
>   « V'là ce que c'est que d'être impuissant[3] ! »

Le Roi a fait, le jour de la Purification, huit cordons bleus[4] : le duc de Brissac, le duc de Biron, qui étoient à Prague; le duc de Boufflers, le marquis de la Motte-Houdancourt, chevalier d'honneur de la Reine; le comte

1. On l'a accusé de tout temps d'être faible sur l'article. *(Note de Barbier.)*
2. Il a la vue basse. *(Note de Barbier.)*
3. Pour les autres couplets, nous renvoyons au manuscrit.
4. Le cordon bleu était celui de l'ordre du Saint-Esprit, institué par Henri IV ; le cordon rouge était le cordon de l'ordre de Saint-Louis. — La fête de l'ordre du Saint-Esprit était fixée au premier jour de l'an. Les chevaliers paraissaient alors en grands manteaux de velours noir, brodés tout autour de fleurs de lis et de nœuds d'or entourés de chiffres d'argent et semés de flammes d'or. Sur le côté gauche du manteau était brodée la croix de l'ordre. Le grand manteau était garni d'un mantelet de toile d'argent.

de Lautrec et le marquis de Coigny, qui est gouverneur de Choisy. M. Amelot, secrétaire d'État, a la charge de M. de Breteuil, de prévôt de l'ordre du Saint-Esprit, et M. Orry, contrôleur général, a la charge de trésorier par la démission de M. le comte de Maurepas. Ainsi voilà tous les ministres en cordon bleu, hors M. le comte d'Argenson qui a le grand cordon rouge.

On continue toujours dans l'admiration du Roi; et en ce cas, j'aurai pensé très-juste sur son compte. Il a déclaré à ses ministres que, quelque part qu'il soit, à Choisy ou à la Muette, il sera toujours prêt à les entendre, quand il y aura quelque affaire pressée. Il a dit à M. Boyer qu'il falloit ranger autrement la feuille des bénéfices, qu'il y avoit nombre d'officiers qui se sacrifient pour son service, qu'il falloit récompenser dans leurs enfants, qu'il n'en avoit pas aperçu jusqu'ici sur la feuille des bénéfices. Il est accessible, il parle à Versailles, il rend justice, et il travaille avec connoissance de cause. Je ne suis point étonné de cela, il y a longtemps que j'ai entendu dire qu'il a de l'esprit, qu'il parle bien, qu'il s'occupoit utilement dans les petits cabinets, qu'il savoit mieux que personne, sur ses cartes, la position de nos troupes. Ce qui m'étonne, comme quelque chose de surnaturel, c'est que l'ascendant du cardinal de Fleury sur un roi de trente ans passés fût au point de l'empêcher de faire valoir tous ses talents et de le dominer sur tout.

Mais il y a une terrible nouvelle. M. Chauvelin de Bourges a fait présenter au Roi, le 2 ou le 3 de ce mois, une lettre ou un mémoire. Les uns disoient par madame la Duchesse, les autres par madame la princesse de Conti; mais c'est, dit-on, par une personne que le Roi n'a pas voulu nommer. Il a dit même qu'il lui en savoit mauvais gré. Ce mémoire n'a point été supposé par ses ennemis. Il est, dit-on, écrit et signé de la main de M. Chauvelin. Il contient sa justification, la condamnation de la conduite du Cardinal pour les affaires, des avis sur le gouvernement, et l'éloge du Roi. Le Roi avoit été touché de la lettre, mais il a été indigné du mémoire, et il n'a pas pu s'empêcher de montrer sa colère et son indignation contre M. Chauvelin, qui osoit attaquer la mémoire du Cardinal; jusque-là qu'il a pris son parti sur-le-champ; il a envoyé chercher M. de Maurepas à qui il a dit la chose, et lui a demandé où il exilcroit M. Chauvelin qui méritoit être puni. M. de Maurepas a répondu, en homme politique, que M. Chauvelin étoit assez puni d'être éloigné de Sa Majesté; mais pressé par le Roi, il lui a donné l'exemple du garde des sceaux de Châteauneuf, qui avoit été exilé à Issoire, petite ville au bas des montagnes d'Auvergne, sur quoi le Roi lui a ordonné d'expédier et d'envoyer la lettre de cachet pour l'exiler à Issoire, sans en parler. Et le jeudi, 7 de ce mois, avant qu'on pût avoir des nouvelles de cet événement de Bourges par la poste, le Roi annonça cette nouvelle à son souper.

La lettre de cachet a été adressée à M. l'intendant de Bourges, et portée par un courrier du cabinet dont l'arrivée s'étant répandue dans la ville, on a cru que c'étoit le retour de M. Chauvelin en Cour, et tout le monde se préparoit à lui en aller faire compliment, mais il y a eu en peu de temps une nouvelle bien opposée.

Cette disgrâce est affreuse. On regarde comme une grande imprudence, à M. Chauvelin et à ses partisans, de s'être si fort pressés, et surtout d'avoir présenté un mémoire contre le Cardinal et contre l'administration passée. Cela n'est pas politique, parce qu'indépendamment de l'attachement du Roi pour le Cardinal, c'est en quelque façon blesser son amour-propre d'avoir laissé si longtemps gouverner un ministre que l'on entreprend de condamner.

Cette nouvelle n'aura pas été reçue avec plaisir du public désintéressé, qui regardoit M. Chauvelin comme le seul homme capable de rétablir les affaires présentes ; il peut aussi y avoir des griefs particuliers contre lui du temps de son ministère que l'on ne sait pas. En tous cas, l'événement justifiera tout ceci.

On dit aussi que le Roi a donné, à M. le cardinal de Tencin, l'appartement qu'occupoit à Versailles M. le cardinal de Fleury.

On ne parle dans Paris que de l'exil de M. Chauvelin à Issoire. On dit cet endroit assez gracieux, quoique marécageux, étant dans un fond ; mais c'est un coin très-écarté. On dit que ce mémoire est horrible contre le Cardinal, et tout le monde approuve le Roi et blâme l'imprudence et la témérité de M. Chauvelin.

Le public s'arrête ordinairement aux premiers objets présentés sans réflexion, et ceci en demande beaucoup ; c'est peut-être un jeu de fine politique qui peut être fausse et échouer. Il faut regarder les circonstances et les personnages.

M. Chauvelin est sans contredit homme de beaucoup d'esprit, prudent, connoissant le Roi, la Cour et la politique. M. le duc de Richelieu est, dit-on, son partisan, a beaucoup d'esprit, et n'est plus d'âge à être étourdi ; il y a encore d'autres gens dans le secret. L'inconnu qui a présenté ce mémoire, et qu'on ne nomme pas, ne peut être que Bachelier, premier valet de chambre, intime du Chauvelin et favori du Roi. Il faudroit donc supposer de l'imprudence dans tous ces gens-là, et aucun capable d'avoir arrêté la vivacité et la précipitation de M. Chauvelin.

Le Roi a été indigné, courroucé au premier aspect de ce mémoire ; mais il l'a lu, et il contient peut-être des faits graves dont il falloit instruire le Roi plus tôt que plus tard, et que personne n'auroit osé lui dire de vive voix. On s'est servi d'un homme proscrit à qui il ne pouvoit arriver au pis que d'être exilé plus loin, et il est indifférent pour la manœuvre qu'il soit à Bourges ou à Issoire. Mais le coup est toujours porté. Le Roi s'est déclaré ne pas vouloir de paix ; et, en effet, on fait de grands préparatifs de levées d'hommes. Les affaires paroîtront peut-être plus embrouillées qu'on ne pense. L'étranger va prendre des mesures nouvelles, et on attend peut-être ces embarras pour faire revenir le Roi de sa prévention sur la vérité du mémoire en question. C'est l'événement qui justifiera du faux ou du fou de cette manœuvre.

On dit aussi, d'un autre côté, que M. le cardinal de Fleury, dans la seconde visite du Roi à Issy, lui remit un portefeuille particulier, qu'il le pria d'examiner et de ne communiquer à personne. On croit que dans les instructions secrètes pour le Roi, sur les qualités de ses ministres et autres personnes qui l'approchent, il y avoit quelque note contre M. Chauvelin. Il peut y avoir du grave qui n'a pas transpiré dans le public. Le Roi conserve toujours beaucoup d'estime pour ce qui vient du Cardinal, qui, en effet, lui étoit fort attaché, qui n'a point amassé de trésors, qui gouvernoit avec économie. Il n'a point touché aux monnaies pendant son ministère ; on a toujours payé exactement soit à la ville, soit les troupes. Il y a bien des gens qui pensent qu'on regrettera la tranquillité de son ministère.

La Reine a obtenu enfin ce qu'elle vouloit. Le Roi a donné la place de chancelier de la maison de la Reine à M. le comte de Saint-Florentin, secrétaire d'État. Il le charge seulement de payer soixante mille livres à la succession de M. le Cardinal, pour le dédommager du don qu'il lui avoit fait de cette charge, et le Roi se charge du reste. Encore n'en coûtera-t-il peut-être rien par l'événement à M. le comte de Saint-Florentin, qui n'est pas riche. Cette place donne le tabouret chez la Reine à madame la comtesse de Saint-Florentin, qui en est fort aimée.

Grand mouvement dans la ville de Paris ! Le 13 de ce

mois, on a affiché une ordonnance du Roi, du 10 janvier, pour la levée de la milice[1] dans cette ville, et une ordonnance de M. de Marville, lieutenant général de police, que le Roi commet pour l'exécution du 10 de ce mois.

La milice est fixée à dix-huit cents hommes dans Paris, de garçons de l'âge de seize ans jusqu'à quarante, et de cinq pieds au moins.

Dans l'ordonnance générale, du 30 octobre dernier, pour toutes les villes du royaume qui avoient été exemptes jusqu'ici de la milice, il n'étoit parlé que des petits marchands et artisans; mais, dans celle-ci, il est dit que les enfants de tous les corps et communautés des marchands et artisans sans distinction tireront au sort, gens de peine et de travail et autres habitants qui ne seront pas dans le cas d'être exemptés par leur état, leurs charges ou emplois; ce qui a été étendu par l'ordonnance de M. de Marville à tous les domestiques.

Il y a longtemps qu'on parloit de cette milice, et l'on disoit en même temps qu'elle n'auroit pas lieu. On disoit aussi que tous les clercs de notaires, procureurs, greffiers, y seroient sujets; mais jusqu'ici cela n'est pas.

Ceci alarme fort les marchands, surtout ceux des six corps[2] qui ont toujours eu des priviléges. Cela rabaisse bien aussi leur fierté et leur insolence, fondées sur le gain et le maniement d'un argent courant qu'ils ont

---

1. *Milice*, en France, est un corps d'infanterie qui se forme dans les différentes provinces du royaume d'un nombre de garçons que fournissent chaque ville, bourg ou village, relativement au nombre des habitants qu'ils contiennent. Ces garçons sont choisis au sort. Ils doivent être âgés de seize ans et n'en avoir pas plus de quarante. (*Encyclopédie* de Diderot.)

2. On appelait à Paris *les six corps des marchands* les anciennes communautés des marchands qui vendaient les plus notables marchandises. Les premiers étaient les drapiers, les chaussetiers; les seconds, les épiciers; les troisièmes, les merciers; les quatrièmes, les pelletiers, qui étaient autrefois les premiers, mais qui vendirent leur primogéniture aux drapiers; les cinquièmes étaient les bonnetiers, et les sixièmes les orfèvres. Ceux des autres communautés qui tenaient boutiques passaient pour artisans.

au-dessus des officiers de robe et gens de pratique.

Les déclarations de tous ceux qui sont dans le cas de tirer se doivent faire chez les commissaires du quartier, de manière que le fils d'un gros marchand riche, élevé dans l'aisance et avec éducation, sera compris dans une même liste avec le propre laquais de son père, les domestiques, les ouvriers, garçons de bureau, cordonniers et autres, crocheteurs, porteurs de chaises, brouetteurs de son quartier, cochers de place et autres gens de cette espèce, tous désignés dans l'ordonnance. Cela est humiliant et dur, et l'on peut dire même que cela l'est trop.

Cette ordonnance, quoique faite avec soin, laisse bien des ambiguïtés et des explications à donner. L'exécution en est difficile, et elle sera curieuse.

Le dessein du gouvernement est apparemment d'avoir des armées formidables pour la campagne prochaine, et l'on aura raison pour sortir de cette guerre. L'augmentation de la milice à lever dans les villes du royaume, par l'ordonnance du 30 octobre dernier, est de trente mille hommes; et suivant la répartition qui y est faite, il ne falloit que dix-huit cents hommes dans la généralité de Paris. A présent, on demande ce même nombre dans la seule ville de Paris; mais tout cela est bon pour la forme, car depuis deux mois il est étonnant le nombre de gens qui ont été engagés de force ou de bonne volonté dans Paris. On ne voit que des cocardes[1], et tout est plein de racoleurs.

D'ailleurs, il est dit par l'ordonnance que tous les gens sans aveu, profession ou domicile fixe, comme domestiques hors de conditions, ouvriers sans maîtres et vagabonds, sont miliciens de droit, ainsi que ceux qui ne se seront pas déclarés chez les commissaires dans la huitaine. Si cela se peut exécuter par des recherches

---

1. Les engagés volontaires plaçaient des cocardes à leurs chapeaux, du moment où ils étaient enrôlés et avant même d'endosser l'uniforme.

et des visites, le Roi auroit plus de monde qu'il n'en pourroit payer, et, en ce cas, le tirage seroit fort inutile. On pourroit même tirer une somme d'argent très-considérable dans Paris, de tous les corps des marchands et des communautés d'artisans, même de tous les domestiques en condition, pour l'exemption du tirage cette année.

On croyoit que M. le prévôt des marchands offriroit, pour la ville de Paris, de fournir et d'entretenir un régiment pour une répartition générale; mais cela n'a pas été fait, ou cela n'a pas été accepté. On dit aussi qu'il demandoit une augmentation de vingt sols par voie de bois, ce qui auroit été fort à charge au public.

Les deux ordonnances dont il est question ont été imprimées à l'imprimerie royale et vendues publiquement au Palais et sur le quai de Gèvres, et chez des libraires, et par des colporteurs dans les rues et dans les maisons, mais à voix basse; elles n'ont point été criées dans les rues par les colporteurs, comme cela se fait ordinairement; cette différence vient apparemment de ce qu'elles ne sont point enregistrées au Parlement. Tout ce qui est pour le militaire ne s'y enregistre point, et il est fort plaisant que, par cette raison, on n'ose pas faire crier dans les rues une ordonnance émanée du Roi et du gouvernement et aussi importante que celle-ci.

Depuis l'affiche de ces ordonnances, on ne parle que de cela, et avec murmure de la part du peuple et grand mécontentement de la part des marchands[1], dont les fils sont élevés avec la même éducation que les gens d'un état au-dessus, puisque l'on en voit plusieurs remplir des charges dans les cours souveraines.

---

1. Le tirage de la milice faillit occasionner, en 1743, des troubles graves à Paris, au faubourg Saint-Antoine. C'était la première fois qu'on levait des milices dans la capitale, et le peuple était justement irrité qu'on fît tirer les artisans pendant qu'on exemptait de droit les *fainéants de laquais*. Le tirage était plein d'injustice, d'arbitraire et de vénalité. HENRI MARTIN. — Il y a des détails très-curieux dans la chronique du règne de Louis XV, publiée dans le t. v de la *Revue rétrospective*.

Il y a eu des placards séditieux, écrits à la main, affichés la nuit au coin des rues, contenant menaces contre le lieutenant général de police, même de mettre le feu aux quatre coins de la ville et invitation à se joindre. On dit que le faubourg Saint-Antoine, qui contient quarante mille âmes, est animé d'un esprit de mutinerie, ce qui est sérieux.

Depuis ces ordonnances, le lieutenant de police a fait distribuer à chacun des commissaires des décisions de la Cour, écrites à la main, contenant soixante et tant d'articles pour l'exécution de cette milice. Cela contient un dénombrement des états, les exemptions de ceux qui n'ont point de charges, mais qui par leur état ou emplois ne tireront point, ni leurs enfants, et des conditions pour exempter ceux qui sont sujets à la milice.

Les avocats au Parlement, inscrits sur le tableau, sont exempts et leurs enfants, ainsi que les avocats au conseil. La distinction du tableau est bien imaginée, car toutes sortes de gens se font recevoir, étant jeunes, avocats au Parlement et font ensuite toute autre occupation, ce qui faisoit une confusion et un avilissement de la qualité d'avocat, qui ne doit être prise à juste titre que par celui qui en fait sa profession[1].

Par les décisions, tous les domestiques et laquais de Paris ne tireront pas. Depuis les princes du sang jusqu'aux conseillers du Châtelet et même les avocats, ils exemptent tous leurs domestiques sans limitation de nombre. Il y a une clause singulière pour les avocats au Parlement, au Conseil, et banquiers[2] en cour de Rome, qui font un seul article : *pourvu qu'ils n'abusent pas du privilége qu'on veut bien leur accorder.* Cela a été mis

---

1. Cet affranchissement personnel n'a été expliqué que pour comprendre comme sujets à la milice les avocats qui ne sont pas sur le tableau.
(*Note de Barbier.*)

2. Ou *expéditionnaires en cour de Rome*. C'étaient des officiers chargés de correspondre avec le Saint-Siége pour les actes canoniques qui avaient leur effet en France.

apparemment du nombre d'avocats inscrits sur le tableau. Il y en a cinq cents qui n'ont pas de laquais. Ils pourroient dans cette occasion en prendre un, même deux, et retirer par là des ouvriers ou fils d'artisans, qui se trouveroient exempts du tirage. Les fermiers généraux et gens de finance ont le même privilége pour des domestiques sans nombre. Il n'y a que les procureurs, notaires et quelques marchands à qui on ne permet qu'un seul domestique[1].

On voit par cet arrangement que tous les laquais ne tireront point. Ce qui ne remplit plus l'idée qu'on sembloit avoir de repeupler les campagnes par la diminution des domestiques dans Paris.

A l'égard des marchands des six corps pour leurs enfants, cela dépend du plus ou moins qu'ils payent de capitation. Celui qui paye cent livres, exempte ses enfants, un apprenti, garçon ou domestique. Celui qui paye cinquante livres et au-dessus exempte seulement

[1]. Les nobles, les fils des gros marchands, les fils aînés des fermiers, des laboureurs, des avocats, des employés des finances, les clercs tonsurés, les laquais, les syndics et les gardes des corporations, les membres des échevinages, les domestiques des gens de loi, des maires, des échevins, étaient exempts du service militaire. Après une telle élimination, il restait nécessairement peu de monde, et pour remplir le vide des cadres on avait recours au recrutement, c'est-à-dire qu'on enrôlait moyennant une prime, à titre de volontaires, ceux qui, par leur position, se trouvaient exemptés de droit. A Paris, les recruteurs tenaient ordinairement leurs établissements sur le Pont-Neuf; ils avaient pour enseignes de grands drapeaux avec des devises de circonstance, telles par exemple que ce vers de Voltaire :

Le premier qui fut roi fut un soldat heureux.

On les voyait la tête haute, l'épée sur la hanche, accoster tous les jeunes gens qui passaient, faire sonner les écus qu'ils portaient dans un sac en criant: *Qui en veut? qui en veut?* Des filles de bas étage les aidaient dans leurs séductions. La veille du mardi gras et de la Saint-Martin, ils se promenaient dans Paris avec de grandes perches chargées de gibier et de volailles; ils offraient du vin, des mets appétissants, quelquefois même ils entraînaient les dupes dans de vieilles maisons isolées connues sous le nom de *fours*, et les forçaient à signer un engagement. Les hommes qu'on enrôlait de cette façon coûtaient au prix moyen trente livres. Ch. LOUANDRE.

l'aîné de ses enfants; et celui qui ne paye qu'au-dessous de cinquante livres n'a plus d'exemption. Les libraires, imprimeurs et marchands de vin, sont accolés au même article et ont le même privilége.

L'artisan qui paye cent cinquante livres de capitation ou soixante-quinze livres a les mêmes exemptions.

Les procureurs et les notaires exemptent un premier et second clerc. Les autres tireront, à moins qu'ils n'en soient exempts par l'état de leur père; d'autant qu'il y a beaucoup d'enfants de famille de province.

On voit par ces décisions qui ne sont point encore publiques, et que j'ai seulement lues, comme bien d'autres peuvent le faire entre les mains d'un commissaire, que le but est de tirer beaucoup d'argent à l'avenir, parce que tous les marchands et artisans aisés aimeront mieux augmenter leur capitation que de voir leurs enfants sujets à la milice.

Quant aux domestiques, cette liberté entière du nombre avec exemption pourroit être suspecte pour quelque taxe dans la suite, comme on en a déjà parlé il y a quelque temps, ne paroissant pas raisonnable d'exempter des laquais, tels que soient leurs maîtres, et de faire tirer les propres enfants des bons marchands. Au surplus, cette nouvelle de milice a fait engager un grand nombre d'ouvriers, qui préfèrent, par honneur, la qualité de soldat à celle de milicien, en sorte qu'on croit toujours que la milice n'aura pas lieu cette année pour la tirer. Ce qui est de certain, c'est que la huitaine indiquée par l'ordonnance du 10 de ce mois, pour faire toutes les déclarations, expire aujourd'hui 21, et personne ne se remue. On ne sait si on ira chez le commissaire du quartier, ou si lui ou autres préposés iront faire leur visite dans les maisons. Une pareille nouveauté demande bien des mesures.

M. Chauvelin est arrivé à Issoire en Auvergne, en bonne santé. Le roi a fait dire à M. le président Talon, qui a épousé sa nièce, que ceci n'influenceroit en aucune façon sur lui. Il a même permis à toute sa famille de l'aller voir et de rester avec lui tant qu'ils voudroient. On étoit incertain de la personne qui avoit présenté le fatal mémoire au Roi ; on croyoit que c'étoit madame la princesse de Conti. On dit que c'est M. le duc de Villeroy, capitaine des gardes, fort aimé du Roi ; il lui dit que son suisse lui avoit remis un paquet venant de Bourges et de M. Chauvelin, dans lequel il avoit trouvé ce qui étoit à remettre à Sa Majesté ; que sa première idée avoit été de le jeter au feu et de n'en jamais parler ; que cependant il n'avoit pas osé prendre cela sur lui, et qu'il supplioit Sa Majesté de ne lui en pas savoir mauvais gré. Le Roi prit la lettre pour lui et le mémoire, et fit paroître bientôt qu'il n'en étoit pas content. On dit que M. Chauvelin a envoyé ce mémoire avec tant de précipitation, le Cardinal étant presque encore chaud, dans la fausse confiance qu'il étoit aimé du Roi, et que le Roi haïssoit le Cardinal. Pour un homme d'esprit, voilà un grand travers en fait de politique, puisque le Roi en a été si indigné qu'il vouloit l'envoyer à Pierre-Encise. Ayant d'aussi puissants amis auprès du Roi, il n'avoit qu'à se donner patience, on auroit eu besoin de lui.

M. le comte de Saxe est arrivé à Paris il y a plus de huit jours. On dit qu'il a travaillé avec le Roi en particulier ; il parut, vendredi 22 de ce mois, à l'Opéra, où il fut claqué des mains par le public avec grande distinction. Il doit bientôt repartir. On attend, dit-on, le 2 du mois prochain, M. le maréchal de Belle-Isle, qui est à Metz pour faire la distribution de la campagne prochaine. Cette disposition est le parti le plus important. Les Hollandois donnent enfin vingt mille hommes à la reine de Hongrie, non pas pour marcher contre nous, mais pour garder ses places dans les Pays-Bas. Voilà un commencement et même un prétexte de rupture, en sorte que les choses se brouillent de plus en plus. Ce qui est de plus fâcheux est la maladie qui s'est mise dans notre armée de Bavière, où il meurt tous les jours beaucoup de monde, depuis qu'elle est cantonnée. Ces pertes ne se répareront pas aisément.

Mercredi 20 de ce mois, on représenta à la Comédie-Françoise la tragédie de *Mérope*, veuve du fils du grand Alcide et mère d'Égiste. Cette pièce a été composée par M. de Voltaire, qui est le roi de nos poëtes. Ce même sujet a été traité par M. Maffei[1], auteur italien. Cette tragédie, dans laquelle il n'y a pas un seul mot d'amour, ni d'intrigue, fut trouvée si belle que M. de Voltaire, qui parut après la pièce dans une première loge, fut claqué personnellement pendant un quart d'heure tant par le théâtre que par le parterre. On n'a jamais vu rendre à aucun auteur des honneurs aussi marqués.

L'arrêt du Parlement de Metz, du 21 de ce mois, que l'on vend ici au sujet de l'abbaye de Saint-Hubert, qui est sous la protection du roi de France, et des entreprises du Conseil souverain de Luxembourg, appartenant à la reine de Hongrie, pouvoit bien servir encore de prétexte à une rupture avec elle, car jusqu'ici nous n'avons point encore de guerre avec aucune puissance.

Mars.

La grippe. — Opérations pour le tirage de la milice à Paris. — Changements dans les commandements militaires. — Pertes éprouvées par nos armées. — Le maréchal de Belle-Isle. — Direction des fortifications et du génie. — Épigramme. — M. de Noailles au ministère. — Les troupes partent pour l'Allemagne.

Il règne cet hiver une maladie générale dans le

---

1. Maffei (François-Scipion, marquis de), littérateur, né à Vérone en 1675, mort en 1755, composa en 1713 sa tragédie de *Mérope* qui fit époque dans l'histoire de l'art dramatique et commença une utile réforme en Italie. Un autre écrit, l'*Histoire de Vérone*, acheva de répandre sa réputation dans toute l'Europe.

royaume, qu'on appelle *grippe*, qui commence par un rhume et mal de tête, ce qui provient des brouillards et d'un mauvais air. Depuis quinze jours, même un mois, il n'y a point de maison dans Paris où il n'y ait eu des malades; on saigne et l'on boit beaucoup, d'autant que cela est ordinairement accompagné de fièvre. On en guérit généralement après quelques jours, et les gens âgés sont plus exposés que les autres. On fait prendre beaucoup de lavements. Le Parlement de Dijon et un autre ont vaqué par le nombre des malades.

Les commissaires les plus anciens de chaque quartier, au nombre de vingt, sont les subdélégués pour faire les opérations de la milice. En conséquence, des exempts portent successivement dans toutes les maisons un imprimé pour venir faire la déclaration de ceux qui doivent tirer, et pour les faire venir en même temps. On prend leur nom, le lieu de leur naissance, leur profession et on les mesure; ce que le clerc du commissaire inscrit sur du papier non marqué. Cette opération est longue, parce que chaque quartier contient bien du monde, et l'on évite la confusion. Cela s'exécute pour tous les artisans et gens du métier depuis huit jours, un peu en murmurant, mais sans bruit. Ces avis imprimés ne sont adressés à personne nommé, mais ils le paroissent être à chaque propriétaire des maisons, pour avertir les principaux locataires ou locataires particuliers; et les commissaires suivent dans cette opération les instructions singulières qui leur ont été envoyées de la part de M. le lieutenant général de police. Et comme ces instructions ont transpiré et sont à la connoissance de tout le monde, les personnes qui sont exemptes pour la totalité des domestiques, et par conséquent pour eux et leurs enfants, ne vont point faire de déclaration.

On trouve toujours extraordinaire dans Paris que le fils d'un marchand, même d'un artisan aisé, comme il y en a beaucoup, soient sujets à tirer, et que presque tous les domestiques en soient exempts[1].

M. le prince de Conti est arrivé ici au commencement de ce mois. Il a été parfaitement bien reçu du Roi, qui a oublié son départ sans sa permission et même contre sa volonté apparente, et il n'a été question que de la manière dont il s'est comporté à l'armée. Il est bien en état de rendre compte au Roi de la vérité de tout ce qui s'est passé. On dit qu'il commandera en chef l'armée de Bavière avec M. le comte de Saxe, lieutenant général, qui aura le vrai commandement. Pour cet effet, on fait revenir de cette armée tous les lieutenants généraux plus anciens que lui, et M. de Broglie, qui est encore là-bas, viendra, dit-on, commander l'armée sur la Moselle, qui sera considérable du côté de Luxembourg, Bergue, Juliers, où le corps de troupes hanovriennes, hessoises, angloises et autrichiennes paroît vouloir marcher.

Du côté de Flandre, il ne paroît pas de grands préparatifs. On parle de M. le maréchal de Noailles[2] ou du maréchal de Montmorency pour commander. Cela dépendra pourtant du parti des Hollandois, qui devoient fournir vingt mille hommes à la reine de Hongrie pour

---

1. « La livrée s'attend aussi à tirer ; le peuple le désire avec ardeur, parce qu'une partie des laquais se moquent des miliciens qu'ils rencontrent, et leur font des signes insultants derrière leurs carrosses. » — Voir, sur le tirage de la milice, en 1743, *Chronique du règne de Louis XV*, ap. *Revue rétrospective*, t. v, Passim.

2. Noailles (Adrien-Maurice de), maréchal de France, mort à quatre-vingt-huit ans en 1766. Ses *Mémoires* ont été publiés par l'abbé Millot en 1777. Contemporain des derniers grands hommes du siècle de Louis XIV, il paraît au premier rang parmi ceux qui brillèrent sous le règne de Louis XV. Il avait une belle âme, dit l'abbé Millot son historien, un esprit supérieur, une gaieté charmante, l'amour du Roi et de la patrie, le zèle du bien public, une ardeur prodigieuse pour le travail, une émulation vive pour tout ce qui est digne d'éloges... Ce que dit l'abbé Millot est confirmé presque entièrement par Saint-Simon, ennemi particulier de la famille de Noailles. (*Biog. univ.* de Michaud.) — Voir *Essai sur la campagne de M. le maréchal duc de Noailles* en l'année 1743. Utrecht, 1745, in-12. — *Campagnes du maréchal duc de Noailles en Allemagne*, l'an 1742. Amsterdam, 1760, 2 vol. in-12.

garder les places dont elle avoit retiré par conséquent pareil nombre de troupes; mais on dit que le Roi leur a fait dire très-sérieusement que s'ils fournissoient les troupes, il leur déclareroit la guerre. Comme les résolutions du Roi sont présentement sérieuses, aussi bien que la levée que l'on fait de troupes, on croit qu'ils ne fourniront point de troupes et qu'ils resteront neutres. Au moyen de quoi il n'y a rien à craindre ni à entreprendre en Flandre.

Le Roi a effectivement bien besoin de monde, car il est vrai que l'armée revenue de Prague et celle qui est à présent en Bavière, du côté de Passaw, sont extrêmement délabrées. Les régiments de trois bataillons n'ont pas de quoi en faire un, et il faut compléter et refondre toutes les compagnies avec de la milice ancienne, car quand les troupes sont en pays étrangers, les recrues ne regardent plus les capitaines, mais le Roi. Il faut aussi y envoyer des régiments tirés des places, d'autant que l'on veut être en force tant en Bavière que sur la Moselle. On compte en effet que depuis un an nous avons perdu soixante mille hommes dans nos armées, en Allemagne, et cela sans qu'il y ait eu de bataille remarquable, la plus grande partie par maladie, et par des fatigues excessives!

M. le maréchal de Belle-Isle est aussi arrivé en Cour, au commencement de ce mois. Il est extrêmement incommodé de sa sciatique. Il ne peut marcher que soutenu par deux hommes. Il revient avec de grandes décorations, prince de l'Empire, chevalier de la Toison d'or, cordon-bleu, maréchal de France et duc.

Mais cet homme a un grand nombre d'ennemis. On lui impute tous les malheurs qui nous sont arrivés, quoiqu'il ait rempli, et même à jour dit, l'objet de sa négociation qui étoit de faire Empereur l'électeur de Bavière, et d'empêcher que le grand-duc de Toscane le fût, et cela est fait. Il a grande part à la belle défense de la ville de Prague, il en a ramené l'armée qui y étoit, par une saison épouvantable. Au surplus, la trahison du roi de Prusse, les maladies, la conduite que l'on a tenue dans nos armées, les raisons particulières peut-être d'une fausse politique du cardinal de Fleury, sont des événements dont il ne paroît pas devoir être chargé.

On lui a fait une espèce d'injustice. M. le maréchal d'Asfeld[1], qui étoit directeur des fortifications et du génie, est mort. Le Roi a réuni cette place importante sur M. d'Argenson et M. de Maurepas, l'un pour le département de terre, et l'autre pour les places de la marine. Il est vrai qu'anciennement cette place étoit attachée au secrétariat de la guerre; mais depuis longtemps elle avoit été possédée par d'autres. M. Le Pelletier de Sousi, frère de M. Le Pelletier le ministre, grand-père du premier président d'aujourd'hui, l'avoit eue. On convient que ces deux messieurs, d'Argenson et Maurepas, ne sont pas bien au fait de cette besogne, et que M. le maréchal de Belle-Isle, qui est ingénieur lui-même, et qui vient de fortifier Metz dans la perfection, étoit le seul capable de remplir cette place.

On a répandu dans Paris que M. de Belle-Isle avoit été mal reçu du Roi, qu'il étoit disgracié et même exilé dans sa terre de Vernon, près Gisors. Sur quoi, on a fait ces vers :

> Belle-Isle, fameux empirique,
> Grand novateur en politique,
> Homme de guerre sans pratique,
> Dans ses projets, vrai frénétique,
> Chargé de la haine publique,
> Porte à Gisors sa sciatique.

Il est cependant vrai qu'il a travaillé plusieurs fois avec le Roi, soit en présence de M. Amelot pour les af-

---

[1]. Claude-François Bidal d'Asfeld, ingénieur et digne successeur de Vauban. Il était âgé de soixante-dix-huit ans au moment de sa mort.

faires étrangères, soit de M. d'Argenson pour le militaire. Mais cet esprit remuant et ambitieux est craint des ministres, lesquels jusqu'ici se sont assez bien emparés de l'esprit du Roi; car il n'est plus question du duc de Richelieu dont on avoit tant parlé, et qui est ici depuis longtemps.

A propos des ministres, M. le maréchal et duc de Noailles en est du nombre. Un beau jour qu'il conduisoit le Roi qui alloit au Conseil, comme simple courtisan, le Roi lui dit : « Monsieur le maréchal, entrez; nous al- « lons tenir conseil; » et lui marqua sa place à sa gauche, le cardinal de Tencin étant à sa droite.

Ce nouveau ministre ne plaît pas à nos secrétaires d'État. Le duc de Noailles a infiniment d'esprit, sait de tout, possède mieux qu'eux ce qui regarde la guerre. Il a été à la tête des finances du temps de M. le duc d'Orléans, Régent. Vis-à-vis du Roi, il a un âge et des dignités respectables; il est allié à toute la Cour. Je crois qu'il aimeroit mieux se maintenir dans le ministère que d'aller commander en Flandre. Il est à craindre par trop d'esprit et par des systèmes dangereux en fait de finances.

Les régiments des gardes-françoises et suisses ont commencé à partir de Paris, avant le 20 de ce mois. Il ne reste que vingt-cinq hommes par compagnie pour la garde du Roi, et tous les drapeaux sont partis, ce qui n'est, dit-on, jamais arrivé du temps de Louis XIV. Les chevau-légers sont aussi partis pour Château-Thierry, qui est le quartier d'assemblée. Les mousquetaires[1], gendarmes, et gardes du corps vont partir incessamment. Toute la maison du Roi va en Allemagne, du côté

---

[1]. On donna le nom de *Mousquetaires* à un corps de cavalerie d'élite qui faisait partie de la maison militaire du Roi. Il se composait de deux compagnies; la première fut créée par Louis XIII. Elles se distinguaient entre elles par la robe de leurs chevaux ; d'où l'une prenait le nom de *Mousquetaires gris*, l'autre de *Mousquetaires noirs*. — Ph. Lebas.

de Metz. On n'en sait point, quant à présent, d'autre destination.

Au milieu de ces préparatifs et de cette grande diligence, on parle beaucoup de paix, et c'est en effet ce qui y conduit ordinairement. Les Anglois voient que ceci deviendra sérieux.

Le Roi a nommé les officiers généraux qui seront employés, et il est vrai que ceux qui, à Prague, ont été attachés au maréchal de Belle-Isle et qui ont manqué en quelque chose au maréchal de Broglie, ne sont pas employés, entre autres le marquis de Clermont-Tonnerre, le marquis de La Force, et deux autres dont j'ai oublié les noms. Ce qui marque pourtant disgrâce du côté du maréchal de Belle-Isle, qui est, dit-on, revenu à Paris malade.

Avril.

Les préparatifs de guerre continuent. — Le Roi travaille. — Mouvement des armées ennemies. — Les Français à Égra. — Tirage de la milice de Paris.

M. le prince de Conti[1] a eu chez lui un concours de tous les grands et même de la grande robe; il deviendra un grand général.

Les mousquetaires sont partis, au commencement de ce mois, après une revue du Roi. Le rendez-vous de toute la maison du Roi est sous Landau, et la marche se fait avec diligence.

M. le prince de Conti est reparti pour se rendre en Bavière. Jusqu'ici, M. le maréchal de Broglie y doit rester, et c'est M. le maréchal de Noailles qui doit commander l'armée sur la Moselle, qui sera considérable. Malheureusement les troupes n'ont pas grande confiance en ce général, et l'on dit aussi que M. le maréchal de Maillebois commandera en Flandre. D'autres disoient

---

1. Louis-François de Bourbon, prince de Conti, né à Paris en 1717, mort le 2 août 1776.

même en Italie, où le Roi enverroit vingt mille hommes au secours de don Philippe[1], qui est toujours en Savoie, et qui fait tous ses efforts pour pouvoir pénétrer en Italie; mais cela n'est pas facile. On ne sait point encore au vrai toutes les destinations.

M. le maréchal de Belle-Isle est tantôt à Versailles, tantôt à Paris, et il a travaillé plusieurs fois avec les ministres. Il n'est point exilé dans ses terres, comme on l'avoit dit.

Le Roi travaille toujours fort assidûment, et les voyages de Choisy ne sont plus si fréquents. Le secret règne de même que dans le temps passé. Il ne veut plus permettre de vendre les régiments qu'on a eus par don et qu'on n'a point achetés. Ce qui est fort bien pour récompenser les braves gens.

Nos armées se forment et se renforcent tous les jours par le grand nombre de troupes qu'on y envoie. L'armée des Anglois et autres auxiliaires de la reine de Hongrie, qui sont du côté de Mayence, et que l'on dit être de quarante mille hommes, se prépare à passer le Rhin pour pénétrer dans le cœur de l'Allemagne, et nous tâcherons, dit-on, de l'empêcher.

M. le duc de Chartres, le comte de Clermont, le prince de Dombes, le comte d'Eu et le duc de Penthièvre partent incessamment pour l'armée de la Moselle.

On dit que les Hollandois ne donnent point les vingt mille hommes à la reine de Hongrie, à qui ils ont fait

---

1. Au milieu de toutes ces querelles, l'Espagne, qui revendiquait des droits de succession sur divers États de l'Italie, destinait le Milanais et le Parmesan à l'infant don Philippe, fils du roi Philippe V. L'infant, à la tête d'une vingtaine de mille hommes, avait traversé la France pour se rendre en Italie. Mais il avait à combattre, d'une part, le roi de Sardaigne, duc de Savoie, qui élevait également des prétentions sur le Milanais, et de l'autre, la reine de Hongrie, qui était maîtresse de cette province. La reine et le roi de Sardaigne, dit Voltaire, s'étaient réunis, tout en réservant chacun leurs prétentions. Don Philippe s'empara du duché de Savoie, mais il dut attendre, pour marcher en avant, la coopération de la France. — Voir Voltaire, *Précis* chap. VIII.

dire qu'ils ne se détermineroient que le 5 octobre prochain, ce qui nous laisse toute cette campagne sans rien craindre de leur part.

On apprend aussi, de notre armée en Bavière, que l'armée de la reine de Hongrie, du côté de Passaw, est encore bien plus délabrée que la nôtre n'a été, tant par la maladie épidémique que par les désertions. Il s'en faut bien qu'elle soit aussi à son aise qu'on le dit dans la *Gazette de Hollande.*

Nous avons toujours Egra, qui est la clef pour entrer dans la Bohême. On dit qu'il y a une garnison de dix-huit cents hommes. Elle est bloquée depuis longtemps par les Autrichiens, et le prince de Lobkowitz s'est avancé avec un corps d'armée pour en faire le siége. Comme cette place commençoit à manquer de toutes sortes de provisions et surtout de bois, M. le maréchal de Broglie a fait partir un détachement de son armée, composé de quatorze mille hommes, pour aller secourir et ravitailler cette place. Il est parti, le 14, d'Amberg; il y a pour six jours de marche. On croit que le prince Lobkowitz évitera une bataille, mais on n'en a point encore de nouvelles.

Il nous a déserté, dit-on, quatre cents hommes du régiment des gardes, et bien du monde des recrues : une partie de l'armée a déjà passé le Rhin. Il n'y a aucune disposition, car les principaux officiers partent encore tous les jours, et tout ceci ne se débrouillera qu'au mois de mai.

A Paris, les opérations de la milice deviennent plus sérieuses qu'on n'avoit pensé. On s'est arrangé à faire tirer chaque quartier séparément, ce qui compose dans Paris vingt et un quartiers. Le lieu pour le tirage est l'Hôtel des Invalides, dans les cours du fond.

On a envoyé pour cet effet des billets imprimés par des exempts de police, dans toutes les maisons d'un quartier, à celui qui doit tirer, et qui avoit été inscrit sur le registre du commissaire dans la première opération, pour se trouver un tel jour, à sept heures du matin, à l'Hôtel des Invalides, et on a indiqué un jour différent pour chaque quartier.

Le premier jour de tirage a été indiqué au lendemain des fêtes de Pâques, mercredi 17 de ce mois; cela a commencé par une partie du faubourg Saint-Germain; le lendemain a été le quartier du Luxembourg, ensuite le quartier Saint-André, etc., suivant la distribution des commissaires.

Le premier jour a été plus embarrassé pour l'ordre, mais cela a été fort bien exécuté. Les soldats des Invalides étoient sous les armes et postés à toutes les portes, et personne n'y entroit que ceux pour tirer. Le guet à cheval, c'est-à-dire quelques brigades, est dans les environs des Invalides, et aussi dans le quartier d'où partent les miliciens. Le commissaire du quartier tirant appelle ceux qui doivent tirer, que l'on fait passer d'abord par dessous une mesure de cinq pieds justes, et on renvoie ceux qui ne les ont pas. M. de Marville, lieutenant de police, est là comme commissaire du Roi avec le gouverneur de la Bastille. Il y a aussi des médecins et chirurgiens pour visiter ceux qui ont allégué et qui ont des certificats de leur médecin de quelque incommodité. Ensuite on divise le quartier par troupes de trente. On ne fait tirer que trente à la fois, et dans trente billets, qui sont dans un chapeau, et qui est tenu tantôt par M. de Marville, par son secrétaire ou par un autre; il y a cinq billets noirs, ce qui fait le sixième. Chacun tire à son tour, et à celui qui a un billet noir, on l'inscrit. On fait son signalement en forme, et on lui donne une cocarde de ruban bleu et blanc pour mettre sur son chapeau.

Cela s'est ainsi pratiqué chaque jour avec ordre et sans aucun tumulte. Ceux qui ont des billets blancs s'en vont en courant de bon cœur; ceux qui ont des billets noirs prennent cela avec patience, et le tout boit de côté et d'autre au retour.

Cette opération sera finie au 10 de mai. On pouvoit avoir lieu de craindre quelque révolte, et on avoit pris des mesures en conséquence; mais tout a été doux. Un rien quelquefois révolte et excite la populace, et quelque chose de sérieux l'abat et l'étourdit. Aujourd'hui, 27 du mois, le faubourg Saint-Marceau a passé, à six heures du matin, pour se rendre aux Invalides, avec un tambour et des violons comme pour une fête. Dans les rues, on ne voit que des miliciens avec leurs cocardes, qui ont bu.

Cela a dérangé les artisans dont tous les ouvriers sont en l'air, et qui ne peuvent en trouver pour leurs ouvrages.

Dans le nombre de ceux qui ont dû être inscrits chez le commissaire, ou qui étant inscrits ont dû aller tirer, il y en a qui se sont soustraits et cachés, ce que l'on appelle *fuyards* et miliciens de droit ; ceux des miliciens qui en peuvent trouver les font prendre par des exempts. On les mène en prison, et ils sont miliciens à la décharge de ceux qui les découvrent. Les exempts eux-mêmes en fournissoient pour de l'argent ; cela a fait quelque rumeur dans les premiers jours, et on a défendu aux exempts cette manœuvre.

Ce qu'il y a ici de triste, c'est que les fils de marchands qui ne payent pas une grosse capitation, toute sorte de marchands libraires et autres, et les garçons de boutique, ont tiré effectivement avec les laquais des marchands et tout le reste de la populace, artisans, crocheteurs, fiacres, etc. Cela a beaucoup rabaissé de leur fierté, et en même temps ils ont été plaints des gens qui pensent sagement, parce qu'effectivement cela fait un corps de bourgeoisie qui n'avoit pas lieu de craindre d'être sujet à ce rabaissement.

On dit que le nombre des tirants pour la milice se

montera dans Paris à trente mille hommes, ce qui feroit pour le sixième cinq mille miliciens, au lieu de dix-huit cents seulement. On croit que cela servira à renvoyer quelques-uns des enfants de famille qui peuvent être utiles dans les boutiques, et qui sont destinés au commerce. On ne sait point encore cela au vrai.

Il paroît que pour l'établissement de cette milice, pour apaiser le peuple, on a voulu confondre et mettre au niveau la bourgeoisie supérieure dont on n'a pas tant à craindre.

De même, les marchands et les gros artisans se plaignent de ce qu'on fait tirer leurs enfants, apprentis et garçons, et qu'on ne fait point tirer la livrée qui est en grand nombre à Paris, qui sont des gens sortis des campagnes, pour éviter la milice dans les provinces, ce qui a dépeuplé les campagnes, comme il est vrai en effet.

Cela fait courir un bruit qu'il y a un édit sous la presse, qui ne paroîtra qu'après l'opération de cette milice, pour faire tirer tous les laquais sans distinction, à commencer par les princes du sang. D'autres disent que c'est un règlement pour le nombre des domestiques suivant les états. Peut-être n'y aura-t-il rien de tout cela qui n'est que nouvelle de Paris.

On a reçu la nouvelle que l'officier général qui commandoit le détachement de l'armée de M. de Broglie est entré dans Egra, sans tirer un coup de fusil, et qu'il y a fait entrer un convoi pour la regarnir de tout ce qui y manquoit. Il est revenu sur ses pas. Nous gardons toujours cette place qui est apparemment utile pour les desseins de la campagne.

Mai.

Les miliciens de Paris et les fuyards. — Oraison funèbre du Cardinal. — Nouvelles de la guerre en Allemagne. — Couronnement de Marie-Thérèse. — Les généraux hongrois. — Affaires d'Italie. — Les Espagnols et les

Anglais. — La Corse. — Procès entre les médecins et les chirurgiens. — Édit relatif aux chirurgiens.

L'opération du tirage pour la milice a fini comme on avoit dit, au 7 ou 8 mai. Les derniers ont été le faubourg Saint-Antoine qui a tiré dans la cour du château de Vincennes, apparemment pour ne leur pas faire traverser Paris pour aller aux Invalides. On craignoit le plus ceux-ci qui sont remuants et une grande populace; mais tous s'est passé joyeusement, ils se sont rendus de bon matin à Vincennes, avec tambours et trompettes.

Ce qui embarrasse le plus à présent sont les sollicitations pour dégager nombre de ceux à qui sont échus les billets noirs, et le mouvement pour les *fuyards* que l'on dénonce et que l'on arrête tous les jours. La prison de l'Abbaye Saint-Germain et les autres en sont pleines.

On dit cependant qu'à peine pourra-t-on remplir le nombre de dix-huit cents hommes, parce qu'il y en a beaucoup de ceux qui ont tiré ou qui sont trop petits ou qui ont des infirmités. Il n'est pas possible qu'il n'y ait dans tout ceci du manége et de l'injustice.

On dit aussi que les Six corps des marchands ont voulu par députés aller présenter une requête au Roi par rapport à leurs fils ou leurs premiers garçons, fils d'autres marchands de province; mais ils n'ont pas absolument réussi. Ils ne sont pas parvenus jusqu'au trône, et de ministre en ministre, ils ont été renvoyés au lieutenant de police dont ils n'ont pas été trop bien reçus. On leur demandoit, à ce qu'on dit, une somme raisonnable pour chacun de ceux qui avoient eu le billet noir. Cependant j'ai appris que dans la librairie et l'imprimerie il étoit tombé seize billets noirs, et que M. le comte d'Argenson leur en avoit remis huit. Peut-être a-t-on fait la même grâce à chaque corps de marchands à proportion, et une partie du reste s'est tiré d'affaires par le moyen de *fuyards* qu'on a attrapés, ou de gens que les exempts ont fournis pour de l'argent.

Le 17, les miliciens de plusieurs quartiers, jusqu'à concurrence du premier bataillon, ont reçu ordre par une ordonnance affichée au coin des rues, laquelle a été publiée au prône des paroisses, de se rendre lundi 20, à Saint-Denis, à huit heures du matin. Tout s'y est rendu exactement, et on leur a fourni leur habillement complet avec deux chemises, cols, havresac et guêtres. L'habit et veste sont blancs avec un bouton jaune et un chapeau bordé d'or, en faux s'entend. On les a vus se promener dans Paris, samedi 25. Ce premier bataillon est parti avec les officiers pour la Flandre, et le 27, le second bataillon a ordre de se rendre à Saint-Denis pour faire la même opération.

On ne parle plus de la milice pour les laquais et domestiques de Paris; bien des gens croient néanmoins que ce projet n'est pas tout à fait oublié.

Samedi 25, on fit dans le chœur de Notre-Dame l'oraison funèbre par le père de La Neuville[1], jésuite, de M. le cardinal de Fleury. Il n'y avoit pas de catafalque, comme aux têtes couronnées, mais un lit de parade à piliers fort élevé sur une estrade. Cela étoit assez magnifique. M. le chancelier, le Conseil du Roi, tous les ministres y ont assisté et de plus les cours souveraines et l'Hôtel de Ville mandés pour cet effet par lettres de cachet. Cet honneur ne peut lui avoir été rendu que comme premier ministre, quoiqu'il n'en eût pas le titre. Le Roi a voulu honorer son choix et sa confiance jus-

---

1. Anne-Joseph-Claude Frey de Neuville, et non pas de La Neuville, de la compagnie de Jésus, né à Vitré le 20 octobre 1693, mort le 13 juillet 1774. Son *Oraison funèbre du cardinal de Fleury*, prononcée dans l'église de Paris, fit la plus vive impression. Celle du *maréchal de Belle-Isle*, quoique faite dans un âge avancé, a le mérite de ses autres productions. Les *Sermons* du Père de Neuville ont été publiés à Paris en 1776, 8 vol. in-12. — Voir *Dict. des prédicateurs français*, par l'abbé de la P***. Paris, 1824, in-8, p. 181. — On trouve *la parodie de l'Oraison funèbre du cardinal de Fleury* dans le *Recueil* de Maurepas, vol. xxxi, p. 255; — son testament, *ibid.*, 183 à 186. — Les volumes xvi, xviii, xx, contiennent de nombreux vers sur le Cardinal.

qu'au bout, quoiqu'il se soit aperçu déjà plus d'une fois des fausses démarches dans lesquelles ce ministre l'a embarqué. C'est agir de la part du Roi en grand politique.

On ne parle pas trop avantageusement de notre conduite en Allemagne. Toutes nos troupes y sont rassemblées. M. le maréchal de Noailles a vers Landau, et par delà, une armée de quatre-vingt mille hommes. M. le maréchal de Broglie a aussi une forte armée en Bavière. L'Empereur a aussi trente-cinq à quarante mille hommes. M. le comte de Saxe est dans le haut Palatinat avec un corps de troupes, mais tout cela n'opère pas.

La reine de Hongrie a été couronnée, le 12 du mois, dans Prague, avec grande cérémonie. La voilà donc encore reine de Bohême. Elle est revenue sur-le-champ à Vienne. Ce n'étoit pas la peine de faire de notre part tout ce que l'on a fait pour la ville de Prague.

Le corps d'armée des Anglois, Hanovriens et Hessois, commandé par le comte de Stairs, est au moins de quarante mille hommes. Il cherche à passer le Rhin malgré nous, pour pénétrer dans l'Allemagne. Ils sont aux environs de Francfort, et le roi d'Angleterre a passé la mer pour venir se mettre à la tête de cette armée.

Le comte de Kevenhuller a fort maltraité, par une surprise, trois de nos compagnies franches, et le capitaine Lacroix, fameux partisan, a été fait prisonnier. Il a aussi un peu étrillé un des généraux de l'Empereur. Les troupes dispersées n'ont pas pu se joindre pour se secourir. Ce sont ces petites aventures qui découragent les nouvellistes de Paris. On craint fort les généraux de la reine de Hongrie. Supérieurs aux nôtres, ils auront l'adresse d'éviter des batailles en forme, nous détruiront par des surprises et des escarmouches et nous feront ainsi passer la campagne pour attendre le temps des maladies comme l'année dernière.

Les Hollandois ne se sont pas déclarés, mais il est

pourtant certain qu'ils ont fourni huit mille hommes, pour garder quatre places de la reine de Hongrie, qui en a retiré ses troupes; et l'on dit dans les *Gazettes* qu'ils sont assez portés à lui fournir encore vingt mille hommes.

En Italie, les choses sont dans le même état. Don Philippe est en Savoie et ne peut pas pénétrer dans l'Italie. Le roi de Naples[1] a envoyé des troupes; mais tout cela est long à opérer.

Pendant ce temps, les Espagnols et les Anglois, sur mer, se prennent respectivement des vaisseaux. Pour le pays de Corse, il est dans un mouvement séditieux, comme auparavant. On ne parle point que le roi Théodore y soit, mais il y a apparence que les mécontents sont secourus par les Anglois. Voilà en peu de mots l'état présent des choses.

Depuis quelques années, les médecins de la Faculté de Paris et les chirurgiens de la même ville sont en procès, par jalousie de métier, pour leurs droits respectifs, vis-à-vis les uns des autres, dans l'exercice de leurs professions; et surtout par rapport à la prééminence et supériorité que les médecins ont eues sur le corps des chirurgiens, qui étoient obligés de leur payer un écu d'or tous les ans, et de leur rendre une espèce d'hommage, par députés, depuis que, par édit de 1656, les chirurgiens-barbiers, exerçant la barberie, avoient été réunis au corps des chirurgiens de robe longue. Ce procès a été appointé pour ne pas être sitôt décidé; et depuis cet appointement, ils se disputoient par des écrits anonymes.

Deux circonstances ont été favorables aux chirurgiens : la première, la perfection de leur art, qui a été porté à un haut degré, qui leur a attiré l'approbation et la confiance des grands et du public, et qui leur a fait

---

1. Don Carlos, fils du roi d'Espagne Philippe V. Le royaume de Naples avait été cédé à ce prince par le traité de paix conclu en 1735 entre l'empereur et le roi de France.

obtenir l'établissement d'une académie royale de chirurgie.

La seconde, la grande faveur de M. de La Peyronie, premier chirurgien auprès du Roi, qui est un homme d'esprit et entreprenant et fort supérieur pour le crédit et l'intrigue à M. Chicoyneau, premier médecin du Roi, qui est un homme tranquille.

En sorte qu'il a paru dans ce mois une déclaration du Roi, enregistrée au Parlement, qui casse l'édit d'union de 1656, rétablit les chirurgiens de robe longue, les sépare entièrement des perruquiers et de tout ce qui a rapport à la barberie; et qui ordonne qu'à l'avenir, il ne sera plus reçu de maître chirurgien qu'il n'ait un certificat du cours des études; qu'il n'ait étudié en physique, et qu'il ne soit reçu maître-ès-arts dans l'Université de Paris; lesquelles dispositions sont précédées, par la déclaration du Roi, d'un grand éloge sur la perfection, l'utilité et l'honneur de cette profession.

Au moyen de ce changement, le procès est jugé tacitement, et perdu pour les médecins. Il n'est plus question d'hommage. Il y a plus. Tous ceux qui seront reçus dans la suite, étant lettrés, joindront à la science de la chirurgie et de l'anatomie, la connoissance des livres de la médecine, et dans quinze ans d'ici seront préférés aux simples médecins dont la science, en effet, n'est que conjecturale; ce qui fera un très-grand tort à la Faculté de médecine, quand une fois, par le décès des chirurgiens d'aujourd'hui, il n'y aura plus que des chirurgiens maîtres-ès-arts qui ne seront plus en boutique. Et il faut convenir que cette réunion de la barberie avoit extrêmement avili cette profession.

Juin.

Combats de Landau, d'Ingelfing et de Dekendorf. — Mouvements de troupes en Allemagne; les Anglais, les Français, les Hollandais et les Bavarois. — Mort de la duchesse de Bourbon.

On apprend tous les jours de mauvaises nouvelles

d'Allemagne. Le prince Charles de Lorraine et le comte de Kevenhuller ne font autre chose que de nous harceler et nous surprendre. On dit que l'Empereur a souhaité que nos troupes fussent répandues en différents quartiers pour conserver la Bavière contre les irruptions des Autrichiens; mais cela réussit mal.

Depuis l'affaire de Braunau, il en est arrivé deux autres. M. Philippe, un de nos lieutenants généraux et habile homme, avoit un quartier proche Landau, en Bavière, et d'Ingelfing. Les Autrichiens, qui ont leur camp sous Passaw, ont surpris ces deux petites places, où nous avions des troupes, avec un détachement de dix mille hommes, dans le dessein d'enlever le quartier de M. Philippe, qui avoit trois mille hommes. Ils ont battu ces deux places à boulet rouge et y ont mis le feu. La garnison a été obligée de sortir. Pour favoriser la retraite de nos troupes, il a fallu garder un port sur l'Iser. Tous les officiers y sont d'abord accourus à cheval, sans soldats, qui sont arrivés plus tard (le régiment ou une partie de Picardie étoit dans ce quartier); nous avons perdu là plus de cent officiers, dont trente de Picardie, qui ont essuyé tout le feu des ennemis avec une bravoure surprenante. Nos troupes de ces garnisons ont défilé, on a rompu le pont, et les ennemis n'ont pas été plus loin. Ils y ont aussi perdu du monde, mais les deux villes de l'Empereur ont été saccagées et brûlées.

M. le prince de Conti, qui n'avoit pas eu le temps de venir au secours de M. Philippe, étoit posté à Dekendorf, autre petite place à quelque distance de là. Il a eu son tour. Le 26 mai, à quatre heures du matin, le prince Charles a attaqué cette petite place par surprise. M. le prince de Conti n'avoit que trois mille hommes au plus; il a été obligé de se retirer avec précipitation. Le troisième bataillon de Champagne avec quelques compagnies de grenadiers ont arrêté les Autrichiens; M. le prince Conti a, dit-on, fait des merveilles dans cette retraite, et le régiment de Champagne s'est signalé. Il a passé au travers des ennemis, la baïonnette au bout du fusil, pour rejoindre nos troupes, sans grande perte. Les Autrichiens ont été obligés de se retirer, quoiqu'ils fussent bien supérieurs en nombre. On dit même qu'ils ont perdu trois fois plus de monde que nous.

Tout ceci prouve bien la valeur de nos troupes, leur supériorité sur les ennemis, et qu'elles ne demandent qu'à se battre. Mais il ne faut pas les laisser ainsi harceler par surprises et par paquets. On ne sait pas pourquoi nous ne nous rassemblons pas pour attaquer. Les uns disent que nous n'avons pas assez de forces, que la reine de Hongrie va avoir, en Bavière, une armée considérable; d'autres que c'est mésintelligence entre nos généraux et le comte de Sekendorf[1], général de l'Empereur. On ne sait rien de bien positif.

Il est toujours certain que cette campagne sera critique, car l'armée des Anglois, commandée par le comte de Stairs, a passé le Mein pour entrer en Allemagne et descendre en Bavière. Ils ont un grand tour à faire, en suivant le Mein. On dit aussi que toute l'armée de M. le maréchal de Noailles a passé le Rhin pour les suivre. M. de Ségur, lieutenant général, mène quinze mille hommes de cette armée à M. de Broglie. Les vingt mille hommes des Hollandois doivent partir à la fin de ce mois, pour aller aussi au secours de la reine de Hongrie, en sorte que les cercles de l'Empire ont beau se plaindre qu'on inonde l'Allemagne de troupes étrangères; en comptant toutes les armées de la reine de Hongrie, François, Bavarois, Anglois et Hollandois, il y aura plus de trois cent mille hommes de troupes réglées, sans compter la suite. C'est de quoi ruiner absolument tout

---

1. Seckendorf (Frédéric Hénon, comte de), feld-maréchal, né en 1673 à Kœnigsberg, en Franconie. Il se mit successivement au service de la Prusse, du roi de Pologne Auguste Ier, de l'empereur Charles VI et de Charles VII, et servit avec distinction sous le prince Eugène pendant la guerre de la succession d'Espagne. Il mourut en 1763.

le pays. Il paroît qu'ils auroient fait plus sagement de se joindre à leur Empereur et de terminer cette guerre.

On dit encore que le roi de Sardaigne s'est accommodé avec le roi d'Espagne. Si cela étoit vrai, don Philippe entreroit en Italie ; et, de l'autre côté, le duc de Modène, ayant pris le commandement de l'armée espagnole du comte de Gage, les troupes de la reine de Hongrie ne pourroient pas résister. La conquête de l'Italie donneroit un grand branle à la paix, malgré les Anglois.

Nous voilà à la fin de juin, sans aucun avantage. Toutes nos troupes, en Bavière, se sont retirées vers Donawert. Il faut, en effet, que la reine de Hongrie soit bien supérieure à nous en force. On parle aussi de mésintelligence entre M. de Broglie et M. de Sekendorf, général de l'empereur. On soupçonne même de l'infidélité de la part de ce dernier. Si cela étoit possible, nous serions les victimes.

L'armée du maréchal de Noailles arrête celle du comte de Stairs, qui s'est retirée et retranchée ; et qui n'est pas à son aise pour les vivres, mais le temps se passe toujours.

Madame la duchesse douairière, fille de Louis XIV[1], est morte ces jours-ci dans son beau Palais-Bourbon, contre les Invalides, âgée de soixante-treize ans. Elle a défendu, par son testament, toute cérémonie, en sorte qu'on ne lui a rendu aucun honneur, et elle a été enterrée deux jours après, mardi 18, aux Carmélites. Elle laisse un gros mobilier, huit cents actions de la compagnie des Indes, près de cinq cent mille livres d'argent, et ne doit rien. Elle a fait pour trente mille livres de rentes de legs en pensions à ses domestiques. Elle a joui de la vie et bien représenté.

---

1. Louise-Françoise de Bourbon, née le 1ᵉʳ juin 1673, épouse de Louis de Bourbon, troisième du nom.

Juillet.

Bataille de Dettingen. — Bruits contradictoires au sujet de cette bataille. — La verité sur ses résultats. — M. de Gramont *du bâton rompu*. — L'Empereur et la reine de Hongrie. — Nos grands hommes disgraciés; Voltaire, Chauvelin, de Broglie. — Nouvelles diverses.

Le Roi, la Cour et le public ont porté le deuil de cette princesse pendant trois semaines.

Mardi 2 de ce mois, la consternation étoit dans Paris, au sujet d'une action qui s'est passée le 27 juin, entre M. le maréchal de Noailles et l'armée du roi d'Angleterre [1], à Aschaffembourg, gros bourg sur le Mein, à six lieues de Francfort. La nouvelle d'une défaite considérable fut répandue par le nommé Carpentier, valet de chambre de M. le duc de Rochechouart, premier gentilhomme de la chambre, colonel du régiment d'infanterie Rochechouart, fils de M. le duc de Mortemart, âgé de vingt-deux ans, lequel valet de chambre arriva, la veille, à trois heures après midi, apporter la triste nouvelle que son maître avoit été tué à la tête de son régiment, qu'il étoit parti sur-le-champ, que l'action duroit encore, et il répandit que la bataille étoit perdue, que la maison du Roi étoit taillée en pièces, et que nous avions perdu beaucoup de monde. Paris fut rempli de cette nouvelle, de manière que c'étoit réellement une désolation dans les jardins et cafés où se tiennent les assemblées des nouvellistes [2], et dans toutes les boutiques, par rapport aux suites d'une guerre qui tourne mal depuis longtemps.

Le mercredi 3, la joie a repris dans la ville sur la

---

1. On verra tout à l'heure qu'il s'agit ici de la bataille de Dettingen. — Voir, pour les chansons sur cette bataille, le *Recueil* de Maurepas, t. xxxi, fol. 276, 285, 286, 287; xxxii, 313; xxxiii, 12, 181.

2. Les nouvellistes, dans le sens que le dix-huitième siècle attribuait à ce mot, n'existent plus aujourd'hui. Les journaux, les chemins de fer et le télégraphe électrique ne laissent plus d'incertitude, et les nouvelles marchent plus vite que les suppositions.

nouvelle d'un courrier arrivé le mardi au soir. Et c'est ainsi que la nouvelle s'est répandue que, le 27, M. le maréchal de Noailles, ayant su qu'il devoit arriver à l'armée des Anglois un convoi considérable, pour la sûreté duquel les ennemis avoient envoyé six mille hommes, il avoit détaché douze mille hommes d'infanterie et cavalerie, qu'il avoit fait forcer un pont de pierre à Aschaffembourg, l'épée à la main, qu'il avoit fait passer le reste des troupes sur deux autres ponts de l'autre côté du Mein, pour attaquer le convoi ; mais qu'au lieu de six mille hommes, les ennemis avoient fait rassembler trente mille hommes, lesquels, par la supériorité, avoient repoussé notre détachement et l'avaient obligé de repasser le Mein ; que, dans cette action, M. le duc de Rochechouart avoit été tué par trop de bravoure, parce qu'ayant perdu le drapeau de son régiment dans cette déroute, il s'étoit mis à la tête des officiers de son régiment avec ses grenadiers, qu'il s'étoit enfoncé dans le gros des ennemis, qu'il avoit repris effectivement son drapeau ; mais que, dans cette action qui étoit un peu téméraire, il avoit été tué, lui et vingt-deux officiers ; que nous avions perdu bien du monde et des gens de nom, et que si le régiment des gardes, qui en étoit, n'avoit pas lâché pied [1], on auroit enfoncé les ennemis, malgré la supériorité du nombre.

On a ajouté que, la nuit du 27 au 28, M. le maréchal de Noailles avoit fait passer le Mein à toute son armée, et que, le matin, il avoit fait attaquer les ennemis qui s'étoient présentés de bonne grâce ; que cette action a été très-vive, que nos troupes y ont fait des prodiges de valeur, surtout la maison du Roi, qui avoit beaucoup

---

1. Il y eut de fréquentes querelles à Paris entre le peuple et les gardes françaises, les suisses et ces mêmes gardes, à l'occasion des sobriquets de barbets ou de canards du Mein, que le régiment des gardes s'était fait donner à cause de sa conduite à l'action de Dettinghen. — Voir *Revue rétrospective*, t. v, p. 450.

souffert ; que les troupes angloises ont été mises en déroute et en fuite ; que, lors du départ du courrier, la cavalerie les suivoit l'épée dans les reins ; qu'on a manqué d'un instant le roi d'Angleterre lui-même, qui s'est sauvé par la vitesse de ses chevaux ; qu'on a pris tous les équipages, canons et l'hôpital des malades ; qu'il y a eu cinq mille ennemis tués, beaucoup de prisonniers, le duc de Cumberland, second fils du roi d'Angleterre, et le duc d'Aremberg, général de la reine de Hongrie, blessés. Nous, trois mille hommes tués, parmi lesquels plusieurs seigneurs et premiers officiers. M. le duc de Chartres, qui est général de notre cavalerie, a donné trois fois sur les ennemis, à la tête de la cavalerie, sain et sauf, tous nos princes ayant fait des merveilles ; le prince de Dombes et le comte d'Eu légèrement blessés ; le duc de Penthièvre non blessé. Pour le comte de Clermont, on a dit qu'on ne savoit ce qu'il étoit devenu. On ne sait pas ce qui a donné lieu à ce propos, d'autant qu'il a fait ses preuves et qu'il étoit à cette bataille.

C'est donc le détail de cette victoire complète et d'une armée délabrée et en fuite qui a mis la joie dans tous les esprits, le mercredi 3, à l'exception des gens de Cour par la perte des parents et amis. Les nouvellistes n'étoient occupés qu'à avoir des listes des officiers de conséquence tués ou blessés et à attendre un détail circonstancié de l'action.

Depuis mercredi, il n'est point arrivé en Cour de courrier de distinction, et qui que ce soit n'a reçu de détail ni de nouvelles de l'armée. Cela a fort intrigué, non-seulement les gens intéressés, mais tout le public, de manière qu'aujourd'hui, vendredi 5 du mois, l'alarme a recommencé. Ce ne sont plus les mêmes nouvelles.

On dit qu'il n'y a eu qu'une action, celle du 27, où M. de Noailles s'est engagé trop légèrement ; que les ennemis, bien supérieurs, nous ont obligés à repasser le Mein ; qu'ils sont restés maîtres du champ de bataille; qu'ils y ont passé la nuit, et que le lendemain 28, du grand matin, ils ont abandonné leur camp de leur bon gré, et qu'ils se sont retirés à Hanau, petite ville à trois lieues du côté de Francfort.

Il ne reste de cette nouvelle autre chose sinon que le régiment des gardes a lâché pied; que les officiers sont restés seuls avec les sergents à se battre; qu'il y a eu six capitaines aux gardes tués; la maison du Roi saccagée par l'artillerie des ennemis. On compte trois cents mousquetaires des deux compagnies, cent soixante tués. Les gardes du corps, les gendarmes, les grenadiers à cheval traités à peu près de même. Onze colonels tués, nombre d'officiers généraux tués et blessés, en sorte que c'est une désolation à la Cour et à la ville.

Ce qui intrigue le plus tout le monde, c'est que personne ne reçoit de lettres, et il est vrai qu'il y a eu ordre à la poste de l'armée à Strasbourg, à Dunkerque même, d'arrêter tous les courriers. Tout le monde croit donc que son mari, son fils, son frère, son neveu est du nombre des tués et blessés. Au moyen de l'interception des lettres, il y a une incertitude sur l'action même. Chacun en raisonne à sa façon. On se plaint du maréchal d'avoir ainsi exposé la maison du Roi. On dit que c'est la faute du duc de Gramont et du duc d'Harcourt, lieutenants généraux qui n'ont pas suivi leurs ordres et qui se sont avancés avec les troupes un quart de lieue plus avant que le maréchal de Noailles n'avoit dit, ce qui l'avoit empêché de faire passer assez de troupes pour soutenir.

Au reste, ceci est fort embarrassant. On convient que nous avons pris à Aschaffembourg quatre mille malades dans l'hôpital; les ennemis ont donc été pressés de se retirer. On convient que le roi d'Angleterre s'est enfui. De quoi a-t-il eu peur? Et comment M. le duc de Chartres a-t-il donné à la tête de la cavalerie dans un simple détachement de douze mille hommes? Tout cela n'est pas encore tiré au clair. Ce qui est de plus rebutant, c'est la politique d'arrêter les lettres. Il faut croire qu'il y a eu bien des gens de conséquence tués.

Aujourd'hui 6, il est parlé dans la *Gazette de France* de l'action du 27[1], mais d'une manière fort mesurée et fort politique. Il reste pour certain qu'il n'y a eu qu'une seule action le 27, à Dettinghen, où l'on avoit fait deux ponts, et que croyant ne faire donner que sur l'arrière-garde des Anglois, qui décampoient, toute leur armée s'est rangée en bataille. Il est aussi dit que nos troupes se sont trop avancées et engagées dans un défilé. Il n'est pas dit que ce soit par les ordres du maréchal; il n'est pas dit que les Anglois aient abandonné le champ de bataille, et que nous y soyons restés; mais que les Anglois ont abandonné leurs blessés sur le champ de bataille et leurs malades dans leur camp, dont le maréchal de Noailles a pris soin, à la prière du comte de Stairs, général des Anglois, et que les Anglois ont continué leur marche, le même jour, au travers des bois vers Hanau. Il est dit que l'action a été meurtrière, que nous avons eu environ dix-huit cents hommes tués ou blessés, et que les Anglois en ont eu plus de cinq mille tués. Ce qui est de singulier, il n'est pas parlé du roi d'Angleterre, qui étoit sûrement arrivé avec grand cortége et grand appareil pour commander son armée, et qui a fait le duc de Cumberland, son fils, major général de l'armée.

On n'entend rien autour de cette relation. M. le maréchal de Noailles fait-il suivre l'armée ennemie qui se retire en désordre? C'est ce qu'on ne sait pas. Il est dit aussi qu'on n'a point encore le détail de nos tués et blessés.

---

1. Voltaire, dans le *Précis*, ch. VIII, a donné une relation détaillée et fort exacte de cette affaire. Le maréchal de Noailles avait pris d'excellentes mesures, et le fâcheux résultat de la journée ne peut être imputé qu'à la faute commise par le duc de Gramont, comme le dit Barbier.

D'un autre côté, le maréchal de Broglie avec toutes ses troupes a abandonné la Bavière, et il doit être arrivé à présent en quatre divisions au camp d'Hailbron, sur le Neker. On ne sait point à quel dessein. Il y a à tout cela un dessous de politique bonne ou mauvaise qu'on n'entend point, et dont on ne pourra juger que par l'événement.

En attendant, on s'attend à voir bien du monde en deuil à Paris, quand on aura le détail de ceux qui auront été les victimes de tout ceci.

Toutes les lettres ont été enfin distribuées, le samedi 6, à midi; apparemment qu'on vouloit auparavant donner une espèce de relation dans la *Gazette*.

On disoit ces jours passés qu'il y avoit cent soixante ou cent quatre-vingts mousquetaires tués, cela n'est pas vrai. Par les lettres du corps, il y a eu vingt mousquetaires noirs tués, quarante-cinq blessés, dont vingt-cinq prisonniers, que l'on dit même avoir été renvoyés par le comte de Stairs, sur leur parole. Dans les gris, deux tués, quelques blessés et peu de prisonniers. Dans les gendarmes ou les chevau-légers, très-peu de tués ou blessés. On dit que c'est la faute des mousquetaires qu'aucun ordre n'a pu arrêter, et qui se sont jetés à travers les ennemis avec une ardeur peu mesurée. A l'égard des gardes du corps, on dit qu'ils ont un peu plié d'abord et que le duc de Chartres a quitté son poste pour venir à eux, et qu'il les a menés à la charge avec toute la valeur possible.

On jette unanimement la faute de cette action sur M. le duc de Gramont, lieutenant général et colonel des gardes françoises, sur sa vivacité; que les Anglois, qui n'avoient point de vivres dans leur camp, devoient se retirer.

Il est certain que M. le maréchal de Noailles avoit si bien pris ses mesures, que les ennemis étoient pris comme dans une souricière. Il avoit défendu à M. le duc de Gramont, qui commandoit l'infanterie, et à M. le duc d'Harcourt, qui commandoit le détachement de cavalerie, ce qui ne composoit pas en tout plus de dix mille hommes, de passer un ravin jusqu'à nouvel ordre. Pendant ce temps-là, le canon de M. de Vallière, lieutenant général d'artillerie, à chaque bordée, emportoit un rang des ennemis, qui auroient été obligés de se retirer, et c'est dans cette retraite que M. le maréchal de Noailles comptoit charger l'arrière-garde avec ses troupes et la maison du Roi. Il est certain que dans une déroute pareille, il en seroit peu réchappé. C'est M. le duc de Gramont qui, ne croyant voir que de la cavalerie, a voulu passer le ravin pour l'attaquer; il a masqué par là notre canon. L'infanterie s'est retirée et il a trouvé l'armée des alliés derrière en bataille. S'étant engagé, il a fallu que M. d'Harcourt le seconde. M. le maréchal de Noailles, dont le plan étoit dérangé, n'avoit point de troupes prêtes à faire passer. C'est ce qui a fait notre perte, et nous a obligés de nous retirer, n'étant pas possible de résister à quarante mille hommes.

Voilà le vrai. M. le duc de Gramont a été bien heureux d'être le neveu de M. le maréchal de Noailles.

M. le maréchal de Noailles disposa la nuit deux ponts à Dettinghen pour faire passer l'infanterie et l'artillerie, la cavalerie passoit à gué; et il donna l'ordre à M. le duc de Gramont et à M. le duc d'Harcourt de ne pas passer un ravin qui faisoit un défilé. Pendant ce passage, M. de Noailles fit forcer le pont et le bourg d'Aschaffembourg, afin que les ennemis ne pussent pas se servir de ce pont pour le venir attaquer par derrière. Aschaffembourg étoit le quartier du roi d'Angleterre, et où étoit l'hôpital avec près de cinq mille malades. Mais dans cet intervalle, le duc de Gramont s'étoit avancé malgré l'ordre au delà du ravin; il avoit attaqué l'ennemi, et, au lieu d'une simple arrière-garde, il trouva toute l'armée rangée en bataille au nombre, dit-on, de quarante-cinq mille hommes. Il a fallu la bravoure de nos troupes, qui étoient au nombre de quinze mille hommes au plus, pour n'avoir pas été accablées.

Le régiment de Rochechouart est celui qui a le plus souffert. M. de Noailles, ayant trouvé les troupes aux mains, ne pouvoit plus y faire venir du secours, mais il avoit eu la précaution de faire ranger deux fortes batteries de canon à la tête de ses deux ponts. Il donna ordre sur-le-champ à nos troupes de s'ouvrir à un signal et de se jeter sur les deux côtés pour combattre. L'ordre exécuté, il fit jouer son artillerie qui a été servie au-dessus de tout pour la vivacité et l'adresse, et qui a fait un carnage terrible sur l'ennemi qui l'a essuyé avec beaucoup de valeur et sans se rompre. C'est, dit-on, ce qui nous a sauvés, surtout le régiment des gardes ayant eu la lâcheté de quitter prise et de s'enfuir. M. le duc de Gramont et M. le duc d'Harcourt, lieutenants généraux, l'emportèrent sur un troisième qui ne vouloit pas donner. M. le duc de Gramont croyoit devenir maréchal de France.

Notre perte n'est pas, comme l'on voit, si considérable en hommes, puisque nous n'avons que dix-huit cents hommes tués ou blessés[1], et l'on compte près de onze mille hommes de perte pour les ennemis : cinq mille tués, six cents blessés, et près de cinq mille malades prisonniers. Il ne leur en faudroit pas encore autant. On dit cependant qu'on a chanté un *Te Deum* dans la ville de Bruxelles.

On dit aussi qu'ils se sont retirés dans un assez mauvais camp vers Hanau, et qu'ils n'ont point de vivres ; que le maréchal de Noailles les suit et que l'on attend la nouvelle d'une seconde action.

Toutes les *Gazettes* étrangères ont parlé d'une victoire

---

1. Voltaire dit que la perte fut à peu près égale des deux côtés, et que l'armée ennemie perdit deux mille deux cent trente et un hommes tués ou blessés.

complète pour les Anglois. Il est certain qu'ils sont restés sur le champ de bataille.

On dit que le général comte de Stairs est convenu qu'il étoit dans une position la plus désavantageuse. Il a mal fait de ne nous avoir pas poursuivis [1], et M. le maréchal de Noailles de n'avoir pas tenté le lendemain matin ce qu'on lui avoit fait manquer la veille, car l'on convient que son projet ne pouvoit manquer de réussir.

Il est certain que les ennemis ont eu l'avantage et qu'ils sont restés sur le champ de bataille. Ils nous ont forcés de repasser le Mein, et ils n'ont fait leur décampement que le lendemain, 28, du grand matin, au travers des bois, où ils s'étoient préparé des routes. Ils n'avoient garde d'attendre après une action aussi vive de la part des François, qui n'avoient que quinze mille hommes et qui pouvoient en faire passer soixante mille.

La *Gazette de France* n'est pas fidèle. On n'y parle que des troupes qui formoient la droite et qui ont essuyé effectivement toute l'action, et on n'y parle point des brigades de Navarre, du régiment du roi de Piémont que le maréchal de Noailles avoit fait passer à la gauche, et qui n'ont pas pu faire grande manœuvre. J'en ai vu la relation par une lettre d'un capitaine de grenadiers de Navarre.

Tout le monde convient que le projet du maréchal de Noailles étoit excellent, mais il n'a pas eu le temps de l'exécuter par la précipitation du duc de Gramont, ou pour mieux dire sa désobéissance, qui mérite grande punition en fait de discipline militaire. On l'appelle aussi M. de Gramont du *bâton rompu*. Il ne l'aura pas

---

1. Le même historien raconte que six semaines après la bataille, il vit le comte de Stairs à La Haye, et qu'il lui demanda ce qu'il pensait de cette affaire. « Je pense, répondit ce général, que les Français ont fait une faute, et nous deux : la vôtre a été de ne pas savoir attendre ; les deux nôtres ont été de nous mettre d'abord dans un danger évident d'être perdus, et ensuite de n'avoir pas su profiter de la victoire. »

selon les apparences. Joint à cela, la lâcheté du régiment des gardes. Si le maréchal de Noailles avoit eu le temps de faire passer plus de monde, l'armée ennemie auroit été détruite entièrement. C'est un coup de providence pour eux qu'on ne retrouvera plus.

On a encore fait une relation de cette action dans la *Gazette de France* du 12, pour justifier tacitement la conduite du maréchal de Noailles, pour assurer que nous n'avons eu que six cents hommes tués et douze cents blessés dont la plupart légèrement, et que les ennemis ont eu plus de cinq mille hommes tués et beaucoup de blessés qu'ils ont même laissés sur le champ de bataille[1], s'étant retirés la nuit du 27 au 28. On y a donné aussi le détail de nos officiers de marque tués ou blessés.

Mais il y a quelque chose de plus embarrassant pour la politique. L'on dit depuis longtemps qu'il y a un accommodement entre l'Empereur et la reine de Hongrie, et il est marqué en effet dans la *Gazette de France* que le comte de Seckendorf, gendre de l'Empereur, se tient tranquille et qu'il y a entre eux une suspension d'armes. Or, ce sont cependant les deux seules parties belligérantes. Que deviennent par conséquent toutes nos armées et celle des alliés de la reine de Hongrie? Il n'y a actuellement de guerre entre qui que ce soit. Néanmoins l'armée des Anglois descend le Mein et nous la suivons de l'autre côté. On dit dans les *Gazettes* que les vingt mille hommes des Hollandois doivent partir pour se joindre à eux; mais contre qui et pour quoi? Puisque nous avons évacué la Bavière et qu'insensiblement nous revenons tous sur le Rhin, voici le difficile pour les nouvellistes de savoir si la guerre va se porter en Flandre et dans les Pays-Bas (pour cela, il faut qu'elle soit dé-

---

1. Ce dernier fait est confirmé par Voltaire, qui dit que le roi d'Angleterre dîna sur le champ de bataille et se retira ensuite, sans même se donner le temps d'enlever tous ses blessés, dont il laissa environ six cents que lord Stairs recommanda à la générosité du maréchal de Noailles.

clarée entre nous et l'Angleterre), ou si l'accommodement de l'Empereur sera suivi d'une paix générale. Il est actuellement à Francfort avec tous les ministres des cours étrangères, et certainement il ne seroit pas au milieu de toute l'armée des Anglois, s'il n'y avoit une suspension avec la reine de Hongrie. Comme la campagne ne fait pour ainsi dire que commencer, elle doit décider de bien des choses, et si la guerre se déclare avec l'Angleterre et la Hollande, elle durera longtemps suivant les apparences.

On ne dit rien de nouveau; si ce n'est que Voltaire, notre fameux poëte, est encore exilé[1], on n'en sait pas précisément la raison. On dit que c'est peut-être pour avoir fait une critique un peu hardie de l'oraison funèbre du cardinal de Fleury. Il est allé en Prusse auprès de son ami le roi de Prusse, à qui on a fait dire un bon mot : qu'il ne conçoit pas la France ; que nous avons un grand général, qui est le maréchal de Belle-Isle; un grand ministre, M. Chauvelin; un grand poëte, Voltaire, et que tous les trois sont disgraciés.

M. le maréchal de Broglie l'est aussi. Il a quitté son corps d'armée qu'il a laissé sous le commandement de M. le comte de Saxe. Il est revenu à Strasbourg, et de là il a eu ordre d'aller dans ses terres en Normandie. On n'entend rien à cette prétendue disgrâce. Il y a longtemps qu'il prêchoit de revenir avec les troupes qui ne s'accommodoient pas de ce pays-là. Mais on ne quitte pas ainsi le commandement d'une armée. On croit qu'il a eu quelque brouillerie avec l'Empereur sur la conduite duquel il voyoit peut-être trop clair, et que la disgrâce n'est qu'une feinte, parce que nous ne sommes pas en position de parler haut.

1. Voltaire n'était point exilé. Le gouvernement français, qui jusqu'alors lui avait été très peu favorable, se montra plein d'attention pour lui, sans doute parce qu'il avait besoin de son intervention auprès de Frédéric II, et dans l'année à laquelle nous sommes parvenus, il fut chargé d'une mission auprès de ce prince.

Quant à présent, il est certain que le Roi a déclaré aux ambassadeurs qu'il n'avoit plus de guerre avec personne au moyen de l'accommodement de l'Empereur avec la reine de Hongrie laquelle, dit-on, veut tenir la Bavière jusqu'à la perfection de la paix, et elle lui donne cinq millions par an.

Nous sommes à la fin de juillet. L'armée du comte de Saxe, ci-devant de Broglie, a rejoint celle du maréchal de Noailles. Toutes nos troupes sont actuellement de notre côté en deçà du Rhin, aux environs de Worms et de Spire. Nous avons laissé des garnisons à Straubing et à Ingolstadt, dans la Bavière, qui ne peuvent plus être secourues; je n'en sais pas la raison.

L'armée angloise est toujours du côté de Francfort, pour descendre le Rhin. On ne sait point encore si les vingt mille Hollandois vont les joindre, quoiqu'on dise dans les *Gazettes* qu'ils sont en marche..

A l'égard du prince Charles de Lorraine, qui dit qu'avec un corps de houssards, pandoures et autres troupes ramassées, il a eu le secret de faire repasser le Rhin aux armées françoises (ce qui est exactement vrai), il nous suit de loin en remontant le Rhin sur les terres de la maison d'Autriche.

Août.

Arrivée d'un prisonnier d'État à la Bastille. — Ordonnances sur la cavalerie et la milice. — Situation des armées françaises et ennemies. — Conjectures au sujet de la reine de Hongrie, du roi de Prusse et des autres. — Expédition française en Italie. — Le Roi à Fontainebleau.

Au commencement de ce mois, il est arrivé ici à la Bastille un prisonnier d'État en chaise, escorté de cinquante hommes, et qui étoit parti de Strasbourg avec deux cents hommes de garde. Le bruit s'est répandu généralement dans Paris que c'est le prince de Guise, colonel d'un régiment dans l'armée commandée par le comte de Saxe, jeune homme de vingt-deux ans, dont le comte de Saxe ayant découvert la trahison et correspondance avec la reine de Hongrie et ses généraux pour les informer de tout ce qui se faisoit, l'a fait arrêter et conduire ici. Cette nouvelle est devenue moins certaine, et enfin on dit à présent que c'est un marquis de Pont, officier qui a fait plusieurs extravagances à l'armée; cette affaire est tombée sans un éclaircissement bien solide.

On a publié ici deux ordonnances du Roi, l'une pour la création de cent cinquante compagnies de cavalerie nouvelles; l'autre pour augmentation de trente mille hommes de nouvelle milice dans les villes, préférablement à la campagne. Cela donne de l'inquiétude dans Paris. On ne croit cependant pas que cette milice y ait lieu, car on ne parle plus de faire tirer les domestiques, quoiqu'on sente la nécessité d'un règlement par rapport à eux, qui désertoient les campagnes pour venir servir à Paris.

Il n'y a rien de nouveau dans l'armée. Le prince Charles a rejoint l'armée des Anglois et alliés, ils sont sur le bord du Rhin, et nous de l'autre : M. le maréchal de Noailles, du côté de Spire; et M. le comte de Saxe, plus haut, dans l'Alsace. Les troupes s'envoient quelques coups de fusil par dessus le Rhin. On dit que le prince Charles a envie de le passer, qu'il voudroit même passer en Lorraine, où il trouveroit de grandes dispositions en sa faveur. Mais tout cela n'est encore que dans l'idée des nouvellistes, car si quelque corps des ennemis et alliés passe le Rhin, cela formera déclaration de guerre; nous sommes dans l'attente et sur la défensive, et pendant ce temps-là, il y a de grandes négociations à Francfort.

Les cercles, le corps germanique des électeurs et princes de l'empire ont un Empereur reconnu de tout le monde, lequel, en même temps, est dépouillé de la Bavière, et ne possède plus rien. L'abandonneront-ils en faveur de la reine de Hongrie, sans s'entremettre à les accommoder? Eux qui sortent à peine d'un esclavage immémorial de la part de la maison d'Autriche.

Le roi de Prusse, qui est en possession de la Silésie, un des plus beaux biens de la maison d'Autriche, et un objet de plus de douze millions de revenus, se joindra-t-il à la reine de Hongrie contre nous, sur la foi d'un traité présent, pour rendre la reine de Hongrie ou ses descendants assez puissants pour reprendre sur lui un jour la Silésie, dont il s'est emparé les armes à la main? Les Hollandois, qui donnent vingt mille hommes à la reine de Hongrie, et qui nous ont amusés depuis plus d'un an par leur prétendue neutralité, ne craignent-ils point que les Anglois eux-mêmes, qui paroissent à présent leurs alliés, ne deviennent trop leurs voisins par des places que la reine de Hongrie est peut-être forcée de leur céder, en payement de tout l'argent qu'ils lui ont prêté? Les Hollandois, qui se trouvent entre l'Empereur et nous, n'ont-ils pas aussi à craindre que dans quelques circonstances plus heureuses nous ne tombions sur eux? Tout ceci est fort embarrassant.

Il paroît décidé que nous envoyons vingt mille hommes de troupes auxiliaires à don Philippe, en Italie, lesquelles seront commandées par le maréchal de Maillebois, pour forcer le passage. On a dit que nous avions un accord avec le roi de Sardaigne; mais cela n'est pas encore sûr. L'Italie est l'objet critique de cette guerre, pour donner un établissement à don Philippe. C'est encore un grand morceau de la succession d'Autriche, que la reine de Hongrie ne veut point se laisser enlever, et que les Anglois ne veulent point laisser passer dans la maison de Bourbon.

On dit, d'un autre côté, que la reine de Hongrie demande la restitution de la Lorraine, de l'Alsace, propositions qui sont peut-être fausses, mais que le Roi n'acceptera pas. L'idée du ministère paroît être, nous étant retirés sur nos frontières, de bien rétablir nos troupes et de se mettre en force, et de composer des corps de troupes considérables pour l'année prochaine. Il est de notre intérêt de ne faire que verbaliser le reste de la campagne, et de laisser l'armée angloise et celle des Autrichiens s'épuiser, étant obligées de tirer des vivres derrière eux, de très-loin; car, au fait, toute l'Allemagne, qui a eu trois armées pendant plus d'un an, peut avoir bien de notre argent, mais doit être désolée, au lieu que nous avons eu deux grandes récoltes de suite et que nous allons cet hiver conserver nos vivres.

Le bruit général de Paris est que nous sommes en mauvaise situation. Je crois l'Angleterre et la reine de Hongrie, qui n'a fait face jusqu'ici que par des secours étrangers, bien plus mal que nous, dans la brouillerie et le croisé de tous les intérêts différents. On peut encore, avec de bons projets et un bon commandement, donner la loi et trouver une issue à ceci avantageuse pour nous. Le voyage du Roi pour Fontainebleau, au mois de septembre, est annoncé pour près de trois mois. C'est là ordinairement où se font les grands coups du Conseil, pour tirer de l'argent et pour les grandes opérations.

Septembre.

Mouvements de l'armée du prince Charles. — Les hussards hongrois en Lorraine. — L'armée angloise et les Hollandais. — Situation de la reine de Hongrie. — Le maréchal de Coigny; succès sur le Rhin. — Capitulation d'Égra et d'Ingolstadt. — Affaires d'Italie. — M. Le Pelletier donne sa démission.

Il n'y a rien de nouveau sur les armées. On dit seulement que le prince Charles de Lorraine avoit voulu engager le roi d'Angleterre à lui donner vingt mille Anglois, pour joindre à ses troupes et tenter le passage du Rhin; et que le roi d'Angleterre lui a répondu qu'il étoit venu pour secourir la reine de Hongrie, pour la conservation de ses États et non pour l'aider à faire des conquêtes sur la France. Le prince Charles fait faire divers mouvements à ses troupes, jusqu'à Huningue, le long du Rhin, pour chercher l'occasion de passer; et le comte de Saxe est de notre côté qui l'observe pour s'y opposer. Il est cependant vrai que des corps de houssards ont passé et pénétré du côté de la Lorraine, pillé et mis à contribution quelques endroits. J'ai vu même une lettre de Lunéville, de la fin du mois d'août, par laquelle on mande que l'alarme est dans le pays, de manière que la reine de Pologne a fait démeubler ses appartements, et qu'elle s'est retirée à Nancy, qui est ville fortifiée. Pour le roi de Pologne, comme il ne lui convient pas d'avoir peur, il est resté à Lunéville avec sa Cour.

A l'égard de l'armée angloise, elle est toujours du côté de Mayence, et le maréchal de Noailles observe tous ses mouvements. On dit qu'ils veulent passer pour se retirer en Flandre. Les vingt mille Hollandois sont partis, mais ils marchent lentement, car ils n'ont point encore joint les Anglois. La politique a grande part à cette lenteur.

L'empereur est toujours à Francfort sans avoir d'États, car la reine de Hongrie est en possession de la Bavière[1], à l'exception d'Ingolstadt, où nous avons garnison, et dont elle est occupée à faire le siége, de même que dans Egra qui est la clef de la Bohême où nous avons M. d'Hérouville, lieutenant général, avec une bonne garnison. Cette ville est aussi bloquée par des troupes de la Reine.

Le Roi a envoyé M. le maréchal de Coigny commander sur le Rhin, et le comte de Saxe s'est retiré dans l'armée du maréchal de Noailles.

On dit que le maréchal de Coigny est heureux. Effectivement, le lendemain de son arrivée, le prince Charles s'est avisé de faire passer le Rhin secrètement à trois mille grenadiers de ses meilleures troupes, pour soutenir

---

1. La reine de Hongrie s'était fait prêter serment de fidélité par les habitants de la Bavière et du haut Palatinat. Elle fit présenter dans Francfort même, où Charles VII était retiré, un Mémoire où l'élection de cet empereur était qualifiée nulle de toute nullité. Il était enfin obligé de se déclarer neutre tandis qu'on le dépouilloit. VOLTAIRE.

un pont qu'il vouloit placer pour passer son armée.
M. de Balincourt, lieutenant général, a été commandé
avec le régiment de Champagne, entre autres, pour les
joindre; et de fait, les trois mille hommes ont été entièrement défaits, la baïonnette au bout du fusil. On dit
que nos soldats étoient si acharnés qu'ils ne vouloient
faire aucun quartier. Cet échec a donné du courage à
nos troupes qui avoient été malmenées depuis longtemps.

Le prince a fait passer huit ou neuf mille hommes
dans l'île de Reinach, qui n'est pas éloignée de notre
bord. Cette île est grande et couverte de grands bois.
On les y canonne nuit et jour. On a même rompu des
bateaux de communication, de sorte qu'ils y vivent très-difficilement. Le pain vaut, dit-on, quinze sols la livre
dans le camp du prince Charles; et s'il est obligé de se
retirer pour des quartiers d'hiver, on prétend qu'il faut
qu'il retourne à plus de cinquante lieues pour avoir des
vivres. Cette position le fait tout entreprendre pour passer, dans le dessein aussi de mettre à contribution, de
brûler et de pénétrer s'il pouvoit en Lorraine; mais on
a renforcé le corps de troupes du maréchal de Coigny.
Le maréchal de Noailles y a envoyé de ses troupes,
attendu qu'il est campé de façon à ne pas craindre les
Anglois, et tous les passages sont très-exactement gardés avec canonnade respective nuit et jour. Le comte de
Stairs, qui est un homme violent, a quitté le commandement de l'armée angloise. Les Hollandois les ont
joints, et tout cela n'est pas commodément pour les vivres, d'autant que Spire, Worms, Mayence et tout ce
pays-là a été épuisé. Le roi d'Angleterre et l'Empereur
sont toujours à Francfort.

La garnison d'Egra, composée de six mille hommes,
commandée par M. d'Hérouville[1], a été obligée de capi-

---

1. Antoine de Ricouart, comte d'Hérouville de Claye, né à Paris en 1713, mort en 1782, dans son grade de lieutenant général.

tuler et de se rendre prisonnière de guerre. Les officiers ont la permission de revenir sur leur parole. On ne voit pas quelle a été l'idée de laisser là les troupes.

Le commandant d'Ingolstadt, en Bavière, a aussi capitulé, mais il sort avec les honneurs de la guerre. La reine de Hongrie est actuellement en possession de toute la Bavière. Il faut voir ce que cela deviendra. On croit que notre jeu est d'arrêter seulement tous les projets du prince Charles et de gagner le temps du débordement du Rhin, dont la saison s'avance, et la fin de la campagne. L'armée des alliés et celle du prince Charles subsistent difficilement pendant l'hiver : ou les affaires finiront par les négociations, ou le Roi sera en état d'être, au mois de mars, dans une très-grande force, par les levées continuelles que l'on fait d'hommes par les milices.

En Italie, bien loin que nous ayons un traité avec le roi de Sardaigne, comme on le disoit depuis longtemps, il y avoit dans la dernière *Gazette de France*, que son traité avec la reine de Hongrie est signé. En sorte que le Roi sera obligé d'envoyer des troupes en Italie pour faire un siége et pour faire passer de force don Philippe dans le Piémont.

Il y a une grande nouvelle à Paris. Le 25 de ce mois, M. Le Pelletier, premier président du Parlement, s'est transporté à Fontainebleau, et a porté au Roi la démission de sa place. Il n'a que cinquante-deux ans. Le motif de cette démarche est une surdité qui lui est survenue, qui l'empêche d'entendre les avocats aux audiences et même les conseillers au rapport. Cette démarche a fort surpris; on quitte rarement de pareilles places, mais cela est de la famille. Le grand-père[1] a quitté la place de contrôleur général, en faveur de M. de Pontchartrain, qu'il a fait

---

1. Claude Le Pelletier, successivement premier président de Chambre, prévôt des marchands, contrôleur général, surintendant des postes en 1691, né à 1631.

placer, au préjudice de M. Le Pelletier de Sousy, son frère, qui étoit intendant des finances. Il avoit beaucoup de crédit auprès de Louis XIV. Il fut fait ministre, qu'on a depuis appelé le ministre Claude. M. Le Pelletier, père de celui-ci, remit aussi sa place de premier président sans autre raison, au vrai, que de la supériorité de cette place. A l'égard de celui-ci, les uns disent qu'il prévoit quelques édits à charge au peuple, qu'il auroit peut-être peine à faire passer à sa compagnie, auprès de laquelle il ne s'est pas bien conservé dans les derniers temps; d'autres disent qu'il a eu et qu'il a encore des chagrins domestiques de la part de sa femme, sœur du marquis d'Ecquevilly, laquelle est d'humeur particulière. Chacun fait le raisonnement à sa fantaisie.

Il n'y a point encore de successeur nommé. Peut-être le Roi attendra-t-il jusqu'à la fin des vacances. On a parlé d'abord de M. le président de Maupeou[1], second président. C'est un homme extrêmement gracieux, d'un bel extérieur, de l'esprit et homme propre à avoir affaire à la Cour, mais il est mangé de goutte qui est une grande incommodité. Depuis on parle de plusieurs concurrents: M. de Lamoignon de Blancmesnil, ci-devant avocat général et ayant rempli pendant plusieurs années une place de président à mortier. C'est un homme de mérite, mais dur; de M. le procureur général Joly de Fleury, qui est âgé, qui ne vit que de fèves à l'eau, et qui ne va plus au Palais qu'en chaise à porteur; et de M. Gilbert, ci-devant premier avocat général, et à présent conseiller d'État, qui est un grand magistrat et d'une grande probité. De tout cela, le plus dangereux concurrent est le procureur général qui est l'homme de France non-seulement savant, mais supérieur à tous les gens en place, en esprit et en politique. J'ai toujours cru de l'affectation dans sa chaise à porteur.

1. René-Charles de Maupeou, né en 1688, chancelier en 1768, mort en 1775.

Octobre.

M. de Maupeou, premier président; ses équipages et sa vaisselle. — M. et madame Le Pelletier. — Le prince Charles; chanson. — Campagne de don Philippe en Savoie. — Situation des armées françaises et ennemies. — Manifeste contre le roi d'Angleterre. — Madame de La Tournelle créée duchesse de Châteauroux; son train de maison. — Bruits de Paris.

Le Roi a donné la place de premier président à M. le président de Maupeou. On dit que M. le premier président Le Pelletier lui a beaucoup servi, et qu'il l'avoit même averti seul de son dessein en véritable ami, de manière que M. le président de Maupeou avoit eu le temps de ménager ses amis; car depuis la démission, M. le duc de Gèvres, M. le duc de Villeroy et autres ont fait de grands mouvements pour M. de Blancmesnil; mais en trois jours de temps, ils n'ont pas pu réussir. Le Roi a nommé le jeudi, et M. de Maurepas a bien servi M. de Maupeou.

M. de Maupeou n'est pas riche, on ne lui donne que quarante mille livres de rentes. Madame sa mère, dont il est fils unique et qui est âgée, en a vingt-cinq à trente; mais il lui faut deux cent mille livres pour payer le brevet de retenue et cent cinquante mille livres pour des meubles, équipages et vaisselle d'argent. Cette illustration, qui est à la vérité bien grande pour lui et pour sa famille, l'incommodera dans les commencements. Il a un grand avantage dans sa femme, fille de M. de Lamoignon de Courson. C'est une femme entendue, surtout de beaucoup d'esprit, et d'un grand arrangement dans le détail de sa maison. C'est un trésor dans une place de représentation et de grande dépense.

Il a un fils[1] qui va prendre possession de la place de président à mortier, dans laquelle il avoit été reçu en survivance; c'est un rare sujet pour l'esprit, la science et la politesse. Cela le va mettre à portée de se faire con-

1. Nicolas-Charles-Augustin de Maupeou, premier président du Parlement en 1763, chancelier en 1768, né en 1714, mort le 20 juillet 1792.

noître dans le grand en cour et auprès des ministres, et de plus de lui faire trouver un mariage très-avantageux.

M. le premier président Le Pelletier, après avoir pris ses arrangements, est parti aussitôt pour la Bretagne, dans ses grandes terres, où il y a apparence qu'il restera quelque temps. Il a partagé ses meubles, sa vaisselle d'argent entre sa femme, son fils et lui. Madame Le Pelletier va loger près Saint-Paul avec dix-huit mille livres de rentes de son bien que son mari lui laisse. Elle n'aura pas de quoi soutenir un grand train, et M. le président de Rosambo se trouve avec trente-quatre mille livres de rentes pour lui et sa femme. Monsieur son père lui laisse la jouissance du château de Madrid[1], qu'il a acquis sur sa tête et celle de sa femme. On dit que M. Le Pelletier doit trois ou quatre cent mille livres. Malgré cela, ni la surdité ni le dérangement ne sont pas l'effet de cette démarche, mais la mésintelligence entre lui et sa femme, qui dure depuis que M. le premier président a fait sortir de chez lui une demoiselle Faure, fille d'un maître des comptes, et qui a dix ou douze mille livres de rentes, qui étoit intime amie de madame Le Pelletier, et qui logeoit avec eux à l'hôtel. M. le premier président avoit même défendu à sa femme de la voir en quelque endroit que ce fût. On n'a pas bien su le sujet de cette querelle. Cette fille avoit trente ans, de l'esprit et assez aimable, et il a paru que ç'a été un grand sa-

---

1. Le château de Madrid fut bâti en 1528, par François Ier, sur la rive droite de la Seine, entre Longchamps et Neuilly ; les rois de France y firent de fréquents séjours ; Louis XV y avait fondé, en 1724, une chapelle sous l'invocation de saint Denis. Mais, dans les derniers temps de l'ancienne monarchie, il fut affermé viagèrement à de grands seigneurs parmi lesquels se trouvent le maréchal d'Estrées, d'Ermenonville et le président de Rosambo. Le domaine de Madrid fut vendu comme bien national, le 27 mars 1793. Les anciennes constructions, véritables chefs-d'œuvre de la Renaissance, furent abattues et remplacées par des constructions nouvelles. Madrid n'est plus aujourd'hui qu'une simple maison de plaisance, bâtie sur les caves de l'ancien château.

crifice pour madame Le Pelletier. S'il n'y avoit pas de la brouillerie, madame Le Pelletier auroit été en Bretagne, avec son mari, où elle auroit attendu son retour en logeant ou chez son frère ou chez son fils. Mais la restitution du revenu de sa dot et le parti de prendre une maison et ménage en particulier, prouvent le dérangement et justifient le premier président qui va se tranquilliser, vivre tranquille et ménager pour son fils et sa fille mariée au second fils du maréchal de Montmorency.

Le Roi, qui est parti pour Fontainebleau le 10 ou le 12 septembre, y reste jusqu'au 25 octobre; il y a beaucoup de femmes et peu d'hommes.

Le prince Charles a fait plusieurs tentatives pour passer le Rhin, mais sans succès. Les grivois de notre armée lui ont fait le couplet :

> Quand Charlot a bu du vin, (*bis*)
> Il veut passer le gros Rhin; (*bis*)
> Mais la digestion étant faite,
> Il fait battre la retraite.
> Lampons, lampons, camarades, lampons!

On dit de fait qu'il boit beaucoup. Il a renvoyé sa cavalerie en Bavière. Je ne sais ce qu'il fera de l'infanterie. Le temps s'approche pour décamper. Les Anglois, Hollandois et autres troupes alliées vont être obligées d'en faire autant. On ne sait pas encore où ils se retireront. Il y a apparence que la campagne est finie en Allemagne.

La guerre va au contraire commencer en Italie où nos troupes ont joint l'armée de don Philippe. On dit qu'il a déjà passé une gorge pour pénétrer en Piémont; le traité du roi de Sardaigne avec la reine de Hongrie et le roi d'Angleterre est publié dans les *Gazettes*, ainsi on ne devroit pas le ménager; mais nous sommes toujours doux et pleins de considérations étrangères, en sorte qu'on ne risque pas beaucoup à nous manquer.

Cette campagne ne sera pas longue; don Philippe avec les troupes françoises ayant passé aisément la première gorge, où il n'y avoit que cinq cents hommes, ont continué leur marche vers la tour du pont, où malheureusement le roi de Sardaigne étoit en personne avec quinze mille hommes et du canon chargé à cartouches. Les brigades de Beauce et d'Anjou s'étant avancées, ont été si mal reçues que, tout considéré, il a fallu prendre le parti de se retirer. On a perdu cinq cents hommes dont il y a soixante de nos grenadiers; car on dit de plus que les troupes espagnoles du détachement ont lâché pied. Il arriva même sur ces entrefaites un courrier d'Espagne à don Philippe, par lequel on lui mandoit de ne pas s'engager plus loin, parce que la saison étoit trop avancée. Ce conseil est devenu inutile, il a fallu retourner sur ses pas, et deux jours plus tard on auroit été fort embarrassé à cause de la fonte des neiges qui est survenue; mais heureusement don Philippe avec ses troupes est à Chambéry et les François à Briançon. Ainsi voilà le coup manqué pour cette année.

A l'égard de l'Allemagne, l'armée des alliés est partie : les Hollandois chez eux, les Anglois en Flandre, les Autrichiens dans le pays de Luxembourg, les Hanovriens à Hanovre et les Hessois chez eux. Pour le prince Charles, il a envoyé au loin sa cavalerie, et l'on dit qu'il fait baraquer son infanterie le long du Rhin, ce qui nous oblige à en faire de même, et notre cavalerie sera cantonnée dans les villages, à la différence que nos troupes ne manqueront de rien, et que les vivres seront difficiles pour l'armée du prince Charles. Ceci est pour l'armée du maréchal de Coigny, qui, par parenthèse, a été si mal d'une rétention d'urine, que le Roi y a envoyé par lettre de cachet M. Boudot, premier chirurgien de l'Hôtel-Dieu. A l'égard de l'armée de M. le maréchal de Noailles, elle prendra ses quartiers d'hiver à son aise :

tous nos princes reviennent ainsi que la maison du Roi et les seigneurs.

L'Empereur est toujours à Francfort sans États. M. de Chavigny, notre ambassadeur en Portugal, est venu passer ici quinze jours et est parti pour Francfort auprès de l'Empereur, avec les pouvoirs du Roi pour négocier dans toutes les Cours. Tout le monde convient que c'est le plus habile négociateur. Il va s'élever bien des sortes de propositions qui, je crois, n'empêcheront pas le Roi d'avoir de furieuses forces la campagne prochaine pour profiter de l'état embarrassant de tous ses ennemis.

J'ai entendu lire un manifeste fait à Londres par les frondeurs de ce gouvernement, où l'on ne traite le roi d'Angleterre que du nom d'Électeur; où l'on prouve qu'il sacrifie la nation depuis longtemps pour enrichir et agrandir son électorat d'Hanovre, et que dans le temps qu'il paroît animé contre la France en faveur de la reine de Hongrie; il ne cherche lui-même que les moyens d'anéantir la maison d'Autriche. On y étale les misères de l'Angleterre, où l'on paye pour taxe le tiers de son bien, et les dépenses exorbitantes que la guerre coûte. Ces troubles ne peuvent que nous être avantageux. On verra ce qui se passera au Parlement qui va s'assembler et comme le Roi y sera reçu.

Lundi, 21 de ce mois, le Roi a déclaré à Fontainebleau, madame la marquise de La Tournelle, duchesse de Châteauroux; il lui donne ce duché, qui vaut quatre-vingt mille livres de rentes pour elle, ses hoirs et ayants-cause. Ce duché a été vendu au Roi, il y a quelques années, par M. le comte de Clermont, qui avoit besoin d'argent pour payer ses dettes, et il n'a point été uni au domaine. Le Roi en même temps a formé une maison considérable à madame de La Tournelle, en sorte qu'il ne doit plus avoir de petits soupers. Le Roi soupera chez madame la duchesse de Châteauroux. Cela se passera dans le grand, à l'exemple de Louis XIV. Cela fait une grosse dame. On dit qu'elle est grosse de huit mois, et qu'elle fera ses couches à Paris, où elle aura son hôtel, et on parle pour elle à Versailles de l'appartement qu'avoit feu madame la Duchesse, et que le Roi lui donne des meubles superbes. Ce qui s'étoit dit dans le commencement de cette affaire s'exécute, et cela est bien plus séant et pour le Roi et pour elle. Cet événement doit causer une grande mortification à madame la comtesse de Mailly de ne s'être pas comportée de façon à mériter ces honneurs. Quoiqu'elle paroisse être dans la dévotion, elle ne le ressent pas moins.

On parle d'un traité de paix entre l'Angleterre et l'Espagne. Il n'y a pas d'apparence que cela se soit conclu sans nous; et si cela est, ce seroit une présomption de paix générale. D'un autre côté, on parle d'un grand traité d'union entre les puissances du Nord auquel nous travaillons; ce qui ne pourroit être que désavantageux au commerce d'Angleterre. Tout ceci s'éclaircira pendant le repos des troupes.

M. le prince de Conti est revenu vers les fêtes de la Toussaint, et a été bien reçu du Roi. Mais le comte de Saxe et M. le maréchal de Noailles ne sont point encore revenus. Les colonels et officiers de distinction arrivent tous les jours.

Novembre.

Ce que disent nos officiers de leurs généraux. — Belle conduite du régiment de Champagne. — M. de Balincourt. — Conduite des princes à l'armée. — La flotte de Toulon. — Édits bursaux. — La table du premier président. — Mariages.

M. le comte de Saxe et M. le maréchal de Noailles sont revenus vers le milieu de novembre, et ont été à Fontainebleau, d'où le Roi est parti le 23, et restera à Choisy jusqu'au 29; ce qui a donné une petite vacance à tous les ministres pour rester à Paris.

A présent que nombre d'officiers sont à Paris, on apprend des nouvelles de l'armée. Ils se plaignent beaucoup des officiers généraux. Point de tête, ni commandement. J'ai vu des mousquetaires qui étoient à la bataille de Dettinghen ; ils conviennent que le duc d'Harcourt, qui a été bien blessé, a fort bien fait : il commandoit la cavalerie ; mais que lui excepté, ils n'ont pas vu un officier général. M. le maréchal de Noailles vint leur dire : « Enfants, il est temps de donner ! » et depuis n'a paru. Ils étoient commandés par les officiers des corps comme gendarmes et chevau-légers, et ils se sont retirés du combat d'eux-mêmes sans ordre, voyant qu'ils n'étoient point soutenus de l'infanterie. Ils conviennent que si les ennemis, dont l'artillerie étoit vive, avoient tiré avec ordre, il ne seroit pas resté personne de la maison du Roi.

Dans l'affaire du passage de trois mille Autrichiens, au mois de septembre, que l'on a mise sur le compte de M. de Balincourt, lieutenant général, et où le régiment de Champagne a fait des merveilles, j'ai vu des capitaines de Champagne. M. de Balincourt étoit dans son lit pendant l'action. Il avoit fait retirer le détachement sur les trois heures du matin, comptant que l'avis qu'il avoit eu du passage étoit faux, et il s'étoit allé coucher. Nous avions un capitaine de Champagne avec cinquante hommes dans un petit fort sur le bord du Rhin, qui, étant attaqué, envoya deux hommes au plus vite demander du secours. Ce capitaine a fait des prodiges de défense. Si ces trois mille hommes s'étoient emparés du fort, le prince Charles auroit fait passer toute son armée. Les officiers de Champagne, qui se retirèrent les derniers, entendant de la mousqueterie, allèrent avertir M. de Balincourt, qui n'en vouloit rien croire. Ils dirent qu'ils alloient toujours en avant pour se tirer d'inquiétude. Il les laissa aller. Ils trouvèrent les deux soldats en chemin. L'ardeur du régiment, pour arriver, ne peut s'exprimer. Ils avoient aussi avec eux un régiment de dragons, qui entra dans le fort et fit des merveilles. Le régiment de

Champagne n'étoit que de huit cents hommes, parce qu'il n'est pas complet à beaucoup près. A peine distinguoit-on les Allemands par les bonnets. Ils donnèrent la baïonnette au bout du fusil. Le carnage étoit si grand que nos soldats tuoient sans vouloir faire de quartier. Les officiers de Champagne ne les arrêtèrent qu'en leur disant qu'ils avoient de leurs camarades prisonniers qu'il falloit retirer par des échanges. On cessa, et on fit cinq cents prisonniers dont quatorze officiers, et ils s'en retournèrent ainsi au camp, après avoir préalablement dépouillé tous les morts, car nos soldats ne prennent rien aux vivants. Un grenadier de Champagne fit prisonnier le commandant ennemi, qui lui offrit une bourse de quarante-trois louis; il la refusa, et lui prit seulement son sabre et son bonnet. Voilà à qui on a l'obligation de cette action.

D'un autre côté, j'ai entendu parler par gens de condition de M. le duc de Chartres. On n'est point content de sa conduite, indépendamment de bravoure que ces gens-là comptent comme de droit. On dit qu'il n'étoit occupé qu'à aller surprendre des officiers dans leurs gardes pour les faire mettre aux arrêts. Point de table; on ne mangeoit chez lui que prié, et cela ne se faisoit pas honorablement. On attribue cela aux mauvais conseils de M. de Balleroi, son gouverneur. On regrette M. ...... [de Bombelles] qu'il avoit anciennement. On se loue fort, au contraire, du comte de Clermont, du duc de Penthièvre, et des princes de Dombes et d'Eu. A l'égard du prince de Conti, on sait qu'il n'étoit pas en état de tenir maison, et il récompense cela par les façons guerrières.

Au surplus, on dit que le Roi veut avoir trois cent cinquante mille hommes[1], la campagne prochaine; et, suivant ce que j'entends, il y a furieusement de recrues à faire, car tout est bien délabré.

On parle aussi de quarante vaisseaux de guerre qui

1. Il en eut dans cette guerre quatre cent mille sous les armes.

doivent partir incessamment de Toulon, pour aller chasser l'amiral Mathews, et pour favoriser un transport de quarante mille hommes, que l'on fait passer en Italie par Gênes; il y a apparence que cette république se lie avec nous. Si cela s'exécute, l'Italie sera le théâtre de la guerre, à moins que le traité que l'on espère par M. de La Chétardie avec la Czarine, le roi de Prusse et la Pologne, ne force la reine de Hongrie à céder. On présume que la guerre va s'allumer plus que jamais.

On parle de plusieurs édits bursaux[1] passés à Fontainebleau, de taxes, de créations de charges, de rétablissement du grand Conseil, etc. On dit que le contrôleur général a besoin de cinquante millions, qui sont déjà destinés et désignés.

Cette aventure n'est pas gracieuse pour le nouveau premier président. Jusqu'ici il n'a encore eu que le beau et l'onéreux par la dépense qu'il a été obligé de faire, car son repas de la Saint-Martin étoit superbe; il y avoit soixante-dix couverts à quatre tables. Le dessert a, dit-on, coûté plus de six mille livres. Il a reçu, à la vérité, du gibier et des présents de tous côtés. Depuis la Saint-Martin, il a tous les jours vingt-cinq couverts; mais, dans sept ou huit jours, il faudra faire passer ces édits, et cela ne plaira pas à la compagnie bourgeoise.

On se prépare ici à de grands mariages : M. le duc de Chartres avec mademoiselle de Conti[2], qui est belle, bien faite, et à cinquante mille écus de rente; le duc d'Orléans en a déjà reçu les compliments.

On dit que madame la duchesse de Modène est piquée; elle comptoit ce mariage avec sa fille[3]. Son altesse royale madame la duchesse d'Orléans ne veut point du mariage avec le duc de Penthièvre, dont les enfants n'auront peut-être point de rang. Elle aime fort sa petite-fille.

---

1. On appelait de ce nom les édits qui établissaient de nouveaux impôts.
2. Louise-Henriette de Bourbon-Conti, née le 20 juin 1726.
3. Marie-Thérèse-Félicité d'Est, née le 6 octobre 1726.

On parle aussi de la marier avec le prince de Conti. Le mal, c'est qu'ils ne sont riches ni l'un ni l'autre.

Le prince de Turenne, fils du duc de Bouillon, doit épouser aussi une princesse de Lorraine, fille du comte de Marsan. Elle a vingt-cinq ans, et il n'en a que dix-sept. Le contrat a été signé à Fontainebleau. Le mariage a été fait peu de jours après.

Décembre.

Mariage du duc de Chartres; cérémonial. — Le Parlement enregistre les édits bursaux. — M. de Maupeou est logé à Versailles. — Le Roi donne la place de premier gentilhomme de la Chambre; grandes intrigues à ce sujet.

Le 9 de ce mois, M. le duc de Chartres et mademoiselle de Conti ont été fiancés dans le cabinet du Roi, et, le lendemain mardi, le mariage a été célébré dans la chapelle de Versailles, par M. le cardinal de Rohan, grand aumônier. Le Roi a donné un repas, que l'on a nommé improprement banquet royal, parce qu'il n'y en a que pour le mariage des princes ayant le titre d'altesse royale. A ce repas étoient le Roi, la Reine, M. le Dauphin, madame la duchesse de Chartres et les princesses de la maison de Condé et de Conti, qui sont ses tantes, lesquelles avoient été invitées comme n'y étant pas de droit. M. le duc d'Orléans et M. le duc de Chartres, après avoir présenté la serviette au Roi, se retirèrent et allèrent souper dans leur appartement. Le soir, le Roi donna la chemise à M. le duc de Chartres, et la Reine à Madame. Le mercredi, les mariés reçurent la visite du Roi et de la Reine, et de toute la Cour; et, le jeudi, ils revinrent au Palais-Royal. Le vendredi, madame la duchesse de Chartres alla à l'opéra de *Roland*[1], dans la loge du Roi, attendu que le duc d'Orléans n'avoit point encore repris les loges du Palais-Royal; et, le samedi, ils allèrent à

---

[1] Opéra de Quinault, musique de Lulli.

la comédie, comme cela se fait par usage dans les gros mariages de Paris.

Il a été question, dans ce mois, de faire enregistrer au Parlement quatorze édits bursaux, pour remplir les cinquante millions dont le Roi a besoin. La plupart sont des augmentations de finances qu'on demande aux gens en charge, excepté les cours souveraines; mais il y a aussi le rétablissement des droits d'entrée sur toutes les denrées, comme en 1715, ce qui fait un peu crier.

M. le contrôleur général a été trouver le premier président pour lui dire que le Roi avoit absolument besoin d'argent, pour n'être pas dans la nécessité de cesser le payement des rentes sur la ville et des gages; qu'il n'avoit pu trouver d'autre arrangement; que si le Parlement trouvoit quelque expédient plus convenable, on le suivroit avec plaisir, parce qu'il n'étoit point jaloux de sa besogne.

Le premier président s'est fort bien tiré de ce pas. On a nommé des commissaires de chaque chambre pour examiner ces édits. On a arrêté des remontrances, et on a envoyé des députés à Versailles, que le Roi a fort bien reçus avec des marques de satisfaction de son Parlement et de son peuple de Paris. Après quoi, le tout a été enregistré et publié dans la bonne ville de Paris.

Depuis ce temps, le Roi a accordé à M. le premier président un logement dans le château de Versailles. M. de Maupeou est le premier qui ait eu cette faveur; c'est être traité en ministre. Il doit cela aussi bien que sa place au crédit de M. le comte de Maurepas, dont la grand'mère, madame la chancelière de Pont-Chartrain, étoit Maupeou. On croit aussi que cela tend à traiter directement avec M. le premier président des affaires où on aura besoin d'enregistrement, et que peu à peu on travaille peut-être à éloigner les remontrances et députations de robins, dont les figures ne plaisent pas en Cour.

Le petit de Mortemart, fils du duc de Rochechouart, tué à la bataille de Dettinghen, est mort ces jours-ci, âgé de quatre ans; ce qui rend vacante la place de premier gentilhomme de la chambre, pour laquelle il y a eu grande sollicitation en Cour de la part de M. le duc de Luxembourg, et encore par les gentilshommes de la chambre, et par M. le duc de Bouillon, grand chambellan, pour le petit duc de La Trémoille, âgé de six à sept ans, son petit-neveu. Le Roi a refusé, en disant qu'il savoit les égards qui étoient dus à la maison de La Trémoille, et que le jeune duc, quand il seroit en âge, auroit des preuves de sa protection; mais il a donné la place à M. le duc de Richelieu, qui a beaucoup d'esprit et qui a la protection de madame la duchesse de Châteauroux, mais qui n'a pas, à beaucoup près, la naissance de M. de La Trémoille, sur quoi on a dit que le Roi avoit fait M. de Richelieu gentilhomme. Je pense, au surplus, que le Roi fait bien de ne pas rendre ces places éminentes héréditaires, et de les faire mériter par les services des seigneurs de son royaume.

On parle fort d'une promotion de maréchaux de France et d'officiers généraux, et l'on fait toujours de grandes dispositions pour la campagne prochaine.

ANNÉE 1744.

Janvier.

Mariage du prince Charles de Lorraine. — Préparatifs de guerre. — M. de Conti général en chef en Italie. — Incendie à Brest; la flotte. — Bruits au sujet du commandement de nos armées. — Effectif de ces armées.

Le prince Charles de Lorraine, frère du grand-duc de Toscane, qui a commandé l'armée dernière, a épousé la seconde archiduchesse, sœur de la reine de Hongrie, laquelle l'a nommé gouverneur des Pays-Bas. Ils résideront à Bruxelles. Cet établissement doit faire présumer que nous n'avons aucune vue sur les Pays-Bas, et qu'ils resteront à la reine de Hongrie.

On fait toujours ici de très-grands préparatifs de guerre tant sur terre que sur mer. On a engagé une infinité de monde dans Paris, ce qui vaut beaucoup mieux qu'une milice.

M. le prince de Conti est nommé pour commander en chef en Italie. On travaille à force à ses équipages, qui seront magnifiques. Il aura avec lui de bons lieutenants généraux. Il joindra, suivant les apparences, don Philippe en Savoie, pour tenter le passage quand il sera temps; car on ne dit point qu'il doive s'embarquer sur la flotte [1] de Toulon, dont on attend de jour en jour le départ, et qui doit escorter un embarquement de trente mille hommes que l'on doit faire entrer en Italie par l'État de Gênes, qui est obligé d'avoir recours à nous, et de nous donner passage, pour les défendre contre les

---

1. C'était la flotte espagnole, mais elle ne comptait que douze vaisseaux armés, les Espagnols, dit Voltaire, n'ayant pas assez de matelots et de canonniers pour en manœuvrer seize. Cette flotte fut ralliée par la flotte française, composée de quatorze vaisseaux, quatre frégates et trois brûlots.

Anglois et le roi de Sardaigne, qui voudroit s'emparer des États de la république, qui lui ont été cédés par la reine de Hongrie par le traité de Worms[1].

L'amiral Matthews[2] s'est réfugié dans les îles d'Hyères, vis-à-vis Toulon. On ne sait pas ce que cela deviendra, s'il nous attaquera ou non pour s'opposer à ce débarquement, s'il a lieu. Le fort de la guerre sera en Italie, où il y aura plus de quatre-vingt mille hommes, tant François qu'Espagnols.

Il est arrivé un malheur dans la ville de Brest. Le feu a pris au magasin et a brûlé non-seulement le bâtiment, mais une partie des agrès et des bois de marine. On dit cependant que la perte ne va qu'à dix-huit cent mille livres. On ne sait point comment cet accident est arrivé; on se méfie de quelque trahison de la part des Anglois ou de la reine de Hongrie, d'autant que la même chose est arrivée l'année dernière. Mais il ne paroît pas qu'on fasse à cet égard la moindre recherche; cela tombe. Heureusement qu'il n'est rien arrivé à une flotte considérable que nous y avons dans le port, et qui est toute prête à mettre à la voile. On dit même qu'elle est chargée de plus de vingt mille fusils et autres provisions de guerre. On ne sait point quelle est la destination de cette flotte. On dit jusqu'ici que c'est pour aller en Amérique transporter des armes dans nos colonies, pour les mettre en état de défense et pour escorter le retour des galions.

Pour l'Allemagne, on ne sait rien encore de positif sur le plan de la campagne, parce que tout est fort secret. On dit seulement qu'il n'y aura point d'armée en Flandre; parce que les Hollandois seront neutres et qu'ils exigent cela. Ils nous ballotent déjà depuis longtemps. Il est à craindre qu'il n'en soit encore ici de

---

1. Le traité de Worms avait été conclu contre l'Empereur par la reine de Hongrie, l'Angleterre, la Sardaigne, la Saxe et la Hollande.

2. La flotte anglaise, commandée par l'amiral Matthews, était de quarante-cinq vaisseaux, cinq frégates et quatre brûlots.

même. On parloit d'y avoir une armée de cent vingt mille hommes, et cela leur faisoit peur avec raison.

On dit que M. le comte de Saxe commandera sur la Moselle un corps d'armée de quarante ou cinquante mille hommes. On parle depuis plus de deux mois de la conversion et de l'abjuration de M. le comte de Saxe[1], pour le faire apparemment maréchal de France. Mais cette nouvelle n'a point de suite.

M. le comte de Bavière, lieutenant général en France, frère de l'Empereur, et notre ambassadeur auprès de lui à Francfort, doit avoir un commandement de troupes qui passeront le Rhin pour entrer en Bavière et la reprendre, si l'on peut, sur la reine de Hongrie; l'on dit que cette armée sera composée de tous nos régiments étrangers comme plus propres à ce climat. On a tant perdu de monde l'année passée en maladies, qu'on craint même aventure.

Il y aura aussi sur le Rhin une grosse armée commandée par un maréchal de France, mais on ne croit pas que le maréchal de Noailles serve cette campagne. On paroît embarrassé pour le choix; on dit aussi que les généraux nous manquent. Cela est étonnant. Il est toujours certain que le Roi aura plus de trois cent mille hommes de troupes effectives. C'est de quoi embarrasser la reine de Hongrie et les Anglois, et il paroît que tout doit se mettre de bonne heure en campagne.

Février.

Madame de La Tournelle et le duché de Châteauroux. — La maison de Mailly. — Le marquis de Nesle. — La comète. — MM. de Maupeou et d'Argenson malades de la goutte. — La flotte de Brest et le prétendant Charles-Édouard. — Le Parlement de Metz et l'abbaye de Saint-Hubert. — Le notaire Bapteste se jette à l'eau. — Incendie dans la rue des Petits-Champs. — Nouvelles des flottes de Brest et de Toulon. — On parle d'une descente en Angleterre. — Rassemblement de troupes à Dunkerque. — Bruits relatifs au prétendant et à la descente de nos troupes.

On a publié dans Paris les lettres-patentes confirma-

---

1. Le maréchal de Saxe était luthérien, et il le resta jusqu'à sa mort.

tives du don fait par le Roi, au mois d'octobre dernier, à madame la marquise de La Tournelle du duché-pairie de Châteauroux, réversible à la couronne au défaut d'hoirs mâles issus de ladite dame. Ces lettres ont été enregistrées au Parlement, à la Chambre des Comptes et à la Cour des Aides. Ces lettres sont fort honorables pour la maison de Mailly. Le Roi y déclare que c'est une des plus grandes et illustres maisons du royaume, alliée à la sienne et aux plus anciennes de l'Europe. Le Roi la traite de cousine. Une réflexion se présente d'abord : il est étonnant qu'on n'en ait point jusqu'ici décoré les mâles du titre de duc, et que cette illustration commence par les femmes. Il peut y avoir quelque chose à critiquer dans le préambule des lettres; vu les circonstances présentes, l'auteur n'a pas été prudent : on pouvoit se dispenser aussi de les faire crier dans les rues, ce qui a donné lieu à parler.

On peut dire que madame la duchesse de Châteauroux se comporte bien plus convenablement que madame la comtesse de Mailly, sa sœur, n'a fait; cela pourra même procurer au marquis de Nesle, leur père, une situation plus avantageuse, malgré le dérangement de ses affaires. Il a des prétentions fondées sur la principauté de Neufchâtel, et on dit que le Roi doit la lui acheter [1].

Il paroît depuis trois semaines sur notre horizon une comète avec une assez grande queue, ce qui suffit pour occuper nos astronomes et nos géomètres.

La goutte n'a pas perdu ses droits sur les personnes en place. M. de Maupeou, premier président, est dans son lit depuis quinze jours. Il a été dans le mouvement et dans les repas d'obligation depuis la Saint-Martin, d'autant qu'il a marié le mois dernier monsieur son fils, président à mortier, à mademoiselle de Roncherolles de Pont-Saint-Pierre, fille de grande condition, et dont il

---

1. Nous n'avons pas besoin de faire ressortir l'infamie des faits que Barbier raconte ici.

aura près de cinquante mille livres de rente. C'est un mariage très-honorable.

M. d'Argenson, ministre de la guerre, a la goutte dans la poitrine. On parle de lui comme d'un homme confisqué, d'autant qu'on le soupçonne d'avoir depuis longtemps une autre maladie. Que de regrets du passé dans ces grandes places! S'il arrivoit malheur, M. de Séchelles, intendant de Maubeuge, auroit grande part à cette place.

Le départ de la flotte de Brest[1], du 6 de ce mois, fait faire ici de grandes nouvelles. Comme elle est chargée d'une grande quantité d'armes et de munitions, on ne dit pas moins que c'est pour faire une descente en Écosse, et que le fils aîné du chevalier de Saint-Georges, autrement nommé *le Prétendant*[2], est dessus cette flotte. Si cela étoit, cela donneroit bien de l'ouvrage aux Anglois : ce prince légitime de la maison de Stuart, et plus brave que son père, peut avoir un gros parti dans les royaumes d'Écosse et d'Irlande, même dans l'Angleterre. Mais on parle de cela par simple conjecture. Le commandant de la flotte ne devoit pas même savoir sa destination en sortant du port; c'est à une certaine hauteur en pleine mer qu'on ouvre les paquets qui contiennent les ordres. Pour moi, je n'en crois rien, ce seroit un trop grand projet. D'ailleurs on a toujours dit ici qu'il y avoit une intelligence secrète avec le roi d'Angleterre personnellement, et ce seroit un furieux coup pour lui et pour ses enfants.

Il est certain qu'on a vu le prince à Antibes sous le nom du baron de Spinelli, parent du cardinal Aquaviva.

Il y a toujours un conflit de juridiction entre le Parlement de Metz et le conseil souverain de Luxembourg,

---

1. Cette flotte était partie pour croiser dans la Manche.
2. Charles-Édouard-Louis-Philippe-Casimir, fils de Jacques Stuart dit le *chevalier de Saint-Georges*, et de Marie-Clémentine Sobieski, né à Rome, en 1720.

au sujet de la neutralité et de l'indépendance de l'abbaye de Saint-Hubert que le Roi a prise sous sa protection. On a publié ici deux arrêts du mois dernier du Parlement de Metz, qui cassent et annulent les décrets et ordonnances du conseil souverain. Il y a eu même des voies de fait de part et d'autre. Il n'en faut pas davantage, quand on voudra, pour déclarer la guerre à la reine de Hongrie. Le Parlement continue sans doute d'agir sur des ordres de la Cour.

On n'a point encore de nouvelles de la flotte de Brest. A l'égard de celle de Toulon, on dit qu'elle observe celle de l'amiral Matthews qui s'est retiré dans les îles d'Hyères.

L'équipage du prince de Conti est parti de Paris pour l'Italie, le 12. Il étoit magnifique, composé de plus de quatre-vingts mulets, de trente-six chevaux de main, de plus de vingt hommes de suite à cheval, de deux carrosses de campagne pour les officiers supérieurs, et de cinq ou six fourgons.

Le jeudi gras, 13 de ce mois, triste aventure à Paris! Le sieur Bapteste, ancien notaire de soixante-cinq à six ans, des plus employés et des plus accrédités de Paris, demeurant dans une belle maison à lui, vis-à-vis Saint-Roch, alla à huit heures du matin par delà le Pont-Royal, et se jeta dans la rivière. Il fut aperçu; on alla après lui, et d'un coup de croc, on l'a retiré. On l'a dit mort, mais il ne l'est pas. Il a même vendu sa charge depuis deux jours cent trente mille livres, ce qui est exorbitant[1]. On dit que c'est à l'occasion d'un dépôt considérable qu'il avoit à M. le marquis de Puységur, qui lui en a demandé la meilleure partie pour payer des dettes et pour partir pour l'armée. Comme il n'avoit point cet argent, et qu'il s'est trouvé pressé, cela lui a fait perdre la tête. On ne sait pas positivement à quoi

---

1. Quarante mille livres la charge, quatre-vingt-dix mille livres la pratique.
(Note de Barbier.)

montent les oppositions au scellé (il y avoit déjà cent cinquante opposants). On ne conçoit pas non plus la cause de cette déroute, car on dit qu'une grande partie de la charge de trésorier du sceau de M. Nepveu, son beau-frère, qui est de plus de cinq cent mille livres, lui appartient. Il n'a point d'enfants, sa femme et lui ne faisoient point de dépense apparente. On dit qu'il en avoit de secrètes. Il étoit d'ailleurs connu pour très-négligent et très-étourdi. Quoi qu'il en soit, ce triste événement fera un tort considérable à tous les notaires qui achètent à présent leurs charges et leur pratique un prix exorbitant, et qui font des dépenses trop fortes dans leur maison, par rapport au luxe général.

Le mardi gras, autre événement bien triste dans une grande maison appartenant au chapitre Saint-Honoré, au commencement de la rue des Petits-Champs, louée par un gros tapissier qui tenoit des chambres garnies. L'intendant de M. le marquis de Clermont-Resnel occupoit le premier. Il alla à l'Opéra et dit à son laquais de lui faire bon feu pour son retour. Il en fit effectivement et sortit; la chambre bien fermée, un tison roula sur le parquet et y mit le feu, de façon que le plancher, les meubles, tout étoit en feu, sans qu'on s'en soit apparemment aperçu. Il y avoit au-dessus de cette chambre douze personnes qui avoient peut-être trop bien dîné, femmes et hommes. Quoi qu'il en soit, le plancher a effondré; des douze personnes, il y en a eu sept de brûlées qu'on n'a trouvées en morceaux que le lendemain, entre autres, M. Le Lièbre, procureur au Parlement. Cinq se sont sauvées, parce qu'on a su qu'ils étoient douze. Le feu a commencé dans sa force à huit heures du soir, il a duré toute la nuit; tous les magistrats y ont été, moines et soldats aux gardes, et la maison qui est très-profonde a été entièrement brûlée et détruite. Le secours qu'on a donné n'a pu servir que pour les maisons voisines. La flamme étoit si forte, que les vitres d'un café de l'autre côté de la rue ont été toutes cassées.

On ne parle ici que de nos flottes. On dit qu'on a vu celle de Brest dans la Manche, à la hauteur de Boulogne, qu'elle a eu les vents contraires jusqu'au 12 de ce mois, mais que depuis il a été favorable.

On dit que les ambassadeurs étrangers demandèrent, mardi dernier 18, à M. Amelot, secrétaire d'État des affaires étrangères, ce qu'ils devoient penser et écrire des nouvelles qui se répandoient dans Paris, au sujet du prince de Galles, fils du prétendant, qui leur répondit qu'il étoit vrai que le prince de Galles étoit venu en France, qu'il n'y étoit plus, et qu'il ne savoit où il étoit.

Le 20 de ce mois, M. le marquis de Langeron, maréchal de camp, M. Du Chayla, lieutenant général et un autre ont eu ordre de se rendre avec un simple valet de chambre à Dunkerque; ils sont partis la nuit du 21. On compte que c'est pour un autre embarquement de troupes, et on n'en sait pas davantage.

A l'égard de la flotte de Toulon, elle n'est point sortie. Il est question de savoir ce que fera l'amiral Matthews qui est toujours dans les îles d'Hyères, et si on l'attaquera.

On peut dire seulement que voilà bien de grands projets très-secrets, et que nous avons besoin de réussite.

On ne parle plus à Paris que du projet sur l'Angleterre. On dit que notre flotte de Brest composée de quatorze vaisseaux de guerre et trois frégates est actuellement dans la Tamise, et que les vaisseaux chargés des quarante mille fusils et munitions de guerre ont passé tout droit pour aller en Irlande, que l'alarme a commencé en Angleterre quand on a aperçu, le 13 ou le 14 de ce mois, cette flotte dans la Manche; on n'en savoit pas jusque-là la destination, mais on n'a plus douté du dessein de venir en Angleterre. Elle ne pouvoit plus aller ailleurs.

On dit que le gouvernement a fait fermer cinq ou six ports d'Angleterre, craignant quelque descente, et on ne prévoit pas qu'elle va à Londres. On dit que cette ville est dans un mouvement extraordinaire ; qu'il y a un parti considérable des plus grands seigneurs mécontents ; que le Roi a tenu un parlement depuis sept heures du matin jusqu'à dix heures du soir.

Depuis huit jours, les colonels des régiments qui doivent s'embarquer à Dunkerque ont reçu des ordres successivement pour s'y rendre dans vingt-quatre heures. Le duc de Valentinois, le duc d'Antin et autres sont partis, il y a trois jours ; et comme ils pourroient n'avoir pas d'argent prêt, n'ayant pas été avertis, on leur donne à chacun cent louis, et ils partent en poste avec un simple valet de chambre.

La première opération a été d'enlever de tous nos ports depuis Nantes tous les bâtiments nécessaires pour le transport, ensuite de faire défiler à Dunkerque tous les régiments qui étoient aux environs et qui sont destinés pour l'embarquement. Cela a été fait avec grande diligence et grand secret.

On dit qu'il y a quinze mille hommes d'embarquement et de bonnes troupes. Le comte de Saxe, qu'on croyoit devoir commander sur la Moselle, est le général de cette expédition, avec titre de capitaine général. Il est parti, le 22 ou 23, et est actuellement à Dunkerque.

Le prince de Galles n'est pas apparemment sur la flotte de Brest, et partira avec les troupes de débarquement de Dunkerque. Il part avec la cession et démission en sa faveur du chevalier de Saint-Georges, un prétendant, son père, des trois royaumes d'Angleterre, Écosse et Irlande. Il y a plus ; il a un traité de paix fait entre l'Espagne et lui, comme roi d'Angleterre, avec la concession en sa faveur de deux vaisseaux de permission pour la mer du Sud, qui est le grand objet de la guerre et du commerce de l'Angleterre, avec la garantie de la France; en sorte qu'indépendamment de sa qualité d'héritier légitime et du nom de Stuart, il porte à la nation les conditions les plus avantageuses dans un temps où son commerce est ruiné, où elle est très-mécontente du Roi par rapport à son électorat d'Hanovre, au transport de ses troupes en Allemagne et aux dépenses d'une guerre étrangère.

Il est certain qu'on a frappé ici quinze cents médailles d'argent qui portent, d'un côté, le prince de Galles; et de l'autre les armes des trois royaumes.

A l'égard de notre flotte de Toulon, on n'en a pas de nouvelles certaines. On ne laisse rien transpirer; Matthews est toujours sous les îles d'Hyères. Il a du chemin à faire pour retourner à Londres. On dit que M. de Court, qui commande notre flotte, a ordre de l'attaquer, fort ou foible, en cas qu'il veuille sortir, parce que quand on perdroit une bataille, on le mettroit toujours hors d'état de porter aucun secours à Londres.

Les politiques regardent cette grande entreprise comme un projet sûr, quand même il n'auroit pas toute la réussite pour le prince de Galles.

On prétend qu'en Irlande les grands seigneurs, qui sont du complot, ont plus de quarante mille hommes prêts à prendre les armes qu'on leur porte, attendu que depuis un an ils n'en ont point chez eux, sous peine de la vie. Ainsi, quand le prince de Galles ne s'emparerait que du royaume d'Irlande avec les secours qu'il aura, cela occupera le roi d'Angleterre chez lui pendant bien du temps.

En Angleterre et en Écosse, on dit qu'il n'y a pas plus de six ou sept mille hommes de troupes réglées. Un débarquement de quinze mille François fera un furieux dégât dans la capitale de ce royaume, où d'ailleurs il y aura sédition et guerre civile par la nation même. Il faut du temps au roi d'Angleterre ou au gouvernement pour rappeler les troupes et l'artillerie qui sont en Flandre, en sorte que, si le prince de Galles n'est pas reçu et proclamé roi par acclamation, et que cette révolution ne se fasse pas comme à Pétersbourg, ce sera une guerre cruelle, et l'Angleterre sera ruinée et dévastée.

Pendant ce temps-là, l'Angleterre ne fournira plus ni argent, ni troupes, soit à la reine de Hongrie, soit au roi de Sardaigne, en Italie; et de notre côté toutes nos opérations de guerre sont prêtes et vont être pressées en Allemagne, en Flandre et en Italie, et l'on compte par là réparer un peu tout ce qui nous est arrivé l'année passée.

Ce projet se médite depuis longtemps; on l'attribue au cardinal Tencin, qui a un génie étendu, et l'on dit aussi que le Roi s'y est prêté d'autant plus volontiers qu'il a été piqué des termes peu mesurés dont le roi d'Angleterre s'est servi dans les lettres qu'il a écrites à l'Empereur, et qui ont été mises dans les *Gazettes*. La vengeance est terrible.

Tout ceci a été précédé par les traités d'accommodement dans le Nord, entre le Danemark, la Suède et la Moscovie, par le ministère de La Chétardie, dans son dernier départ.

Il ne faut plus s'étonner aussi, si depuis la dernière campagne, on fait ici de si grandes levées de troupes et de si grands préparatifs de guerre. On en avoit besoin.

Tout le monde est charmé et admire ce grand projet, et l'on attend de jour en jour des nouvelles intéressantes pour le départ de la flotte de Dunkerque et de ce qui se passe en Angleterre.

Mars.

Bataille navale de Toulon. — Départ du prince de Conti pour l'Italie. — Préparatifs d'embarquement à Dunkerque. — Prédiction de Nostradamus. — Suppositions du public. — Les trois armées. — Banqueroute du notaire Laideguive. — Bruits de Paris. — Mort de M. Talon. — Rectifications au sujet de la bataille de Toulon. — Insuccès de la descente en Angleterre. — Retour des flottes à Brest. — Préparatifs pour la guerre de Flandre. — Procès du notaire Baptiste. — Les officiers généraux. — La France déclare la guerre à l'Angleterre. — Conduite politique des Hollandais.

On a appris par un premier courrier, que, le 22 février, M. de Court[1], qui commande la flotte de Toulon, avoit attaqué à six lieues de Toulon l'amiral Matthews, que la canonnade a duré jusqu'à la nuit, et que, le 23, le combat a recommencé.

Depuis ce temps, on attend tous les jours un courrier. On a dit ici, les premiers jours de ce mois, que le chevalier de Saint-Aignan étoit arrivé. Cela n'est pas vrai, et on n'a aucun détail, soit que l'on ne veuille rien publier ici comme venant de France, et que l'on attende à rendre public le détail par les nouvelles d'Espagne, par ménagement pour la nation angloise, parce que nous ne sommes que troupes auxiliaires de la flotte espagnole.

Cependant le bruit est général que nos flottes ont eu victoire complète; que Matthews a voulu mettre le feu par un brûlot, au vaisseau *Royal-Philippe;* que le brûlot a manqué son coup; que l'amiral espagnol a fait une si belle manœuvre qu'il a criblé le vaisseau amiral anglois, et que Matthews y a fait mettre le feu et l'a fait sauter pour en sauver la prise. On dit que nous avons coulé à fond six vaisseaux anglois, et qu'on en a pris huit autres qu'on doit amener à nos ports; que l'amiral Matthews, ou du moins sa flotte, car on ne sait ce qu'il est devenu, a pris la fuite, et que nos flottes le poursuivent vivement. On dit savoir cela par un vaisseau portugais, qui venoit de Lisbonne à Marseille, qui a rencontré les flottes, et qui a rapporté que la flotte angloise n'étoit plus composée que de dix-sept vais-

---

1. Cet officier, alors âgé de quatre-vingts ans, avait conservé une grande vigueur. Quarante ans avant la bataille de Toulon, il s'était trouvé au combat de Malaga, en qualité de capitaine.

seaux, et que la mer étoit couverte de débris de vaisseaux. Le capitaine de ce vaisseau a pris la poste à Marseille, et est venu dire cela à M. de Maurepas. On n'en sait, au vrai, d'autre nouvelle à Paris. On disoit, hier, à l'Opéra, que la flotte angloise n'a pas voulu se réfugier dans le Port-Mahon, d'autant qu'on ne peut entrer qu'un vaisseau à la fois, et qu'étant suivi de près, on les détruiroit l'un après l'autre; qu'ils gagnent du côté de Gibraltar, où ils n'entreront pas apparemment, et qu'on les poursuit toujours. Si cela est, on n'en aura pas sitôt de nouvelles, mais il est toujours constant, non-seulement que nous avons la victoire, mais que la mer Méditerranée est entièrement libre et dégagée. Dans la *Gazette de France*, du 7, il n'est parlé que du combat du 22, et que M. de Court les suit. Il est dit qu'il n'a point donné de nouvelles, mais je crois que c'est fait exprès pour faire venir le détail du côté de l'Espagne[1].

Une nouvelle sûre est que M. le prince de Conti est parti de Paris, cette nuit, à trois heures, samedi 7, qu'il couroit à trente chevaux, et qu'il arrivera dans quatre jours à Toulon. Don Philippe s'y rend de son côté, et toutes les troupes y sont postées pour l'embarquement. Je crois que le départ du prince de Conti, qui a été différé de jour en jour, est une preuve de notre victoire et de la fuite de la flotte angloise. L'embarquement sera considérable. Il part de nos troupes six régiments de cavalerie, et deux de dragons. Si le temps est bon, c'est une affaire de vingt-quatre heures pour descendre dans le pays de Gênes, qui nous attend avec impatience. Un débarquement de trente-cinq mille hommes, Espagnols et François, va embarrasser le pauvre roi de Sardaigne, et l'affaire d'Italie sera poussée vivement.

1. Les succès de la flotte franco-espagnole sont ici exagérés. Il y eut des deux côtés de grandes pertes; cependant, ainsi que le dit Voltaire, le véritable avantage de cette bataille fut pour la France et l'Espagne. La Méditerranée fut libre pour quelque temps. — Voir Voltaire, *Précis*, ch. viii.

D'un autre côté, il s'agit de l'Océan. Notre flotte de Brest, commandée par M. de Roquefeuille, n'a point été, comme on disoit, dès le 6 du mois dernier, sur le bord de la Tamise. Elle a été à la hauteur de Dunkerque, de même que quelques autres vaisseaux qui étoient à Rochefort pour attendre la flotte et l'embarquement de Dunkerque. M. le comte de Saxe y est arrivé au commencement de ce mois, et y a été reçu avec des acclamations générales de toutes les troupes. Le baron Spinelli[1] y est arrivé le même jour, quatre heures après. Il a fallu plus de deux jours pour faire l'embarquement, et l'on compte que le tout est parti de Dunkerque, le 5 de ce mois. On dit que cet embarquement est épouvantable pour tous les équipages de guerre qu'on transporte.

Si l'on peut croire le fameux Nostradamus, ce projet doit réussir. Voilà ce qu'il dit : Centurie 11e, nomb. 68.

> De l'aquilon les efforts seront grands,
> Sur l'Océan sera la porte ouverte,
> Le règne en l'île sera réintégrant,
> Tremblera Londres par voile découverte.

On ne sait point la destination ni le projet de cet embarquement, si c'est pour l'Irlande, l'Écosse ou l'Angleterre même. Et quelque nouvelle qu'on dise à Paris, sur les mouvements qui se passent à Londres, sur le parti que prend le Roi, on ne sait rien de positif, parce qu'on a arrêté à Calais, Boulogne et Dunkerque, toutes les lettres d'ici en Angleterre et d'Angleterre en France. On ne peut admirer jusqu'ici qu'un grand secret et une furieuse exécution. On dit aussi certainement que l'auteur de ce grand projet est le cardinal Aquaviva ; que ce qui a retardé un peu, a été la difficulté qu'il y a eu de faire donner au chevalier de Saint-Georges son abdication des trois royaumes en faveur de son fils aîné; mais

---

1. C'est le nom qu'avait pris le prétendant Charles-Édouard en arrivant en France.

que c'étoit une condition absolue, que le Roi en a d'abord conféré avec M. de Maurepas et M. Amelot, qu'ensuite il en a parlé à M. le contrôleur général à cause des fonds nécessaires, et que le cardinal de Tencin et le maréchal de Noailles n'en ont été instruits que depuis un mois.

Le détail considérable et l'embarras de tous ces embarquements ne font aucun obstacle aux affaires de terre. La Flandre est garnie de troupes. On y parle d'une armée de cent vingt mille hommes et de deux autres armées sur la Moselle et sur le Rhin, et tous les colonels ont ordre de se rendre, au 15 de ce mois, à leurs régiments, de manière que les opérations de la campagne, telles qu'elles soient, commenceront cette année deux mois plus tôt qu'à l'ordinaire.

Il faut avouer que les ennemis de la France doivent trouver bien de la différence pour le gouvernement de cette année-ci à la dernière, comme aussi les Hollandois doivent être très-embarrassés à prendre un parti dans les conjonctures présentes. Ils ne nous amuseront plus de neutralité comme du temps du Cardinal.

Pendant tout ce fracas de nouvelles, en voici une autre dans Paris. M. Laideguive le jeune, notaire et secrétaire du Roi, est parti en poste, la nuit du 3 au 4 de ce mois, est en fuite et fait une banqueroute affreuse; c'est une consternation générale dans Paris, car tout le monde y tient presque directement ou indirectement par la quantité de dépôts qui étoient faits chez lui. On dit la banqueroute de trois millions. On ne sait pas encore. Le scellé est mis dans sa maison, et les oppositions sont sans nombre. Il avoit vendu la veille de sa fuite sa charge à son maître clerc et toute sa vaisselle d'argent. Il y a apparence qu'il emporte beaucoup d'or, des actions et des lettres de change. On ne parle que de cela depuis deux jours dans Paris.

La conduite de cet homme, qui n'a pas plus de quarante ans, ne se conçoit pas; il est né avec quatre cent mille livres de patrimoine; il a eu deux cent cinquante mille livres de sa femme, fille de madame Chanet, grosse marchande d'étoffes. Il étoit séparé de biens par son contrat de mariage; il pouvoit gagner aisément plus de quarante mille livres par an dans son étude. Il n'a point d'enfants et il n'avoit pas le temps de faire de la dépense.

La manie de cet homme étoit de faire toutes les affaires de Paris. Tous les matins, il couroit la ville en fiacre, à midi donnoit audience comme un ministre, dînoit peu, étant délicat, sortoit à quatre heures dans son carrosse, faisoit encore tout Paris, rentroit chez lui et ressortoit, revenoit à onze heures et mangeoit seul un poulet. Il est question, non-seulement de dépôts détournés, mais de faux contrats et de friponneries insignes; il faut voir ce que cela deviendra.

Cet événement est infiniment triste pour Laideguive l'aîné, son cousin germain, qui est très-habile notaire et d'une réputation entière et reconnue des grands et des petits.

Ces deux affaires successives, de Bapteste et de Laideguive, ont mis la frayeur dans Paris sur le compte des notaires dont la plus grande partie se sont établis avec très-peu de biens, ont acheté des charges bien cher et font beaucoup de dépense. On court après les dépôts, et comme leur profit le plus sûr est de faire valoir l'argent, on parle de cinq ou six qui doivent manquer incessamment, et qui se seroient soutenus sans ces aventures; cela donnera lieu à quelques arrangements de la part du ministère public.

Aujourd'hui, 10, les grandes nouvelles sont rabattues. Il n'est plus question de la victoire sur la flotte de l'amiral Matthews. On dit que le vent s'en est mêlé, que la flotte combinée est dispersée, que nos vaisseaux sont à Alicante et les vaisseaux espagnols à Carthagène, le tout sur les côtes d'Espagne, et que l'amiral Matthews s'est réfugié à Port-Mahon.

A l'égard de la flotte de Toulon, et de tout ce grand embarquement de troupes pour descendre dans le pays de Gênes, on ne sait plus qu'en dire. On dit que nos troupes pénétreront dans l'Italie par Nice.

Par rapport au grand embarquement de Dunkerque avec la flotte de Brest, qui l'a joint, on dit à présent que le projet a échoué, parce qu'il a été trop tôt découvert en Angleterre. D'autres disent que le dessein de cette flotte est de rabattre sur le port d'Ostende et de s'en emparer. On dit au surplus qu'on n'en a pas de nouvelles; qu'on arrête les lettres de tous ces ports et même que personne ne sort de Dunkerque. Il est pourtant vrai que le comte de Saxe y est arrivé, il y a déjà du temps, et que l'embarquement a été fait et parti, mais on ne sait pour quelle opération. Le secret là-dessus impatiente les nouvellistes.

Il est toujours vrai, par les nouvelles des *Gazettes de Hollande*, que tout tremble. Le roi d'Angleterre a demandé secours aux chambres des seigneurs et communes, sur l'invasion projetée dans son royaume et sur la descente du fils aîné du Prétendant. Le Parlement lui a protesté de fidélité et de sacrifier son sang et ses biens contre une entreprise aussi horrible et aussi insolente. Ce sont ses termes. Le Roi a demandé aux Hollandois un diligent secours de six mille hommes suivant les anciens traités. On y parle de provisions de guerre étonnantes de toutes espèces dans l'embarquement de Dunkerque. On y craint pour Ostende et pour les Pays-Bas, par la quantité de troupes que la France a dans tous ce pays-là en Flandre, en sorte que les alliés de la reine de Hongrie sont fort embarrassés. Il faut attendre les événements de tous ces préparatifs. Il est certain qu'on ne sait rien de positif sur les projets, et plutôt que de rester dans l'attente et dans l'ignorance, le François à Paris raisonne sur les *Gazettes* et répand de mauvaises nouvelles.

M. Talon, président à mortier du Parlement, est mort ces jours-ci. Le Roi a donné l'agrément pour acheter la charge à M. Chauvelin[1], qui avoit déjà exercé une pareille charge. La disgrâce de son oncle n'influe pas absolument sur lui.

Dans la *Gazette de France* du 14, à l'article de Madrid, la relation du combat naval du 22 février, entre nos flottes de Toulon et l'amiral Matthews est assez longue, mais fort embrouillée. Il paroît seulement que Matthews n'a attaqué que les Espagnols, que M. de Court a été à différentes fois au secours de M. de Navarro, leur chef d'escadre, pour le dégager des Anglois, qu'il n'y a eu aucune attaque des Anglois à nous, et de nous aux Anglois; qu'il n'y a point eu de vaisseaux pris de part et d'autre, seulement quelques vaisseaux espagnols endommagés, et que le 24 février les vents ont dispersé les flottes, de façon qu'il y a des vaisseaux espagnols à Barcelone et à Carthagène, et les nôtres à Alicante, sans qu'il soit dit ce qu'est devenu Matthews; que les uns disent ici à Port-Mahon, et d'autres revenu aux îles d'Hyères. Il est certain à présent qu'il est à Port-Mahon et que toutes les flottes ont été endommagées.

La sécheresse de cette nouvelle, bien différente de ce qu'on avoit attendu, fait faire bien des raisonnements. Les uns disent que nous nous entendons avec la nation angloise et qu'on n'a point voulu de combat sérieux; d'autres nous reprochent de nous entendre avec le roi d'Angleterre même et d'avoir trahi les Espagnols[2]. Jusque-là qu'on disoit hier que la reine d'Espagne avoit demandé ici par son ministre la copie des ordres que le Roi avoit envoyés à M. de Court, commandant la flotte;

---

1. Jean-Baptiste-Louis Chauvelin, fils de Louis Chauvelin, quatrième du nom, frère aîné du garde des sceaux. Il avait été nommé président à mortier en 1736.   De La Villegille.

2. Chacun se plaignit : les Espagnols crurent n'avoir pas été assez secourus; les Français accusèrent les Espagnols de peu de reconnaissance.   Voltaire.

qu'à Madrid il y avoit eu des discours fort désavantageux à notre nation et à notre gouvernement sur ce fait de trahison.

Tout ceci à la vérité est un peu extraordinaire; mais les raisonnements ne sont fondés sur rien, parce qu'on ne sait quoi que ce soit du fond de la politique, et que cette prétendue trahison de notre part ne paroît avoir aucun principe.

Par rapport à Dunkerque, il est certain que l'embarquement a été fait, et qu'on n'a pas été plus loin que la rade. Les vents ont repoussé sur terre; on est rentré dans le port; il y a eu même une vingtaine de soldats noyés, et le comte de Saxe et toutes les troupes de transport sont à terre dans Dunkerque. Il est d'expérience que dans l'équinoxe de mars la mer est toujours fort orageuse. On est surpris qu'on ait choisi ce temps pour hasarder une pareille entreprise, qui doit être prompte. On conclut de là que le projet de la descente en Angleterre est échoué, parce que le roi d'Angleterre et le gouvernement ont le temps d'y remédier; les apparences y sont, mais la suite nous instruira de tout. Il n'est pas à présumer qu'on ait fait cette grande dépense pour rien. Il est toujours vrai de dire que le roi d'Angleterre sera fort occupé chez lui.

Pour la flotte de Brest, commandée par le chevalier de Roquefeuille, elle doit être dans la Manche et avoir essuyé de furieux temps, mais on ne sait point où elle est ni ce qu'elle devient. — Toute la flotte est enfin revenue à Brest.

En attendant ce grand dénoûment, les préparatifs de guerre se font toujours très-vivement pour la Flandre, et la reine de Hongrie paroît se mettre aussi en état de défense de son côté. On parle du siége de Mons. On dit qu'on travaille aux équipages du Roi pour aller en campagne. M. le maréchal de Noailles est sûrement nommé pour commander en Flandre où sera la grande armée.

L'on craint à la vue de tout ceci que la guerre ne s'allume de plus en plus.

On instruit la procédure extraordinaire contre Baptoste, notaire, et il y a apparence qu'il en sera de même par rapport à Laideguive, dont les friponneries sont en bien plus grand nombre et de toute espèce. On dit que sa conduite est horrible par le nombre de contrats qu'il a passés sous des noms en l'air, et surtout de Marguerite Siros, qui étoit gouvernante dans sa maison.

M. le comte de Saxe, qui commandoit les troupes de l'embarquement de Dunkerque, est à Paris. Il étoit à l'Opéra-Comique, le 21 de ce mois. M. Du Chayla, lieutenant général, y est aussi de retour de Dunkerque. On regarde toujours ce grand projet comme échoué, et grands et petits ne parlent pas avantageusement de notre situation.

M. le comte de Roquefeuille, lieutenant général, âgé de quatre-vingts ans, est mort subitement en pleine mer sur son bord. La flotte est revenue du côté de Brest. Il est certain aussi à présent que les flottes de Toulon sont à Alicante et à Carthagène, et celle de Mathews dans le Port-Mahon. Tout ce qui a été en mer, lors de la tempête du 6 au 7, a été fort incommodé et a besoin d'être rétabli.

On disoit, hier 24, dans Paris, que la déclaration de guerre contre les Anglois étoit à l'Imprimerie royale, et qu'elle doit paroître ces jours-ci. Les politiques comptent que les Hollandois prendront parti contre nous; et que si on déclare cette guerre, il faut que nous ayons un traité signé avec le roi de Prusse, qui a aujourd'hui cent mille hommes et qui décide à présent de la balance des deux partis. L'embarras où nous nous sommes jetés est singulier.

On ne voit rien avancer du côté de l'Italie, et on ne sait encore si toutes les troupes qui sont en Provence iront par terre ou par mer.

La nouvelle du 24 étoit très-sérieuse. On a publié, aujourd'hui 30, dans les rues de Paris, la déclaration de guerre datée du 15, contre le roi d'Angleterre et l'électeur de Hanovre, tant par terre que par mer, contenant un manifeste et les sujets de plaintes du Roi contre le roi d'Angleterre personnellement, plutôt que contre la nation angloise qui paroît ménagée avec affectation.

Ceci doit faire tomber tous les mauvais bruits de Paris, au sujet du combat de Toulon et de la conduite de M. de Court : que la reine d'Espagne étoit courroucée, que les Espagnols ne se plaignoient pas moins que d'une haute trahison de notre part par une intelligence avec le roi d'Angleterre. Les sujets de mécontentement du roi de France sont bien opposés à cela.

Il y a plus de deux ans que l'on se plaignoit dans Paris de la patience du Roi de souffrir toutes les insultes que les Anglois nous ont faites sur mer ; peut-être qu'aujourd'hui les mêmes nouvellistes trouveront-ils mauvais cette déclaration qui semble devoir allumer une guerre longue et sérieuse.

Les politiques concluent de cette déclaration de guerre que le traité du Nord est constant entre le roi de Prusse, la Suède, la Czarine et nous.

Les Hollandois, qui doivent du secours au roi d'Angleterre, et qui se préparent à le donner, vont être embarrassés pour prendre un parti, d'autant que nous avons le mois prochain cent trente mille hommes en Flandre. On dit qu'ils ont envoyé à Versailles des propositions de paix. Je ne sais si c'est pour un plan général pour l'Europe, ou seulement des arrangements entre eux et nous. Il y a eu même hier et ce matin des comités de tous les ministres que l'on croit être pour les examiner.

Depuis le 15, date de la déclaration, les commissions ont été envoyées dans tous nos ports à nombre d'armateurs, ce qui va fort incommoder le commerce des Anglois, las et fatigués d'une guerre longue et de beaucoup de pertes de vaisseaux et mécontents du gouvernement.

La position du roi d'Angleterre paroît fort embarrassante. On dit ici l'entreprise de Dunkerque échouée. Mais toutes les troupes y sont toujours en état de s'embarquer au premier ordre. Il s'agit de voir comment la nation angloise va prendre cette guerre; ce que l'on fera peut-être du côté du Hanovre. Il lui sera difficile dans cette conjecture de quitter Londres pour aller secourir ses États d'Allemagne, où sont pourtant ses richesses; il aura peine à aller secourir le roi de Sardaigne en Italie. Les vaisseaux et les troupes vont lui devenir nécessaires pour lui-même.

Bien des gens croient que cet événement, surtout en supposant le traité du Nord, doit nous amener une paix générale plus tôt que l'on ne croit.

Avril.

Préparatifs du Roi pour se rendre à l'armée de Flandre. — Cabale contre le maréchal de Noailles. — Les d'Argenson et les de Noailles. — Les ministres sont divisés entre eux. — Madame de Châteauroux va en Flandre. — Le comte de Saxe nommé maréchal de France. — Les gardes du prince de Conti. — Prise de Nice. — Succès du prince de Conti en Italie. — Louis XV déclare la guerre à la reine de Hongrie. — M. Amelot de Chaillou quitte le ministère des affaires étrangères.

On dit comme chose sûre que le Roi ira cette année à l'armée de Flandre, et que M. le maréchal de Noailles a été nommé dans un grand Conseil, dernier du mois passé, pour commander cette armée; mais voici la politique que l'on tient à ce sujet.

M. le maréchal de Noailles ne vouloit point servir cette année. Il s'en est défendu autant qu'il a pu. Il ne laisse pas que d'avoir un certain âge; mais la vraie raison est qu'il veut rester dans le conseil comme ministre, pour demeurer maître du ministère auprès du Roi, s'il étoit possible. Les autres ministres, qui le craignent parce qu'il a effectivement beaucoup d'esprit, l'expérience de la Cour, une supériorité d'âge et un grand crédit par ses grandes alliances, se sont réunis pour l'éloigner, en lui faisant avoir le commandement de l'armée, et peut-être pour le faire échouer dans ses entreprises et le perdre par là par des intrigues et des malfaçons.

Tous les amis s'étant réunis dans ce conseil, le Roi le nomma; il remercia très-humblement avec des protestations de zèle, et au sortir du conseil il monta en chaise de poste et vint trouver la maréchale de Noailles, sa mère, qui a quatre-vingt-cinq ou six ans; mais qui a plus d'esprit et plus de politique, elle seule, que tous les ministres ensemble. Elle renvoya sur-le-champ son fils à Versailles, et lui dit qu'elle lui enverroit sur le soir des instructions.

Le maréchal de Noailles, travaillant avec le Roi pour les ordres, l'a déterminé par vives raisons à faire la campagne; mais non pas avec l'appareil de Louis XIV. On dit donc que le Roi ira à Compiègne et que de là il partira pour l'armée, peut-être à cheval sans autre train que sa garde et des officiers nécessaires; qu'il n'aura point de table et mangera chez le maréchal de Noailles, lequel lui a fait entendre que de faire marcher la Reine, par conséquent les dames de la Cour, le chancelier, les ministres et les conseils de Sa Majesté, cela causeroit un grand embarras et une dépense considérable; qu'il convenoit mieux d'aller en guerrier.

Si cela est, les ministres vont être la dupe de leur intrigue, car le maréchal sera seul avec le Roi; non-seulement il l'instruira de ce qui regarde la guerre, le service, mais il travaillera avec lui sur tous les paquets qu'il recevra de Paris, et tous les ordres qu'il voudra donner aux ministres que le maréchal sera bien à portée de desservir à sa volonté. Cela ne plairoit pas à M. d'Argenson, ministre de la guerre, contre lequel il doit avoir une ancienne inimitié, qui vient du père, le garde des sceaux;

je me souviens que M. d'Argenson père devint, en 1718, du temps de M. le duc d'Orléans, régent, garde des sceaux et administrateur général des finances tout à la fois. M. d'Argenson, aujourd'hui ministre, me dit que son père avoit eu en un jour les places de ses deux ennemis qui étoient M. d'Aguesseau et M. le duc de Noailles, qui étoit à la tête des finances.

Cependant il est vrai de dire que cet arrangement du Roi, seul à l'armée, seroit embarrassant pour les opérations de la marine, pour lesquelles il faut la présence du ministre et des conseils fréquents.

Quoi qu'il en soit, cette division de politique entre les ministres, qui les occupe plus que l'intérêt de l'État, aussi bien que les partisans que chacun a, est très-préjudiciable. On a dit que M. le duc de Richelieu, tout nouvellement premier gentilhomme de la chambre et de retour de Languedoc, qui est parfaitement bien auprès de la duchesse de Châteauroux, qui a infiniment d'esprit, ne travaille qu'à perdre M. de Maurepas.

A l'égard de madame la duchesse de Châteauroux, les arrangements sont pris. On dit qu'elle va prendre les eaux de Saint-Amand en Flandre, et que madame la comtesse de Toulouse a envoyé déjà plusieurs chariots pour meubler un château qu'elle a dans la Flandre, pour y recevoir madame de Châteauroux, laquelle seroit en ce cas à portée du camp et du quartier du Roi.

Nous verrons au mois de mai si ceci aura des suites, savoir si le Roi laissera pendant son absence la régence à la Reine.

Les gardes françoises ont commencé à partir, le mercredi saint, 1er avril, et ont continué le vendredi saint et même le jour de Pâques.

Dans la dernière *Gazette de France*, il n'y avoit plus d'article de Londres; mais il y en a l'ordinaire dans la *Gazette* du 11.

M. le comte de Saxe a été nommé enfin maréchal de

France; il n'est plus parlé d'abjuration, ainsi il ne sera point reçu à la connétablie. On ne parle dans les *Gazettes* que des préparatifs de guerre, et on ne sait pas encore ici si le Roi ira à l'armée ou non.

Le prince de Conti a fait lever ici une compagnie de gardes que l'on dit être composée de gentilshommes, au nombre, dit-on, de soixante-dix. Ils sont habillés assez magnifiquement de sa livrée, avec des boutonnières de galon d'argent assez large, et des bandoulières bleues aussi galonnées d'argent. Ils sont partis aujourd'hui pour se rendre à Aix, 11 avril; ils n'étoient encore que trente-huit et il y avoit peut-être dix chevaux de gardes qu'on menoit en main. Ce sont tous jeunes gens bien faits; ils marchoient deux à deux et avoient l'épée à la main. On dit que c'est le droit des princes du sang, et que les gardes du grand prince de Condé marchoient ainsi. Le capitaine des gardes du prince de Conti est un ancien capitaine, chevalier de Saint-Louis, qui a, dit-on, brevet de colonel.

On dit ici que M. le prince de Conti est entré dans la ville de Nice et l'a surprise sans tirer un coup de fusil, et que le roi de Sardaigne s'est retiré à Villefranche, qui est la grande opération. Au surplus, les affaires des Espagnols ne vont pas trop bien en Italie; ils ont été obligés de se retirer dans le royaume de Naples. Don Carlos, roi de Naples, s'est mis en conséquence à la tête de trente mille hommes et a été joindre le prince de Modène et M. de Gages, pour empêcher qu'on n'entre dans son royaume. On a dit même qu'on avoit craint quelque conspiration et trahison dans Naples.

M. le maréchal comte de Saxe est parti avant le 15 de ce mois. Il n'y a plus d'officiers à Paris. On dit qu'il commandera soixante mille hommes pour aller d'un côté sur l'électorat de Hanovre, et l'Empereur viendra l'attaquer d'un autre avec trente mille hommes. Il y avoit en Flandre cent vingt mille hommes commandés séparément par le maréchal de Noailles et par le maréchal comte de Saxe. On compte que les troupes seront campées le 24 de ce mois.

On ne parle d'aucun trouble à Londres. Le Roi et le Parlement y font des préparatifs de guerre et de défense en cas d'attaque, mais il est toujours vrai que ceci doit inquiéter sérieusement le roi d'Angleterre.

Le prince de Conti va son train [1]. Il a emporté l'épée à la main des retranchements qui conservoient le fort de Montalban et la ville de Villefranche. Il a fait prisonniers cinq bataillons entiers, tué les résistants et pris beaucoup de canons. Il a fait prisonnier le comte de La Suze, frère de madame la princesse de Carignan, qui est ici. De notre côté, M. le comte de Bourbon-Maloze, colonel, a été tué, et le fils de M. le comte de Stainville, envoyé du grand-duc de Toscane, qui sert dans nos troupes, a eu le bras cassé. M. le prince de Conti s'est emparé de la ville de Villefranche et du port et de tout le canon; les troupes de la garnison n'ont eu que le temps de s'embarquer promptement sur des vaisseaux pour s'enfuir. Il y en a eu même une partie prisonniers. On compte que le roi de Sardaigne (tant tués que prisonniers et deux mille cinq cents hommes qui se sont embarqués[2]) a douze mille hommes de moins dans cette armée. M. le comte de Choiseul a rapporté cette nouvelle, et que le prince de Conti, à son départ, se préparoit à prendre le fort de Montalban et la citadelle de Villefranche.

M. de Court, lieutenant général de notre flotte, est

1. Le prince de Conti et l'infant don Philippe avaient ouvert la campagne le 1er avril et passé le Var. Les combats dont parle ici Barbier furent très-brillants pour nos troupes. Voir Voltaire, *Précis*, ch. IX.

2. L'amiral anglais Matthews, après avoir réparé ses vaisseaux endommagés à la bataille de Toulon, était parti avec sa flotte au secours de Villefranche. Il combattit, avec des troupes de débarquement, dans les rangs des Piémontais; et c'est probablement de ces troupes qu'il s'agit dans la phrase ci-dessus.

revenu à Toulon avec quatre vaisseaux anglois marchands qu'il a pris en chemin. Matthews est toujours dans le Port-Mahon et la flotte espagnole est restée à Carthagène.

Aujourd'hui, 27 on a publié une déclaration de guerre de la part du Roi contre la reine de Hongrie, datée du 26. La publication a été prompte. Ceci devient sérieux.

On parle toujours du départ du Roi pour l'armée. Ce devoit être le 27; on dit le 29 au matin. Personne n'en sait le jour. On dit aussi qu'on attend M. de Fénelon, qui est allé depuis peu en Hollande pour faire expliquer les États généraux. On nous prépare peut-être aussi une déclaration de guerre contre eux.

On croit en conséquence que le traité entre la France, le roi de Prusse et la Czarine est sûr. Le roi de Prusse gagnera encore quelque chose à tout ceci.

Nouvelle dans Paris! M. Amelot de Chaillou, ministre et secrétaire d'État des affaires étrangères, fut remercié hier, 27, de ses services, de la part du Roi, par M. le comte de Maurepas. Ceci est fort singulier dans les circonstances présentes. Dans le temps de nos mauvaises opérations, on disoit dans Paris que M. Amelot n'étoit pas capable de remplir un poste aussi délicat; mais depuis la mort du cardinal de Fleury, le Roi et tout le conseil ont eu tout le temps de s'en apercevoir. C'est à la veille du départ du Roi, dans le temps qu'on déclare la guerre de tous côtés, que le conseil d'État va être partagé par l'absence du Roi, de M. le maréchal de Noailles, et de M. le comte d'Argenson, qu'on change le ministre des affaires étrangères, qui nécessairement est au fait de la position des choses et des projets, s'il y en a.

M. Amelot se retire avec une pension de vingt mille livres, dont douze passeront à sa femme et à ses enfants. Dans la *Gazette de France,* il est dit seulement que

M. Amelot a remis au Roi ses charges de secrétaire d'État et de surintendant des postes.

Quoi qu'il en soit, on n'en sait pas encore la raison ni celui qui succédera à cette place. On parle du cardinal de Tencin, du duc de Richelieu, de M. le marquis de Chavigny, qui a été rappelé du Portugal pour l'envoyer à Francfort, et qui est le plus habile négociateur. Mais ce sont bruits de Paris. Il seroit bien plus surprenant si secrètement M. Chauvelin étoit le successeur. Il a de bons amis auprès du Roi, et une grande protection dans la reine d'Espagne dans la conjoncture du mariage prochain.

Mai.

Le départ du Roi est retardé. — Rivalités des ministres funestes à la France. — Le Roi part pour Péronne; sa missive au Parlement. — Disgrâce de M. de Court. — Nouvelles d'Italie. — Les officiers de bouche vont rejoindre le Roi. — L'ambassadeur de Hollande; belle réponse de Louis XV. — Voyage du Roi en Flandre; enthousiasme qu'il excite. — Vers. — *Te Deum* pour les succès du prince de Conti. — Affaires administratives en l'absence du Roi. — Mort de l'intendant Fagon. — MM. de Boullongne, d'Argenson et Trudaine. — Les aides de camp du Roi. — Le duc de Chartres et sa chute de cheval. — Siége de Menin; bravoure du Roi.

Le Roi n'étoit point encore parti hier, dernier avril. On dit qu'il y a trois jours que les chevaux de l'écurie du Roi furent sellés et dessellés dans le même jour. On croit que c'est le temps pluvieux et humide, parce que cela aura différé les campements; on n'en sait point d'autre raison, soit pour attendre des nouvelles des Hollandois, soit pour attendre celui qu'on veut placer secrétaire d'État des affaires étrangères.

Il est certain que, mardi dernier, M. de Verneuil, introducteur des ambassadeurs, dit, après le lever du Roi, aux ambassadeurs qui étoient à l'ordinaire arrivés à Versailles, que le Roi n'avoit aucune proposition à leur faire, et qu'il n'y auroit point d'audience. Ils n'avoient aussi aucune proposition à faire de la part de leurs cours respectives.

On dit qu'il y avoit, mardi 28 avril, un monde extraordinaire à Versailles, et toute la Cour en l'air. On parle encore de quelque changement; on dit que les actions de M. le comte de Maurepas sont bien baissées; on croit que le Roi n'est pas content de l'entreprise d'Angleterre pour le prétendant, qui a été entamée et projetée d'abord en secret entre le Roi, M. de Maurepas et M. Amelot, laquelle, indépendamment de la tempête arrivée du 6 au 7 février, n'a pas été peut-être conduite avec toute la diligence nécessaire et avec des mesures bien justes. D'ailleurs, M. de Maurepas a contre lui le maréchal de Noailles et le duc de Richelieu, qui ont peut-être instruit le Roi de bien des faits secrets. Il a été jaloux de l'avancement du maréchal de Belle-Isle et de son projet, lors de l'élection de l'Empereur; il a peut-être déterminé le Cardinal à le traverser en tout, ce qui a causé la perte de plus de soixante mille hommes dans la campagne dernière en Allemagne, et une campagne déshonorable à la France. Des esprits, qui sacrifient la gloire du Roi et l'intérêt de l'État à leur propre ambition et à leur jalousie contre d'autres, sont bientôt perdus quand ils sont démolis.

On dit cependant, comme chose sûre, que M. de Maurepas, après le départ du Roi, va faire la visite de tous les ports du royaume par rapport aux entreprises que l'on peut craindre de la part des Anglois. On attend avec impatience le dénoûment de tout ceci.

Vendredi matin, 1ᵉʳ de ce mois, M. le comte d'Argenson, ministre de la guerre, est parti pour l'armée pour y attendre le Roi. M. Du Fort, fermier général des postes, étoit parti auparavant.

Dimanche, 3, à trois heures et un quart du matin, le Roi est parti de Versailles pour aller coucher à Péronne; il a été en poste avec des relais de vingt gardes du corps.

Lundi, il a dû arriver de bonne heure à Valenciennes. Et depuis Péronne il y avoit des détachements de troupes pour l'escorter.

M. Du Theil, premier commis des affaires étrangères, très-expérimenté, est parti lundi, pour joindre le Roi. Il est enfin parti sans nommer de secrétaire d'État des affaires étrangères.

On dit comme chose sûre que les officiers du Roi, pour la bouche et pour la chambre, partent aussi, du moins ce qui est nécessaire, et que le Roi ne sera pas servi par les cuisiniers et officiers qu'on disoit avoir été arrêtés par M. d'Argenson. Cela est en effet plus convenable et plus sûr.

Les mousquetaires gris et noirs, qui comptoient rester à Paris cette campagne, partent, vendredi prochain. 8; les chevau-légers et gendarmes sont partis, il y a plusieurs jours. Ce départ, dont tous les officiers, tant de la garde que de la maison du Roi, n'ont été avertis que depuis dix jours, les a fort embarrassés pour faire des équipages à la hâte.

M. le premier président Maupeou reçut, dimanche après midi, une lettre du Roi adressée à son Parlement, par laquelle il lui marque qu'il a cru nécessaire pour le bien de son État d'aller visiter ses armées, qu'il est parti incognito, et qu'il compte que pendant son absence ils continueront leur zèle et leur attention pour le bien de la justice.

Ce matin, lundi 4, il y a eu au Parlement assemblée de chambres. Cette lettre a embarrassé le Parlement. Il n'y a point d'exemple d'un cas pareil. Quand Louis XIV alloit à l'armée, il écrivoit trois jours auparavant à son Parlement, qui envoyoit des députés pour lui souhaiter un heureux voyage. Mais ici, le Roi étoit près de Valenciennes, quand on a lu la lettre, le lundi. Il a été question de savoir si on enverroit des députés au Roi, à l'armée; ce qui eût été plaisant de voir arriver là au moins un président à mortier et trois conseillers de Grand'Chambre en robe, sans savoir peut-être même où trouver le Roi. Mais l'avis a été que M. le premier président écriroit une lettre au Roi au nom du Parlement, et je crois ce parti plus convenable.

On dit que Tournai a été investi, dès le 1er de ce mois, pour en faire le siége par le Roi.

M. de Court, lieutenant général de la flotte de Toulon, est revenu ici disgracié et est, dit-on, exilé à sa terre de Gournay près Paris, qu'il aimoit tant, et dont il auroit bien mieux fait de ne pas sortir à l'âge de quatre-vingts ans, et après plus de vingt ans de repos! On dit que c'est M. le marquis de Gabaret, chef d'escadre, qui a le commandement de la flotte. On fait assez bien de ne pas employer de lieutenant général, parce que dans la marine ils sont tous trop âgés.

Depuis la dernière nouvelle d'Italie, M. de La Carte a apporté la nouvelle de la prise du fort de Montalban et de la citadelle de Villefranche, où on a pris encore quantité de canons et nombre de prisonniers. M. le prince de Conti mène cela vivement. Il s'agit de savoir à présent comment Philippe et lui pénétreront dans l'Italie par terre ou par mer. Il y a encore par terre bien des gorges dangereuses.

Depuis le départ du Roi, on ne parle que de changements dans les ministres. On dit que M. le cardinal Tencin s'en va à son archevêché de Lyon. On parle non-seulement de M. de Maurepas, mais de M. Orry, contrôleur général. Il faut pourtant avouer que l'un mène bien la marine à présent, et que l'autre est très-délié et entend bien sa matière de finances. Il suffit à la vérité ici du changement d'un ministre pour faire parler de tous les autres.

Le voyage du Roi se fait sur un autre pied qu'on n'avoit dit; tous les officiers de quartier de la chambre, de la garde-robe, de la bouche, etc., partent. Cela est bien plus convenable, surtout pour la bouche. On disoit que M. d'Argenson avoit arrêté à la hâte quarante cuisiniers ; mais il pourroit se trouver un malheureux, surtout dans une guerre comme celle-ci, où il entre du personnel entre les puissances. Le détachement des mousquetaires gris et noirs, qui étoit ici, est parti le 8, et celui des gendarmes et chevau-légers le 9. Les cent-suisses, au nombre de quatre-vingts, et les gardes de la porte partent. Il ne reste à Paris que six compagnies des gardes françoises, des compagnies suisses, et peut-être cent gardes du corps pour la Reine et le Dauphin, qui sont à Versailles, et qui ne viendront pas à Paris. Tout cela rend Paris bien désert, et il le sera encore plus dans deux mois que chacun se retirera à la campagne.

On a seulement des nouvelles de l'arrivée du Roi à Valenciennes où le régiment de Noailles, qui y étoit, a l'honneur de monter la garde chez le Roi.

On ne parle point encore des Hollandois. On dit seulement qu'il arriva, de leur part, un ambassadeur extraordinaire avant le départ du Roi, qui n'avoit autre chose à proposer qu'une trêve pour nous amuser encore ; et qu'étant présenté au Roi, le Roi lui dit seulement : « Je « sais ce que vous avez à me dire et de quoi il s'agit. Je « vous ferai réponse en Flandre. » Cette réponse est haute et convenable au roi de France.

On ne parle ici que des actions du Roi, qui est d'une gaieté extraordinaire, qui a visité les places voisines de Valenciennes, les hôpitaux, les magasins ; il a goûté le bouillon des malades, le pain des soldats. Cela contiendra les entrepreneurs. Il veut connoître tous les officiers, et leur parle avec politesse. Suivant les apparences, le Roi restera à l'armée jusqu'au mois d'octobre, et il n'est point question de femmes. Madame la duchesse de Châteauroux ira passer l'été à Plaisance, belle maison contre Nogent, par-delà Vincennes, appartenant à M. Pâris

Du Verney, entrepreneur général des vivres de l'armée de Flandre.

Le Roi a couché à Lille le 13 ou le 14, et fera apparemment sa résidence dans cette ville. L'armée n'est point encore campée.

Voici quatre vers sur le Roi :

> Les bienfaits volent sur les traces
> Du plus aimable des vainqueurs.
> C'est par la conquête des cœurs
> Qu'il prépare celle des places.

Aujourd'hui samedi 16 mai, on a chanté dans l'église de Notre-Dame un *Te Deum* en actions de grâces de la conquête faite par les armées de don Philippe et du prince de Conti, du comté de Nice, fort de Montalban et Villefranche, où toutes les Cours étoient invitées. On croyoit que la Reine et M. le Dauphin y viendroient; mais elle n'y est pas venue, apparemment qu'on a voulu réserver cette cérémonie de sa part pour la première place que le Roi prendra.

Il y a eu ordonnance du Roi affichée pour faire des feux de joie dans les rues. Ce qui a été exécuté avec zèle par tous les bourgeois de Paris, malgré la pluie qu'il faisoit le soir.

Ce *Te Deum* de notre part, pour la prise du comté de Nice sur le roi de Sardaigne, est singulier, d'autant que nous n'avons point de guerre déclarée avec ce prince, et que nous ne sommes que troupes auxiliaires d'Espagne. Quand le comte de Saxe a pris, il y a deux ans, la ville d'Egra, Prague, capitale de la Bohême, comme troupes auxiliaires de l'Empereur, on n'a point chanté ici de *Te Deum*. Cette différence viendroit-elle de ce que l'armée d'Espagne, en Italie, est commandée par le gendre du Roi, et nos troupes par un prince du sang?

Le conseil des dépêches et le conseil des finances se tiennent tous les samedis, à Paris, chez M. le chancelier; ils sont composés de M. le chancelier, de M. le comte de Saint-Florentin, secrétaire d'État, de M. Orry, contrôleur général et ministre, et de M. le cardinal de Tencin, ministre, qui ne va point, comme on avoit dit, à son archevêché de Lyon. Il y a plus, la préséance a été jugée en faveur du Cardinal; il a la première place au-dessus du chancelier, et celui-ci prononce.

Comme M. le comte de Maurepas est parti, lundi matin 18, pour faire la visite de tous les ports du royaume, en commençant par Toulon et Marseille, ce qui fera, dit-on, un voyage de deux mois, M. le comte de Saint-Florentin est ici le seul secrétaire d'État, et il remplit, pour la signature, les fonctions de tous les autres, des affaires étrangères, de la guerre pour les bureaux qui sont restés ici, de la marine, des postes et des provinces qui sont dans le département des autres, et par conséquent de Paris. Il n'est pas vrai que M. le maréchal de Noailles ait eu aucune attribution provisoire sur les postes lors de la retraite de M. Amelot. Tout cela fait un détail bien considérable pour M. le comte de Saint-Florentin.

M. Fagon, intendant des finances, conseiller au conseil royal et conseiller d'État, fils du premier médecin de Louis XIV, est mort à soixante-cinq ans environ, après avoir été taillé. Il étoit garçon et jouissoit de soixante mille livres de rente de son bien. C'étoit un homme particulier, assez dur, qui avoit refusé plusieurs fois la place de contrôleur général, bon travailleur et qui savoit parfaitement les finances.

La place d'intendant des finances a été donnée à M. de Boullongne, premier commis des finances, homme fort riche, fort bien en Cour. C'est une grande fortune pour lui qu'une pareille place de distinction; et, en même temps, cela doit faire un meilleur intendant des finances qu'un simple maître des requêtes, qui a été conseiller au Parlement et qui a cette place par crédit.

La place de conseiller au conseil royal, qui est une très-grande place, est donnée à M. le marquis d'Argenson, à présent chancelier de M. le duc d'Orléans. On compte qu'il a eu cette place par le crédit du comte d'Argenson, ministre, son frère cadet.

La place de conseiller d'État est donnée à M. Trudaine, intendant des finances, qui est homme de beaucoup d'esprit, qui travaille toute la journée à tout ce qui mène aux plus grandes places. On avoit déjà parlé de lui pour contrôleur général.

Le Roi est depuis quelques jours dans le camp de Cisoing, entre Lille et Tournai; il a fait la revue de toute son armée, et l'on attend à présent les opérations de la campagne.

Il a huit aides de camp, tous maréchaux de camp : M. le marquis de Meuse, lieutenant général, le duc de Richelieu, le duc de Boufflers, le duc de Luxembourg, le prince de Soubise, le duc d'Ayen, fils du maréchal de Noailles, le duc de Pecquigny et le duc d'Aumont.

Le quartier du Roi est dans l'abbaye de Cisoing, près de Lille, où il s'est rendu le 14.

M. le marquis d'Argenson, conseiller au conseil royal des finances, n'est plus chancelier de M. le duc d'Orléans. On dit que c'étoit une condition de la place que le Roi lui a donnée. M. le duc d'Orléans a pris pour son chancelier M. Bidé de La Granville, conseiller d'État. On dit que c'est un homme assez dur. M. d'Argenson ne gagne pas à ceci, car la place de chancelier vaut au moins trente mille livres de rente.

On a dit ici que M. le duc de Chartres, qui est à l'armée du Roi, est tombé de cheval, et qu'il s'étoit un peu blessé à cause de sa pesanteur. Cela a donné beaucoup d'inquiétude à madame la duchesse de Chartres, laquelle est partie de Paris avec madame la princesse de Conti, sa mère, pour se rendre à Lille, après en avoir eu la permission du Roi. Je crois que la chute de cheval n'est qu'un prétexte, et qu'il y a de la politique dans ce voyage de la part de la princesse de Conti, qui a tout l'esprit possible. Premièrement pour rapprocher les époux et avoir, s'il se peut, quelque prince, ce qui est intéressant pour la maison d'Orléans et pour celle de Conti, d'autant plus que le duc de Chartres, qui est très-puissant, ne passe pas pour être grand acteur à ce métier-là. En second lieu, la princesse de Conti sera plus à portée du Roi. Enfin, peut-être pour commencer une cour de femmes à l'armée du Roi.

Le Roi, après avoir visité toutes les places de Lille, Douai, Le Quesnoi, Condé, Maubeuge et autres, fait la revue de ses deux armées et pris connoissance de tout, commence les opérations de la campagne par le siége de la ville de Menin. La tranchée a été ouverte le 28 au soir, et le Roi est resté à voir les ouvrages jusqu'à deux heures du matin, en ne s'exposant que trop avec une résolution qui le fait adorer de ses troupes, et qui a fort étonné ses ennemis, aussi bien que beaucoup de mal intentionnés dans Paris, jusqu'à aller pendant le siége, à la tête des sapeurs, à six toises du chemin couvert et à deux de la palissade. Il faut convenir que cela fait deux hommes totalement différents, ce que j'avois attendu après la mort du Cardinal. Il y a l'attaque royale et l'attaque de M. le comte de Clermont. Il n'y a que quinze cents hommes de garnison dans Menin, composée de Hollandois et d'Autrichiens. Cela ne peut pas tenir longtemps.

Juin.

Les dames de la Cour partent pour l'armée. — Causes de la disgrâce de M. Amelot. — Reddition de Menin. — M. de Vallière. — *Te Deum*; illuminations. — Siége et reddition d'Ypres. — Promotions; levée de milice à Paris. — Siéges en Flandre; mouvements des armées en Allemagne et en Italie.

La politique de la princesse de Conti a eu son effet. Madame la duchesse de Châteauroux, la duchesse de

Lauraguais[1], la comtesse d'Egmont et plusieurs autres dames de la Cour sont parties au commencement de ce mois pour se rendre à Lille. Madame la duchesse de Modène est aussi partie depuis avec quelques dames, en sorte qu'il y a une Cour en forme. Le public, en général, n'a pas trouvé ce voyage de son goût ; il vouloit que le Roi se contentât de la Cour de ses officiers. Il est pourtant vrai de dire que les femmes ont accompagné Louis XIV à l'armée, et que la Reine ne voulant point y aller, cela se passa fort décemment par le concours de trois princesses du sang et de nombre de dames, qui sont même présumées toutes y aller pour faire compagnie à madame la duchesse de Chartres, qui a eu un prétexte légitime pour se rendre à l'armée. Quoi qu'il en soit, le public n'a point approuvé le départ de madame de Châteauroux, d'autant plus que l'on a écrit de l'armée, et que l'on a dit dans Paris que le Roi a fait ses dévotions le jour de la Pentecôte. Il faut convenir aussi qu'il y a bien des gens à Paris qui, par pur esprit de critique, sont de mauvaise humeur des avantages apparents que nous avons jusqu'ici, et qui ne savent plus que dire sur le compte du Roi, depuis le développement qui s'est fait de toutes ses qualités de bravoure, de soins et de bontés pour ses troupes, d'intelligence pour tous les détails, de politesse pour les officiers et de travail pour les affaires ; car enfin il est lui-même le ministre pour les affaires étrangères ; il n'y en a point jusqu'ici de ministre. Il faut, par conséquent, qu'on lui rende compte de tout.

On dit à présent comme chose sûre que le déplacement de M. Amelot vient de ce que le roi de Prusse, avant de nous abandonner en Bohême, ce qui a passé pour trahison, avoit écrit au Roi trois lettres que le cardinal de Fleury avoit reçues et tenues secrètes, et dont

1. Diane-Adélaïde, troisième fille du marquis de Nesle, née le 13 janvier 1714.

il avoit défendu à M. Amelot de parler au Roi, et que le roi de Prusse, piqué de ne pas recevoir de réponse, avoit pris son parti. Cela s'est découvert : le comte de Rottenbourg, envoyé extraordinaire du roi de Prusse, en a montré au Roi les copies. M. Amelot a été obligé de convenir du fait, et que, sur ses excuses, le Roi lui a demandé de qui il étoit ministre, du Cardinal ou de lui. Une pareille aventure, vérifiée, empêchera dorénavant chaque ministre d'avoir ces déférences pour un ministre supérieur.

La ville de Menin, après sept jours de tranchée ouverte, s'est rendue le 4 de ce mois, jour de la Fête-Dieu.

M. de Vallière, lieutenant général d'artillerie, a proposé au Roi d'accélérer cette expédition par une batterie de sa façon, dont l'effet ne seroit pas long; et en deux heures de temps, M. de Vallière, par bombes et canons, a mis le feu aux Capucins et au gouvernement de cette ville, de manière que le Roi lui a dit : « C'en est assez, monsieur de Vallière! » et on a vu peu de temps après le drapeau blanc [1].

Nous n'avons eu pour la prise de cette ville que quatre officiers et soixante soldats tués ou blessés. On a capitulé, et la garnison, composée de Hollandois et d'Autrichiens, est sortie avec les honneurs de la guerre. Le Roi a vu défiler les troupes, et le commandant est descendu de cheval pour lui faire un compliment, après quoi le Roi est entré dans la ville et a été droit à l'église.

Cette nouvelle a fait grand plaisir aux bons citoyens, qui se trouvent dans une situation plus flatteuse que

---

[1]. Une artillerie nombreuse qu'on tirait aisément de Douai, un régiment d'artillerie de près de cinq mille hommes, plein d'officiers capables de conduire des sièges, et composé de soldats qui sont pour la plupart des artilleurs habiles, enfin le corps des ingénieurs, étaient des avantages que ne peuvent avoir des nations réunies à la hâte pour faire ensemble la guerre quelques années. De pareils établissements ne peuvent être que la suite du temps et d'une attention suivie dans une monarchie puissante. La guerre de siège devait nécessairement donner la supériorité à la France. VOLTAIRE.

l'année dernière. Aussi commence-t-on à chanter. On a fait des chansons pour le prince de Conti. On en a fait une pour le Roi, que je trouve plus glorieuse pour lui que tous les grands prologues des opéras de Lully pour Louis XIV.

En conséquence, lettre du Roi, du 13 de ce mois, à monseigneur l'archevêque de Paris, pour faire chanter un *Te Deum*, dans laquelle on aperçoit toujours un peu d'animosité contre le roi d'Angleterre, comme l'auteur de l'entêtement de la reine de Hongrie. Mandement de mondit seigneur l'archevêque, du 15, pour chanter, aujourd'hui 17, le *Te Deum*, où toutes les Cours sont invitées à l'ordinaire.

Il y a eu un *Te Deum* chanté avec symphonie et grand chœur de musique. On croyoit que la Reine, M. le Dauphin et Mesdames de France y viendroient, mais ils n'y sont pas venus, non plus qu'au feu d'artifice tiré à la Grève, à cause, dit-on, qu'il n'y auroit pas assez de gardes du corps pour l'escorte, ni de troupes à Paris pour garnir le passage. Il a été tiré au surplus un fort beau feu à neuf piliers, et tout l'Hôtel de Ville dans la façade a été illuminé fort magnifiquement; ce qui a attiré un grand concours de monde. Le soir, il n'y a point eu de feux de joie dans les rues de Paris, mais toutes les maisons ont été illuminées par ordonnance de police, ce qui faisoit un plus bel effet, et tous les bourgeois étoient en foule dans les rues à se promener la nuit. Un rien suffit pour consoler le Parisien des inconvénients de la guerre.

Le 6 de ce mois, le Roi a fait faire l'investissement de la ville d'Ypres pour en faire le siége qui, suivant les apparences, sera plus long que celui de Menin, parce que la ville est plus grande et qu'il y a près de quatre mille hommes de garnison. On ne savoit pas, après Menin, de quel côté il se tourneroit, si ce ne seroit pas à Tournay, mais il paroît qu'on s'approche beaucoup du port d'Ostende.

Le Roi a fait une promotion de douze lieutenants généraux, de dix-huit maréchaux de camp et de quatorze brigadiers. Des gens instruits disent que cette promotion a été faite entre le Roi et M. le comte d'Argenson seul, sans le maréchal de Noailles, et que M. d'Argenson est de mieux en mieux auprès du Roi.

Le lendemain des réjouissances publiques, la bourgeoisie de Paris n'a pas été remerciée gracieusement. On a affiché au coin des rues une petite ordonnance de police, émanée du Roi, pour obliger les corps et communautés de marchands, et artisans et autres habitants, de fournir trois cents hommes de milice pour compléter les trois bataillons de milice de la bonne ville de Paris, sans tirer au sort, à cause du petit objet, mais sur un état de répartition du lieutenant général de police, en sorte que c'est une continuation de levée de milice dans cette ville et sur les marchands, à qui cela ne plaît pas.

Le 25 de ce mois, la ville d'Ypres s'est rendue après dix jours de tranchée [1]. Il faut dire aussi que tous les habitants vouloient se rendre et étoient fort incommodes à la garnison. Par la capitulation, la garnison est sortie avec les honneurs de la guerre. C'étoit un prince de la maison de Hesse qui commandoit pour les Hollandois. On a fait un feu très-vif de la part des assiégés. Nous avons perdu plus de quatre cents hommes, et le marquis de Beauvau [2], maréchal de camp, y a été tué.

Tout le monde convient que le Roi a visité les travaux et s'est fort hasardé; les bombes et les canons, qui n'alloient pas loin de lui, ne l'empêchoient pas de causer

---

[1]. C'était le prince de Clermont, abbé de Saint-Germain-des-Prés, et arrière-petit-fils du grand Condé, qui commandait les attaques. Barbier a souvent parlé plus haut de ses galanteries.

[2]. Le marquis de Beauvau mourut dans des tourments intolérables, regretté des officiers et des soldats comme capable de commander un jour les armées, et de tout Paris comme un homme de probité et d'esprit. Il dit aux soldats qui le portaient : « Mes amis, laissez-moi mourir et allez combattre. »

VOLTAIRE.

avec sang-froid. Il a visité lui-même l'hôpital du siége et les blessés.

Le 26, le Roi a envoyé tout de suite attaquer le fort de la Knoque, qui est la clef des Écluses, et investir la ville de Furnes, qui approche fort de Dunkerque, Niewport et Ostende. Le maréchal comte de Saxe couvre ces siéges avec son armée, et l'armée des alliés, composée d'Anglois, Hollandois, Autrichiens, est sur l'Escaut, qui n'avance pas davantage.

Du côté du Rhin, le prince Charles est toujours du côté de Mayence, qui voudroit passer le Mein et le Rhin, mais il ne passe rien. L'armée de M. le maréchal de Coigny l'observe. L'Empereur est avec son armée du côté de Philisbourg.

En Italie, les Piémontois ont abandonné Oneil sur la côte, mais nous n'en pouvons pas pénétrer davantage dans le Piémont, à cause des gorges. On n'entend plus rien dire d'intéressant de ces côtés-là, et on ne parle actuellement que de l'armée du Roi en Flandre.

Le 28, la tranchée a été ouverte devant le fort de la Knoque, et le 29, à midi, le gouverneur s'est rendu.

Le Roi a fait M. le duc de Chartres et M. le duc de Penthièvre lieutenants généraux; depuis il a fait des promotions et donné des croix de Saint-Louis, à cause de la prise d'Ypres.

Toutes les dames de la Cour sont à Dunkerque, où le Roi se rendra après avoir visité plusieurs places de Flandre.

Juillet.

Mauvais état de nos vaisseaux. — Bravoure du prince de Clermont. — Le prince Charles passe le Rhin. — Affaires des lignes de Weissembourg. — Réjouissances à Paris. — Manœuvres du maréchal de Coigny; il emporte Weissembourg d'assaut et se replie. — Reddition de Furnes. — Opérations militaires en Allemagne. — M. de Gensac capitule à Lauterbourg et passe en conseil de guerre. — Le Roi marche vers le Rhin. — Le maréchal de Saxe commande en chef l'armée de Flandre. — Lobkowitz battu en Italie.

M. le comte de Maurepas arrive ici, le 4, de sa tournée

sur les ports de la Provence. On dit qu'il a trouvé la marine en très-mauvais ordre, surtout pour la construction des vaisseaux, où l'on a employé de très-mauvais bois, qui est en danger d'éclater et de se fendre, si on tiroit de suite les bordées de canon. On dit à présent que c'est la raison qui a empêché M. de Court, lieutenant général, de faire donner sa flotte comme il l'auroit voulu dans l'action contre Matthews. M. le comte de Maurepas est parti le jour même sur le soir pour aller trouver le Roi à Boulogne-sur-Mer et lui rendre compte de son voyage. On ne sait pas s'il restera avec le Roi ou s'il reviendra à Paris.

Le siége de la ville de Furnes tient plus longtemps qu'on ne croyoit, à cause, dit-on, des inondations. C'est encore M. de Clermont qui fait ce siége. C'est lui qui a tout fait depuis l'ouverture de cette campagne, et qui se présente à tout sans réserve et en brave général. On voit par là le respect que l'on doit aux discours de ville et du public. Car, que n'a-t-on pas dit contre lui l'année dernière? Et le tout à cause de mademoiselle Le Duc, sa maîtresse! Le public sera le sot de cette affaire; car, quand un prince est brave et s'expose lui-même, qui pourroit s'en dispenser par sa qualité d'abbé de Saint-Germain-des-Prés, il lui est permis de faire ce qu'il veut à la ville, sans que de petits particuliers, qui auroient peur d'une fusée dans les rues, ou des femmes, qui enragent de voir une fille dans une belle calèche, soient en droit d'y trouver à redire.

Le 8 de ce mois, nouvelle à Paris que, le 1ᵉʳ de ce mois, le prince Charles avoit passé le Rhin; les uns disent avec une grande partie de son armée, les autres avec tout, composé de plus de soixante mille hommes, dont beaucoup de houssards et pandours, et cela près de Philisbourg, sans que M. de Seckendorf[1], général de l'Empe-

---

1. Le comte de Seckendorf commandait les Bavarois, les Palatins et les Hessois, alliés de la France et payés par elle.

reur, l'ait pu empêcher; d'autres disent : sans qu'il ait voulu se mettre en état de le faire. L'armée de M. le maréchal de Coigny étoit plus bas du côté de Worms et Spire. Cela a attristé Paris, à cause des courses dans la Lorraine, l'Alsace et même la Champagne. On dit même que le roi Stanislas étoit parti de Lunéville pour se retirer à Metz; et le public, mécontent, prompt à juger, a regardé cela comme trahison de la part de M. de Seckendorf, sans attendre le détail de ce passage et peut-être le projet de M. de Coigny.

La nuit du 8 au 9, il est arrivé un courrier d'Allemagne, qui a remis un peu les esprits. M. de Coigny les a suivis. Il y a eu une action très-vive. On parle d'une défaite complète de l'armée du prince Charles. On ne sait pas encore le détail ce matin, 9, que cette nouvelle s'est répandue par tout Paris.

On sait jusqu'ici qu'il a passé quinze mille hommes, qui se sont emparés de Wissembourg, et se sont retranchés dans les lignes, après avoir pris quelques villages aux environs; que M. le maréchal de Coigny a fait marcher, pendant trois jours et trois nuits, un fort détachement, qui a attaqué les ennemis dans les lignes, la baïonnette au bout du fusil; que cette action a duré quatorze heures; qu'on les a chassés, tué plus de trois-mille hommes, et que le reste s'est retiré à Lauterbourg où on les doit aussi attaquer.

Depuis cette nouvelle, qui est dans la *Gazette* du 11, on parle différemment de la suite de cette affaire. On dit que vingt mille hommes étoient passés, et que tout est défait ou en déroute; que quinze autres mille hommes doivent aussi passer, qui ont été attaqués par M. de Seckendorf et M. de Balincourt, lieutenant général, qui est avec lui, et que M. le maréchal de Coigny est venu lui-même à l'action de Wissembourg. On dit aussi que le prince Charles, avec le reste de son armée de trente-cinq mille hommes, a passé en même temps, c'est-à-dire au commencement du mois, à plus de vingt lieues de là, du côté de Mayence, pour venir au secours de son premier passage. Mais on ne sait point encore aucun détail, au vrai, de tout ce que cela est devenu. Si la première nouvelle est véritable, le projet du prince Charles, de tomber dans l'Alsace et dans la Lorraine, est échoué, sinon, on aura des affaires dans ce pays-là [1].

Le 12 de ce mois, il y a eu grande réjouissance dans cette ville, à cause de la prise de la ville d'Ypres ; un *Te Deum* dans l'église Notre-Dame, à grand chœur de musique, où Monseigneur le Dauphin est venu de Versailles. Il y a été reçu par l'archevêque et le clergé, comme le Roi, ce qui a rendu cette cérémonie plus brillante et plus nombreuse. Après le *Te Deum,* M. le Dauphin a été promener au petit Cours. A huit heures et demie, il est revenu à l'Hôtel de Ville, qui étoit magnifiquement accommodé au dedans. On a tiré dans la place un feu d'artifice bien plus beau que celui pour Menin. M. le Dauphin a soupé dans la grande salle, seul, et il y avoit plusieurs tables pour toute la Cour. La façade de l'Hôtel de Ville étoit ornée et illuminée dans une grande magnificence, mais le vent et la pluie, très-indiscrète, en ont empêché l'effet et la durée. M. le Dauphin en est parti à onze heures et demie ; et dans son chemin, par la rue Saint-Honoré et la place Vendôme, il a trouvé toutes les maisons illuminées magnifiquement, autant que cela pouvoit être par une pluie à verse. Toutes les rues de Paris étoient fort bien illuminées avec un concours de peuple étonnant, pour voir les illuminations, malgré la pluie, qui n'a été violente que sur les onze heures. J'ai vu passer devant ma porte une douzaine de polissons, avec des tambours à la tête, des flambeaux, portant deux figures habillées : l'une représentant la reine de Hongrie, et l'autre le prince Charles, une pipe dans la bouche. Je crois que la police auroit empêché cela, si elle

1. Voir, sur l'affaire des lignes de Weissembourg, Voltaire, *Précis*, ch. xi.

eût pu le prévoir, parce qu'il faut toujours respecter les princes. La joie de la populace, animée par la vue du Dauphin, étoit très-grande, et il y a apparence que, par politique, on avoit fait répandre, le samedi 11, des nouvelles avantageuses du côté d'Allemagne, et qu'on avoit même arrêté les lettres jusqu'au dimanche après-midi.

Lundi matin, 13, il a été question d'autre chose. Il est vrai que le prince Charles a fait passer le Rhin à toute son armée, par quatre endroits différents, la nuit du 30 juin, et que M. le maréchal de Coigny n'en a été averti que le 1er juillet, au soir. Il est très-surprenant que lui, qui étoit du côté de Worms, et M. de Seckendorf du côté de Philisbourg, avec soixante mille hommes entre eux deux, aient laissé passer par surprise une armée de soixante-dix mille hommes dont les mouvements ne doivent pas être secrets.

La diligence de M. le maréchal de Coigny, après avoir sauvé ses magasins et brûlé ce qu'il ne pouvoit pas emporter, est rare. Il a marché trois jours et trois nuits avec son artillerie; mais la partie des ennemis, qui avoit passé du côté de Philisbourg, avoit pris les devants, et s'étoit emparée de la ville de Wissembourg, et des lignes qui vont jusqu'à Lauterbourg, pour nous couper la communication avec l'Alsace. M. le maréchal de Coigny, en arrivant, s'est rangé en bataille avec M. de Seckendorf, et on a attaqué, en même temps, la ville et les lignes, l'épée à la main, et on a pris la ville d'assaut, sans vouloir entendre de capitulation. J'ai vu une lettre d'un capitaine de Champagne, commandé pour l'attaque de la ville, qui marque avoir fait enfoncer une porte à coups de hache, avoir fait égorger quarante hommes de garde, et avoir fait passer au fil de l'épée tous les soldats qui étoient dans les maisons. On ne pouvoit pas arrêter la fureur de nos soldats, d'autant que cette armée est composée de ceux qui ont été maltraités en Bohême et en Bavière.

Les ennemis n'étoient arrivés que quelques heures auparavant; ils n'avoient pas eu le temps de se fortifier, et ils ne s'attendoient pas à un coup de main pareil. Le prince Charles comptoit que cela nous arrêteroit, et qu'il auroit le temps de joindre, avec le corps qu'il commandoit, qu'il avoit fait passer au-dessous de Mayence. Ce capitaine marque que, dans cette journée du 5, nous n'avons perdu que mille hommes, et les ennemis six; et cependant la *Gazette de France* n'en marque que trois. Dans la marche, le régiment de cavalerie de Saluces et le régiment de l'Hôpital-dragons, qu'on avoit fait marcher en avant, sont tombés dans un corps de houssards, de plus de trois mille, et nous en avons perdu, tués, blessés ou prisonniers, près de la moitié.

Mais, quand toute l'armée ennemie a été rassemblée, il a fallu se replier, et il est vrai que nous sommes actuellement sous Haguenau, d'où la lettre est datée, et aussi, dit-on, sous Landau. Le prince Charles est maître de Wissembourg et de Lauterbourg, et en état de faire des courses dans les environs. Il s'agit de savoir le parti qu'on prendra et le remède qu'on apportera à cette aventure qui ne devoit pas arriver.

En Flandre, la ville de Furnes s'est rendue, le 10, avec la capitulation ordinaire, après trois jours de tranchée ouverte. C'est M. le comte de Clermont qui en a fait le siége.

Cela est peu de chose. La nouvelle d'Allemagne a plus intrigué. On a tenu de grands Conseils, et il a été déterminé d'envoyer M. le duc d'Harcourt, qui étoit entre Mons et Maubeuge, avec vingt-cinq mille hommes, au secours de M. le maréchal de Coigny, et que le Roi ira en personne, avec toute sa maison, commander son armée d'Allemagne. Ceci devient sérieux. Le Roi est brave, aime la guerre, et ne craint pas la fatigue. Cela est beau de récompenser ses troupes d'Allemagne, qui ont fait des miracles de bravoure, en les honorant de sa présence, afin que chaque armée soit à son tour l'armée du Roi.

Il y a eu de grandes fautes dans cette affaire, du passage du prince Charles. M. le maréchal de Coigny est âgé et affligé d'une rétention d'urine. Cela ôte l'activité nécessaire. La diligence qu'il a faite, depuis le 1er juillet jusqu'au 5, le fera peut-être crever. A l'égard de M. de Seckendorf, on ne sait rien de particulier. Il y a eu un colonel de son armée, qui gardoit un poste sur le Rhin, qui a passé dans l'armée du prince Charles. La *Gazette de France,* du 18 de ce mois, a rendu compte de cette affaire, avec tout l'art et la politique possibles. Quoi qu'il en soit, il est toujours fort extraordinaire que deux armées de soixante mille hommes laissent passer le Rhin, en quatre endroits, à une armée de soixante mille hommes, sans surprendre quelque corps de troupes au passage.

M. de Gensac, lieutenant général, étoit dans Lauterbourg, avec dix-sept cents hommes. Il a rendu cette place au prince Charles, sans tirer un coup de canon. S'il eût tenu seulement quatre heures, notre armée étoit arrivée, et cela faisoit une grande différence. On dit qu'il a eu peur de perdre sa vaisselle d'argent et bagages. Il a été mis depuis au conseil de guerre, et l'on dit qu'il a été condamné à dix ans de prison, dégradé de noblesse et de grade et ôté la croix de Saint-Louis.

Quant à présent, M. le maréchal de Coigny est fort bien fortifié dans son camp, sous Haguenau, avec une armée qui ne doit être que de quarante mille hommes; de Seckendorf est campé, sous Haguenau, avec, dit-on, quinze mille hommes, et il y a huit mille hommes dans la ville. M. le comte de Belle-Isle, lieutenant général, est arrivé de Metz, en diligence, avec huit mille hommes, et est campé à Bitche. Il couvre la Lorraine, en sorte que le prince Charles est entouré à cinq lieues, et ses houssards ne peuvent faire des courses que dans le milieu; il fait aussi, en attendant, des contributions; il a même brûlé deux villages.

Le Roi est parti de Dunkerque[1] le dimanche matin, 19 juillet, avec des détachements de sa maison. Il va à petites journées et prend une route où il n'a rien à craindre; il va à Saint-Omer, Béthune, Arras, Péronne, La Fère, Laon, Reims, Châlons, Verdun, Malatour, et il arrivera à Metz. La quatrième et dernière colonne de l'armée est conduite par M. le duc d'Harcourt, qui a pris le plus court[2]. On dit qu'il y a une infinité de chariots pour conduire et reposer alternativement les soldats dans cette marche, et qu'ils ont double ration. De Metz le Roi partira avec toute son armée pour se rendre à Strasbourg, et ensuite au camp de Haguenau. M. le maréchal de Belle-Isle, qui est à Metz, aura des conférences avec le Roi sur tout ceci.

Dans le mois prochain, les nouvelles deviendront intéressantes. Le Roi aura à Haguenau un furieux corps de troupes. Le prince Charles l'attendra-t-il? ou repassera-t-il le Rhin, sur lequel il a plusieurs ponts et même ses gros bagages au delà du Rhin?

Comme le Roi emmène avec lui M. le maréchal de Noailles, qui est meilleur pour le conseil que pour l'action, M. le maréchal comte de Saxe est resté seul maître avec une armée de plus de soixante mille hommes dans son camp sous Courtrai, sur l'Escaut, vis-à-vis de l'armée des alliés, composée d'Anglois, Hollandois et Autrichiens. On dit qu'il a carte blanche. M. le comte de Clermont est aussi dans ce pays. Il y a apparence que ceci va interrompre les opérations des sièges et les projets sur Niewport et sur Ostende. Cette armée se trouve dégarnie; mais il faut espérer que M. le maréchal de

---

1. En apprenant ce qui se passait du côté de Wissembourg, Louis XV résolut d'interrompre la guerre de Flandre et de se porter au secours de l'Alsace.

2. Ce corps d'armée était destiné à garder les gorges de Phalsbourg.

Saxe ne se laissera pas surprendre, et qu'il aura grande envie de faire quelque coup de sa façon.

Pour l'Italie, M. le prince de Lobkowitz a joué de malheur; il a été défait à plusieurs reprises par le roi de Naples et l'armée espagnole, commandée par le duc de Modène et le comte de Gages. On dit qu'il ne lui reste pas huit mille hommes, et même qu'il est rappelé par la reine de Hongrie. En Allemagne, on est garant des événements.

Le prince de Conti est à présent à tenter son passage dans le Piémont, du côté du Fort-Dauphin, mais cela n'est pas fait [1].

En conséquence, sur la lettre du Roi et le mandement de M. l'archevêque, on a chanté un *Te Deum* dans l'église de Notre-Dame, et toutes les rues ont été illuminées, à l'ordinaire.

Août.

Le prince de Conti s'empare du Château-Dauphin; belle conduite des troupes françaises. — Le régiment de Poitou. — Le prince Charles ravage l'Alsace; cruautés exercées par ses troupes. — Les femmes à l'armée d'Allemagne. — Le Roi tombe malade à Metz. — Détails sur sa maladie; consternation générale. — Bulletins de santé. — Bruits de Paris. — Les deux sœurs. — Chanson contre La Peyronie. — Le Roi reçoit les sacrements et fait amende honorable. — La duchesse de Châteauroux est renvoyée de Metz; on la croit disgraciée. — Réflexions de Barbier. — Madame de Mailly dans la dévotion. — Scandales sur scandales. — Le roi de Prusse marche sur la Bohême. — Députations des cours souveraines. — Le Roi va mieux; Paris est dans la joie. — Prise de Démont par le prince de Conti. — Le prince Charles repasse le Rhin. — Le maréchal de Noailles blâmé et chansonné à cette occasion. — Nouvelles militaires.

On a reçu la nouvelle que M. le prince de Conti avoit fait attaquer les Barricades, retranchements et forts, pour le passage des montagnes par cinq endroits différents. M. Le Bailly de Givry, lieutenant général, commandoit l'attaque du Château-Dauphin les 18 et 19 du

---

1. Nous supprimons ici quelques lignes où Barbier répète des faits dont il a parlé plus haut.

mois dernier. M. le prince de Conti en commandoit une en personne, Philippe une autre, et toutes les attaques étoient composées de troupes françoises et espagnoles. M. le prince de Conti, se voyant près de pénétrer par la gorge où il étoit, envoya dire à M. Le Bailly de Givry de ne pas forcer; mais l'ordre vint trop tard, l'attaque étoit commencée; l'ardeur de nos soldats étoit si grande, qu'il n'y avoit plus moyen de les retenir. Il emporta les Barricades et retranchements, qu'on avoit regardés comme imprenables, par les rochers et par les fortifications, l'épée à la main, neuf bataillons contre quatorze. Le roi de Sardaigne y commandoit en personne. On dit que nos soldats renversèrent et culbutèrent deux bataillons entiers du haut de la montagne qui, tombant les uns sur les autres, étoient ensuite achevés par les troupes qui étoient dans le chemin. Il y a eu un carnage effroyable et des prodiges de valeur, surtout du régiment de Poitou [1], à qui M. de Givry envoya par trois fois ordre de se retirer pour le rafraîchir par d'autres troupes. Il ne voulut pas obéir, pour escalader le Château-Dauphin. Il en est venu à bout, mais aussi avec une perte considérable. Nous avons perdu cent vingt-trois officiers et peut-être mille hommes; mais les Piémontois ont perdu beaucoup plus de monde. Le roi de Sardaigne, qui étoit dans le Château-Dauphin, pleura, à ce qu'on dit, de rage en levant le bras au ciel, quand il vit les François maîtres des retranchements, et il fut obligé de se retirer avec ses troupes. Le prince de Conti va attaquer présentement le fort de Démont et celui de Coni. Mais en attendant toutes les troupes, la cavalerie et l'artillerie ont les passages libres pour entrer dans la plaine de Piémont [2].

Sur cette victoire, il y a eu, le 12 de ce mois, un

1. Le prince de Conti écrivit à Louis XV : « Cette journée est une des plus vives et des plus brillantes actions qui se soient jamais passées. Les troupes y ont montré une valeur au-dessus de l'humanité. La brigade de Poitou, ayant M. d'Agenois à sa tête, s'est couverte de gloire. »

2. Voir sur cette affaire, Voltaire, *Précis*, ch. ix.

Te Deum solennel à Notre-Dame. Il n'y a point eu de feu d'artifice à la Grève, et toutes les rues ont été illuminées, mais cependant succinctement, parce que le bourgeois est affligé du passage du Rhin et des ravages que font les houssards et les pandours du prince Charles.

M. le maréchal de Coigny a eu ordre de quitter le camp d'Haguenau et de se retirer du côté de Strasbourg. Nos troupes ne vouloient pas se retirer. Ils vouloient se battre, en cas qu'on les attaquât dans leurs retranchements. Il a fallu leur faire voir l'ordre du Roi. On a compté ici qu'on ne vouloit pas qu'on entreprît rien avant que le Roi fût arrivé à l'armée.

Mais pendant ce temps-là, le prince Charles s'est avancé et s'est emparé de Saverne et y a fait son quartier. Ses houssards et pandours ont mis à contribution une partie de la basse Alsace, ravagé toute la récolte, brûlé des villages, coupé toute la forêt d'Haguenau, dont ils se sont fait des retranchements, tué et massacré, violé des couvents de religieuses qu'ils renvoyoient toutes nues au milieu des champs, et mille cruautés de toute espèce. De plus, le prince Charles étant dans Saverne, lui-même n'a pas fait épargner la belle maison de campagne de M. le cardinal de Rohan, évêque de Strasbourg, qui par lui-même est un prince. On a cassé les glaces, les marbres, les parquets et détruit toutes les palissades des jardins. Voilà les suites du passage qu'on a laissé faire au prince Charles, et qu'on auroit pu sûrement empêcher avec plus d'attention, ou même avec plus de troupes, s'il en falloit de ce côté-là! On rejette cela sur M. le maréchal de Noailles, qui, dans la distribution des troupes, en a donné trop peu à M. le maréchal de Coigny, pour avoir une armée nombreuse en Flandre, où il étoit avec le Roi.

M. le duc d'Harcourt est donc arrivé en Alsace avec son corps de troupes de dix-sept à dix-huit mille hommes. Toutes les troupes de l'armée de Flandre, montant à plus de trente mille hommes, composés de la maison du Roi et de ce qu'il y a de mieux, sont arrivées à Metz et en sont parties, le 5, pour joindre M. de Coigny; mais les différents mouvements et changements du prince Charles ont rendu la jonction plus longue et plus difficile. On disoit que le Roi étoit obligé de prendre par les derrières. Ici, à Paris, on le comptoit parti le 6 de Metz, où chacun parloit de la route à sa fantaisie. Une circonstance n'étoit pas du goût du public : toutes les princesses et femmes de la Cour, et par conséquent madame la duchesse de Châteauroux, qui étoit le mobile de cette marche, ont été du voyage pour l'Allemagne et devoient partir de Metz après le Roi, pour se rendre dans la ville de Strasbourg, où elles pouvoient être en sûreté. Mais la Providence en a disposé autrement.

Le 7 de ce mois, le Roi est tombé malade à Metz. Il a eu la fièvre, qu'on a d'abord regardée comme fièvre d'accident et de fatigue, et peut-être même de chagrin, du passage du prince Charles et des désordres de ses troupes. Il avoit fait aussi un grand souper avec toute sa Cour, dans lequel on avoit beaucoup bu à la santé du roi de Prusse, avec lequel ce grand traité, dont on a tant parlé, est enfin certain[1], et aussi à la santé de *mon cousin le grand Conti*. Il l'a ainsi surnommé dans ce souper, et le nom lui en est resté. Et le reste de la nuit ne fut peut-être pas plus tranquille.

Depuis le 7 jusqu'au 11, le Roi a été saigné trois fois et purgé autant. A peine savoit-on cet accident dans Paris. On l'avoit caché, et le public en général le croyoit parti. De manière que cette fièvre est devenue fièvre maligne, infiniment dangereuse; il a été saigné plusieurs fois du pied; et du 11 jusqu'au 14, il a été à l'ex-

---

1. Le traité avait été signé secrètement le 5 avril, et on avait fait depuis à Francfort une alliance étroite entre le roi de France, l'Empereur, le roi de Prusse, l'électeur palatin et le roi de Suède, en qualité de landgrave de Hesse. Ainsi l'union de Francfort était un contre-poids à l'union de Worms. VOLTAIRE.

trémité, et plus de cinq heures sans parole et sans connoissance. On ne savoit point encore ce malheur dans Paris ; on ne croyoit pas que la maladie avait eu ces suites. Je sais que le vendredi 14, à dîner, chez le premier président, on le comptoit mieux.

La nuit du 14, il arriva un courrier portant la nouvelle que le Roi avait reçu tous les sacrements, et ordre à la Reine, à M. le Dauphin et à Mesdames de partir sur-le-champ pour Metz, auprès du Roi, qui avoit demandé à les voir. Les ordres furent donnés toute la nuit; il n'y avoit plus moyen de rien cacher. Le lendemain matin 15, jour de l'Assomption, cette nouvelle se répandit dans Paris. La Reine avoit passé sur les boulevards à huit heures; M. le Dauphin devoit partir à midi, et Mesdames à six heures du soir; le tout à cause de la difficulté des chevaux de poste.

Cette nouvelle a mis Paris dans une alarme et une consternation qu'on ne peut exprimer, et cela dans tous les états, grands, petits et peuple. Le samedi 15 et le dimanche 16, la grande poste fut remplie et investie de carrosses et de peuple qui attendoient des courriers. On ordonna à Notre-Dame et partout les prières de quarante heures. Il vint un courrier le 16, après midi, qui disoit aller droit à Meudon, où étoit la reine de Pologne, mère de la Reine, qui est venue ici pour passer un mois avec la reine de France. Ce courrier d'ailleurs ne dit rien du Roi, et en effet c'étoit un courrier que la Reine envoyoit à sa fille. Je passai moi-même, à sept heures, chez M. de Maurepas, où il n'y avoit aucune nouvelle. Le silence de ce courrier et le défaut de nouvelles firent croire que le Roi étoit mort; le 17 au matin, tout Paris alla ou envoya à la poste; chacun avoit la larme aux yeux; et enfin sur les dix heures, il arriva un courrier qui dit que le Roi avoit mieux passé la nuit du 15 au 16, qu'il avoit dormi, et qu'il s'étoit réveillé avec beaucoup moins de fièvre. Cela remit un peu les esprits et cela fit l'entretien de tout Paris; depuis lundi 17, tous les jours, matin et soir, la poste a été remplie et investie de monde, les commis ne savoient à qui répondre; il est arrivé des courriers tous les soirs qui ont dit que le Roi alloit mieux, et pour satisfaire l'ardeur des habitants de Paris, on a pris le parti de faire des bulletins affichés en plusieurs endroits de la cour de la poste, et même aux portes des ministres. On peut dire que le Roi n'aura jamais une occasion plus marquée et plus éclatante de l'amour et de l'attachement de son peuple; le corps de ville de Paris, n'ayant pas des nouvelles de sa santé aussi souvent qu'on le voudroit, par la difficulté des chevaux de poste sur la route, a fait un établissement le 15, jour du danger de la maladie; ils ont envoyé trente ou trente-cinq hommes sur la route de deux en deux lieues avec des chevaux. Le premier étant arrivé à Metz, on aura à la ville le bulletin deux fois par jour, et l'on ne pourra avoir la première nouvelle de cette correspondance, que le 21 de ce mois.

La Reine, qui est partie le 15, est restée à Braine, contre Soissons, et M. le Dauphin à Châlons et les dames de France aussi en chemin, le tout par ordre. Cela a un peu intrigué. Ce retard n'a été que d'un jour pour préparer les logements à Metz. Il a fallu déloger du gouvernement, où étoit logé le Roi, tous ses grands officiers qui y demeuroient, pour y loger la Reine et ses dames; mais depuis la Reine a continué sa route et a été à Metz ainsi que M. le Dauphin.

Le 20, on a reçu ici le bulletin daté de Metz du 18, par lequel il est dit que le Roi va toujours mieux, qu'il a été plus tranquille, et que pour prévenir ou pour mieux dire diminuer le redoublement de fièvre qu'on attendoit à une certaine heure, on lui a donné une médecine, en sorte qu'il n'est pas encore absolument hors d'affaire, et que la Reine et M. le Dauphin sont arrivés le 18 à Metz. Le 21, on a eu un bulletin que le Roi avoit bien dormi la nuit du 19, et qu'il étoit beaucoup mieux.

Il est certain que le Roi a été à toute extrémité, entre le 12, le 13 et le 14, et que les médecins n'en attendoient plus rien. Il faut qu'il ait été saigné six fois du pied; on le crut mort dans les appartements. On dit que c'est un médecin juif de Metz qui lui a fait appliquer les sangsues sur la tête, et qui lui a fait donner une potion, laquelle lui a fait faire une évacuation abondante qui l'a tiré de la mort; d'autres disent que c'est un chirurgien-major d'un régiment; car Dumoulin n'y est arrivé que le dimanche 16, et tout le grand danger étoit passé.

Au surplus, on dit que cette maladie vient d'un coup de soleil, d'une indigestion d'un grand souper où on avoit beaucoup bu et d'un épuisement dans la nuit suivante.

Tout le public a déclamé contre M. le duc de Richelieu, madame la duchesse de Châteauroux, et M. de La Peyronie, premier chirurgien. On dit que pendant les trois premiers jours de la maladie, qui n'étoit d'abord qu'une fièvre ordinaire, ils s'étoient tous les trois enfermés dans la chambre du Roi, que La Peyronie avoit pris sur lui seul la guérison, et qu'ils ne laissoient entrer personne. On dit même qu'on a refusé la porte de la chambre à M. le duc de Bouillon, grand-chambellan, qui a traité fort durement M. de La Peyronie. Je crois que les médecins qui ont de grands débats avec les chirurgiens ont fait courir ces bruits pour décréditer M. de La Peyronie, car il n'est pas naturel que le Roi étant malade, M. Chicoyneau, premier médecin, et les médecins du quartier n'ayant pas été appelés sur-le-champ et que M. de La Peyronie, qui est homme d'esprit, ait rien pris sur lui.

Ce fait n'est pas vrai; M. Chicoyneau, premier médecin, n'a pas quitté le Roi depuis le premier moment de sa maladie. Les médecins de Paris, qui enragent contre La Peyronie, ont fait même une chanson contre lui à ce sujet qui est vive :

Sur l'air : *Des Pendus.*

Or, écoutez petits et grands,
L'histoire du chef des merlans,
Qui s'est joué, l'infâme traître,
Des jours de son Roi, de son maître,
Et faillit à nous perdre tous
Pour complaire à madame Enroux [2].

On dit de plus que M. le duc de Richelieu avoit retardé autant qu'il avoit pu la présence du père Pérusseau, jésuite, confesseur de Sa Majesté; mais que M. Fitz-James, évêque de Soissons, fils du maréchal de Berwick, premier aumônier du Roi, a fait venir le confesseur, s'est emparé du Roi pour l'exhorter à la mort, et lui a fait recevoir ses sacrements, le 13 de ce mois, de la manière la plus authentique et la plus solennelle.

Le Roi a permis de laisser entrer tout le monde de la ville de Metz, hors la populace; cela a fait par conséquent un grand concours. Là, monseigneur l'évêque de Soissons a fait faire au Roi une espèce d'amende honorable. Il a demandé pardon à Dieu et à ses peuples du scandale qu'il avoit donné. Il a reconnu qu'il étoit indigne de porter le nom de Roi très-chrétien et de fils aîné de l'Église, et il a promis d'exécuter toutes les conditions que monseigneur l'évêque de Soissons avoit exigées de lui, qui étoient de renvoyer madame la duchesse de Châteauroux et madame la duchesse de Lauraguais aussi, qui est sa sœur, sur quoi le Roi a répondu de lui-même, qu'il étoit prêt de le signer de sa main. En conséquence, M. d'Argenson a porté l'ordre de la part du Roi, à madame la duchesse de Châteauroux de se retirer à quatre lieues de Metz, avec madame de Lauraguais, sans lui pouvoir dire à quel endroit. Dans cette incertitude,

1. Il est chef des perruquiers, que l'on appelle *merlans*, parce qu'ils sont blancs. (*Note de Barbier.*)
2. La duchesse de Châteauroux. — Nous renvoyons au manuscrit pour les couplets suivants.

M. le maréchal de Belle-Isle lui a indiqué un château d'un président de Metz, à quatre lieues, qui n'étoit point meublé, et la nuit d'après, à deux heures, on leur a apporté un second ordre de se retirer très-loin de Metz. Elles sont parties pour Paris, où elles sont arrivées le jeudi 20. Cela avoit fait un tel scandale dans Metz, qu'elles ont été obligées, pour sortir de la ville, de baisser les stores du carrosse, crainte d'être insultées par la populace. On dit même que madame la duchesse de Châteauroux a ordre de se retirer à Châteauroux. De là s'ensuit la disgrâce de M. le duc de Richelieu, qui a été l'auteur et le moteur de l'intrigue de madame la duchesse de Châteauroux.

Pour mesdames les duchesses de Châteauroux et de Lauraguais, elles n'ont que ce qu'elles méritent, d'avoir été chassées plus indignement que les dernières........, car ceci a fait dire dans le public, qu'après un grand souper, du 6 de ce mois, M. le duc de Richelieu avoit enfermé le Roi avec les deux sœurs, pour leur faire passer la nuit, et que le lendemain il avoit craché le sang d'épuisement. Voilà la cause de sa fièvre et de ses grands maux de tête. Ce n'étoit point une fièvre maligne, et peut-être pourquoi on l'a cachée les premiers jours, dans l'espérance d'apaiser le mal accidentel par des saignées et des médecines. Mais avec tout cela il falloit mieux ménager l'honneur du Roi, en faisant la même opération.

Le duc de Richelieu, maréchal de camp, a été renvoyé à l'armée du Rhin; et des huit aides de camp du Roi, il n'est resté à Metz que le comte de Meuse, lieutenant général et le duc de Luxembourg, malade. Sur-le-champ, le Roi a ôté à madame de Châteauroux la place de surintendante de madame la Dauphine, et à madame de Lauraguais celle de dame d'atour, et M. le duc de Richelieu ne va plus chercher l'Infante. Tout est disgracié!

Cette nouvelle à Paris a infiniment satisfait le public qui avoit reçu très-mal le premier voyage de toutes ces femmes en Flandre. On s'étoit toujours bien douté que le départ des princesses de Chartres, de Modène et de Conti n'avoit été qu'un prétexte pour y faire marcher les autres femmes, et on avoit encore plus critiqué la suite de toutes ces femmes dans le départ du roi de Flandre pour l'Allemagne.

On regarde donc l'action de monseigneur l'évêque de Soissons comme la plus belle chose du monde, que le scandale ayant été public, il faut que la réparation le soit aussi; et on le fait déjà cardinal, archevêque de Paris. Le public admire souvent sans réflexion les grands événements. Pour moi, je prends la liberté de regarder cette conduite très-indécente et cette réparation publique et subite comme un scandale avéré. Il faut respecter la réputation d'un Roi, et le laisser mourir avec religion, mais avec dignité et majesté. A quoi sert cette parade ecclésiastique? Il suffisoit que le Roi eût dans l'intérieur un sincère repentir de ce qu'il avoit fait, pour cacher les dehors. Il étoit très-juste que madame de Châteauroux ne reparût plus; mais il falloit concerter son éloignement avec ménagements, trouver un prétexte au départ de quelques princesses avec toutes les femmes de cette Cour, qui n'avoient plus que faire à Metz, surtout la Reine devant arriver; et ne pas déclarer publiquement par un exil personnel et subit l'intrigue qui a succédé à madame la comtesse de Mailly, sa sœur, dont, à parler vrai, le public ne pouvoit avoir que des soupçons. Je ne sais pas ce qui arrivera de tout ceci après trois mois d'un parfait rétablissement, mais je trouve cette conduite légère et imprudente et trop satisfaisante pour l'autorité ecclésiastique sur les princes dans ces moments critiques[1].

Quoi qu'il en soit, madame la comtesse de Mailly est ici à Paris dans une haute dévotion; depuis la nouvelle du danger du Roi, elle n'a pas, dit-on, quitté les églises, et elle ne quitte pas aussi toute la maison de Noailles. On commence à présent à lui pardonner et à l'estimer; et au

---

[1]. Voltaire est du même avis que Barbier. Voir le *Précis*, ch. xii.

contraire on se déchaîne à toute outrance contre sa sœur, que l'on regarde comme la cause de la maladie du Roi. Il est certain que ceci fait une sortie bien honteuse pour madame de Châteauroux. On fait naître par tout ceci de nouveaux soupçons sur madame de Lauraguais aussi; c'est scandale sur scandale!

A présent toute la Cour est à Metz : la Reine, le Dauphin, les trois princesses qui y étoient et les autres femmes de Cour; et il est vrai que la Reine y jouit pleinement de son état et de ses droits sans aucun obstacle.

Quant à la guerre, les projets se continuent. Deux jours avant la maladie, le Roi reçut à Metz un ambassadeur du roi de Prusse, pour lui déclarer publiquement que son maître alloit à la tête de quatre-vingt mille hommes entrer dans le royaume de Bohême et faire le siége de Prague (ils doivent y arriver le 28 de ce mois); et qu'il envoyoit vingt-deux mille hommes en Moravie. Cette diversion produit un effet épouvantable contre la reine de Hongrie, qui n'a aucunes troupes pour défendre ses États contre le roi de Prusse. Elle jure de bon cœur, dit-on, contre le roi de Prusse. Mais on publie et distribue ici son manifeste, qui est au plus violent contre elle et contre l'Angleterre.

D'un autre côté, le prince Charles, après avoir laissé exercer bien des cruautés par ses troupes dans l'Alsace, est très-embarrassé dans sa position. Nous avons là à présent une armée considérable. M. le maréchal de Noailles a, dit-on, passé le Rhin avec un corps de troupes pour s'emparer des ponts du prince Charles, et lui empêcher le passage du Rhin. Il cherche à se retirer peu à peu, mais on le dit entouré de tous les côtés et fort mal pour avoir des vivres[1].

Le lundi, 17 de ce mois, après la nouvelle du cour-

---

1. Cela n'est pas vrai, le maréchal de Noailles et M. de Seckendorf sont toujours restés de notre côté, sauf quelques troupes qui peuvent avoir été envoyées en partie de l'autre côté du Rhin. (*Note de Barbier.*)

rier, qui a un peu remis les esprits sur la santé du Roi, le Parlement s'est assemblé, et il a été arrêté que M. Dufranc, greffier de la Grand'Chambre, et en qualité de secrétaire du Roi près le Parlement, partiroit l'après-midi comme député de la Cour pour se rendre à Metz, et s'informer de la santé du Roi. Toutes les Cours souveraines, le Grand Conseil, la Chambre des Comptes, la Cour des Aides, la Cour des Monnaies, et l'Hôtel de Ville ont envoyé pareillement des députés.

M. Dufranc est revenu le 21 au soir; on avoit déjà eu, par les courriers de la Cour, des nouvelles que le Roi alloit de mieux en mieux. Le bulletin du 18 portoit qu'il avoit dormi, et que les accidents avoient cessé; que cependant on attendoit encore des redoublements. M. Dufranc a apporté encore de meilleures nouvelles. Le samedi, le Parlement s'est assemblé, et a ordonné qu'on chanteroit sur-le-champ un *Te Deum* dans la grande salle du Palais, à midi. Il a envoyé chercher M. de Marville, lieutenant de police, et lui a ordonné de faire imprimer et afficher son ordonnance, par ordre du Parlement, pour faire des illuminations dans Paris, le soir même. Ce grand zèle pouvoit être un peu précipité dans une maladie de cette conséquence; mais il a été justifié par l'événement. Quoi qu'il en soit, le lieutenant de police et les commissaires ont fait leurs opérations, et quoique cela n'ait pu être rendu public dans Paris que sur les deux heures après-midi, le soir, à huit heures, toute la ville de Paris a été illuminée mieux qu'elle n'a jamais été. Il y avoit des lampions ou chandelles jusqu'aux fenêtres du quatrième étage. Les rues Saint-Denis, Saint-Martin et Saint-Honoré étoient un spectacle à voir, et il y a eu quantité de maisons magnifiquement décorées. Le peuple étoit en joie dans les rues, et il n'est pas possible de donner une marque plus sincère et plus vive de l'amour du peuple pour le Roi, qui se porte toujours de mieux en mieux, et qui a été même rasé, en sorte qu'il est convalescent. M. le comte de Maurepas est parti pour aller voir et complimenter Sa Majesté. Il aura trouvé en Cour des ennemis de moins : M. le duc de Richelieu, qui s'étoit vanté de le débusquer, paroît un peu loin de son projet. Il y avoit quelque apparence que ce qu'on a fait faire au Roi a été un coup de politique pour chasser sans retour le duc de Richelieu, que l'on regarde comme un fou avec beaucoup d'esprit. M. le comte de Saint-Florentin doit partir aussi pour Metz pour faire sa cour apparemment, après le retour de M. le comte de Maurepas, attendu que Paris ne peut pas rester sans secrétaire d'État.

Nouvelles d'Italie : M. le prince de Conti a pris le fort de Démont, sans aucune perte, par le hasard d'un boulet rouge qui a mis le feu aux magasins aux mèches. On a craint un incendie, et le gouverneur s'est rendu. Nous avons fait près de mille prisonniers et pris cinquante-six pièces de canon. Mais il est arrivé une aventure assez cruelle dans le quartier général, où logeoient don Philippe et M. le prince de Conti. On a mis le feu la nuit à leur habitation. Les deux princes et nombre d'officiers ont pensé être brûlés. Il a fallu descendre les deux princes tous nus en chemise par les fenêtres avec des draps. Ils ont perdu quantité de chevaux, et on a jeté la vaisselle d'argent et leurs bagages dans les rochers. On dit que M. le prince de Conti, après avoir pris Démont, a su, par les gens qu'on a fait arrêter, que cet incendie avoit été causé par des gens postés par le gouverneur de Démont, et qu'il a promis aux officiers qui ont perdu, de les indemniser sur les premières contributions.

On regarde avec indignation cette action qu'on rejette sur le roi de Sardaigne, et il s'expose à une vive vengeance. Les princes sont actuellement au siége de Coni, qui est le plus rude morceau.

On attend tous les jours des nouvelles de quelque action en Allemagne, où le prince Charles est entouré de cinq corps d'armées et fort mal pour les vivres.

Pour le maréchal comte de Saxe, il est en Flandre, sur la défensive, avec une armée inférieure à celle des alliés. On s'amuse respectueusement à faire des contributions les uns sur les autres.

Malgré tous nos corps d'armées en Allemagne, le prince Charles y étoit resté dans l'attente peut-être de la mort du Roi que l'on a crue certaine (d'autant que pendant deux jours on n'a laissé sortir qui que ce soit de Metz, et qu'on l'a cru mort pendant plusieurs heures du 14 au 15), pour profiter du désordre que cela pourroit causer dans les troupes, et de la désunion des généraux; mais ce prince, sachant le rétablissement du Roi, a pris son parti, et une belle nuit, a fait passer le Rhin à son armée sur trois ponts, qu'il a brûlés après son passage. A la vérité, il a été obligé de sacrifier trente-deux compagnies de grenadiers dans ses retranchements pour faire tête en cas qu'il fût découvert et poursuivi. Il falloit nécessairement laisser de bonnes troupes. Il a laissé ainsi environ huit mille houssards ou pandours dans les bois d'Haguenau[1].

Le prince Charles étoit passé quand on a eu avis ou du moins quand le maréchal de Noailles a fait donner. L'attaque a été rude, mais il a fallu que ces enfants perdus cèdent au nombre.

Cette nouvelle a fort indisposé Paris contre le maréchal de Noailles, que l'on a regardé de plus en plus comme ayant peur du canon. On a écrit qu'il avoit donné jusqu'à trente-cinq ordres différents dans un jour et qu'il ne savoit quel parti prendre.

Les nouvelles ont été différentes. On a dit d'abord que nous avions tué bien du monde, et tout cela s'est réduit ensuite à deux mille hommes et des prisonniers.

---

1. On dit que cela n'est pas si considérable. Les paysans alsaciens et des détachements en attrapent quelques-uns tous les jours, qui se rendent faute de vivres; mais il en échappera. (*Note de Barbier.*)

M. le chevalier d'Orléans, grand-prieur de France, servant comme volontaire, d'autant qu'il est général des galères, a été blessé à la cuisse d'un coup de feu, mais sans danger. Deux lieutenants du régiment des gardes ont été tués et autres; il y a eu même une bévue à cause de la nuit et faute d'ordre. Quelques-unes de nos troupes ont tiré les unes sur les autres.

Ce passage a fort indisposé contre le maréchal de Noailles. On dit qu'on a attaché, la nuit, à la porte de son hôtel à Paris, une épée de bois. On disoit: « La paix est faite, le maréchal a chassé les ennemis de l'Alsace! » Il falloit, dit-on, mettre en lettres d'or:

> Homicide point ne seras
> De fait ni de consentement [1].

Tous ces brocards-là réitérés viendront aux oreilles du Roi par quelque endroit et perdront le maréchal malgré tout son crédit; d'autant qu'il est nécessaire que les troupes aient confiance dans le général.

On peut dire aussi qu'on a eu des raisons de ménagement pour laisser sortir le prince Charles de l'Alsace, qui au surplus a désolé ce pays-là. Il a enlevé tous les chevaux de tous les paysans, leurs charrettes et meubles; mais il est certain qu'il s'étoit retranché, par la quantité de bois qu'il avoit abattu dans la forêt d'Haguenau, à ne pouvoir pas être forcé, et derrière ses retranchements, il avoit fait faire des puits recouverts,

---

1. Barbier place ici une chanson sur le maréchal de Noailles, et un dialogue entre un grenadier, un fantassin et un capitaine, dont voici les quatre premiers vers:

> LE GRENADIER.
> Ami, débaptisons Noailles!
> Tout autre nom mieux lui convient.
> Comment, le sien rime à batailles!
> Eh! morbleu, c'est rimer trop bien!

Pour le reste, nous renvoyons au manuscrit. Beaucoup de ces pièces de circonstance ne valent pas la peine d'être reproduites, ou ne contiennent souvent que des injures et des appréciations qui ne méritent pas d'être recueillies par l'histoire.

très-près les uns des autres; en sorte que si on avoit entrepris de le forcer, on en seroit venu à bout, mais il en auroit coûté bien du monde, et la cavalerie auroit péri.

On a moins risqué de le laisser passer pour courir au secours de la reine de Hongrie contre le roi de Prusse; mais nos troupes vont passer le Rhin et le suivre avec l'armée de l'Empereur et les troupes hessoises, palatines et autres qu'on lui donne, et il se trouvera à la fin entre nos armées et celles du roi de Prusse.

M. de Coigny est général en chef. Le maréchal de Noailles est retourné à Metz.

Septembre.

Prophétie dans le genre de Nostradamus. — Réjouissances pour le rétablissement du Roi. — Le feu d'artifice; chanson. — Le *Te Deum* des corps de métiers. — Lettre d'un seigneur hollandais. — Le Roi à Lunéville. — Siége de Fribourg. — Siége de Coni.

Depuis le rétablissement de la santé du Roi, quelque curieux a fait quatre vers dans le style et sous le nom du *prophète de Nostradamus*. — Centurie XIII, livre III.

> Au cri du chat[1], un chacun tremblera;
> Le coq, hélas! sera pris par la crête;
> L'enfant tout nu[2] perdra son arbalète;
> Et la camarde[3] un pied de nez aura!

Jeudi, on a chanté à Notre-Dame un *Te Deum* pour le rétablissement de la santé du Roi. Il y a eu un feu d'artifice tiré à la Grève, fait par des artificiers italiens, qui a été assez beau par la variété. Toutes les rues de Paris ont été illuminées avec magnificence; il y a eu quantité de simples particuliers qui se sont distingués par une dépense considérable, indépendamment des hôtels des princes, seigneurs et gens attachés à la Cour, qui ont été illuminés avec des charpentes ou placages et lustres faits exprès, le tout garni de lampions[4].

---

1. Mi-août. Le Roi était très-mal. *(Note de Barbier.)*
2. L'amour a eu du dessous. *(Note de Barbier.)*
3. La mort. *(Note de Barbier.)*
4. Il n'est pas sans intérêt de remarquer que Barbier ne fait aucune men-

Sur le Pont-Neuf, dans les places publiques et plusieurs endroits, il y avoit deux pièces de vin que l'on distribuoit avec des cervelas et des pains; et devant chaque distribution de vin, il y avoit une charpente de gradins pour cinq ou six musiciens qui jouoient des instruments. Le peuple a couru en foule une partie de la nuit dans les rues pour aller visiter dans les différents quartiers les grandes illuminations. Cette réjouissance a été complète.

Le feu de la Grève étoit en face de l'Hôtel de Ville, et il étoit entouré d'une charpente en arcade haute jusqu'au second étage, qui formoit un carré dans la place, dont les placards étoient garnis de lampions, et dont le haut étoit orné en guirlandes de petites lanternes avec des lustres, ce qui étoit d'un goût infiniment galant et superbe. Mais le défaut de ce feu, dans une place aussi irrégulière et aussi vilaine que la Grève, est qu'il étoit placé, formé et entouré de façon qu'il étoit uniquement construit pour l'Hôtel de Ville et nullement pour le peuple, qui ne pouvoit le voir aisément, quoique le premier objet de la réjouissance.

Cela a fort indisposé le public contre M. de Bernage, nouveau prévôt des marchands, sur lequel aussitôt il y a eu le couplet de chanson :

> Monsieur le prévôt des marchands,
> Ma foi, vous vous moquez des gens!
> Vous placez si bien l'édifice
> Du feu que tout Paris attend,
> Qu'il faudra pour voir l'artifice,
> Avoir sa place au firmament[1].

tion de ces mots : *Vive Louis le Bien-Aimé*, qui, suivant les relations officielles, étaient écrits presque partout en lettres de feu, et annonçaient « que la nation déférait au monarque un titre qui est au-dessus de tous les autres, parce qu'il les renferme tous. » (*Gazette de France* du 10 septembre 1744.)

DE LA VILLEGILLE.

1. Suit une autre chanson fort mauvaise, que nous ne reproduisons pas.

Il ne faut qu'une misérable aventure pareille pour discréditer M. de Bernage dans l'esprit du public, et faire trouver mauvais tout ce qu'il fera dans la suite.

Il y a apparence que nous aurons encore des sujets de *Te Deum* et de fêtes.

En Italie, on fait le siége de Coni; il a été investi le mois dernier. Avec du temps, M. le prince de Conti en viendra à bout.

En Allemagne, toute l'armée a passé le Rhin; on dit sûrement que nous allons faire le siége de Fribourg, place forte, bien munie et où il fera chaud pour nos grenadiers.

On ne sait pas si le Roi ira à Strasbourg. Malgré tous nos *Te Deum*, la santé revient lentement; il y a eu une grande foiblesse; il ne doit pas attendre le froid pour revenir à Versailles. A son retour nouvelle fête.

Les prières et les réjouissances ont éclaté à Metz avec autant de zèle qu'à Paris, et les juifs de Metz en ont donné des premiers des preuves. On a même imprimé leurs prières au sujet de la maladie du Roi.

Dans cette ville de Paris, cela ne finit pas : il n'y a point de corps et de communauté de quelque espèce que ce soit qui ne fasse chanter un *Te Deum*. On ne voit que cela affiché tous les jours aux coins des rues, et le jour du *Te Deum* chaque particulier de la communauté illumine sa fenêtre; jusqu'aux charretiers du port-Saint-Bernard. Mais les orfévres et joailliers, qui demeurent dans la place Dauphine et sur les quais des Orfévres et des Morfondus, ont donné une fête magnifique le 14 de ce mois. La place Dauphine étoit ornée et illuminée avec goût, et tout le tour des quais et la rue de Harlay avec des lustres de lampions à la place des lanternes, et dans le milieu de la place il y avoit une enceinte où il y a eu un grand concert sur les dix heures du soir. Il devoit même y avoir un bal, mais il n'y en a point eu. Ce spectacle d'illuminations étoit d'un grand goût, et depuis huit heures jusqu'à trois heures du matin, il y a eu un concours de peuple et de tout Paris.

Le 21, les salpêtriers de l'Arsenal ont fait chanter un grand *Te Deum* en musique, illuminé tout le jardin, et fait tirer un grand nombre de fusées sur la rivière, après une décharge de boîtes. On entend tous les soirs tirer de tous les côtés. Tous les colléges font aussi des fêtes et des illuminations.

Indépendamment des *Te Deum* pour la santé du Roi, on n'en a jamais aussi tant vu pour la prospérité de nos armes. On en a encore chanté un à Notre-Dame, tant pour ce qui s'est passé en Italie que pour la retraite du prince Charles du pays d'Alsace.

Le 23 de ce mois, M. Orry, contrôleur général, a fait tirer son feu sur l'eau, qui étoit placé sur la rivière, un peu au-dessus de la terrasse de sa maison de Bercy; son jardin étoit illuminé magnifiquement et d'un grand goût, et le feu a été fort beau. Il est certain qu'il a bien été fait pour le public; car, du côté de la porte Saint-Bernard, c'étoit une affluence de carrosses et de peuple à pied qu'on ne s'apercevoit pas ni de la guerre ni des vacances. Il y en avoit aussi beaucoup de l'autre côté de la rivière, et l'on voyoit le feu jusqu'au pied dans l'eau de tous côtés. Cette fête a été d'autant plus belle, qu'il faisoit une fort belle nuit, au clair de lune près, qui étoit de trop.

Il est certain que M. le contrôleur général, en qualité de directeur général des bâtiments, a visité le château des Tuileries, le 22, pour voir les réparations qu'il y a à y faire. On compte sûrement que le Roi et la Cour y coucheront quelques nuits pour marquer leur reconnoissance au peuple et pour remercier Dieu à Notre-Dame; mais on dit de plus que le Roi, la Reine et la famille royale pourront passer l'hiver à Paris pour plusieurs raisons : par rapport aux grandes réparations à faire au château de Versailles; pour empêcher le Roi d'avoir envie d'aller à la chasse, et pour rassembler à Paris tout le monde qui est à la suite du Roi, au retour de la campagne; pour indemniser les fermiers généraux du défaut de consommation qu'il y a eu cette année dans cette ville. Si cela est, Paris sera bien brillant!

Il paroît dans le public une *lettre* imprimée d'un seigneur hollandois à un de ses amis, sur le faux du parti que prend la Hollande de secourir la reine de Hongrie à la sollicitation des Anglois. Il sembleroit même, par la qualité que prend l'écrivain, que ce seroit de M. de Van Hoey, qui est ici depuis si longtemps ambassadeur et qui s'est toujours opposé ouvertement au parti qu'a pris la république. Cette lettre ne se distribue pas sans permission tacite et sans quelque motif. Elle contient clairement, et avec liberté, les intérêts de la Hollande à ne pas s'intéresser si fort à la continuation de la puissance de la maison d'Autriche, et à ne pas se livrer si imprudemment aux vues particulières de l'Angleterre.

Le Roi est sûrement à Strasbourg, où on l'attend avec de grands préparatifs de réjouissances. On dit que la ville a fait pour cinq cent mille livres de dépenses. M. Dumoulin, médecin, avant de partir de Metz, avoit bien prié le Roi de ne point faire ce voyage, à cause des brouillards du Rhin; mais le Roi ira voir une belle ville, et il aura bien de la peine à ne pas aller faire un tour au camp devant Fribourg, pour voir son armée d'Allemagne. Il est vrai même qu'il doit quasi cette satisfaction à ses troupes. Le Roi est à Lunéville chez le roi de Pologne avec la Reine, et les princesses; madame la duchesse de Chartres, madame de Modène et madame la princesse de Conti sont allées à Strasbourg. Monseigneur le Dauphin et Mesdames de France sont revenus à Versailles le 27 et le 29 de ce mois. On dit qu'on attend le Roi et la Reine à Paris avant les fêtes de la Toussaint.

La tranchée devant Fribourg a été ouverte le 25 de ce mois. C'est M. le maréchal de Coigny qui fait ce siége. M. le maréchal de Noailles est avec le Roi pour le conseil, composé du cardinal de Tencin, du maréchal, de M. d'Argenson et de M. de Maurepas, qui est resté.

M. le comte de Clermont, prince du sang, est avec un corps de douze mille hommes avec les troupes de l'Empereur du côté de la Bavière. On le nomme aujourd'hui *prince* de Clermont. Le Roi a dit qu'il y avoit bien des personnes de ce nom et qu'il falloit appeler son cousin prince de Clermont pour le distinguer des autres.

M. le prince de Conti est toujours après le siége de Coni avec don Philippe. On dit que cela ne va pas trop bien de ce côté-là : que nos troupes manquent de vivres, qu'on ne peut tirer que de la Provence ; et quoique nous soyons maîtres des passages des montagnes, outre que le chemin est long et difficile, on est incommodé par les barbets, qui sont des troupes irrégulières du roi de Sardaigne, au moins aussi incommodes dans ces pays de montagne que les pandours de la reine de Hongrie. Il est néanmoins très-essentiel de prendre cette place dans le mois d'octobre; autrement, les gens qui connoissent le pays disent que nos armées de France et d'Espagne, qui sont déjà très-fatiguées, périroient à cause des neiges. La difficulté vient de ce que les Anglois étant maîtres de la mer, le roi de Sardaigne fournit des secours et des vivres à la ville de Coni, et que nous ne pouvons pas en avoir du côté de la mer pour nos armées. M. le prince de Conti fera les derniers efforts pour prendre cette place, devant laquelle M. le maréchal de Catinat a été quatre mois sans la prendre. S'il y réussit, il aura fait la plus belle campagne qu'on puisse faire, et il sera maître de toute la Lombardie. Les troupes passeront l'hiver dans le plus beau pays et le plus abondant. Il aura communication avec l'armée du roi de Naples et du comte de Gages, général espagnol, et le roi de Sardaigne se trouvera très-embarrassé.

Octobre.

Itinéraire de la famille royale. — Mort de madame Sixième. — Les charbonniers et les porteurs d'eau. — Victoire du prince de Conti. — Le Roi au siège de Fribourg.

Le Roi est parti de Metz le 29 septembre; il a été à Lunéville, chez le roi de Pologne; de là à Saverne, chez le cardinal de Rohan, et il a dû arriver à Strasbourg lundi 5 de ce mois, où il y aura grande magnificence. Il est accompagné des maréchaux de Noailles, de Belle-Isle et de Maillebois. La Reine, qui est restée à Lunéville, reviendra à Paris vers le 12 du mois.

M. le comte de Maurepas est arrivé à Paris le 1er de ce mois.

Madame Sixième[1] est morte à Fontevrault, de la petite-vérole. Elle a plus de sept ans. Ainsi on doit en porter le deuil.

Les garçons charbonniers ont fait chanter, dimanche 4 de ce mois, un *Te Deum* à Sainte-Geneviève, avec une grand'messe. Ils marchèrent en corps avec les hautbois et trompettes de la ville, et huit pains bénis. Celui qui rendoit le pain béni étoit à la tête, tout habillé de blanc, souliers, chapeau et plumet blancs, une épée au côté et une perruque toute noire; les autres, au nombre de cent environ, étoient habillés chacun avec leurs habits bourgeois.

Les porteurs d'eau ont fait aussi chanter un *Te Deum*; apparemment ceux de la place Maubert et du quai des Augustins, de deçà la rivière. Il y avoit sur l'affiche: *Porteurs d'eau de l'Université de Paris*.

On a pris le deuil, le 15, pour Madame Sixième, qui doit, dit-on, durer six semaines.

L'archiduchesse, gouvernante des Pays-Bas, femme du prince Charles, est accouchée d'une fille morte. Il a fallu même lui faire l'opération pour arracher l'enfant. On l'avoit dite morte, mais cela n'est pas dans la *Gazette*.

1. C'est-à-dire la sixième fille du Roi, Thérèse de France.

Le 30 du mois dernier, le roi de Sardaigne s'est avancé pour secourir le siège de Coni, et a attaqué don Philippe et le prince de Conti, qui s'y étoient disposés. On dit que le roi avoit rangé son armée en grand général. Il avoit répandu des chevaux de frise en quantité pour empêcher nos cavaleries de donner. Le combat a duré jusqu'à la nuit, et il a été chaud ; mais nous avons remporté la victoire. Le roi de Sardaigne a abandonné son camp et s'est retiré la nuit ; il a eu, à ce qu'il est dit dans notre *Gazette*, cinq mille hommes tués et blessés, et nous deux mille, dont douze cents blessés. M. le duc de Caumont La Force a eu l'épaule emportée d'un boulet de canon. On dit, par les relations, que M. le prince de Conti a fait des prodiges de valeur ; que n'ayant pu donner à la tête de la cavalerie, il s'est mis à la tête de l'infanterie ; qu'il a eu deux chevaux tués sous lui et plusieurs coups de fusil dans sa cuirasse. Ces faits n'étoient pas dans notre *Gazette*, peut-être par politique pour don Philippe. La nouvelle est arrivée le 9. Depuis on n'a point eu de nouvelles de Coni, qui n'est pas encore pris, ce qui inquiète fort par l'importance de cette place pour nos troupes, et parce que la saison s'avance. On a détaché un gros de corps de cavalerie à la poursuite du roi de Sardaigne.

Le Roi s'est rendu, le 7 de ce mois, au camp de Fribourg. On dit que M. de Vallière met cette ville en cendres par la vivacité de ses batteries.

L'Empereur fait toujours publier des écrits pour faire connoître les excès de la reine de Hongrie et pour engager tous les princes d'Allemagne dans son parti pour le roi de Prusse ; il s'est rendu maître de toute la Bohême.

Le siége de Fribourg ne va pas si vite que les places de Flandre. C'est un gouverneur de la reine de Hongrie[1], et non pas un Hollandois. J'ai même entendu dire que c'est un Alsacien françois, qui s'étoit retiré chez l'Em-

---

1. Ce gouverneur était le général Damnitz.

pereur, pour mécontentement de service dans les gardes suisses, et qui s'est avancé en Allemagne. Nous n'en sommes encore qu'au chemin couvert que nous avons pris par deux attaques, les nuits du 19 au 20 et du 20 au 21. Dans ces deux attaques, nous avons perdu beaucoup de monde. Ce siége nous coûte, dit-on, à présent cinq mille hommes. Deux compagnies de grenadiers ont sauté par des mines; il y a bien des officiers aux gardes tués ou blessés. Le régiment des gardes suisses est aussi à ce siége, quoiqu'ils ne passent pas ordinairement le Rhin. Mais quand le Roi passe le Rhin en personne, comme ils sont de sa garde et de sa maison, ils le passent aussi. C'est apparemment une exception de leur traité.

Le Roi ne quittera pas ce siége que la ville soit rendue. On ne l'attend pas ici devant le 15 novembre, le gouverneur étant dans la résolution de se bien défendre, cependant sans espérance d'aucun secours. Le Roi reviendra, dit-on, par la Franche-Comté et par Dijon.

On fait ici de grands préparatifs pour les illuminations, tant à l'Hôtel de Ville qu'au palais des Tuileries. Tout est plein d'ouvriers de toute espèce.

A l'égard du siége de Coni, on n'en a point reçu de lettres depuis le 19 de ce mois. La nouvelle la plus générale, hier 28, est qu'on a été obligé de lever le siége. On a toujours désespéré de la réussite de ce siége; cependant il n'y a rien encore de certain à cet égard, et je remarque toujours que, de dix personnes, il y en a les trois quarts plus disposées à parler mal de nos entreprises et à saisir les mauvaises nouvelles.

Novembre.

Levée du siége de Coni. — Capitulation de Fribourg. — Le duc de Châtillon est exilé; pourquoi? — Disgrâce de M. de Baleroy. — Le Roi revient à Paris; il se rend à Notre-Dame; cérémonial. — Le souper du Roi. — Arc de triomphe à la Grève; le Roi dine à l'Hôtel de Ville; service de la table. Illuminations. — Détails sur le Roi et les princes. — Le Roi soupe en public. — Nouvelles diverses. — Le Roi à Versailles. — Les Phélippeaux et les d'Argenson. — Retour en grâce de la duchesse de Châteauroux; scandales dans Paris. — La duchesse tombe malade; raisonnements politiques sur cette maladie; bulletins de sa santé.

On sait à présent que don Philippe et le prince de Conti ont été obligés de lever le siége de Coni, à cause de la saison. Les inondations détruisent tous les ouvrages, et les neiges empêcheroient la retraite. Les soldats, dit-on, ne vouloient quitter prise. On leur a fait entendre raison par la difficulté d'avoir des vivres qui manquoient déjà. Toute l'infanterie s'est retirée sur ses pas, à cinq lieues de Coni, sous Démont et Château-Dauphin, où ils sont cantonnés. On ne sait pas bien exactement les dispositions de cette armée, dont on ne voit aucun détail dans les nouvelles publiques. On peut donc dire encore Coni la Pucelle; bien des grands généraux y ont échoué auparavant. Il est toujours certain que ce siége nous coûte bien du monde.

Le public, qui étoit inquiet, a été très-fâché de cette nouvelle. Le prince de Conti en est encore plus piqué. Il semble que cela dérange toute la gloire de sa campagne. Cependant il n'est pas possible de combattre contre les saisons et les éléments. C'est beaucoup si, dans la position sous Démont, nous pouvons y avoir des vivres de la Provence. Il est à croire qu'il ne reviendra personne de cette armée.

On a trouvé assez hors de propos le *Te Deum* qu'on a fait chanter, le 5 de ce mois, pour la bataille du 30 septembre (on avoit trop attendu pour faire cette cérémonie dans ces circonstances), bataille qui n'a servi qu'à perdre bien du monde de part et d'autre. J'ai trouvé, du moins, qu'on pouvoit se dispenser de mettre, dans la lettre du Roi, que le roi de Sardaigne avoit tenté en vain de secourir la place de Coni, dont le siége étoit levé.

Pour Fribourg, cette place coûtera cher! On dit que le 3 de ce mois, il doit y avoir eu un assaut qui sera bien meurtrier. Le gouverneur se défend comme un diable. Il est des règles de la guerre, en prenant d'assaut, de brûler la ville, de la piller et de passer tout au fil de l'épée. Mais comme on prend cette capitale de Brisgau pour l'Empereur, la reine de Hongrie n'a plus à ménager cette place. On dit aussi que le gouverneur a fait faire des fossés et des coupures dans la ville qui arrêteront encore après l'assaut, en sorte qu'on ne sait pas positivement quand le Roi partira de ce pays-là, et il n'arrivera ici que cinq jours après son départ. Il ne peut plus quitter qu'il n'ait pris possession de la ville. Il verra, pour le coup, ce que c'est qu'un véritable siége. On compte que celui-ci nous coûtera dix à douze mille hommes et quantité d'officiers de considération. Le prince de Soubise y a eu un bras cassé, mais il est parfaitement remis. Le Roi en a été très-touché et l'a été voir.

L'assaut du 3 n'a pas eu grand succès. Les grenadiers se sont retirés. J'ai vu dans une lettre qu'étant montés les grenadiers avoient eu l'imprudence de crier trop tôt : Vive le Roi ! et que les assiégés avoient redoublé leur feu du côté où on entendoit le bruit. Comme on se préparoit à battre de nouveau pour augmenter la brèche, un officier est sorti de la place, qui a proposé au maréchal de Coigny, de la part du gouverneur, d'envoyer un courrier à la reine de Hongrie et de suspendre tout jusqu'à son retour. Cela n'a pas été accepté. M. de Monconseil, maréchal de camp, a escorté cet officier pour rentrer dans la place. Celui-ci l'a invité, de son côté, à venir parler au gouverneur, lequel, à son tour, est sorti et est venu parler à M. le maréchal de Coigny et ensuite au Roi; et on lui a fait entendre qu'on suivroit l'assaut sérieusement, parce que le Roi apparemment étoit pressé de s'en retourner. Il est rentré et a fait arborer le drapeau blanc. La capitulation a été signée le 8 de ce mois. On a remis au Roi la ville de Fribourg avec toutes les munitions de guerre et de bouche; les malades et les blessés prisonniers de guerre, et le reste de la garnison s'est retiré dans les châteaux, avec suspension d'armes pendant quinze jours jusqu'au retour du courrier. Tout ceci est pour la forme; car à peine, dit-on, plus de quatre mille cinq cents hommes de garnison pourront-ils tenir dans les châteaux. Pour des vivres, le gouverneur y en aura fait mettre avant de livrer la ville. Le Roi est ensuite parti le même jour de Fribourg.

Le mardi 10, M. le duc de Châtillon, gouverneur de M. le Dauphin, et madame la duchesse de Châtillon, ont reçu une lettre de cachet qui leur a été portée par M. de La Luzerne, officier des gardes du corps, par laquelle il est exilé à son duché de Châtillon, en Poitou, avec la duchesse de Châtillon sa femme; avec ordre de partir dans une demi-heure de Versailles, sans pouvoir parler ni à M. le Dauphin ni à la Reine. Ils sont venus sur-le-champ à Paris, d'où ils sont partis vendredi matin 13. Elle devoit partir à la fin de ce mois pour aller au-devant de madame la Dauphine, en qualité de sa première dame d'honneur ; et lui, devoit être premier gentilhomme de la chambre de M. le Dauphin, et même être décoré du titre de maréchal de France. C'est la récompense ordinaire. Cela fait un terrible changement.

On cherche la raison d'une pareille disgrâce, mais on ne la sait pas. On dit que c'est pour avoir conduit M. le Dauphin à Metz sans ordre, contre les représentations de M. le chancelier et de M. le premier président, qu'il reçut mal, lesquels croyoient que, dans le cas de la mort du Roi, il étoit plus prudent de garder ici le nouveau Roi que de l'exposer. On dit, pour excuser M. de Châtillon, que son dessein étoit de présenter le nouveau Roi aux troupes pour les encourager. D'autres disent qu'il a tenu des discours peu mesurés au Dauphin sur le compte de madame la duchesse de Châteauroux, même qu'il avoit écrit en Espagne, au sujet de la place de surintendante de la maison que le Roi lui avoit donnée. Il faut pourtant que ce soit quelque chose de grave, mais on ne sait rien positivement. M. le duc de Châtillon, au surplus, étoit un homme d'un esprit médiocre, choisi par le cardinal de Fleury, homme très-haut, dévot, sévère et très-exact dans ses devoirs, peut-être haï de M. le Dauphin.

M. de Baleroy, gouverneur de M. le duc de Chartres, et qui l'avoit suivi à l'armée, n'a pas eu la peine de revenir à Paris. Il a reçu en chemin une lettre d'exil; celui-ci a très-mal élevé le prince, qui s'est fait haïr des troupes par ses hauteurs. On dit que, par les conseils de madame la princesse de Conti, sa belle-mère, très-capable d'en donner, il a fait des excuses, à Metz, à tous les officiers de son régiment, et qu'ils verroient, par la suite, qu'il avoit appris à vivre.

Vendredi 13, la Reine est arrivée à une heure de Versailles au château des Tuileries avec Mesdames, et M. le Dauphin y est arrivé à cinq heures du soir. A six heures, le Roi, qui étoit venu en poste, a monté dans le carrosse qui l'attendoit vers Bercy, et est entré dans Paris. M. le duc de Gesvres, gouverneur, et l'Hôtel de Ville l'ont reçu par delà la porte Saint-Antoine, l'ont complimenté. Il a fait ensuite son entrée jusqu'aux Tuileries par le chemin des Ambassadeurs. Depuis la porte Saint-Antoine jusqu'au Petit-Saint-Antoine, il y avoit une haie de soldats aux gardes et suisses; mais comme il y en a peu à Paris, il n'y en avoit point ailleurs. La marche étoit composée des inspecteurs de police, du guet à cheval, de la fauconnerie, des mousquetaires noirs et gris, des chevau-légers et gendarmes, de nombre de chevaux de la Petite-Écurie, et des gardes du corps. Il étoit dans un grand carrosse, lui cinquième; et deux carrosses de suite, et la marche étoit fermée par la compagnie des gardes de la Monnoie.

Il y avoit eu quelques bourgeois du faubourg Saint-Antoine, en habit uniforme, avec un simple bouton d'or, et veste galonnée, qui avoient été à cheval au devant du Roi; mais c'étoit très-peu de chose. Je ne sais pas s'ils ont accompagné le Roi jusqu'au Louvre, mais je ne les ai point aperçus dans la marche, dans la rue de la Ferronnerie. En tout cas, c'étoit peu de chose que cette troupe qui étoit environ de cent hommes.

Les rues n'étoient point tendues, mais elles étoient parfaitement décorées et illuminées, ou du moins elles devoient l'être, car il faisoit non-seulement de la pluie, mais un si grand vent que toutes les lumières étoient éteintes et qu'on ne pouvoit venir à bout de les rallumer.

Il est arrivé à sept heures au Louvre. M. le Dauphin étoit au bas de l'escalier pour le recevoir, et la Reine et Mesdames l'attendoient dans la première antichambre de l'appartement du Roi. Les appartements étoient remplis de M. le chancelier, des premiers présidents et principaux magistrats qui attendoient le Roi et leur maître. Après les compliments à droite et à gauche, le Roi est entré dans son cabinet. Il a travaillé avec M. le comte d'Argenson, secrétaire d'État de la guerre, ensuite avec M. le comte de Maurepas. Ce n'est pas perdre de temps.

Samedi 14, le Roi est venu à Notre-Dame en grand cortége dans ses carrosses à huit chevaux, et toute sa maison à cheval, mousquetaires, gendarmes, chevau-légers et gardes du corps; accompagné de toute la famille royale, pour rendre grâces à Dieu de bien des choses à la fois, de son rétablissement, de ses conquêtes et de son retour. Et il y a entendu une grande messe chantée dans le chœur avec la musique de Notre-Dame et symphonie, et un *Domine salvum fac regem*. Ensuite il n'y a point eu de *Te Deum*.

Comme ce concours de la maison royale en pareil cas est fort rare, je me suis transporté dans la nef de Notre-Dame. Mesdames de France sont arrivées toutes les deux, les premières, avec madame de Thallard, leur gouvernante, et autres dames. Elles étoient fort parées en diamants et en blanc, en petit deuil. Tout le reste de la Cour étoit en noir, hors le Roi et la Reine. M. le Dauphin est arrivé ensuite, avec M. le duc de Chartres et quelques seigneurs. M. l'archevêque de Paris, quoique âgé de quatre-vingt-quatre ou cinq ans, en crosse et mitre, précédé de tout son clergé et du chapitre, s'étoit rendu pour attendre le Roi à la porte de Notre-Dame (où il a été même un peu de temps) et pour le complimenter. Le Roi est arrivé un moment après le Dauphin. Les orgues ont joué après le compliment ; tout le clergé marche et M. l'archevêque, et le Roi suit immédiatement. Il étoit habillé en velours brun ciselé et brodé d'or. Il est encore un peu maigre et un peu changé. Il a pris sa place dans le chœur, où il a attendu la Reine bien un demi-quart d'heure. Elle avoit une robe toute brodée d'or et chargée de réseaux d'or, et elle étoit accompagnée et suivie de madame la duchesse de Chartres, de Mademoiselle, de mademoiselle de La Roche-sur-Yon, et de ses dames. Les orgues ont joué pareillement à son entrée, et quand elle a été entrée dans le chœur, la musique et la grande messe ont commencé. Le Roi et la Reine étoient placés au milieu du chœur sous un même dais. Cette cérémonie a duré jusqu'à près de deux heures. Au retour, M. le Dauphin et M. le duc de Chartres sont sortis les premiers. Le clergé et M. l'archevêque ont précédé et reconduit le Roi. Un moment après, la Reine est sortie du chœur et a été faire sa prière devant la chapelle de la Vierge ; elle a continué son chemin, et un instant après Mesdames de France sont sorties aussi, le tout par intervalle, pour donner le temps à chacun de monter dans les carrosses. Quoiqu'il fît mauvais temps, pluie et vent, et qu'on ne sût pas positivement cette grande visite à la sainte Vierge, l'église, où tout le monde entroit, et le parvis de Notre-Dame étoient remplis de peuple et autant sur la route.

Le Roi, de retour au Louvre, a dîné à son petit couvert. Le soir, il y a eu concert chez la Reine, où tout le bourgeois en noir (ce qui est commode pour les femmes) a été reçu aussi bien qu'au souper du Roi avec la Reine, M. le Dauphin et Mesdames.

Dimanche 15, le Roi est venu dîner à l'Hôtel de Ville; on avoit préparé et accommodé magnifiquement l'Hôtel de Ville en dedans. La grande salle étoit tendue de damas cramoisi avec des galons d'or faux, et toute remplie de lustres. La chambre du Roi à gauche, au-dessus de l'arcade, étoit en velours cramoisi avec franges d'or. Il y avoit ensuite un cabinet et une garde-robe, ornés de de lustres, de pendules et de curiosités en porcelaine de Saxe, sur les cheminées et sur des coins. On avoit fait faire des cheminées très-belles en marbre avec des glaces magnifiques. La chambre de la Reine étoit au bout de la grande salle, du côté du Saint-Esprit, et l'appartement pour M. le Dauphin étoit sur la cour. La cour étoit ornée de lustres et de guirlandes de lampions; et tout le bâtiment de l'Hôtel de Ville, tant en dehors qu'en dedans, a été reblanchi.

La place de Grève étoit entourée d'une colonnade de cartons peints en marbre, avec des trophées dorés au-dessus et des guirlandes d'illuminations d'une colonne à l'autre. Et au commencement de la place, vis-à-vis la grande arcade, étoit un grand arc de triomphe de la même hauteur, en charpente, couvert de toile en peinture; et sur le sommet étoit un char de carton blanc à quatre chevaux, où étoit le Roi, et derrière lui, la Victoire qui le couronnoit. Sur la grève, en descendant à la rivière, étoit une grande fontaine carrée, où il y avoit quatre bouches dans les quatre faces pour jeter du vin dans quatre cuvettes de pierre, peintes en marbre, pour le peuple; et tout le carré de cet emplacement étoit entouré de poteaux, sur lesquels il y avoit de grandes girandoles pour des lampions. Et tout le long du quai Pelletier, sur le parapet, il y en avoit de même. Tout le toit de l'Hôtel de Ville étoit aussi couvert de lampions.

Malgré la dépense de toutes ces illuminations, la place

de Grève est si vilaine, si difforme par elle-même que cette décoration ne faisoit pas un bel effet, et le grand arc de triomphe étoit trop massif et n'étoit pas placé pour faire face à l'arcade, et pour être devant la chambre du Roi. On ne savoit si le repas de la Ville seroit pour souper, s'il y auroit bal ou non.

Messieurs de Ville avoient aussi fait faire un pont de bateaux qui traversoit la rivière au port Saint-Landri. On comptoit apparemment qu'il y auroit un *Te Deum* à Notre-Dame, après lequel le Roi viendroit à l'Hôtel de Ville, et Messieurs de Ville devoient promptement passer sur ce pont, pour être plus tôt rendus chez eux et pour recevoir le Roi. Il y a eu là bien des préparatifs inutiles.

Le Roi est donc venu, dimanche 15, avec le cortége de toute sa maison à cheval, pour y dîner. Il est arrivé à deux heures. Il avoit avec lui le Dauphin, M. le duc de Chartres, le duc de Penthièvre et autres seigneurs.

Le Roi a dîné dans la grande salle, à une table de trente couverts. Le repas a été, à ce qu'on dit, des plus magnifiques, et surtout le dessert pour les figures en sucre. Il y avoit dans cette salle environ deux cents personnes sur des banquettes, principalement des femmes placées par billets; et au bout de la salle un concert de quarante musiciens pendant le dîner. Les ministres et les seigneurs de la Cour occupoient ces trente couverts. Le prévôt des marchands étoit derrière le fauteuil du Roi, et les échevins en place derrière le Dauphin et M. le duc de Chartres. Il y avoit plusieurs autres tables dans l'Hôtel de Ville pour les pages, les cent-suisses et les gardes du corps. Il y avoit entre autres pour les gardes du corps une table de vingt-deux couverts, qui a été renouvelée et servie à neuf par cinq fois. Et jusques à cette table il y avoit toutes sortes de vins et de liqueurs, et servie à deux soupes, neuf entrées, rôti, entremets et dessert monté. Ç'a été une consommation étonnante!

Dans les fêtes de l'Hôtel de Ville, les échevins se servoient ordinairement des suisses de la garde pour servir et pour porter les plats. Comme il n'y avoit de suisses à Paris que pour le service du Roi, ils ont pris un autre arrangement; ils ont fait afficher, plus de quinze jours avant l'arrivée du Roi, qu'ils emploieroient des domestiques de Paris, actuellement en service, avec un certificat des maîtres. J'en ai donné à un de mes gens; il a été enregistré avec bien d'autres, et ensuite reçu et employé sur un rôle, après le choix qu'ils avoient fait. Là, on leur a dit qu'il falloit venir en bas blancs, culotte de velours ou panne noire et veste blanche. Et on avoit fait faire des habits bleus avec un bordé d'argent. Ils en ont pris une centaine, qu'ils ont partagés par dizaines et un valet de chambre pour chef. Le samedi 14, ils se sont rendus à l'Hôtel de Ville. On leur a donné à chacun une bourse de cheveux et une carte avec un cachet, pour entrer le 15, à huit heures du matin. On a fait une distribution de ces gens pour toutes les tables, et on leur a mis un ruban avec un cachet à la boutonnière pour les distinguer. Le mien a été employé pour le service des tables des gardes du corps, qui étoient servies par deux maîtres d'hôtel en noir, un valet de chambre chef et sept laquais ainsi habillés uniformément. Les chefs avoient un bordé d'or ; et, après leur service, ils ont eu, entre ceux de chaque quadrille, un dîner à neuf. Ceux qui portoient les plats, pour la table du Roi, étoient le plus des connoissances des échevins; et, après le départ du Roi, ils ont remis les habits de la Ville, repris les leurs, et on leur a donné une carte pour revenir à l'Hôtel de Ville, le jeudi 19, comme ayant été employés pour le service intérieur de l'Hôtel de Ville.

Le Roi a été fort gai au dîner, malgré le temps. Car le dimanche 15, il a plu à verse, sans discontinuer, depuis six heures du matin jusqu'à huit heures du soir; en sorte que le peuple, qui a voulu voir arriver et sortir le Roi, a été parfaitement mouillé, ainsi que les toiles des décorations de la place et les lampions.

La Reine ni Mesdames de France, ni par conséquent aucunes femmes, n'ont point dîné à la Ville, comme on se l'imaginoit, puisqu'on avoit préparé l'appartement de la Reine. On dit, dans le public, qu'il y a un cérémonial à cet égard, et que les reines de France ne mangent point à l'Hôtel de Ville, quand elles n'ont point fait d'entrée publique à Paris. Je ne sais point ce fait, attendu qu'il y a très-longtemps que nous n'avons eu ici de Reine. Ce qui est certain, c'est que celle-ci n'est point encore venue à l'Hôtel de Ville.

A cinq heures et demie, la Reine et Mesdames de France passèrent par la Grève, pour aller à un salut, aux Jésuites de la rue Saint-Antoine, laquelle étoit toute illuminée. A six heures, le Roi, après avoir vu toute l'illumination du dedans de l'Hôtel de Ville (qui étoit magnifique, par la quantité de lustres), jusque dans la cour, alla pareillement au salut des Jésuites.

Après le salut, toute la Cour repassa par la place de Grève, qui étoit toute illuminée; et ils se promenèrent par Paris; et l'on revint au Louvre, sur les huit heures, par la place de Vendôme et la rue Saint-Honoré, laquelle, dans toute sa longueur, étoit éclatante.

J'allai sur les sept heures pour voir la Grève. Il y avoit un si grand concours de peuple et de carrosses, qu'il ne fut pas possible d'y entrer. Je pris toute la rue Saint-Honoré pour arriver au Carrousel, où je ne pus aborder ni par la rue Saint-Nicaise, ni par le derrière des guichets. La rentrée du Roi et de la Reine, avec toute la maison, avoit causé un si grand embarras, que l'on risquoit beaucoup. Je fus prendre par le premier guichet, pour tomber sur les quais, dont je fis le tour, par-dessus le Pont-Royal, non pas même sans peine; et c'étoit le plus beau coup d'œil de tout Paris.

Sur le quai des Théatins, l'hôtel de Mailly occupé

par M. le duc d'Aumont, premier gentilhomme de la chambre, par des placages de menuiserie autour de toutes les croisées, des lustres et des girandoles de lampions, étoit illuminé du haut en bas, aussi bien que le jardin et la terrasse, d'un goût et d'une magnificence extraordinaires; ensuite la façade des Théatins, des hôtels de l'ambassadeur d'Espagne, de Bouillon, de la Roche-sur-Yon, du duc de Fleury, du maréchal comte de Saxe étoient avec des charpentes de différents desseins, tout garnis et remplis de lumières. Du côté du Louvre, les galeries occupées par l'imprimerie royale, les médailles, la monnoie du Roi et d'autres particuliers, le jardin de l'Infante étoient aussi illuminés; en sorte qu'entre le Pont-Royal et le Pont-Neuf, ces deux quais faisoient un aspect surprenant. Dans tous les quartiers de Paris, aux différents hôtels, il y avoit pareille magnificence; mais il n'étoit pas possible de voir tout.

Lundi 16, le Roi a été à la Muette et chasser dans le bois de Boulogne, et il n'y avoit point d'illuminations dans Paris, non plus que le samedi 14. On n'a pas suivi l'ordonnance de police; les trois jours d'illuminations ont été pour le jour de l'entrée le dimanche 15, et le mardi 17.

Le mardi 17, le Roi a reçu à dix heures, les cours de Parlement, Chambre des Comptes et Cour des Aides, qui ont été en corps lui faire compliment. Le Grand Conseil a été pour l'après-midi. Après les cours, il y a eu l'audience des ambassadeurs; et à midi, mesdames de France, à trois carrosses à huit chevaux, la Reine et les princesses et ses dames avec six carrosses à huit chevaux, et le Roi avec M. le Dauphin, les princes et seigneurs de sa Cour dans les carrosses précédés et suivis de toute la maison du Roi, à cheval, ont été en pompe et grand cortége entendre la messe à Sainte-Geneviève : je les ai vus passer et repasser dans la rue Saint-Jacques. Le Roi a fort bon visage et l'air gai, et M. le Dauphin aussi.

J'ai vu aussi passer M. le cardinal de Tencin et M. l'évêque de Soissons. On disoit, dans Paris, que celui-ci étoit exilé, et il n'y a pas d'apparence même de disgrâce, puisqu'il suit le Roi partout, comme premier aumônier, et qu'il a dit la messe du Roi à Sainte-Geneviève.

L'après-midi, le Roi et la famille royale ont été promener sur le soir, dans Paris, qui étoit entièrement illuminé. Je suis parvenu, à près de neuf heures, au Carrousel, après la rentrée du Roi, pour voir, à mon aise, le château des Tuileries, dont toute la calotte du milieu étoit illuminée avec tant de magnificence et de goût, que cela avoit l'air d'un palais enchanté. Cela a dû bien amuser M. le Dauphin et Mesdames de France, qui ne connoissoient pas Paris. Le Roi a paru aussi fort satisfait de son peuple.

Tous les soirs, le Roi a soupé avec la Reine, M. le Dauphin, Mesdames de France, en public. Tout le monde, hommes et femmes, en noir[1], y entroient, autant qu'il en pouvoit tenir, car on dit qu'on s'y portoit, qu'on faisoit avec grand'peine le service, et qu'on étoit obligé d'en sortir. Cela ne seroit pas ainsi si le Roi avoit demeuré un mois à Paris, mais ceci est fête du peuple et du public qui marque son empressement de voir le Roi.

On dit, comme certain, que M. le duc de Bouillon est disgracié, et qu'il a eu ordre de se retirer dans sa terre de Navarre. Je ne l'ai point vu dans le carrosse du Roi, où il a une place de droit par sa charge de grand chambellan. Il étoit de retour de l'armée, dix ou douze jours avant le Roi. On dit aussi, que c'est pour avoir traité très-mal à Metz M. de La Peyronie, premier chirurgien, dans les premiers jours de la maladie du Roi, qui avoit défendu l'entrée de sa chambre, et même M. le duc de Richelieu, qui y étoit enfermé. Si cela est ainsi, on lui a gardé longtemps. Le Roi, qui se porte bien à présent,

---

1. Le public devait se mettre en noir, parce que la Cour était en deuil, à cause de la mort de Madame Sixième.

ne trouve pas bon qu'on s'oppose aux ordres qu'il donne, et M. de La Peyronie ne prenoit pas sur lui de refuser la porte de la chambre du Roi à un grand chambellan. On parle même de disgrâce pour M. le duc de La Rochefoucault, grand-maître de la garde-robe, fort réputé à la Cour et même fort aimé du Roi pour le même sujet. S'il n'y a point d'autre cause que cet excès de zèle, c'est simple punition pour quelque temps plutôt que disgrâce.

Quoique la *Gazette de France*, du 14 de ce mois, nous ait appris la nomination de M. de Villeneuve, dès le 3, pour secrétaire d'État des affaires étrangères, on dit qu'il a remercié le Roi de cet honneur, sur ce qu'il n'étoit pas capable de remplir exactement cette place importante, par son âge et ses infirmités; il n'a cependant que soixante-trois ou quatre ans, mais il a une rétention d'urine; non-seulement il paroît qu'il n'a pas sollicité cette place, mais on dit qu'on lui en a fait compliment, avant qu'il le sût, et qu'il y avoit très-peu de temps qu'il étoit arrivé de Provence, où est son bien et sa famille. Avant son ambassade à la Porte, il étoit lieutenant général de la ville de Marseille.

On disoit, depuis qu'il n'y a plus de secrétaire d'État des affaires étrangères, que M. le cardinal de Tencin, qui ne peut pas avoir cette charge au-dessous de lui, en auroit le ministère sans nom. Il avoit peut-être contribué, en secret, à la nomination de M. de Villeneuve, pour en avoir le nom, et il l'aimoit mieux que M. de Chavigny, ci-devant ambassadeur en Portugal, qui est un homme de peu de chose, mais qui est, à ce qu'on dit, un des plus habiles en négociations et sur ces sortes de matières; et qui, par la supériorité de son génie, de ses talents et de son expérience, s'embarrasseroit peu du chapeau de cardinal.

Mercredi 18, le Roi, la Reine et toute la famille royale, sont partis de Paris, l'après-midi, après y avoir couché cinq nuits, pour retourner à Versailles, dont les habitants l'attendoient avec impatience. Le Roi a trouvé le bout de l'avenue illuminée par des terrines, et tout le château. Et il a trouvé dans son chemin une compagnie d'habitants à cheval, en habits uniformes; et après son arrivée, sur les neuf heures, on a tiré un feu d'artifice, qui étoit dressé au commencement de l'avenue, vis-à-vis de la chambre du Roi. Quoique le public de Paris eût été suffisamment en l'air pendant cinq jours, aux fêtes, aux illuminations, aux appartements du Roi pour le voir sortir, rentrer, souper (ce qui avoit même bien fatigué la Cour et les officiers de la maison); le Parisien a encore eu la constance de vouloir être témoin de la réception de Versailles. Un homme m'a dit le lendemain jeudi, qu'il y avoit plus de deux cents fiacres de Paris sur la place du château, et par conséquent, les appartements pleins de monde pour voir encore souper le Roi.

M. de Villeneuve a effectivement supplié le Roi de le dispenser de prendre la place de ministre des affaires étrangères; et le Roi a nommé à sa place M. le marquis d'Argenson, l'aîné, qui étoit conseiller d'État au Conseil royal, et il a donné au comte d'Argenson, ministre de la guerre, la place de surintendant des postes et relais de France, qui rapporte au moins trente mille livres de revenu, depuis les retranchements faits par le cardinal de Fleury, pour le dédommager des dépenses qu'il a faites dans cette campagne avec le Roi. On dit effectivement qu'il a mangé plus de trente mille livres. On peut dire que voilà deux frères dans un grand crédit, occupant les deux premières places du gouvernement. Les quatre places de secrétaires sont dans deux seules familles et dans deux noms : Phélippeaux et d'Argenson.

Les bruits qui s'étoient répandus au sujet de la disgrâce de plusieurs seigneurs ne se confirment pas, non plus qu'à l'égard de M. de Fitz-James, évêque de Soissons. Toutes ces nouvelles se font sur madame la duchesse de Châteauroux, au sujet de laquelle chacun tient des propos de toute façon, et sur lesquels il est néanmoins prudent d'être circonspect pour éviter la Bastille.

Néanmoins depuis deux jours, le bruit est général dans Paris, et il est certain que le Roi a envoyé M. le comte de Maurepas, secrétaire d'État, à madame la duchesse de Châteauroux et à madame la duchesse de Lauraguais, sa sœur, leur faire une espèce d'excuse de ce qui s'étoit passé à Metz, les prier de revenir à la Cour à l'ordinaire, et qu'il les assuroit de son amitié et de sa protection, et qu'il rétablissoit madame la duchesse de Châteauroux dans toutes ses charges et honneurs. Cette nouvelle révolte infiniment tout le public de Paris; on regarde cette démarche comme terrible; les jansénistes en augurent bien des malheurs; et si on avoit celui d'avoir quelque échec la campagne prochaine, ils ne manqueront pas de dire que c'est une punition visible du ciel. Le public prend plaisir à se scandaliser lui-même. Il est certain que l'insulte imprudente qui a été faite à des femmes de la Cour de ce rang-là, à Metz, demandoit une espèce de réparation, mais cette réparation n'est point une preuve d'aucun raccommodement blâmable; on ne pouvoit laisser la charge de surintendante supprimée. On dit qu'un Roi, qui a le malheur d'être plus éclairé qu'un autre, doit manquer moins à la religion et à lui-même qu'un simple particulier.

M. le duc de Lauraguais, fils de M. le duc de Brancas-Villars, part pour aller faire le compliment en Espagne, au lieu et place de M. le duc de Bouillon et de M. le duc de Richelieu, qui avoient été nommés d'abord.

Toutes les dames et officiers nécessaires pour aller chercher madame la Dauphine sur les frontières de France, sont parties le 25. Il y avoit seize carrosses de suite; M. Mailly, marquis de Rubempré, premier écuyer, part aussi. Madame la duchesse de Lauraguais, qui est rétablie dans sa place de dame d'atour, n'est point partie. Elle est accouchée la veille du départ.

Madame la duchesse de Châteauroux est malade et a été saignée trois fois, à ce que l'on dit, dans son hôtel et dans Paris; mais d'autres pensent que cette maladie est une feinte pour la dispenser de partir, pour aller au devant de l'Infante, comme surintendante de sa maison. On fait beaucoup de raisonnements politiques sur cette maladie. D'autres disent que le Roi ne lui a rendu sa place de surintendante et tous les honneurs que pour une espèce de réparation; et que de concert et de convention, elle s'en désistera pour ne plus reparoître à la Cour. Le temps éclairera tous ces faits.

Il est très-certain que madame la duchesse de Châteauroux est très-dangereusement malade. On dit que c'est une fièvre maligne. Elle a été saignée plusieurs fois; la Reine y envoie tous les jours une fois, et le Roi plusieurs fois; les princesses et toute la Cour viennent chez madame de Lauraguais, où elle demeure, se faire inscrire, et on donne régulièrement le bulletin. Elle a reçu ses sacrements et a été confessée par le père Segaud, jésuite, qui est le grand-directeur de Paris et d'une grande dévotion.

Décembre.

M. de La Rochefoucault. — Mort de la duchesse de Châteauroux. — Grande douleur du Roi; le public est content. — Vers. — Le roi de Prusse quitte la Bohême. — Nouvelles diverses. — Le Roi soupe en public. — Terrible exemple des effets de la jalousie.

Pour la prise de la ville de Fribourg et des châteaux, qui se sont enfin rendus, et la garnison prisonnière de guerre, on a chanté, le 2 de ce mois, un *Te Deum* à Notre-Dame, pour couronner la campagne du Roi, qui dans le fait a été assez belle de tous les côtés.

Il est vrai que M. le duc de La Rochefoucault est à sa terre de La Rocheguyon, *par ordre*, sans lettre de cachet. Cela s'appelle être simplement éloigné de la Cour, jusqu'à ce que le Roi dise : « M. de La Roche-

« foucault est longtemps à sa terre ; je ne le vois point. »
Alors on reparoît. Comme c'est un homme fort sage, on ne devine pas la raison de cette disgrâce ; c'est apparemment sur quelque propos qu'il aura tenu, et qui aura été rendu par ses amis de cour.

On n'est occupé à Paris que de la maladie de madame la duchesse de Châteauroux, qui a une fièvre maligne, qui est bien plus opiniâtre que celle du Roi. Elle a encore été saignée deux fois de la gorge depuis trois jours. Et par le bulletin d'hier, 7, elle avoit eu la nuit le redoublement avec délire et mouvements convulsifs. Cette maladie est un événement extrêmement singulier. Chacun en souhaite la fin, suivant sa façon de penser.

Mardi, 8 de ce mois, madame la duchesse de Châteauroux est morte, à cinq heures du matin, âgée de vingt-sept ans, dans des agitations étonnantes, qui lui étoient causées par un transport qui a duré plusieurs jours. On dit que c'est une suppression que l'on attribue au chagrin de sa disgrâce, ou à la joie de son rétablissement. On convient néanmoins que, lors de la visite qu'elle reçut de M. le comte de Maurepas, secrétaire d'État, de la part du Roi, elle avoit été prévenue par lettres, puisqu'elle avoit fait ses conditions, et que cela avoit donné lieu à l'éloignement de plusieurs seigneurs : M. le duc de Bouillon à Navarre, M. le duc de Villeroy et M. le duc de La Rochefoucault. Pour moi, je crois que cette fièvre maligne a eu pour principe la révolution qui s'est faite dans le sang, lors de la triste aventure de Metz, d'autant qu'on l'a saignée plusieurs fois du bras avant de la saigner du pied. Ce qui n'est pas à présumer de la part des médecins, s'il avoit été question de suppression. Quoi qu'il en soit, cet événement est des plus singuliers. Elle a fait légataire universelle madame la duchesse de Lauraguais, sa sœur, laquelle n'est point encore relevée de sa couche.

La veille, lundi 7, M. le duc d'Ayen dit au Roi qu'elle

n'étoit point morte, mais qu'elle étoit à toute extrémité, et qu'il falloit prendre des mesures pour n'en point recevoir la nouvelle à Versailles. Sur-le-champ, le Roi dit à M. le duc de Luxembourg de faire mettre des chevaux à son carrosse, dans lequel il partit sans gardes lui quatrième, M. le duc de Luxembourg, le duc d'Harcourt et le duc d'Ayen, pour se rendre à la Muette[1], dans le bois de Boulogne, et le mardi le duc de Gramont et trois autres s'y rendirent. On dit que le Roi est dans une affliction mortelle. Les gens sensés louent sa sensibilité, qui est la preuve d'un bon caractère; mais ils craignent pour la santé du Roi. Le vulgaire est plus joyeux qu'autrement de cette mort, et voudroit que le Roi, sans sentiment, en prît demain une autre.

Le Roi est parti de la Muette le 11 ou le 12, pour aller à Trianon, où il passera encore quelques jours sans aller à Versailles, et où il sera à portée de travailler avec ses ministres.

VERS SUR LA MORT DE MADAME LA DUCHESSE DE CHATEAUROUX.

> Sans relever l'éclat de mon illustre sang,
> Un seul trait fera vivre à jamais ma mémoire.
> Louis revoit le jour pour me rendre mon rang,
> Et je meurs sans regret pour lui rendre sa gloire.

Parce qu'au moyen de la mort de madame de Châteauroux, on ne peut dire autre chose, sinon que le Roi a voulu réparer l'insulte qu'on lui avoit faite à Metz; mais personne ne peut dire que son dessein fut de revivre avec elle sur le même pied. Le chagrin qu'il fait paroître de sa mort est très-pardonnable, par le reproche qu'il se peut

1. Le château de la Muette n'était dans l'origine qu'un rendez-vous de chasse. Sous la Régence, ce château fut le séjour de prédilection de la trop fameuse duchesse de Berry, fille du Régent. Cette princesse étant morte en 1719, la *Muette* fut rebâtie par Louis XV. Ce Roi, dans ses honteuses orgies, y prenait le nom de *baron de Gonesse*. La Du Barry, on le sait, lui donna plus tard celui de *La France*, et un jour que le Roi faisait lui-même son café dans un salon de la Muette, elle lui dit : « La France, ton café f... le camp. »

faire d'avoir été la cause de sa maladie et de sa mort.

Le roi de Prusse a évacué la ville de Prague[1] et la Bohême, et il s'est retiré avec son armée dans la Silésie. Cette nouvelle a d'abord alarmé, dans la crainte qu'il n'eût abandonné notre parti; mais on dit que ce n'est qu'un effet de politique et apparemment fait de concert avec M. le maréchal de Belle-Isle, qui l'a joint, il y a près d'un mois. On dit donc que son armée ne pouvoit subsister en Bohême, à cause des vivres; que l'officier[2], qui commandoit dans Prague la garnison de dix mille hommes, avant de se retirer, a fait apporter toutes les armes qui étoient dans la ville, et les a fait briser; qu'il a fait jeter à l'eau toute la poudre et le plomb qui étoient dans les magasins et qu'il a fait enclouer tous les canons. En sorte que le roi de Prusse est sûr de reprendre cette ville quand il voudra. Après sa retraite, le prince Charles y est entré et s'en est emparé. On dit qu'il a fait piller tout le quartier des juifs. Cette ville capitale doit être ruinée après tous les malheurs qu'elle a essuyés depuis trois ans.

Le Roi a travaillé à Trianon avec ses ministres à l'ordinaire. Il n'y avoit que trois femmes: madame la duchesse de Modène, la marquise de Bellefond, et une autre, madame de Boufflers. Le Roi a reçu M. le maréchal comte de Saxe et M. le prince de Conti, qui ont eu une réception très-gracieuse et telle qu'ils méritoient. Le maréchal de Saxe est malade d'une maladie dont il a, dit-on, été manqué déjà deux fois. Il vient apparemment chercher ici guérison. Nous avons grand besoin de ce général.

On dit que M. le maréchal de Maillebois ira commander en Italie, et que M. le prince de Conti commandera en Allemagne. Ce prince n'a pas été tout à fait maître

---

1. Le roi de Prusse, rentré comme on l'a vu dans l'alliance française, avait fait une puissante diversion en Bohême. Il avait investi Prague le 4 septembre, et cette ville s'était rendue dix jours après.

2. Le général Ogilvi, Irlandais de naissance, le même qui commandait dans cette ville lorsqu'elle fut prise, en 1741, par les Français.

de ses opérations avec M. de La Mina[1], général de don Philippe. Le caractère espagnol domine toujours, malgré l'intérêt de réussir. En général, des armées combinées avec un commandement partagé ne nous conviennent pas.

Le Roi est revenu de Trianon à Versailles le 23 de ce mois.

On dit qu'il y a une grande quantité de vaisseaux, bâtiments, barques ramassés à Dunkerque ; depuis quelques jours même on en reçoit difficilement des lettres. On compte que c'est pour quelque expédition secrète, soit réelle, soit feinte, pour tenir toujours le roi d'Angleterre en crainte et en suspens, et le forcer de rester chez lui sans oser passer dans son électorat de Hanovre. D'autres disent que c'est peut-être pour assiéger Ostende par mer et par terre. En tout cas, le *prétendant*[2] est toujours ici, qui se montre à tous les spectacles en simple particulier.

M. le duc de Richelieu est revenu des États de Languedoc à la fin de ce mois. Il a été bien reçu et il est aussi bien que jamais auprès du Roi. M. le duc de La Rochefoucault n'est point encore rappelé de son espèce d'exil. M. le duc de Bouillon est revenu de Navarre et est à Versailles.

Le mariage de M. le duc de Penthièvre avec mademoiselle de Modène a été fait dans la chapelle de Versailles le 29 de ce mois. La veille, les fiançailles se sont faites dans le cabinet du Roi par M. le cardinal de Rohan, en présence de la Reine, de toute la famille royale et de toutes les princesses du sang, qui y avoient été invitées de la part du Roi, qui le soir a soupé en public avec M. le Dauphin, Mesdames de France et toutes les princesses, mais la Reine n'y étoit pas ; ce qui ne fait pas absolument banquet royal.

---

1. Cet officier était capitaine général de la Catalogne. Il mourut le 31 janvier 1768.

2. Le prince Charles-Édouard.

Cette année a fini par un exemple terrible des effets de la jalousie. Le sieur Arnaud, fameux chirurgien pour les bandages, dont le père a été aussi célèbre, âgé de quarante-cinq ans, riche, beaucoup d'esprit, gagnant sur le pavé de Paris douze mille livres au moins par an, et ayant par conséquent beaucoup d'amis, avoit épousé une femme malgré son père; dont étant fort jaloux, il y a deux ans, il surprit de M. le comte de Maurepas, ministre, une lettre de cachet pour la faire enfermer à l'Hôpital, sur un certificat de prétendus voisins supposés pour justifier sa débauche et le scandale. Un nommé Michel, solliciteur de procès au Palais, assez mauvais sujet, qui peut-être pouvoit avoir quelque liaison secrète avec la femme, entreprit sa défense et fit connoître au ministre qu'il avoit été trompé. Il lui rapporta un certificat de véritables voisins, qui reconnoissoient la femme pour être très-raisonnable, et il obtint une lettre de cachet pour la faire sortir et lui permettre de se retirer chez une parente. Arnaud forma le dessein de se venger et de perdre Michel.

Première tentative. Il gagna une femme dont Michel faisoit les affaires, qui étoient très-délabrées, et lui promit trois mille livres. Elle avoit une petite fille de neuf ans. Arnaud devoit la ...... un matin que la mère n'y seroit pas et que Michel devoit venir dans la maison. Après l'entrée de Michel, la petite fille devoit crier. Arnaud, aposté dans la rue, devoit monter avec deux témoins, faire arrêter Michel, qui auroit été accusé d'avoir violé la petite fille. Le complot étant prêt de s'exécuter, il manqua par la mère qui, réflexion faite, ne voulut pas s'y exposer.

Seconde tentative. Arnaud devoit se trouver la nuit dans le chemin de Michel, un jour qu'il soupoit en ville, s'arrêter à lui, crier au meurtre, avoir un poignard dans sa poche qu'il laisseroit tomber à ses pieds, avoir deux hommes à portée d'accourir pour déclarer que c'étoit Michel, qu'ils connoissoient, qui avoit voulu assassiner

Arnaud. Je crois qu'Arnaud a rendu plainte contre Michel; mais l'affaire a manqué par la réflexion de ces hommes, qui n'ont pas jugé à propos d'achever un rôle qui alloit à les faire rompre.

Depuis, Arnaud a fait tout ce qu'il a pu pour impliquer par crédit Michel dans les affaires du jansénisme et dans la *Gazette ecclésiastique*.

Dernière tentative. Arnaud a été à Bruxelles pour sa profession auprès d'un prince. Il y a gagné un homme pour avoir une correspondance à Paris. Arnaud, y étant de retour, a fabriqué des lettres de complot avec un nommé Baudouin et un autre pour supposer une intelligence entre Michel et la reine de Hongrie contre l'État. Arnaud envoyoit ces lettres, où il y avoit même des chiffres, à son homme de Bruxelles, qui les y mettoit à la poste et les adressoit à Michel, qui les reçut sans y rien connoître. Il y avoit dans la dernière qu'il avoit déjà reçu de l'argent, et qu'il recevroit le surplus au premier jour. Arnaud, qui savoit l'arrivée de ces lettres, avertit le ministre. On arrêta Michel et on le conduisit à la Bastille. M. de Marville, lieutenant général de police, commissaire en cette partie, l'interrogea plusieurs fois, lui représenta ces lettres à lui adressées. Michel répondit toujours qu'il n'entendoit rien à ce qu'on lui disoit, et que, quand il s'agiroit de périr mille fois, qu'il ne pouvoit pas répondre autre chose.

M. de Marville, jugeant à l'air de Michel qu'il étoit innocent, lui demanda à la troisième fois s'il n'avoit pas quelque ennemi. Michel répondit naturellement qu'il n'avoit fait de mal à personne, à moins que ce ne fût un nommé Arnaud, qui avoit été jaloux de lui. Il compta son histoire à M. de Marville, qui, ayant des faits par-devers lui, en parla au ministre. On arrêta Arnaud, Baudouin et un autre. Arnaud pris a avoué tous les faits odieux qu'il avoit médités depuis deux ans contre Michel.

Comme c'est un homme rare, sa grâce a été sollicitée

par toute la Cour; mademoiselle de Modène l'a demandée au Roi, et le chancelier lui-même, qui sans doute à son âge avoit besoin d'Arnaud. M. de Maurepas, qu'il avoit trompé le premier, s'y est opposé, et le Roi a seulement consenti de lui sauver la vie.

Il a été condamné avec Baudouin et un troisième, à faire amende honorable, avoir le fouet, marqué d'un fer rouge et condamné aux galères à perpétuité. Ce qui a été exécuté au Châtelet le 30 décembre 1744. Depuis cent ans, on n'a pas trouvé deux exemples d'une pareille dénonciation, qui méritoit bien la mort, surtout par la noirceur des projets médités depuis deux ans.

Un fait singulier. Après l'amende honorable, on les a remis tous trois dans les prisons, où Baudoin s'est coupé la gorge avec un rasoir, en sorte qu'au lieu du fouet, son procès a été fait sur-le-champ et il a été pendu le soir par les pieds. Il est peut-être sans exemple qu'un criminel qui n'est point condamné à mort ait eu ainsi la résolution de se la donner.

Mais M. de Marville et les juges sont extrêmement inquiets de savoir comment il a eu ce rasoir et par qui. Les uns disent qu'on le lui a donné dans un mouchoir; d'autres, qu'étant pieds nus pour faire amende honorable, ils ont quitté des pantoufles à la porte de la chambre, et que quelqu'un aura glissé un rasoir dans la pantoufle de Baudouin. On cherche à découvrir l'auteur du rasoir; son affaire ne seroit pas bonne.

FIN DU TROISIÈME VOLUME.

APPENDICE

LETTRE ÉCRITE DE..., EN FLANDRE, A MM. DE L'ACADÉMIE FRANÇAISE, PAR MADEMOISELLE DE SEINE, COMÉDIENNE DU ROI.

« Messieurs,

« Ce n'est point par un esprit de révolte aux ordres du roi, que je suis sortie des terres de son obéissance, ni que j'ai trouvé la Salpêtrière, à laquelle sa lettre de cachet me condamnait, une punition trop ignominieuse. Je n'ai point honte de l'avouer. Je sais, dès le berceau, que c'est le lieu où l'on corrige la débauche ; qui, plus que nous, mérite d'y être renfermé ? En vain crierions-nous que nous sommes des privilégiées à la suite de la cour ? En vain réclamerions-nous des libertés théâtrales dont nous n'avons d'autres titres qu'une longue possession, et qui s'évanouissent, dès qu'il plaît aux quatre seigneurs qui nous gouvernent avec autant d'équité que d'esprit et de bon sens. Il est inutile de vous les nommer, messieurs. Vous avez admiré, avec toute la France, la sagesse et le succès du Mémoire qu'un puissant duc[1] présenta, il y a quelques années, à Sa Majesté. Vous connaissez tous ce jeune héros[2] qui, après une chute aussi prudente que glorieuse pour sa maison, conserve cependant assez de sang-froid pour écrire les plus jolis vers du monde ; et ce n'est pas la peine de vous citer deux autres grands ducs[3], dont la fierté bien placée et la mine avantageuse font l'ornement de la cour, et dont on peut assurer qu'ils sont tout pleins d'esprit[4].

« Mais, messieurs, votre considération m'a fait croire ma résistance légitime, et mon obéissance un crime de lèse-académie. J'ai songé combien de rares personnages j'allais déshonorer, sans compter le grand cardinal[5], sous le ministère

---

1. Le duc de Gèvres. — 2. Le duc de La Trémoille. — 3. Le duc d'Aumont et le duc de Rochechouart-Mortemart. — 4. C'est-à-dire comme on dit d'un menteur qu'il est tout plein de vérités, parce qu'il ne lui en sort jamais une. (*Note de Barbier.*) — 5. Le cardinal de Fleury.

duquel s'est faite l'association de notre *compagnie* à votre *troupe*. Elle a rendu notre gloire et notre honte communes, en me déclarant la consœur de tout ce que les trois ordres du royaume ont de plus brillant.

« J'ai pour confreres dans l'Église : 1° Deux éminences illustres ; l'une pour avoir servi de planche aux saintes usurpations de la pourpre romaine[1], l'autre par le goût qu'elle aurait de troquer son loisir philosophique contre les travaux du ministère[2], et toutes les deux par l'esprit ecclésiastique, je veux dire par l'abnégation d'elles-mêmes, et par le mépris des grandeurs et des délices de la terre.

« 2° Un grand archevêque[3], distingué par sa bonne foi, par tant d'ouvrages solides qui ont paru sous son nom, et qui le rendent digne d'entrer dans le sacré collége, ou, du moins, d'être précepteur du Dauphin.

« 3° Quatre évêques : le premier a cultivé si heureusement le génie et le cœur d'un grand prince[4] ; le second a renoncé à la gloire de la chaire, et, par une humilité digne des apôtres, se consacra tout entier au service de l'Hôpital[5] ; le troisième, par la régularité de ses mœurs, a mérité d'être appelé le Dieu de la bonne compagnie[6], et le quatrième d'avoir place dans le Tribunal du blond Phœbus, pour avoir eu le secret d'endormir, avec une oraison funèbre[7], le Parlement ennemi du vice-Dieu.

« 4° Deux célèbres abbés : l'un a servi de bini à un cardinal dans un pèlerinage au Temple du Goût[8], l'autre, mi-parti de long et de petit collet, est le vrai et l'indéfinissable Chrysologue[9].

« La noblesse ne m'offre pas parmi vous, messieurs, des confrères d'un moindre prix. Je vois d'abord un grand maréchal[10], jadis héros désintéressé sur l'empire de Neptune, qui occupe aujourd'hui son loisir à acheter et à mettre en pile livres sur livres, et tableaux sur tableaux, pour orner incessamment son inventaire.

« Je vois trois ducs, presque gentilshommes : le premier, qui

---

1. Le cardinal de Rohan-Soubise, grand aumônier de France. — 2. Le cardinal de Polignac. — 3. Languet de Gergy, archevêque de Sens. — 4. Edme Mongin, évêque de Bazas. — 5. Massillon, évêque de Clermont. — 6. Michel-Celse Roger de Bussy-Rabutin, évêque de Luçon. — 7. Jean-Baptiste Surian, évêque de Vence : *Le vice-Dieu est le Pape.* — 8. Charles d'Orléans de Rothelin, cité par Voltaire dans le *Temple du Goût.* — 9. Jean-Paul Bignon, abbé de Saint Quentin. — 10. Victor-Marie d'Estrées.

descend en ligne directe d'un favori de votre fondateur, célèbre par des expériences de magie et par l'honneur qu'il vient de faire à une maison souveraine[1] ; le second, aussi sublime poëte que fin politique, est l'avocat de la comédie auprès du saint-siége[2], et le troisième, digne gendre d'un héros pieux, est dans le lit d'honneur accablé sous les lauriers de son père[3].

« Je vois encore un marquis[4], berger immortel d'une princesse aussi belle que sage.

« Partageons en trois classes les confrères que j'ai dans le tiers état. Ceux que la première comprend, sont ce que la robe a de plus distingué. C'est le chef de la cour des pairs[5], recommandable par l'antiquité de sa race, par l'estime universelle, et pour avoir renouvelé la charité de saint Julien l'hospitalier.

« C'est un président[6], auteur à moitié de quelques pièces dramatiques, jugées, par le public en chœur, excellentes pour le cabinet. C'est un magistrat de province[7], galant commentateur de Cicéron. C'est un intendant des finances[8]. C'est enfin un auteur qui, en se donnant pour traducteur d'un fameux poëme[9], a fait voir qu'il pouvait y avoir des amateurs des muses même dans le sépulcre de la chambre des comptes.

« La seconde classe contient les beaux esprits de profession.

« Écoutons ce cygne mourant[10] consacrer ses derniers soupirs à Atropos, chaste sœur du président d'un saint concile.

« Honorons le spirituel auteur de *Nitélis*[11], qui vient d'habiller si heureusement Achille en berger.

« Souhaitons la vie éternelle au précieux défenseur de la religion chrétienne[12].

« Élevons des autels au modeste auteur du *Glorieux*[13], de la voix duquel les théâtres de campagne retentissent encore.

« Salamec à l'auteur des lettres chrétiennes d'Usbeck et du savant et agréable traité *de la Grandeur et de la décadence des Romains*[14].

---

1. Le duc de Richelieu. — 2. Paul-Hippolyte de Beauvillier, duc de Saint-Aignan, ambassadeur à Rome. — 3. Le duc de Villars, fils du maréchal. — 4. Marie-Joseph de Beaupoil, marquis de Saint-Aulaire. La princesse est la duchesse du Maine. — 5. Le président Portail. — 6. Le président Hénault. — 7. Bouhier, président au Parlement de Dijon. — 8. Amelot de Chaillou. — 9. Dupré de Saint-Maur. — 10. Bernard Le Bovier de Fontenelle. — 11. Antoine Danchet. — 12. L'abbé Claude-François Houtteville. — 13. Philippe-Néricault Destouches. — 14. Le président de Montesquieu.

« Versons des larmes de sang en l'honneur du tragique chartreux qui est ici par procureur[1], et qui sait si bien louer les héros.

« Mais augmentons leur liste d'une accolade de traducteurs[2], dont le dernier est si connu sous le nom de Mathanasius[3]; de l'écrivain solide[4], poli et intéressant qui vous sert de secrétaire; du léger, du gracieux continuateur de vos annales[5], que la calomnie de ces derniers temps a voulu accuser de *pléonasme*[6]. C'est de vous, messieurs, que je tiens ce grand mot.

« Ajoutons-y l'apologiste du système[7], qui doit vous donner incessamment les anecdotes secrètes et anciennes des flagellants, et l'ingénieux auteur du poëme des *Chats*[8], Mercure disgracié d'un chaste abbé restaurateur de l'arche de Noé.

« Je tombe enfin, messieurs, dans la dernière classe, qu'on peut nommer celle des jetonniers par excellence. Ceux qui la composent ne sont point fils de leurs œuvres. Leur mérite n'est point affiché, et, pour me servir de l'expression naturelle du plus joli et du plus infatigable diseur de riens[9], ils n'ont qu'un esprit bon à lire dans l'Université, où quelques-uns ont été assez heureux pour faire des éducations[10] : mais ce sont eux qui, sont chargés d'étaler le noble orgueil académique. Ils sont, pour ainsi dire, boursouflés de ce rare dépôt, et leurs noms ne sont ignorés que de ceux qui ne lisent pas l'Almanach royal.

« Tirons cependant de la foule un pieux chevalier[11], qui sait débiter avec tant d'emphase les sublimes harangues du curé de l'Opéra[12], et qui ne pourra être remplacé ici que par un autre chevalier[13] aussi noble, aussi amateur du bien public, et aussi connaisseur que lui ; je vous en tire aussi, vous, qui fûtes jadis honoré des faveurs de plusieurs abbés philosophes[14], d'un, entre autres, dont le digne neveu[15] trouva des charmes dans mon mari.

« Voilà, messieurs, ceux que j'ai cru devoir respecter. Le même uniforme de l'hôpital, dont j'aurais été revêtue, vous

---

1. Prosper Jolyot de Crébillon. — 2. L'abbé Nicolas Gédoyn. — 3. Mirabaud, suivant le *Dictionnaire des ouvrages anonymes*. — 4. L'abbé Dubos. — 5. Pierre-Joseph Thoulier, abbé d'Olivet. — 6. Il vient d'avoir une tracasserie avec un libraire. (*Note de Barbier*.) — 7. L'abbé Terrasson. — 8. Paradis de Moncrif. — 9. Marivaux. — 10. Adam, secrétaire des commandements et ancien précepteur des princes de Conti. — 11. Jean Roland-Mallet. — 12. L'abbé Simon-Joseph de Pellegrin. — 13. Nolasque Convay, chevalier de l'ordre du Christ. — 14. Pierre-Joseph Alary. — 15. Philippe Egon, marquis de Courcillon.

aurait couverts de honte. Ce n'est pas qu'avant de sortir de France je n'aie tenté toutes les voies de raccommodement. J'ai eu l'honneur d'écrire à M. le duc de Gèvres : j'aurais dû, il est vrai, aller le voir; je suis d'un sexe qui l'a toujours trouvé si flexible! A mon défaut, je lui ai député mon mari; mais, comme il a peu d'esprit, il ne put persuader ce seigneur de commuer ma peine en celle du For-l'Évêque. Il fut plus heureux pour lui-même, et j'ai appris depuis qu'un grave intendant avait presque conduit par la main, dans cette prison, une des plus belles voix de l'Europe[1]. J'avais dessein d'envoyer à M. le duc de Gèvres, un marquis[2], la fleur des héros du royaume, que les scrupules de sa conscience délicate empêchent d'aller à la guerre, et qui se cacha jadis à la vue des ennemis, de crainte que sa valeur ne l'emportât à violer le cinquième commandement de Dieu ; mais, comme ses créanciers ne lui laissent la liberté de sortir que les dimanches, il ne m'a pas été possible de me servir de la langue de cet adroit médiateur. Il aurait parlé à mon supérieur irrité, avec cette éloquence naturelle qui lui méritera une place parmi vous, et qu'il cultive dans la meilleure compagnie du monde. L'amour, le tendre amour, qui le tient depuis si longtemps attaché à mon char, et enchanté à mes genoux, pour donner plus de force à ses paroles, aurait mis sur sa langue le feu que j'ai allumé dans son cœur, et, comme il est capable de miracles, il aurait échauffé monseigneur le duc de Gèvres.

C'est à vous, messieurs, qu'est réservé le grand œuvre de l'émouvoir, à vous particulièrement, monsieur l'archevêque de Sens. Employez, en ma faveur, un peu de cette onction attendrissante que vous avez répandue dans votre roman[3]. Vous n'avez point craint de la prostituer, en faisant, en pleine Académie, l'éloge du valet d'un de vos confrères[4]. Pour vous mettre en état de le faire efficacement, je vais vous détailler les chefs d'accusation qu'on forme contre nous, et vous fournir, de mon mieux, mes moyens de défense.

« Ce qu'on nous reproche, messieurs, c'est une noble fierté

1. Mademoiselle Le Maure, chanteuse de l'Opéra. — 2. Louis de Mailly, troisième du nom, marquis de Nesle, père de madame de Châteauroux. — 3. La *Vie de la vénérable Marie Alacoque*. — 4. L'archevêque Languet avait fait, dans une réponse académique, l'éloge de Barjac, valet de chambre du cardinal de Fleury.

que le vulgaire, mauvais définiteur, appelle insolence. Le Grand, et tant d'autres qui ont eu les prémices de mes charmes, ne m'avaient pas accoutumée, il est vrai, à tant d'orgueil ; mais je l'ai eu pour douaire, quand je suis entrée dans la maison des Quinault, héritière, en cela, de la maison des Dancourt. Eh! comment ne nous pas méconnaître? nous sommes tous les jours empereurs, princes, reines et infantes : dans nos foyers, l'enchantement continue. Nous voyons à nos pieds les trois ordres du royaume, sans y comprendre ce que l'étranger nous envoie de plus délié. L'illusion nous suit chez nous. Ne dites pas que c'est un hommage qui est moins rendu à nous qu'à la beauté. J'ai encore quelques restes de gentillesse; mais ma belle sœur[1], mais ma cousine[2], ne sont-elles pas des monstres en toutes façons. Le caprice fait leur mérite et leur attire des adorateurs. Comment ne pas perdre la tête, quand on voit s'oublier un prince d'une illustre maison, un duc d'une antique race ultramontaine, un marquis du noble sang de Saint-Pavin, jusqu'à courir avec elles le bal, déguisés, le premier en gille, le second en pantalon et le troisième en bourgeois-gentilhomme, pour nous faire voir qu'ils ne méprisent pas notre moulinage[3] ?

« Que serait-ce, messieurs, si je vous contais qu'il se fait chez elles, comme jadis à l'hôtel de Rambouillet, des cercles de sentiments! On y agite tantôt l'estime, tantôt l'amitié, et on y apprécie la vraie grandeur d'âme. On y disserte de la religion. On y épuise la libéralité. On y effleure l'amour, et on n'y alarme point la pudeur. Ma belle-sœur et ma cousine disputent, je ne sais qui décide; et les seigneurs susdits, et autres, écoutent et applaudissent. Nos pères, nos maris, nos frères, sont témoins des plus tendres caresses qu'on nous fait. Honorés, par notre canal, de l'alliance des premiers de l'État, peuvent-ils se défendre d'un peu de vanité? Et l'honneur que vous venez de nous faire, en confondant votre corps avec le nôtre, est-il propre à nous corriger, et à nous inspirer l'humilité et l'abaissement, tandis que vous les défendez à ceux même d'entre vous à qui ils feraient du moins un mérite. Serons-nous plus capables de modestie, quand le bref que nous atten-

---

1. Jeanne-Françoise Quinault, sœur de Dufresne. — 2. Mademoiselle de Balicourt. — 3. Ce terme d'argot du dix-huitième siècle peut se traduire en argot moderne par ce mot : *Notre blague.*

dons de Sa Sainteté aura levé l'excommunication lancée contre nous depuis tant de siècles; quand l'Église nous traitera comme le reste de ses fidèles, pendant et après notre vie, et quand nous verrons, sans doute, nos maris et nos camarades élevés à l'échevinage ou être, au moins, marguilliers de leur paroisse.

« Le second reproche qu'on nous fait est notre peu de politesse envers les auteurs. Nous tenons d'eux, dit-on, le pain que nous mangeons, et notre mémoire nous fait briller à leurs dépens. Dans le monde, cependant, nous les déchirons à qui mieux mieux. Ce manque d'égard et de reconnaissance est plus leur faute que la nôtre : que ne nous traitent-ils en maîtres et non pas en esclaves. Leur humilité, et les bassesses mêmes de quelques-uns, font notre hauteur.

« Le troisième grief qu'on nous impute, est le peu d'attention que nous apportons à plaire au public. S'il n'est pas nombreux, nous représentons, pour ainsi dire, en bonnet de nuit, nous ne nous donnons pas la peine de nous habiller, et nous lui manquons de respect à chaque instant. Ces irrévérences, que les Italiens ont introduites et qu'on souffre chez eux par pitié, ont été hasardées sur notre théâtre, d'abord les dimanches, avec succès. Pourquoi un parterre plus sensé ne nous fait-il pas entendre son correctif? Nous serions déjà rentrés dans notre devoir.

« Enfin, on se plaint : 1° que le peu que nous sommes d'acteurs et d'actrices passables, nous ne jouons jamais, et que nous accablons le public de pièces usées. Il est vrai que ces plaintes ne sont pas sans fondement. Mon mari, en haine de ses créanciers, ne veut rien étudier ; ma belle-sœur ne représente pas vingt fois dans une année ; et ma cousine, que ses grimaces et sa figure ont condamnée à ne jouer que des furies, veut paraître dans les rôles tendres. 2° Que nous faisons souvent manquer les pièces affichées! Qu'on s'en prenne aux seigneurs qui nous arrachent aux plaisirs du public pour faire les leurs. Nous trouvons dans leur commerce une utilité que la comédie ne nous produit plus, depuis que MM. les gentilshommes de la chambre, par une profondeur de jugement qu'il n'est pas possible de sonder, surchargent la compagnie de mauvais sujets en dépit du parterre. Ils sont obligés de les chasser peu après, et nous de leur payer, par ordre, une pension qui n'est légitimement acquise qu'après vingt ans de services, ou par des infirmités marquées. Je ne veux, pour exemple, que la demoiselle La Traverse, Bercy, et bientôt Fierville. Tout le monde sait qu'il y a plus de cinq ans que la vieille Duchemin n'a paru, au grand contentement du parterre qui ne pouvait plus la supporter. Cependant, de par M. le duc de Gèvres, elle partage journellement avec nous. Elle est censée jouer actuellement, de même qu'il est réputé présent à ces jeux[1], où il partage si honorablement les dépouilles de cent misérables.

« Voilà, messieurs, les matériaux de ma justification; c'est à vous de les rendre solides et inaltérables, par le ciment de votre éloquence ordinaire. J'espère que j'en sentirai bientôt les effets; mais, quel qu'en soit le succès, soyez tous persuadés, en général et en particulier, qu'en quelque lieu où les destins me promènent, je vous serai toujours intimement et inviolablement attachée, et que je mourrai chargée du titre glorieux de votre associée.

« J'ai l'honneur d'être, avec cordialité,

« Messieurs et très-chers confrères,

« Votre très-humble et très-obéissante servante

« et consœur.   *Signé* DE SEINE, »

Femme de Quinault-Dufresne.

En Flandre, ce 9 mars 1735.

---

1. Les jeux tenus par le duc de Gèvres, dans son hôtel.

FIN DE L'APPENDICE DU TOME TROISIÈME.

Paris. — Imprimerie de P.-A. BOURDIER et Cie, 30, rue Mazarine.

www.ingramcontent.com/pod-product-compliance
Lightning Source LLC
Chambersburg PA
CBHW070330240426
43665CB00045B/1299